KB068846

경찰과 커뮤니티

커뮤니티
경찰활동

최선우 지음

박영사

　　자유민주국가의 경찰이라는 관념은 범죄 및 무질서 등으로부터 개인의 자유와 권리를 보호하고 공공의 안녕질서의 유지를 목표로 하는 국가공권력으로 인식되고 있다. 그리고 오늘날과 같이 세계화·지방화가 가속되고 있는 상황에서는 과거와 같이 권위적이고, 폐쇄적인 조직운영방식으로는 결코 소기의 성과를 거둘 수 없음은 주지의 사실이다. 따라서 경찰은 비록 그 업무의 특성상 계층제적·보수적인 요소가 적지 않지만, 급변하는 치안환경에 적절한 대응을 위해서는 조직개혁 또는 개선을 하지 않으면 안 된다고 본다. 이는 경찰이 민주적·개방적인 조직체계 및 운영전략을 모색하지 않으면 안 되는 시점에 이르렀다는 것을 의미한다. 그리고 이러한 민주적·개방적 조직운영의 핵심은 '경찰과 시민의 관계'를 어떻게 하면 긍정적으로 재정립하고, 이들과 긴밀한 상호작용을 유도하는가에 달려 있다고 본다.

　　그러나 경찰과 시민의 관계개선은 결코 쉬운 일이 아니다. 경찰은 군대와는 달리 시민들을 대상으로 존재하며, 그 속에서 준법시민과 불법시민을 구분하여 적절한 법집행, 질서유지, 그리고 대민봉사 업무를 수행해야 한다. 그러나 준법시민과 불법시민은 본래부터 명확히 구분되는 것이 아니라 준법시민이 곧 불법시민이 될 수 있고, 불법시민 또한 얼마든지 준법시민이 될 수 있는 것이 현실이다. 이러한 점에서 경찰의 현장운용은 대단이 어렵게 될 수밖에 없다고 본다. '피아'(彼我)의 구분이 없는 상황에서 경찰은 어떻게 하면 자유민주질서의 가치를 수호하면서 경찰 자신들의 '정체성'을 확립해 나갈 수 있을 것인가 하는 본질적인 문제에 직면하게 되는 것이다.

이 책에서 논의하고자 하는 경찰과 커뮤니티 관계(PCR: Police Community Relations)와 커뮤니티 경찰활동(CP: Community Policing)은 이러한 문제를 해결하기 위한 노력의 일환이라고 할 수 있다. 이는 경찰과 커뮤니티[시민]라는 존재를 대상으로 이들 양자의 갈등과 충돌을 최소화하면서 조화를 모색하는 경찰활동 새로운 전략이자 전술이라고 할 수 있다. 이러한 노력들은 전통적 경찰활동과 비교되는 일종의 '경찰활동 패러다임의 전환'을 의미하는 것이라 할 수 있다. 사실, 이 책은 본인이 번역한 『지역사회 경찰활동: 각국의 이슈 및 현황(2001)』, 그리고 저술인 『경찰과 커뮤니티(2003)』을 근간으로 해서 그동안 진행해온 연구 및 관련 자료들을 수정·보완하여 만들어진 것이다. 그러나 본인의 역량이 부족하여 여전히 아쉬운 부분이 많다. 차후에 좀 더 노력할 것을 약속드린다.

이 자리를 통해 이 책에 많은 관심과 격려, 그리고 조언을 해주신 여러 선후배 교수님들께 감사의 마음을 전한다. 특히, 원고의 내용을 꼼꼼히 정독하여 의견을 제시해준 동국대학교 김연수 교수님께 감사의 마음을 전한다. 그리고 동료로써 항상 많은 도움을 주신 김경태 교수님께도 감사의 마음을 전한다. 그리고 이 책의 발간을 허락해준 박영사 안종만 회장님과 이영조 차장님, 그리고 편집에 많은 노고를 아끼지 않은 전은정 선생님께도 감사의 마음을 전한다. 끝으로 사랑하는 아내와 아이들에게도 늘 미안하고 감사하는 마음을 전한다. 모두에게 건강과 행운이 함께 하기를 기원한다.

2017년 겨울날
진월동 연구실에서 최선우 씀

차 례

제 9 장　커뮤니티 경찰활동의 제약요인　361

제 1 장

서 론

제1장
서 론

 21세기를 살아가고 있는 우리의 삶은 과거 그 어느 때보다도 평화롭고, 풍요롭고, 안전하다고 생각하는가? 지난 20세기의 연장선에서 본다면, 우리사회는 그다지 낙관적인 전망을 내리기가 쉽지 않을 것이라고 본다.

 주지하는 바와 같이 20세기는 개인의 자유와 권리의 보호를 본질로 하는 민주주의(民主主義)가 보편적인 국가이념으로 자리 잡은 희망의 시대였다고 볼 수 있다. 그러나 이 시기는 그 어느 때보다도 전쟁, 테러리즘, 범죄, 빈곤과 실업률, 환경오염, 재해 등의 문제로 인류에게 많은 불안과 고통을 안겨주었다고 볼 수 있다.[1]

 물론, 이에 대한 찬반논의는 다양하게 나타나고 있다. 전통주의(傳統主義, Traditionalism) 관점에서는 이러한 범죄와 무질서(광의적으로는 전쟁과 각종 사회적 일탈과 갈등을 포함)의 문제는 이전시대에 훨씬 심각한 수준이었으며, 민주주의를 토대로 한 근대국가(近代國家)가 성립됨으로써 많은 부분 해소 또는 해결되었다고 보고 있다. 반면, 수정주의(修正主義, Revisionism)의 관점에서는 국가가 민주주의라는

---

1) 송두율, 21세기와의 대화, 서울: 한겨레신문사, 1998, pp. 15~16.

가치를 수호한다는 미명하에 오히려 지배권력집단의 권력유지의 의지와 수단은 더욱 강화되고 교묘해졌고, 그러한 과정에서 더욱 더 많은 국가적·사회적 갈등, 그리고 사회적 약자에 대한 인권침해(人權侵害) 등의 문제가 노정되었다는 것이다. 여기에서 특히, 국가공권력의 상징인 경찰 등 형사사법기관의 역할은 중요한 사회적 관심사항이 되었음은 물론이다.[2]

그렇다면, 물질문명이 고도로 발전된 오늘날에 이르러 범죄와 무질서 등의 문제가 더욱 심각하게 대두되고 있는 까닭은 무엇인가?

이에 대한 여러 가지 이유가 있겠지만, 근본적으로는 우리들 스스로가 우리세상을 객관적으로 바라볼 수 있는 보편적 가치관이 부재한 까닭이며, 이는 개개인의 내적 자아와 외적 자아에 대한 근본적인 성찰(省察)과 실천(實踐)의 노력이 부족하였기 때문이라고도 할 수 있다. 바꿔 말하면, 범죄와 무질서 문제에 대한 접근은 이러한 성찰과 실천과정을 토대로 문제의 정확한 인식과 사회적 합의를 도출할 수 있을 때 어느 정도의 해결 가능성을 모색할 수 있다고 본다.

사실 범죄와 같은 사회문제는 어느 시대를 막론하고 항상 존재해 왔다. 즉 무엇이 범죄와 무질서인가 하는 개념정의와 이의 범위를 결정하는 기준은 쉬운 일이 아니지만, 이는 어떠한 형태로든 인류역사와 함께 존재해 왔음에는 틀림없다. 물론, 인류의 역사가 발전하기 위해서는 대립과 투쟁이라는 진통과정을 필연적으로 거쳐야 한다는 점에 대해서는 일정 부분 수긍하지만, 그로 인한 희생과 피해를 최소화할 수 있는 지혜를 모색해야 할 것이다.

어쨌든, 오늘날 우리 현실을 직시하여 보면, 세계화·산업화·도시화·과학화·정보화라는 현대사회의 특징 속에서 범죄와 무질서 문제는 감소하기보다는 양적·질적으로 심화되고 있는 것이 사실이다. 그리고 이로 인해 국민의 '삶의 질'(Quality of life)에 영향을 미치는 안전에 대한 욕구는 크게 증대되고 있으며, 결과적으로 이와 관련된 치안서비스의 수요는 더욱 커지고 있다.

주지하는 바와 같이, 오늘날 시민이 얼마나 인간다운 삶을 누릴 수 있는 환경속에서 살고 있느냐를 측정하는 기준으로서 '삶의 질'이라는 개념을 사용하고 있

---

2) 전통주의와 수정주의 관점에서 근대경찰의 형성 및 이의 정당성에 대한 논의는 최선우, "영국 근대경찰의 형성에 관한 연구: 전통주의와 수정주의 관점," 경찰학논총, 10(3), 2016, pp. 303~333 참조.

다. 이러한 삶의 질을 평가하는 데 있어서 범죄문제 등 시민의 안전을 위협하는 요소가 중요한 측정기준이 되고 있다는 것은 무엇을 의미하는가? 바꿔 말하면 오늘날 범죄와 무질서 문제가 매우 심각하게 대두되고 있기 때문에 이것이 시민의 안전한 삶에 중대한 악영향을 미치는 요소로 작용하고 있다는 의미인 것이다.

표 1-1 '삶의 질'에 대한 분야별 중요도 평가사례[3]

순위	분야	중요도(가중치)
1	건강·쾌적한 생활 부문	0.2205
2	안전한 생활 부문(치안여건 부문)*	0.197
3	교육·복지 부문	0.1875
4	경제적 생활 부문	0.1385
5	편리한 생활 부문	0.1345
6	문화생활 부문	0.122

* 안전한 생활의 평가항목으로서는 인구 만명당 ① 범죄발생건수, ② 강력범죄발생건수, ③ 교통사고발생건수, ④ 경찰관수, ⑤ 소방장비수, ⑥ 화재발생건수, ⑦ 유흥업소수 등이 포함되고 있다.

오늘날 우리사회는 경찰은 범죄와 무질서 문제에 대해서 1차적으로 대응하는 대표적인 국가조직으로 인식하고 있다. 형사사법시스템(Criminal Justice System)상으로도 경찰이 1차적인 기능을 담당하고 있는 것이 사실이다. 따라서 우리가 직면한 치안환경과 형사사법시스템상에서 볼 때, 경찰은 매우 중요한 역할을 담당하고 있으며, 또 그렇게 해야 할 필요성이 있다는 것은 분명한 사실이다.

그러나 많은 연구조사 결과, 경찰이 범죄와 무질서 문제에 대응하는 데 있어서 실질적으로 뚜렷한 성과를 내지 못하고 있는 것으로 나타나고 있다. 예컨대, 경찰력을 지속적으로 증대시키는 것이 과연 범죄예방 및 통제에 효과가 있는가에 대해서도 의문이 제기되고 있는 것이다.[4]

---

3) 1995년도에 중앙일보사에서는 국내 최초로 전국 74개 도시의 거주민들을 대상으로 '삶의 질'에 대한 비교·평가·분석하는 작업을 실시한 바 있다. 이와 관련된 전체 36가지의 세부항목별 중요도에 있어서는 인구 만명당 범죄발생건수가 3위, 교통사고 발생건수가 4위, 강력범죄 발생건수가 11위, 경찰관수가 33위를 차지하고 있다. 다만 범죄발생건수 뿐만 아니라 범죄에 대한 두려움과 범죄피해 정도 등이 보다 중요한 측정기준으로 인식되고 있는데, 이 조사에서는 다루어지지 않았다. 중앙일보사, 전국 74개시 비교평가 자료집: '삶의 질' 입체분석, 1995 참조.

4) Colin Loftin & David McDowall, "The Police, Crime, and Economic Theory: An Assessment,"

물론 범죄 및 무질서와 관련된 치안환경은 경찰의 역량과 관계없이 수많은 외부요인에 의해 결정되는 것이 사실이다. 국내외의 정치·경제·사회문화적인 환경이 어떻게 변하느냐에 따라 전체적인 치안환경이 결정된다고 볼 수 있다. 즉 정치가 안정적이냐 그렇지 못하느냐, 경제가 안정적이냐 그렇지 못하느냐 등에 따라 범죄와 무질서의 질적·양적 수준이 결정되는 것이다. 그러나 주어진 치안환경 속에서 발생하고 있는 일정수준의 범죄와 무질서 문제는 직·간접적으로 경찰의 관행과 대응방식에 따라 상당한 영향을 받는 것이 사실이다. 실질적으로 시민이 느끼는 체감치안의 수준은 바로 경찰활동의 성공 여부에 따라 달라진다고 볼 수 있다.

그런데 전통적 경찰활동(Traditional Policing)은 범죄와 무질서 감소에 크게 기여하지 못하였으며, 오히려 이를 조장시키는 결과를 초래하였다는 비판이 제기되고 있다. 주지하는 바와 같이, 경찰은 전통적으로 준군대식의 엄격한 관료제(官僚制)에 기초를 둔 전문가모델을 지향하였다. '경찰전문가주의'(Police Professionalism)관점에서 본다면, 경찰만이 범죄와 무질서의 문제를 전문적으로 해결할 수 있는 것으로 인식되고 있다. 아울러 전통적 경찰은 과학기술(무전기, 순찰차, 단속카메라, 112지령시스템, 무기의 사용 등)에 의존한 기계적 대응(機械的 對應)을 강조하는 경향을 보여주었다.[5]

일반적으로 '전문가주의'라는 것은 전문직의 실력과 권위를 인정하고 존중하는 것을 의미하는 동시에, 그 권위가 부당하게 권력화 하는 것을 비판하는 의미로도 쓰인다. 전문가주의를 통해서 긍정적인 효과도 가져올 수 있지만, 경우에 따라

American Sociological Review, 1982, Vol. 47, pp. 393~401; Harvey Krahn & Leslie Kennedy, "Producing Personal Safety: The Effects of Crime Rates, Police Force Size, and Fear of Crime," Criminology, Vol. 23, 1985, pp. 697~710; Daniel J. Koening, Do Police Cause Crime? Police Activity, Police Strength and Crime Rate, Canada: Canidian Police College, 1991; D.H. Bayley, Police for the Future, New York: Oxford University Press, 1994, pp. 3~12.

5) 관료제를 바탕으로 한 경찰전문가주의는 '합리적 사고'를 바탕으로 한 기계적·객관적인 대응을 기본으로 하게 된다. 그러나 치안환경이라는 것은 정형화된 것이 아니기 때문에 능동적으로 대응하는 데에는 한계가 있다. 그리고 경찰전문가주의가 강화되면, 지나친 권위주의(權威主義)가 형성되어 경찰과 시민간의 보이지 않는 장벽을 형성 할 우려가 있다. 이에 더하여 경찰전문가주의가 왜곡되어 정치적·경제적 지배권력집단의 권력유지수단으로 작용한다거나, 또는 특정 집단·계층(지역, 성, 인종, 직업, 연령 등)에 대한 차별적인 법집행을 하게 된다면, 그것으로 인한 또 다른 인권침해 문제는 더욱 심화될 우려가 있다고 본다.

서는 부정적인 결과도 가져다 줄 수 있다는 의미이다. 세계 어느 나라의 경찰이든 간에 한 때는 경찰이 직업적 전문성 없이 또는 정치적인 이해관계 속에서 직무를 수행한 경험을 가지고 있다(현재도 그러한 요소가 있음은 물론이다).

이러한 점에서 경찰전문가주의는 중요한 의미를 갖는다. 그러나 오늘날과 같이 복잡한 사회구조 속에서 전문가주의에 대한 비판 역시 적지 않다.[6] 즉, 이러한 접근방식으로 인해 시민과의 보이지 않는 장벽이 점차 커지게 되었으며, 문제해결보다는 오히려 잠재적 문제를 더욱 조장시키는 결과를 가져다주었기 때문이다. 본질적으로 경찰활동의 성패는 시민의 협조에 달려 있다는 사실을 간과한 것이다. 또한 전통적 경찰은 단순히 범죄자를 검거하여 처벌받도록 함으로써 개인의 생명과 재산을 보호하고, 사회의 질서를 유지하는 법집행자로 인식되어 왔다. 그러나 이러한 법집행기관으로서의 경찰은 범죄와의 싸움에서 실패할 수밖에 없다는 것을 인식하게 되었다.

이러한 결론은 경찰을 비롯한 형사사법기관 전체의 범죄대책이 문제발생 후에 범죄자의 처리문제에 초점을 맞추었고, 이러한 사후적인 대응정책으로는 문제를 결코 해결할 수 없다는 역사적인 교훈을 바탕으로 한 것이다.

더욱이 오늘날 경찰에 대한 시민의 기대는 단순히 범죄와 무질서의 통제자로서의 역할뿐만 아니라 수많은 서비스 또한 제공해 줄 것을 요구하고 있다는 점이다. 따라서 과거 전통적 경찰활동이 법집행(Law Enforcement)과 질서유지(Order Maintenance)에 초점을 두고 있다면, 오늘 날에는 이에 더하여 대민봉사(Civil Service)라는 또 다른 역할이 중요하게 인식되기 시작하였다는 점이다. 그리고 주의할 것은 대민봉사는 1차적으로 법집행을 우위에 두고 2차적으로 요구되는 사항이 아니

---

6) 화이트헤드(A.N. Whitehead)는 일정한 전문분야를 좁고 깊게 탐구하고 인접분야에 대해 전혀 무지한 상태는 상당한 위험성을 내포하고 있다며 다음과 같이 주장하였다. "왜냐하면 이러한 전문화는 일정한 틀에 박힌 정신을 낳게 할 뿐이기 때문이다. 정신적으로 틀에 박힌다는 것은 자유분방한 창조적 상상력을 그만큼 약화시킨다. … 세부적으로 편중된 진보는 통합하는 작용을 약화시키기 때문에 그만큼 위험성이 증대된다. 무엇보다도 전체적으로 통합된 비전을 구현할 건전한 지혜는 균형을 유지하는 과정에서만 생겨난다." 이정우는 "현대사회의 거의 모든 문제는 복합적이며, 각종 담론들의 종합을 통해서만 제대로 접근할 수 있다. 그러나 많은 경우 학자들의 논의는 결국 자신의 전공을 강조하는 행위로 빗나간다. 현대사회에 있어 '전공'이라는 개념 자체가 커다란 사회문제이다"라고 하였다(선샤인뉴스, 2009. 9. 26). 이러한 시각에서 본다면, 앞으로 경찰이 범죄와 무질서문제에 적절하게 대응하기 위해서는 경찰전문가주의의 한계를 극복할 수 있는 새로운 접근방법을 모색해야 한다는 의미를 갖는다.

라 법집행과 동등하게 요구되고 있는 것이며, 어떤 면에서는 오히려 대민봉사가 우선시되고 있다는 점이다.

사실 경찰업무의 상당부분이 범죄대응과는 무관하다. 경찰은 일상적으로 교통혼잡 및 교통사고 상황을 정리하고, 분실물, 미아, 가출인, 이웃간의 갈등, 위난에 빠진 사람, 위험한 동물 출현, 의심스러운 소음, 기타 시민이 기대하는 많은 여러 가지 비범죄(非犯罪)적인 업무를 처리하고 있다.[7]

결국, 경찰은 전통적 경찰관행에 대한 한계인식과 이의 개선, 그리고 대민봉사라는 새로운 역할까지 부여받게 됨에 따라 어떠한 새롭고도 혁신적인 변화와 개혁을 추진하지 않으면 안 될 시점에 이른 것이다.

이러한 상황에서 경찰활동의 새로운 한계를 극복하기 위한 대안으로서 기존에 경찰활동의 대상이었던 '커뮤니티'(Community)를 새로운 관점에서 접근하기 시작하였다. 즉, 경찰활동에 있어서 커뮤니티의 구성요소(시민, 언론, 민간경비, 기업 등)를 능동적으로 참여시키기 위한 노력을 하기 시작한 것이다. 사실, 어떤 면에서는 전통적 경찰활동에서도 시민참여와 협력의 정도가 경찰활동의 성패를 좌우한다는 사실을 인식하고 있었을 것이다. 다만 경찰조직 내외적으로 그러한 분위기가 마련되지 못하였다. 기존의 권위적이고 통제위주의 경찰활동전략과 시민의 경찰에 대한 불신과 적대감 속에서는 경찰과 시민의 능동적인 상호작용을 할 수가 없었기 때문이다.

따라서 그동안 소원해진 '경찰과 시민의 관계회복을 위한 노력'(PCR: Police Community Relations)이 다양한 형태로 이루어지고, 아울러 이를 토대로 본격적으로 경찰과 시민이 공동으로 범죄와 무질서문제에 대응할 수 있는 방안이 모색되기에 이르렀다. 이것이 오늘날 경찰에서 가장 핵심적으로 논의되고 있는 '커뮤니티 경찰활동'(CP: Community Policing)인 것이다. 범죄대응에 있어서 커뮤니티 경찰활동은 전통적 경찰활동에서와 같이 사건이 발생한 후에 대응하는 방식을 지양하고, 사건이 발생하기 전에 대응하는 것에 초점을 둠으로써 범죄대응의 한계를 극복하고자 하고 있다. 또한 사전의 예방적 대응이 경찰 독자적으로 이루어지는 것이 아니라 시민과의 공동의 노력으로 이루어진다는 점에서 의의가 있다. 아울러 비상시가 아

---

7) 조철옥, 경찰행정학: 이론과 실천의 만남, 서울: 대영문화사, 2000, pp. 28~29.

닌 평상시의 시민에 대한 수많은 서비스를 제공함으로써 시민의 삶의 질을 높여주고, 동시에 문제가 발생했을 때에는 평상시에 형성된 신뢰를 바탕으로 시민의 적극적인 참여를 유도할 수 있게 된다.

그리고 경찰의 입장에서 볼 때, 다행스러운 것은 경찰과 커뮤니티의 관계 개선 및 커뮤니티 경찰활동이 모색될 수 있는 배경에는 시민이 과거와 같이 범죄와 무질서의 책임을 전적으로 경찰에 전가시키고 비난하기보다는 경찰이 직면하고 있는 본질적인 한계를 공감하고 있고, 동시에 자경주의(自警主意, Vigilantism)가 서서히 회복되고 있다는 점이다.

그런데 여기서 주의할 것은 이러한 경찰과 커뮤니티의 관계가 개선되고, 커뮤니티 경찰활동이 활성화되기 위해서는 어느 한쪽의 일방적인 노력만으로 될 수 있는 것이 아니라는 점이다. 이는 기본적으로 경찰과 시민 양자 간의 관심과 이해 및 상호작용이 진전될수록 긍정적인 결과를 가져다 줄 수 있다는 가정에서 출발하고 있다. 따라서 기본적·본질적으로 이들 상호간의 관계가 재정립되지 않고서는 커뮤니티 경찰활동은 시간이 지날수록 하나의 추상적인 허구에 불과하게 될 것이다. 요약건대, 경찰활동에 있어서 시민이 치안서비스와 관련하여 일종의 '공동생산자'(共同生産者, Co-producers)로서 참여하게 될 때, 그 성과를 기대할 수 있을 것이다.

결국 오늘날 경찰활동에 있어서 시민의 참여는 하나의 당위성을 갖기 시작했으며, 따라서 경찰과 시민이 결코 분리된 것이 아니라 복잡·다양한 네트워크(Network)에 의해서 상호작용을 하고 있음을 부인할 수 없게 된 것이다. 이와 같은 이유로 오늘날 미국과 영국 등 선진국에서는 경찰활동에 대한 접근에 있어서 이른바 '서비스 생산주체의 다원화'에 초점을 두고 있음에 주목할 필요가 있다. 경찰활동에 있어서 서비스 생산주체의 다원화라는 것은 경찰이 독자적으로 치안서비스 생산과정에 참여하는 것이 아니라 경찰 이외에도 시민 등 수많은 커뮤니티 구성요소들을 하나의 독립된 주체로 인식하기 시작하였음을 의미하는 것이다.

엔트로피(Entropy)와 불확실성 문제

① 무질서(無秩序)의 증대

야만인 존은 어머니로부터 들은 문명세계를 꿈꾸며 자랐다. 아무런 고통도 없이 편안하고 안락한 삶을 살아 갈 희망을 간직하고 살던 존은 어느 날 문명세계에 초대된다. 문명세계는 고통도 없고, 물질적으로 풍요롭고, 쾌락이 충만한 세상이지만, 존이 바라던 세계는 아니다. '인간다움'이 없었던 것이다. 선택할 수도 없고, 노력을 통해 이루어 갈 수도 없는 세계이다. 결국 물질과 쾌락이 충만한 세계를 버리듯 도망쳐 나온 존은 야만의 세계로 되돌아 갔다. 하지만 야만의 세계도 그가 속한 세상은 아니었다. 선악과(善惡果)를 따먹은 아담과 하와처럼 물질문명의 욕구를 잠재울 수가 없었다. 존은 어느 세계에도 속하지 못한 이방인이 된 것이다. 존은 결국 자살(自殺)로 생을 마감한다.

생물학자 헉슬리(T.H. Huxley)의 『멋진 신세계』는 '물질문명이 충분히 발달한 세계가 과연 행복할까?'라고 묻는다. 그는 과학의 한 분야인 열역학(熱力學, Thermodynamics)의 관점에서 본다면, 물질문명의 발전은 한계가 있고, 빨리 발전할수록 빨리 멸망할 것이라고 말한다.

'엎지른 물'처럼 다시 복원할 수 없는 것이 에너지이다. 뜨거운 물체의 열이 차가운 데로 가는 경우는 있지만, 차가운 것이 뜨거워지지는 않는다. 에너지가 한 상태에서 다른 상태로 옮겨 갈 때마다 일종의 '벌금'을 내는데, 이 벌금은 일할 수 있는 유용한 에너지의 손실이다. 이 벌금을 내다보면 언젠가 모든 것이 '재생 불가능한' 자원이 되는 것이다. 과학에서는 이것을 엔트로피(Entropy)가 증가한다고 말한다. 엔트로피는 물질의 열적 상태를 나타내는 물리량이다. 이것이 증가하면 무질서하게 퍼진다는 의미이고, 감소한다는 것은 가용 가능한 상태로 변한다는 것이다. 뜨거운 부지깽이를 공기 중에 가만히 놓아두면 시간이 지날수록 부지깽이의 온도가 내려간다. 열이 공기 중으로 퍼진 것이다. 이것을 엔트로피가 증가했다고 한다. 방안의 기온은 약간 올라가 일정온도로 균형을 이룬다. 거꾸로 엔트로피가 감소하는 현상은 공기의 일부가 한 곳에서는 뜨거워지고 다른 곳에서는 차가워지는 상태가 일어나야 한다. 이런 일은 폭포가 거꾸로 흐르는 것과 같다. 재가 다시 나무로 변하는 것과 같다. 외부에서 아무런 일도 해 주지 않는다면 이런 일은 있을 수 없다. 절대적으로 변하지 않는 물리법칙이라는 의미에서 아인슈타인(A. Einstein)은 엔트로피를 모든 과학의 제1법칙이라고 주장했다. 엔트로피 증가의 법칙은 인류의 물질문명에 근본적인 경고를 하고 있다.

인간을 비롯한 모든 생명체는 엔트로피를 증가시키는 주체라 할 수 있다. 이를 두고 철학자 러셀(B. Russell)은 "모든 생명체는 주변 환경에서 가능한 한 많은 것을 변화시켜 자신을 위해 사용하려 하는 일종의 제국주의자"이라고 말했다. 식물은 땔감으로도 쓰이고 스스로 열매를 맺기도 하므로 엔트로피를 감소시킬 것으로 생각되기 쉬우나, 태양으로부터 열량을 받아 그 일부가 축적되었을 뿐이니, 동물에 비해서 상대적으로 엔트로피 증가폭이 작을 뿐이다.

오늘날과 같이 현대문명의 변화가 빨라지면 빨라질수록 멀지 않은 미래에 재생 가능한 에너지는 사라질 것이다. 그러나 현대인들은 엔트로피의 증가를 걱정할까? 리프킨(J. Rifkin)은 그의 책 『엔트로피』에서 이를 두고, 조지 오웰의 『1984』를 빗대어 "전쟁은 평화가 되고, 거짓말은 진실이라는 식으로 세뇌당하고 있다"고 말한다. 리프킨은 자본주의나 사회주의 모두 기계적 세계관, 즉 인간의 능력으로 물질의 풍요를 만들어 갈 수 있다는 믿음을 비판하였다. 평등한 세상을 꿈꾸는 이상주의도 결국은 고(高)엔트로피 세상을 열어 갈 뿐이다.

② 불확실성과 위험예측 · 대응의 어려움

'불확실성의 원리'(uncertainty principle)에 대해 말한 하이젠베르크(W.K. Heisenberg)는 "소립자를 객관적으로 관찰하는 것은 불가능하다. 소립자의 본질 때문에 관찰하는 행위 자체가 관찰대상을 고정하고 보정하는 것이 아니라 영향을 미치고 변화시켜 버리는 것이다"라고 하였다. 양자역학을 함께 일으킨 보어(N. Bohr)는 "우리는 자연질서가 전개되는 모습을 보는 관객일 뿐 아니라 배우이기도 하다"라고 하였다. 이는 소립자의 위치를 정확하게 파악할 수 없다는 것이며, 다만 확률로서만 접근이 가능하다는 말이다.

이러한 불확실한 현상은 인간이 살고 있는 사회질서 속에서 더욱 명백하게 나타난다. 인간 대 인간의 상호작용 속에서 결과를 예측할 수 있는 어떠한 변수를 포착한다는 것은 결코 쉬운 일이 아니다. "중국 베이징의 나비 한 마리가 몇 번 날갯짓을 하면 그 다음날 이로 인해 미국 뉴욕에서 폭풍이 일어날 수도 있다." 얼핏 들으면 다소 비논리적인 이 말은 우리에게 널리 알려진 카오스 이론(Chaos Theory)의 핵심 중 하나인 나비효과(Butterfly Effect)를 설명한 것이다. 나비효과에 의하면, 작고 사소한 일이 나중에 매우 강력한 파급효과를 가져 온다거나 초기의 미세한 변화가 시간이 흐름에 따라 엄청난 변화를 초래한다는 것을 알 수 있다.

바꿔 말하면, 이처럼 거대한 사건의 원인이 되는 요인이 아주 사소하거나 미세한 변화에서 비롯되었다는 것인데, 문제는 이러한 사소하거나 미세한 변화를 포착할 수 있느냐 하는 것이다. 뉴욕에서 일어나는 폭풍의 원인이 나비 한 마리의 날갯짓에서 비롯되었다면, 그 원인이 되는 사실이 존재한다는 것은 차치하고 도대체 그 미세한 사실을 어떻게 알 수 있느냐 하는 딜레마에 빠지게 된다.

범죄와 무질서에 대한 문제 역시 마찬가지이다. 모든 범죄는 저마다의 고유한 개인적 · 환경적 특성을 가지고 있기 때문에 범죄를 저지른 원인을 정확하게 파악하는 것은 매우 어려운 일이다. 또한 범죄원인이 우리가 일반적으로 생각하는 그럴 듯한 이유가 아닌 아주 사소한 계기에서 비롯되는 경우도 적지 않다.[8] 생각건대 오늘날 범죄와 무질서문제가 심화된 것은 고도화 · 복잡화된 현대의 물질문명 속에서 증대된 엔트로피와 불확실성의 산물이라고 할 수 있다.

그렇다고 절망에 빠질 필요는 없다. 다만 언제부터 우리가 물질문명에 대한 허구에서 빠져나와 살 것인가의 시점의 문제이다. 『유토피아』를 쓴 토마스 모어(T. More)가 상정한 사회는 화폐를 쓰지 않고, 금 같은 사치품을 사용하지 않는다. 성직자와 공무원을 제외하고는 모두 노동을 하며, 오전 세 시간, 오후 세 시간만 노동을 한다. 군대를 육성하지 않는다. 존재하지 않는 사회라는 원뜻을 가진 유토피아는 크지 않은 공동체 사회이다. 여기에 리프킨의 대안도 맞닿아 있다.

그렇다고 해서 엔트로피 증가가 가장 낮은 원시공동체로 돌아가자는 것은 아니다. 대안은 '작은 사회'(Small Society)에 있다. 작은 사회를 유지하기 위해서는 노동과 정치체제·경제체제가 새롭게 개념정의 내려져야 한다. 경제적이든 또는 정치적이든 '통치'에 있어 저(低)엔트로피 문화는 '최소한의 통치를 하는 정부가 가장 좋은 정부'라는 사실이다. 소수에 의한 지배제도인 대중민주주의(大衆民主主義)가 도입되고, 각 개인이 직장과 공동체에서의 삶에 영향을 미치는 일에 대한 평등한 투표권과 의사발언권을 갖는 경제체제가 강조되어야 한다는 점이다. 또한 노동(勞動)은 '우리는 진정 누구인가'에 대한 답을 찾는 데 도움을 주고, 또 활용되어 긍정적인 삶의 가치를 가질 수 있도록 의미를 부여해 줄 수 있어야 한다.

　　달리는 폭주기관차를 향해 멈추라고 소리쳐도 멈추지는 않을 것이다. 가다 보면 철로가 끊겨 있다고 목이 터져라 이야기해도 어느 광야의 선지자인가 하며 잠시 귀 기울였다가 갈 길을 갈 것이다. 기관사나 승객들이 사태가 심각함을 감지하기 시작할 때가 되면 경고가 그 위력을 발휘할 것이다. 하지만 너무 늦지 않아야 할 것이다.

자료: http://readersguide.tistory.com.

---

8) 최선우, "사이코패스의 연쇄살인범죄 양태와 예방대책," 자유공론, 통권 제504호, 2009. 3, pp. 110~111.

제 2 장

경찰의 한계와
커뮤니티의 재조명

제 2 장
경찰의 한계와
커뮤니티의 재조명

경찰의 한계

1. 경찰활동의 영역

일반적으로 경찰이 범죄와 무질서 등 사회문제에 대응하는 데 있어서 한계에 직면하고 있다고 말할 수 있는 근거는 무엇인가? 이를 설명하기 위해서는 먼저 경찰활동과 관련된 사회문제가 매우 심각하게 증가하고 있다는 사실을 제시해야 할 것이다. 그리고 경찰이 이들 문제에 대응하는 데 있어서 한계에 직면하고 있음을 설명해 줄 수 있는 몇 가지 타당한 근거를 제시해야 할 것이다.

따라서 경찰의 한계를 설명하기 위해서는 구체적으로 경찰활동과 관련된 사회문제가 어느 정도의 수준에 이르렀는지를 살펴 볼 필요가 있다. 일반적으로 오늘날 우리 사회의 범죄 및 무질서와 같은 사회문제는 보다 심각해지고 있다고 한다. 이는 각종 통계적인 수치(예컨대, 범죄 및 교통사고 발생건수 등)와 시민의 인식 정도(예컨대, 범죄에 대한 두려움과 같은 체감치안 정도 등)를 통해 어느 정도 윤곽을 파악할 수 있을 것이다. 물론 이러한 접근은 공식적 통계적 자료 및 일부 시민의 태도에 의존하고 있기 때문에 본질적인 한계가 있다는 전제에서 출발한다.

한편, 우리사회의 치안을 담당하는 대표적인 조직을 경찰이라고 한다면, 경찰의 한계에 영향을 미치는 요인은 기본적으로 치안환경에 영향을 미치는 요인들을 살펴보면 가능할 것이다. 치안환경은 거시적으로는 국가 전체의 안전과 관련된 것(더 나아가서는 국제환경의 안전을 포함)이며, 미시적으로는 국내 일정지역의 안전과 관련된 것이다. 그리고 이들 치안환경은 국내외의 정치·경제·사회·문화적 상황과 밀접하게 관련되어 있다는 점이다.

그런데, 문제는 이러한 치안환경과 관련하여 이에 대응하는 제도와 기능이 단지 경찰에 국한되지 않는다는 점이다. 즉, 치안환경과 관련된 치안서비스를 제공하는 공식적인 기관으로서는 경찰뿐만 아니라 군(軍), 검찰·법원·교정, 그리고 민간경비 등이 존재한다는 점이다. 그리고 치안환경에 비공식적으로 대응하는 시민 개인 또는 집단의 자경활동(自警活動) 등을 들 수 있다.

치안환경과 관련된 공식적인 치안서비스는 국민보호와 질서유지에 관련된 수많은 재화와 서비스를 의미하는 것으로 국방서비스를 제외한다면, 대체로 특정지역에 지방공공재나 국가공공재로 공급되는데, 영미법계는 주로 전자에 해당되며, 대륙법계에서는 주로 후자 중심으로 이루어지고 있다. 전통적으로 경찰을 위시한 형사사법기관은 여기에 해당된다고 볼 수 있다.

이러한 치안환경에 책임을 지는 이들 치안서비스 주체들의 특징을 살펴본다면, 먼저 군은 거시적으로 국가방위와 관련된 것이며, 형사사법기관은 전체적인 범죄통제와 관련된 것이다. 그런데 경찰은 형사사법(Criminal Justice)의 관점에서 볼 때에는 관할구역 내에서 범죄통제의 일부분(범죄예방, 수사·체포 등)을 담당하지만, 이에 국한되지 않고 공공의 안녕과 질서유지와 관련된 수많은 권력적·비권력적 치안활동을 수행하고 있다는 점이다.

민간부문으로서는 제도적으로 운용되는 민간경비(民間警備, Private Security)와 일반시민(집단 및 개인)이 참여하는 경우로 나눌 수 있다. 여기에서 말하는 민간경비는 경비업법 및 청원경찰법과 같은 법적 근거를 토대로 개인 및 기업, 그리고 국가중요시설 등 일정한 시설 및 장소에서 범죄예방 등의 업무를 수행하고 있다. 그리고 일반시민이 참여하는 경우, 주로 경찰서 또는 지구대·파출소 단위 내에서 이루어지는 것이 보통이며, 일부는 검찰과 연계되어 특정 지역을 중심으로 범죄예방 등의 활동을 수행하고 있다.

　그리고 경찰과 민간부문의 활동영역 또는 범위와 관련하여 논의할 때, 경찰은 일정한 공권력(公權力)을 갖고 범죄예방뿐만 아니라 범죄수사와 관련된 다양한 업무를 수행하고 있고, 민간부문은 일반적으로 특정한 공권력 없이 비권력적인 수단을 통한 범죄예방 등의 업무를 수행하고 있다. 따라서 경찰은 민간부문과 비교해 볼 때, 비교우위적 권한을 가지고, 보다 전문적이고, 주도적인 역할을 수행하고 있다고 볼 수 있다.[1]

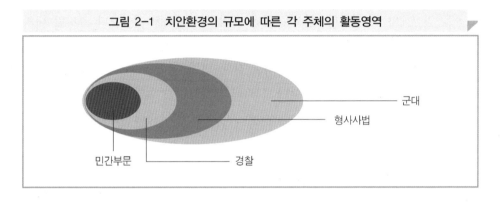

그림 2-1　치안환경의 규모에 따른 각 주체의 활동영역

군대
형사사법
민간부문
경찰

　따라서 치안환경의 규모에 따라 군, 경찰과 형사사법, 민간부문 등 각 주체가 담당하는 활동영역은 [그림 2-1]과 같이 나타낼 수 있을 것이다. 이러한 각 주체의 활동영역의 구분은 기능적 면도 관련성이 있지만, 주로 구조적(지리적·공간적) 관점에 의한 것이다. 형사사법기관을 중심으로 볼 때, 범죄통제와 관련하여 범죄예방에서 수사, 그리고 행형 및 교정단계에 이르기까지 선후단계로 구분하는 것은 가능하지만, 기능적으로 어느 부문이 어느 부문을 포함하고 있다고 설명하기는 어렵다. 지리적·공간적 관점에서 치안환경을 담당하는 활동영역을 살펴본다면, 군은 국가방위를 기본목표로 한다는 점에서 가장 포괄적인 서비스를 제공한다고 볼 수

---

1) 그러나 이러한 견해는 기존의 전통적 경찰활동의 관점에서 본 것이며, 후술하는 커뮤니티 경찰활동의 관점에서는 이러한 일방적 관계설정은 상당히 희석될 것이다. 비록 경찰은 국가공권력의 상징으로서 이의 직업적 전문성과 비교우위적 권한행사는 이론의 여지가 없지만, 민간부문의 능동적 참여 및 이들이 가지고 있는 장점을 최대한 활용하기 위해서는 이의 역할을 존중하지 않으면 안 되기 때문이다. 커뮤니티 경찰활동이 성과를 내기 위해서는 이기적인 존재론(存在論)적 접근보다는 이타적인 관계론(關係論)적 접근이 필요한 까닭이다.

있다. 형사사법은 범죄통제에 있어서 개념적으로 경찰을 포함하며, 또한 관할구역이 보다 거시적으로 분포되어 있다.

그런데 주의할 것은 이와 같이 치안환경에 영향을 미치는 요인들이 다양하고, 경찰이 이에 미치는 영향이 매우 부분적이기 때문에 경찰이 그다지 중요한 역할을 하지 않는다는 의견이 제기될 수 있다.

그러나 경찰만큼이나 수많은 사회문제에 직·간접적으로 대응하는 조직도 없을 것이다. 경찰은 거대한 조직규모를 갖추고 끊임없이 일반시민 또는 범죄자들과 범죄적 요소뿐만 아니라 비범죄적 요소들을 다루면서 직접적으로 상호작용하고 있음을 인식해야 할 것이다. 실제로 군은 조직적인 면에서 경찰보다 크지만 대외적으로 국가방어적 차원에서 치안을 담당하기 때문에 일반시민과의 직접적인 상호작용은 이루어지지 않는다. 마찬가지로 검찰·법원·교정은 일반적으로 준법시민보다는 범죄자들과 상호작용을 한다. 그리고 민간경비는 일반시민을 대상으로 하는 것이 아니라 특정고객(Special Clients)을 대상으로 시큐리티 서비스를 제공하게 된다.

또한 형사사법에 있어서 경찰은 일반시민들과 가장 밀접한 관계를 맺고 직접적으로 치안서비스를 제공하는 국가공권력으로서 매우 중요한 의의를 갖게 된다. 즉, 경찰은 형사사법체계의 제1단계에 위치한 '입구'(入口, Intake Valve)로서, 예컨대 경찰의 범죄예방과 수사의 결과 여하에 따라 다음 단계인 기소와 재판 그리고 행형과 교정대상의 양(量)과 질(質)을 좌우하게 된다.[2] 이는 경찰의 범죄예방활동이 어느 정도의 성과를 거두느냐에 따라, 혹은 범죄인지와 검거율에 의해서 형사사법적 대응의 양이 결정되고, 수사과정의 인권존중과 증거확보의 정도에 따라 유죄와 양형결정 등 형사사법의 질을 좌우하게 된다는 것을 의미한다. 그렇기 때문에 경찰은 범죄통제에 있어서 가장 본질적이고 대표적인 치안서비스를 제공하는 공식적 조직 가운데 하나로 인식되는 것이다.

경찰은 기본적으로 순찰활동과 같이 일정구역에 기초를 둔 서비스이기도 하며, 주민들은 경찰서나 지구대·파출소에서 서비스를 제공받는 형태를 취하고 있다. 이런 측면은 서비스가 제공되는 공간이란 측면에서 파악한 것으로서 서비스배

---

2) 백형조, "한국형사사법행정의 문제점과 대책: 경찰의 역할을 중심으로," 서재근 편저, 한국 형사사법행정의 발전과 그 과제, 서울: 신흥출판사, 1985, p. 25.

분의 연구에서 중요하다. 경찰서비스의 파급효과라는 측면에서 본다면 상대적으로 그 규모가 작은 서비스에 해당된다고 볼 수 있다. 즉, 경찰서비스는 국방과 같이 거시적인 차원에서 이루어지기보다는 지역중심으로 이루어진다고 볼 수 있다. 이는 국가경찰체제나 자치경찰체제와는 관계없이 본질적인 특성이라고 할 수 있다.3) 물론 이러한 지역중심의 관점은 범죄의 국제화·기동화 그리고 사이버범죄 등의 증가로 인하여 필연적으로 수정이 불가피한데, 이에 대해서는 후술하기로 한다.

경찰서비스의 지역적 · 지리적 한계

경찰이 제공하는 치안서비스는 국가나 지방정부가 제공하는 전형적인 공공서비스라고 할 수 있는데, 한정된 경찰자원에 비하여 이를 잠재적으로 이용하고자 하는 관할구역 내의 인적인 규모(특히, 범죄, 교통사고 등 위험한 상황이 발생한 경우)는 많기 때문에 이를 이용하는 개인당 효용(效用)이 낮아질 수 있다. 따라서 국방, 형사사법과 같은 치안서비스는 공공재성이 강하다고 볼 수 있으며, 그 중에서도 경찰과 같은 치안서비스는 그 정도가 약하다고 볼 수 있다.4)

즉, 경찰이 제공하는 치안서비스는 일정지역을 중심으로 이루어지기 때문에 일반적인 공공서비스로서의 성격을 가지고 있지만, 공동소비(共同所費)에 있어서 혼잡발생의 가능성이 상존한다는 점이다. 물론 대부분의 공공서비스의 경우, 공간적 편익지역은 한정되어 있어 그 지역 주민에게만 혜택이 돌아가게 되는 경우가 많다. 경찰서비스의 경우에도 일반적인 서비스 대상은 관할구역의 지역주민(물론, 유동인구도 대상이 됨)이라고 볼 수 있다. 그리고 이를 이용하는 소비자(즉, 일반시민)가 증가함(이는 관할구역 내의 범죄와 무질서 문제가 증가하는 것을 의미함)에 따라 소비자가 받는 혜택의 질이 떨어지게 되는 경우가 발생하게 된다.

결국, 경찰서비스가 비록 공공서비스로서의 성격을 가지고 있지만, 관할구역의 인구증가 및 주민의 경찰서비스 요구의 증대는 경찰활동에 있어서 혼잡발생을 가져다 줄 수 있게 된다. 이러한 이유로 경찰이 제공하는 치안서비스에 대한 '지리적 관점'(地理的 觀點)에 대한 논의가 중요하게 거론된다. 지리적 관점이 공공서비스가 갖는 순수공공재이론을 가장 침해하는 요인이 되기 때문이다. 이상과 같은 논의와 관련하여 티보트(Tiebout)와 타이츠(Teitz)는 공공서비스에 영향을 미치는 지리적 요인을 세 가지 차원에서 설명하였다.5)

① 행정구역의 편성
먼저, 행정구역의 편성(jurisdictional partitioning) 현상을 들 수 있다. 국가행정이라는 것은 국가체제의 형태 여부를 떠나서 기본적으로 중소규모의 지방행정 구역으로 분할되어 있다는 점이다.

---

3) 김인, "경찰의 치안서비스 활동에의 시민참여 활성화 방안," 치안연구소, 1997, p. 40.
4) 경찰이 제공하는 치안서비스의 지리적 한계에 관한 논의는 결국, 민간부문(특히, 민간경비)의

그리고 이들 지방행정기관 또는 지방정부가 제공하는 공공재와 공공서비스의 양과 질은 정치·경제·사회, 그리고 행정적 특성에 따라 매우 다양하며, 그 결과 개인이 수혜를 받는 공공부문 자원의 양은 그들의 지리적 또는 관할구역의 위치에 달려있다. 우리나라의 경찰조직은 기본적으로 중앙집권적인 국가경찰체제로 되어 있기 때문에 다원화된 경찰서비스에 관한 논의는 희석될 수 있다. 그러나 세계적 경향과 시민의식의 성장은 그 동안 경찰행정이 다소 정형화된 규제중심 활동뿐만 아니라 비정형화된 서비스지향적 활동을 요구하고 있으며, 이로 인해 경찰활동의 양적 다원화와 질적 수준향상을 요구하고 있다는 사실이다.

더욱이 우리나라 경찰조직이 비록 국가경찰체제를 이루고 있지만, 경찰활동이라는 것은 본질적으로 '경찰청→지방경찰청→경찰서→지구대(파출소)'라는 하위 단위 중심으로 이루어지고 있으며, 따라서 경찰활동의 대상도 경찰서 및 지구대(파출소) 단위의 관할구역의 지역주민(소비자)과의 관계를 중심으로 이루질 수밖에 없는 것이다. 경찰활동이 이처럼 일정한 소규모 관할구역을 중심으로 이루어진다면, 이는 그만큼 비순수공공재성을 갖는다고 볼 수 있다. 바꿔 말하면 규모가 작아질수록 순수공공재의 특성(비경합성, 비배제성, 비거부성)을 유지하기가 어렵다는 것을 의미한다. 경찰서비스의 이러한 성격은 자치경찰제가 도입된다면 보다 명확해질 것이다.

② 거리감퇴효과

두 번째는 거리감퇴효과(Tapering)를 들 수 있다. 각 행정구역 내에서 경찰서·법원·공원·도서관·스포츠센터 등과 같은 많은 공공기관들은 이론상으로는 모든 지역사회에서 이용할 수 있지만, 이들 시설은 분명히 특정한 지점에 위치하고 있다는 점이다.[6] 따라서 이들 서비스가 공급지역에서 무료로 제공된다고 할지라도 이용자들은 해당시설에 이동하는 데 드는 비용(예컨대, 교통비 등)을 부담해야 한다는 점이다. 일반적으로 시간·노력·비용은 이동거리에 따라 증가되는 경향이 있으며, 이른바 '수요법칙'(需要法則)에 따르면 비용이 증가하면, 소비되는 재화의 양은 감소하기 때문에 결국 시간·노력·비용의 제약 때문에 소비되는 공공서비스의 양이나 빈도는 시설로부터 멀어질수록 감소된다는 것이다. 이동거리가 비용을 증대시키면 결국 서비스가 이용되지 않는 지점이 발생한다.

이와 같은 상황 하에서 거리감퇴효과는 공공재의 공급에 있어서 비배제성(Non-excludability: 서비스를 이용 또는 접근을 제한할 수 없음)을 침해하는 중요한 원인이 된다. 따라서 만약 공급된 서비스가 경찰순찰차나 소방차, 구급차의 서비스처럼 소비자에게 '도달되는 서비스'(Outreach Service)라면 마찬가지 원리가 적용되는 것이다. 이 경우 배달비용은 전형적으로 공공재의 공급자가 부담하므로 시설의 공급지점으로부터 멀리 떨어진 수혜자에게 서비스를 공급하는 경우에는 서비스 공급비용은 보다 증가한다.

그리고 서비스의 질도 공급지점의 거리에 따라 다를 수 있다. 따라서 어떤 지역은 경찰순찰이 충분히 이루어지지 않을 수 있는 한편, 긴급서비스는 원거리 지점에 도달하는데 보다 많은 시간이 걸릴 수 있다. 이 경우에 거리는 추가비용 없이 모두에게 동질의 재화를 공급한다는 공동공급의 기준을 침해하게 되는 것이다.

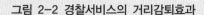

그림 2-2 경찰서비스의 거리감퇴효과

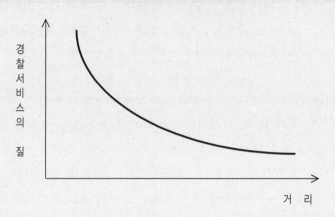

경
찰
서
비
스
의

질

거　리

③ 외부효과성

세 번째는 외부성(externalities) 또는 외부효과성을 들 수 있는데, 이 역시 공공서비스의 지리적 관점에 대한 타당성을 제공하는 요인이 된다. 광의의 외부성은 가격을 부여할 수 없는 효과를 말한다. 선진산업사회에 있어서 많은 활동들은 비용이나 가격을 반영하지 않는 부차적 효과를 갖게 되는데, 여기에서도 위치가 중요하게 작용한다. 이들 활동들은 특정한 위치에서 발생하고, 부차적 효과는 공간적 범위 내에서 이들 특정지점으로부터 외적으로 확산될 수 있기 때문이다. 이러한 외부성 효과는 외부성의 발생지점으로부터 거리가 증대됨에 따라 감소하는 경향이 있다.

외부성 효과는 주변지역에 이익을 발생하는 정(+)의 효과와 불이익을 발생하는 부(-)의 효과가 있다. 부의 외부성이 발생하는 것은 일반적으로 유해시설로 불리는데, 쓰레기처리장으로부터의 악취나 도로와 공항으로부터의 소음이 전형적인 사례일 수 있다. 정의 외부성을 갖는 활동들은 일반적으로 유익시설(Salutary Facilities)로 일컬어지며, 공원과 같은 한적한 환경이나 개인의 사회적 상승을 촉진하는 양질의 교육시설을 포함한다.

그렇다면, 경찰관서는 어떠한가? 경찰서나 지구대 및 파출소가 주거지역 근처에 위치해 있을 경우 지역주민은 보다 안전도를 느낄 수 있으며, 따라서 경찰서 또한 외부효과를 갖는다고 볼 수 있다. 실질적으로 경찰관서가 주거지역으로부터 인접해있을 때, 개인에 따라 상당한 외부효과(범죄발생의 감소, 심리적 안정감 등)를 갖게 될 것이다.[7]

이러한 외부성과 관련되는 복잡한 문제들을 몇 가지 관점에서 논의 할 수 있는데, 행정구역편성과 거리감퇴효과의 경우와 같이 정의 외부성이든 부의 외부성이든 외부성의 중요성은 개인의 가치체계에 달려있다고 볼 수 있다. 이들 부차적 효과의 중요성은 지역 간에 폭넓은 차이가 있을 수도 있지만 같은 지역 내에서는 개인들 간의 차이가 있을 수 있다. 또한 외부성 효과는 지방정부의 행정구역 내에서만 존재하는 것이 아니라 그 행정경계를 넘어서 영향을 미칠 수 있다. 따라서 인접한 지역에도 정과 부의 효과를 미치게 되는 것이다.

어쨌든 보다 평화롭고 안정된 치안환경을 구축하는 문제는 단지 경찰만이 효율적으로 대응한다고 해서 해결되는 것이 아니라고 본다. 실질적으로 범죄율을 결정하는 요인들은 경찰 및 형사사법기관의 통제 메커니즘에 의한다기보다는 수많은 사회적 조건(Social Conditions: 실업률·소득·교육수준·성·연령·가정환경·지역적 특성 등)인 경우가 많다.

사실, 바람직한 치안환경을 구축하는 과정에서 경찰의 역할은 어떤 면에서는 상당히 제한적인 것이다. 즉, 국제환경의 변화(미국·중국·일본·북한 등 주변국가의 동향), 국내의 정치·경제·문화적 여건(정치적 안정성, 경제적 안정성, 문화적 동질성 등), 경찰·검찰·법원·교정으로 이어지는 형사사법시스템의 재기능 여부, 경찰자원의 본질적 한계, 그리고 경찰자원운용의 비효율성 등의 수많은 요인들은 경찰이 치안서비스를 제공하는 데 있어서 한계요인으로 작용하고 있다. 따라서 경찰이 담당할 수 있는 영역 밖의 수많은 요인들이 직·간접적으로 치안에 영향을 미치기 때문에 다른 요인(정치·경제·사회·문화 등)들이 안정적으로 이루어지고, 다른 공식적 기관들이 경찰과 효율적인 상호작용을 원활하게 수행할 때, 치안환경은 보다 안정될 것이다.

치안서비스 제공을 가능하게 하는 요인으로 작용할 것이다. 이하 이에 대한 세부적인 내용은 최선우, 민간경비론, 경기: 진영사, 2015, pp. 174~185 참조.

5) C. M. Tiebout, "A pure theory of local expenditure," Journal of Political Economy, vol. 64, 1956, pp. 416~424.; M. E. Teitz, "Toward a theory of urban public facility location," Papers and Proceedings of the Regional Science Association, vol. 31, 1968, pp. 35~44.

6) Wolch, J. R., "Residential Location and the Provision of Human Service: Some Directions for Geographic Research," Professional Geographer, vol. 31, 1979, pp. 271~277.

7) 치안환경의 조건에 따라 다르겠지만 범죄발생은 파출소의 입지 및 순찰경로·방식과 일정한 관계가 있다고 볼 수 있다. 공동주택 단지와 파출소 등 경찰관서가 인접해 있을 경우 어떠한 효과가 있는가와 관련된 한 연구에서는 (서울 강남구와 서초구의 파출소를 중심으로) 파출소를 중심으로 200m까지 범죄율이 급감하고, 그 외의 지역에서는 범죄율이 다시 상승한다는 사실을 밝히고 있다. 권오은, "GIS를 활용한 범죄지역 분석: 파출소를 중심으로," 서울시립대학교 대학원, 석사학위논문, 2002.; 최선우, "공동주거 단지의 범죄발생 특성에 관한 연구: 공간적 분석 중심," 한국민간경비학회보 제11권 제1호, 2012, p. 245 재인용.

2. 경찰의 한계요인

　이상에서 살펴본 바와 같이, 범죄와 무질서 문제에 대한 대응에 있어서 경찰이 중요한 역할을 수행하고 있음에도 불구하고, 경찰의 역할 한계는 본질적·필연적으로 내재해 있음을 알 수 있다. 그렇다면, 이러한 범죄와 무질서 문제의 양과 질에 영향을 미치는 즉, 이른바 '치안환경 결정요인'(治安環境 決定要因)은 어떻게 유형화 할 수 있을 것인가?

　이러한 치안환경 결정요인을 경찰의 관점에서 접근한다면, 크게 ㉠ 간접적인 외부환경요인과 ㉡ 직접적인 외부환경요인, 그리고 ㉢ 내부환경요인으로 구분하여 접근할 수 있을 것이다.

　사실, 경찰이 치안환경에 미치는 영향은 생각만큼 그다지 크지 않을지도 모른다. 그럼에도 불구하고, 범죄와 무질서 문제를 논의할 때에는 가장 먼저 경찰의 역할에 주목하게 된다. 바꿔 말하면 비록 경찰이 치안환경에 미치는 영향이 결정적이지는 않을지라도 경찰만큼 치안환경에 직·간접적인 영향을 미치는 공식적인 조직이 없다는 것을 의미한다. 그렇기 때문에 경찰이 얼마만큼 적절하게 치안환경에 대응하느냐는 가장 중요한 관건이 된다고 볼 수 있다.

　따라서 우리가 치안환경에 미치는 영향요인을 고려할 때에는 기본적으로 이와 같은 외부요인들을 고려해야 할 것이다. 아울러 경찰조직의 관리 및 운영에 있어서 얼마나 효율적으로 이루어지고 있는지를 검토해야 할 것이다. 물론 이러한 요인들이 정확히 모든 문제를 적절하게 설명해 줄 수 있는 것은 아니다. 다만 우리가 범죄와 무질서 문제를 인식하는데 몇 가지 유용한 분석기준을 제시해 줄 수 있을 것이다.

1) 간접적인 외부환경요인

　먼저 간접적인 외부환경요인은 현대사회의 변화와 개혁이라는 거시적인 관점에서 접근한 것이다. 어떤 면에서 보면, 경찰이 간접적인 외부환경요인에 의해 어떠한 영향을 미치기보다는 주로 이의 영향하에서 경찰활동이 이루어진다고 볼 수 있다. 물론 후술하는 커뮤니티 경찰활동이 정착되는 과정에서는 경찰이 이러한 외부환경에까지 영향을 미쳐 직접적으로 변화를 주도하는 단계로 발전될 것을 모색할 수도 있지만, 이는 좀 더 미래에 기대할 수 있을 것이며, 그 영향력 또한 제한적으로 나타날 것이다.

존스톤(L. Johnston)은 이러한 외부환경의 변화와 개혁과정을 크게 국가개혁 (State Restructuring), 경제개혁(Economic Restructuring), 그리고 사회·문화개혁(Socio-cultural Restructuring)의 세 가지 관점으로 나누어 접근하고 있는데,[8] 아래에서는 이를 중심으로 살펴보기로 한다.

(1) 국가개혁

① 세계화와 지방화·자국중심주의

오늘날 전세계의 모든 국가는 국내외의 급격하고 다양한 정치 환경변화에 능동적으로 대응하기 위해 통치구조의 개혁 및 전환을 모색하고 있음은 주지의 사실이다. 이러한 정치 환경의 변화는 세계화와 지방화(또는 자국중심주의)라는 양대 축의 복잡한 역학관계로 요약할 수 있다.

즉, 일종의 '원심력'(遠心力) 작용을 하는 세계화와 '구심력'(求心力) 작용을 하는 지방화 논리는 상호 상충되는 면이 적지 않기 때문에 미래예측이 매우 불확실하며, 미래에 대한 끊임없는 불안정성이 제기되고 있는 실정이다. 거시적 관점에서 본다면, 이러한 세계화와 지방화(또는 패권주의와 자국중심주의) 논리 속에서 정치적 갈등은 끊임없이 노정되고 있으며, 이에 따른 전쟁과 테러리즘, 국제적 조직범죄, 외국인 범죄, 집단·지역 이기주의 등의 문제가 계속 표출되고 있음을 알 수 있다.

세계화의 차원에서 논의되는 과정 및 절차는 국가적 경계를 초월하고 또 새로운 시공간의 결합에 있어서 커뮤니티와 조직들을 통합하고 연계시켜 줄 것으로 기대되고 있다.[9] 그리고 세계화의 논리는 '동일성'(Uniformity)의 의미를 가지고 있는

---

8) Les Johnston, "Policing Diversity: the Impact of the Public-private Complex in Policing," in Frank Leishman et al.(eds.), Core Issues in Policing, New York: Longman Publishing, 1996, pp. 55~59.

9) S. Hall, "The Question of Cultural Identity," in S. Hall et al.(eds.), Modernity and its Furtures, Cambridge: Polity Press, 1992, p. 299.

데, 이로 인해 국가의 정체성은 자본주의의 국제화(예, 다국적 기업)와 평준화(예, 관세장벽 철폐 등)에 의해 침식되고 있으며, 시간과 공간은 초음속 여행과 인공위성 커뮤니케이션 그리고 사이버공간 등에 의해 단축되고 있고, 또 문화적 다양성은 세계적 소비주의의 영향에 의해 그 정체성을 잃어 가고 있다.

이러한 과정에서 특히, 강대국 및 국제기구의 초국가적 영향력 행사는 개별 국가(특히, 힘이 없는 국가)의 주권을 약화시키고 있다고 볼 수 있다. 예컨대, 유럽연합으로 인한 유럽 각국의 주권행사는 일정부분 제한되고 있음을 들 수 있다. 또한 미국과 같은 강대국들은 자국의 이해관계를 바탕으로 전세계의 대부분의 국가에 지대한 영향력을 행사하고 있는 실정이며, 우리도 예외는 아니다. 이러한 과정에서 국가를 지속적으로 발전시키고, 국제사회에서 생존하기 위해서는 보다 혁신적인 개혁이 요구되고 있다.

그런데, 이상과 같은 세계화는 그 이면에 많은 모순점을 내재하고 있기 때문에 자체적으로 역(逆)경향을 불러일으키고 있다. 예컨대, 초국가적인 정치적 발전이 한편으로는 그들 스스로의 '자국중심주의'(自國中心主義) 또는 '민족주의'(民族主義)적 반발을 야기시키고 있다는 점이다. 그리고 세계적 소비주의는 문화적 동질성을 가져다주고 있지만, 반대로 뚜렷한 지방의 문화적 저항을 불러일으키고 있다. 또한 집권화와 분권화, 동질성과 다양성, 합병과 분열이 동시에 발생하고 있음을 알 수 있다. 한편, 일부 국가에서는 세계화와 동시에 지방화가 진전되는 과정에서 '국가의 해체' 또는 '국가의 확대'를 경험하게 될 수도 있을 것이다.

영국의 EU 탈퇴

지난 2016년 6월 24일 브렉시트(Brexit) 관련 투표결과, 영국국민의 51.9%가 찬성하여 영국의 EU 탈퇴가 결정되었다. 1973년 가입한 이후 43년 만에 유럽연합(EU)에서 탈퇴를 하게 된 것이다. 브렉시트는 영국(British)과 탈퇴(Exit)의 합성어이다. 잔류 예상이 높았던 만큼 이번 결과로 전 세계가 적지 않은 충격에 휩싸이게 되었다. 이는 유럽연합에 속해있던 국가들은 물론 먼 곳에 떨어진 미국, 일본, 그리고 대한민국까지도 적지 않은 영향(그것이 긍정적이든 부정적인 결과를 가져오든 간에)을 미치기 때문이다.

2016년 현재 EU 가입국은 28개국이며, EU의 1년 총 무역량은 세계 교역의 20%, 1년 총생산은 23%로 높은 비중을 차지하고 있다. 따라서 영국이 EU를 탈퇴하게 되면 글로벌 기업의 투자가 감소하고 EU와의 무역장벽, 영국금융의 지위도 낮아지는 등 부정적인 효과도 우려된다. 이러한 사정에도 불구하고 영국이 탈퇴한 이유는 무엇인가? 이는 두 가지로 요약된다.

① EU의 규제에 따른 손실문제

EU의 규제에 따른 손실비용이 적지 않다는 점이다. EU에 속한 국가들은 EU가 결정하는 법과 정책을 의무적으로 따르도록 하고 있는데, 이러한 EU의 규제로 인해 영국의 손실비용이 한해 333억 파운드(한화 약 48조 3천억원)에 달하기 때문에, 이러한 규제가 없다면 더 자유로운 경제활동이 가능하다고 본 것이다.

그리고 그 이면에는 2008년 금융위기 이후 유럽경제는 상황이 악화되어 좀처럼 회복되지 않는 상황인 반면, 영국은 경제가 빠른 회복세를 보였다는 점이다. 이러한 상황에서 매년 영국은 EU에게 많은 부담금을 내지만, EU에게 받는 것은 상대적으로 적었다고 판단한 것이다. 그리고 또한 EU 이사회에서 영국의 투표권 점유율은 8%에 불과해 영국의 입지는 갈수록 좁아지는 상황이었다.

② 난민의 유입문제

영국뿐만 아니라 최근 유럽국가들이 겪고 있는 문제 가운데 하나가 바로 '난민문제'이다. 2015년부터 유럽 전역에 '시리아 내전'으로 인한 시리아 난민(약 62만명)이 대규모로 유입되었다. 물론 이들 시리아 난민들의 대부분이 독일이나 프랑스에 이주하였지만, 영국 역시 이들 난민의 수가 급증하자 내부적인 문제들이 발생하게 된 것이다. 결국 이들 이민자로 인한 복지지출, 고용시장의 경쟁심화 등의 문제가 제기된 것이다.

한편, 이러한 유럽 난민사태를 해결하기 위해 독일 메르켈 총리 등 EU에서는 난민 할당제 도입을 추진 중이었다. 영국은 동유럽 국가들과 함께 이에 반대하는 국가 중 하나이며, 난민 할당제가 도입되면 일정 수의 난민을 받아들이거나 부담금을 내야 하는 상황이었던 것이다.

자료: http://smartibk.tistory.com/1938.

② 공공부문의 민영화·공동생산

한편, 이상과 같은 국내외적인 변화 속에서 국가의 공공서비스 제공 방식 역시 적지 않은 변화가 이루어지고 있음은 물론이다. 즉, 민영화(民營化, Privatization) 또는 공동생산(共同生産, Co-production) 등의 이름으로 민간부문 참여과정이 지속적으로 확대되고 있으며, 이는 자체적으로 공공부문과 민간부문의 균형과 관계를 변화시키고 있다.

어떤 의미에서 공공부문의 민영화는 공동생산의 영역 이상을 의미하는 것이다. 공동생산이 공공부문과 민간부문의 '관계개선' 또는 '역할 재정립'을 바탕으로 한 것이라면, 민영화는 오히려 공공부문의 기능을 민간에 '위임'(委任)하는 것이기 때문이다. 이러한 현상은 일반적인 공공부문뿐만 아니라 경찰과 교정과 같은 형사사법 영역에서도 시도되고 있음을 주지할 필요가 있다. 공공부문 영역에 있어서 공동생산을 넘어 민영화가 이루어지는 부문이 있다는 것은 그만큼 국가개혁이 빠르게 진전되고 있다는 것을 의미하는 것이다. 물론, 공동생산과 민영화는 여러 관점에서 차이가 있기 때문에 어느 것이 국가개혁의 큰 흐름인지는 논의하기가 어렵다고 본다. 다만, 민영화는 특히 능률성(能率性, Efficiency)의 관점에서 시도된 것이며, 더욱더 중요한 것은 양자(민영화와 공동생산) 모두 국가개혁의 중요한 방향 가운데 하나라는 점은 틀림없다고 본다.

우리가 이 글에서 핵심적으로 논의하고자 하는 '커뮤니티 경찰활동'(Community Policing) 역시 공공부문(경찰)에 대한 민간부문(특히 시민)의 주체적·능동적인 참여를 모색하는 과정에서 등장한 것으로서 공동생산 및 민영화와 그 흐름을 같이 하는 것이다. 어쨌든 다양한 관점에서 공공부문에 대한 민간부문의 참여가 활발하게 논의되고 있다는 사실은, 바꿔 말하면 공공부문만으로는 양질의 공공서비스(경찰의 입장에서는 치안서비스)를 제공하는 데 한계에 직면하였음을 의미하는 것이다.

③ 국가 관리이념의 변화

따라서 이러한 배경하에서 공공부문에 대한 관리이념(Managerial Ideologies)의 변화가 이루어지고 있음을 알 수 있다. 즉, 국가는 전통적인 '관료제적 방식'이 아닌 새로운 관리이념을 통해서 조직목표 달성을 위해 노력하기 시작하였다는 점이다.

사실, 조직관리 차원에서 본다면, 국가와 같은 공공부문보다는 민간기업이 훨씬 적극적이고 현실적이라고 볼 수 있다. 급변하고 불확실한 시장경제구조 속에서 민간부문은 자신들의 생존을 위해서 적극적인 관리전략을 모색하고 지속적으로 발전시키고 있기 때문이다. 예컨대, '고객지향적 관리방식'에서 '고객만족'과 '고객감동', 더 나아가 '고객행복'이라는 차원에 이르기까지 관리전략을 제시하고 있다.

민간부문의 존재이유는 본질적으로 영리추구에 있는데, 오늘날과 같은 복잡한 경쟁사회 속에서 기존과 같이 단순히 제품 또는 서비스를 판매한다는 전략가지고는 살아남을 수 없다는 점을 인식하고 있기 때문이다. 따라서 기존전략을 수정하여 보다 고차원적으로 자사의 제품 또는 서비스를 이용함으로써 고객의 행복까지도 가져다 줄 수 있다는 새로운 전략을 내세우고 있는 것이다. 이러한 전략의 변화는 조직관리의 개혁을 전제로 하는 것이다.

이러한 민간부문의 관리이념이 공공부문에도 도입·적용되고 있음은 주지의 사실이다. 이른바 '총체적 품질관리'(TQM: Total Quality Management), '총체적 품질서비스'(TQS: Total Quality Service)전략이 바로 그것이다. 공공부문이 이러한 노력을 하지 않고서는 국민의 지지와 신뢰, 그리고 지원을 기대하기가 어렵기 때문이다. TQM은 서비스의 양적인 측면보다 질적인 측면을 보다 강조한 것이라 할 수 있다. 다만, TQM이라는 것은 민간부문에서 '생산성'을 극대화시키기 위한 전략으로 개발되었기 때문에 '서비스지향'을 본질로 하는 공공부문에서는 이를 적용하는 데 한계가 있음을 발견하고, 이를 응용하여 새롭게 TQS전략으로 발전시키고 있다.[10]

이제 공공부문은 국민 위에 군림하는 조직이 아닌 국민의 복리증진을 위해 국민이 낸 세금으로 운영되는 하나의 조직이라는 인식이 명백해지고 있다. 과거와 같이 '형식적(形式的)인 공복(公僕)'의 개념은 사라지고 있으며, 대신 '실질적(實質的)인 봉사자(奉仕者)'로서 공공부문이 어떻게 제 기능을 효율적으로 수행하느냐가 중요한 이슈가 되고 있다. 한편 공공부문의 관리대상이 민영화 등으로 인해 일부 제외되기도 하지만, 복지와 같은 부분에서는 기존의 관리영역을 보다 새롭게 확대시키고 있으며, 특히 사이버공간과 같은 새로운 영역이 공공부문의 중요한 관리대상으로 등장하고 있음을 인식할 필요가 있다.

결국, 위와 같은 과정들은 국가 내에서 다양한 구조적 전환을 가져다주고 있는데, 이러한 과정이 과연 치안서비스를 제공하는 경찰조직에 어떠한 영향을 미칠 수 있는가 하는 것이다.

여기에서 국가는 일정한 영토의 사법영역 내에서 독점적으로 법률적 강제를 행사할 수 있는 조직이라고 할 수 있으며, 경찰은 국가에 의해 주어진 '합법적인 물리적 강제력'을 독점적으로 가지고 '거리수준'(Street Level)에서 국가목표를 달성하기 위해 제반 활동을 하는 조직이라 할 수 있다. 그런데 만약 합법적인 물리적 강제력을 행사하는 경찰의 이러한 '국가독점권'(國家獨占權)이 민간부분의 참여에 의해 약화·희석되고, 아울러 형사사법시스템(Criminal Justice System) 전반에 걸쳐 이러한 현상이 나타나고 있다면, 이미 경찰조직의 변화 또는 개혁은 진행되고 있

---

10) TQS에 대한 자세한 내용은 Paul M. Whisenand & R. Fred Ferguson, *The Managing of Police Organization*, New Jersey: Prentice Hall, 1996, pp. 198~222 참조.

다고 보아야 할 것이다.

(2) 경제개혁

위에서 살펴본 국가개혁은 경제개혁과 밀접한 관련성을 갖는다고 본다. 경제적 안정성을 확보하는 것이야말로 정치의 근간이 되기 때문이다.[11] 바꿔 말하면, 경제적 불안정으로 인한 경기침체 및 실업률의 증가는 국민 또는 개인의 삶의 질을 떨어뜨리고 이는 범죄 및 무질서 문제에 적지 않은 영향을 끼친다고 볼 수 있다. 경제가 침체함으로써 실업률이 증가하고, 그에 따라 '생계형 범죄' 또는 '한탕주의형 범죄' 등이 증가한다고 볼 수 있다.[12]

그러나 경기침체는 비단 이러한 생계형 범죄의 증가 등에 국한되는 문제는 아니라고 본다. 경기가 나빠지게 되면, 실업 및 열악한 근무환경, 가정의 붕괴 및 해체 상황 등에 놓이게 되고, 이로 인해 불안감, 좌절감, 그리고 우울증 등이 사회전반에 만연되고, 이는 모든 인간이 바라마지 않는 '행복한 삶'은 고사하고, 인간의 가장 본질적인 욕구인 '생존욕구'(生存慾求)조차 달성하기 어렵게 하기 때문이다.

따라서 정치적인 관점에서 볼 때, 경제개혁을 어떻게 하는 것이 가장 바람직한 것인가 하는 문제는 국가안보와 더불어 가장 본질적으로 중요시되는 것이라고 볼 수 있다.

이러한 경제개혁과 관련하여 조직적 관점에서 볼 때, 가장 중요하게 논의 되어온 것 가운데 하나가 오늘날 생산체계가 '포드주의'(Fordism)에서 '포스트포드주의'(Post–Fordism)로 변화하고 있다는 점이다. 이전의 포드주의가 대량생산과 하향

---

11) ① 경제를 뜻하는 '이코노미'(Economy)는 어원적으로 그리스어 '집'이라는 뜻의 'Oikos'와 '법' 또는 '관리'라는 뜻의 'Nomos'가 합쳐진 말로서, '집안을 검소하고 알뜰하게 관리한다'는 의미에서 비롯되었다고 한다. 사전적으로는 Economy라는 것은 '한 나라 또는 한 지역의 돈, 산업, 그리고 무역 등이 이루어지는 시스템을 의미하는 것으로 되어 있다. ② 한편, '이코노미' (Economy)가 가정뿐만 아니라 국가 또는 사회전반에서 사용되면서 생긴 단어가 'Political Economy'라고 한다. 그리고 동양적 관점에서 경제(經濟)는 '경국제세'(經國濟世) 또는 '경세제민'(經世濟民)즉, '나라를 다스리고 인간세상을 구원한다'는 의미에서 비롯되었다고 한다. ③ 어쨌든, 경제적 행위에 대한 적절한 정치적 개입은 현대 자본주의사회에서 매우 중요한 요소임을 알 수 있다. 따라서 경제라는 것은 결국, 국가(State)와 시장(Market)의 관계를 어떻게 정립하느냐 하는 문제라고 볼 수 있다. 경제이론이라는 것은 국가가 시장에 대해 주도적인 역할을 하느냐, 아니면 국가의 개입보다는 시장의 자유로운 활동에 맡기느냐 하는 것에 대한 논의라고 볼 수 있다.
12) 최선우, 앞의 책, p. 133.

식 조직계층구조의 특징을 갖는다면, 포스트포드주의는 개혁에 중점을 두고 제품 또는 서비스의 양보다는 질적인 면, 개인의 취향에 맞는 생산, 그리고 그러한 욕구에 따른 유연한 조직설계 등에 우선을 두고 있다.[13) 따라서 현대조직은 시장변화에 적극적으로 대응하기 위하여 노동의 유연성과 조직구조의 분권화 등에 의한 새로운 '고객지향'적 조직문화를 추구하기 시작하였다. 이는 앞에서 설명한 국가개혁의 방향과도 같은 것이다.

포드주의와 포스트포드주의

포드주의(포드主義, Fordism)는 20세기 초 미국의 헨리 포드(Henry Ford, 1863-1947)에 의해 고안된 대량생산 시스템 또는 제2차 세계대전 후의 경제성장 모델을 의미한다. 포드의 이러한 개혁적인 사고는 당시까지 남아있던 수공업에 기반을 둔 기술집약적 생산 방식이 종료되고 새로운 형태의 자본주의 시장이 산업의 현장에 도래했음을 보여주었다.

① 포드주의의 특징
원래 '포드주의'라는 것은 포드가 그의 자동차회사에서 구현한 대량생산 공정을 뜻하는 말이었다. 그는 작업을 표준화·분업화하고, 이를 토대로 숙련된 노동자가 이동 조립라인에 따라 규격품을 대량으로 생산하는 것이 효율적임을 깨닫게 되었다. 그리고 이를 통해 대량생산이 가능해짐으로써 상품의 가격을 현저하게 낮출 수 있게 되었고, 당시로서는 흔하지 않았던 자동차를 일반적인 서민도 살 수 있게 되었다.

한편, 노동자는 단위 생산량이 높아지면서 다른 회사에 비해 많은 임금을 받을 수 있게 되었다. 저렴하게 생산된 상품의 가격과 임금의 증가는 소비를 증가시켜서, 대량생산과 대량소비의 시대를 촉발시켰다. 여기에서 주목할 만한 것은 이러한 포드주의식 접근방법은 종래의 '노동자 개념'을 바꾸었다는 점이다. 포드주의에 의해 만들어진 공장에서는 더 이상 기술집약적 산업의 모든 공정에 익숙한 노동자가 필요하지 않기 때문에, 노동자가 기술과 경영 전반에 참여할 수 있는 기회는 축소되었고, 노동운동은 조직화된 노동조합에 의존하게 되었다. 이에 따라 경영자와 노동조합과의 제도적인 타협이 발달하게 되었다.

포드주의는 두 번의 세계대전을 겪고 전후 복구를 하는 과정에서, 필연적으로 대두된 경제발전 시기에 시의적절한 산업 패러다임으로 작동했다고 볼 수 있다. 즉, 부족한 물자를 생산하는 과정에서 포드주의에 기반한 생산시스템은 저비용 대량생산을 가능하게 했고, 노동자의 임금은 상승하면서 결과적으로 대량소비가 가능했기 때문이다. 대량생산과 대량소비로 상징되는 포드주의는 점차 미국과 유럽뿐만 아니라 아시아의 경제발전을 이루는 데에도 기여하였다.

---

13) R. Murray, "The State after Henry," *Marxism Today*, May 1991, p. 25.

또한 포드주의는 자본주의의 성숙을 촉진하면서, 광고와 같은 3차 산업의 발달을 견인하는 역할을 하였다. 그리고 사회 전체적으로 일정한 경제수준을 가능하게 했으며, 대중적 교육수준이 향상되었고, 텔레비전 등 정보 미디어가 다양하게 공급되면서 대중정치가 가능하게 되었다.

② 포드주의의 한계

그러나 포드주의는 제한된 노동 시간 내에 일정한 생산량을 확보하기 위해 노동의 강도를 강화하였고, 노동과정 안에 남아 있는 자유공간을 제거함으로써 자본가의 노동통제(勞動統制)를 보다 확고히 하는 계기가 되었다. 또 표준화·분업화된 생산시스템 속에서 근로자 개개인은 오히려 전문성을 인정받기 어렵게 됨으로써 언제든지 대체 가능한 근로상황에 놓이게 되었다.

한편, 노동자들에 대한 통제강화에 따른 이들 노동자 계급의 저항을 막기 위해서 개별 자본의 수준에서 상대적 고임금을 지불하고, 그 대신 사회적 총자본의 수준에서는 소비양식의 재구성을 통해 대량생산과 대량소비를 이끌어 냈는데, 이는 장기적으로 볼 때, 자원고갈, 물질만능주의, 실업 등 많은 사회문제를 노정시켰다고 볼 수 있다.

그리고 포드주의는 산업분야의 모든 영역에서 적용될 수 있는 비전을 제시한 것처럼 보였으나 그 한계가 노출되었다. 즉, 이는 자동차 생산과 같은 대규모 시장에 표준화된 물건을 생산하는 산업에만 적용될 수 있다는 점이며, 또 기계화된 생산라인을 설치하는 것은 막대한 비용이 들고, 한번 설치된 생산라인은 다른 용도로 활용하기가 어렵다는 단점이 노출되었다. 더욱이, 1970년대 들어 대량생산을 통한 경제성장이 한계에 이르면서, 소외된 노동자 문제와 포화된 시장이 문제로 드러나기 시작하였다. 이러한 문제를 극복하기 위해서 등장한 것이 바로 포스트포드주의(Post-Fordism)라고 할 수 있다.

③ 포스트포드주의의 등장

포스트포드주의는 1970년대 이후, 컴퓨터의 대중화에 따른 지식기반 경제산업이 발달하면서 포드주의의 대체 개념으로 대두된 것이라 할 수 있다. 과거와는 달리 전반적인 소득 수준이 향상됨에 따라 소비자들은 대량소비에 싫증을 느끼고 '삶의 질'을 추구하게 된 것이다. 이에 따라 다품종 소량 생산, 전문화되고 개별적인 상품들의 확산, 새로운 정보기술의 출현, 여성의 사회 진출 증가와 같은 사회 변화가 촉진되기 시작한 것이다.

자료: http://100.daum.net/encyclopedia; https://ko.wikipedia.org.

그리고 이러한 개혁요소들이 민간부문의 기업에서 시작되었지만, 이는 곧 경찰조직과 같은 공공부문에도 서서히 확산되고 있음을 알 수 있다. 배귤리(Bagguley) 등은 여러 조사를 통해 이러한 현상을 확인하였는데, 조사결과 모든 경찰활동에 있어서 이러한 움직임이 현재 진행되고 있음을 발견하였다.[14] 이러한 현

---

14) P. Bagguley et al., Restructuring: Place, Class and Gender, London: Sage, 1990, p. 20.

상들은 노동의 유연화, 서비스기능의 구체화, 자체공급화, 하청계약화, 집약화, 분권화와 집권화 등으로 요약되고 있다.

① 노동의 유연화

여기서 노동의 유연화(Flexibilisation)는 이중노동시장의 발달을 의미하는 것으로, 이는 높은 보수를 받는 '핵심적 업무'와 낮은 보상을 받는 '그다지 중요하지 않은 업무' 간에 구별이 이루어지고 있음을 의미한다. 예컨대, 경찰관서 내의 단순 보조업무 등을 위해서 민간인을 고용하여 관련업무를 수행하도록 하는 것을 들 수 있다. 이는 여러 국가에서 현재 널리 시행되고 있는 현상이라고 볼 수 있다.

② 서비스기능의 구체화

서비스기능의 구체화(Materialization)는 서비스의 상품화를 의미하는 것으로, 이는 다른 것과 마찬가지로 서비스를 시장에서 사고 팔 수 있음을 의미한다. 예컨대, 필리핀 마닐라, 인도네시아 발리에서는 골프 및 카지노 등을 하고자 하는 여행객들이 일정한 비용을 경찰에 지불하면 에스코트서비스를 받을 수 있도록 하는 것을 들 수 있다.

③ 자체공급화

자체공급화(Self-provisioning)는 사람들로 하여금 스스로 관련서비스를 생산·공급할 수 있도록 고양시키는 것을 의미한다. 예컨대, 경찰이 지역주민 또는 개인을 대상으로 한 방범심방, 홍보, 지도, 계몽 등의 활동을 통해서 이들의 자경주의(自警主義)를 강화함으로써, 스스로가 직장과 가정 등의 안전에 대해서 일정한 조치를 취할 수 있도록 하는 것을 들 수 있다.

④ 하청계약화

하청계약화(Subcontracting)는 서비스생산이 저렴한 생산자에게 이전되는 것을 의미한다. 예컨대, 경찰관서 내의 시설보안·경비(Security)업무 등에 대해서 민간경비업체와 도급계약을 체결하여 관련업무를 수행하도록 함으로써, 전문성을 확보하고 아울러 비용을 절감하도록 하는 것을 들 수 있다.

⑤ 집약화

집약화(Intensification)는 조직관리자들이 주어진 목표를 달성하기 위하여 자신들이 자원을 보다 집약적으로 관리하는 것을 의미한다. 예컨대, 경찰책임자들이 조직 내의 인력, 시설·장비, 그리고 정보와 같은 경찰자원을 집약적으로 관리함으로써 효율성을 높이도록 하는 것을 의미한다.

⑥ 분권화와 집권화

마지막으로 분권화(Decentralization)는 서비스전달 즉, 경찰활동에 대한 책임과 권한을 가장 낮은 수준의 경찰조직 단위까지 적절하게 위임하는 것을 의미하고, 집권화(Concentration)는 경찰책임자들로 하여금 보다 강력하게 관리감독을 하도록 하는 것을 의미한다.

그런데, 이 두 가지 요소(즉, 분권화와 집권화)는 상호 모순적인 관계로 보일 수도 있는데, 새로운 조직유연성을 지향하는 데 있어서 두 가지 요소 모두 핵심적으로 고려되어야 할 사항이라 할 수 있다. 예컨대, 경찰조직이 치안정책을 수립하는 데 있어서는 집권화된 관점에서 접근하되, 현장운용과정에서는 분권화시키는 것을 들 수 있다. 물론, 이러한 분권화와 집권화를 지향하는 과정에서 의문이 제기될 수도 있다. 예컨대, 각 지역의 치안역량 강화를 위한 분권화가 실질적으로 이루어지고 있는지, 아니면 (실제는 철저한 집권화 경향을 띠면서 표면적으로는) 분권화를 지향하고 있지만, 이는 권한의 위임이 없는 단지 책임의 위임에 불과한 것은 아닌지 하는 것 등이다.

(3) 사회·문화개혁

현대사회는 과거와는 비교할 수 없을 정도로 복잡하게 얽혀 있으며, 동시에 급속도로 사회변화가 진행되고 있다고 볼 수 있다. 바꿔 말하면, 과거 전통사회로 거슬러 올라갈수록 그만큼 사회구조가 단순하였고, 사회변화의 속도가 서서히 이루어졌다는 것을 의미한다.

그리고 전통사회의 사회구성원들은 비록 계층화(階層化)가 이루어졌지만, 오늘날과 비교해 볼 때, 단순한 신분상의 계층화 등에 불과한 것이며, 또한 문화적으로도 현재보다는 동질성(同質性)을 유지하는 기간이 오래 지속되었음을 알 수 있다. 그러나 산업혁명 및 과학기술의 혁신과 사회적 가치의 변화(개인주의, 물질만능주의 등)는 사회계층화 및 분화를 보다 가속화시켰다고 볼 수 있다.

사회구조적으로 볼 때, 전통적인 신분상의 계층화 등이 여전히 잔존한 채, 종교·지역·성·국적·인종·민족·연령·세대 등과 같은 영역에서 사회계층화는 빠르게 확산되고 있다.[15) 또 개인주의적 사고가 팽배하면서도 동시에 저마다 자기가 속한 집단 및 지역 등에 대한 소속감이 강화되어 나타나기도 한다는 점이다.

한편, 이러한 계층화의 특징으로서 주목할 만한 것은 전통적인 신분상의 계층화 등은 주로 수직적 계층화를 의미한다면, 오늘날에는 수직적·수평적 계층화가 동시에 이루어지고 있다는 점이다. 긍정적인 관점에서 본다면, 이러한 사회적 계층화 또는 분화가 지향하는 사회적 다양성과 역동성은 현대사회가 발전할 수 있는 원동력으로 작용한다고 볼 수 있다.

그러나 이와 같은 긍정적인 측면뿐만 아니라, 이로 인한 부정적 측면 또한 적지 않다는 점이다. 예컨대, 종교집단 간의 갈등, 지역 간의 갈등, 남성과 여성 간의 갈등, 국적 또는 민족 간의 갈등, 세대 간의 갈등, 진보와 보수 간의 갈등, 인종간의 갈등 등이 우리 사회 곳곳에서 발생하고 있으며, 경우에 따라서는 심각한 범죄와 무질서 문제를 야기시키기도 한다는 점이다. 문화적 관점에서 볼 때, 이러한 사회계층간의 갈등은 저마다 가지고 있는 가치관 또는 신념체계가 상이하다는 데서 비롯된 것이라 할 수 있다.

백인우월주의(KKK)

> 지난 2017년 8월 미국 버니지아주에서는 극우 백인우월주의자들이 '피와 영토'라는 나치구호까지 외치며 폭력적인 시위를 벌이는 사건이 발생하였다. 이로 최소 3명이 숨지고 30여명의 사상자가 발생하는 유혈사태로 악화되자, 주정부는 비상사태를 선포하였다. 이 시위는 시의회가 백인우월주의의 상징인 '로버트리 장군'의 동상 철거를 결정한 것에 대한 항의에서 촉발된 것이었다.
>
> 미국의 백인우월주의를 상징하는 KKK(큐 클럭스 클랜: Ku Klux Klan)의 역사는 비교적 오래되었다. KKK는 2개의 서로 다른 조직을 의미하는데, 하나는 남북전쟁이 끝난 직후에 설립되어 1870년대까지 계속된 조직이고, 또 하나는 1915년에 창단되어 현재까지 지속되고 있는 조직이다.

---

15) 계층화가 진전되면 진전될수록, 이들 계층에 내재하는 문화적 다양성과 차별성이 증가한다고 볼 수 있다. 이 책의 제4장에서 상세하게 논의하겠지만 문화(文化, culture)라는 것은 '사회구성원들이 공유하는 전반적인 삶의 방식'이라고 할 수 있는데, 여기에는 언어, 지식, 관습, 그리고 기술과 물질적인 것 등 모든 것이 포함된다고 본다. 따라서 예컨대, 청소년들이 즐겨 사용하는 신조어(新造語: 예컨대, 개꿀잼, 개씹노잼, 개룡남, 고고씽, 고답이, 글설리, 낄끼빠빠, 낫닝겐, 더럼, 므훗하다, 빵셔틀, 복세편살, 솔까말, 시조새파킹, 여병추, 오나전, 정주행, 천조국, 케미, 할많하않 등)는 세대 간의 차이를 단적으로 보여주고 있다.

<KKK단과 이들의 로고>

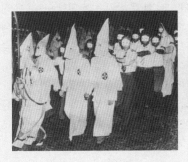 

① 19세기의 KKK

19세기 KKK는 원래 1866년 남부연합 참전용사들이 테네시주 펄래스키에서 조직한 친목 단체였다. 그들의 이름은 '단체'라는 뜻의 그리스어 '키클로스'(Kyklos)와 운을 맞추기 위해 사용한 '클랜'(Klan)을 합쳐서 만든 것이다. 이 단체는 남부의 재건을 급진적으로 추진했던 남부 백인들의 지하 저항조직의 성격을 가지고 있었다. 이 단체 단원들은 노예상태에서 해방된 흑인들을 겨냥한 협박과 폭력으로 백인우월주의를 확립하고자 하였다. 한편, 이와 유사한 조직인 '흰 동백꽃 기사단'이 1867년에 루이지애나에서 만들어졌다.

1867년 여름 이 단체는 이전의 남부연합 각 주 대표들이 참석한 테네시 주 내슈빌 총회에서 '보이지 않는 남부제국'으로 재편되었다. 이 조직의 편제는 최고 우두머리가 대(大)마법사(남부연합 기병대 장군 네이선 베드퍼드 포레스트가 초대 대마법사였다고 알려져 있음), 그 다음이 용·타이탄·키클로프스의 순으로 되어 있었다.

이 단체의 단원들은 미신을 믿는 흑인들에게 공포심을 주고, 연방정부의 점령군들이 자신들의 신분을 파악하지 못하도록 하기 위해 긴 수의를 입고, 해방된 흑인노예들과 그들을 지지하는 백인들을 야간에 급습하여 매질하고, 살해하기도 하였다.

② 20세기의 KKK

20세기의 KKK는 그 뿌리를 미국의 이민배척주의 전통에 두고 있다. 이 단체는 1915년 조지아주 애틀랜타 지역의 윌리엄 J. 시몬스 대령에 의해 조직되었다. 목사이기도 한 시몬스는 토머스 딕슨의 「씨족(The Clansman, 1905)」이라는 책과 D.W. 그리피스의 「국가의 탄생(The Birth of a Nation, 1915)」이라는 영화에서 영감을 얻었다고 한다.

이 조직은 대규모 외국인들이 미국으로 이민해 옴에 따라 미국사회의 인종적 성격이 바뀐데 대해 위협감을 느끼게 되었고, 따라서 이에 대한 백인 프로테스탄트들의 방어적 태도를 반영하였다.

이 단체는 1920년대에 절정을 이루었는데, 미국 전역에 걸쳐 400만명 이상의 단원이 가입하였으며, 회원권·기장·의복·출판물·의전서 등을 판매하여 조직운영 기금을 마련했다. '불타는 십자가'가 이 새로운 조직의 상징이 되었고, 흰 옷을 입은 이 단체 단원들이 전국에 걸쳐 행진, 퍼레이드, 야간의 십자가 소각 등의 의식을 실시하였다. 19세기의 KKK 단원들은 흑인에 대해서 적대감을 가졌던 데 반해, 새로운 이 단체의 단원들은 흑인뿐만 아니라 로마 가톨릭교도, 유대인, 외국인, 조직화된 노동자 등에 대해서도 편견을 가지고 있었다. 따라서 이들에 의해 일부 지역에서 비밀리에 폭탄 테러, 매질, 총격사건 등이 수없이 자행되었다.

이 단체는 20세기 말엽까지도 일부의 비밀활동을 계속했으나, 폭력사건은 줄어들었고 회원은 수천 명으로 감소하였다. 결국, 이 단체는 몇 몇 파벌을 형성하여 분열되었는데, 이들 중 일부는 신(新)나치 운동과 동맹을 맺었고, 또 다른 일부는 극우파 단체들과 동맹관계를 결성하기도 하였다.

자료: 중앙일보, 2017.8.13.; http://100.daum.net/encyclopedia.

이처럼 가치와 신념체계의 다양성과 역동성이 사회발전의 원동력이 되기도 하지만, 한편으로 우리는 이에 대한 보편적인 가치체계가 부재함으로써 야기되는 수많은 모순과 갈등을 경험하고 있는 실정이다. 우리사회의 경우, 과거 지나치게 정형화된 가치체계(예컨대, 유교이념 등)가 사회적 모순을 가져왔다면, 오늘날에는 지나치게 다양화된 가치체계가 사회적 모순을 증대시키고 있다고 볼 수 있다.16) 따라서 이러한 시점에서 다시 한번 우리가 처한 상황을 합리적·객관적으로 직시할 수 있는 지혜가 필요하다고 본다. 이는 가치에 대한 새로운 발상의 전환 또는 자아성찰(自我省察)이 이루어져야 한다는 것을 의미한다.17)

한편, 이러한 사회·문화의 개혁과 이로 인해 야기되는 사회적 갈등문제에 대해서 경찰은 적지 않은 어려움에 직면해 있음은 물론이다. 전통적으로 국가 및 사회의 체제유지기능을 담당하고 있으며, 따라서 보다 보수적인 성격을 가지고 있는 경찰조직이 이러한 문제에 어떻게 대응할 것인가는 하는 것은 쉽지 않고, 또 상당히 부담스러울 수도 있다고 본다.

즉, 사회·문화적 계층화로 인해 야기되는 범죄와 무질서 문제의 양적 증가 및 질적 심화에 대해서 현재와 같이 지역실정 등을 고려하지 않은 단일화되고,

---

16) 우리 사회의 보편적 가치문제와 관련하여서는 이인재, "한국사회의 도덕적 위기와 의식개혁의 과제," 치안문제, 1995, pp. 34~52 참조.
17) 이에 대해서는 Ulrich Beck/홍성태 역, 위험사회: 새로운 근대를 향하여, 서울: 새물결, 1997 참조.

경직된 경찰제도가 적절히 대응할 수 있는가에 대해서 의문이 제기되고 있는 것이다.

결국, 경찰이 능동적으로 대응하기 위해서는 사회·문화적으로 이루어지고 있는 변화와 개혁의 흐름을 반영하여, 이에 맞게 다양한 대응전략(치안정책의 변화, 경찰조직구조 및 인사관리시스템의 개편 등)을 모색하지 않으면 안 될 시점에 이른 것이다.

2) 직접적인 외부환경요인

이상에서 간접적 외부환경요인을 살펴보았는데, 사실, 이러한 요인들이 경찰활동의 성과와 관련하여 어떻게, 어느 정도 영향을 미치는지를 파악하는 것은 쉬운 일이 아니다. 이러한 외부환경요인들은 단기적으로는 경찰활동에 영향을 미칠 수 있다고 단정할 수는 없다. 하지만 장기적으로는 적지 않은 영향을 미친다고 본다.

이와는 달리 아래에서 논의하고자 하는 직접적인 외부환경요인은 경찰활동에 직간접적으로 어느 정도 영향을 미치고, 또 반대로 경찰활동 역시 이러한 외부환경 요인에 영향을 미칠 수도 있다고 본다. 직접적인 외부환경요인으로는 형사사법시스템의 한계, 범죄와 무질서 문제의 심화, 그리고 시민의 안전의식 증대 등을 들 수 있다.

(1) 형사사법시스템의 한계

경찰의 범죄 및 무질서 대응과 관련된 직접적인 외부환경으로서 가장 대표적인 것으로 검찰·법원·교정 등 다른 형사사법기관을 들 수 있다. 이미 앞에서 언급한 바와 같이 형사사법에 있어서 경찰은 일반시민들과 가장 밀접한 관계를 맺고 직접적으로 치안서비스를 제공하는 국가공권력으로 중요한 의의를 갖고 있으며, 따라서 경찰이 어떻게 대응하느냐에 따라 다음 단계인 기소와 재판, 그리고 행형과 교정대상의 양과 질을 좌우하게 된다.

그런데 경찰이 성공적으로 범죄예방과 수사를 했다 할지라도 다른 형사사법기관의 기능이 제대로 이루어지지 못한다면, 소기의 성과를 거둘 수가 없을 것이다. 예컨대, 검찰이 부적절하게 기소를 하고, 법원은 부적절한 재판을 하고, 교정기관이 부적절한 재소자 관리를 한다면, 경찰이 아무리 효율적으로 범죄에 대응했다 할지라도 소기의 성과를 기대하기가 어려울 것이다.

이들 네 개의 형사사법기관의 기능은 하나의 '시스템'(System)으로서 때로는 독자적으로, 때로는 긴밀한 상호작용 속에서 유기적으로 이루어지는 것이기 때문에, 어느 한 기관이라도 그 기능이 제대로 이루어지지 못한다면 문제는 심각해진다. 따라서 범죄 및 무질서 문제와 관련된 치안환경은 이러한 형사사법시스템 내에서 이루어지기 때문에 경찰의 역할한계는 불가피하게 나타난다.[18]

따라서 경찰의 기능 못지않게 다른 형사사법기관이 어떻게 제 기능을 수행하느냐가 무엇보다도 중요하게 된다. 바꿔 말하면, 경찰이 아무리 제 기능을 수행했다 할지라도 다른 형사사법기관이 제 기능을 수행하지 못하면, 그 부담은 다시 경찰에게 되돌아온다는 점이다.

전체적인 관점에서 볼 때, 경찰을 포함한 형사사법기관의 형사정책이 효율적이지 못했다는 사실은 예컨대, 전과자(前科者, Ex-convict) 현황에서 잘 나타나 있다. 여기에서 전과자는 과거에 형사사건으로 법원에서 벌금이상의 유죄의 확정판결을 한 번이라도 받은 적이 있는 자를 의미한다.[19]

<표 2-1>의 검거된 범죄자의 전과 현황을 보면, 최근 미상(未詳: 확실하거나 분명하지 않음)의 비율이 과거에 비해 최근 30%를 넘는 등 분석에 한계가 있음을 알 수 있다. 다만, 미상을 제외하고 합산하면, 전과가 있는 범죄자의 비율은 2010년에 64.5%에 이르고 있고, 그 이후부터 2013년 67.7%에 이르기까지는 증가 추세를 보이고 있다가, 2014년 67.5%, 2015년 67.4%로 소폭 감소한 것으로 나타났

---

18) 이상안, 신경찰행정학, 서울: 대명출판사, 1999, p. 23.
19) 일반적으로는 전과자와 재범자(再犯者, Second Offender)를 같은 의미로 사용하기도 하지만, 대검찰청에서 발행하는 「범죄분석」에서는 전과자와 재범자를 구별하여 통계를 제시하고 있다. ① 여기에는 수사 또는 재판이 계속 중이거나 구류형, 과료형, 보호처분, 기소유예(선도조건부 기소유예 포함), 공소보류, 기소중지처분 등을 받은 경우는 포함되지 않는다. 즉, 아직 형사절차 진행 중에 있는 사건의 피고인이나 경미한 사건을 저지른 범죄자에 대해서는 전과자에서 제외한 것이다. ② 재범자는 전회처분(前回處分)과 관련하여 벌금형 미만(구류·과료), 보호처분, 기소유예, 공소보류, 기소중지, 기소유예로 입건되어 송치된 자를 의미한다. 여기에서 전회처분이라는 것은 직전(直前)의 처분내용 또는 집행상황으로써 즉결심판, 기소유예, 선도유예, 수배중, 보호처분, 선고유예, 집행유예중, 보석·형집행정지중, 가석방, 형(재산형 포함)집행종료, 감호소출소 등을 의미한다. 법무연수원, 범죄백서, 2017, p. 511.

표 2-1 검거된 범죄자의 전과자 현황

(단위: 명, %)

구분	계	없음	1범	2범	3범	4범	5범	6범 이상	미상
2010	1,780,917 (100)	494,241 (27.8)	217,452 (12.2)	150,856 (8.5)	111,923 (6.3)	81,738 (3.5)	62,983 (3.5)	274,762 (15.4)	386,962 (21.7)
2011	1,727,176 (100)	434,904 (25.2)	196,043 (11.4)	135,246 (7.8)	100,958 (5.8)	73,624 (4.3)	56,428 (3.3)	254,769 (14.8)	475,204 (27.5)
2012	1,896,191 (100)	443,328 (23.4)	206,386 (10.9)	139,593 (7.4)	104,616 (5.5)	77,090 (4.1)	59,428 (3.1)	279,085 (14.7)	586,665 (30.9)
2013	1,907,721 (100)	420,239 (22.0)	203,255 (10.7)	141,860 (7.4)	103,798 (5.4)	77,353 (4.1)	61,040 (3.2)	292,755 (15.3)	607,421 (31.8)
2014	1,879,548 (100)	411,192 (21.9)	195,701 (10.4)	136,751 (7.3)	99,471 (5.3)	74,802 (4.0)	58,337 (3.1)	287,182 (15.2)	616,112 (32.8)
2015	1,948,966 (100)	416,301 (21.4)	195,253 (10.0)	135,757 (7.0)	98,909 (5.1)	75,009 (3.8)	59,094 (3.0)	295,455 (15.2)	673,188 (34.5)

자료: 대검찰청, 범죄분석, 각년도.; 법무연수원, 범죄백서, 2017, p. 517.

다. 전반적으로 살펴보면 최근 검거된 범죄자 중 전과자의 비율이 여전히 높게 나타나고 있어 전과자의 재범방지를 위한 형사정책적 대응마련이 시급함을 알 수 있다.[20]

또한 <표 2-2>에서 보는 바와 같이 전체 강력범죄(흉악: 살인, 강도, 방화, 성폭력)의 전과자 현황을 살펴보면, 이 역시 높게 나타나고 있음을 알 수 있다. 이는 이들 흉악범에 대한 사회교정 및 갱생기능이 내실 있게 이루어지고 있지 않은 것

표 2-2 강력범죄(흉악: 살인, 강도, 방화, 성폭력) 유형별 전과자 현황

(단위: 명, %)

구분	2010	2011	2012	2013	2015	2015
계	18,624 (100)	20,688 (100)	22,006 (100)	25,463 (100)	25,823 (100)	27,133 (100)
없음	6,594 (35.4)	7,308 (35.3)	8,003 (36.4)	9,634 (37.8)	10,209 (39.5)	11,102 (40.9)
있음	12,030 (64.6)	13,380 (64.7)	14,003 (63.6)	15,829 (62.2)	15,614 (60.5)	16,031 (59.1)

자료: 대검찰청, 범죄분석, 각년도.; 법무연수원, 범죄백서, 2017, p. 521.

20) 위의 책, p. 518.

이 주요원인으로 파악된다.

따라서 기존의 타성적으로 운영되어온 형사사법시스템에 대한 반성 및 이들 기관의 형사정책적 대응방식에 대한 전반적인 재검토가 요구된다. 아울러 기존에 보편적으로 받아들여져 왔던 범죄원인론·범죄현상론에 대한 새로운 인식도 필요하다고 본다. 이와 관련하여 최근 전통적인 결정론적 범죄통제전략뿐만 아니라, 범죄의 상황적 요인에 중점을 둔 범죄기회이론(Crime Opportunity Theory) 또는 상황적 범죄예방이론(Situational Crime Prevention Theory)이 활발히 논의되고 있는 것은 이러한 현실을 반영한 것이라 할 수 있다.21)

이들 이론은 모든 사람을 잠재적 범죄자로 가정하고 있다. 따라서 범죄자를 가변적 상황요인, 즉 범죄환경과 기회조건에 따라 행동하는 역동적인 존재로 본다. 과거에는 범죄를 개인의 속성에서 찾았으나 이 관점에서는 범죄기회가 주어지면 누구든지 저지를 가능성이 있는 것으로 본다. 이에 따른 범죄예방활동은 잠재적 범죄자들의 범죄기회를 제거하는 것이 최선의 대안이며, 정책대안은 세 가지 요소인 ㉠ 사람이나 재물 같은 범죄표적물에 대한 주의 깊은 보호, ㉡ 범죄수단에 대한 통제, ㉢ 잠재적 범죄자들의 행동에 대한 주의 깊은 추적 등을 기초로 이루어진다.22)

이러한 점에서 '환경설계를 통한 범죄예방'(CPTED: Crime Prevention Through Environmental Design)은 범죄통제를 위한 좋은 전략 가운데 하나로 등장하고 있음을 알 수 있다.23)

한편, 오늘날 전세계적으로 범죄 및 무질서 대응에 있어서 '커뮤니티'(Community)를 새롭게 해석하고 이를 적극적으로 활용하고자 하는 움직임이 전개되고 있다.

---

21) 이와 관련하여 이성식, "범죄의 상황적 요인에 관한 연구," 한국형사정책연구원, 1996; 최창운, "상황적 범죄예방전략에 관한 고찰," 한국공안행정학회보, 제7호, 1998.; 남궁구, "지역사회 경찰활동의 전략으로서 환경설계를 통한 범죄예방," 한국공안행정학회보, 제6호, 1997 등 참조.

22) 조철옥, 경찰학개론, 대영문화사, 2012, p. 410.

23) 이와 관련하여 최응렬, "환경설계를 통한 범죄예방에 관한 연구: 주거침입절도를 중심으로," 동국대학교 대학원 박사학위논문, 1994.; 박현호, 범죄예방환경설계: CPTED와 범죄과학, 서울: 박영사, 2014.; 한국셉테드학회 편찬위원회, 셉테드 원리와 운영관리, 한국셉테드학회, 2015 등 참조.; 환경이 인간행동에 어떠한 영향을 미치는가와 관련하여 환경결정론, 환경가능론, 환경개연론 등이 논의되고 있다. 어쨌든, 더 좋은 환경은 더 좋은 사회, 더 좋은 사람을 만드는데 일정한 기여를 한다는 점은 분명하다. 이러한 인식하에 적절한 도시설계 및 건축이 이루어짐으로써 좋은 공간과 장소환경을 조성하고(1세대 CPTED), 더 나아가 커뮤니티 내의 유대관계 등을 강화(2세대 CPTED)하면 범죄를 줄일 수 있다는 것이 CPTED의 핵심이라고 할 수 있다.

경찰활동 영역에 있어서 최근 활발하게 논의되고 있는 커뮤니티 경찰활동뿐만 아니라, 기소, 재판, 그리고 교정 분야에서도 커뮤니티에 기초를 둔 접근(Community Oriented Approaches)을 실시하고 있는 것은 이러한 현상들을 반영한 것이다.[24]

(2) 범죄문제의 심화

인간의 사회적 상호작용이 이루어지는 과정에서 나타나는 수많은 갈등요소(범죄문제 등)는 어떤 면에서 필연적으로 나타나게 된다는 점을 감안한다면, 일정수준의 범죄문제는 인간의 상호작용과정에서 나타나는 자연스러운 결과로 볼 수도 있을 것이다.

그리고 이와 같은 갈등문제는 인해 오히려 사회구성원들의 결속을 보다 강화시켜 준다는 주장도 설득력을 갖는다.[25] 그리고 사회가 복잡하고 다양해질수록 그만큼 사회구성원들 간의 갈등형태 또한 복잡하고 다양하게 나타날 것이다.

그런데 문제는 범죄와 무질서가 우리가 처한 사회환경과 비교해 볼 때, 양적으로 증가하고 질적으로 또 심화되고 있다는 점이다. 이는 우리사회가 허용할 수 있는 한계를 일정수준을 벗어날 수도 있다는 의미이며, 이로 인한 부작용은 고스란히 개개인의 삶의 질을 떨어뜨린다는 점이다. 또한 이러한 범죄문제의 양적 증가와 질적 심화는 이에 대응하는 경찰의 역량을 벗어난 것이라고도 할 수 있으며, 이는 결국 경찰의 한계요인으로 작용하게 된다.

이처럼 범죄문제는 국민의 안전과 직결되고 삶의 질을 평가하는 기준이 된다고 할 수 있는데, 범죄문제는 범죄로 인한 직접적인 피해뿐만 아니라 체감치안의 정도에 따라 일반시민 전체에도 영향을 미친다는 점에서 심각성을 갖는다. 범죄로 인한 당사자 및 관련가족의 육체적·물질적인 피해, 그리고 오늘날 크게 이슈화되고 있는 정신적 피해는 심각한 수준에 이르고 있는 것으로 나타났다. 또한 오늘날과 같이 대중매체가 발달한 환경 속에서는 범죄피해를 직접 경험하지 않은 일반시민들도 범죄와 관련된 각종 정보를 수없이 접하기 때문에 범죄에 대한 두려움 및

---

24) 이와 관련하여 R. Trojanowicz, et al., Community Policing: A Contemporary Perspective, O.H.: Anderson Publishing, 1998; Belinda Rodgers McCarthy & Bernard J. McCarthy, Jr., Community- Based Correction, New York:: Wadsworth Publishing Company, 1997 등 참조.
25) 뒤르켐(Durkheim, 1933)과 미드(Mead, 1918)와 같은 경우는 범죄가 커뮤니티를 통일시키고 강화시킨다는 순기능을 논하기도 하였다. 이윤호, 형사정책, 서울: 박영사, 1996, p. 4.

공권력에 대한 불신풍조가 늘고 있는 것이 사실이다.

통계적인 관점에서 이러한 범죄문제를 분석하는 것은 본질적으로 한계가 있지만, 범죄의 개괄적인 실태를 제시해 주고, 대안개발에 있어서 어느 정도 활용된다는 점에서 살펴볼 필요가 있다. 경찰의 입장에서도 과거에는 검거율 등 실적위주의 통계관리로 인하여 다수의 경미한 절도사건이 누락되는 등 정확한 통계가 산출되지 않았으나, 2000년을 '범죄통계원년'으로 선포하고, 범죄의 경중을 불문하고 모든 범죄를 정확하게 입력함으로써 통계의 신뢰성과 활용도를 극대화하고자 노력하고 있음을 알 수 있다.

표 2-3 전체범죄 발생 및 검거현황

(단위: 건, %)

구분	2014			2015			증감률		
	전체 범죄	형법 범죄	특별법 범죄	전체 범죄	형법 범죄	특별법 범죄	전체 범죄	형법 범죄	특별법 범죄
발생건수	1,933,835	1,016,209	917,626	2,020,731	1,047,761	972,970	4.5	3.1	6.0
범 죄 율	3,767.6	1,979.8	1,787.8	3,921.5	2,033.3	1,888.2	4.1	2.7	5.6
검거건수	1,518,792	705,861	812,931	784,441	784,441	854,108	7.9	11.1	5.1
검 거 율	78.5	69.5	88.6	81.1	74.9	87.8	3.3	7.8	-0.9

주: 범죄율은 인구 10만명당 범죄 발생건수를 의미함.
자료: 대검찰청, 범죄분석, 각년도.; 법무연수원, 범죄백서, 2017, p. 73.

한편, <표 2-3>에서 보는 바와 같이 2015년도 전체범죄 발생 및 검거 현황은 2,020,731건으로 전년 대비 4.5% 증가하였고, 검거건수도 1,638,549건으로 전년 대비 7.9%증가한 것으로 나타났다. 그리고 검거율은 81.1% 수준으로 나타났다.

그리고 지난 10년간 우리나라 전체범죄의 발생 및 검거 현황은 <표 2-4>에서 보는 바와 같다. 이 자료를 보면, 인구 10만명당 범죄율이 증감을 반복하고 있는데, 중요한 것은 범죄율이 여전히 감소하지 않고 있다는 점이다. 또 검거율 또한 크게 개선된 것도 없다고 볼 수 있다.

표 2-4 10년간 전체범죄 발생·검거 현황

(단위 : 건, 명, %)

구분	발생건수	범죄율	검거건수	검거율	검거인원
2006	1,829,211	3,733.7	1,572,074	85.9	1,717,011
2007	1,965,977	3,990.3	1,723,355	87.7	1,790,833
2008	2,189,452	4,419.5	1,917,528	87.6	2,246,833
2009	2,168,185	4,356.1	1,936,637	89.3	2,288,423
2010	1,917,300	3,795.5	1,625,241	84.8	1,780,917
2011	1,902,720	3,750.4	1,499,675	78.8	1,727,176
2012	1,934,410	3,796.8	1,488,756	77.0	1,896,191
2013	1,996,389	3,903.7	1,536,442	77.0	1,907,721
2014	1,933,835	3,767.6	1,518,792	78.5	1,879,548
2015	2,020,731	3,921.5	1,638,549	81.1	1,948,966

* 범죄율: 인구 10만명당 범죄 발생건수
자료: 대검찰청, 범죄분석, 각년도.; 법무연수원, 범죄백서, 2017, p. 74.

<표 2-5>에서는 지난 10년 동안 우리나라에서 발생한 강력범죄(흉악: 살인, 강도, 방화, 성폭력)의 현황을 보여주고 있다.[26] 이러한 강력범죄는 국민생활과 사회에 미치는 영향이 대단히 크며, 따라서 국가 치안질서의 근간을 위협하는 중대한 요인이 되기 때문에 이에 대한 경찰 등 형사사법기관의 대응능력을 더욱 높여야 한다고 본다. 그리고 특히, 2012년에 비해 최근 3년간 급증한 성폭력 범죄 등에 대해서 더 많은 관심과 노력을 기울여야 한다고 본다.

이상과 같이 범죄문제가 오늘날 크게 우려되고 있으며, 실질적으로 커다란 사회문제 가운데 하나로 떠오르고 있는 이유는 우리사회가 세계화·지방화·과학화 등에 편승하여 과거 어느 시기보다도 복잡·다양해지고 있기 때문이라고 볼 수 있다. 그리고 경제성장에 따른 소비욕구의 기형적인 분출로 향락문화와 과소비 사치 풍조가 만연하면서 범죄양상도 충동적이고 흉폭화되어 가는 경향이 있으며, 파급효과가 큰 반사회적·반인륜적인 범죄가 늘어 가고 있다는 점이다.

---

26) 살인범죄와 관련하여 미국의 경우, 1960년도 약 1억 8천만명의 인구 중에서 9,110명이 살인범죄로 피해를 당하였고, 1996년에는 약 2억 6천 5백만명의 인구 중에서 19,645명이 살인범죄로 피해를 당한 것으로 조사되었다. 이는 인구 10만명당 평균 약 5.1명에서 7.4명으로 살인범죄 피해자가 증대되었음을 보여 주는 한 예라 할 수 있다. Robert M. Bohm & Keith N. Haley, *Introduction to Criminal Justice*, New York: McGraw-Hill Company, 1999, pp. 34~55.

표 2-5 강력범죄(흉악: 살인, 강도, 방화, 성폭력) 발생현황

(단위 : 건, %)

구분	합계	살인	강도	방화	성폭력
2006	21,720(100)	1,064(4.9)	4,694(21.6)	1,685(7.8)	14,277(65.7)
2007	21,636(100)	1,124(5.2)	4,474(20.7)	1,694(7.8)	14,344(66.3)
2008	24,023(100)	1,120(4.7)	4,828(20.1)	1,946(8.1)	16,129(67.1)
2009	27,014(100)	1,390(5.1)	6,381(23.6)	1,866(6.9)	17,377(64.3)
2010	28,134(100)	1,262(4.5)	4,402(15.6)	1,886(6.7)	20,584(73.2)
2011	29,382(100)	1,221(4.2)	4,021(13.7)	1,972(6.7)	22,168(75.4)
2012	28,895(100)	1,022(3.5)	2,626(9.1)	1,882(6.5)	23,635(80.9)
2013	33,780(100)	959(2.8)	2,001(5.9)	1,730(5.1)	29,090(86.1)
2014	34,126(100)	938(2.7)	1,618(4.7)	1,707(5.0)	29,863(87.5)
2015	35,139(100)	958(2.7)	1,472(4.2)	1,646(4.7)	31,063(88.4)

자료 : 대검찰청, 범죄분석, 각년도.; 법무연수원, 범죄백서, 2017, pp. 86~87.

아울러 산업화·도시화의 진전에 따라 전문기술직, 관리직, 사무직 근로자가 증가하고, 이들의 사회적 역할이 확대되면서 이른바 '화이트칼라 범죄'(White-Collar Crime)가 증가하고 있다는 점도 주목할 필요가 있다. 이러한 화이트칼라 범죄는 사법적 규제영역의 허점을 이용하여 지능적으로 이루어지기 때문에 경찰이 이를 예방·통제하기가 쉽지 않다.

교통과 통신의 발달은 범죄의 광역화·기동화를 촉진하고 있으며, 첨단과학기술을 활용하는 지능적인 범죄가 증가하고, 각종 신종범죄가 속속들이 등장하고 있다. 또한 조직범죄 및 반인륜적 범죄가 사회분위기에 편승하여 국민의 불안감을 확산시키고 있으며, 마약류의 남용이 점차 보편화되고, 연령층도 갈수록 낮아지고 있어 개인뿐만 아니라 사회와 국가 전체에 악영향을 끼치고 있다.

그리고 학교폭력을 비롯한 청소년비행 문제가 심각한 사회문제로 대두되고 있다. 이러한 청소년비행은 비단 범죄행위뿐만 아니라 무단가출, 유해한 장소의 출입, 음주나 흡연, 약물남용, 성행위 등 제반 일탈행위를 모두 포함하고 있다. 이와 같은 비행은 청소년의 사회화과정과 밀접한 관련이 있는 가정·학교·대중매체 등이 부적절하게 또는 불균형적으로 작용할 때 발생하게 되며, 특히 가정이 중요한 역할을 하게 된다. 청소년비행자 및 범죄자의 가정환경을 살펴 보면, 부모가 맞벌이 등으로 무관심하거나 지나친 과잉보호 등에서 비롯되는 경우가 많으며, 결손가정의 경우가 전체의 약 20% 정도를 차지하고 있어 이혼 등에 의한 가족의 해체도 중요한 원인이 되고 있음을 보여 주고 있다. 가정과 더불어 학교는 청소년들의 성장에 지대한 영향을 미치고 있는데, 입시위주의 교육환경은 청소년들에게 중압감과 좌절감을 안겨 주게 되고, 나아가 비행을 저지르게 하는 원인이 되고 있으며, 심지어는 자살과 같은 극단적인 결과를 선택하는 경우도 적지 않게 발생하고 있다.

이와 함께 최근 들어서는 대중매체 등 사회유해환경이 청소년들에 미치는 파급효과가 큰 것으로 나타나고 있는데, 특히 컴퓨터 통신이 보편화되면서 사이버공간상에 온갖 음란정보가 청소년들에게 무방비로 노출되어 있어 심각함을 더해 주고 있다. 결국 청소년비행은 가정과 학교, 그리고 사회라는 생활환경 중 어느 하나라도 균형을 잃게 되면 언제라도 일어날 수 있는 것이며, 기성세대들의 불법과 부도덕이 그대로 반영되고 표출되어 나타난다고 할 수 있다.

사이버 치안환경의 변화와 사이버범죄

정부에서 실시한 2015년 인터넷이용 실태조사에 따르면, 전체 가구 중 98.8%에서 인터넷 접속이 가능하고, 만 6세 이상 인구의 82.6%가 스마트기기를 보유하는 등 우리나라는 세계 최고 수준의 IT인프라를 보유하고 있는 것으로 나타났다. 따라서 무선 인터넷이 일상화된 것은 어제 오늘이 일이 아님을 알 수 있다.

그러나 이러한 정보통신기술을 악용한 해킹, 악성코드 유포, 인터넷을 통한 자살·청부, 장물·마약거래, 명예훼손, 개인정보침해, 사이버금융범죄 등이 지속적으로 발생하고 있으며, 특히, 랜섬웨어, 이메일 무역사기 등 신종범죄의 확산도 가속화되고 있다.[27] 그리고 무인자동차 등 각종 IOT 기기들의 등장, 드론의 대중화, 클라우드서비스의 보급 확산 등으로 사이버공간이 무한히 확장되고 있으며, 이에 따른 보안 이슈도 점차 확대될 것으로 예상된다.

2015년 사이버범죄는 총 144,679건이 발생하였고, 104,888건을 검거하여 발생건수 대비 검거건수는 72.5%에 이르고 있다. 발생현황을 유형별로 살펴보면 인터넷 사기(직거래·게임·쇼핑몰 등)가 81,849건으로 가장 많았고, 사이버 저작권침해가 18,770건, 사이버 명예훼손·모욕이 15,043건, 사이버금융범죄(스미싱·파밍·피싱·메모리해킹)가 14,686건으로 그 뒤를 이었다. 이러한 사이버범죄 발생건수가 전년 대비 31.4% 증가했으나, 적극적인 검거 활동으로 검거건수 또한 작년 대비 45.8%, 검거율은 7.2% 증가한 것으로 나타났다.

표 2-6 유형별 사이버범죄 발생·검거 현황(2015)

(단위: 건)

구분	총계	정보통신망 침해범죄					불법컨텐츠 범죄					
		소계	해킹	DDos등	악성 프로그램	기타	소계	음란물	도박	명예회손 모욕	스토킹	기타
발생	144,679	3,154	2,247	40	166	701	23,163	4,244	3,352	15,043	134	390
검거	104,888	842	524	19	74	225	17,388	3,475	3,365	10,202	124	333

구분	정보통신망 이용범죄					
	소계	인터넷 사기	금융 범죄	개인위치 정보침해	저작권 침해	기타
발생	118,362	81,849	14,686	609	18,770	2,448
검거	86,658	68,444	7,886	296	8,832	1,200

자료: 경찰청, 경찰백서, 2016, p. 152.

(3) 시민의 안전의식 증대

민주주의가 발전하고 자유시장경제원리가 보편화됨에 따라 시민은 자신의 안전을 위한 개인적·집단적 노력에 보다 많은 관심을 기울이고 있음은 부인할 수 없는 사실이다. 개인의 소득이 증대하고 생활이 풍요로워짐에 따라 삶의 질에 대한 욕구가 더욱 증대하면서 '안전에 대한 욕구'는 더욱 중요한 가치로 인식하기에 이른 것이다. 매슬로우(A. H. Maslow)가 지적한 바와 같이,[28] 인간의 가장 본질적인 욕구에 해당하는 생리적 욕구(Physiological Needs)와 더불어 안전에 대한 욕구(Safety Needs)는 인간의 보다 나은 삶(자아실현에 이르기까지)의 가치를 위해서 선행되어야 할 기본요소라 할 수 있다.

따라서 과거보다도 현재에 이르러 시민들이 경찰에 대해 기대하는 수준은 상

---

27) 2015년 4월에는 국내 인터넷 커뮤니티를 통해 랜섬웨어가 접속자에게 대량으로 유포되는 사례도 발생하였다. 랜섬웨어의 경우 금원으로 가화폐(비트코인)을 요구하는 등 추적이 어려워 향후 크게 증가할 것으로 전망된다. 이메일 무역사기 또한 무역업체를 대상으로 피해사례가 지속적으로 나타나고 있다. 경찰청, 경찰백서, 2016, p. 152.

28) Jay M. Shafritz & J. Steven Ott(eds.), *Classic of Organization Theory*, New York: Wadsworth Publishing Company, 1996, pp. 164~168.; 매슬로우(A. H. Maslow)는 자신의 임상경험을 바탕으로 1943년에 인간의 내부에 잠재하고 있는 욕구는 상대적 중요성에 따라 가장 기본적인 차원인 생리적 욕구에서부터 최고차원인 자기실현의 욕구까지 5단계의 계층을 이루고 있다고 주장하였다. 그 단계는 1단계 생리적 욕구, 2단계, 안전·안정의 욕구, 3단계 사회적 욕구, 4단계 존경의 욕구, 5단계 자기실현의 욕구 등으로 구분한다. http://100.daum.net/encyclopedia.

대적으로 높아지고 있다고 볼 수 있다. 경찰은 획기적인 제도적 개선 또는 개혁 없이 종래와 같이 경찰활동을 일상적으로 수행하고 있는데, 시민의 요구수준은 상대적으로 높아지고 있다는 것은 무엇을 의미하는가? 이는 범죄문제에 대한 시민의 인식전환을 의미하는 것이며, 아울러 경찰의 역할 및 정체성에 대한 시민의 한계인식을 의미하는 것이라 할 수 있다.

어쨌든, 시민의 안전의식의 증대는 범죄와 관련하여 개개인의 자경주의(Vigilantism)를 강화시키고 있으며, 따라서 경찰의 역할에만 전적으로 의존하는 전통적인 사고방식에서 벗어나고 있다는 점에 대해서 주목할 필요가 있다. 사실, 경찰이 제공하는 치안서비스는 기본적으로 거시적 측면에서 커뮤니티 내의 공적 공간과 장소에 대한 안전과 관련된 것이며, 개인과 기업 등의 사적 공간과 장소에 대한 안전은 결국 당사자가 담당해야 한다는 것은 일정부분 타당성을 갖는다.[29]

이러한 배경 속에서 시민이 범죄예방 등의 활동에 참여하는 방법은 크게 두 가지로 구분될 수 있는데,[30] 먼저 '책임있는 시민의식'(Responsible Citizenship)을 들 수 있다. 이는 국가에 의해 공식적으로 허가를 받거나 지원받는 형태를 말한다. 이와 관련하여, 국가 또는 지방자치단체에 의한 '이웃공동감시' 지원사업을 들 수 있다. 이를 위해서 예컨대, 특정지역을 중심으로 경찰의 관리 및 지원하에 이웃주민들로 구성된 일종의 '활동 팀'에 의해 순찰 및 여러 가지 보호·봉사활동 등을 실시하도록 하는 것을 들 수 있다. 이러한 시민의 참여활동을 지속적으로 지원하기 위하여 경찰인력의 추가적인 배치 및 신규채용도 고려할 수 있을 것이다. 다음으로 '자발적인 시민의식'(Autonomous Citizenship)을 들 수 있다. 이는 커뮤니티 내의 개인 또는 집단이 국가의 관여 또는 일정한 지원 없이 자체적으로 순찰 및 여러 가지 보호·봉사활동 등을 실시하는 것을 의미한다.

이상과 같은 두 가지 형태의 시민활동이 외견상 뚜렷하게 증가하는 형태로 나

---

29) 뉴만(O. Newman)이 제시한 방어공간 개념 즉, ① 사적 공간(private area), ② 준사적 공간(semi-private area), ③ 준공적 공간(semi-public area), ④ 공적 공간(public area)에서 볼 때, 경찰의 활동영역은 제한적이라는 것을 의미한다. 이는 경찰과 같은 공경비가 평상시에 범죄와 같은 여러 가지 위해로부터 시민을 보호해 줄 수 있는 공간은 주로 '길거리'(street)와 같은 '공적 공간 또는 장소'를 중심으로 이루어질 수밖에 없다는 것을 의미한다. Oscar. Newman, *Defensible Space: Crime Prevention Through Urban Design*, N.Y.: Macmillan Publishing Company, 1973, pp. 9~10.; 최선우, 민간경비론, 인천: 진영사, pp. 186~189.
30) Les Johnston, *op. cit.*, pp. 62~63.

타나고 있는 것은 아니지만, 오늘날 여러 국가에서 이러한 활동들이 서서히 진전되고 있음은 주지의 사실이다.

한편, 시민의 안전의식 증대는 경찰에 대한 불신에서 비롯되었든, 아니면 경찰의 본질적 한계를 인정하였든 간에 자경주의적 차원에서든 간에 민간경비(Private Security)가 성장하는 계기가 되었다. 시민의 범죄문제 등에 대한 인식변화는 민간경비가 제공하는 치안서비스에 관심을 갖게 하였고, 소득수준이 증가함에 따라 이에 대한 수요를 증대시켰기 때문이다. 따라서 수많은 개인과 기업은 민간경비가 제공하는 치안서비스를 이용하는 고객이 되었고, 공공기관 역시 주요 고객이 되고 있음은 물론이다. 이에 따라 오늘날 민간경비는 범죄 및 손실예방 등과 관련된 치안서비스를 전문적으로 생산·판매하는 하나의 거대한 '산업'로 발전하고 있다.

쉬어링과 스텐닝(C.D. Shearing & P.C. Stenning)은 20세기 후반 사회의 주요특징으로서 기존의 자본주의관계를 변화시키는 '거대 민간소유재산'(Mass Private Property)의 출현을 지적하고 있다.[31] 이들은 국가차원의 근대경찰의 출현은 개인의 자유와 재산권 등의 보호와 관련되어 있으며, 민간경비의 출현은 '지리학적으로 광범위하게 연결된 거대 민간소유재산'의 등장에 대한 결과로써 나타난 것이라고 하였다. 경찰의 치안활동만으로는 크게 확대된 민간소유의 재산을 보호하는 데 있어서 한계가 있기 때문이다.

오늘날 쇼핑센터(백화점, 홈플러스, 이마트 등)와 같은 거대 민간소유재산의 영역 내에서 국가차원의 경찰활동은 근본적으로 애매모호한 사회적 관계를 형성하고 있다. 일반적으로 개인영역은 사생활보호 차원에서 공공의 접근이 가능한 한 제한되고 있지만, 쇼핑센터의 경우 민간소유재산임에도 불구하고 경찰의 접근을 특별히 제한하고 있지는 않다. 즉, 쇼핑센터는 항상 불특정 다수의 고객이 이를 이용하도록 함으로써 영리를 추구하기 때문에 이에 대한 경찰의 접근을 근본적으로 제한할 수는 없는 것이다. 그러나 경찰이 이러한 장소에까지 접근하여 범죄 및 손실예방 등의 활동을 수행하는 것은 현실적으로 쉬운 일이 아니다.

---

31) C.D. Shearing & P.C. Stenning, "Modern Private Security: Its Growgh and Implications," in M. Tonry & N. Morris(eds.), *Crime and Justice: An Annual Review of Research*, Vol. 3, Chicago: University of Chicago Press, 1981, p. 229.

따라서 쇼핑센터에서는 각 매장의 범죄예방 및 질서유지 등을 위하여 민간경비를 자체적 또는 계약을 통하여 고용하고 있다. 여기서 민간경비는 소비자(시민)의 소비욕구를 최대로 활용하기 위해 이들의 접근성을 극대화하는 동시에, 들치기·걸인·부랑자·음주자·불량청소년 등 정상적인 상업적 활동을 침해하는 사람들의 불법적 행위를 통제하는 역할을 수행하고 있다.

한편 스피처(S. Spitzer)는 이러한 논쟁에 더하여, 민간경비의 치안유지활동은 고객의 소비활동을 안전하게 해줄 뿐만 아니라, 더 나아가 시큐리티 자체의 상품화를 가속화시키고 있다고 하였다.[32] 그의 논점은 오늘날 민간경비가 제공하는 치안재(治安財) 또는 치안서비스는 그 이용에 따른 효과가 나타나기 때문에 다른 상품처럼 시장에서 사고 팔리며, 따라서 다양한 형태의 시큐리티 관련 상품이 개발 시판된다는 것으로 요약되고 있다.

그러나 문제는 CCTV 등 감시장치, 센서 등 감지장치, 열쇠와 같은 잠금장치, 경비봉·가스총 등 호신·방호장비, 그리고 경비원의 순찰 및 출동서비스 등 여러 가지 시큐리티 관련 상품을 객관적으로 소비하였다 할지라도 그것을 이용하는 고객의 안전성과 관련된 심리적·주관적 상태가 이에 대응하여 개선되지 않는 경우도 없지 않다는 점이다. 따라서 현실에서는 그가 주장한 것에 대한 반대의 상황도 발생할 수 있다는 것이다. 바꿔 말하면, 고객이 민간경비가 제공하는 시큐리티 상품을 구매하고, 그에 대한 비용을 지불할수록 보다 많은 두려움과 불안감을 느낄 수도 있다는 점이다. 물론 이러한 이유로 고객의 시큐리티에 대한 관심은 (범죄 등 실현되지 않는 상황을 대비하여) 이에 대한 지속적인 수요를 창출하게 해줄 것이다.

이러한 이유로, 오늘날 민간경비가 사회의 수많은 영역에서 활동하고 있음은 주지의 사실이며, 선진국으로 갈수록 그 역할은 더욱 확대되고 있음은 물론이다. 또한 미국과 같은 선진국의 경우, 민간경비는 그 규모면에서 경찰의 그것을 능가하고 있는 실정이며, 우리나라의 경우에도 이러한 추세에 함께 하고 있다. 민간경비가 크게 발전하고 있다는 것은, 바꿔 말하면 치안수요 증가 및 민간경비의 역할이 점차 많은 비중을 차지하고 있다는 것을 의미하는 것이다.

---

32) S. Spitzer, "Security and Control in Capitalist Societies: the Fetishism of Security and the Secret Thereof," in J. Lowman, R.J. Menzies & T.S. Palys(eds.), *Transcarceration: Essays in the Sociology of Social Control*, Aldershot: Gower, 1987, p. 50.

표 2-7 각국 경찰과 민간경비의 규모비교[33)

구분	년도	경찰		민간경비	
		조직형태	인력	조직수	인력
미국	2000	자치경찰	700,000명	152,300업체	1,883,000명
일본	2017	혼합경찰	296,667명	9,434업체	543,244명
한국	2016	국가경찰	114,658명	4,570업체	147,049명

자료: William C. Cunningham et al., Private Security Trends: 1970 to 2000 The Hallcrest Reports Ⅱ, Washington: Hallcrest System Inc., 1990, pp. 175~176, p. 229; 일본경찰청(https://www.npa.go.jp).; 경찰청, 경찰통계연보, 2017, p. 6, p. 76.

결국, 경찰은 나날이 복잡·다양해지는 치안환경 속에서 치안서비스의 '대안적 생산자'라 할 수 있는 시민 그리고 민간경비 등과 어떻게 상호작용하는 것이 바람직한 것이지에 대해 진지하게 고민해야 할 시점에 이르렀다고 볼 수 있다.

3) 내부환경요인

급변하는 치안환경에 적절하게 대응하기 위해서는 경찰은 일정한 조직역량을 갖추고 있어야 한다. 이는 일정규모의 경찰인력, 시설, 장비, 그리고 예산과 같은 경찰자원(警察資源, Police Resources)이 확보가 되어야 한다는 것을 의미한다. 물론, 이러한 경찰자원의 확보는 국가의 조세정책 및 다른 국가행정과의 균형 속에서 책정되기 때문에 경찰조직의 입장에서는 항상 만족스러운 것은 아니라고 본다.

본질적으로 경찰행정은 국가행정의 일부로서 제한된 예산범위 내에서 이루어지기 때문에 한계를 안고 있다. 자원의 효율성 문제를 무시하고 경찰자원을 무제한적으로 사용할 수 있다면, 첨단 장비를 구비하고, 아울러 경찰관 1인당 담당인구수를 1명 또는 1가구로 할 수 있을 것이다. 이렇게 되면 범죄 및 무질서 문제는 상당부분 감소될 수도 있을 것이다. 그러나 국가재정상 이러한 것은 현실적으로 불가능하며, 특히 오늘날과 같이 행정의 축소화 경향 속에서 공공자원의 배분문제

---

33) ① 미국의 경찰과 민간경비는 홀크레스트 보고서(Ⅱ)의 예측에 의한 것이다. 참고적으로 1990년의 경우 민간경비는 1,493,000명, 107,000업체의 규모였으며, 경찰은 600,000명에 이르고 있다. ② 2017년 현재 일본의 전체 경찰인력 296,667명(100.0%) 가운데, 자치경찰(도도부현경찰)은 288,819명(약 97.4%)이며, 국가경찰(경찰청)은 7,848명(약 2.6%)에 이르고 있다. 일본경찰청(https://www.npa.go.jp).

는 보다 첨예하게 대두되고 있음을 인식해야 할 것이다.

표 2-8 경찰예산의 변화 추이

(단위: 백만원, %)

구 분	1995	2000	2005	2010	2015
경찰예산	2,936,327	3,701,069	5,823,398	7,503,578	9,385,591

자료: 경찰청, 경찰통계연보, 2016, p. 12.

표 2-9 각국의 경찰관 1인당 담당인구 비교(2015)

(단위: 명)

한국	미국	영국	프랑스	독일	호주	일본
456	427	422	322	306	384	493

주: 일본은 2014년 기준임.
자료: 경찰청, 경찰백서, 2016, p. 353.

경찰이 주어진 치안환경에 대응하는 데 있어서 주어진 자원이 어느 정도 확보되어 있느냐와 함께 그렇게 주어진 자원을 얼마나 잘 활용하느냐 하는 문제도 중요한 관건이 된다. 비록 경찰자원이 제한되어 있지만, 이를 최대한 효율적으로 활용했을 때, 그 결과로 나타나는 치안환경은 보다 긍정적으로 나타날 수 있기 때문이다. 이를 위해서는 적절한 경찰예산확보 및 효율적인 예산관리정책을 모색하는 데서 시작된다고 본다.[34]

그러나 경찰자원을 운영하는 과정에서 비효율성 문제는 항상 제기되고 있다. 예컨대, 경찰정책관련 의사결정을 내리는 경우, 경찰조직의 하위부서를 설치하는 경우, 순찰인력을 배치하는 경우, 범죄수사 인력을 배치하는 경우, 경찰장비를 도

---

[34] <표 2-8>에서 보는 바와 같이 2015년 경찰예산은 약 9조 3,856억원에 이르고 있다. 이 가운데 인건비가 약 7조 1,380억원(76.0%), 시설유지 등 기본경비가 약 3,920억원(4.0%), 주요사업비가 약 1조 6,886억원(19%), 그리고 특별회계가 약 865억원(1%)의 수준에 이르고 있다. 이처럼 경직성 경비인 인건비와 기본경비가 전체의 80%를 차지하고 있기 때문에 나머지 예산 가운데 19%를 차지하는 주요사업비를 최대한 효율적으로 운용할 수 있는 방법을 모색해야 할 것이다. 또 기존의 경직성 경비에 대한 재평가 역시 이루어져야 한다고 본다. 예컨대, 경찰교육시스템의 재검토, 장비의 현대화를 통한 경찰인력의 조정 등도 논의할 수 있을 것이다. 최선우, 경찰학, 서울: 그린, 2017, p. 388.

입하는 경우, 교통 계몽·단속·지도를 하는 경우, 집단시위에 대응하는 경우 등 조직운영상에 있어서 나타나는 수많은 활동들을 효율적으로 운용하는 것은 결코 쉬운 일이 아니다. 또한 실제 운영에 있어서 부적절한 경우도 적지 않게 나타나고 있는 것이 사실이다.

물론, 범죄대응에 대한 경찰의 한계가 외부적인 요인에 의한 것인지, 아니면 경찰내부적인 요인에 의한 것인지는 명확하지 않다. 다만 부적절한 내부적인 조직운영 또한 일정부분 연관되어 있음은 분명한 사실이라고 본다.

따라서 경찰의 범죄예방 및 대응능력에 대한 긍정적인 평가도 있지만, 반면 회의적인 평가 역시 없지 않다. 경찰력의 증대와 범죄율 감소와의 어떠한 연계성을 발견하는 데 실패하였으며, 경찰조직에서 채택된 주요범죄 대응전략들이 범죄통제에 어떠한 영향도 미치지 못하고 있다는 것이 밝혀지고 있기 때문이다. 이와 관련하여 비슷한 사회적 조건을 갖는 도시를 선정하여 경찰력과 범죄율 간의 관계에 있어서 어느 정도 차이가 나타나는지를 밝히고자 하는 노력이 이루어졌다. 조사결과, 보다 많은 범죄가 발생하는 도시일수록 보다 많은 경찰력을 보유하고 있는 것으로 나타났다.

예컨대, 1987년 미국에서 인구 100만명 이상의 도시들이 인구비에 대하여 가장 높은 경찰력을 갖고 있는 것으로 나타났는데(인구 10만명당 경찰 320명), 이들 대도시들은 또한 강력범죄의 발생율이 가장 높은 것으로 나타났다. 또한 1990년 시애틀과 휴스턴은 LA에 비하여 인구비에 따른 경찰관의 수가 1/3이나 적었지만(인구 10만명 당 409 대 282), 발생하는 폭력범죄는 1/4에서 1/3 가량 적게 발생한 것으로 나타났다. 따라서 어떻게 보면, 범죄율의 차이는 경찰관의 수에 영향을 받지 않는다는 것을 의미하는데, 이는 이미 1967년 미국 법집행과 사법행정에 관한 대통령위원회(The President's Commission on Law Enforcement and The Administration of Justice)에서 밝혀진 바 있다.[35]

이 밖의 다른 조사에서도 범죄율과 경찰관의 수는 특별한 관계가 없다는 것이 밝혀진 바 있다. 즉, 미국은 1970년에서 1990년에 이르는 동안 인구비례하에 경찰관의 수는 70.7% 증가하였지만, 강력범죄는 78.8% 증가하였고, 폭력범죄는 147%

---

35) D.H. Bayley, *Police for the Future*, New York: Oxford University Press, 1994, pp. 3~4.

나 증가한 것으로 나타났다. 오스트레일리아(호주)는 1970년에서 1990년에 이르는 동안 인구비례하에 경찰관의 수는 25% 증가하였으나, 범죄율은 115% 증가한 것으로 나타났다. 영국의 경우, 1977년에서 1990년에 이르는 동안 인구비례하에 경찰관 수는 12% 증가하였으나, 범죄율은 67%로 증가하였다. 캐나다의 경우 1970년에서 1990년에 이르는 동안 인구비례하에 경찰관의 수가 16% 증가하였으나, 범죄율은 34% 증가한 것으로 나타난다.[36] 그리고 우리나라의 경우, 1970년에서 2000년에 이르는 동안 인구비례하에 경찰관의 수는 34.6%, 범죄율은 무려 221%나 증가한 것으로 나타났다.[37]

세계적으로 볼 때, 제2차 세계대전 이후 경찰관의 수는 범죄율의 증가와 함께 하였으며, 커뮤니티는 그 지역에 범죄율이 높아질수록 경찰인력을 증대시켰으나, 범죄율의 증가에 아무런 영향을 끼치지 못한 것으로 나타났다. 반대로 이러한 문제제기 이후 커뮤니티 내의 경찰인력을 줄였을 경우 범죄율이 어떻게 변할 것인가를 밝히고자 하는 연구가 시도되었는데, 그 결과는 놀랍게도 범죄율에 아무런 영향을 미치지 않은 것으로 나타났다.[38]

이상과 같은 경험적 사실들을 토대로 경찰인력의 증원 및 경찰예산의 증대가 동일한 수준의 질적·양적 경찰활동결과를 가져다 준다고 가정을 할 수 없게 된 것이다. 또한 범죄예방 및 범죄통제와 관련하여 경찰활동의 효과성을 평가하는 데 있어서 기존에 수행되었던 경찰활동이 제 기능을 수행하지 못하고 있는 것으로 나타났다. 이러한 경찰활동은 크게 세 가지 영역, 즉 제복경찰에 의한 순찰활동, 긴급연락에 대한 대응활동, 범죄수사활동으로 구분할 수 있는데, 이의 비효과성이 제기된 것이다.

조사에 의하면, 먼저 제복경찰의 순찰활동의 정도가 범죄율, 범죄피해자화 또는 시민의 만족에 어떠한 영향을 미치는지를 밝혀내지 못하였다. 다만 도보순찰이 차량에 의한 순찰보다 약간 유용한 것으로 나타났는데, 비록 도보순찰이 범죄발생량에 영향을 미치지는 못하지만, 시민들의 범죄에 대한 두려움을 감소시켜 주고, 경찰서비스에 대한 만족도를 가져다줌으로써 시민들의 심리적 안정감에 어느 정

---

36) *Ibid.*, p. 6.
37) 경찰청, 경찰통계연보, 1998; 경찰청, 경찰백서, 2000.
38) Erdwin Pfuhl Jr., "Police Strikes and Conventional Crime," *Criminology*, Vol. 21, 1983, pp. 489~503.

도 효과를 가져다주는 것으로 나타났다. 요약건대, 도보순찰이 범죄예방에는 특별한 영향을 미치는 것은 아니지만, 시민들을 심리적으로 보다 편안하게 해 준다는 것이다.[39]

그리고 종래의 범죄억제모델에서는 긴급연락·즉응체제에 대한 경찰의 신속한 대응은 범죄자의 체포율을 높이고, 더 나아가 형선고 및 집행의 기회를 증대시킴으로써 범죄예방효과를 가져온다고 가정하고 있다. 그러나 조사에 의하면, 경찰이 범죄현장에 도착하는 시간을 감소시키는 것이 범죄자가 체포될 기회를 증대시킨다는 것을 밝혀내지 못하였다. 또한 경찰이 1분 이내에 범죄현장에 도착하지 않는 한, 범죄현장에 도착하는 시간을 단축시키는 것이 범죄자의 체포에 특별한 효과가 없다는 것을 발견하였다.[40] 물론, 경찰이 범죄발생을 예측하여 특정시간, 특정지역에 미리 배치되어 있다면 효과적으로 범죄자 체포가 가능할 수도 있으나, 이는 현실적으로 결코 쉬운 일이 아니다. 그리고 범죄가 전반적으로 도시 전체에 분포되어 발생하고 있다면, 특정시간, 특정지역에서 발생하는 범죄사건을 일일이 예측한다는 것은 불가능하고, 따라서 순찰경찰이 범죄현장에 즉시 대응하는 것은 어렵다는 것을 의미한다.

또 경찰이 성공적으로 범죄수사활동을 한다고 할지라도 시민의 안전에는 긍정적인 영향을 미치지 못하고 있다고 평가되고 있다. 범죄가 발생하였을 경우, 경찰의 역할은 용의자를 체포하고, 기소와 재판에 이용될 증거를 수집하는 일이라고 할 수 있다. 경찰활동의 성공 여부를 결정하는 중요한 기준 중의 하나가 경찰이 인지한 범죄 가운데 얼마만큼 이를 해결하였는가와 관련된다. 그런데 실제로는 범죄사건을 많이 해결한다고 해서 범죄율이 감소하지는 않는다는 점이다. 예컨대, 미국에 있어서 1980년에서 1990년에 이르는 동안 폭력범죄의 체포율이 43.6%에서 45.6%까지 증가하였지만, 폭력범죄의 발생율 또한 같은 기간 동안 22.7%나 증가하였다는 점이다.[41] 범죄수사가 성공적으로 이루어졌다는 것은 단지 이미 알려진 범

39) George L. Kelling, "Order Maintenance, the Quality of Urban Life, and Police: A Line of Argument," in William A. Geller(ed.), *Police Leadership in America*, IL: American Bar Foundation, 1985.

40) Spelman William & Dale K. Brown, *Calling the Police: Citizen Reporting of Serious Crime*, Washington, DC: Police Executive Research Forum, 1981.

41) *Source book of Criminal Justice Statistics*, Washington, DC: Bureau of Justice Statistics, Government Printing Office, 1988, 1990, 1991.

죄자를 체포할 수 있다는 것이지, 그것이 범죄억제효과를 가져와 앞으로 발생할 범죄를 감소시키지는 못한다는 것을 의미한다(물론, 억제이론에서 말하는 바와 같이, 범죄수사가 100%에 근접한 수준으로 정확하게 이루어진다면 범죄예방효과도 기대할 수 있으나 이는 현실적으로 쉬운 일은 아니다).

그리고 조사에 의하면, 범죄해결에 있어서 무엇보다도 중요한 요인은 시민(피해자, 목격자 등)이 범죄 혐의자에 대한 정보를 경찰에 제공하는지의 여부에 달려 있다는 것이다.[42] 따라서 시민이 경찰에게 혐의자의 신원 및 관련정보를 제공하지 않는다면, 범죄가 해결될 가능성은 약 10%까지 떨어진다고 주장하기도 한다. 이는 경찰이 범죄수사 역량을 강화하기 위해 많은 인적·물적 자원의 투입하고 있음에도 불구하고, 경찰 자체의 노력만으로는 한계가 있다는 것을 의미한다. 물론 경찰의 입장에서는 공소제기, 형의 선고, 형집행의 역할을 수행 하는 검찰과 법원 등 다른 형사사법기관이 제대로 운용되지 않고 있기 때문에 경찰활동의 성과가 제대로 나타나지 않는다고 할 수도 있다. 다만, 경찰 이외의 다른 형사사법기관의 범죄에 대한 억제정책이 범죄율 감소에 영향을 미친다는 결과는 아직까지 명확하게 밝혀진 바는 없는 것 같다.

마지막으로 경찰이 수행하는 각종 치안활동은 일종의 공공서비스로서 그 결과를 측정·평가하기가 쉽지 않다는 점이다. 생산성의 관점에서 볼 때, 민간부문의 활동결과는 쉽게 계량화(計量化)시킬 수가 있다. 즉, 민간기업은 영리추구가 궁극적인 존립목적이기 때문에 수입과 지출의 결과를 가지고 그 활동결과를 측정·평가할 수가 있다. 그러나 경찰은 영리추구가 아닌 범죄 및 무질서와 관련된 치안서비스를 제공하기 때문에 이를 객관적으로 평가하는 것은 쉬운 일이 아니다. 그렇기 때문에 공공부문에 대한 평가에는 능률성·효과성·민주성·형평성 등 다양한 방법이 도입되고 있지만, 아직까지 최적의 평가 및 적용방법이 제시되고 있지 못한 실정이다.

이상과 같은 경찰의 범죄대응에 대한 한계를 인식하였다면, 이를 통한 경찰조직의 관리 및 운용방식에 있어서 새로운 변화와 개혁이 이루어져야 할 것이다. 그리고 그 결과를 평가하기 위한 새로운 접근방식이 모색되어야 할 것이다. 이와 관

---

42) John E. Eck, *Solving Crimes: The Investigation of Burglary and Robbery*, Washington, DC: Police Executive Forum, 1982.

련하여 새롭게 모색되고 있는 경찰활동 전략이 바로 시민의 능동적 참여를 지향하는 '커뮤니티 경찰활동'이라고 할 수 있다. 그리고 이 커뮤니티 경찰활동이 일정한 성과를 내기 위해서는 경찰이 이를 단순히 선언적·명분적인 것으로만 이용하는 것을 지양하고, 조직구성원들의 근본적인 인식전환을 바탕으로 한 제도적 개혁과 구체적인 프로그램으로 운용될 수 있도록 노력해야 할 것이다.

제 2 절
커뮤니티의 재조명

1. 기본가정

이상에서 논의한 바와 같이, 오늘날 경찰활동에 있어서 커뮤니티에 대한 재조명이 논의되고 있는 이유는 그것이 경찰이 안고 있는 근본적인 한계를 극복할 수 있는 좋은 대안이 될 수 있기 때문이다. 물론 커뮤니티에 대한 재조명 노력이 경찰의 한계를 극복할 수 있는 유일한 대안이 될 수는 없을 것이다.

다만, 커뮤니티를 재조명함으로써, 국가적·경제적·사회문화적 개혁과 갈등으로 야기되는 문제를 어느 정도 극복할 수 있고, 또 형사사법시스템의 한계, 범죄문제의 심화, 시민의 안전의식 증대와 관련해서도 일정한 긍정적인 효과를 기대할 수 있다고 본다. 아울러 경찰자원의 한계 및 경찰자원 운용상의 한계를 일정부분 극복할 수 있는 대안으로서도 활용할 수 있다고 본다.

물론, 이러한 현상이 비단 경찰활동에 국한된 것이 아니라는 점이다. 세계적으로 국가가 제공하는 공공서비스 전반에 걸쳐 '커뮤니티 지향적인 정부'(Community Oriented Government) 구축이 모색되고 있음을 인식할 필요가 있다.[43] 예컨대, 올림픽이나 월드컵과 같은 국제적인 스포츠행사를 성공적으로 개최하기 위해서는 커

---

43) 이에 대해서는 Kenneth J. Peak & Ronald W. Glensor, *Community Policing and Problem Solving*, NJ: Prentice-Hall, 1996, pp. 45~67 참조.

뮤니티의 적극적인 지원과 참여 없이 불가능한 것이다. 또 안보정책, 사회복지정책, 환경정책, 의료정책, 그리고 교육정책 등에 있어서도 마찬가지이다.

이것은 커뮤니티가 단지 불안정한 위기사회·위험사회의 새로운 문제해결방안으로 인식될 뿐만 아니라, 일정한 수준의 안정된 사회에서 조차도 그것이 국가 또는 사회발전의 '촉매제'(觸媒劑)로써의 역할을 할 수 있기 때문에 새롭게 인식되고 있는 것이다.

이러한 이유로 경찰활동에 있어서 커뮤니티를 새롭게 인식하고, 이의 정체성(正體性), 관계성(關係性), 실천성(實踐性) 등을 강구하는 것은 의의가 있는 것이다. 여기에서 정체성이라는 것은 커뮤니티의 개념적 접근을 의미하며, 관계성은 경찰과 커뮤니티의 상호관계 및 관계개선을 규명·모색하는 것을 의미한다. 그리고 실천성은 경찰과 커뮤니티가 상호작용을 구체적으로 실현하는 방식 및 과정을 의미한다.

모든 개인적·사회적 관계가 그러하듯이 초기단계에서부터 밀접하게 상호작용을 하는 것은 아니다. 경찰과 커뮤니티도 마찬가지이며, 따라서 일정한 과정을 거치면서 상호간의 관계가 발전하게 된다. 따라서 초기단계에서는 경찰과 커뮤니티가 각각 개별적인 존재로서 상호간에 이해증진을 시도하게 된다. 이 단계가 이른바 '경찰과 커뮤니티의 관계개선'(PCR: Police Community Relations)에 해당된다. 이 단계에서는 아직 경찰과 커뮤니티가 하나의 사회구성체 속에서 논의되지는 않는다. 이 단계가 어느 정도 이루어진 다음, 그 다음 단계로서 경찰과 커뮤니티가 별개가 아닌 하나의 단일체(물론 완전한 단일체로서의 의미는 아님)로서 인식되어, 상호작용이 긴밀하게 이루어지는 과정에 도달하게 된다. 이 단계가 바로 '커뮤니티 경찰활동'(CP: Community Policing)에 해당된다.

범죄문제와 관련하여 다음과 같은 재미있는 주장이 있다. 미국 범죄통계학자들에 의하면, 미국인 14세에서 50세 미만의 사람들 가운데 1~4%의 사람들이 이른바 '골수 범죄자'에 해당되며, 이들에 의해 주요범죄의 대부분이 발생하게 된다고 한다. 여기에서 말하는 골수범죄자는 어떠한 개인적·환경적 변화 등을 한다 할지라도 개선의 여지가 없는 '범죄자'(예, 세기의 연쇄살인범, 강간범 등)를 의미한다.

그런데 이들 학자들에 의하면, 골수범죄자들의 범죄성향은 경찰과 커뮤니티의 관계가 개선되어도 특별하게 개선될 여지가 없다는 것이다. 그리고 주의할 것

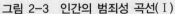

그림 2-3   인간의 범죄성 곡선(Ⅰ)

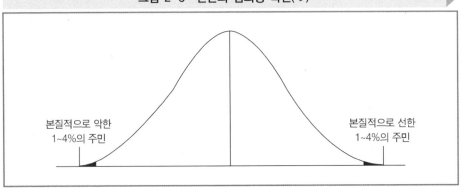

본질적으로 악한
1~4%의 주민

본질적으로 선한
1~4%의 주민

은 이들 1~4%의 사람만이 나쁘고, 나머지 96~99%의 사람들은 본질적으로 선량한 사람들이라고 생각해서는 안 된다는 점이다. 이를테면 1~4%의 사람만이 '본질적으로 나쁘다'고 한다면, 논리적으로 단지 1~4%의 사람들만이 '본질적으로 선량하다'는 전제가 나오게 된다.

그렇다면 본질적으로 나쁘지도, 선하지도 않은 나머지 92~98%에 해당되는 사람들은 이러한 기준에 따라 일단 각각 절반씩(46~49%)로 나눌 수가 있는데, 중요한 것은 이들이 본질적으로 나쁘지도, 선하지도 않기 때문에 상당히 가변적으로 선과 악의 경계를 넘나들 수 있다는 결과가 나온다.

이상과 같은 내용을 그래프로 나타낸다면 [그림 2-3]과 같은 모습을 기본적으로 갖게 되는데, 커뮤니티 재조명을 통해서 [그림 2-4]와 같은 모습을 기대할

그림 2-4   인간의 범죄성 곡선(Ⅱ)

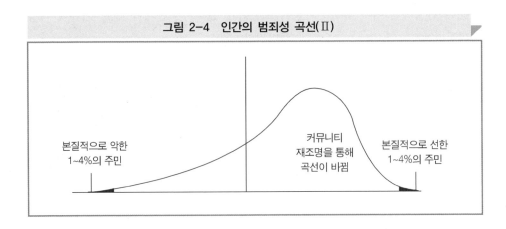

본질적으로 악한
1~4%의 주민

커뮤니티
재조명을 통해
곡선이 바뀜

본질적으로 선한
1~4%의 주민

수 있을 것이다.[44)]

　이러한 통계적 수치가 과연 정확하느냐, 그렇지 않느냐 하는 문제는 중요하지 않다고 본다. 중요한 것은 형사정책(刑事政策, Criminal Policy)적으로 볼 때, 개선의 여지가 전혀 없어 보이는 소수의 상습범죄자들과 개선의 여지가 있는 다수의 범죄자들이 공존한다는 사실이다. 따라서 우리가 경찰과 커뮤니티 관계를 재조명하고자 하는 목적은 여기에 분명히 나타나고 있다. 즉, 비록 1~4%에 해당하는 '골수 범죄자'에 대한 개선의 여지가 불가능할지라도 나머지에 해당하는 사람들은 효과적인 커뮤니티 관계를 통해서, 법과 제도를 지지하는 사람 즉, 준법시민(準法市民)으로 전환시킬 수 있도록 하는 것이다.

　어쨌든, 커뮤니티 재조명과정은 기본적으로 일정한 단계를 거쳐 이루어져야 한다는 점이다. 즉, 일차적으로 경찰과 커뮤니티의 관계를 개선시키고, 이를 토대로 상호간의 능동적인 상호작용이 이루어져야 한다. 무릇 모든 일에는 필연적으로 일정한 과정이 선행되어야 한다. 역사적 경험에 비추어 볼 때, 어떠한 국가 또는 사회가 처한 문제의 심각성을 해결하기 위하여 급격한 개혁을 추진한 사례는 적지 않다. 그러나 변화와 개혁을 위해 기본적으로 요구되는 과정을 생략함으로써, 아무런 성취도 얻지 못하고 오히려 엄청난 역효과를 불러일으킨 경우가 빈번하였음을 상기할 필요가 있다.

　따라서 경찰과 커뮤니티의 관계가 개선되지 않은 상태에서 커뮤니티 경찰활동을 성급하게 시도하는 것은 그 성과도 기대하기 어려울 뿐더러, 오히려 여러 부작용(예, 경찰과 커뮤니티 상호간의 부적절한 유착관계 등)을 가져다 줄 수도 있다. 그리고 그러한 부작용을 해결하는 것은 더욱 더 많은 자원과 시간이 소요된다는 사실을 인식해야 할 것이다.

　그리고 경찰과 커뮤니티의 관계재정립 단계에서는 경찰의 능동적 역할이 무엇보다도 중요하다고 볼 수 있다. 왜냐하면 이들간의 관계가 소원해진 이유는 주로 경찰이 원인을 제공했기 때문이다. 경찰은 국가권력의 유지수단으로 악용되기도 하였고, 또 관행적으로 부적절한 행태를 국민들에게 보여줌으로써 신뢰를 잃었

---

44) Howard H. Earle, *Police-Community Relations: Crisis in Our Time*, Illinois: Bannerstone House, 1980, p. 10; 김충남 역, 경찰과 지역사회: 현대의 위기, 서울: 대명출판사, 1992, pp. 19~20 재구성.

기 때문이다. 따라서 경찰 스스로의 인식전환을 바탕으로, 커뮤니티와의 관계개선을 위한 다양한 노력을 구체적으로 해야 할 것이다.

2. 접근방법

따라서 경찰과 커뮤니티의 관계를 재조명하기 위해서는 상호간의 이해가 충분히 이루어져야 한다. 경찰 스스로가 커뮤니티의 존재 및 이의 정체성을 제대로 인식하고 이해해야 한다. 커뮤니티 역시 경찰의 역할 및 이의 활동에 대한 제대로 된 인식과 이해가 이루어져야 한다.

그리고 이러한 경찰과 커뮤니티 관계를 재조명하는 데 있어서 몇 가지 고려해야할 점이 있다. 이와 관련하여 첫째, 커뮤니티(Community)를 어떻게 개념적으로 해석할 것인가 하는 것이다. 그리고 경찰과 커뮤니티의 관계(Police and Community Relations)를 어떻게 설정할 것인가 하는 문제이다. 마지막으로 커뮤니티 경찰활동(Community Policing)을 어떠한 관점에서 볼 것인가 하는 문제이다.

1) 커뮤니티의 개념적 접근문제

먼저 커뮤니티의 개념과 관련된 문제는 이를 단순히 지리적 관점의 '지역사회'(地域社會)로 볼 것인가, 아니면 그 이상의 의미로 볼 것인가 하는 문제이다. 우리나라 경찰학 연구분야에서는 '커뮤니티'(Community)를 '지역사회'로 정도로 해석하여 접근하고 있다.

경찰은 주로 지리적 관점에서 일정한 관할구역을 중심으로 경찰활동을 하기 때문에 지역사회의 의미가 일반화된 것 같다. 그러나 과거 전통사회와는 달리 현대사회의 국제화·세계화·산업화·과학화의 현상 등으로 인해 어떤 한정된 영역 내에서 범죄가 발생하고 해결되는 시대는 이미 지났다. 즉, 지리적 관점의 지역사회라 할지라도 단순히 소규모의 지역이 아니라, 이제는 국가단위를 초월하는 영역에까지 확대되고 있는 실정이다.

이렇게 지역사회가 구조적으로 확대되게 되면, 전통적·폐쇄적 지역사회가 갖고 있는 특징, 즉 긴밀한 상호작용 및 상호유대감은 기대하기가 어렵다. 따라서 어떤 면에서는 단순히 일정한 지역에 같이 살고 있다는 점 외에는 아무런 공통점을 찾아 볼 수 없는 현상이 발생하고 있다. 오히려 지리적으로 아주 먼 곳에 떨어져 있을지라도 이해관계 등에 의한 소속감을 갖고 상호작용하는 경우가 보편화되고 있다. 더욱이 컴퓨터와 과학기술의 발달로 인하여 사이버공간(Cyber Space)이 전세계적으로 확산되고 현실화되고 있으며, 이 속에서 수많은 범죄가 직·간접적으로 발생하고 있는 현시점에서는 지리적 관점 중심의 접근은 적지 않은 한계를 안고 있음은 부인하기 어려운 사실이다.

결국, 경찰활동에 있어서 커뮤니티가 지리적 관점으로서 갖는 의미는 기본적으로 중요하지만, 이러한 지리적 범위 자체가 작게는 작은 이웃(Neighborhood)과 같은 소규모 지역에서부터 크게는 지구 전체의 의미까지 확대되고 있다는 점을 고려할 필요가 있다. 더욱이 지역적 연대 기반은 중요한 요소이지만 경우에 따라서는 큰 의미를 갖지 않는 경우도 있다는 점이다. 그 대신 이해관계적 요소가 중시되고, 또 지리적 요소와 전혀 관련이 없는 사이버공간이 등장하고 있는 실정이다.

이 시점에서 커뮤니티 개념에 대한 새로운 접근을 모색할 필요가 있다고 본다. 따라서 이 글에서는 'Community'를 '커뮤니티' 그 자체로 접근하면서 관련 내용을 전개하고자 한다.[45]

한편, 한국경찰이 나아갈 방향을 모색하는 데 있어서 굳이 개념정립조차 제대로 이루어지지 못한 '커뮤니티'를 원용하여 서구의 경찰활동을 모방하는 것에 지나지 않는 것이 아니냐는 비판이 제기될 수 있다. 그러나 예컨대, '세계화'(Globalization)의 이념이 전세계에 파급되고, '비정부기구'(NGO: Non—Governmental Organization)의 출현이 21세기 인류사회의 또 다른 대안으로 등장하고 있듯이, '커뮤니티'라는 개

---

45) 사실, 어떠한 단어라는 것은 단어 그 자체로서 이해하는 것이 가장 정확한 의미를 전달한다고 본다. 따라서 예컨대, 우리사회에서 널리 사용하는 '재벌'(財閥)이라는 단어는 한국에서 만들어진 것이며, 따라서 영어상으로도 'Chaebol'이라는 단어 그대로 표현되고 있으며, 또 그렇게 했을 때 그 의미의 전달이 명확해진다. 참고적으로 위키백과(https://en.wikipedia.org)에서는 재벌에 대해 다음과 같이 정의를 내리고 있다. "A chaebol is a South Korean form of business conglomerate. They are typically global multinationals and own numerous international enterprises, controlled by a chairman with power over all the operations. The term is often used in a context similar to that of the English word 'conglomerate. The term was first used in 1984. There are several dozen large Korean family—controlled corporate groups which fall under this definition."

념 역시 이제 어느 특정국가 또는 특정지역의 전유물로 인식되어서는 안 될 것이다. 우리 사회의 보편성을 지향하는 관점에서 동서양의 영역을 초월하는 새로운 발전적 가치가 있으면, 이를 적극 수용해야 할 것이다.

2) 경찰과 커뮤니티의 관계정립 문제

주지한 바와 같이 역사적으로 국가가 등장한 이래 국가권력은 기본적으로 다수의 피지배층을 위해서 존재하였다기보다는 소수 지배층의 이익을 위한 것이었다. 따라서 경찰이 국가공권력의 최일선에서 작용한다고 볼 때, 경찰 역시 시민을 통제함으로써 소수 지배층의 권력유지수단이 되었다. 이러한 관점이라면, 경찰은 커뮤니티와 독립된 별개의 것으로서 존재하였음을 알 수 있다.

그러나 시민의 자유와 권리보장이 국가의 가장 중요한 가치로 인식되고 있는 오늘날에는 이러한 갈등적 관계가 상당히 희석되고, 협력적 관계가 모색되고 있는 것이다. 심지어는 경찰을 커뮤니티의 일부분으로 해석하여 경찰과 시민이 별개가 아닌 동일한 것으로 인식하는 경우도 있다. 그러나 엄격한 의미에서 본다면, 경찰과 커뮤니티는 완전히 별개의 것도 아니고, 그렇다고 해서 완전히 동일하다고도 볼 수 없다. 경찰이 시민 가운데서 채용되어 시민지향적이고 시민에 대한 봉사자로서 맡은 바 역할을 수행하지만, 경우에 따라서는 커뮤니티의 이해관계와 상반되어 갈등적인 존재로 기능을 수행하기도 한다.

예컨대, 2002년 6월 주한미군에 의해 여중생이 사망한 이래로 미군 및 미국당국에 대해 거국적인 시민운동이 전개되었는데, 이 과정에서 경찰은 시민의 입장을 옹호하기보다는 미군 또는 미국을 보호하는 기능을 한 바 있다. 경찰의 이러한 역할은 경찰과 커뮤니티간의 개별적 관계를 보여 주는 것이다.

따라서 이 글을 전개하는 과정에서 경우에 따라서는 경찰과 커뮤니티를 독립적인 주체로 파악하여 양자 간의 관계가 논의될 것이며, 경우에 따라서는 이들 양자의 구분이 이루어지지 않고(즉, 경찰을 커뮤니티의 일부분으로 파악) 전체적 관점에서 논의되는 부분도 있을 것이다.

3) 커뮤니티 경찰활동의 접근문제

위에서 살펴본 바와 같이, 이 글은 현대사회의 위기(특히, 범죄문제와 관련하여)와 이에 대한 경찰대응의 한계를 인식하고, 이에 대한 극복방안으로서 커뮤니티를 새롭게 재조명하고자 한 것이다. 경찰의 입장에서 커뮤니티를 재조명하는 것, 또는 커뮤니티의 입장에서 경찰을 재조명하는 과정을 통해 우리는 새로운 경찰활동의 등장을 모색하였는데, 그것이 바로 커뮤니티 경찰활동이다.

커뮤니티 경찰활동은 전통적 경찰활동이 가지고 있는 법집행(Law Enforcement) 중심의 권위적·보수적인 특성을 지양하고, 개인 및 시민에 대한 서비스 중심의 민주적·개방적인 특성을 강조하는 데 있다. 물론 그렇다고 해서 전통적 경찰활동이 전적으로 배제된 상태에서 커뮤니티 경찰활동이 논의되는 것은 아니다. 무릇 창조라는 것은 과거의 경험을 바탕으로 이루어지는 것이다. 따라서 전통적 경찰활동이 전근대적인 시대가 끝나고 자유민주주의 법치주의가 등장한 이래로 19~20세기에 경찰활동을 지배한 것이라면,[46] 전통적 경찰활동이 남긴 유산을 토대로 커뮤니티 경찰활동은 21세기의 새로운 경찰활동으로 등장하고 있다. 경찰활동 역시 그 시대를 반영하는 것이다. 그 시대가 안고 있는 세계관·국가관, 그리고 정치·경제·사회·문화적 특성은 자연히 경찰활동에 반영되기 마련이다.

이와 관련하여 커뮤니티 경찰활동을 경찰활동의 새로운 '패러다임'(Paradigm)이라 표현하고 있다. 패러다임이라는 것은 한 시대의 사회 전체가 공유하는 이론·법칙·지식 및 사회적 믿음이나 관습 등을 통틀어 일컫는 개념이라 할 수 있다. 따라서 이는 어떤 연구대상의 전체를 아우르는 일종의 '거대이론'(巨大理論, Great Theory)인 셈이다.[47] 따라서 패러다임의 변화는 한 시대의 전환을 의미하는 것이

---

46) 일반적으로 전통적 경찰활동이라는 것은 과거의 경찰활동을 총칭하는 것이라 할 수 있다. 그러나 이 글에서는 미국을 하나의 연구·비교모델로 삼고 특히, 1930~1950·60년대를 전통적 경찰활동시대로 삼아 이를 중심으로 논의를 하고자 한다. 이러한 관점에서 본다면, 우리나라의 전통적 경찰활동시대는 1948년 대한민국 정부수립 이후 1990년대에 이르는 시기 정도가 이에 해당된다고 볼 수 있다. 물론, 미국과 우리나라의 사정은 전혀 다르며, 또 이러한 시대구분이 명확히 이루어지는 것은 아니다. 다만, 전체적인 맥락에서 전통적 경찰활동에 내재한 특징들을 고려하면서 논의를 전개하고자 한다.

47) 국내에서 저술된 대부분의 경찰학관련 서적에서는 'Community Policing'을 '지역사회 경찰활동'으로 해석하고 있으며, 이의 내용을 경찰현장운용 가운데 생활안전경찰(生活安全警察)의 일부로 설명하고 있는데, 이러한 접근은 커뮤니티 경찰활동의 본질에서 벗어난 지극히 지엽적(枝葉

며, 이에 따라 사람의 삶의 방식까지도 바뀌어 왔다고 할 수 있다. 쿤(Thomas Kuhn)에 의하면, 이 패러다임이 한 시대의 세계관과 과학적 문제에 접근하는 방법을 지배한다고 보았는데, 이는 이후 사회과학에서도 중시하게 되었다.48)

　　그렇다면, 커뮤니티 경찰활동이 경찰에 있어서 새로운 패러다임으로 인식되고 있다는 것은 어떠한 의미를 갖는가? 전통적 경찰활동에서 커뮤니티 경찰활동으로 패러다임적인 전환이 이루어지고 있다는 것은 무엇을 의미하는가? 예컨대, 종교중심의 세계관을 갖는 중세시대에서 인간중심의 세계관을 갖는 근대로의 전환은 단순히 철학적·관념적인 전환만을 의미하는 것은 아니다. 실천적·현실적인 전환이 동시에 이루어졌음은 물론이다. 또한 철학적·관념적 가치관의 전환 없이 실천적·현실적 전환만이 이루어진 것도 아니다. 인간과 세상에 대한 철학적·관념적 가치관의 전환은 실천적·현실적 전환을 위한 선행조건(先行條件, an Essential Prerequisite)이기 때문이다.49)

　　따라서 전통적 경찰활동에서 커뮤니티의 경찰활동으로의 전환은 경찰이 가지고 있는 철학적·관념적인 가치관 또는 인식의 전환을 바탕으로 경찰의 실천적·현실적 전환이 함께 이루어지는 것을 의미한다. 물론 이러한 것들이 '한 순간'에 이루어지는 것은 아니며, 나라마다 또는 지역마다 차이는 있겠지만 일정한 기간 동안 서서히 진행되면서 어느 순간 새로운 형태의 '경찰상'(警察像)으로 정립되는 과정을 거치게 될 것이다.

　　그렇기 때문에 커뮤니티 경찰활동을 경찰활동에 있어서 하나의 새로운 패러다임으로 인식한다면, 이를테면 '지행합일'(知行合一)이 전제되어야 할 것이다. 즉 조직구성원들의 내면적인 철학 또는 가치의 전환 없이 제도적으로 커뮤니티 경찰

的)인 것에 불과하다. 커뮤니티 경찰활동은 경찰이념·역사, 경찰조직구조 및 관리, 그리고 경찰현장운용 전체와 관련하여 경찰이 나아가야할 거대한 '방향'(方向, trend)을 의미하기 때문이다.

48) Thomas Kuhn, *The Structure of Scientific Revolution*, Chicago: University of Chicago Press, 1970; 이상안, 앞의 책, p. 140; 김진혁, "현대물리학에 의한 철학적 패러다임의 전환과 형사사법제도의 방향," 동국대학교 대학원, 동원논총, 1998, pp. 121~124.

49) 인간사회의 삶의 방식 그리고 어떠한 조직의 생존과 발전에 있어서 철학적·관념적 전환은 바크(Richard Bach)의 「갈매기의 꿈(Jonathan Livingston Seagull, 1970)」에서 말하는 일종의 '관념비상'(flight of ideas)이라고 할 수 있다. 경찰조직 및 이의 구성원들 역시 종래의 조직관리 및 현장운용방식에 얽매이기보다는 새로운 관점에서 문제를 인식하고, 그에 대한 발전방안을 모색하는 것이 필요한 시점이라고 본다.

활동과 유사한 몇 가지 프로그램을 운영을 했다고 해서 그것이 커뮤니티 경찰활동이 진정으로 이루어지고 있다고 볼 수 없는 것이다. 마찬가지로 조직구성원들이 형이상학적으로 커뮤니티 경찰활동의 중요성을 인식하면서도 실천하지 않을 때 역시 커뮤니티 경찰활동이 진정으로 이루어지고 있다고 볼 수 없는 것이다.50)

커뮤니티 경찰활동과 관련하여 이미 여러 선진국에서는 1960~1970년대부터 이에 대한 관심을 갖고 시행착오를 거쳐 일부에서는 이를 구체적으로 프로그램화하여 실시하고 있으며, 우리나라는 최근 들어 이론적·실천적으로 서서히 관심사항이 되고 있음을 알 수 있다. 그러나 아직까지도 커뮤니티에 대한 실체규명이 명확하게 이루어지고 있지 못한 것이 사실이다. 그만큼 이에 대한 연구가 충분하지 못하다는 것을 의미하며, 한편으로는 이것이 커뮤니티 경찰활동이 안고 있는 본질적인 한계인지도 모른다.

---

50) 이러한 점에서 경찰조직(더 근본적으로는 정부)이 커뮤니티 경찰활동을 경찰활동의 핵심가치로 삼고 이를 실천하는 것은 지극히 어려운 일이다. 기존의 관습(慣習) 또는 관행(慣行)에 익숙해진 관련 공무원들이 근본적인 의식개혁과 그에 상응하는 실천을 행한다는 것은 쉽지 않기 때문이다. 이를 위해서는 '벼랑 끝에서 한 발을 과감히 내 딛을 수 있는 의지'(百尺竿頭進一步)가 요구된다.

제 3 장
커뮤니티의 이해

제 3 장
커뮤니티의 이해

　　이 장에서는 커뮤니티의 개념과 기능, 그리고 경찰활동상에서 의미하는 커뮤니티 등에 대해 살펴보기로 한다. 커뮤니티에 대한 이해를 토대로 이 책의 핵심인 경찰과 커뮤니티의 관계를 이해하고, 이를 통해 커뮤니티 경찰활동의 본질을 파악하기 위한 것이다. 따라서 커뮤니티에 대한 기본적인 이해가 선행되지 않고서는 경찰과 커뮤니티의 관계와 커뮤니티 경찰활동에 대한 보다 심도 있는 논의는 불가능하다고 본다. 사실 커뮤니티 개념이 간단·명료하다면, 문제는 쉽게 해결될 수 있다. 그러나 문제는 커뮤니티 개념이 매우 가변적이며, 불명확하다는 데 있다.

제 1 절
커뮤니티의 개념논의

1. 문제제기

　　그동안 정치·경제·사회 등 여러 분야에서는 '커뮤니티'(Community)에 대해

직·간접적인 인용 및 논의를 자주 해 왔으나, 이에 대한 만족스러운 정의를 내리는 데 있어서는 사실상 한계가 있어 왔다. 이것은 커뮤니티에 대한 접근이 매우 복잡하고, 상대적이고, 다양하기 때문이다. 즉, 이를 시간적·공간적으로 정의할 것인가, 감정·정서(情緒, Emotion)적으로 정의할 것인가, 아니면 거주 지역 또는 직업과 관련된 활동영역으로 정의할 것인가에 따라 커뮤니티의 개념이 달라진다. 더욱이 커뮤니티를 설명하는 데 있어서 지역갈등 또는 계층갈등과 같은 이해관계로 해석하거나, 성(性) 그리고 세대간의 단절 등으로 확대된다면 문제는 더욱 복잡해지게 된다.

따라서 '커뮤니티'는 아마도 우리가 사용하고 있는 수많은 용어 가운데 가장 개념정의를 내리기가 어려운 용어 중의 하나이며, 한편으로는 현대 사회학(社會學, Sociology) 분야에서 가장 많이 남용되는 용어 가운데 하나일 것이다. 이러한 이유 가운데 하나는 아마도 커뮤니티라는 용어가 구체적인 형태와 추상적인 형태로 어떠한 형식에 구애됨이 없이 자유자재로 쓰일 수 있다는 점도 들 수 있을 것이다.

이러한 커뮤니티와 관련하여 학자들은 여러 가지 개념정의를 시도하고 있다. 사회학자인 페슬러(Donald R. Fessler)는 이것이 구체적으로 사용되는 경우, "공통의 문화적 배경에서 공통의 이해관계를 공유하는 사람들이 살고 있는 지역(Any area in which people with a common culture share common interests)"으로 개념정의를 내리고 있다. 이러한 커뮤니티의 개념정의에서 말하는 지리적 범위는 대부분 '이웃'(Neighborhood)을 의미하고 있다고 보고 있다.[1]

그런데 이러한 개념정의가 안고 있는 문제점은 그 범주가 단지 '50세대의 가족이 살고 있는 시골지역'에서부터 수많은 사람이 살고 있는 '대도시'에 이르기까지 폭넓게 적용될 수 있다는 점이다.[2] 또한 이러한 개념정의는 사회관행상 추상적인 관점에서 커뮤니티 용어를 일상적으로 자주 사용하는 경우에는 적절하지 못하다는 점이다. 즉, 커뮤니티가 항상 어떤 지역·장소, 또는 이웃 등과 관련된 것은 아니기 때문이다.[3] 예컨대, 사회복지가들은 자기들 결사체를 사회복지전문직 커뮤

---

1) Donald R. Fessler, *Facilitating Community Change: A Basic Guide*, San Diego, CA: University Associate, 1976, p. 6; Robert Trojanowicz, Victor E. Kappeler, Larry K. Gaines & Bonnie Bucqueroux, *Community Policing: A Contemporary Perspective*, 2nd ed., Cincinnati, OH: Anderson Publishing, 1998, p. 62 재인용.
2) Donald R. Fessler, *op. cit.*, p. 7.

니티라 부르며, 대학은 학문 커뮤니티로 일컬어지고, 특정종교의 신도집단·인종집단·이익집단 등 지역적인 기반이 없는 집단들도 커뮤니티라는 명칭으로 불리는 점을 인식할 필요가 있다.

그리고 커뮤니티 개념이 때로는 매우 미시적인 의미(예컨대, 말 그대로 '동네 이웃')에서부터, 특정 지역의 의미(예컨대, 전라도, 경상도 등)로 사용되기도 하며, 거시적으로는 국가 및 국경을 초월하는 의미(예컨대, Euro Community 등)로 사용되기도 한다는 점이다. 또 이보다 더욱 거시적인 의미(예컨대, 세계 또는 지구커뮤니티 등)로 사용되기도 한다는 점이다.

이처럼 커뮤니티는 매우 구체적인 의미(예컨대, 어떠한 '특정 지역, 마을' 등)로 사용되기도 하며, 때로는 매우 추상적인 의미(예컨대, '이해관계로 결합된 집단, 더불어 사는 사회' 등)로 사용되기도 하고, 양자의 성격이 복합적으로 나타나는 경우도 있기 때문에 이의 개념적 접근이 매우 어렵다는 점을 알 수 있다.

현실과 이상의 괴리

인간은 자기가 속한 가정, 직장, 사회, 그리고 국가에 순응하면서 삶을 영위하고 있는가. 아니면 또 다른 세상 즉, 커뮤니티를 꿈꾸고 사는가?

이와 관련하여 하이만(E. Heimann)은 한 개인행동의 판단 기준으로 사회집단을 '소속집단'과 '준거집단'으로 분류하였다. 소속집단은 한 개인이 실제로 속한 집단이고, 준거집단은 실제 소속과 관계없이 한 개인이 자신의 신념이나 가치관 등을 규정하고 그것에 따르기 위해 행동의 지침으로 삼아 모델로서 사용하는 집단을 말한다. 즉, 자신이 속하고 싶은 집단이다. 한편, 개인 자신의 기준에서 모범이 되고 표준이 되는 집단을 '긍정적 준거집단'이라 하고, 금기시되거나 부정의 기준이 되는 집단을 '부정적 준거집단'이라고 한다.[4]

한편, 독일의 사회학자 퇴니스(Tönnies)는 혈연관계와 같이 신분·권력·품행 등에 기초를 둔 친밀함과 지속성을 갖는 커뮤니티 관계와 공적 및 성취도에 기초를 둔 합리적·계획적·계약적인 특성을 갖는 커뮤니티 관계 간의 구분을 명확하게 하였다.[5] 그런데 페슬러가 지적한 바와 같이, 퇴니스가 말하는 후자와 같은 관점

---

3) Robert Trojanowicz, et al., *op. cit.*, p. 62.

4) http://100.daum.net/encyclopedia.

5) 사회체제들의 성격에 관한 퇴니스의 개념은 그의 공동사회(共同社會: 게마인샤프트, Gemeinschaft)

은 본질적으로 대도시의 지배적인 인간관계 특성을 나타내고, 결속력 있는 커뮤니티 감정을 약화시키는 비인간적 특성을 갖기 때문에 이를 토대로 커뮤니티 용어를 사용하고자 할 때, 어떤 사람을 그 대상으로 하는지는 알 수가 없게 된다.6)

그렇기 때문에 스테이시(Stacey)와 같은 경우에는 커뮤니티라는 것이 본질을 갖고 있지 않기 때문에 정확한 개념정의를 내리는 것이 불가능한 것으로 보고, 이를 '무개념'(無槪念, a Non Concept)으로 취급하여야 한다고 하였다. 그리고 팔(Pahl)은 커뮤니티의 이러한 모호성(模糊性, Ambiguity)과 가단성(可斷性) 때문에 이를 설명하는 데 있어서 보다 어려움이 있으며, 그동안 커뮤니티가 안고 있는 수많은 모순·갈등·혼란을 묵인한 채, 추상적 합의만을 가지고 부분적인 접근을 해 왔다고 하였다. 또 윌리암스(Williams)는 커뮤니티에 대해서 비록 이론적·경험적으로 정의를 내리는 것이 어려움에도 불구하고, 이는 대부분의 다른 사회조직의 용어들과는 달리, 좀처럼 부정적인 수단으로 사용되는 경우가 드물다고 하였다.7)

그런데, 한편으로는 이러한 커뮤니티의 개념이 오늘날과 같이 고도로 분업화된 산업화사회와 후기산업화사회 속에서 논의될 수 있는 것인지, 그리고 커뮤니티가 현대(Modern) 또는 후기현대(Post-modern)사회와 양립할 수 있는 것인지 의문이다. 어쨌든 커뮤니티에 대한 논쟁은 중대한 사회적 위기(범죄문제·전쟁문제·청소년비행문제·환경문제·노인문제 등)가 발생한 기간 동안에 표면화되는 경향이 있다는 것에 주목해야 할 것이다.

와 이익사회(利益社會: 게젤샤프트, Gesellschaft)의 구별에 바탕을 두고 있다. ① 게마인샤프트의 전형인 시골의 농촌사회에서는 대인관계가 전통사회의 풍습에 따라 정해지고 규제된다. 사람들은 서로 단순하고 솔직하게 직접 상대하는 관계를 맺으며, 이러한 관계는 '자생적 의지'(Wesenwille) 즉, 자연스럽고 자발적으로 일어나는 감정들과 정서의 표현들에 의해서 결정된다. ② 게젤샤프트는 그와 대조적으로 '합리적 의지'(Küwille)의 산물이며, 행정관료들과 대규모 산업조직들이 있는 20세기의 세계 어디에서나 볼 수 있는 사회들이 그 전형이라 할 수 있다. 게젤샤프트에서는 합리적인 이기주의와 타산적인 행동이 게마인샤프트의 구조에 편재하는 가족·친척·종교의 전통적 유대를 약화시키는 작용을 한다. 게젤샤프트에서는 인간관계가 능률이나 그 밖의 경제적·정치적 이익을 고려하여 합리적으로 구축되기 때문에 비인격적이고 간접적으로 형성되는 경향이 있다. ③ 이러한 공동사회와 이익사회는 쿨리(C.H. Cooly)가 구분한 1차 집단과 2차 집단의 개념과 연관성을 갖는다. 1차 집단은 구성원들이 얼굴을 마주하는 대면적(對面的) 접촉과 친밀감으로 인격적·비형식적 관계를 지니는 집단이고, 2차 집단은 간접적 접촉과 수단적 만남으로 부분적·형식적 관계를 지니는 집단을 의미한다. http://100.daum.net/encyclopedia.

6) *Ibid.*, pp. 62~63.

7) Eugene McLaughlin, *Community, Policing and Accountability*, England: Avebury, 1994, pp. 21~23 재인용.

고독한 군중(The Lonely Crowd)

산업화·도시화가 진전되면서, 인구는 도시에 집중되고 있다. 또 과학혁명에 의한 정보통신기술이 발달하면서 개인이 얻게 되는 정보의 양은 크게 늘고, 다양한 형태의 의사소통(意思疏通)이 가능해지고 있다. 그러나 사회경제적 계층화, 가치갈등, 인간소외와 고독, 인간관계 단절 등의 현상은 오히려 가속화되고 있다.

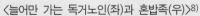

〈늘어만 가는 독거노인(좌)과 혼밥족(우)〉[8]

리스먼(David Riesman, 1909-2002)이 저술한 「고독한 군중(The Lonely Crowd, 1950)」은 우리사회에 수많은 논쟁을 불러일으킨 바 있으며, 이는 여전히 진행 중이다. 그는 사회적 성격을 인구성장의 3단계에 따라 ㉠ 전통지향 사회, ㉡ 내부지향 사회, 그리고 ㉢ 타인지향 사회라는 세 가지 유형으로 구분하였다.

① 전통지향형 사회

전통지향형 1차 산업(농업, 임업, 어업 등)이 중심을 이루는 사회를 말한다. 이 단계에서는 인구의 출생률과 사망률이 모두 높은 '잠재적 고도성장' 사회의 특성을 갖는다. 이 사회의 구성원들은 삶의 환경을 크게 변화시키지 않고 일정한 장소에서 평생을 살아가며, 자신들의 맡은 바 일을 '숙명'(宿命)처럼 받아들이는 경향이 높다. 따라서 부모와 조상의 직업을 그대로 이어 받아 살아가기 때문에 직업의 귀천(貴賤)에 대한 내적 갈등은 크게 일어나지 않는다고 볼 수 있다.

이러한 사회에서는 구성원들 상호간에는 친밀한 관계가 형성되어 있고, 사회질서와 행동양식은 안정되어 있다. 따라서 개인은 사회내의 전통적인 관습과 종교 등에 의해 순응하면서 행동한다고 볼 수 있다.

② 내부지향형 사회

내부지향형 사회는 2차 산업(공업, 건설업 등 자연에서 얻은 자원을 통해 새로운 물건을 생산해내는 활동)이 중심을 이루는 사회를 말한다. 이 단계에서는 의학 등의 발달로 사망률이 낮아지면서 급속한 인구팽창이 일어나는 인구의 '과도적 성장' 사회의 특징을 갖는다.

이러한 사회에서 개인의 행동방향을 결정하는 데에는 내적인 요소 즉, '유년기에 부모 등의 연장자에 의해 부여된 동기'가 많은 영향을 미친다. 부모는 자식이 자신과 같은 삶을 살기를 바라지 않게 되고, 따라서 자식은 고향을 떠나 도회지로 이주하여, 공장 등 제조업 분야에 종사하게 된다. 그러나 고향에 대한 애착과 부모의 기대를 항상 간직하고 생활한다. 따라서 개인이 지향하는 목표는 그 정도의 차이는 있겠지만 '성공' 또는 '출세'와 같은 일반화된 목표이고, 동시에 숙명적으로 거부할 수 없는 목표가 된다.

따라서 내부지향형 사회에 속하는 인간에게 '일' 즉, 노동(勞動)이라는 것은 성공을 위한 가장 중요한 요소이며, 따라서 여가 및 놀이는 부차적인 사항에 지나지 않는 것이다. 그리고 소비 역시 소유욕을 채우기 위한 수단이거나 사회로부터 일순간 도피하기 위한 수단에 지나지 않는다고 보았다.

③ 타인지향형 사회

타인지향형 사회는 3차 산업(금융, 통신, 유통, 운수 등 생활을 편리하게 해주는 서비스를 제공하는 생산활동)이 중심을 이루는 사회를 말한다. 이 단계에서는 사망률뿐 아니라 출생률도 함께 낮아져 고령화 사회가 되는 '초기의 인구 감퇴형' 사회의 특징을 갖는다. 이러한 사회의 대표적인 사례로 현대 미국을 꼽을 수 있는데, 오늘날에는 프랑스, 일본, 그리고 한국 등 선진국들로 이러한 대열에 합류하고 있다.

타인지향형 사회에서는 외부 타인의 기대와 취향에 민감한 사회적 성격이 지배적 경향이 된다고 하였다. 즉, 타인지향형에 속하는 인간의 목표는 동시대 사람들에 의해 결정되기 때문에 타인으로부터 전해 오는 신호에 끊임없이 세심하게 주의를 기울이게 된다는 것이다.

오늘날 우리사회가 경험하고 있는 '고독한 군중'의 모습은 타인지향적 성격 때문에 나타나는 현상이라고 할 수 있다. 전통지향형 사회와 내부지향형 사회에서는 개인의 행위의 기준으로서 각각 전통과 과거, 내면화된 도덕과 가치관이 작용하였다면, 타인지향형 사회에서는 외부의 평가(또래 또는 친구집단, 대중 및 여론 등)에 크게 의존하기 때문이다. 외부의 평가에 의존한다는 것은 개인의 '정체성'(正體性, Identity)이 어떠한 '자신만의 소신이나 신념' 등에 의해 자율적으로 형성되는 것이 아니라, 외부환경에 의해 타율적으로 형성된다는 것을 의미한다. 이러한 상황에서 특히, 사회경제적으로 열악한 위치에 처한 개인은 더욱더 자신의 정체성을 잃어가고, 내적인 고립과 고독상태에 놓이게 될 것이다.

주지하는 바와 같이 제3차 산업은 서비스산업으로서 타인에 대한 봉사를 통해서 이익을 창출하는 것을 특징으로 한다. 또 정보와 통신(이를 제4차 산업으로 보기도 함)은 중요한 요소가 된다. 그런데, 서비스산업이라는 것은 경영전략으로써 '고객만족' 또는 '고객행복'을 지향하기 때문에 이러한 서비스를 제공하는 개인은 마치 '바비 인형'처럼 항상 웃는 모습으로 표정관리를 해야 한다. 반면, 내적 스트레스에 의한 우울증, 분노, 그리고 고독감은 축적되기 마련이다.

또 인터넷과 스마트폰 등 쌍방향 정보통신 매체의 발달로 인한 개인의 신상은 공개되기 쉽고, 또 어떠한 잘못(그것이 법규위반이든 비윤리적인 행위이든, 또는 심지어는 잘못된 오보이든 간에)

이러한 측면에서 봤을 때 오늘날 전세계적으로 경찰뿐만 아니라 공공부문 전체에 걸쳐 커뮤니티에 대한 관심이 크게 늘고 있는 이유는 커뮤니티를 새롭게 인식하고, 이의 능동적인 역할을 재인식하지 않으면 안 될 시점(이를테면 공공부문의 한계)에 이르렀기 때문이라고 볼 수 있다. 마찬가지로 경찰조직에 있어서도 기존의 경찰활동만 가지고는 현대사회에서 직면하고 있는 문제(범죄와 무질서 및 기타 치안서비스의 질적·양적 향상문제 등)에 대한 대응에 한계가 있음을 암시하는 것이다. 그런데 주의할 것은 커뮤니티에 대한 새로운 인식이 단순히 국가차원의 제도적·조직운영적인 차원에서만 다루어져서는 안 된다는 점이다. 보다 중요한 것은 사회구성원들의 가치관 또는 철학적인 변화가 아울러 이루어져야 한다는 점이다.

2. 커뮤니티 개념의 역사성

이상에서 살펴보았듯이 커뮤니티에 대한 개념적 접근이 용이하지 않음을 알 수 있다. 더욱이 이의 개념이 정태적(情態的)이라기보다는 동태적(動態的)이며, 따라서 시대적 상황에 따라 가변성(可變性)·역사성(歷史性)을 띠고 변화해 왔다는 점이다. 즉, 어떤 면에서 커뮤니티의 개념정립을 어렵게 하는 결정적 요인은 바로 이러한 특성에서 비롯된 것이라 할 수 있다. 따라서 커뮤니티의 개념적 접근을 위해서는 변화하는 사회현실에 따라 커뮤니티의 특성이 어떻게 발전해 왔는가를 살펴보는 것은 매우 중요하다.

과거에는 커뮤니티에 대한 인식이 '특정한 지리적 관점'을 전제로 하여 이와 결부된 이해관계적 차원에서 접근하였기 때문에 이의 개념정립이 보다 단순하였

---

8) 사진: http://cafe.daum.net/yoginicafe/Qwlg.; 연합뉴스, 2016.05.29.

다. 그러나 이미 언급한 바와 같이 오늘날에는 커뮤니티에 대한 개념적 접근이 항상 이러한 특정한 지리적 차원에 국한되지 않고 있음에 주의할 필요가 있다. 오늘날의 과학기술과 경제, 그리고 교통통신수단의 급격한 발전은 우리의 삶에 엄청난 영향을 미쳐 왔으며, 특히 커뮤니티의 특성에도 변화요인으로 작용하고 있음은 주지의 사실이다.

어쨌든, 커뮤니티 개념은 오늘날과 같이 세계화시대에 직면하여 전세계적으로 사용되고, 이를 국가발전의 새로운 원동력으로 모색하고 있기 때문에 이에 대한 접근은 상당히 중요한 의미를 갖는다.

물론, 'Community'라는 용어 자체가 오랜 과거부터 우리가 사용한 것이 아니고, 근대 이후 서구사회에서 전래된 것을 나름대로 해석하여 사용하였기 때문에 이의 본래의 의미를 충분히 이해하지 못하는 면이 있다고 본다. 또한 위에서 언급한 바와 같이, 본질적인 문제로서 커뮤니티 개념 자체가 역사성·가변성을 갖기 때문에 서구에서조차 이에 대한 개념정립에 수많은 논쟁이 지속되어 온 것이 사실이다.

이러한 상황 속에서 우리는 '커뮤니티'(Community)를 '지역사회'(地域社會), '공동체'(共同體), '공동체사회'(共同體社會), 그리고 지역적인 요소와 이해관계적인 요소를 포괄하여 '지역공동체'(地域共同體)로 해석하여 사회 각 영역에서 나름대로 활용하고 있다. 그러나 한 단어인 커뮤니티를 여러 가지로 해석하게 사용한 결과, 경우에 따라서는 이의 사용이 부적절한 경우도 발생하게 된다.

경찰에서 이를 적용하는 데 있어서도 이러한 문제는 발생하게 된다. 경찰은 단순히 지역사회에 기초를 두고 활동하는 조직도 아니고, 그렇다고 해서 전적으로 지리적 요소를 고려하지 않고 이해관계 또는 가상공간의 형태로 활동하는 것도 아니다. 또한 항상 이 두 가지 요소가 동시에 고려되는 것도 아니기 때문이다. 그리고 설혹 지역사회에 기초를 두었다 할지라도 그 지역적 활동범위가 획일적인 것도 아니다.

생각건대, 범죄문제는 단순한 이웃 간의 분쟁에서부터 국제적인 범죄에 이르기까지 다양한 까닭이다. 그리고 범죄는 주로 현실적인 공간에서 이루어지지만 사이버공간에서 이루어질 수도 있다. 또 불특정 다수에 대한 즉, 이해관계가 전혀 없는 범죄가 발생할 수 있지만, 면식에 의한 특정인과의 이해관계 속에서도 발생할 수도 있다. 물론, 어떠한 범죄일지라도 범죄체포 및 처벌은 '현실적인 공간'에서 이루어지게 된다.

그런데 우리나라 경찰은 커뮤니티를 '지역사회'로 해석하여 사용하고 있다고 볼 수 있다. 아마도 경찰활동이 기본적으로 일정한 지역(관할구역)을 중심으로 이루어지기 때문이다. 따라서 오늘날 경찰활동의 새로운 패러다임으로 인식되고 있는 'Community Policing'에 대한 개념조차도 '지역사회 경찰활동'으로 해석하여 논의를 전개하고 있다. 이러한 점에서 경찰이 제시하는 지역사회 경찰활동은 본질적인 한계가 있다고 볼 수 있다.

물론, 경찰에서 커뮤니티를 지나치게 확대해석하여 거시적·포괄적으로 접근할 경우, 이로 인해 그 개념정립의 어려움은 차치하고, 범죄학 관점에서 말하는 이른바 '선과 악' 또는 '범죄자와 피해자'의 관계 또는 이의 경계조차도 불투명해질 수도 있을 것이다.

그러나 커뮤니티를 단순히 지역사회로 국한시켜 해석하는 것은 어떤 면에서 커뮤니티가 가지고 있는 잠재적 발전가능성과 적용가능성을 스스로 제한해 버리는 것에 불과할 수도 있다고 본다(이에 대해서는 후술하기로 한다).

요약건대, 커뮤니티의 본질을 파악하고, 이의 역사성·가변성을 이해한다면, 우리 식으로 어떤 용어로 대체하여 사용하기보다는 있는 그대로 우리 사회에 적용하는 것이 바람직하다고 본다. 말이라는 것도 역사성을 가지며, 특히 세계화가 가속화되고 있는 현시점에서 '외래어'가 항상 외래일 수만은 없는 것이며, 그 수용기간도 과거보다 훨씬 단축되고 있음은 주지의 사실이다.

어쨌든 우리나라에도 활발하게 적용되고 있는 커뮤니티의 개념적 접근과 이의 역할에 관련된 여러 가지 논의를 시도할 수 있을 것이다. 이와 관련하여 아래에서는 미국사회의 커뮤니티개념이 역사적으로 어떻게 변화되어 왔는지를 살펴보기로 한다.[9]

---

9) Robert Trojanowicz et al., *op. cit.*, pp. 63~66.

1) 1900년대 초

1900년대 초까지만 하더라도 아직까지는 미국 전체인구의 절반에 못 미치는 인구만이 도시에 살고 있었으며, 일차적으로 농경사회가 중심을 이루고 있었다. 이 시기만 하더라도 커뮤니티에 대한 개념정의의 필요성을 크게 갖지 못했다. 당시 커뮤니티는 '상호의존성과 관련된 구성요소 및 공통의 지리적 영역, 공통의 문화를 공유한 사람들이 살고 있는 일정한 특징을 가진 지역'을 의미하였다. 이는 삶의 단순성·고정성·계속성 등을 바탕으로 하는 가족 및 이웃중심의 전형적인 전통사회(傳統社會)의 모습이라고 할 수 있다.

그런데 산업화·도시화의 진전과 더불어 많은 사람들은 농촌에서 도시로 이주하게 되었다. 1900년에서 1910년에 이르는 동안 미국인구 가운데 약 900만명이 도시로 이주한 것으로 나타났다. 이로써 사회구조의 변화 및 이에 따른 계층화가 좀 더 빠르게 이루어지기 시작했다고 볼 수 있다.

그리고 당시의 커뮤니티라는 용어는 인종(Race)구조를 토대로 하여 거대한 도시를 '어떻게 하면 균형 있게 작은 단위로 구분할 것인가' 하는 기준을 세우는 것에 사용되었다. 즉, 도시설계 및 구획과정에서 '백인커뮤니티'와 '흑인커뮤니티' 등으로 구분한 것이다. 이 경우 커뮤니티는 일종의 '인종차별'(人種差別, Racial Segregation) 수단으로 사용되었음을 알 수 있다.[10]

---

10) 인종차별은 정치적·경제적·사회적으로 우월한 집단이 기득권을 유지하려는 수단으로 이용되며 특히, 백인이 합법적 수단에 의해서나 유색인종의 사회진출을 막음으로써 자신들의 우월한 지위를 유지하려는 경향을 뜻한다. 그러나 역사적으로 아시아의 몽골족, 아프리카의 반투족, 신대륙의 아스텍족도 피정복민족들을 차별한 경험이 있었다. 하와이나 브라질처럼 인종간의 혼혈이 대규모로 발생하는 곳을 제외하고 대부분의 다인종사회에서 인종차별이 나타나고 있다. 그러나 이들 나라에서의 차별정책은 합법적인 수단에 의한 것은 아니었다. 반면, 미국 남부의 주들에서는 공공편의시설 이용에 대한 합법적인 격리정책이 19세기말에서 1950년대까지 심각한 수준으로 존재하였다. 이에 대해 1964년 미국 민권법(Civil Rights Act)은 연방정부가 지원하는 계획에서 직업차별을 못하게 함으로써 흑인에게 경제적·정치적 이권을 나누어 주려고 시도하였다. 여기에는 투표·교육·공공편의시설의 이용에서 차별과 격리를 하지 못하도록 하는 법적 규정도 포함되었다. 이러한 인종차별문제는 중앙 아프리카나 동아프리카의 다인종사회들에도 존재하지만, 한때 정부의 공식 정책으로 아파르트헤이트(apartheid)가 실시된 남아프리카 공화국에서 가장 심하게 나타났다. http://100.daum.net/encyclopedia.

2) 1920년대

1920년대에 이르러 파크(Robert E. Park) 등으로 구성된 시카고학파는 시골모형(Rural Model)을 응용하여 주요 대도시 내의 커뮤니티에 적용될 수 있는 새로운 모델을 만들어내고자 노력하였다.[11] 시골모형이라는 것은 예컨대, 일정한 농촌지역에 내재하는 여러 가지 특성(가치관, 행동양식, 생활범위 등)을 파악하여 그것을 하나의 커뮤니티로 해석하는 것이라 할 수 있다.

사회학자 미나한(Thomas M. Meenaghan)은 시카고학파의 이러한 접근방법을 토대로 상가·교회·학교 등과 같은 중심지역을 기준으로 하여 이들 서비스를 가장 원거리에서 이용하고 있는 사람까지를 그 해당 커뮤니티의 경계 내에 포함되는 것으로 파악하였다. 커뮤니티의 의미와 관련하여 미나한은 "파크는 커뮤니티의 개념을 특별한 지리적 영역에서 살고 있으며, 그 안에서 경쟁·협력·동화·갈등의 하위문화 또는 삶의 과정을 겪는 사람들의 집단으로 보았다. 이와 같은 자연적인 삶의 과정은 지리적 영역의 경계뿐만 아니라 특별하고 독특한 문화적·사회적 특성을 공유하며, 이른바 '자연적 영역'(Natural Areas)을 만들어 내었다"고 하였다.[12]

이러한 접근방법에 의하면, 어떠한 커뮤니티의 구성원임을 확인할 수 있는 방법은 단지 그 지역에 살고 있으며, 그 지역 내에 기초를 둔 여러 가지 사회제도(상가·교회·학교·은행·식당 등)를 상호 이용하고 있으면 된다. 이는 경우에 따라 커뮤니티 내의 개인 또는 집단이 갈등을 겪게 될 때, 이들의 지속적인 상호작용과 상호의존성, 그리고 이들 상호간의 공유된 이해관계를 통해 이들의 정체성과 가치를 형성하는 데 도움을 줄 것이다. 그리고 해당 커뮤니티에 살고 있음으로 해서 구성원들이 무엇을 생각하고, 어떻게 느끼며, 무엇을 믿는지를 파악할 수 있는 능력을 갖게 된다. 즉, 외부사람들은 어떤 커뮤니티가 가지고 있는 특징을 전혀 모르지만, 그 지역의 구성원들은 스스로가 자신들의 성향 또는 특성을 보다 잘 알고 있다는 의미이다.

물론, 사람들은 자신들이 살고 있는 커뮤니티의 색깔과 뉘앙스(Nuance)에 대

---

11) W.S. Watman, *A Guide to the Language of Neighborhood*, Washington, DC: National Center for Urban Ethnic Affairs, 1980, p. 35.

12) T.M. Meenaghan, "What Means Community," *Social Work*, Vol. 19, No. 6, 1972, p. 94.

해서 의식적으로 표출하지는 않는다. 이는 특정 커뮤니티 내에 내재하는 일종의 '문화적 특성'의 총체라고도 할 수 있다. 그러나 자신들이 속한 커뮤니티 내의 다양한 환경 속에서 생활해 가는 과정에서, 또는 다른 커뮤니티의 행동과 태도에 구별되는 일상적인 삶의 과정에서 자연스럽게 자신들의 커뮤니티의 특성이 나타나게 된다.

3) 1950년대

1950년대에 이르러 커뮤니티에 대한 수많은 개념정의가 시도되었다. 애틀란타대학의 힐러리(George A. Hillery)는 커뮤니티 개념에 대하여 학자들이 공통으로 동의하고 있는 영역이 있는지를 확인하기 위하여 관련내용에 따라 94개의 상이한 단어로 분류하고자 하였다. 그는 이와 관련하여 "대부분은 커뮤니티가 지리적인 영역 내에서 하나 또는 그 이상의 유대관계를 맺고 사회적 상호작용을 하는 사람들로 구성된다는 것에 기본적으로 동의하고 있다"는 연구의 결론을 내렸다.[13]

이는 커뮤니티라는 용어가 '이웃'(Neighborhood)과 같은 의미를 갖는 것에서부터 시작된다는 것을 쉽게 보여 주고 있다. 그러나 이웃은 "사람들이 살고 있는 넓은 영역 내에 있는 작은 물리적 영역을 의미한다. 즉, 이웃이라는 개념은 지리적으로 큰 단위 속의 '하위단위'(下位單位)에 해당된다. 이는 '거주자들을 중심으로 만들어진 사회적 네트워크와 이 사회적 네트워크와 중첩되어 나타나는 제도적 장치 속에서 집단생활(Collective Life)을 하는 장소'라고 할 수 있다. 따라서 여기서 말하는 이웃은 해당지역에서 공통의 이해관계를 가지고 공통의 삶을 영위하는, 상대적으로 친밀한 사람들이 살고 있는 것을 의미하고 있음을 알 수 있다."[14]

지금 생각하기에는 전혀 관심을 가질 필요조차 없는 문제이지만, 힐러리가 활동한 제2차 세계대전(1939~1945)이 끝난 후 10년이 지난 1950년대 중반에는 대부분의 도시들이 사실상 비공개적이면서도 노골적으로 이웃개념을 인종적 특성에

---

13) "Most...are in basic agreement that community consists of person in social interaction within a geographic area and having one or more additional ties". in G.A. Hillery, "Definitions of community: Areas of Agreement," *Rural Sociology*, Vol. 20, No. 4, 1955, p. 111.

14) R.J. Bursik & H.J. Grasmick, *Neighborhoods and Crime*, New York, Lexington Books, 1993, p. 6.

의해 서로 간에 차별 또는 구분하기 위해 사용하는 것이 주종을 이루었다(어떻게 보면, 이는 1900년대 초의 인종구조에 따른 도시구획의 연장선으로 볼 수도 있을 것이다).

그러나 이와 같이 커뮤니티를 단순히 분리 또는 차별을 위한 접근방법으로 사용하기보다는 보다 다양한 관점에서 커뮤니티를 이해할 필요가 있다고 본다. 즉, ㉠ 어떤 사람이 살고 있는 지역 또는 커뮤니티와 그 속에 존재하는 사회적 합의와 사회적 네트워크의 특성에서 '사회적 삶의 조건'을 주로 결정하는 요인이 무엇이며, ㉡ 그와 같은 지배적인 문화에 의해 사람들이 어떻게 다루어지고 있는지에 대해서 보다 많은 관심을 가져야 한다는 것을 의미한다.

켈러(Suzanne Keller)는 그녀의 저서 「The Neighborhood(1982)」에서 이들 용어가 오늘날에도 혼란스럽게 사용되고 있다는 것을 밝히면서, 과거의 전통사회의 커뮤니티 개념을 반영하는 관점에서 이웃에 대한 개념정의를 내리고자 하였다. 이에 따라 그녀는 "거대한 실체 내의 어떤 지역 또는 장소로 인식되는 이웃은 물리적인 특성 또는 상징적인 특성, 아니면 두 가지 특성을 동시에 갖는 일정한 '경계'(Boundaries)를 가지고 있다. 어떤 지역 내의 사람들을 구분하는 물리적인 경계는, 예컨대 길거리·철로·공원 등을 들 수 있다. 그리고 구성원들의 독특한 인식 또는 태도를 구분하는 상징적인 경계와 관련하여 예컨대, 이들이 처한 역사적·사회적인 배경 등을 들 수 있다.

일반적으로 이들 두 가지 경계(물리적인 경계와 상징적인 경계)는 상호간을 재강화(再强化)시켜 준다고 하였다. 즉, 물리적 경계는 상징적 경계를 조장하고, 상징적 경계는 물리적 경계에 수반되게 된다"고 본 것이다.[15]

4) 1970~1980년대

비록 1960년대에 들어 커뮤니티에 대한 사회적 관심과 열정이 상당히 떨어졌음에도 불구하고, 1970년대에 들어 커뮤니티에 대한 개념정의를 새롭게 하고 한 단계 끌어 올리고자 하는 노력이 이루어졌다. 이 시기에는 커뮤니티에 대한 새로운 접근방법들을 확인하고, 이의 원칙들을 통일하고자 하는 데 초점을 두게 되었다.

---

15) Suzanne Keller, "The Neighborhood," in R.H. Baylor(ed.), *Neighborhoods in Urban America*, Baylor Port Washington, New York: Kennikat Press, 1982, p. 9.

이와 관련하여 시카고대학의 헌터(Albert Hunter)는 그의 저서 「Symbolic Communities」에서 'Common, Communication, Community'라는 단어는 상호 밀접한 관련성이 있음을 지적하였다. 그는 사람들이 사용하는 언어와 공유하고 있는 상징적인 요소들은 이른바 '자연적 커뮤니티'(Natural Community)를 확인하는 데 도움이 된다고 주장하였다.16) 한편 미나한은 사회지역분석(Social Area Analysis)에 초점을 두었는데, 그가 사용한 경제적 수준과 가족구조 및 인종적 특성의 동질성에 관한 자료는 커뮤니티의 경계를 확인하는 데 이용될 수 있었다. 이에 따라 3,000명에서 6,000명의 도시인구집단을 특정한 미국 대도시의 인구조사 표준지역(Census Track)으로 나누는 정보에 활용되기도 하였다.17)

그리고 워슬리(P. Worsley)는 커뮤니티라는 용어와 관련하여 복잡하고 상이한 개념적 이슈에도 불구하고 이에 대한 기본요소가 세 가지 존재한다고 주장하였다. 첫째, 커뮤니티는 고정된 장소 내에서 인간의 정착과 관련된 지리적 관점(Geogra-phical Aspect)이 존재한다. 둘째, 커뮤니티는 이를 구성하는 사람집단 가운데에서 이루어지는 사회적 관계 및 상호작용의 네트워크와 관련된다. 셋째, 커뮤니티가 '커뮤니티의식'(Sense of community) 또는 '커뮤니티정신'(Community Spirit)과 같은 차원에서 강조될 때에는 이들 구성원들 간의 내면적인 특별한 형태의 상호작용과 관련된 것이다.18)

이와 같은 구별이 입증됨에 따라 이웃과 커뮤니티라는 용어는 대부분의 도시들이 뚜렷한 인종적 지역을 구성하게 될 때, 특별한 논쟁 없이 상호 교환적으로 사용될 수 있었다. 20세기 들어 일차적으로 유럽에서 수많은 이민자들이 미국 대도시에 정착하면서 대부분은 이들만의 인종적 이웃개념을 정착·확대시켰으며, 이후 자신들의 다양한 문화적 전통을 유지하고자 하는 노력을 계속하였다. 더욱이 남부 시골지역의 흑인들은 남부에서 받는 자신들의 대우를 피하고 높은 보수를 주는 직업을 찾기 위하여 북부로 이주를 계속해 왔다. 이들은 자신들의 선택과 경제적 지위에 의해서 뿐만 아니라 차별적 주택공급에 의해서 도시 내에서 특별한 이웃을 형성하게 되었다.

---

16) W.S. Watman, *op. cit.* 재인용.
18) T.M. Meenaghan, *op. cit.*, p. 95.
18) P. Worsley, *New Introductory Sociology*, Third Edition, London, England: Penguin, 1987.

5) 1990년대 이후

그런데 제2차 세계대전 이후로 진행된 경제적 변화와 과학기술의 발달은 1990년대에 이르러 더욱 가속화되었고, 이에 따라 기존에 논의 되어온 커뮤니티와 이웃에 대한 개념정의는 또 다시 새로운 변혁기를 맞이하게 되었다.

이 시기에 이르러 이해관계적 커뮤니티(Community of interest)가 특별한 지리적 범주로 묶여서는 안 된다는 인식하게 된 것이다. 이는 그 동안 많은 연구자들이 고려하지 못했던 점이었다.

이와 관련하여 경제발전에 따른 인구의 도시 밀집화 뿐만 아니라 과학기술의 발달에 따른 대규모 운송수단, 대중매체의 발달,[19] 그리고 이전과는 전혀 새로운 통신수단 즉, 스마트폰의 등장은 이전에 어느 정도 안정성·영속성을 갖고 있었던 커뮤니티를 더욱 복잡하고 혼란스럽게 만들었다. 따라서 많은 대도시에 거주하는 사람들은 여전히 한정된 지리적 범주 내에서 살고는 있지만, 이전처럼 동일한 삶의 방식으로 상호작용을 하지 않는다는 점을 분명하게 인식하게 되었다.

스마트몹(Smart Mobs) 트렌드

---

① 스마트몹 세대의 등장

2000년대 초 일본 동경의 시부야(渋谷) 거리의 10대 청소년을 관찰한 미국의 미래학자 라인골드(H. Rheingold)는 이 청소년들의 시·공간개념이 기성세대와 크게 다르다 는 사실을 발견하였다. 이들은 춤을 추거나 노래방에서 노래를 부르는 순간에도 휴대전화의 액정화면을 확인하는 습관을 멈추지 않았다. 옆에 있는 친구들과 깔깔대며 농담을 주고받을 때도 양손 엄지손가락은 문자 메시지를 보내느라 바빴다. 청소년 30여명이 서로 만나기로 약속한 한 노래방. 약속시간이 지나도 실제 나타난 사람은 고작 3~4명에 불과했다. 하지만 어느 누구도 개의치 않았다. 한 명이

---

19) 대중매체는 대중(Mass)과 매체(Media)의 조합으로 적게는 한 무리의 사람부터 많게는 전세계 인구에게까지 보여 지는 미디어를 말한다. 이러한 대중매체에는 책, 신문, 잡지, 텔레비전, 인터넷, 위성방송 등을 들 수 있으며, 이는 대중의 가치관 및 태도형성에 적지 않은 영향을 미친다. 그리고 경우에 따라서는 어떠한 사건에 대한 개인의 가치관 및 태도는 그것의 진실유무와 상관없이 대중매체의 보도 방식에 따라 좌우되는 경우가 적지 않았다. 물론, 최근들어 인테넷과 같은 '쌍방향 통신'의 발달과 더불어 종래의 신문과 TV 등에 의한 일방적인, 그리고 경우에 따라서는 왜곡된 정보를 제공하는 것에 대해서 문제를 제기할 수 있고, 또 사실관계를 제대로 파악할수도 있게 되었다. 그러나 여전히 위험성이 내포되어 있는 것은 사실이다. 예컨대, 정치권력집단이 자신들의 기득권을 유지하기 위하여 인터넷 등을 활용하여 왜곡된 정보를 마치 사실인 것처럼 광범위하게 전파하여 선량한 개개인의 가치판단을 혼랍스럽게 할 가능성은 상존하기 때문이다.

노래를 부르고 있는 틈에 다른 청소년은 각자 휴대전화를 들고 문자 버튼을 빠른 속도로 눌렀다.

- 어디쯤 왔니?
- 갑자기 다른 친구가 만나자고 문자를 보내서……. 난 못갈 것 같아. 재밌니?
- 응. 걔는 어디서 보기로 했는데?
- 신주쿠(新宿). 지금 전철 안이야. 넌 노래했니?

라인골드는 이 청소년들에게 '약속장소에 제때 나타났는가'는 중요하지 않다는 것을 발견하였다. 노래방 안의 청소년들과 노래방 밖의 청소년들 사이에는 휴대전화를 통해 문자 메시지가 계속 오갔고, 문자 메시지가 이어지고 있는 동안 이들은 이미 같은 이벤트에 '동참'하고 있었던 것이다 (일종의 지리적 커뮤니티 속에서 온라인 커뮤니티가 복잡하게 형성된 것이다). 따라서 휴대전화는 이들의 시간과 공간 개념을 바꿔 놓았다. 시간과 약속장소는 언제든 즉석에서 변경가능하게 된 것이다. 이들에게는 약속시간을 지키지 않은 것보다 휴대전화를 깜박 잊고 집에 두고 온 것이 더 큰 결례다. 『가상의 공동체』를 저술하는 등 IT기술과 사회변동의 관계를 연구하던 라인골드는 이것이 앞으로 다가올 새로운 혁명의 전조로 느껴졌기 때문이다. 라인골드는 이를 계기로 2002년 『영리한 군중(Smart Mobs): 다가올 사회혁명』이라는 책을 저술하였다.

② 시위 및 폭동의 주동

2005년 11월 프랑스 전역에서 10여일간 지속된 방화와 폭동 소식(폭동은 지난 10월 27일 파리에서 2명의 이슬람계 소년이 경찰의 검문을 피하려고 변전소에 숨었다가 감전사한 사건에서 촉발되었는데, 순식간에 전국으로 번졌고, 경찰에 대한 총격과 지하철 방화기도까지 생겨남)을 전하던 미국 ABC방송국 기자의 목소리는 흥분되어 있었다. "폭동과 방화가 전국 200여곳에서 열흘 이상 계속된 이유를 정말 이해하기 힘듭니다. 제 생각으로는 점점 더 많은 사람이 이 행위를 즐기고 있는 것 같기 때문입니다. 물론 무슬림에 대한 차별과 심각한 청년실업 등 정부정책의 문제도 있습니다. 그러나 더 큰 이유는 많은 젊은이들이 이 폭동을 즐기고 있고, 휴대전화와 인터넷이라는 신기술이 이를 가능하게 해 줬다는 것입니다." 그는 "프랑스는 전국민이 무료진료와 무료교육 혜택을 누리는 등 미국보다 복지제도가 잘 갖춰져 있다"고 전제한 뒤 "진짜문제는 기성사회에 대해 박탈감과 무료함을 느끼는 젊은이의 수가 많고 이들이 뭔가 행동을 하기 시작했다는 것"이라고 분석했다. 프랑스경찰은 "지역별로 15~25세 청년이 자동차와 오토바이를 타고 옮겨 다니며 치고 빠지는 '히트 앤 런'(hit & run)식 연쇄방화를 벌인다"고 밝혔다. 프랑스당국은 사태의 배후조직을 색출하기 위해 애썼지만 성공하지는 못했다. 배후에 '중앙지휘부' 같은 것은 애초부터 없었다는 것이 일반적인 시각이다. 이들 10~20대는 휴대전화 메시지나 인터넷 등으로 경찰의 동태를 서로에게 시시각각 알려 주고 시위장소를 바꿔가며 경찰의 추적을 따돌렸다. 프랑스경찰은 기동타격대와 탐조등 및 비디오카메라를 탑재한 헬기까지 동원했지만 사태를 진압하지 못하고 애를 먹었다.

스마트몹(Smart Mobs)은 '똑똑한 통신기기들에 의해 그물망처럼 연결된 군중'이라는 뜻이지 '군중이 더 현명해졌다'는 의미는 아니다. 스마트몹을 상징하는 대표적 통신기기는 휴대전화다. 초창기의 휴대전화는 음성통화만 가능하였으나 지금은 문자 메시지는 기본이고, 인터넷에 접속하거나 게임과 동영상을 즐길 수 있는 모바일 컴퓨터로 진화하고 있다. 휴대전화는 낯선 곳에서 인근 공중화장실이나 대형 마트를 찾아갈 수 있도록 길안내도 해 준다. 또 휴대전화에 나이·키·외모 등 자신의 이상형 정보를 입력해 놓으면 길을 가다가도 근방에 그런 이성이 있다고 알려 주기도 한다. 친구와 함께 대규모 시위에 참석했다가 길을 잃으면 휴대전화가 친구가 있는 곳을 화면의 지도에 표시해 주는 서비스도 가능하다.

라인골드는 수만대의 PC를 인터넷으로 연결해 슈퍼컴퓨터를 만드는 일이 앞으로 휴대전화에서 일어날 것으로 전망하였다. 수만명의 시위군중이 모이면 이들의 휴대폰을 무선 인터넷으로 연결해 순식간에 슈퍼컴퓨터를 만들었다가 해체하는 일이 가능해진다는 것이다. 이 가상의 슈퍼컴퓨터는 시위대를 효율적으로 지휘하거나, 경찰이나 군통신망을 해킹하는 등의 일에 사용될 수 있다. 휴대전화뿐 아니라 인터넷 블로그, 메신저, 네티즌이 기사를 작성하는 인터넷신문 등도 스마트몹을 형성하는 주요통신수단이다. 이들 매체의 위력은 이미 한국에서 반미 촛불시위나 노무현 전대통령에 대한 탄핵반대시위 등에서 극명히 드러났다.

③ 정치세력화

스마트몹 세대는 평소 구체적 정치 이슈에 무관심한 듯 보이며, 이들이 주고받는 휴대전화 문자 메시지와 인터넷 메신저의 내용은 지극히 일상적이다. 대부분은 시시한 내용이다. 그러나 이들이 사이버공간을 통해 맺는 관계가 지속되고 깊어질수록 이 공간 밖에 있는 기성의 정치·경제 시스템에 대한 이질감과 반감은 커진다. 부모·학교교사·직장상사 등이 낯설고 귀찮은 존재로 느껴진다. 심한 경우에는 적으로 규정되기도 한다.

이러한 적대감은 이를 자극하는 사건이 발생하면 작은 파문이 순식간에 번지면서 더욱 증폭되어 엄청난 정치적 에너지로 분출한다. 이는 '벌떼현상'(swarm)이라고 불린다. 마치 벌들이 '웅웅' 소리로 공명하면서 대규모로 모이는 것 같다는 의미다.

2002년 6월 의정부에서 두 여중생이 미군 장갑차에 치여 숨진 사건은 처음에는 큰 주목을 받지 못했다. 기성 언론은 단순한 교통사고로 다루거나, 보상절차 등 법적 문제에만 초점을 맞췄다. 스마트몹 세대의 감성을 자극한 것은 TV였다. 이 사건을 다룬 MBC 'PD수첩'을 본 스마트몹 세대가 처음으로 주고 받은 메시지는 "너 그거 봤니? 너무 불쌍하지"였고, 인터넷 메신저 이용자 사이에는 아이디명 앞에 흰색 리본(▷◁) 표시를 하는 것이 유행처럼 번졌다. 인터넷신문 오마이뉴스의 한 시민기자가 자신이 인터넷에 익명으로 쓴 글을 인용해 "네티즌, 광화문의 촛불시위를 제안하다"는 자작기사를 올리자 메시지는 광화문 촛불시위 참가를 독려하는 것으로 변했다. 2002년 겨울 광화문에 운집한 수만명의 군중이 운동권과 결합되어 외친 반미구호는 한·미관계를 긴장시켰고, 이후 노무현 대통령의 당선에도 기여했다는 평가를 받고 있다.

자료: http://blog.naver.com/lookiss.

더욱이 과학기술혁명의 총아라 할 수 있는 컴퓨터의 개발과 이의 급속한 발전, 보편화, 그리고 이를 지구촌 곳곳에까지 연결시켜 주는 네트워크(Network)의 구축으로 형성된 '사이버공간'(Cyber Space)은 특별한 지리적 관점의 커뮤니티가 거의 고려되지 않는다는 점이다. 물론 한 나라 또는 특정지역의 구성원들이 애국심 또는 애향심 등의 차원에서 공동체 유대감을 형성하고 이를 토대로 다른 집단과 비교되는 이해관계를 형성하는 경우도 종종 나타난다. 그러나 사이버공간에 참여하고 있는 사람들은 본질적으로 지리적 관계와는 관계없이 자신들의 관심사항 및 이해관계를 토대로 끊임없는 상호작용을 하고 있음을 알 수 있다.

그리고 사람들에게 사이버공간은 이제 단순한 가상공간에 불과한 것이 아니라 일상생활의 상당부분을 차지하는 현실공간의 관념으로 자리 잡고 있다고 볼 수 있다. 이러한 사이버공간의 확대 및 현실화는 위에서 언급한 통신기능뿐만 아니라 컴퓨터와 인터넷 기능까지 가능한 스마트폰의 등장 및 이의 대중화가 지대한 영향을 끼쳤다고 볼 수 있다. 따라서 오늘날 남녀노소 불문하고, 스마트폰은 모든 개인의 삶에 있어서 매우 중요한 영향을 끼치고 있음은 주지의 사실이다.

현실공간과 가상공간의 공존

장자(莊子, BC 290)의 나비의 꿈(胡蝶之夢)의 내용은 다음과 같다. 어느날 장자는 꿈속에서 나비가 되어 날개를 펄럭이며 꽃 사이를 즐겁게 날아 다녔다. 너무도 기분이 좋아서 자신이 장자인지도 몰랐다. 그러다 불현 듯 꿈에서 깨었다. 깨어나서 보니, 자신은 나비가 아니라 장자가 아닌가? 아까 꿈에 나비가 되었을 때는 나는 내가 장자인지 몰랐다. 지금 꿈에서 깨고 보니 나는 분명 장자가 아닌가? 그렇다면 지금의 나는 정말 장자인가, 아니면 나비가 꿈에서 장자가 된 것인가? 지금의 나는 과연 진정한 나인가? 아니면 나비가 나로 변한 것인가? 아니면 진정한 나는 장자도 아니고, 나비도 아닌 또 다른 주체인가?[20]

영화 메트릭스(1999년)

한편, 영화「매트릭스」는 워쇼스키 형제에 의해 제작되었는데, 특히 장보드리야르(Jean Baudrillard)의 철학을 기조로 하였다고 한다.[21] 이 영화는 2199년에 이르러 기계 즉, 컴퓨터 인공지능 AI에 의해 인류가 지배된 것을 배경으로 하고 있다. 인간의 기억마저 AI에 의해 입력되고 삭제되는 세상이 도래한 것이다. 진짜보다 더 진짜 같은 가상현실 '매트릭스' 속에서 인간은 진정한 현실을 인식할 수 없게 된 것이다.

3. 지리적 커뮤니티와 이해관계적 커뮤니티의 관계

이상과 같이 커뮤니티에 대한 개념전개는 결국 지리적 커뮤니티와 이해관계적 커뮤니티로 구분되어 논의될 수 있다. 그동안에는 커뮤니티의 개념을 논의하는 데 있어서 일차적으로 지리적 관점이 기준이 되었었다. 커뮤니티 개념에 있어서 이러한 지리적 관점이 차지하는 비중의 중요성은 지난 1세기 동안에만 나타난 현상이 아니라, 과거로 거슬러 올라갈수록 더해 간다고 볼 수 있다.

그러나 1950년도 이후 커뮤니티 개념에 있어서 지리적 관점이 다소 약화되고, 최근 들어서는 지리적 관점과 대등하게 이해관계적 관점이 논의되고 있다고 볼 수 있다. 그리고 경우에 따라서는 오히려 지리적 관점은 그다지 중요한 기준이 되지 못하는 경우도 나타나고 있음을 알 수 있다. 아래에서는 이와 같은 지리적 관점에서의 커뮤니티와 이해관계적 관점에서의 커뮤니티 간의 관계를 보다 구체적으로 논의하기로 한다.[22]

주지하는 바와 같이, 과거 전통사회에서는 커뮤니티를 설명하는 데 있어서 지

---

[20] 우리의 삶은 '리얼리티 쇼'(Reality show)인가? 인간의 삶은 현실세계가 가상이 될 수도 있으며, 가상세계가 현실이 될 수도 있다. 모든 만물(萬物)은 눈에 보이는 것만 전부가 아니며, 눈에 보이지 않는 것이 때로는 더욱 더한 진실일 수도 있다. 세상이 더욱 복잡해짐으로써 의식과 무의식, 거짓과 진실, 옳고 그름의 분별이 어려워지고 있다. 물론, 분별심(分別心)을 갖는 것 자체가 왜곡이고, 또 선입견일수도 있으나, 이는 또 다른 자각(自覺)을 위한 과정이라고 할 수 있다. 그리고 그러한 자각은 인간과 자연이 더불어 공존할 수 있는 지혜를 의미한다고 본다.

[21] 대중문화 연구와 관련하여 보드리야르의 주장 가운데 가장 주목할 것은 그의 '시뮬라시옹'(simulation: 모사) 개념이라 할 수 있다. 혹자는 기계복제가 미술작품의 아우라(aura)를 파괴했다고 말했지만 보드리야르의 주장은 바로 이 원본과 복제의 구분 자체가 소멸했다는 것이다. 그는 이러한 과정을 '시뮬라시옹'이라 부른 것이다. 이는 "원천이나 실제 없이 실제적인 것의 모형들에 의해 만들어진 것, 즉 과잉현실 또는 극사실(極寫實: 사물을 있는 그대로 그려냄)을 의미하는 '하이퍼리얼(Hyper real)"을 가리키는 것이다. 한편, 보드리야르는 텔레비전에 특별히, 관심을 기울였다. 그에 따르면, 실제는 외부 세계와의 직접적인 접촉에 의해 파악되는 것이 아니라 텔레비전의 화면을 통해 주어진다는 것이다. 이야기와 진짜 사건 사이의 경계는 불명확해진다. 정보의 과잉생산과 의미의 범람으로 인해 대중은 극단적인 무관심과 침묵의 관성 속에 존재하게 된다. 결국, 우리는 텔레비전이 확인해줄 때까지 우리 자신의 지각을 불신하게 된다. 텔레비전이 곧 이 세계인 셈이다. 따라서 인간이 텔레비전을 보는 게 아니라 텔레비전이 인간을 보며, 텔레비전이 삶으로 용해되고 삶이 텔레비전으로 용해되는 세상에 우리는 살고 있다는 게 보드리야르의 주장이다. http://cafe.daum.net/heteropia/DtzZ.

[22] 이하 Robert H. Langworthy & Lawrence F. Travis Ⅲ, *Policing in America*, New York: Macmillan Publishing Company, 1994, pp. 317~319 참조.

리적 관점을 생각하지 않고서는 설명이 불가능하였다. 그러나 점차 이러한 인식이 약화되고 있는데, 이러한 변화는 1950년대 들어 힐러리의 견해에서 잘 나타나고 있다. 힐러리는 커뮤니티에 대한 개념정의를 내리는 데 있어서 '지역(Ares), 공통적 유대감·연대감(Commonties), 사회적 상호작용(Social Interactions)'이라는 세 가지 기본요소를 언급하였는데, 여기서 지역보다는 사회적 상호작용과 공통적 유대감·연대감이 더 중요한 요소라고 지적하였다.[23]

요약건대, 그는 지역적 특성은 커뮤니티에 대한 개념정의를 일반적으로 내릴 때 적용된다기보다는 농촌 등의 커뮤니티를 설명하는 데 있어서 보다 중요하게 적용된다고 본 것이다. 힐러리의 관점에서 볼 때에도 당시의 상황에서 커뮤니티를 이해하는 데 있어서 지리적 관점만 가지고는 이를 적절하게 설명할 수 없는 영역이 등장하고 있다는 것을 암시해 준다.

한편, 1980년대 후반에 트로야노비치와 무어(R. Trojanowicz & M. Moore)는 커뮤니티의 개념정의의 발전과정에 대한 논의를 하였는데,[24] 이들은 지리적 커뮤니티(Geographic Communities)와 이해관계적 커뮤니티(Communities of interests)라는 두 가지 기본개념을 가지고 설명하였다. 먼저 지리적 커뮤니티는 공간적으로 정의되는데, 이는 사람 또는 구성원들이 상호작용하는 지역을 의미한다. 반면에 이해관계적 커뮤니티는 공통적 이해관계에 초점을 두고 있다. 이해관계적 커뮤니티의 예로써 직업상의 커뮤니티, 인종적 커뮤니티, 경찰 커뮤니티, 학생 커뮤니티 등을 들고 있다. 각각의 이해관계적 커뮤니티는 공간을 초월하고, 그들 상호작용의 특성을 형성하며, 일련의 집단적 이해관계를 공유한다고 보았다.

이들에 의하면 초기의 인간역사에서는 지리적 커뮤니티를 바탕으로 이해관계적 커뮤니티가 혼합되어 나타났다고 하였다. 즉, 구성원들은 지리적으로 외부와 상호작용하는 것이 아주 어렵고 불가능하기 때문에, 그 지역의 구성원들에게 일련의 이해관계를 공유할 수밖에 없도록 하는 데 영향을 미친다고 본 것이다. 그러나 기술적 변화와 함께, 특히 운송·통신과 미디어 등의 발달은 이해관계적 커뮤니티가 지리적 커뮤니티에 대하여 우위를 점하게 되었다고 하였다.

---

23) G.A. Hillery, *op. cit.*, pp. 111~123.
24) R. Trojanowicz & M. Moore, "The Meaning of Community in Community Policing," *Community Policing Series*, No. 15, East Lansing, MI: Michigan State University Press, National Neighborhood Foot Patrol Center, 1988.

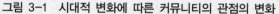
그림 3-1 시대적 변화에 따른 커뮤니티의 관점의 변화

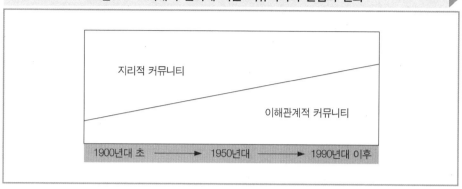

바꿔 말하면, 이해관계적 커뮤니티가 주(主)를 이루고, 오히려 지리적 커뮤니티가 종(從)의 관계로 역전된 것이다. 이제 사람들은 지리적인 것과는 관계없이 상호작용할 수 있으며, 그러한 상호작용을 구축하는 이해관계는 커뮤니티의 본질적 특성이 된 것이다. 앞에서 살펴 본 바와 같이 이러한 관점은 이미 힐러리가 30여년 전에 논의한 바 있다.

위의 [그림 3-1]에서는 이상과 같이 지리적 관점과 이해관계적 관점에서의 커뮤니티 개념이 시대적 전개에 따라 어떻게 그 비중이 바뀌고 있는지를 잘 보여주고 있다. 물론 이는 커뮤니티에 대한 이해의 편의를 위해서 의도적으로 설정한 것이다.

그런데 주의할 것은 [그림 3-1]에서 보는 바와 같이 커뮤니티에 대한 접근에 있어서 이해관계적 관점이 증가하고 있다고 해서 지리적 관점이 완전히 없어진다고 보기는 어렵다는 점이다. 우리가 일정한 지역(地域)과 장소(場所)에 기반을 두고 살아가는 이상 커뮤니티의 지리적인 특성은 본질적으로 일정부분 존재한다고 할 수 있다.

따라서 커뮤니티의 지리적인 요소와 이해관계적인 요소가 공존하면서 다만 그것이 차지하는 정도에서 차이가 있을 뿐이다. 그리고 여전히 이해관계적인 요소가 전혀 없이 단순히 그 지역에 살고 있다는 이유만으로 커뮤니티의 구성원이 될 수도 있다. 그리고 이해관계적 요소가 최소한도로 나타날 수도 있다. 예컨대, 지방에서 홀로 상경하여 대도시에서 직장생활을 하고 원룸 등에 독신으로 거주하는 경우, 주거지 내에서의 이해관계적 요소는 단지 행정구역적인 사항에만 국한되기도 한다. 사실, 이 경우에도 이해관계적 요소는 거의 없다고 보아야 할 것이다.

반대로 지리적인 요소가 전혀 없는 커뮤니티의 구성원이 되기도 한다. 예컨 대, 컴퓨터 및 스마트폰 등에 의해 구축된 사이버세계의 커뮤니티는 지리적인 요 소를 전제로 하지 않는다. 현실세계는 아직까지는 지구라는 실체 속에서 제한되어 있지만, 사이버세계는 그 확대영역이 거의 무한대에 이를 수 있다는 점도 그 특징 이라 할 수 있다.

한편, 과거 커뮤니티에 대한 '지리적인 관점'은 곧 '공간적인 관점'과 일치하는 의미를 갖고 있었다. 즉 지리적인 영역이라는 것은 바로 현실적인 '삶의 공간'을 의 미하는 것이다. 그러나 인간의 상상 속에서 구체화되지 못한 '가상공간'이 과학기 술의 발달로 사이버공간으로 새롭게 등장하고 있음은 위에서 언급한 바와 같다. 따라서 이제 공간적 의미의 커뮤니티는 지리적 관점(지리적 공간)과 사이버관점(사 이버공간)으로 모두 고려해야 함을 알 수 있다. 어떻게 보면, 사이버세계는 이해관 계적 특성을 바탕으로 하면서도, 동시에 무형(無形)의 공간적·장소적 특성 모두 가 지고 있는 새로운 영역이라고 할 수 있다. 예컨대, 최근 사람들이 페이스북 (Facebook) 또는 카카오톡(Kakao Talk)은 공간은 이러한 두 가지 특성을 모두 가지 고 있다고 볼 수 있다.[25]

---

25) ① 페이스북은 2004년 2월 4일 마크 주커버그(Mark Zuckerberg) 등에 의해 만들어진, 세계 최 대의 SNS(Social Networking Service)업체다. 사진·동영상 기반의 SNS 인스타그램(Instagram) 과 세계 최대의 모바일 메신저 왓츠앱(WhatsApp)도 페이스북이 소유하고 있다. 2016년 3월 현재 월간 이용자 기준으로, 페이스북은 약 16억 명, 왓츠앱은 약10억 명, 인스타그램은 약 5 억 명 가량에 달한다. 인스타그램에는 매일 8,000만 건 이상의 사진이 포스팅 되고 있으며, 페 이스북에는 매일 35만 명 이상이 '좋아요'를 누르고 있으며, 이러한 수치는 계속 증가하고 있 다. ② 카카오톡은 (주)카카오가 2010년 3월부터 제공한 글로벌 모바일 메시지 서비스를 말한 다. 데이터 통신기능을 이용, 과금 없는 메시지 기능을 활용하여 편의성을 높였으며, 스마트폰 의 급격한 확산과 함께 사용자가 급증하여 2011년 이래 점유율 1위를 유지하고 있다. 컴퓨터 에서도 사용할 수 있으며, 채팅플러스, 그룹채팅, 보이스톡, 페이스톡, 카카오 게임, 아이템스 토어, 나와의 채팅, 오픈 채팅 등 많은 기능을 통해 모바일 플랫폼으로 영역을 확대하고 있다. http://100.daum.net/encyclopedia.

제 2 절

커뮤니티의 사회통제 기능

1. 커뮤니티의 기본적 기능

커뮤니티는 앞에서 언급한 바와 같이 본질적으로 가변성을 띠고 있기 때문에 개념접근이 쉽지 않음을 알 수 있다. 한편, 워렌(R.L. Warren)은 커뮤니티는 기본적으로 다섯 가지 기능을 한다고 보았다.[26] 즉, ㉠ 생산·분배·소비 기능, ㉡ 사회화 기능, ㉢ 사회통제 기능, ㉣ 사회참여 기능, ㉤ 상호지원 기능 다섯 가지로 보았고, 커뮤니티는 이러한 기능을 제공하는 '전체적인 구조'라고 본 것이다.[27]

여기서, 생산·분배·소비 기능은 물품·상품과 서비스가 커뮤니티 내에서 자체적으로 생산·분배·소비되는 과정을 말한다. 과거 전통사회로 거슬러 올라갈수록 자급자족(自給自足, self sufficiency)의 특성이 강하다고 볼 수 있다.[28] 사회화 기능은 커뮤니티의 구성원들이 커뮤니티의 규율·규범·가치 등을 학습(學習)하는 과정을 말한다.

그리고 사회통제 기능은 커뮤니티 구성원들의 행동을 규범에 동조하도록 규제하고 결속하는 기능을 말한다. 이러한 사회통제 기능은 전통사회로 갈수록 법적·제도적뿐만 아니라 관습 등의 영향을 보다 크게 받는다고 볼 수 있다. 사회적 참여기능은 커뮤니티 구성원들이 커뮤니티와 동일성·정체성을 발전시킴으로써 형성되는 상호작용의 과정을 의미한다. 예컨대, 어떠한 공동체적 의미를 부여하는 축제

---

26) 여기에서 주의할 것은 워렌(Warren)의 이러한 접근방식은 기본적으로 '지리적 관점'의 전통사회의 커뮤니티를 전제로 한 것이라 할 수 있다. R.L. Warren, *The Community in America*, Chicago, Ill.: Rand McNally & Company, 1978, pp. 9~10.

27) Robert H. Langworthy & Lawrence F. Travis Ⅲ, *op. cit.*, p. 319 재인용.

28) 자급자족이란 말은 다양한 수준의 경제주체나 경제단위에 모두 적용될 수 있다. 일반적으로 한 개인이 자신에게 필요한 재화를 스스로 생산해서 충족시키는 상태를 자급자족이라 한다. 그러나 이를 개념적으로 확대한다면 한 개인, 또는 한 마을, 하나의 지역공동체, 더 나아가서는 하나의 국가가 그 집단 내에서 모든 재화나 용역, 서비스 등을 만족시킬 수 있는 상태를 의미한다고 볼 수 있다. http://100.daum.net/encyclopedia.

또는 행사 등을 개최하는 것을 들 수 있다. 마지막으로 상호지원기능은 어떠한 어려움이나 위기가 발생했을 경우, 커뮤니티 구성원들 상호간에 도움을 제공하는 것과 관련된다.

한편 듀페(Duffee)는 커뮤니티 내의 집단 및 조직 그리고 외부체계와의 관계 속에서 위의 다섯 가지 기능을 수행하는 커뮤니티 구조에 대한 유형론(類型論)을 제시하였는데,[29] 이에 대해 그는 수직적 관계와 수평적 관계의 상호작용으로부터 도출하였다.

먼저 수직적 관계는 커뮤니티가 사회 내의 기능을 수행하는 데 있어서 내부의 작용뿐만 아니라 외부체제로부터 자원(資源) 등을 제공받는 형태를 말한다(바꿔 말하면, 자급자족의 정도가 약하다는 것을 의미한다). 따라서 이러한 외부의존성(外部依存性)이 크다면 높은 수직적 관계에 놓여 있다고 볼 수 있을 것이다. 그리고 커뮤니티가 관련기능을 수행하는 데 있어서 외부체제에 의존적일 때에는 공식적인 메커니즘(예컨대, 법 또는 중재위원회 등)의 조정을 통하여 합의에 도달하는 경우가 높다고 보았다.

반면, 수평적 관계는 외부의존성이 낮다는 것을 의미하며, 커뮤니티가 어떠한 상황에 직면하였을 때 자치적으로 문제에 대한 합의 및 해결을 할 수 있는 능력이 크다는 것을 의미한다.

이처럼, 직면한 문제에 대한 합의에 쉽게 도달하는 커뮤니티는 수평적 관계의 정도에 높은 평가를 내릴 수 있는 반면에, 합의에 쉽게 도달하지 못하는 커뮤니티는 낮게 평가될 수 있다는 것이다(물론, 이러한 견해는 상대적인 것이며, 따라서 경우에 따라서는 반대의 경우도 존재한다고 본다).

끝으로, 그는 커뮤니티 내의 문화적 동질성(文化的 同質性)·이질성(異質性) 정도는 커뮤니티의 특성을 결정하는 데 매우 중요하게 작용한다고 보았다. 오늘날과 같은 다문화사회(多文化社會, Multi Cultural Society)에서 커뮤니티 내의 문화적 동질성·이질성 그리고 그 속에서의 계층화 정도는 사회적 갈등의 중요한 원인이자 해결의 실마리가 된다고 볼 수 있다.

---

29) *Ibid.*, pp. 319~323 재인용.

2. 커뮤니티의 사회통제 근거

1) 로스의 견해

사회의 구성원인 인간 개개인의 행동을 제약하는 원천은 무엇인가? 로스(E. Ross)는 이러한 사회통제 수단과 관련하여 법, 사회적 가치, 여론, 사회적 제안, 종교, 사상, 예술, 교육, 개인의 신념·의식 등이 해당된다고 보았는데, 이들 가운데 어느 것을 통제수단의 근거로 할 것인가를 논의하였다.[30]

그리고 그는 사회구성원들이 규범에 순응하는 형태에 대해서 각각 윤리적·정치적인 것으로 분류하여 설명하고자 하였다. 먼저 사회통제의 윤리적 방법은 공리성(功利性)보다는 개인적 정서(情緖, Emotion)로부터 형성된 '근원적인 도덕적 감정'의 강화를 통해서 이루어진다고 보았다. 이를 테면 인간의 내면에 있는 착한 마음, 타인을 배려하는 마음 등에서 비롯된다는 것이다.

반면 사회통제의 정치적 방법은 어떤 목적에 달성하기 위해 의도적으로 선택된, 그리고 소수의 조직화된 통제 하에 이루어지는 것이라고 하였다. 즉, 정치적인 방법이라는 것은 인위적인 것(예, 법·제도 등)에 기초를 둔 것이라 할 수 있다. 이를 테면 인간은 이기적이고, 자기애(自己愛)가 강하기 때문에 자신의 이익이 침해를 받는 상황에 놓이게 되면, 윤리적인 방법에 의한 통제는 기대하기 어렵다고 볼 수 있다.[31]

---

30) E. Ross, *Social Control: A Survey of the Foundation of Order*, New York: Macmillan, 1926, pp. 411~412.

31) ① 인간이 본성 및 욕망과 관련된 대표적인 논쟁으로 조선시대 이황과 기대승의 사단칠정론(四端七情論)을 들 수 있다. 사단(四端)은 맹자의 측은지심(惻隱之心)은 인지단(仁之端), 수오지심(羞惡之心)은 의지단(義之端), 사양지심(辭讓之心)은 예지단(禮之端), 시비지심(是非之心)은 지지단(智之端)이라고 한 인의예지(仁義禮智)의 '단'(端)을 모아서 사단이라고 하며, 칠정이란 예기(禮記)에 나오는 사람이 갖고 있는 일곱 가지 감정, 즉 '희·노·애·구·애·오·욕'(喜怒哀懼愛惡欲)을 말한다. 이는 주자(朱子)의 이기론(理氣論)에 바탕을 둔 것이라 할 수 있다. 이기론은 사칠론과 얽히어 조선시대 유학논쟁의 핵심이 되었다. 주자는 이기(理氣)와 관련하여 "음양오행(陰陽五行)이 착종(錯綜)하여 조리(條理)를 잃지 않는 것이 곧 이(理)이다. 만물의 일원(一原)을 말하면, 이(理)는 동(同)하고 기(氣)는 다르다"고 하였다. 기(氣)는 우주 구성의 소재(素材)로서 음양(陰陽)의 기운, 즉 힘으로서 자연과학상의 에너지이며, 이(理)는 기(氣)의 운동이나 작용의 조리(條理)로서 철학적으로는 원리(Principle)·형식(Form)·로고스(Logos)·이데아(Idea)·규범(Norm)·당위(Sollen) 등의 뜻을 가지고 있으며, 자연과학적으로는 법칙(Law)을 의

이러한 분류를 통하여 로스는 사회통제체제이론(Theory of System of Social Control)을 전개시켰는데, 윤리적 또는 정치적 통제수단의 우세성은 그 사회의 구조적 기능에 달려 있다고 보았다. 즉, ㉠ 인종집단간에 충돌할 때, ㉡ 사회통제의 다른 수단이 개인의 의지와 복지를 지나치게 제한할 때, ㉢ 규율이 계층격차를 정형화시킬 때, ㉣ 경제적 기회의 불균형이 크고 누적될 때, ㉤ 기생적 관계가 인종·계층 또는 성(性)간에 유지될 때와 같은 경우에는 편견과 두려움을 이용한 정치적 통제가 우위를 차지할 것이라고 하였다.

반면에 ㉠ 인종적으로 조화를 이룰 때, ㉡ 문화가 동일하고 일반화되어 있을 때, ㉢ 사회적 접촉이 빈번하고 친밀할 때, ㉣ 개인적 요구·욕망이 적을 때, ㉤ 사회규율이 계층격차 또는 기생적 관계를 무시할 때에는 윤리적 통제가 우위를 차지할 것이라고 하였다.

2) 블랙의 견해

블랙(D. Black)의 입장은 로스의 견해를 적지 않게 반영하고 있으며, 그는 또한 사회통제 수단은 커뮤니티의 구조와 특성으로부터 예측될 수 있다고 보았다.[32] 그는 정부의 사회통제 또는 법의 사회통제에 중점을 두고 여러 관점에서 논의하고 있는데, 아래에서는 커뮤니티와 관련된 내용을 중심으로 살펴보기로 한다.

첫째, 법의 양(Quantity of the law)은 다른 사회통제 수단과 역(逆)으로 작용한다고 보았다. 즉, 사회통제의 다른 형태(윤리적 수단 등)가 사회질서를 유지하는 데 실패한다면, 사회는 법과 정부의 사회적 통제에 더 의지할 것이라고 보는 것이다.

둘째, 사회통제에 있어서 사회구조의 불균형 및 이질성 정도는 법의 양과 비례한다고 보았다. 따라서 사회계층화 정도를 차별성(差別性)으로 보았으며, 로스의

미한다. ② 체용(體用)의 관점에서 본다면, 이(理)에 해당하는 사단은 체(體)라 할 수 있고, 기(氣)에 해당하는 칠정은 용(用)이라 할 수 있다. 본질과 현실은 차이가 있기 마련이다. 따라서 이황은 인간의 본성은 선(善)으로 접근할 수 있지만, 칠정은 선악(善惡)으로 모두 귀결이 가능하다고 하였다. 외부 환경의 변화에 의해서 인간본성에 변고(變故)가 생긴 까닭이다. ③ 현대 심리학적으로 보면, 사단은 인간의 정신적 측면인 이성적·도덕적 판단을 말하고, 칠정은 신체적 변화를 동반하는 심리 측면인 감정 또는 정서를 말한다고 볼 수 있다. 위키백과(https://ko.wikipedia.org).

32) D. Black, *The Behavior of Law*, New York: Academic Press, 1976, pp. 13~107.

견해와 마찬가지로 사회계층화가 증대하는 만큼 다른 사회적 통제보다는 법에 의한 통제에 의지하게 된다고 보았다.

끝으로, 법의 양과 문화·조직의 양과의 관계를 다루었는데, 사회통제를 위한 법의 신뢰가 문화와 조직의 양에 따라 직접적으로 변화한다고 하였다. 따라서 매우 다양한 문화를 갖고 있는 사회는 보다 복잡하기 때문에 다른 사회통제보다도 정부의 통제에 더 의지하게 된다는 것이다.

이상에서 설명한 블랙의 이론은 로스의 관점과 매우 유사한 특성을 갖고 있음을 알 수 있다. 이들 모두 사회구조(社會構造) 즉, 계층화 정도를 통해 사회통제의 형태를 예측할 수 있다고 보았으며, 아울러 사회의 불균형성 또는 이질성이 사회통제의 공식적 수단과 직접적으로 관련되어 있다고 본 것이다(한편, 로스는 공식적 통제수단으로 정치적 통제를 들고 있고, 블랙은 공식적 통제수단으로 정부의 통제를 들고 있다).

그리고 위의 두 이론은 모두 정적(靜的)이면서서, 한편으로는 동적(動的)이라는 점이다. 즉, 이들은 자신들의 이론을 통해 커뮤니티의 통제형태(정적인 측면)와 커뮤니티의 구조의 변화에 따른 통제형태의 변화(동적인 측면)를 예측할 수 있다고 보았기 때문이다.

3. 커뮤니티의 사회통제 수단

주지하는 바와 같이 커뮤니티의 사회통제 기능은 경찰·법원·학교·가족·종교조직·사회기관 등에 의해 수행된다. 여기서 커뮤니티의 사회통제 기능을 논의하는 것은 매우 중요한 일이다. 왜냐하면 커뮤니티의 비공식적 사회통제 기능이 어떤 면에서 어느 정도 작동될 수 있는지의 정도는 공식적으로 사회통제 기능을 수행하는 경찰 등 형사사법기관의 규모 및 역할을 결정하는 중요한 기준이 되기 때문이다.[33] 예컨대, 경찰과 커뮤니티의 관계에서 볼 때, 커뮤니티의 사회통제 기능

---

33) 공식적 사회통제조직과 비공식적 사회통제조직을 구분하는 것은 상대적인 관점이다. 오늘날에는 공식적 사회통제 기능을 경찰 등 형사사법기관이 담당하고 있지만, 과거에는 오히려 종교조직, 가족·혈족·친족집단 등이 공식적 또는 비공식적인 사회통제 기능을 담당해 왔음을 알 수 있다. 그러나 분명한 것은 이들 모두 커뮤니티를 형성하고 있는 구성요소라는 점이다. 다만

이 약하다면 사회통제는 주로 경찰에 의존해야 할 것이다. 반대로 커뮤니티의 사회통제 기능이 매우 강하다면 경찰은 커뮤니티의 사회통제 기능을 인정하고 이를 적극적으로 활용해야 할 것이다.

그리고 커뮤니티의 사회통제 기능은 커뮤니티가 갖고 있는 다른 기능(생산·분배·소비, 사회화, 사회참여, 상호지원 등)들을 보다 원활히 바람직한 방향으로 수행할 수 있도록 조정·규제하는 역할을 한다고 볼 수 있다. 사회통제는 자동차로 비유하면 일종의 '브레이크'(Break) 등과 같은 장치로서 복잡·다양한 도로환경에서 원활하고 안전하게 그리고 다양한 주행패턴을 가능하게 해주는 매우 필수적이고 필요한 요소라고 할 수 있다.

워렌(Warren)은 사회통제를 "어떤 집단이 자신들의 규범에 순응하도록 구성원의 행태에 영향을 미치는 과정"이라고 정의하였고, 사회통제과정은 사회구성원들이 자신들의 행태를 사회의 기대에 적응시키기 위한 복잡한 과정으로 나타난다고 보았다.[34] 워렌이 사회통제의 정의를 내리는 데 있어서 언급한 '과정'(Process)은 사회통제에 있어서, 특히 경찰의 역할을 설명하는 데 유용한 근거를 제공하고 있다. 경찰의 사회통제과정은 집단 및 개개인들의 규범에의 순응·합의를 유도하기 위해 적용되는 수단과 관련되기 때문이다. 한편 경찰뿐만 아니라 커뮤니티 내의 여러 제도·규범 등이 사회통제를 위해 만들어지는 것은 당연한 일인데, 이러한 제도와 규범 등은 어떠한 개인행동에 대한 보상·처벌·순응을 강제할 수 있는 '힘'(Power)을 가지고 있음은 물론이다. 그리고 이러한 제도와 규범들은 한번 만들어지면, 변화 없이 그대로 적용되기보다는 사회구성원들의 사회적 상호작용을 통해서(즉, 시행착오를 경험하면서) 재구축될 것이다.

생각건대, 오늘날 커뮤니티의 사회통제 기능은 과거 전통사회와 비교해 볼 때, 그 기능을 거의 상실하고 있는 것이 사실이다. 그렇기 때문에 현시점에서 커뮤니티의 사회통제 기능을 다양한 관점에서 살펴보고, 이를 토대로 커뮤니티의 사회통제 기능을 회복할 수 있는 방법을 모색하고, 더 나아가 이를 경찰 등 국가기관의

주의할 것은 이 글에서 논의하는 커뮤니티의 사회통제 기능은 수많은 비공식적 기관 및 조직과 관련된 것이다. 즉 어떤 면에서는 공식적 사회통제기관에 해당하는 경찰을 커뮤니티와 개별적인 존재로 분리해서 대등한 관계로 설정하고, 여기에서 나타나는 문제와 개선방안을 모색하고자 하는 것이 이 글의 핵심이라 할 수 있다.

34) R.L. Warren, *op. cit.*, p. 10.

기능과 연계하여 적용할 수 있다면, 그 성과는 보다 높아질 것이다.

경찰활동상의 커뮤니티 접근방법

이상에서 살펴 본 바와 같이 커뮤니티의 개념 및 역할에 대한 논의는 매우 복잡하고, 한편으로는 모순성을 갖고 있다는 전제에서 출발하고 있다. 여기에서 무엇보다도 중요한 점은 커뮤니티는 복잡하고 다양한 실체라는 사실이며, 이러한 커뮤니티의 복잡성과 다양성을 인식할 수 있을 때, 경찰활동에 함축적 의미를 부여할 수가 있게 된다.

그런데 모든 커뮤니티가 동일하거나 또는 명백한 차이가 존재하지 않는다면, 사회문제는 어느 곳에서나 유사하게 발생한다고 볼 수 있기 때문에 그에 대응하는 경찰활동 모델도 획일적으로 개발할 수 있을 것이다. 따라서 예컨대, 모든 커뮤니티에 획일적으로 도보순찰, 파출소단위 운영, 또는 중앙집권적 경찰활동이 가장 적합한 모델로 선택될 수도 있을 것이다. 그러나 만약 커뮤니티의 복잡성과 다양성을 인정하고 그것이 경찰활동에 특별한 의미를 갖게 된다면, 경찰활동은 그에 상응해서 이루어져야 할 것이다.[35]

앞에서 언급한 커뮤니티의 개념에 대한 접근은 일반적인 인식의 틀을 제공해 주고 있음에는 틀림없다. 그러나 커뮤니티에 대한 접근이 추상적이면서도 경우에 따라서는 구체적인 형태를 띠기 때문에 이를 범죄 및 무질서 등 사회문제에 적용하는 데 있어서 어려움을 주고 있다. 따라서 이러한 개념적 한계를 극복하기 위해서는 커뮤니티에 대한 접근을 오히려 더욱 추상화시키면서, 한편으로는 더욱 구체화시킬 필요가 있다. 이상과 같은 기본적 인식 속에서 커뮤니티의 재인식과정과 경찰의 역할정립은 거시적·통합적 그리고 미시적·개별적으로 접근할 수 있을 것

---

35) 최선우, "지역사회 재인식을 통한 사회문제 접근: 경찰의 역할을 중심으로," 공안사법연구, 1999, p. 52.

이다.[36]

1. 거시적·통합적 접근

커뮤니티에 대한 경찰과 시민의 거시적·통합적 접근은 본질적인 것이며, 따라서 매우 중요한 의미를 갖는다. 오늘날 국가기능이 매우 복잡해지고, 수많은 사회문제들이 발생하게 되어 미래를 회의적으로 보는 시각이 늘고 있다. 국가라는 것은 명확하게 지리적 경계(영토)와 구성원(국민)으로 이루어진 것이기 때문에 완전하면서도, 한편으로 역동적인 활동 면에서는 다소 제한적일 수밖에 없다. 국가라는 인식의 틀은 내국인과 외국인, 자국과 외국이라는 한계를 갖고 있기 때문에 구성원들도 자연히 이 속에 구속당하게 된다. 예컨대, 21세기에 이르러서는 환경문제가 가장 큰 사회문제 중의 하나로 인식되고 있는데, 이는 단일국가적 차원에서 해결될 문제라기보다는 인류 전체의 문제라 할 수 있다. 그리고 테러와 범죄 역시 활동영역이 국경과 인종을 초월해서 발생하고 있다. 따라서 국제적인 공조체제가 형성되지 않고서는 국가를 초월한 불특정다수인이 테러와 범죄 등에 노출될 수밖에 없다. 또 인터넷망을 타고 범죄와 같은 수많은 사회문제를 야기하는 요소들이 순식간에 세계 전역을 휩쓸고 있다.

따라서 이미 앞에서 언급한 바와 같이 국가의 영역을 초월하는 새로운 인식의 틀이 형성되어야 하는데, 여기서 유용하게 사용될 수 있는 개념이 바로 '커뮤니티'라 할 수 있다. 그러나 커뮤니티라는 미명하에 특정집단과 특정국가집단의 이익을 대변해 주는 기능을 하는 것도 사실이다. 따라서 커뮤니티에 대한 재인식과정 속에서 가장 경계하고 우려해야 할 부분이 바로 여기에 있다. 단일국가에 한정되지 않고 전세계적으로 확산되어 있는 사회문제에 대한 해법을 단순히 이해관계적 커뮤니티 개념 속에서 찾게 된다면, 결국은 어느 한쪽 또는 선의의 제3자가 피해를 당하게 될 수 있기 때문이다.

범죄 및 무질서 등 사회문제에 대해서 커뮤니티는 본질적으로 전체적인 개념

---

36) 위의 논문, pp. 64~68.

(일종의 공동체)으로 인식되어야 할 것이다. 과거 전통사회의 커뮤니티처럼 공동체라는 순수한 인식의 틀을 모두가 공유해야 하며, 따라서 경찰활동 역시 여기에서 출발해야 할 것이다. 그리고 이와 같이 범죄 및 무질서 문제를 커뮤니티의 재인식 과정 속에서 거시적·통합적으로 접근하기 위해서는 경찰과 시민의 인식전환과 역할이 정립되어야 한다. 즉, 경찰과 시민은 국가, 지역, 민족과 인종을 초월하여 더불어 사는 우리 사회의 미래를 염두에 두고, 이를 위해 각자가 능동적으로 자신들의 역할을 수행해야 할 것이다. 예컨대, 미국사회의 소수민족의 차별문제와 이들의 범죄문제, 그리고 한국사회의 외국인 차별문제와 이들의 범죄문제 등은 근본적으로 커뮤니티에 대한 인식전환을 전제로 하지 않고서는 해결하기 어려운 문제인 것이다.

이인재는 한국사회의 도덕성 문제, 그리고 이와 관련된 사회적 일탈문제의 가장 근본적인 원인을 정신적 위기, 즉 가치관의 전도현상(顚倒現象)으로 파악한 바 있다.[37] 이는 오늘날 개인주의 사상의 영향으로 인해 주관적 가치관이 무분별하게 난무하고, 오히려 모든 구성원들의 기준이 되는 보편적 가치관은 부재하다는 것을 의미한다. 그리고 경찰은 커뮤니티 또는 시민의 관계 속에서 중심적 역할을 수행하고 있기 때문에 사회문제에 대해서 보편적 가치관을 갖고 있어야 한다는 것은 무엇보다도 중요하다. 경찰의 보편적 가치관이 사라지고 주관적 가치관만이 존재하게 될 때, 시민과의 관계는 깨지게 될 우려가 있다. 그리고 시민 스스로도 보편적 가치관을 공유하고 경찰과의 관계 속에서 보다 능동적으로 대처할 수 있는 의식을 가지고 있어야 할 것이다.

2. 미시적·개별적 접근

커뮤니티에 대한 경찰과 시민의 거시적·통합적 접근과 함께 미시적·개별적 접근 또한 이루어져야 할 것이다. 위에서 논의한 커뮤니티에 대한 거시적·통합적 접근은 다분히 광의적이고 추상적이지만, 미시적·개별적 접근은 상당히 구체적인

---

37) 이인재, "한국사회의 도덕적 위기와 의식개혁의 과제," 치안문제, 1995. 11, p. 38.

과정을 거치게 된다. 전자는 실천적 측면보다는 본질적인 측면에서, 후자는 본질적 측면보다는 실천적 측면에서 접근하고 있다고 볼 수 있다. 물론, 본질적 측면은 실천적 측면보다도 상위개념이기 때문에 이를 고려하지 않고는 논의되기 어려우며, 올바른 결과를 기대하기 어렵다.

따라서 커뮤니티에 대한 미시적·개별적 접근은 상당히 구체화된 형태를 갖게 되는데, 이를테면 범죄 및 무질서 문제를 경찰이 관할구역 중심으로 어떠한 구체적인 대안을 가지고 접근하는 것을 의미한다. 이는 단순히 추상적이고 선언적인 미사여구(美辭麗句)보다는 구체적인 경찰활동의 전술의 변화를 의미하거나, 특정 범죄 및 무질서 문제 등에 대한 '특별 프로그램'(Special Program) 등을 개발하여 적용하는 것을 의미한다.

한편, 시민지향적 또는 커뮤니티 지향적 경찰활동(Citizen or Community Oriented Policing)을 실천하기 위해서는 경찰조직의 근본적인 변화 또는 개혁이 요구된다. 이를 위해서는 기존의 부적절한 경찰관행을 과감하게 개선하고, 치안환경에 능동적으로 대응할 수 있는 조직체계를 구축해야 한다. 치안환경에 대한 능동적 대응은 획일화된 국가경찰체제보다는 자치경찰체제 또는 절충형 경찰체제가 바람직하다고 본다.

그리고 이상과 같은 논의가 보다 진전되기 위해서는 경찰과 시민의 커뮤니티에 대한 이해, 시민의 경찰업무 및 역할한계에 대한 이해, 그리고 경찰과 시민 양자의 조화와 협력을 위한 성실한 노력 등이 요구된다. 이렇게 함으로써 시민과 경찰은 일종의 '공생관계'(共生關係)를 형성하게 되는 것이다.[38]

그러나 앞에서 듀페(Duffee)가 지적한 바와 같이 커뮤니티가 자체적·구체적으로 범죄문제 등을 해결하고 합의를 이끌어내는 독립성·자립성 정도는 매우 중요한 요소가 된다고 하였다.[39] 커뮤니티의 이러한 능력은 정책을 마련하고 그 정책이 어느 정도 강력하게 실행될 수 있는가를 결정하기 때문이다.

결국 커뮤니티에 대한 재인식과정을 통한 범죄 및 무질서 문제의 해결은 커뮤니티의 본질적인 이해와 이의 능동적인 참여를 통해서 각 상황에 맞게 구체화하여 적용됨으로써 보다 긍정적인 성과를 기대할 수 있을 것이다. 아울러 경찰이 범죄

---

38) 이황우, 경찰행정학, 서울: 박영사, 1998, p. 366.
39) Robert H. Langworthy & Lawrence F. Travis Ⅲ, op. cit., p. 322 재인용.

문제 등에 보다 효과적으로 대응하기 위해서는 이상과 같은 커뮤니티에 대한 재인식과정뿐만 아니라 시민과의 새로운 관계형성을 모색해야 할 것이다. 즉 경찰의 역할 및 기능이 일종의 '완전서비스모형'(Full Service Model)에서 출발해야 한다는 것을 의미한다.40) 이는 경찰의 법집행기능이 포기되어야 한다는 것이 결코 아니다. 경찰이 시민들로부터 충분한 신뢰와 지지를 획득하고, 시민지향적인 경찰활동을 실시하고, 평상시의 경찰활동은 규제중심이 아닌 어려움 또는 위난에 빠진 시민에 대한 도움 또는 봉사를 하는 것 등을 목표로 설정해야 한다는 것을 의미한다.

---

40) 이상안, 신경찰행정학, 서울: 대명출판사, 1999, p. 765.

제 **4** 장
경찰의 이미지,
역할과 문화

제 4 장
경찰의 이미지, 역할과 문화

제 1 절

경찰의 이미지

　일반시민은 경찰을 어떻게 바라보고 있는가? 우리는 경찰의 이미지(Image)에 대해 몇 가지 가정을 해 볼 수가 있다. 거드름을 피우고 냉소적인 모습을 보여주는 경찰, 힘없고 무고한 사람들을 보호하는 이타적이며 두려움을 모르는 경찰, 범죄자에 대해서 냉정하고 잔혹한 모습을 보여주는 경찰, 범죄세계의 일부로서 부패한 권력남용자의 모습을 가지고 있는 경찰 등. 우리는 여기서 어떠한 경찰을 원하고 있는가?

　시민들의 눈에 경찰에 대한 이미지가 어떻게 나타나고 있는가를 파악함으로써 이들 상호간의 관계를 유추할 수 있으며, 더 나아가 문제점을 발견하고 개선방안을 모색할 수 있을 것이다.

1. 경찰과 형사사법의 기본 이미지

우리 사회에서 경찰의 이미지는 계속 변해 왔다. 경찰의 이미지는 시대성(時代性)을 갖는다는 의미이다. 그리고 거시적으로 볼 때에는 시민이 경찰에 대한 이미지는 그 시대의 국가권력 집단의 정당성과 형사사법시스템의 공정성의 정도와 밀접한 관련성이 있다고 볼 수 있다. 경찰은 국가권력의 유지수단으로서 그리고 형사사법의 일부로서 중요한 기능을 수행하고 있기 때문이다. 따라서 국가권력 및 형사사법시스템이 개인의 자유와 권리의 보호라는 민주주의 의 '핵심적 가치'를 담보해주고, 이를 위해 실질적 법치주의 및 적법절차의 원리에 따라 형사절차가 진행된다면, 경찰에 대한 이미지 역시 긍정적으로 나타날 것이다.

그렇기 때문에 우리가 바라는 경찰상(警察像)은 자기희생적이고, 두려움 없이 진실을 밝히며, 죄를 지은 사람에 대해서는 그에 상응하는 법의 심판을 받게 하고, 모든 일을 공정하게 하며, 힘없고 무고한 사람들에 대한 보호자로서의 역할을 해주기를 기대하는 것이다. 그러나 시민에 대해서 비교우위적으로 물리적 강제력을 행사하는 경찰업무 수행상의 특성과 국가권력집단에의 예속성 등은 현실적으로 이상과 같은 기본가치를 실현하는 것을 어렵게 하고 있다.

다수의 일반시민을 보호하기 위해서는 가능한 한 범죄를 예방하고, 범죄가 발생했다면 이를 정확하시 신속하게, 그리고 엄격하게 해결하는 것이 경찰의 역할이지만, 경우에 따라서는 (범죄자의 인권침해는 차치하고) 무고한 일반시민, 그리고 피해자의 인권이 침해될 여지도 상존하고 있다.

따라서 항상 실체적 진실발견과 아울러 적법절차의 문제가 함께 제기되고 있으며, 이러한 과정에서 경찰이 엄격하고 냉정한 이미지의 상징으로 나타나기도 한다. 어떤 면에서 이들의 이미지가 부정적으로 비춰지는 것은 바로 이러한 비교우위적 권한과 권력을 가지고 있기 때문일지도 모른다.

더욱이 시대적인 상황에 따라서 경찰이 정치권력집단의 하수인으로서 무고한 시민들과, 혹은 비록 죄가 있다 할지라도 적법절차를 무시하고 가혹하고 강제적으로 공권력을 행사하고, 경우에 따라서는 이들 스스로가 정의와 진실을 외면한 채, 부정부패를 자행한 사례는 얼마든지 찾아 볼 수 있다.

따라서 경찰 등 형사사법기관이 범죄대응이라는 본질적인 기능을 수행하고, 아울러 이를 위해 일정한 물리적 강제력을 행사한다는 측면에서 시민은 이들에 대해 친밀한 관계가 형성되기보다는 어느 정도의 거리감 또는 경외감(敬畏感)이 형성되기도 할 것이다. 항간에 이를 단적으로 시사하는 말이 있는데, '경찰은 불가근(不可近)이요, 불가원(不可遠)이다'라는 말이 그것이다. 더욱이 이러한 위치에 있는 경찰이 자신들의 권한 및 권력을 악용할 때, 시민의 이들에 대한 이미지는 더욱 부정적으로 나타날 것이다.

그렇기 때문에 시민이 경찰과 형사사법에 대한 긍정적인 이미지를 갖도록 하는 것은 결코 쉬운 일이 아니다. 전체의 입장을 반영하면서도 개인의 자유와 권리를 최대한으로 보장해 주는 과정은 상충(相沖)적이며, 모순(矛盾)적인 요소가 내재하고 있기 때문이다. 따라서 경찰은 주어진 업무를 수행하는 데 있어서 최대한 공정하고 중립적인 자세를 견지하지 않으면 안 된다.

그리고 한 개인과 마찬가지로 경찰의 '정체성'(Identity)이라는 것은 어느 한 순간에 이루어지는 것이 아니라 오랜 기간 동안 국가체제의 발전과 커뮤니티와 상호작용과정에서 서서히 형성된다는 점을 인식할 필요가 있다. 세계적으로 볼 때, 경찰 등 형사사법기관에 대한 이미지는 일부의 선진국을 제외하고는 대부분이 부정적으로 나타나고 있는 것은 이러한 까닭이다(그리고 비록 선진국이라 할지라도 경찰 등 형사사법기관에 대한 불신과 우려, 그리고 공정성·부정부패 문제는 끊임없이 제기되고 있음은 물론이다).

2. 경찰 이미지의 실제

1) 경찰의 애칭·별칭

어느 시대 또는 어느 특정국가의 경찰 이미지에 대해 피상적이나마 알 수 있는 방법이 있다. 이 가운데 하나가 바로 이들에 대한 별명 또는 애칭·별칭을 통해서 살펴보는 방법이다. 경찰에 대한 이미지가 좋다면, 별명 또는 애칭·별칭도 좋게 나올 것이고, 그 반대면 좋지 않게 나올 것이다.

이와 관련하여 영국경찰은 '보비'(Bobby) 또는 '필러'(Peeler)라 불리기도 한다. 이는 영국런던수도경찰을 창설(1829)한 로버트 필(Robert, Peel)의 이름에서 유래한 것으로 시민으로부터 신뢰와 존경을 받는 시민경찰의 이미지를 가지고 있다. 또 일본경찰은 '모시모시상'(もしもしさん: 여보세요씨) 또는 '오마와리상'(おまわりさん: 걸어서 돌아다니는 사람)이라는 애칭으로 불리며 친절과 공정의 표본이 되고 있다. 또한 미국경찰은 '법'(Law) 또는 '법집행'(Law Enforcement)으로 의인화되어 준법시민에게는 다정한 친구이지만, 법을 위반하면 엄정하고도 당당하게 대처하는 이미지를 가지고 있다.[1]

우리나라의 경우, 경찰에 대한 별칭은 참으로 많은데, 과거에는 긍정적이기보다는 부정적인 이미지를 많이 갖고 있었다. 예컨대, '짭새, 짜브, 짭, 짜바리, 산따루, 곰, 골목대장, 민중의 곰팡이, 민중의 몽둥이, 까마귀, 순사' 등이 여기에 해당된다.[2] 물론 이러한 부정적인 별칭만이 그동안 경찰을 지칭해 온 것은 아니다. '민중의 지팡이'로서, 또한 최근에는 '포돌이'라는 새로운 캐릭터를 가지고 그동안 경찰의 부정적 이미지를 서서히 감소시켜 나가고 있다.

그리고 경찰에 대한 부정적인 이미지를 보여주는 별명 또는 별칭은 비단 우리나라뿐만 아니라 선진국에서도 가지고 있었던 것이 사실이다. 과거에는 '푸른병, 청파리, 사냥개, 팔꿈치(군중을 팔꿈치로 밀어 붙이는 모습), 손가락(손가락으로 지적하는 모습)' 등으로 불리었으나 요즘은 쓰이지 않는다. 그러나 '검스'(Goms=Gumshoe, 고무신의 약칭), '개구리'(용의자에게 덤벼드는 자세에서)라는 별명은 오랫동안 널리 쓰이고 있다. 또한 '멍에 쓴 황소'(제복을 입은 경찰관을 빗댐), '잿빛황소'(열차공안원) 등에 쓰이는 '황소'(Bull)라는 말은 19세기 스페인의 집시들이 경찰을 '불'(Bull)이라 부른 데서 유래되었다.[3]

경찰의 명칭 가운데 아마 제일 많이 쓰이는 것은 '콥'(Cop)과 '코퍼'(Cooper)인 듯한데, 이에 대한 어원은 다소 복잡하다. 고대영어의 동사로 '잡고 붙든다'는 'Cop'에서 왔거나, 아니면 19세기 런던의 경찰간부들이 제복에 단 큰 구리단추에서 왔을 것 같다. 아니면 1858년 미국의 시카고시장 존 헤인스의 별명에서 왔을지

---

1) 이황우, 경찰행정학, 서울: 법문사, 1998, p. 58.
2) 조성호, "경찰의 대국민 친절봉사상 저해요인과 그 대처방안에 관하여," 한국공안행정학회보, 제7호, 1998, p. 437.
3) 김형중, 한국고대경찰사, 서울: 수서원, 1991, p. 186.

도 모른다. 그는 구리 시장에 자주 나타나 빈둥거렸기 때문이 '코퍼스톡'이라는 별명이 붙었다고 한다. 그와 반대로 '존'(John)이라는 별명은 프랑스어의 경찰(Gendarme)에서 왔다. 그런데 나라마다 '존'의 성이 달라진다. '존 로'(John Law: 미국), '존 던'(John Dunn: 오스트레일리아) 등으로 바뀐다. 제일 도발적인 '돼지'(Pig: 욕심꾸러기)라는 별명은 1840년부터 쓰인 말이니까 그 역사가 1세기도 넘는다.[4]

2) 경찰 이미지의 실제

그렇다면 실질적으로 경찰에 대한 이미지는 어떻게 형성되고 또 나타나고 있는가? 경찰의 실질적인 이미지가 긍정적으로 나타나고 있다는 것은 그만큼 경찰이 맡은 바 역할을 충실하게 수행하고 있다는 것을 의미한다. 일견하기에 경찰의 가장 중심적인 역할은 바로 범죄대응이라 할 수 있으며, 따라서 경찰의 범죄대응력이 높으면 경찰의 이미지가 높을 것이며, 그렇지 않으면 낮게 나타날 것이라 가정할 수 있다.

통계적으로 볼 때, 우리나라는 전체 인지된 범죄 가운데 검거율이 90% 수준에 이르고 있는데, 영국이나 일본, 그리고 싱가포르 등의 국가는 이에 훨씬 못 미치는 것으로 나타나고 있다. 그렇다면 우리나라 경찰의 이미지가 가장 높고, 이들 다른 나라의 경찰의 이미지가 낮다는 결론을 내릴 수 있는가? 아이러니하게도 반대의 결과이다. 통계상으로는 우리나라 경찰의 범죄대응력 즉, 범죄검거율 등은 선진국보다 훨씬 앞서는데도 국민들의 체감치안(體感治安)은 낮고, 경찰은 두려운 공권력의 상징으로써, 그리고 한편으로는 무능한 공권력의 상징으로 인식되기도 한다. 그렇다면 통계상의 문제가 있는 것인가? 아니면 범죄검거 이외의 요소가 경찰의 이미지를 형성하는 데 보다 중요하게 작용하는 것인가?

1980년 3월 영국의 「Sunday Times」지는 권위 있는 여론조사기관인 MORI사가 조사한 경찰에 대한 시민의 여론을 게재한 바 있다. 이 조사에 의하면, 경찰은 정직성과 윤리성의 면에서 사회 각계의 직업인과 비교하여 거의 가장 높은 평가를 받고 있다. 그리고 영국인은 약 97%가 경찰을 '존경'(Respect)하고 있으며, 또한 부

---

4) 위의 책, pp. 186~187.

모의 64%가 만일 자기자녀가 경찰을 지망한다면 이를 찬성하겠다고 의사표시하고 있다. 더구나 '영국경찰이 지금도 세계 제일'(Best police in the world)이라고 보느냐는 물음에 83%가 동의하고 있는 것 등을 통해서 볼 때, 경찰이 영국시민으로부터 얼마나 높은 평가를 받고 있는지를 설명해 주고 있다.[5]

그럼에도 불구하고 영국시민은 경찰을 잘 이해하지 못하고 있다고 영국의 작가이며 방송인으로 활동하고 있는 퍼셀(W. Purcell)은 말하고 있다. 경찰에 관한 그의 저서 서두에서 "국민은 경찰이 어떠한 사람들이며 무슨 일을 하는지 잘 모르고 있기 때문에 이를 이해시키기 위해 이 책을 쓴다"고 말하고 있다.[6] 전술한 바와 같이 영국시민이 그처럼 경찰을 깊이 이해해 주고 있는데도 불구하고 그렇지 않다고 하는 퍼셀의 표현은 권력과 강제력을 가진 경찰에 대해 일반시민이 좋게 생각하고 이해해 주기를 그만큼 기대하기란 어렵다는 것을 의미한다.

영국경찰에 대한 두 가지 시각: 전통주의와 수정주의

영국은 1829년 런던수도경찰청이 창설된 이래로 오늘에 이르기까지 범죄발생후의 공권력에 의한 사후대응보다는 사전의 비권력적인 예방활동을 경찰철학(警察哲學)의 기본으로 삼고 있다.[7] 이러한 예방치안의 경찰철학을 바탕으로 영국경찰은 국민으로부터 많은 지지와 신뢰를 받고 있다.

그러나 이러한 영국경찰의 위상이 특별한 갈등 없이 어느 일순간에 확립된 것은 결코 아니라는 점이다.[8] 영국경찰은 특히, 18세기 후반에서 19세기 초반에 이르기까지 수많은 갈등과 찬반논쟁을 거치면서 일정한 역사적 정통성을 확립하게 된 것이다. 그리고 이러한 영국경찰의 위상에 대한 논의는 여전히 진행 중에 있다. 이와 관련하여 레이너(Reiner)는 영국 근대경찰의 창설과 발전과정에 대해서 전통주의(傳統主義, Traditionalism)적 관점과 수정주의(修正主義, Revisionism)적 관점에서 논의하고 있다.[9]

영국경찰의 기원과 발전에 대한 전통주의적 견해는 매우 보수적인 가정들 속에서 논의되어 왔다. 이러한 관점에서는 경찰이라는 것은 그 사회 및 국가에 있어서 매우 유용한 제도로서 국가발전의 토대가 된다는 것이다. 그리고 그 이면에는 영국의 실용주의(實用主義, Pragmatism) 정신 적용된 것으로 인식된다.

그런데, 이와 같이 전통주의적 관점에서 영국경찰이 진보(進步)를[10] 향한 불가피한 역사적 발전의 연장선에 있다고 보는 시각은 1970년대 들어 대두된 수정주의적 관점에서 의해서 많은 비

---

5) 백형조, "한국형사사법행정의 문제점과 대책: 경찰의 역할을 중심으로," 서재근 편저, 한국형사사법행정의 발전과 그 과제, 서울: 신흥출판사, 1985, pp. 27~28 재인용.

6) William Purcell, *British Police in a Changing Society*, Mowbrays, London & Oxford, 1974, p. xvii; 백형조, 위의 글, p. 28 재인용.

판과 도전을 받게 되었다. 수정주의적 관점에 의하면 경찰 역시 다른 형사사법기관과 마찬가지로 국민의 절대다수를 차지하는 하류계층 즉, 노동자계층의 이해관계와 이들의 반대운동을 억압하고, 지배계층의 통치권력을 유지하기 위한 또 하나의 수단에 불과한 것이라는 점이다(물론, 이러한 수정주의적 견해 역시 자체적인 비판과 도전에 직면하고 있다. 진보적·비판적 견해라는 것은 그 속성 자체가 합의되기 어려운 부분이 있기 마련이다). 따라서 경찰역사에 대한 전통주의적 관점과 수정주의적 관점 모두 일정한 한계를 가지고 있다고 볼 수 있다.

전통주의적 관점은 목적론(目的論)이며 단선적(單線的)인 설명모델을 바탕으로 하고 있다. 목적론적 관점에서 경찰발전의 동력(動力)은 '새로운 경찰의 필요성'과 '산업화·도시화된 자유민주주의 사회의 질서유지 요건'이 시의 적절하게 맞아 떨어졌다는 점에서 찾고 있다. 전통주의 역사가들은 19세기 초 당시에 필딩스(Fieldings), 콜크하운(Colquhoun), 필(Peel), 로완과 메인(Rowan and Mayne) 등은 이러한 관점에서 경찰개혁을 시도했던 대표적인 사람들로 보고 있다.11)

그런데, 전통주의자들은 경찰발전의 패턴을 단선적으로 표현하고 있다. 즉, 경찰발전은 하나의 분명한 방향성을 가지고 있으며, 따라서 비록 일시적인 이탈이나 후퇴가 있음에도 불구하고 결코 정해져 있는 궤도로부터 벗어나지는 않는다는 점이다. 따라서 영국은 영국시민들이 확고하게 요구하고 있는 자유권의 보장이라는 본질적인 목표를 충족시키면서도 산업화·도시화의 진전과 그에 따른 부작용(즉, 범죄와 무질서 문제)을 적절하게 통제하기 위해서는 새로운 경찰 외에는 다른 대안이 없었다는 것이다.

반면, 수정주의적 관점은 새로운 경찰의 창설과 관련된 정치적 갈등과 사회적 여건에 대해서 보다 구체적이며, 현실적으로 접근하고 있다. 또 경찰활동에 대해 보다 거시적인 역학관계 속에서 파악하고 있다. 그러나 수정주의는 전통주의적 관점의 정반대 방향에서 설명하다보니 새로운 경찰의 창설과 발전에 대해서 다른 한쪽으로 치우쳐서 바라보는 면도 없지 않다.

물론, 수정주의적 관점 역시 전통주의 역사관과 마찬가지로 목적론적이며 단선적이다. 즉, 영국의 지배계급은 당시에 보편화되고 있는 산업자본주의 사회에 대한 적절한 통제와 그에 대한 수단으로서 경찰이 일정한 '적합성'이 있다는 점을 깨달으면서 새로운 경찰의 창설을 고려하게 되었다는 것이다.12) 그리고 전통주의 견해가 관념론적 변증법에 의해서 접근하였다면, 그와 똑같은 결정론적 형태를 띠는 유물론적 변증법에서 접근하였다는 점이다. 영국 근대경찰의 창설과 관련하여 1975년 스토오치(Storch)는 엥겔스(Engles)의 구절을 다음과 같이 인용하여 수정주의적 관점의 본질을 단적으로 보여주고 있다.

"영국의 부르주아지(Bourgeoisie, 자본가계급)는 자신들이 만든 법을 통해서 자신들의 지배권력을 계속 재생산하고 있다. 그리고 경찰은 이들의 이러한 지배권력을 효과적으로 유지하는 수단이 되고 있다. 그러나 노동자계급은 이와는 정반대 상황에 놓여있음은 물론이다." 이처럼 수정주의 관점에서는 근대경찰은 자본주의사회 내의 지배계급과 피지배계급 사이에서 지배계급이 이해관계를 대변하는 것으로 접근하고 있음을 알 수 있다.13)

한편, 월책(D.G. Walchak)은 1996년 24개 이상의 직업을 대상으로 정직성과 윤리성을 평가한 미국 갤럽여론조사(Gallup Poll)를 인용하여 미국경찰의 이미지를 설명하였는데, 이에 의하면 미국경찰은 지난 16년간 성직자나 의사와 더불어 계속 상위 7위 안에 평가되었다는 것이다. 또한 그는 이 갤럽조사를 토대로 미국시민들이 가장 신뢰하는 공공제도 가운데 첫 번째가 군대, 그 다음으로 경찰을 꼽았다는 사실에 주목하였다. 경찰의 뒤를 이어 교회·대법원·신문사·의회·대기업의 순으로 신뢰하고 있는 것으로 나타났다.[14] 그리고 그 이전인 1993년에 실시된 형사사법과 관련된 국가조사에서 일반시민이 경찰에 대해서 긍정적인 태도를 가지고 있는지, 아니면 부정적인 태도를 가지고 있는지를 조사하였는데, 조사결과 응답자 중 82%는 긍정적인 태도를, 18%는 부정적인 태도를 가지고 있는 것으로 나타났다.[15]

주목할 만한 것은 이 조사가 우리에게 널리 잘 알려진 로드니 킹(Rodney King) 사건이 발생한 후에 이루어졌다는 점에서 의의를 갖는다. 물론 여전히 미국사회가 백인중심으로 이루어지고 있기 때문에 흑인과 한인을 포함한 소수민족들에게까지 공정하고 적법한 경찰활동이 전개되고 있는지에 대해서는 논의의 여지가 있을 것이다.

---

7) Shane, Paul G., *Police and People*, London: The C.V Mosby Company, 1980, p. 14.

8) 이하 최선우, "영국 근대경찰의 형성에 관한 연구: 전통주의와 수정주의 관점," 경찰학논총, 10(3), pp. 303-310.

9) Reiner, Robert, *The Politics of the Police*, London: Harvester Wheatsheaf, 1992, pp. 11-56.

10) 진보(進步)라는 말은 그 속에 담긴 내용이 어떠하든 간에 이미 인간의 활동과 그것의 방향이 인간에게 유리한 것이라는 것을 전제로 하고 있다. 그리고 이러한 진보에 대한 희구와 실천노력은 동·서양을 막론하고 역사의 초창기부터 현재에 이르기까지 다양한 형태로 꾸준히 지속되어 왔다. 영국에서 이러한 진보의 신앙은 19세기 영국의 번영과 힘이 최고조에 달했을 때 절정에 이르렀다. 많은 영국의 저술가들과 역사가들은 이 신앙의 가장 열렬한 신봉자들이었다. 뿐만 아니라 프랑스의 계몽주의 사상가들 역시 인간의 역사는 우여곡절을 겪는다 해도 필연적으로 거의 일직선상으로 진보하여 간다고 믿었다, 윤명철, 역사는 진보하는가, 서울: 온누리, 1992, pp. 19-20 재구성.

11) Stead, P., *Pioneers in Policings*, Montclair, N.J.: Patterson Smith, 1977.; Reiner, Robert,, *op. cit.*, p. 23.

12) MacDonald, I., "The creation of the British police", *Race Today*, 5, 1973.; Bunyan, T., The Political Police in British, London: Quartet, 1977, p. 63.

13) 따라서 수정주의 관점에서 본다면, 엄격히 말해서 '근대경찰'(近代警察)이라는 용어의 사용은 다소 무리가 있다고 본다. 근대경찰의 두 핵심요소 즉, 근대경찰은 이념적 근대성과 제도적 근대성을 전제로 하고 있으며, 따라서 수정주의 시각에서 볼 때, 소수의 지배계급의 이해관계를 보호하기 위한 수단으로 존재하는 경찰은 비록 직업적 전문성을 가진 경찰 즉, 제도적 근대성은 갖추고 있을 지라도 이념적 근대성은 갖추고 있지 못한 한계를 안고 있다고 할 수 있다.

14) David G. Walchak, "Police Image and Ethics," *The Police Chief*, 1996. 1, p. 7.

15) "Criminal Justice Survey," *Law Enforcement Technology*, 1993. 11, p. 53.

로드니 킹 사건과 LA 폭동

1991년 3월 2일 미국 로스엔젤레스(LA)경찰관 4명이 교통신호를 위반하고, 과속 운전을 한 아프리카계 미국인 로드니 킹(Rodney Glen King)을 잔혹하게 구타한 것이 비디오카메라에 포착되어 방송되었는데, 이를 계기로 경찰의 소수민족에 대한 야만성이 사회적 이슈로 제기되었다.[16] 그런데 흑인은 한 명도 없이 백인 10명을 포함한 배심원 12명은 1992년 4월 29일 경찰관들에게 무죄판결을 내렸다(미국 법원은 LA폭동을 거친 뒤에야 4명의 경찰관 중 2명에게 민권법 위반 혐의를 적용해 징역 30개월 처분을 내렸다).

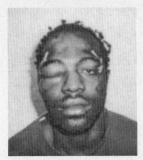
〈폭행당한 당시의 킹〉[17]

〈LA폭동 당시의 모습〉[18]

이에 분노한 흑인들은 이 날 저녁부터 흑인들은 거리로 뛰쳐나왔다. 아울러 이 사건을 계기로 우리에게 잘 알려진 LA폭동이 발생한 것이다. LA폭동은 근본적으로 백인주류사회에 대한 증오의 폭발이라 할 수 있다. 그러나 아이러니하게도 LA폭동의 최대 피해자는 흑인도, 백인도 아닌 바로 우리 한국인이었다. 한국인이 LA의 경제권을 장악하고 있어서 빈곤한 흑인들의 불만이 잠재되어 있었고, 폭동 당시 군인과 경찰은 백인지역의 피해를 우려하여 흑인폭동을 한인지역으로 유도하던 것이다.[19]

〈흑인폭동에 맞서는 모습(좌)과 소수민족의 권리를 주장하는 한국인들(우)〉[20]

이러한 점에서 LA폭동은 인종차별 및 당시의 경제적 불안정 등 여러 가지 문제들이 복잡하게 얽힌 사건이었다고 볼 수 있다. 따라서 어떤 면에서 로드니 킹 사건은 하나의 도화선에 불과했을지도 모른다. 어쨌든 이러한 사건을 계기로 '인종 커뮤니티'(Race Community)에 대한 새로운 관심과 경찰활동의 적절한 대응전략을 모색하는 계기가 되었음은 분명하다.

다음으로 일본경찰의 이미지에 대해서 살펴보기로 하자. 어떤 면에서 일본경찰은 일본 내에서보다 오히려 외부에서 더 긍정적으로 인식하고 있는 것 같다. 일본 사람들 스스로도 경찰에 대한 이미지를 긍정적으로 인식하고 있음은 물론이다.

일본경찰은 제2차 세계대전 이후 자신들의 전통적인 문화와 미국의 민주주의 이념을 결합하여 독자적인 경찰시스템을 만들어낸 것으로 평가받고 있다.21) 그리고 오히려 최근에는 영어권 국가(미국, 싱가포르 등)에서 일본의 경찰시스템을 연구·도입하는 수준에 이르렀음을 인식할 필요가 있다. 베일리(Bayley) 교수와 같은 경우에는 그의 저서에서 미국경찰에 대해 혹평하고, 일본경찰이야말로 진정으로 본받아야 할 선진경찰의 전형이라고 표현하기까지 하였다.22)

일본을 여행하고 온 많은 사람들은 일본경찰의 모습을 마치 인자한 동네 아저씨 정도로 인식하고 있다. 아울러 자국인이 아닌 외국인이 사소한 범죄를 당했을

---

16) 킹은 이 사건으로 왼쪽 다리가 부러지고, 얼굴에 스무 바늘을 꿰매고, 청각장애를 입게 되었다. 이후 LA시와 합의하여 380만달러(한화 약 46억 560만원)의 보상금을 받았다. 이 사건에 앞서, 로드니 킹은 1989년 11월 캘리포니아주 몬터리 파크에 있는 한국인이 운영하는 상점에 침입하여 자신이 들고 있던 강철 막대기로 상점 주인을 위협·구타하고, 200달러를 빼앗아 달아났다. 이 사건으로 그는 체포되어 유죄판결을 받고 징역 2년을 선고받았으나 1년 만에 석방되었다. 연합뉴스, 2016.03.04.

17) 사진: http://100.daum.net/multimedia

18) 사진: http://cafe.daum.net/SVR−/6JTD.

19) 1992년 4월 29일 흑인 밀집지역인 사우스센트럴을 시작으로 LA한인타운까지 급격하게 번졌다. 폭동발생 닷새 만에 무려 57명이 숨지고 2천 500 여명이 부상하는 등 5천 건이 넘는 동시다발적인 방화로 한인타운은 그야말로 전쟁터를 방불케 하였다. 당시 흑인들이 무차별 약탈과 방화를 자행한 한인 업소는 모두 2천 8백여 곳으로 피해액만도 무려 4억 달러에 달하는 등 한인들은 가장 큰 피해자를 겪게 되었다. 일부 한인들은 자경단(自警團)을 조직해 피해 최소화를 위해 애썼지만 한인사회 내에서 폭동의 공포는 극에 달했다. http://cafe.daum.net/SVR−/6JTD.

20) 사진: http://cafe.daum.net/SVR−/6JTD.

21) Jerome H. Skolnick & David H. Bayley, *Community Policing: Issues and Practices Around The World*, U.S. Department of Justice, 1988, p. 31.

22) D.H. Bayley, *Police Behavior in Japan and the United States*, Cal.: California University Press, 1976 참조.

지라도 최선을 다하는 그들의 의지를 보고 일본경찰에 대한 깊은 신뢰와 감동을 받게 된다. 또한 일본을 소개하는 많은 책자나 잡지에서 길을 모를 때는 반드시 교번(交番, Koban: 우리나라의 파출소에 해당)을 찾아 가라고 안내해주고 있다. 빨간 불이 켜져 있는 일본의 교번을 찾아 가면 주소가 엉터리가 아닌 다음에야 100% 길을 찾아 준다는 것이다. 일본경찰은 발달된 도시계획으로 관할약도를 보고 목적지를 쉽게 찾아 주지만, 혹시 잘 모르는 것이 있으면 여러 관청으로 전화협조를 얻어서라도 확인해 준다.

그러나 일본경찰 역시 문제가 전혀 없는 것은 아니다. 야쿠자에 대한 미온적인 태도는 때로 경찰에 대한 신뢰를 떨어뜨리기도 했다.[23] 어떤 면에서 일본경찰이 세계적으로 인정받는 것은 경찰 스스로의 노력도 있었겠지만, 사회구조가 안정되고, 국민들의 전반적인 질서의식(秩序意識)이 향상되었기 때문에 가능한 것이라 할 수 있다.

그런데 위와 같이 일본경찰에 대한 긍정적인 이미지에도 불구하고 실질적으로 이를 조사한 결과(1998), 미국 국민의 경찰에 대한 신뢰가 오히려 일본 국민의 경찰에 대한 신뢰보다도 높게 나타나기도 하였다.[24] 그러나 시민의 경찰에 대한 이미지가 국가에 따라 어떻게 나타나느냐를 비교분석하는 것은 어려운 일이다. 이는 국가의 특성 또는 국민의 특성을 결정짓는 여러 가지 변수가 상이하기 때문이다. 예컨대, 미국과 일본을 비교해 보면, 미국사회는 개인주의, 자유·평등, 권한의 분권화, 삶에 대한 공리적 접근 등을 강조한다. 반면 일본사회는 집단주의, 질서, 연고주의, 수치심, 권력에 대한 존중 등을 강조하는 속성이 있다. 이러한 이유로 비교론적 관점에서 시민의 경찰에 대한 이미지를 논의하는 것은 쉬운 일이 아니다.

그렇다면 우리 라 경찰의 이미지는 어떠한가? 경찰의 이미지에 영향을 미치는 것 가운데 하나가 경찰의 '청렴도'(淸廉度) 즉, 부정부패의 정도일 것이다. 경찰이 권한을 남용하여 부정부패를 저지르게 될 때, 국민의 경찰에 대한 신뢰는 떨어질 것이며, 따라서 이미지는 나쁘게 나타날 것이다. 문제는 경찰이 전체공무원 사회의 부정부패로부터 자유로울 수 없는 대표적인 조직 가운데 하나라는 점이다.

실질적으로 우리나라 국민을 대상으로 공무원의 부정부패에 대한 인식조사에

---

23) http://edugrad.korea.ac.kr/~a0421063/noname48.htm.
24) 이상안, 신경찰행정학, 서울: 대명출판사, 1999, pp. 772~773 재인용.

서 국민의 88.6%가 공직사회의 부정부패가 심각하다고 보고 있으며, 80.6%는 금품 향응 제공이 민원처리에 영향을 준다고 느끼고 있는 것으로 나타났다. 이와 같은 사실은 전국공무원노조와 여론조사 전문기관인 한길리서치가 2002년 9월 말 전국 성인남녀 20세 이상 1,000명과 공무원 3,176명을 상대로 실시한 '공직사회개혁 국민·조합원 여론조사'결과에 따른 것이다. 여론조사를 공개한 결과에 따르면, 공무원응답자도 28.1%가 공직사회의 부정부패가 심각하다고 느끼고 있었으며, 37.2%는 주변공무원들의 부정부패 목격 시에도 묵인했다거나, 18.9%는 개인적인 충고에 그쳤다고 답했다.[25]

여기서 주목할 것은 부정부패가 가장 심각한 공직분야로 시민과 공무원 모두 세무·경찰·법원 분야를 꼽았다는 점이다. 경찰에 대한 시민의 태도가 이와 같이 나타나고 있는데, 경찰에 대한 좋은 이미지를 기대하는 것은 어려운 일이다.[26]

한편, 정부의 특임장관실은 지난 2011년 2월 25일, 4월 8~10일 두 차례에 걸쳐 여론조사 전문기관에 의뢰하여 전국 만19세 이상 성인남녀 2,000여명을 대상으로 국가·사회현상에 대한 '한국민의 가치관'에 대해 조사한 결과를 발표 한 바 있다. 이 조사 내용 가운데 '우리나라에서 가장 신뢰받는 집단'을 묻는 질문에 학계 (22.3%)와 언론(20.6%)에 대한 응답률이 높았고, 이어 대기업(15.6%) 공무원(10.2%), 검찰·법원(8.1%)순이었다. 청와대(3.4%)와 국회(2.9%), 경찰(2.9%)이 가장 신뢰도가 낮았다.[27] 요약건대, 국가·사회조직 가운데 가장 신뢰받지 못하는 집단으로서 경찰이 공동 1등을 한 셈이다.

---

25) 중앙일보, 2002. 10. 22.

26) 한 결혼정보회사에서 2000년 한국 미혼남녀를 대상으로 경찰을 포함한 대표직업(공공부문과 민간부문)을 총 36개로 나누어 직업별 선호도 및 이미지 등을 조사하였다. 이들 직종 가운데 선호도는 경찰은 29위(여기서 남성의 여성경찰에 대한 선호도보다 여성의 남성경찰에 대한 선호도가 높게 나타남)로 나타났으며, 경찰의 이미지는 용감함, 경직·엄격함, 무서움, 위험함, 정의로움 등의 순으로 나타나고 있다. http://www. sunoo.com/research/yearly/2000/11.; 이들 직업군 가운데에서는 경찰에 대한 인지도가 상대적으로 낮은 편이라고 할 수도 있지만, 대한민국 직업이 약 10,000개가 넘는 점을 감안할 때, 경찰에 대한 인지도는 결코 낮지 않다고 볼 수 있다.

27) 한국일보, 2011. 05. 05.; 최선우, 경찰학, 서울: 그린출판사, 2017, p. 237 재인용.

국가 청렴도

국제 부패감시 민간단체인 국제투명성기구(TI: Transparency International: 독일 베를린에 본부를 두고 전세계 국가의 부패지수를 매년 발표하는 NGO)는 1995년부터 매년 국가별 부패지수(CPI: Corruption Perceptions Index: 국가 청렴도)를 발표하고 있다. 그런데, 한국의 국가 청렴도 순위가 37위에서 52위로 급락해, 부패가 더욱 심해진 국가라는 불명예를 안게 되었다.

국제투명성기구(TI)는 2017년 1월 25일 '2016년 기준 국가별 부패지수(CPI)'를 발표하였다. 한국은 100점 만점에 53점으로 지난해보다 3점이 하락하면서, 국가 순위도 176개 전체 조사 대상국 가운데 52위로 15계단이 추락했다. 이는 1995년 첫 조사 이후 가장 큰 폭의 하락이라 할수 있다.

표 4-1 한국의 부패지수 순위 추이

구분	2006	2007	2008	2009	2010	2011	2012	2013	2014	2015	2016
순위	42위	43위	40위	39위	39위	43위	45위	46위	43위	37위	52위
점수	51점	51점	56점	55점	54점	54점	56점	55점	55점	56점	53점

한국은 선진국 클럽으로 불리는 경제협력개발기구(OECD) 35개 회원국 중에서도 29위로 하위권으로, OECD 내에서의 순위도 2015년보다 2계단 떨어졌다. 한국은 국가별 부패지수 조사 첫해인 1995년에 41개국 중에서 27위(42.9점)를 차지했고, 이후 2000년 48위(40점), 2005년 40위(50점), 2010년 39위(54점), 2015년 37위(56점)로 개선 추세를 보이다가 2016년에 급격히 악화됐다. 부패지수는 70점을 넘어야 사회가 전반적으로 투명한 상태로 평가받고, 한국이 위치한 50점대는 겨우 절대부패로부터 벗어난 상태를 의미한다.

덴마크와 뉴질랜드가 90점으로 국가 청렴도 1위를 공동으로 차지했고, 핀란드(89점)와 스웨덴(88점)이 3, 4위로 뒤를 이었다. 아시아에서는 싱가포르가 7위(84점)로 가장 순위가 높고, 이어 홍콩 공동 15위(77점), 일본 20위(72점)로 모두 한국보다 높다. 소말리아는 10점으로 세계 최하위의 불명예를 안았다. 북한 역시 174위(12점)로 최하위권이다.[28]

자료: 국제투명성기구; 한겨레, 2017.1.25.

---

28) 부패인식지수는 공공부문의 부패에 대한 전문가, 기업인, 일반인의 주관적 평가로 산출된다. 다보스포럼으로 유명한 국제경영개발원이 매년 발표하는 '국가경쟁력보고서', 주요 수출국 기업들이 수출 대상국 공무원에게 뇌물을 줄 가능성을 설문조사한 '뇌물공여지수', 국민의 부패 경험과 인식을 조사한 '세계 부패바로미터' 등 12개 원천자료가 활용된다. 국제투명성기구의 한국본부 역할을 하는 한국투명성기구의 이상학 상임이사는 "지난해 발생한 방산 비리, 해외 자원 비리, 검사 비리 등 대형 부정부패 및 비리 사건이 국가 순위 평가에 악영향을 미친 것으로 보인다"고 분석하였다. 한국투명성기구는 2016년 국가별 부패지수는 지난해 9월 이전에 발생한 사건들만 반영됐기 때문에, 그 이후 발생한 '박근혜-최순실 게이트'가 반영되는 2017

그런데 보다 심각한 문제는 부정부패와 아울러 시민이 경찰에 대한 권위를 인정하지 않는다는 점이다. 예컨대, TV에서 심야시간의 파출소 풍경을 보여 준 프로그램이 있었는데, 취객들이 파출소 내 집기를 집어던지고 경찰관에게 욕설을 하는가 하면, 심지어 주먹을 휘두르는 사건이 발생하기도 했다. 또 얼마 전 서울의 한 지역에서는 경찰이 한밤에 주먹다짐을 하던 사람을 연행하려 하자, 시민 1백여명이 격렬하게 항의하며 순찰차를 파손한 일도 있었다. 그리고 괴한이 파출소에 난입하여 경찰을 살해한 사건도 발생하였다.[29]

과거에는 경찰서나 파출소 앞을 지나가려면 죄가 없어도 괜히 주눅이 들었던 것이 우리 현실 아니었던가. 그러나 우리 사회가 민주화과정을 거치면서 시민들은 경찰을 포함한 국가권력에 제 목소리를 내기 시작하였는데, 문제는 경찰이 이러한 시대적 요구에 부응하지 못한 것이다. 이로 인해 최근에는 오히려 공권력을 경시·무시하는 풍조에까지 이르고 있음에 주목할 필요가 있다. 시민이 경찰을 부정부패의 전형으로 생각하고, 게다가 경찰의 권위를 무시하는 현실에서 우리는 현재의 경찰 이미지를 그려 볼 수 있다. 이러한 문제를 해결하지 않고서는 국민으로부터 신뢰와 존경을 받는 '경찰상'을 실현시키기란 불가능할 것이다.

3. 경찰 이미지의 형성과정

시민의 경찰에 대한 이미지는 어떻게 형성되는가? 이와 관련하여 다음에서는

년 조사에서는 한국의 순위가 더 떨어질 가능성이 높다고 예상하였다. 한국투명성기구는 "현 사태에 대한 책임을 철저히 묻고 무너진 국가 반부패시스템을 다시 세워야 한다"며 "독립적 반부패국가기관 설치, 고위공직자비리수사처 신설 등 검찰 개혁, 부패 기업에 대한 징벌적 손해배상제 도입, 공익신고자 보호 강화 등이 시급하다"고 지적하였다.

29) 파출소에서의 주취소란 등의 문제에 대응하기 위해 ① 지난 2012년에 경범죄처벌법(輕犯罪處罰法)을 개정하여 "술에 취한 채로 관공서에서 몹시 거친 말과 행동으로 주정하거나 시끄럽게 한 사람은 60만원 이하의 벌금, 구류 또는 과료의 형으로 처벌한다"는 관련규정(관공서에서의 주취소란)을 별도로 신설하였다. 이는 종래의 경범죄처벌법의 위반에 대한 처벌내용(10만원 이하의 벌금, 구류 또는 과료)보다 훨씬 강화된 것이다(제3조 제3항). ② 그리고 이에 더하여 2013년에 동법 동조항을 다시 개정하여 "있지 아니한 범죄나 재해 사실을 공무원에게 거짓으로 신고한 사람"(거짓신고)에 대한 처벌내용을 추가 하였다. ③ 이러한 새로운 처벌규정 즉, ㉠ 관공서에서의 주취소란과 ㉡ 거짓신고는 다른 경범죄와는 달리 범칙행위(통고처분 대상)가 아닌 범죄행위로 간주하여 형사처벌토록 한 것이다(동법 제6조 제1항 참조).

시민의 개인적 배경, 대중매체, 경찰 등 형사사법기관과의 접촉, 경찰업무의 특성 등을 중심으로 시민이 경찰에 대한 이미지를 어떻게 형성시키는지를 살펴보기로 한다.30)

1) 개인적인 배경

시민 개인이 가지고 있는 특성은 성·연령·지역·직업·교육수준·종교 등 여러 요인과 관련된다. 이러한 개인적인 배경은 어느 정도 경찰에 대한 이미지를 형성시키게 된다. 따라서 일부의 사람들이 경찰을 부정부패와 권위주의의 상징 등으로 묘사한다 할지라도 다른 일부의 사람들은 경찰을 호의적으로 묘사하기도 한다. 예컨대, 자신의 가족(부모, 형제, 친척 등)들 가운데 경찰직에 근무하고 있는 경우에는 경찰에 대한 태도가 다른 사람과 구별되어 나타날 수 있다.

또한 여성의 관점에서 경찰을 볼 때와 남성의 관점에서 경찰을 볼 때, 양자간의 차이는 나타날 수 있다. 그리고 연령에 따라서도 경찰에 대한 이미지의 차이는 나타날 수 있다. 실질적으로 아동기 때 아이들이 가장 선호하는 직업 가운데 하나가 바로 경찰이다. "너희들 이 다음에 커서 뭐가 될래?"라고 물으면, 많은 아이들이 "경찰관 아저씨요!"라고 대답하기도 한다. 그러나 사회화과정에서 유소년기에 가지고 있던 경찰에 대한 이미지는 어떠한 계기를 통해 변화하게 된다. 나이를 먹어감에 따라 점차적으로 경찰에 대한 긍정적인 이미지의 정도는 점차 감소하는 경향을 보인다고 볼 수 있다.

또한 개인이 어떠한 직업과 교육수준을 가지고 있는가에 따라서도 경찰에 대한 이미지는 달라진다. 평범한 직장인·의사·변호사·정치인·사업가·공무원 및 형사사법기관 종사자 등 이들이 현재 종사하고 있는 직업적 특성에 따라 경찰에 대한 이미지가 달라질 수 있다.

---

30) Linda S. Miller & Karen M. Hess, *The Police in the Community: Strategies for the 21st Century*, New York: Wordsworth Publishing Company, 1998. pp. 64~69.

2) 대중매체

오늘날 대중매체가 우리 사회에 미치는 영향은 매우 크다고 볼 수 있다. 대중매체를 통해서 수많은 정보를 얻고, 이를 토대로 개인은 어떠한 판단을 내리기 때문이다(대중매체가 전달하는 정보의 진실성 여부는 별개의 문제이다). 이러한 대중매체로서는 TV·신문·잡지·영화·책자·인터넷, SNS 등을 들 수 있다. 이러한 상황에서 우리는 대중매체의 홍수 속에서 살고 있다고 봐도 과언이 아니라고 본다. 그러나 경우에 따라서는 오히려 우리가 올바른 판단을 내리는 데 장애요인이 되기도 하며, 일부는 이를 악용하기도 한다는 점이다.

따라서 경찰에 대한 이미지 형성에 결정적인 기여를 한 것 가운데 하나가 바로 이 대중매체라 할 수 있다. TV나 신문에서 경찰을 어떻게 표현하느냐에 따라 시민은 경찰의 이미지를 형상화시킨다. 어떤 면에서 대중매체의 경찰에 대한 표현은 극단적이기까지 하다. 예컨대, 각종 시위에 대응하는 경찰을 평화의 수호자로 묘사하느냐, 아니면 무자비한 진압자로 묘사하느냐에 따라 시민의 인식은 달라지게 된다. 또한 이들이 경찰의 부정부패사례만을 다루느냐, 아니면 경찰의 모범적인 선행사례를 다루느냐에 따라서도 달라진다.

그리고 TV와 신문 등과 함께 특히, 주목할 만한 것은 영화와 인터넷을 들 수 있다. TV와 신문 등이 소위 말하는 기성세대의 '정보원'(情報源)이라면, 영화와 인터넷은 신세대의 정보원 기능을 하고 있다. 최근 들어 국내외를 막론하고 경찰과 관련된 영화는 얼마든지 찾아 볼 수 있다. 이러한 경찰관련 영화는 경찰활동 자체를 주제로 한 것뿐만 아니라 다른 주제(로맨스 등) 속에서도 경찰은 하나의 이미지로서 등장하고 있다.

따라서 영화 속에서 경찰을 어떻게 묘사하느냐에 따라 많은 사람들은 영향을 받게 된다. 영화 속에서 우리는 종횡무진하면서 악을 물리치는 정의의 경찰, 부정부패의 상징으로서의 경찰(그리고 이에 맞서는 경찰), 냉혹하고 엄격한 경찰, 따뜻한 인간적인 모습을 갖춘 경찰, 사랑에 빠지는 경찰, 아니면 일반시민인 주인공들이 사건이 다 해결되고 나서야 도착하는 무능한 경찰 등 수많은 모습들을 발견하게 된다.

한편, 오늘날 국제화·광역화·조직화, 그리고 흉폭화되는 범죄의 특성을 반영하여 내용을 전개하고 있다. 이러한 시대적 흐름을 반영했을 때, 대중적 공감대가 형성되고, 또 그것은 흥행으로 이어질 수 있기 때문이다.

경찰 · 범죄관련 영화

투캅스(1993)	공공의 적(2002)	살인의 추억(2003)	신세계(2012)
끝가지 간다(2014)	베테랑(2015)	보통사람(2016)	범죄도시(2017)

그런데, 문제는 사람들이 영화 속의 경찰의 이미지를 현실과 동일시(同一視)하는 경향이 있다는 점이다. 이는 청소년들이 TV나 영화의 범죄주인공을 모방하여 실질적으로 이와 비슷한 방법 또는 자신을 영화 속의 인물과 동일시하여 범죄를 저지르는 것과 비슷한 현상이다. 따라서 경찰공무원을 지원하는 지원자들 가운데 일부는 영화 속에 나오는 경찰에 대한 일종의 환상(특히, 강력계 형사 등)을 기대하면서 지원하기도 한다.

차별적 동일시이론

어떠한 대상(경찰관, 범죄자 등)에 대한 '학습'(學習)은 반드시 친근한 집단과의 직접적인 접촉을 통해서 이루어지는 것은 아니라고 본다. 이러한 현상을 설명하기 위하여 글래이저(D. Glaser)는 차별적 동일시(Differential Identification)라는 개념을 제시하였다.

글래이저는 실제로 범죄자 또는 비행소년과 직접적인 접촉을 하지 않은 사람이라 할지라도 그러한 범죄 및 비행행위를 하는 사람과 자신을 동일시한다면, 범죄행위가 가능해진다는 것이다. 예컨대, 청소년들이 TV나 영화 속의 범죄를 저지르는 주인공을 모방하고 흉내 내는 것은 청소년들이 그들을 직접 만나거나 접촉한 적이 전혀 없었음에도 불구하고 범죄를 학습한 경우라 할 수 있다.

그는 '역할이론'(役割理論)에 기초한 범죄적 역할과의 동일시를 강조하였다. 즉, 범죄행위는 일종의 역할수행이며, 따라서 범죄적 역할이 왜 선택(選擇)되는가를 이해할 필요가 있다고 하였다. 이러한 선택은 범죄자와 직접적인 접촉을 통해서도 가능하지만 대중매체를 통해 등장한 사람과의 동일시를 통해서 또는 범죄 반대세력(예컨대, 경찰·검찰·판사 등 형사사법기관 종사자)에 대한 부정적 반응으로서 이루어질 수도 있다는 것이다. 그래서 사람들은 그 자신의 관점에서 볼 때, 자신이 그러한 상황에 놓이면 그와 같은 범행을 할 수 있을 것 같은 실제인물이나 그 밖에 상상된 다른 사람과 자신을 동일시하면서 범죄행위를 추구하게 된다는 것이다.[31]

한편 인터넷 등의 대중화는 매우 주목할 만한 일이다. 기존의 TV나 신문과 같은 매체물이 우리 사회의 정보를 주도하였다면, 최근에 급속도로 성장한 인터넷은 그 파급효과를 예측할 수 없는 수준에 이르고 있다. 대부분의 대중매체가 일방적이라면, 인터넷은 쌍방향적인 특성을 갖는다. 이는 기존의 대중매체를 통해서 단지 정보를 수동적으로 받기만 하다가, 이제는 그 정보에 대한 자신의 견해를 다시 전달하는 공식적 루트가 열린 것이다. 따라서 경찰활동과 관련된 수많은 정보들이

---

31) 이러한 차별적 동일시이론은 범죄행위를 이해 할 때 사람과 환경, 또는 어떠한 상황과의 상호작용은 물론이고 사람들과의 상호작용도 고려하는 등 일종의 통합적인 노력을 하고 있다는 점에서 긍정적인 평가를 받고 있다. 그러나 (예컨대, 똑같은 폭력영화를 보고) 왜 사람에 따라서 상이한 역할모형을 선택하고 자기와 동일시하는가, 즉 왜 어떤 사람은 범죄적 역할모형과 자신을 동일시하고, 어떤 사람은 경찰과 같은 관습적 역할모형과 자기를 동일시하는가라는 차별적 동일시의 근원을 제시하지는 못하고 있다. 한편 글래이저는 이러한 한계에 대한 대안으로 차별적 기대(Differential Anticipation)이론으로 재구성하였다. 이에 따르면, 예컨대, 개인적 범죄성은 그러한 행위의 결과에 대한 기대감의 산물이라는 것이다. 결론적으로 차별적 기대이론은 "사람이 범죄로부터 얻어지는 만족에 대한 기대감이 이들 요소들로부터 부정적 기대감을 상회할 경우 범행하고자 한다"고 본 것이다. 그러나 이러한 논의 역시 한계가 있음은 물론이다. Daniel Glaser, "Criminality Theories and Behavior Images," American Journal of Sociology, vol. 61, 1956, pp. 433~444.; Daniel Glaser, Crime in Our Changing Society, N.Y.: Holt, Reinhart and Winston, 1978, pp. 126~127.; 이윤호, 범죄학, 서울: 박영사, pp. 306~307 재인용.

인터넷을 통해서 전달되고, 이에 대하여 개개인의 의사가 상호 전달되는 과정에서 경찰에 대한 이미지가 형성되고 있는 것이다.

따라서 경찰조직의 입장에서 볼 때, 대중매체에 대한 대응은 매우 중요하다. 대중매체와 호의적인 관계를 형성하느냐, 그렇지 못하느냐에 따라 결과는 상반되게 나타나기도 한다. 결국, 경찰과 대중매체간의 부적절한 관계가 형성되기도 하고, 과거에는 국가권력이 강제적으로 대중매체를 통제하기도 한 것이다. 한편 인터넷을 통한 사이버공간이 현실화됨에 따라 경찰의 이미지를 적극적으로 홍보하기 위해서 경찰은 사이버 경찰청을 만들어 국민에게 새로운 경찰 이미지를 부각시키기 위해 노력하고 있는 것이다.

3) 경찰과의 접촉

경찰과의 접촉은 어떠한 사건 및 사고 등으로 인해 직접 경찰과 접촉하는 경우와 주변사람의 이야기를 통해 간접적으로 접촉하는 경우를 들 수 있다. 위에서 언급한 대중매체에 의한 경찰의 이미지는 개인에게 어느 정도 영향을 미치기는 하지만 그것이 심리적으로 깊이 내재되지 못하고 일시적으로 자극을 주는 특성을 갖는 경향이 있다고 본다. 경찰과 직접적인 접촉을 통해서 형성된 경찰의 이미지는 개인에게 깊이 내재되어 어느 정도 영속성(永續性)을 갖게 된다고 본다.

즉, 어떤 영화에서 경찰을 냉정하고 권위적인 모습으로 묘사했을지라도, 얼마 뒤에 경찰이 유머스럽고 친근한 모습으로 등장한 영화가 성공한다면 사람들은 기존의 경찰 이미지를 잊어버리고 새로운 경찰 이미지를 뇌리에 형상화(形象化)시키게 되는데, 이러한 과정은 계속 반복된다. 그러나 경찰과 직접적인 접촉 또는 간접적일지라도 자신의 주변사람(가족이나 친지, 이웃 등)과 관련된 것일 때에는 이로 인해 관련된 경찰 개인 또는 한 부서의 이미지가 전체경찰의 이미지를 대변해 주는 수준에 이르게 된다.

따라서 경찰이 시민과 접촉하는 과정에서 어떠한 태도를 보이느냐가 무엇보다도 중요한 것임을 알 수 있다. 그러나 경찰이 시민과 접촉하는 경우는 본질적으로 비일상적이며, 비유쾌한 경우가 많다. 예컨대, 교통사고가 발생한 경우, 교통법규를 위반한 경우, 범죄사건이 발생한 경우, 쌍방간의 폭행 및 말다툼이 발생한 경우 등이다. 이러한 상호작용의 과정 속에서 경찰이 긍정적인 이미지를 형성하는 것은 결코 쉬운 일이 아니다. 따라서 예컨대, 교통법규를 위반하여 경찰이 단속을 했을 때와 같이 분명히 위법적인 상황에서 경찰이 합법적으로 개입하였음에도 불구하고 당사자의 입장에서는 이를 불쾌하게 생각할 수 있는 것이다.

이와 같이 경찰이 합리적·합법적으로 문제에 개입하는 과정에서도 시민의 경찰에 대한 인식이 부정적으로 나타날 수 있는데, 경찰이 불합리하고 비합법적인 방법으로 개입했을 때 문제는 더욱 심각해진다. 그리고 경찰과 시민이 접촉하는 계기가 항상 중대한 문제가 있을 때에만 이루어지는 것이 아니라, 주로 일상적인 사소한 일에서도 이루어진다는 점이다.

예컨대, 신호등 앞에서 순찰차에 타고 있는 경찰이 헬멧을 쓰지 않고 정차하고 있는 오토바이를 타고 있는 소년을 발견했을 때, 경찰은 소년에게 "헬멧을 착용해라"라고 말한다. 그러나 소년은 오히려 경찰에게 "아저씨나 안전벨트 매세요" 경찰은 차에서 내려 소년의 뒷머리를 한 대 치고는 그냥 가버린다. 이러한 상황에서 소년의 경찰에 대한 이미지는 어떻겠는가?

또 한 예로써 차량소통이 적은 한적한 길에서 무면허로 운전연습을 하는 소년이 공교롭게도 교통을 단속하는 경찰을 만났다. 물론 경찰은 무면허 단속보다는 새벽시간에 술을 마시고 귀가하는 음주 운전자를 단속하고자 한 것이었다. 그러나 겁을 먹은 소년이 단속하는 과정에서 머뭇거리다가 무면허가 적발된 상황이 발생한다. 이러한 상황에서 경찰은 어떻게 해야 할 것인가? 며칠 뒤에 경찰은 무면허사건을 무마해 주는 조건으로 소년이 아르바이트하는 가게에 들러 아르바이트 학생의 한 달 봉급에 해당하는 돈을 사례비 명목으로 받아서 유유히 사라진다. 한편, 한 경찰은 사건처리과정에서 알게 된 데이트폭력 피해자를 오히려 성폭행하려고 했다가 미수에 그치는 사건도 발생하기도 하였다.[32] 믿기지 않는 이야기 같지만 지금도 이러한 행태가 일부에서 발생하고 있는 것이 현실인 것이다.

사실, 심각한 범죄문제와 같은 상황이 아니더라도 이러한 예는 얼마든지 발생할 수 있다고 본다. 교통사고를 처리하는 과정에서 나타나는 경찰의 부적절한 행태, 성과를 위해서 단순한 폭력사건을 조직폭력범으로 얽어서 처벌 받도록 하는

---

32) 연합뉴스, 2017. 10. 16.

사건, 특히 최근 빈번하게 야기되고 있는 경찰의 독직폭행(瀆職暴行) 사건 등 경찰과 접촉하는 과정에서 나타나는 부적절한 상황은 얼마든지 발생할 수 있다.

경찰이라니, 가해자인줄

"전(前) 남자친구에게 데이트 폭력을 당해 신경을 다친 후 배변과 배뇨기능에 영구적 장애가 생겼다. 이후에도 그에게 심하게 맞다가, 가해자 몰래 경찰에 신고를 하였다. 그런데 출동한 경찰이 '장애인이면 어차피 장애인끼리 결혼해서 살 텐데, 결혼할 사이인 남자친구와 좀 싸웠다고 신고를 하면 되겠느냐'고 말하였다. 몇 년 뒤 심한 스토킹을 당해 경찰을 불렀을 때는 '경찰이 24시간 지켜주는 보디가드인 줄 아냐, 진짜 중요한 출동이 들어오면 책임질거냐'는 말을 들었다."

이른바 '성폭력 생존자'인 강모씨(27)는 2017년 11월 30일 경찰관에 의한 2차 피해를 이렇게 증언하였다. 여성단체들이 여성대상 폭력범죄에 대한 경찰의 안일하고 부적절한 조치가 2차 피해로 이어지고 있다며 경찰의 여성폭력 대응에 대한 전면 쇄신을 요구하고 나섰다.

경찰의 부당한 행태 대한 항의[33]

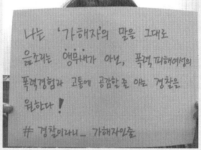

한국여성의전화 등 424개 단체로 구성된 '경찰의 여성폭력 대응 전면쇄신을 위한 공동행동'(공동행동)은 11월 30일 서울 서대문구 경찰청 앞에서 기자회견을 열고 여성대상 폭력 범죄에 대한 경찰의 부당대응을 규탄하였다. 50여명의 여성단체 회원들은 "젊은 혈기에 욱했다잖아, 남자친구라며…좀 봐줘", "그러게 왜 맞을 짓을 해서 그래요" 등 경찰이 폭력 피해 여성들에게 한 발언들을 큰 소리로 외쳤다.

최근 사회관계망서비스(SNS)에서는 '#경찰이라니_가해자인줄' 해시태그 달기 운동이 벌어지고 있다. 이는 지난 11월 2일 경찰이 한국여성의전화 부설 가정폭력피해자보호시설(쉼터)에 침입한 가정폭력 가해자를 두둔하는 등 부적절한 조치를 취해 활동가들이 직접 피해 여성들을 피신시켰던 사건에서 시작되었다. 해당 사건 이후 사회관계망 서비스에서는 '#경찰이라니_가해자인줄'이라는 해시태그를 걸고 폭력을 신고한 여성들에게 경찰이 2차 피해를 낳는 문제적 조치를 취했던 사례를 증언하는 운동이 벌어졌다.

한국여성의전화에 따르면 지난 1017년 11월 10일부터 24일까지 게시된 300여건의 피해 증언이 30일 현재까지 약 30만회 공유됐다. 공동행동은 이날 경찰에 의한 피해 증언 112건을 엮은 사례집 '#경찰이라니_가해자인줄'을 발표하였다. 해당 사례집에는 트위터에 게시된 피해 증언 중 게시자의 허락을 받은 112건이 수록되었다. 아버지에게 맞아 피범벅이 된 여성 피해자에게 "그러게 왜 아빠한테 반항했어. 나도 네 나이 때 맞고 자랐어", 헤어진 남자친구가 찾아와 문을 부수겠다며 난동을 피워 신고한 피해자에 "미련 남아서 일부러 그러는 건데 이런 걸로 신고를 하냐"라는 등의 사례가 담겼다.

1997년 가정폭력방지법이 제정되었지만 이후 일선 경찰들이 가정폭력을 '집안일'로 취급하며 초동 수사에 제대로 나서지 않는다는 문제제기는 지속적으로 나왔다. 여성가족부가 지난 2월 발표한 보고서에 따르면 2016년 가정폭력 피해자의 경찰 신고율은 1.7%, 성폭력 피해자의 신고율은 1.9%에 그쳤다. 또 가정폭력 감소를 위해 필요한 정책을 묻는 질문에 피해자 44.4%가 가중 처벌 등 가해자에 대한 법적 조치 강화, 37.3%가 경찰의 신속한 수사를 들었다. 해당 보고서는 "가정폭력 발생시 초기 대응에서 수사·사법적 대응 체계를 강화할 필요가 있다"고 진단하였다.

근본적으로 일선 경찰들의 성폭력에 대한 인식 수준이 문제라는 지적도 나왔다. 2013년 한국여성정책연구원에서 발표한 연구결과에 따르면 3개 도시 경찰관 182명 중 53.8%가 여성의 심한 노출로 인해 성폭력이 발생한다고 생각하는 것으로 나타났다. 공동행동은 기자회견을 끝낸 뒤 해당 사례집을 경찰청에 전달했다. 이들은 17개 지방경찰청, 일선경찰서, 각 파출소에도 해당 사례집을 전달할 예정이라고 밝혔다. 경찰 관계자는 "오늘 받은 사례집을 각 지방청과 경찰서에 전파해서 유사 사례가 발생하지 않도록 하겠다"며 "전국 일선 경찰관의 젠더 폭력에 대한 감수성과 민감성을 기르기 위한 구체적인 교육안도 만들겠다"고 밝혔다.

자료: 경향신문, 2017.11.30.

이상과 같은 상황에 직면하였을 때, 경찰이 합리적·합법적으로 처리한다면 적어도 경찰에 대한 이미지 훼손은 막을 수 있을 것이다. 어려운 상황에 처한 시민에 대해서 경찰이 미온적인 태도를 보이거나 잘못을 저질렀을 때, 경찰 이미지에 미치는 악영향은 매우 크기 때문이다.

4) 경찰업무의 특성과 경찰의 외모

경찰은 우리사회의 안전을 위해 일반인들이 두려워마지 않는 위험한 범죄 및 무질서 문제에 대해서 직업적인 책임을 지고 있으며, 이러한 과정에서 관련 경찰

---

33) 사진: 경향신문, 2017.11.30.(좌); 한국여성의전화 트위터 캡쳐, 2017.11.19.(우)

목적을 달성하기 위해 합법적으로 물리적인 강제력을 행사할 수 있는 권한을 가지고 있다. 이와 같이 법적으로 경찰에게 허용된 물리적 강제력은 경찰목적을 달성하는 수단이면서 동시에 경찰의 이미지 형성에 적지 않은 영향(특히, 그것이 부적절하게 행사되었을 때)을 미친다.

그린과 마스트로프스키(Jack R. Greene & Stephen D. Mastrofski)는 "평화적인 방법에 의해 평화를 지키고 달성하려는 사회(물론 이는 항상 불가능하지만)에서 경찰에게 물리력과 폭력을 사용할 수 있는 권한이 주어져 왔다"고 설명하고 있다.[34] 그리고 이러한 평화를 달성하기 위해 행사하는 경찰의 물리적 강제력은 경우에 따라서는 매우 공격적인 것이 사실이다.

또한 경찰업무 자체가 위험성과 돌발성을 가지고 있다는 점도 고려되어야 한다. 경찰은 개인의 생명 및 재산을 위협하는 불법적인 공격에 대응해야 할 책무를 지고 있다. 예컨대, 무장강도 사건이 발생한다면, 경찰은 이에 대한 책임을 지게된다. 따라서 경찰은 이러한 위험·위협의 제거를 위해 명령·강제 등 실력행사를 하게 되며, 극단적인 상황에서는 무기(武器)를 사용하기도 한다. 일반적으로 다른 국가 행정업무는 예측 가능한 상황에서 절차적으로 이루어지는 반면에 경찰업무의 대부분은 예측하기 어려운 상황에서 돌발적으로 발생하는 경우가 많고, 또 그 사건을 야기한 당사자가 누구인지를 알지도 못하는 상황에 놓이게 되는 경우가 많다.

이러한 돌발 상황에서 경찰은 관련사건에 대해서 적절한 재량권(裁量權)을 행사하여 개입하게 되는데, 이와 같은 과정에서 경찰이 선택적으로 행사한 물리적 강제력은 법적인 허용범위를 넘어선 불법 폭력행위로 인식될 수도 있다. 예컨대, 돌발 상황에서 권총과 같은 무기를 사용하였는데, 범인을 잘못 오인하여 일반시민을 사망하게 하는 경우도 있고, 또 조준을 잘못하여 범죄자를 사망에 이르게 하는 경우도 있다. 이와 같은 경찰업무의 특징은 경찰의 이미지를 더욱 부정적으로 만들어 줄 것이다.

한편 경찰의 이미지는 경찰의 제복과 착용하고 있는 장비에 의해 영향을 받기도 한다. 대부분의 경찰이 입는 제복은 경찰에게 부여된 권한과 권위를 상징하는

---

34) Jack R. Greene & Stephen D. Mastrofski(eds.), *Community Policing: Rhetoric or Reality,* New York: Praeger Publishing, 1991, p. 192.

매우 가시적인 요소라 할 수 있다. 실제로 경찰이 입고 있는 제복은 일반시민의 순응과 협력을 이끌어내는 데 중요한 역할을 한다. 제복은 일종의 '상징적 권위'(象徵的 權威)를 갖게 해 주는데, 사람들은 과거부터 이러한 가시적인 상징물을 인식하며 이에 따른 반응을 보여 왔다는 점이다. 제복과 아울러 다른 부속물(표지장, 배지, 경찰봉, 수갑, 권총, 선글라스 등)들은 일반시민들에게 위압감을 주며, 부정적인 반응을 야기할 수도 있다.

경찰이 어떠한 신고에 출동하여 현장에 도착하면, 불안감, 사건의 심각성 등으로 인해 관련 당사자 및 주변사람들은 경직되고, 불안감에 떨고, 불안정한 상황에 놓이기 마련이다. 이러한 상황에서 분위기를 다소 완화시키는 방법 가운데 하나로 예컨대, 미국의 많은 경찰부서에서 실시하고 있는 'Hug-O-Bear' 프로그램을 들 수 있다. 경찰이 발생한 사건을 처리하는 과정에서 정신적인 충격이나 외상을 받은 아이들을 진정시키기 위해 부드러운 장난감 곰(Teddy Bear) 인형 등을 아이들에게 안겨 주는 것이다. 이러한 곰 인형 등은 커뮤니티 내의 개인 및 단체에서 경찰에게 기증한 것으로, 평소에 순찰차에 보관하고 있다가 아동학대나 화재현장에 노출된 아이들에게 안겨줌으로써 이들이 정서적 안정감을 찾도록 하는 데 도움을 주고자 한 것이다. 이러한 프로그램은 경찰에게 가질 수 있는 부정적 접촉의 효과를 감소시킬 수 있다고 본다.[35]

4. 경찰 이미지의 변화요구

21세기 경찰이 지향하는 목표는 과거와 같은 권위적인 이미지를 통해서는 달성하기 어렵다고 본다. 어떤 면에서 경찰이 민주적·합법적, 그리고 봉사지향적인 경찰철학과 이념을 가지고 주어진 임무에 임할 때, 법집행의 성과는 보다 높게 나타날 것이다. 따라서 경찰과 시민의 친밀한 관계구축을 토대로 커뮤니티 경찰활동을 정착시키기 위해서는 경찰 이미지의 개선은 필요 불가결한 것이다.

이를 위해서 경찰 스스로 자신들의 이미지를 개선해 나가야 한다. 아울러 경

---

35) Linda S. Miller & Karen M. Hess, *op. cit.*, p. 68.

찰의 시민에 대한 이미지도 개선시켜 나가야 한다. 그리고 경찰의 시민에 대한 부정적·냉소주의적인 태도가 시민의 경찰에 대한 이미지를 고착화시키기 때문에 경찰 스스로가 시민을 통제의 대상이 아닌 봉사의 대상으로 인식했을 때, 경찰의 이미지는 개선될 수 있을 것이다.

예컨대, 특별한 피해자가 발행하지 않는 상황에서 교통법규(신호 등)를 위반한 운전자에 대해서 교통경찰이 실적을 내기 위해 예외 없이 단속하는 것은 생각해 볼 일이다. 운전자의 태도나 해당 지역의 교통상황을 충분히 고려하여 단속보다는 교통지도 및 계몽 등을 하는 것이 결과적으로 훨씬 좋은 성과(경찰관 개인에 대한 인격적 존중 및 경찰이미지 제고 등)를 기대할 수 있기 때문이다. 그리고 이러한 시민의 긍정적 이미지 형성은 장래의 또 다른 결정적인 상황(강력사건 발생 등)에서 시민의 적극적인 협조를 이끌어 낼 수 있는 계기가 될 수도 있다고 본다.

따라서 경찰의 이미지 개선은 경찰이 형식적으로 자신들의 외형(제복, 장비, 마스코트, 파출소 등)만을 바꾼다고 될 일이 아니다. 진정으로 시민에 대한 기존의 태도(권위주의, 냉소주의, 역할 등)를 바꾸지 않고서는 불가능한 것이다.

제 2 절

경찰의 역할

1. 기본논의

경찰이 하는 일이 무엇인가? 이는 경찰의 역할(役割, Roles)이 무엇인가를 묻는 문제이다. 경찰의 개념, 정체성, 그리고 역할이라는 것은 그 시대의 국가관과 밀접한 관련되어 있다. 경찰은 본질적으로 경찰국가(警察國家), 야경국가(夜警國家), 법치국가(法治國家), 복지국가(福祉國家)라는 거시적인 틀 속에 존재하기 때문이다.[36]

---

36) 국가정체성에 따른 경찰개념 및 역할에 대한 세부적인 논의는 최선우, 경찰학, 서울: 그린출판사, 2017, pp. 70~74 참조.

따라서 이러한 시대적인 국가상황을 바탕으로 경찰의 역할에 대한 논의가 이루어져야 하고, 그 속에서 경찰과 커뮤니티 관계를 설명하는 것은 무엇보다도 중요하다고 본다. 그리고 경찰과 커뮤니티의 관계재정립 및 커뮤니티를 기초로 한 새로운 경찰활동의 모색이 오늘날 전세계 선진경찰이 공통으로 지향하고 있는 것 가운데 하나라고 한다면, 그 전단계로서 경찰의 역할에 대한 충분한 논의가 이루어지고, 경찰과 커뮤니티 간에 이해와 공감대가 형성되어야 할 것이다.

즉, 일차적으로 경찰 스스로가 자신들이 하는 일을 이해하고, 올바른 방법·방향으로 이를 수행해 나아가야 한다. 그리고 시민의 입장에서도 경찰이 하는 일을 이해하고, 이에 대한 적극적인 지원자로서의 기능을 해야 한다. 경찰 스스로가 자신의 역할을 잘못 인식한다면, 올바른 방향으로 시민의 지원을 이끌어 낼 수가 없음은 물론이다. 반대로 시민 또한 경찰의 역할과 이러한 역할 수행과정에서 이들이 안고 있는 문제점이 무엇인지를 진정으로 이해하지 못한다면, 경찰의 성공적인 파트너가 될 수 없을 것이다. 물론 시민에게서 경찰역할에 대한 이해와 적극적인 참여를 이끌어 내기 위해서는 경찰의 지속적인 노력이 이루어져야 할 것이다.

경찰이 제공하는 치안서비스는 공공서비스의 한 형태로서 범죄와 무질서 등으로부터 시민의 삶을 안전하게 보호하는 기능을 한다는 점은 특별한 이론의 여지가 없을 것이다. 아울러 경찰은 이러한 소극적 공공안전 및 질서유지의 기능뿐만 아니라 적극적으로 국가 및 사회발전을 유도하는 기능 역시 점차 수행하고 있다는 점에 대해서 주목할 필요가 있다.

물론, 역사적으로 경찰 등 형사사법기관이 적극적인 국가 및 사회발전을 유도한다는 미명하에 수많은 인권침해 문제를 야기한 것도 사실이다. 이 때문에 민주주의·법치주의 이념이 근대사회에 자리 잡기 시작한 이래로 국가공권력은 최소한도의 범위 내에서 이루어져야 한다고 강조되어 온 것이다. 그러나 사회구조의 급격한 변화로 인해 치안환경은 더욱 복잡·다양해지고 있으며, 따라서 근대 이후 소극적 사회유지 기능과 더불어 적극적인 사회발전 기능이 또 다른 형태로 모색되고 있음을 인식해야 할 것이다. 이는 경찰이 단순히 개인 및 공공안전에 대한 위해를 예방 또는 진압하는 소극적 작용이라든가, 물리적 강제력의 행사가 질서유지를 위한 '필요악'(必要惡)으로 간주되어 오던 관념에 대한 일대 수정이며, 새로운 접근을 의미하는 것이다.

이상에서 살펴 본 바와 같이 경찰은 여러 가지 기능을 수행할 것을 요구하고 있으나, 일반시민들이 경찰의 기능과 관련하여 가장 중요하게 생각하는 것은 범죄의 예방과 사후진압(수사·체포)과 관련된 범죄통제(Crime Control)기능이라 할 수 있다.

그런데 경찰이 제공하는 치안서비스 역시 일반 공공서비스의 한 유형에 불과하지만, 실질적으로 경찰이 수행하는 활동을 하나의 '서비스' 개념으로 접근하는 데에는 약간의 부자연스러움이 따른다.

물론, 대한민국 헌법 제7조 1항에서 "공무원은 국민 전체에 대한 봉사자이며, 국민에 대하여 책임을 진다"고 규정하고 있고, 경찰법 제4조(권한남용의 금지)에서 "국가경찰은 그 직무를 수행함에 있어서 헌법과 법률에 따라 국민의 자유와 권리를 존중하고, 국민 전체에 대한 봉사자로서 공정중립을 지켜야 하며, 부여된 권한을 남용하여서는 아니된다"고 규정하고 있다. 대한민국 헌법과 경찰법에서 경찰은 '국민 전체에 대한 봉사자'임을 명백히 규정하고 있는 것이다. 그러나 이와 같은 법적 근거에도 불구하고 경찰은 그 임무 자체가 규제적·강제적인 성향이 강하기 때문에 봉사자로서의 이미지를 갖기는 쉬운 일이 아니다. 이는 경찰이 직무를 수행하는 과정에서 직면하는 직무 및 상황적 특성과도 무관하지 않다고 본다.

이와 관련하여 스콜닉(J.H. Skolnick), 서재근 등의 여러 논의를 토대로 이황우는 경찰활동의 특성에 대해 위험성·돌발성·기동성·권력성·조직성·정치성·고립성·보수성 등으로 설명하고 있다.[37] 예컨대, 위험성과 관련하여 무장강도 사건이 발생한다면, 경찰은 그러한 위험한 상황을 야기하는 범인을 제압할 수 있어야 한다. 이러한 상황에서 경찰의 존재이유 또는 책무는 긴박한 폭력의 위협에 대한 엄격하고 철저한 대응을 통한 사건의 최소화에 있으며, 따라서 여기서 일반적으로 생각하는 봉사자로서 역할수행을 바라는 것은 어려운 일이다.

피상적으로 볼 때, 경찰활동의 대상은 준법시민과 법규 위반자로 이분화(二分化)되어 있다고 볼 수 있다. 준법시민에 대해서는 친절할 봉사자로서의 이미지를 지녀야 하고, 법질서를 위반한 자에 대해서는 봉사자로서의 이미지보다는 엄격하

---

37) J.H. Skolnick, *Justice Without Trial: Law Enforcement in Democratic Society*, New York: John Wiley & Sons, 1966, p. 42; 서재근, 경찰행정학, 삼중당, 1963, pp. 90~92.; 이황우, 경찰행정학, 박영사, 2007, pp. 19~23.

고 강경한 이미지를 보여 줄 필요가 있는 것이다. 그러나 문제는 준법시민과 위법시민의 명확한 구분 자체가 불가능하고, 따라서 일반시민은 언제든지 준법과 위법의 '경계'(境界)를 넘나들 가능성이 있다는 점이다.

그리고 역사적 전통성을 갖지 못한 과거의 권위주의적 정치체제하에서 국민들은 부당한 국가권력에 의한 억압과 통제를 경험하였으며, 특히 경찰은 최일선에서 이러한 악역(惡役)을 하였기 때문에 오랜 동안 긍정적인 이미지를 심어주지 못한 것이 사실이다.38)

경찰 역시 국가공무원의 일원으로서 국민전체에 대한 봉사자로서 존재해야 함은 당연하다. 그러나 '특정한 봉사활동 자체'를 임무로 규정한 것은 아니다. 경찰법규(경찰법 제3조 '경찰의 임무' 등)상으로 보면, 경찰의 임무는 크게 범죄와 무질서 등으로부터 국민·개인의 자유와 권리를 보호하고, 공공의 안정과 질서를 유지하기 위하여 사전예방 및 사후대응적 제반활동과 관련된 법집행기능이라고 할 수 있다.

그럼에도 불구하고 오늘날 경찰활동에 있어서 '서비스'라는 제3의 임무를 포함시키고 있는데, 이는 21세기 복지행정이 강하게 요구되고 있는 시점에서 경찰에게 좁은 의미의 소극적인 위험방지를 위한 명령·강제나 범인의 체포·수사와 같은 법집행 임무뿐만 아니라, 적극적인 서비스활동을 통해 국민에게 봉사하는 역할이 요구되고 있기 때문이다. 즉, 경찰활동은 법치국가(法治國家)원리에 의해 소극적인 질서유지를 위한 '권력적·규제적 특성'을 그대로 가지고 있으면서도, 동시에 복지국가(福祉國家)의 목적을 달성하기 위한 '봉사적·비규제적 특성' 역시 중요하게 요구되고 있는 것이다.

그렇다면 왜 경찰법과 경찰관직무집행법 등 여러 일반경찰법상에서는 서비스임무에 해당하는 봉사와 관련된 직무규정이 구체적으로 명시되어 있지 않은 것인가? 봉사라는 것은 그 방법과 대상 등에 있어서 특정할 수 없는 불확정 개념이며, 그 특성상 규제가 아닌 수혜의 의미가 있다. 따라서 그것에 대해서 일일이 법규정상으로 명시될 수 있는 사항은 아니라고 본다.

한편, 경찰의 봉사적 특성과 권력적·규제적 요소를 가지고 영미법계 경찰과 대륙법계 경찰의 차이로 설명하기도 한다. 그러나 정도의 차이는 있지만 영미법계

---

38) 이유준, "경찰행정의 서비스 향상방안," 한국행정연구, 제4권, 제2호, 1995, p. 54.

경찰과 대륙법계 경찰을 막론하고, 경찰과 일반시민을 구별해주는 가장 핵심적인 특성은 '물리적 강제력'(物理的 强制力)의 존재여부라는 점에서는 이론의 여지가 없다. 다만, 대륙법계는 경찰을 국가권력의 대행자(代行者)로서 보는 시각이라면, 영미법계는 국가가 아닌 국민의 수임자(受任者)라고 보는 시각이 강하기 때문에 이러한 점에서는 차이가 있다고 본다.

어쨌든, 우리나라 경찰활동에 있어서 봉사영역으로의 경찰임무의 확대는 오늘날 많은 선진국들에서 진행되고 있는 국가개혁 또는 행정개혁의 일환으로 볼 수 있을 것이다. 이는 예전부터 영미법계 사회에 존재해 오던 경찰의 역할로의 접근이라는 측면과 동시에, 최근의 과학기술의 발달과 경제성장의 결과로써의 사회구조의 변화에 따르는 파생적인 임무라고도 볼 수 있다. 다만, 우리사회의 행정 전반에 있어서 서비스개념이 도입된 것은 최근의 변화이며, 따라서 단순히 영미법계 경찰로의 변화라기보다는 행정혁신과 정보사회의 도래에 즈음한 사회 전체적인 변화라는 차원에서 접근해야 할 것이다.[39]

그리고 경찰 본연의 임무가 권력적·규제적 활동이라 할지라도 그러한 활동이 공정하고, 인권보호적으로 이루어지며, 일반시민의 안전성을 증대시킨다면, 그 활동 자체가 결과적으로 대다수 시민에게 '서비스 효과'를 제공했다고 해석되어야 할 것이다. 따라서 예컨대, 경찰이 범죄사건 관련 용의자 및 피의자를 '신문'(訊問)하는 과정에서의 태도와 평상시의 일반시민을 상대하는 '교통안내 및 홍보' 등을 하는 과정에서의 태도는 다소간에 차이가 있다고 볼 수 있다.

거시적인 관점에서 볼 때, 경찰이 단순히 어떠한 서비스에 해당하는 일(예컨대, 길에 쓰러져 있는 노약자를 보호하는 등)뿐만 아니라, 기존의 법집행을 통한 권력적·규제활동도 결과론적으로 일반예방의 효과 등을 거둘 수 있다는 점에서 하나의 서비스로 해석해야 할 것이다. 요약건대, 거시적인 관점에서 법집행 등을 포함한 제반 권력적·규제적 활동에 대해서 통상적으로 '경찰서비스'라는 표현을 해야지, 단순히 직접적인 서비스에 해당하는 것만을 경찰서비스로 인식해서는 안 될 것이다.

어쨌든 경찰서비스는 그 수행하는 사회적 기능의 관점에서 본다면, 보호적 기

---

39) 최운도, "치안행정 서비스의 특징과 정보화," 연세사회과학연구, 제5권(가을호), 1999, p. 44.

능을 수행하는 서비스이고, 전달자의 재량권 수준에서 본다면 재량권이 비교적 큰 서비스라고 할 수 있다. 그리고 법규에 의해 규정된 물리적 강제력을 행사하는 필수적인 국가서비스로서 우리사회 전체의 보호 및 통제를 위해 요구된다고 볼 수 있다.[40]

주지하는 바와 같이, 오늘날 사회질서를 유지하는 비공식적 통제수단인 가족(家族)과 친족(親族), 이웃, 그리고 더 나아가 커뮤니티의 역할이 약화되어 감에 따라 공적조직인 경찰의 역할이 증대되고 있다. 그러나 경찰의 역할에 대한 접근은 관련국가의 역사적인 배경을 충분히 이해하지 않고서는 논의하기가 쉽지 않다. 이는 그만큼 경찰이 역사적 산물이라는 것을 의미하는 것이다. 이와 관련하여 베이커(T. Baker) 등은 20세기에 걸쳐 경찰은 정치적 야경원(Watchman)에서 군사적 법집행자, 준전문적 치안유지자, 커뮤니티 봉사자로 점차 발전하여 왔다고 하였다.[41]

우리나라 경찰의 역할과 관련하여서도 이러한 역사적 관점에서 논의될 수 있다. 그러나 항상 그렇듯이 사회적 기대와 법의 현실은 상당한 거리감이 내재되어 있다. 사회적 기대는 경찰이 보다 시민지향적·민주적일 것을 요구하고 있지만, 법규상으로는 아직까지 소극적 질서유지 지향적인 측면이 적지 않다. 그렇다고 해서 여러 선진국이 지향하고 있는 경찰역할모형이 무비판적으로 수용될 수도 없는 것이며, 우리의 역사적 전통이 전적으로 잘못된 것이라고 예단하는 것은 적절하지 못한 일이다.

경찰의 역할과 관련하여 경찰법 제3조 및 경찰관직무집행법 제2조에서는 '경찰의 임무' 또는 '직무의 범위'에 대해서 '국민의 생명·신체 및 재산의 보호, 범죄의 예방·진압 및 수사, 경비·요인경호 및 대간첩·대테러 작전 수행, 치안정보의 수집·작성 및 배포, 교통의 단속과 위해의 방지, 외국 정부기관 및 국제기기와 국제협력, 그 밖의 공공의 안녕과 질서유지'로 규정하고 있다.

그리고 우리나라 경찰은 이와 같이 경찰의 고유한 업무라 할 수 있는 국민의 생명·신체 및 재산의 보호, 범죄통제, 질서유지 이외에 경찰 본연의 업무처럼 간주된 수많은 타기관의 협조업무를 담당하고 있으며, 남북분단이라고 하는 국가적

---

40) 김인, 경찰의 치안서비스 활동에의 시민참여 활성화방안, 치안연구소, 1997. p. 40 재인용.
41) Thomas Baker, Ronald D. Hunter & Jeffery P. Rush, *Police System & Practices; An Introduction*, N.J.: Prentice Hall, 1994, pp. 100~110; 이황우, 앞의 책, p. 23 재인용.

현실 때문에 대간첩작전의 수행이라는 보안 및 안보업무까지도 담당하고 있어 다른 어느 나라보다도 과중한 업무를 담당하고 있음을 알 수 있다.

더욱이 최근에는 정보산업의 급속한 진전, 도시화의 가속화, 여기에서 파생되는 사회적 일탈행동의 증가, 국민들의 경찰에 대한 봉사행정요구의 증대 등 과거에는 볼 수 없었던 거대한 치안수요의 변화를 초래하고 있음을 알 수 있다. 따라서 경찰은 단순한 집행·관리기능을 주로 하는 현상유지·질서유지·통제 등의 안정유지자로서의 기능뿐만 아니라 급격한 사회변동에 따르는 환경으로부터의 조건을 해결하며, 보다 적극적·능동적인 변화·발전을 자발적으로 도모하는 변화담당자로서의 기능까지 담당하게 된 것이다.

2. 경찰역할의 딜레마

시민이 경찰에게 기대하는 것은 법을 위반했을 때는 엄격하게 법을 집행하고, 동시에 어려움에 처한 시민에 대해서는 친절하고 적극적인 봉사자로서 기능할 것을 요구하고 있다. 그리고 시민들은 범죄 이외의 어떤 문제에 직면했을 때에도 경찰이 문제를 해결하는 데 도움을 주기를 바라는 경우도 있다. 그런데 일반시민의 기대와 경찰의 기대는 종종 상충되기도 한다.

그리고 경찰조직 내에서조차 무엇이 그들이 수행하는 업무의 핵심이 되어야 하는가에 대해서 의견이 일치되지 않는다. 이와 관련하여 예컨대, 경찰의 업무가 사전대응적(Proactive)이어야 하는지, 아니면 사후대응적(Reactive)이어야 하는지에 대해서도 의견이 일치되지 않는다.

미국 경찰협회(Police Foundation)가 실시한 연구조사에서 윌슨과 켈링(J.Q. Wilson & G.L. Kelling)은 자신들이 방문한 모든 경찰부서에서 '사건지향적'(Incident-Oriented)인 성향을 갖고 있는 경찰은 '문제지향적'(Problem-Oriented)인 경찰을 '사회사업가'라고 험담했으며, 반대로 문제지향적 경찰은 사건지향적 경찰을 '빈민가의 총잡이'에 비유하였다고 설명하였다.[42]

---

42) James Q. Wilson & George L. Kelling, "Making Neighborhoods Safe," *The Atlantic Monthly*, February 1989, p. 52.

경찰이 엄격히 법집행만을 잘한다고 해서 긍정적인 이미지가 형성되기 어렵고, 그렇다고 해서 법집행을 등한시하고 대민봉사를 적극적으로 한다고 해서 긍정적인 이미지가 형성되기가 어렵다. 경찰이 대민봉사에 집중하게 되면 시민들의 인식이 좋아질 것 같지만, 범죄문제가 발생하면 당장에 경찰에 대한 비난이 제기되는 것은 자명한 이치이다. 경찰은 우리 사회의 안녕과 질서유지를 위해 존재하는 것이며, 아울러 오늘날 복지국가를 지향하는 시점에서 서비스제공을 통한 시민의 삶의 질의 향상이라는 두 마리 토끼를 동시에 잡아야 하는 위치에 있는 것이다.

그런데 법집행과 관련하여 아이러니한 것은 교통법규를 위반하거나 경미한 범죄로 체포된 시민들의 상당부분은 자신들은 용서되어야 하며, 경찰은 '진짜' 범죄(강력범죄 등)에 노력을 집중해야 한다고 보기도 한다. 또는 어느 지역에서 오랫동안 거주해온 시민이 속도위반을 하여 경찰에 적발되었을 경우, 자신이 저지른 범죄에 대해서는 관대하게 다룰 것을 요구한다(만약 경찰이 엄격하게 처벌하게 되면, 이들은 경찰에 대한 일종의 배신감을 느낄 것이다). 반면 10대나 외부인들이 속도위반을 했을 때에는 엄격하게 다룰 것을 요구한다. 경찰의 입장에서 볼 때에도 많은 시민들이 자신들이 저지른 범죄는 예외로 하고, 다른 사람들에게는 법이 엄격하게 적용되기를 바라고 있다고 믿고 있다.

한편 시민들은 범죄문제가 심각해지면, 경찰의 대응방식에 있어서 책임이 있다고 비난하게 된다. 그런데 워드맨과 알손(R.C. Wadman & R.K. Olson)은 경찰이 범죄에 대하여 책임은 있지만, 범죄의 원인에 대한 통제권한은 전무한 모순적인 위치에 있다는 점에 주목하고 있다.[43] 또한 켈링은 "'범죄와의 전쟁' 또는 '마약과의 전쟁'이라는 용어는 경찰에게 범죄자에 대한 전면전을 요구하는 것이다. 그러나 경찰은 정치가가 가지고 있는 책임을 대신 지고서 결코 이길 수 없는 전쟁을 수행하고 있다"라고 설명하고 있다.[44] 경찰은 범죄원인을 통제할 수 있는 아무런 권한을 부여받지 못한 채 마약 등 수많은 범죄와의 전쟁에서 승리를 책임져야 할 딜레마에 빠져 있는 것이다. 어느 사회에서든지 범죄의 발생에 영향을 미치는 요인(실업률, 빈부격차, 복지, 성·연령, 윤리, 교육, 자유, 개인적 열망과 이를 실현시킬 수 있는 사회·

---

43) Robert C. Wadman & Robert K. Olson, *Community Willness: A New Theory of Policing*, Washington, D.C.: Police Executive Forum, 1990, p. 27.
44) Lance Morrow, "Rough Justice," *Time*, April 1991, pp. 16~17.

경제적 기회 등)을 변화시킬 수 있는 힘이 경찰의 권한 밖에 있음을 주목할 필요가 있다.

그렇다면 가장 유능한 경찰은 '나쁜 사람'(법규 위반자)을 가능한 한 많이 체포하는 사람인가? 물론 경찰은 이들에 대한 체포를 계속해 나갈 것이다. 그러나 이러한 과정에서 커뮤니티에 부정적인 영향도 미치게 될 것이다. 경찰의 무차별적인 개입은 오히려 역효과를 낼 수도 있기 때문이다.

경찰은 보통 일정한 종류의 범죄(특히 주거침입 절도나 강도, 폭력, 자동차절도, 약물남용 등)에 초점을 두고 있다. 경찰은 이와 관련된 범죄자들이 어떠한 식으로든 체포를 피하기 위하여 노력할 것이라고 예상한다. 따라서 이러한 범죄자들을 형사사법절차에 끌어들이기 위하여 경찰은 합법적인 물리력을 행사하게 된다.

그런데 경찰은 일반적으로 '화이트칼라 범죄'(White Collar Crime)에 대해서는 특별한 이유가 없는 한 법을 집행하지 않는다. 예컨대, 소득세 탈세, 가격담합, 내부의 비밀거래를 한 사업가를 조사하거나 체포하지는 않는다. 이러한 위반행위에 대해서는 별도의 국가기관(금융감독원, 국세청 등)이 우선적으로 개입하기 때문이다. 따라서 가르마이어(B.L. Garmire)에 의하면, 정치적 성향을 띠는 사업 및 전문적인 지식을 요구하는 직업 또는 정치와 관련되어 자행되는 범죄의 대부분은 경찰이 관여하지 않고 있다고 보았다. 이와 관련된 범죄에 대해서는 경찰 외의 특별한 법집행기관들이 새로이 창설되어 왔기 때문에 경찰이 관여하는 것이 제한되어 온 것이다.[45]

이러한 화이트칼라 범죄는 일반인에 비하여 상대적으로 재력 및 힘이 있는 사업가·전문직업인, 또는 공인 등에 의해 저질러진다. 그리고 우리 주변에서 발행하는 일반범죄는 빈부 여부에 관계없이 누구나 저지를 수 있다. 그러나 이러한 일반범죄의 대부분은 사회에서 사회경제적으로 가장 열악한 계층에 의해서 저질러지는 경우가 많다고 볼 수 있다.

그렇다면 경찰활동의 대상이 되는 범죄는 어떠한 것인가? 위와 같은 관점에서 본다면, 경찰활동의 대상은 주로 일반시민에 의해 저질러지는 범죄(살인, 강도, 방화, 성폭력, 절도, 폭력, 마약 등)가 된다. 이러한 과정에서 일반시민은 경찰에 대해서 부

---

45) Bernard L. Garmire(ed.), *Local Governmental Police Management*, Published by the International city Management Association, 1989, p. 8.

정적인 이미지를 형성하게 되고, 결국 적대적인 인상을 주게 될 것이다.

그런데 경찰업무는 단순히 범인 체포 및 수사와 같은 물리적 강제력을 행사하는 업무에 국한되지 않고 방대한 영역에 걸쳐 이루어지고 있다. 여러 연구조사결과, 경찰이 비규제적 활동을 위해 80% 이상의 시간을 소비하고 있다는 사실을 발견하였다.[46] 심지어는 클라카스(Carl B. Klockars)는 경찰이 처리하는 문제들의 90% 이상이 서비스를 위한 시민의 요구에 대응해서 이루어진다고 보고 있다.[47] 어떤 면에서 경찰활동의 대부분은 범죄와 관련된 법집행과 관계가 없고, 커뮤니티에 대한 서비스가 대부분이다.

여기에는 예컨대, 평화유지, 자살의 방지, 길을 잃거나 가출한 아동보호, 위험에 노출되기 쉬운 아동이나 성인의 보호, 공공의 안전유지, 장애인차량의 운전자 지원, 사고와 자연재해와 같은 긴급상황이나 위기상황의 처리, 갈등해소, 범죄예방, 대중에 대한 교육 등을 들 수 있다.

경찰업무가 무엇을 수반하는가를 정확히 규정하는 것은 사실상 불가능하다. 그러나 중요한 것은 대부분의 사람들은 도움이 필요할 때에는 언제든지 경찰을 불러 왔다는 사실이다. 시민들은 단지 범죄와 관련된 문제뿐만 아니라 여러 공공기관(소방, 의료, 보건 등)의 도움이 필요한 상황에서도 경찰을 부른다. 경찰은 이러한 요구에 부응해 왔고, 대개는 필요한 어떤 조치만이라도 취해 왔다. 시민들이 전국에 걸쳐, 1일 24시간, 1년 365일 이용할 수 있는 유일한 사회봉사기관은 아마 경찰일 것이다. 그렇다면 무엇을 경찰에게 기대하는 것이 이성적으로 타당한가?

3. 경찰역할의 시대적 조명

인간은 '사회적 동물'이라고 한다. 그렇기 때문에 역사적으로 인간은 혼자서 생활하지 않고, 항상 일정한 집단을 형성하여 이들 간의 상호작용을 통해서 삶을 영위해 왔다. 그러한 과정이 점차 체계화되면서 삶의 활동 범위가 가족·부족·국

---

46) Denny F. Pace, *Community Relation Concept*, Incline Village, Nev: Copperhouse Publishing Company, 1991, pp. 20~21.

47) Carl B. Klockars, *The Idea of Police*, Newbury Park: Sage Publishing Company, 1985, p. 103.

가적 수준에서 이루어지고 있으며, 오늘날은 전세계적인 차원에서까지 확대되고 있음을 알 수 있다.

그런데 사람들 간의 상호작용이 항상 긍정적으로 조화롭게 이루어지는 것은 아니다. 때로는 경쟁과 갈등관계가 나타나기도 하고, 심지어는 구성원들의 자유와 권리를 극단적으로 위협하는 심각한 상황에까지 이르게 된다. 이러한 상황에 대응하기 위하여 인간사회에는 어느 시대를 막론하고 수많은 갈등에 대한 조정·통제 메커니즘이 항상 존재해 왔다.

따라서 우리가 여기에서 논의하는 '경찰'이라는 존재는 현대사회에 있어서 가장 대표적인 갈등의 조정·통제자의 역할을 담당한다고 볼 수 있다. 물론 과거에는 오늘날과 같이 경찰이라는 용어를 사용하지 않고 기능면에서 미분화(未分化)되었지만, 역사적으로 볼 때, 국가라는 실체가 등장한 이래로 경찰기능을 수행하는 조직이 제도화(制度化)되어 왔음을 알 수 있다.

그런데 경찰의 역할을 이해하기에 앞서 경찰의 개념을 명확히 정립해야 한다. 경찰의 개념을 토대로 경찰의 역할을 설정할 수 있기 때문이다. 그러나 경찰의 개념을 어떻게 정립하느냐 하는 문제는 단순하지가 않다. 본래 경찰의 개념은 역사적·사회적 배경을 전제로 발전한 것이기 때문에 한 마디로 정의를 내리기가 어려운 것이다. 따라서 이러한 문제 속에서 경찰의 역할에 접근하는 것은 쉬운 일이 아니다. 그리고 어떤 면에서는 경찰의 개념과 역할이라는 용어가 상호 혼용되어 사용되어 온 것이 사실이다.

더욱이 경찰의 개념과 역할을 논의하는 과정에서 경찰의 이념(理念)을 고려하지 않을 수 없다. 경찰의 이념은 본질적으로 경찰의 '존재이유'(存在理由)에 대한 철학적·윤리적 근거를 마련해 준다. 그리고 현실적으로 경찰이 '어떻게 활동'해야 하는가 하는 기준을 제시해 준다. 물론 이러한 경찰이념 역시 역사적·사회적 배경에 따라 서로 다르다. 그러나 경찰이념에 대한 이해 없이는 경찰개념과 경찰역할에 대한 이해가 충분히 이루어졌다고 볼 수 없을 것이다.

오늘날 경찰의 개념 및 역할을 기본적으로 법집행·질서유지·대민봉사 등으로 구분하기도 한다. 그리고 이와 관련되어 제시되는 경찰의 이념은 본질적 이념으로서 정의와 자유, 그리고 수단적 이념으로써 민주성·능률성·합법성과 인권존중주의 및 정치적 중립성 등을 들 수 있다.[48]

그런데 여기서 주의할 것은 이러한 경찰의 개념 및 역할 그리고 이념이라는 것이 고정불변적인 것이 아니라는 점이다. 이는 19세기를 전후로 하여 근대 자유주의와 법치주의 그리고 민주주의가 전세계의 보편적 가치로 들어서는 과정에서 등장한 것이며, 그 이전, 혹은 그 이후에도 경찰의 이러한 접근방법이 보편적으로 운용되었다고 보기는 어렵다.

경찰이라는 용어의 유래·의미

법집행 및 질서유지를 통하여 국민의 자유와 권리를 보호하는 국가공권력의 상징인 '경찰'(警察, Police)이라는 용어 또는 제도는 통념적으로 서구의 근대국가의 출현 및 근대제도의 대표적인 사례로 인식된다. 근대경찰의 근대성 표상(表象)은 제도적 근대경찰과 이념적 근대경찰 차원에서 살펴 볼 수 있다.[49] 서구에서는 이러한 근대경찰은 1829년 영국 런던수도경찰청의 탄생과 더불어 출발한 것으로 보고 있다.

그런데, 경찰 즉, 'Police'라는 용어는 프랑스에서 유래된 것인데, 단지 프랑스에서 유래되었다는 이유만으로 영국에 수용되는 것이 쉽지 않았다. 18세기 후반 및 19세기 초에 이르러 영국과 프랑스는 잦은 전쟁을 하였고, 따라서 프랑스식의 어떠한 관념(예컨대, 경찰 등)은 영국에 쉽게 수용되지 않았던 것이다. 더욱이, 프랑스 혁명(1789)을 촉발시킨 결정적인 요인 가운데 하나가 프랑스의 악명 높은 경찰활동에서 비롯된 것으로 보았기 때문에, 왕권을 억제하고 의회정치가 발달한 영국에서는 이에 대한 거부반응을 적지 않았던 것이다.

이에 대해 스테디(Stead)는 당시의 프랑스경찰은 중앙집권적 정치권력을 유지하는 중요수단으로써 광범위한 권한을 행사하였고, 이러한 광범위한 경찰권한을 바탕으로 반대세력 및 시민에 철저한 감시와 탄압을 하였기 때문에 결과적으로 프랑스혁명과 같은 폭력사태를 수반한 정치적 격변을 경험하게 된 것이라고 하였다. 당시 프랑스는 경찰국가(警察國家)의 모습을 하고 있었던 까닭이다.[50]

즉, 그 이전의 시대에서는 경찰의 개념 및 역할이 때에 따라서 국가행정 전반을 의미하기도 하고(예컨대, 16세기 독일제국 경찰법에 의한 경찰), 이후 18세기 후반까지는 내무행정 전체를 의미하기도 하였다. 또한 각 국가의 상황에 따라 경찰이 소

---

48) 경찰이념과 관련하여 여러 학자들의 견해가 있는데, 여기에서는 김충남 교수의 견해를 참고하기로 한다. 김충남, 경찰학개론, 서울: 박영사, 2001, pp. 26~39; 이와 관련된 내용은 이황우, 앞의책, pp. 33~36; 이황우 외, 경찰학개론, 한국형사정책연구원, 2001, pp. 16~29; 이운주, 경찰학개론, 경찰공제회, 2002, pp. 32~39 참조.

49) 이에 대한 세부적인 내용은 최선우, "한국경찰의 근대성에 관한 연구", 한국공안행정학회보, 2006, 23, pp. 411~415 참조.

50) Stead, P., *The Police of France*, New York: Macmillan, 1983, p. 11.

위 말하는 정치경찰의 색채를 강하게 띠기도 하였으며(예컨대, 1868년 일본 메이지유신(明治維新) 이후의 시국안정을 위한 정치경찰, 20세기 초 독일 나치시대의 비밀경찰인 게쉬타포 등), 국가체제의 옹호자 또는 국민통제장치로써 역할을 수행하기도 하였다. 이러한 상황에서 설혹 경찰의 이념이 존재하였다 할지라도 오늘날과는 지극히 상이했음은 분명하다.

따라서 역사적으로 볼 때, 현대적 의미의 경찰역할이 논의된 것은 최근의 일인 것이다. 사실 300만년 전에 인류가 지구상에 등장하고 기원전 3000년을 전후로 해서 4대 메이저 문명(이집트·메소포타미아·인더스·황하문명)이 등장한 이래로 국가라는 실체가 등장하여 오늘날에 이르는 시점까지 돌이켜 본다면, 경찰에 해당하는 어떤 역사적 실체의 역할은 상당히 가변적이었던 것이다. '국가'와 유사한 실체가 등장하기 전까지는, 아니면 지배계급의 등장과 정복사업이 이루어지기 전까지는 일종의 평등사회로 인식되고 있다. 이 때 경찰의 역할은 평등한 관계에서 커뮤니티(Community) 전체가 평화와 질서유지를 위하여 외부의 침입이나 자연재해, 그리고 내부의 반사회적 행위에 공동으로 대응하는 방식을 취했을 것이다. 그러나 국가와 유사한 실체가 등장하면서 지배계급과 피지배계급이 구분되고, 아울러 커뮤니티의 자연적인 사회통제 기능은 약화되어 국가가 점차 이를 대행하게 되었을 것이다. 사실 국가의 등장 이후 경찰의 역할은 국가체제유지를 위한 차원에서 국민 또는 시민을 통제하기 위한 수단으로 이루어진 것이었다. 이러한 현상은 국가개념이 일찍부터 발달한 동양이 서양보다 강하게 나타났을 것이다.

이상과 같은 논의를 바탕으로 아래에서는 20세기 전후하여 미국경찰과 한국경찰의 역할이 어떻게 변모하고 있는지를 간략히 살펴보기로 한다.

1) 1900년대 이후 미국경찰의 역할 변화

20세기를 전후로 해서 미국경찰의 역할에 대한 논의는 초기 봉사지향시대, 법집행 역할의 강조시대, 범죄와의 전쟁 실패시대, 서비스와 법집행 역할의 통합시대로 크게 구분하여 접근할 수 있다.[51]

---

51) 이상안, 앞의 책, 1999, pp. 40~43.

(1) 초기 봉사지향시대

먼저 '초기 봉사지향시대'(1920~1930년대 이전)에 미국경찰의 제1차적 역할은 질서유지와 커뮤니티에 대한 서비스공급이었다. 이 당시에 경찰은 오늘날과 같은 채용방식이 아닌 정치적 방법(예컨대, 엽관주의 등)에 의하였기 때문에 경찰의 위상 및 역할은 정치적 이해관계에 좌우되었다고 볼 수 있다.

따라서 경찰에 대해 통제권을 행사하는 정치권력집단은 경찰이 단순히 지역주민을 체포·검거하는 것만으로는 선거에서 많은 표를 얻을 수 없고, 그 대신 주민들을 지원·조력해 줌으로써 많은 표를 얻을 수 있다는 것을 깨닫고 공중에 봉사하는 역할을 강조하였다.

예컨대, 라인(R. Lane)은 1834년 콜레라병이 만연할 때, 보스톤경찰은 커뮤니티 가정을 방문하여 콜레라병을 체크하고, 경찰서는 임시병원시설로서 봉사활동을 하고, 아울러 이 기간 중에 더러운 쓰레기를 치우고 옥외변소를 깨끗이 했다는 점을 예로 들었다. 또한 1861년부터 1869년에 뉴욕경찰은 수십만 명의 사람들이 기숙할 수 있는 시설을 제공했는가 하면, 체포된 수많은 범죄자들에 대해서도 그들의 기숙을 대부분 제공했다는 것이다.[52]

(2) 법집행 역할의 강조시대

다음으로 '법집행 역할의 강조시대'(1920년대·1930년대~1950년대)에는 초기 봉사지향시대의 대민서비스와 질서유지의 역할이 강조된 것과는 다르게 경찰의 법집행 역할이 강조되었는데, 이는 금주법(禁酒法),[53] 세계 대공항, 그리고 이 시기의 범죄율 상승에서 그 원인을 찾을 수 있다. 이 당시 미국은 거의 무법(無法) 상황에 이르는 사회적 혼란기로서 수많은 폭력이 난무하였으며, 이러한 범법행위의 극심한 증가와 함께 여기에 연루된 정부, 특히 법집행관들의 부패상황이 크게 만연하였다.

---

52) R. Lane, *Policing the City*: Boston, 1822~1885, Cambridge: Harvard University, 1967; L. Gaines et al., *Police Administration*, McGraw-Hill. Inc., 1991, pp. 23~24.
53) 일명 금주법(禁酒法)인 발스테드법(Volstead Act, 이를 제안한 하원의원의 이름을 땀)은 1920년 1월 16일에 통과된 법으로써 모든 중독성 음료의 제조·판매·운송을 금지하는 내용으로 한 것인데, 그 유효성 및 폐단이 지적되어 1933년에 폐지되었다.

따라서 1929년에 후버(H. Hoover) 대통령은 범죄율의 증가와 이에 대응하는 경찰의 대응력 취약이 심각한 문제라 보고 '위커샴위원회'(Wickersham Commission)로 알려져 있는 법집행위원회를 결성하게 되었다. 1931년 동 위원회가 후버 대통령에게 제출한 특별보고서에 따르면, 범죄율 증가의 1차적 원인을 '경찰의 효과성 결여'(The lack of police effectiveness)로 지적하였다. 결국 위커샴위원회는 경찰의 역할을 봉사자·질서유지자로부터 법집행자로 강조함으로써 경찰역할을 다시 개념 정의한 것이라 볼 수 있다. 월슨은 위커샴위원회의 정책건의 결과를 다음과 같이 요약하고 있다.[54]

    ㉠ 경찰과 커뮤니티 모두에게 법집행기능이 더욱 강화되어야 한다.

    ㉡ 경찰의 유일한 책임은 범죄통제이다.

    ㉢ 경찰은 범죄통계의 조작과 같은 비윤리적인 방법을 사용함으로써 시민의 기대에 부응하지 못하였다.

    ㉣ 기숙시설 제공 등 커뮤니티 봉사기능은 진정한 의미의 경찰기능이 아니다.

    ㉤ 경찰과 시민은 갈등관계에 놓여 있으며, 따라서 이를 해결할 수 있어야 한다.

    ㉥ 경찰의 범인검거 실적은 승진평가의 기준이 되어야 한다.

그리고 1940~1950년대는 제2차 세계대전 종료 후로, 경찰의 법집행자로서의 역할이 더 구체화된 기간이라 할 수 있다. 군대에서 전역하여 경찰에 투신하였는데, 이들은 경찰교육훈련에 대한 새로운 체제적인 접근방법을 강조하였다. 그리고 이들이 경찰조직의 관리자가 됨에 따라, 이러한 치안정책을 반영함으로써 경찰조직은 준군대방식의 조직으로 변화하게 되었다. 결국, 이들은 경찰전문가주의(Police Professionalism)를 바탕으로 능률적인 범죄대응전략을 모색하고자 한 것이다.[55]

---

54) J.Q. Wilson, *Varieties of Police Behavior: The Management of Law and Order in Eight Communities*, New York: Atheneum, 1969, pp. 133~134.

55) 경찰전문가주의는 미국이 1900년대 초에 이르러 그동안 만연되어 왔던 경찰의 정치적 부정부패와 무능력을 극복하기 위해서 제기된 것이다. 이를 위해 실베스타(Richard Sylvester)와 볼머(August Vollmer), 그리고 월슨(O.W. Wilson) 등 경찰개혁론자들은 경찰에 군대식체제를 가미하면서 경찰의 정치적 중립성, 지휘·통제력의 집중, 인사기준의 제고, 업무의 재배치, 사명감 진작 등을 위해 노력하였다. 여기에 과학기술을 통한 순찰활동에서의 순찰차 및 무선배치의 활용 등은 경찰전문가주의를 보다 강화시키게 되었는데, 이러한 활동들에도 불구하고 결국 1960~1970년대 이후 범죄문제 및 사회무질서는 더욱 증대하고, 경찰과 시민과의 거리감을 더욱 조장시키는 결과를 낳게 되었다. 정진환, 비교경찰제도, 경기: 도서출판 책사랑, 2001, pp.

(3) 범죄와의 전쟁 실패시대

그런데 이상과 같은 치안정책은 성공을 거두지 못하였다. 이른바 '범죄와의 전쟁 실패시대'인 1960년대의 10년간은 예기치 못한 투쟁·폭력·공중무질서 문제가 만연하였고, 형사사법기관이 미처 대처하지 못한 범죄 등을 경험한 시기였다. 경찰전문가주의를 바탕으로 한 능률성의 추구와 범죄통제역할을 수행하는 데 있어서 경찰은 시민과의 '거리감'(Gap)이 형성되었으며, 오히려 문제 해결능력 면에서 완전히 무능(無能)함을 보여 주었다.

그 결과 1960년대와 1970년대에는 범죄증가율이 176%(FBI의 1970년 UCR 보고서) 증가하기에 이르렀다. 구체적으로는 대인범죄가 156.5%, 재산범죄가 179.7% 증가했으며, 절도범죄는 244.9%, 강도는 224.4% 증가되는 현상을 보인 것이다. 또한 1968년에는 케네디 대통령의 암살사건도 발생하였으며, 따라서 시민의 국가 및 사회에 대한 불안감과 두려움이 미국 전역을 휩쓸게 되었다. 이에 따라 존슨(L.B. Johnson)대통령에 의해 설치된 대통령법집행위원회는 이러한 상황을 검토·연구하여 범죄대응을 위한 조치로서 경찰 등 형사사법기관의 강화를 권고하기에 이르렀다.

(4) 서비스와 법집행 역할의 통합시대

그리고 이와 같이 경찰의 역할한계를 다시 한 번 경험하면서 이러한 문제원인을 경찰과 커뮤니티간의 부적절한 관계에서 찾게 되었다. 따라서 1970년대 이후 이른바 '서비스와 법집행역할의 통합시대'에는 경찰과 커뮤니티의 관계개선(PCR: Police Community Relation)을 적극적으로 제고하고자 하는 노력이 이루어졌다.

이 시기에 이르러 시민들은 점차 자신들이 경찰로부터 받는 서비스의 질과 양에 대해 의문을 가지게 된 것이다. 이러한 영향으로 경찰은 시민의 협조와 지원 없이는 범죄율을 줄일 수 없다는 것을 깨닫고 새로운 프로그램 개발에 관심을 갖게 되었다. 그러나 사실 1957년 초기부터 경찰이 PCR 조직을 가졌으나, 1960년대 후반과 1970년대 초기까지는 전국적인 광역단위로의 관심이 없었다는 점도 지적되

102~110.

었으며, PCR 프로그램을 통해 커뮤니티의 문제해결을 위해 경찰의 참여를 유도하고, 경찰이 커뮤니티가 안고 있는 문제해결에 도움이 된다는 관심을 가지게 될 경우에만 시민의 수용이 있게 된다는 것을 경찰행정가들이 알게 되었다.

그 결과, 1980년대에는 이러한 PCR 프로그램을 통해 경찰의 법집행역할을 계속 확대해 나가는 경향을 보이게 되었다. 다시 말하면, 1980년대에는 경찰행정가들이 범죄억제라는 목표달성을 위해서는 커뮤니티의 참여와 협력이 중요하다는 것을 깨닫게 된 것이다.

2) 1900년 이후 한국경찰의 역할 변화

우리나라의 경우에 '민주경찰'의 등장은 군사정권이 끝나고 문민정부가 등장한 시점에서 찾아야 할 것이다. 비록 1894년 갑오경장과 함께 일본에 의해 계수된 서양의 법치주의 이념을 바탕으로 한 근대경찰이 탄생하였다 할지라도 이는 어디까지나 식민지배를 위한 일본의 통치목적에 이용되었을 뿐이었다.

해방 후 미군정에 의해 자유민주주의 원리가 도입되고, 이어 1948년 대한민국 건국 이후 6·25의 국난을 경험하면서 진정한 국립경찰의 역사가 시작되어 1953년에 제정된 '경찰관직무집행법'에 '국민의 생명·신체·재산의 보호'라는 영미법적 관념과 전통이 반영되어 민주경찰의 이념과 토대가 되었다. 그러나 법이 규정하고 있는 것과 실제 운영되는 것과는 상당한 차이가 있어 왔다는 것에 유의할 필요가 있다.

이미 1945년 미군정청(美軍政廳)에 경찰국(警察局)이 설치되어 본격적인 경찰업무의 실시와 일제시(日帝時) 경찰의 이미지를 탈피하려는 노력이 제기된 바 있다. 이러한 노력의 일환으로 당시 전국경찰관서의 정문에 '봉사와 질서'를 게시토록 하는 한편, 이듬해인 1946년에 경찰의 제복 왼쪽 가슴에 '봉사와 질서'라는 표찰을 착용토록 하였다.[56] 이로 보아 봉사와 질서가 경찰의 이념적 지표이자 행동강령으로 제시되었음을 알 수 있다. 그러나 당시에 제시된 경찰의 봉사이념을 우리사회에 실천적으로 적용시키고자 하는 노력은 이후 수십년이 지난 오늘에서야

---

56) 경찰종합학교, 민주경찰정신교본, 1991, pp. 30~31.

그 실마리를 찾을 수 있을 것이다.

또한 우리 사회는 당시의 남북한 대치와 정치 불안정 및 경제적 위기 등 체제의 불안으로 인해 이후 1987년(제5공화국)까지 30년간의 군사정권체제하에 놓여 있었다. 따라서 당시 경찰의 역할은 국민 또는 시민지향적이라기보다는 국가지향적인 경향이 강하였다. 즉, 법에 명시된 바와 같이 경찰이 정상적인 경찰활동을 시도해 보기도 전에 집권당의 정권수호와 다른 부처의 협조업무가 증대되면서 경찰의 부패와 경찰의 집권세력의 정치도구로 전락하여 국민의 대다수는 경찰을 부정과 탄압의 앞잡이로 인식하게 된 것이다.

이상에서 살펴 본 바와 같이 우리가 현재 인식하고 있는 경찰의 역할은 불과 몇 십년만 거슬러 올라가도 그 성격이 판이하게 달랐음을 알 수가 있다. 우리가 동시대에 살고 있음에도 불구하고 각 나라의 정치적·경제적·문화적인 여건 등 모든 사회적 여건이 상이하다는 점을 인식할 필요가 있다. 따라서 21세기 한국경찰이 나아갈 방향을 제시하기 위해서는 동시대의 선진국의 경찰의 제반 운영체계에 대한 연구를 지속적으로 하고, 또 한편으로는 우리보다 상대적으로 못한 국가들의 경찰현상에 대해서도 반면교사로 삼아야 할 것이다.

4. 현대적 의미의 경찰역할

위에서 언급한 바와 같이 경찰의 역할은 역사적·사회적으로 상대성을 가지고 있기 때문에 명확하게 정립·설정하기가 쉽지 않다. 다만 학자들 사이에서 논의되는 현대적 의미의 경찰의 역할에 대한 접근은 어느 정도 유사성을 가지고 있다.

이와 관련하여 1990년대 들어 파이프(J.J. Fyfe) 등은 경찰의 역할을 시민의 생명·재산과 헌법적 권리의 보호, 그리고 질서의 유지로 지적하고 있다. 저맨(A.C. Germann)은 커뮤니티의 안전을 위한 범죄 및 무질서의 방지와 치안의 유지, 개인의 안전을 위한 생명·재산 및 자유의 보호라고 하였다. 러브레스키와 헤스(Henry M. Wrobleski & Karens M. Hess)는 법집행, 치안의 유지, 범죄예방, 시민의 권리와 자유보호, 봉사의 제공 등을 들고 있다. 한편 베이커(Thomas Baker) 등은 경찰의 역할을 범죄통제, 질서유지, 봉사, 정보의 수집, 기본권 보호 등으로 파악하고 있다.[57]

범죄단속자, 위기관리자, 법집행자, 평화유지자, 치안봉사자 등의 호칭도 모두 경찰의 역할을 반영한 용어들이다.

일반적으로 보수주의자들은 명령·강제를 전제로 하는 경찰의 권력작용에 더 많은 관심을 나타내고, 진보주의자들은 명령·강제와 무관한 비권력작용에 더욱더 관심을 갖고 있다고 볼 수 있다.[58]

이상과 같은 경찰의 역할 가운데 일부는 형사사법·소방·군인·보호센터·상담센터 등 및 여러 공공기관 및 민간조직이 담당하기도 한다. 사실 경찰에 부과된 임무는 매우 광범위하며, 많은 부분들은 생명·재산·권리의 보호나 질서유지와는 거리가 먼 것도 있다. 그러나 경찰의 업무는 항상 역동적(力動的)으로 이루어지고 있으며, 일반국민이 경찰에게 요구하는 내용 및 수준은 점차 다양해지고 있다. 그렇기 때문에 경찰에 대해 만능인적 자질을 요구하기도 하며, 경찰의 역할을 보다 효과적으로 수행할 수 있는 새로운 대안을 모색하고 있는 것이다.

경찰역할의 다양성과 이에 따른 경찰의 만능인적 자질요구와 관련하여 윌슨 (O.W. Wilson)은 정의에 대한 신념, 높은 수준의 정직성, 정력, 용기, 감정적 안정성, 지혜, 그리고 자신감을 지니고 있어야 할 것을 기대하고 있다.[59] 그리고 볼머(August Vollmer)는 솔로몬의 지혜, 다윗의 용기, 삼손의 체력, 욥의 인내, 모세의 리더십, 착한 사마리아인의 친절, 알렉산더의 전략, 다니엘의 신념, 링컨의 외교, 나자렛 목수의 관용, 그리고 자연과학·생물학 및 사회과학 등 모든 분야에 깊은 지식을 가져야 된다고 하였다.[60]

물론 이러한 기준들은 상당히 추상적이며 일종의 기대사항이라고 할 수 있으며, 현실적으로 이러한 기준보다는 더욱더 구체적인 기준(연령, 신체조건, 학력, 적성 테스트 등)으로 경찰관을 선발하기도 한다. 그러나 경찰이 지녀야 할 자질로써 그 정도의 수준까지 요구된다는 것은 그만큼 경찰의 역할이 복잡하고 어려운 일임을 의미하는 것이라 하겠다.

---

57) 이황우, 앞의 책, 1998, pp. 22~23 재인용.

58) 위의 책, p. 11.

59) O.W. Wilson & Roy Clinton Mclaren, *Police Administration*, New York: McGraw—Hill, Inc., 1977, p. 245.

60) V.A. Leonard & Harry W. More, *Police Organization and Management*, New York: The Foundation Press, Inc., 1978, p. 276.

어쨌든 경찰의 역할 내지 임무는 경찰정책의 수립과 경찰업무를 평가하는 기본적인 기준으로 제공된다. 이러한 역할 가운데 어느 것이 우선하며, 어떻게 달성되는가에 대한 명확한 해답은 없다.

현대적 의미의 경찰역할을 기본적으로 법집행(Law Enforcement), 질서유지(Order Maintenance), 그리고 대민봉사(Civil Service)라는 3가지 차원으로 설정한다면, 이 영역 내에서 경찰에 의해 수행될 수 있는 활동의 범위가 정해진다고 볼 수 있다.[61] 그리고 이 3가지의 기본적인 역할은 경찰관 개인의 행동방법과 경찰관서 운용방법, 리더십의 실현방법을 규정하게 된다. 그러므로 경찰기관 및 경찰은 통상 이들 역할을 결합하거나, 다른 환경적 조건에 따라 우선순위를 정하거나 강조할 필요성이 생긴다. 이와 같이 경찰역할의 다양성과 그 역할이 이루어지는 조건의 상이성(활동의 범위, 행동방법, 리더십, 환경 등) 때문에 한 경찰관서 경찰역할이 다른 경찰관서의 그것과 동일할 수는 없는 것이다.

예컨대, 한 커뮤니티 내에서 폭력과 재산범죄가 증가하게 되면, 그 경찰관서는 법집행 기능을 강조하게 되며, 반면에 사회적 무질서가 확산되게 되면 질서유지기능을 강조하게 될 것이다. 그리고 범죄와 무질서의 측면에서 상대적으로 평온할 때에는 대민봉사의 역할을 강조하게 될 것이다. 이는 사회환경에 따라서 본 것이지만, 도시와 농촌, 주거지역과 상업지역, 평온지역과 우범지역 등에 따라서도 다르게 나타날 수 있는 예이다.[62]

제3절

경찰문화

여기에서 경찰문화(警察文化, Police Culture)를 언급하고자 하는 것은 뒤에서 보

---

61) 경찰의 역할 가운데 법집행을 포함시키고 있으나, 법집행이 하나의 역할이라기보다는 다른 경찰업무를 수행하기 위한 하나의 수단에 불과하다는 견해도 제기되고 있다. 이황우, 앞의 책, p. 24; 그러나 경찰이 일반시민을 대상으로 법을 집행하는 대표적인 국가공권력 가운데 하나라고 본다면 법집행 자체를 경찰의 중요한 역할이라고 보는 것이 타당할 것이다.
62) 이상안, 앞의 책, pp. 37~38.

다 중점적으로 논의하고자 하는 경찰과 커뮤니티의 관계를 이해하고, 이의 발전방안을 제시하는 데 있어서 매우 중요한 인식의 틀을 제공해 주기 때문이다.

오늘날 경찰이 지향하는 새로운 조직철학은 변화하는 환경 속에서 경찰에게 새로운 책임을 부여하고, 커뮤니티에 바탕을 둔 전략을 추구하려는 노력으로 나타나고 있다. 이는 기존에 경찰이 추구해 온 전통적 경찰활동과는 어느 정도 차이점을 가지고 있으며, 이를 위해서는 경찰활동 목표의 우선순위와 경찰의 업무방식 및 조직구조가 바뀌어야 할 것이다. 따라서 이러한 변화가 적절히 이루어지기 위해서는 외형적인 것뿐만 아니라, 구성원들의 가치체계 등을 포함하는 이른바 '조직문화'(組織文化)가 함께 바뀌어야 한다는 것을 의미한다.

따라서 우리는 기존의 경찰문화를 이해하고, 이것이 새로운 경찰활동과 어떠한 점에서 문제점 또는 갈등의 여지가 있으며, 이것의 개선방안이 무엇인지를 검토하는 것은 중요한 과제 중의 하나가 될 것이다.

1. 경찰문화의 개념

경찰문화는 행정문화, 정치문화, 교육문화, 주거문화, 생활문화 등과 같이 문화라는 일반적 개념과 특정 사회현상이 결합된 용어이다. 따라서 다른 것들과 마찬가지로 경찰문화도 일반적인 사회문화의 한 부분을 차지하는 '하위문화'(下位文化, Sub-Culture)에 해당된다고 볼 수 있다. 그러므로 경찰문화를 살펴보기에 앞서 먼저 일반적인 문화의 개념을 살펴 볼 필요가 있다. 이에 대한 일반적인 이해 없이 경찰문화의 의미를 이해한다는 것은 불가능하기 때문이다.

문화는 한 사회집단이 활동하는 토대를 의미하며, 이는 그 집단에 의해 얻어진 지식·믿음·도덕·법·관습·관행 등으로 이루어진다. 따라서 문화는 '사회구성원이 공유하는 전반적인 삶의 방식'(The total way of life shared by members of a society)으로 정의될 수 있다. 그리고 문화에는 언어·가치 및 상징적인 의미뿐만 아니라 기술과 물질적인 대상도 포함된다.[63]

---

63) D.B. Brinkerhoff et al., *Sociology*, 4th ed, Albany, New York: Wadsworth 1997, p. 59.

문화의 개념은 우리들의 사고방식·감정·태도와 다른 사람과의 대화도 포함한다. 우리는 우리 주변의 사람들로부터 문화를 배우게 되는데, 여기에는 말하는 것, 얼굴표정, 신체적 언어(Body Language)와 신념 등이 포함된다. 그런데 사람들은 항상 새로운 사상 및 새롭게 개발된 과학기술 등을 접하게 됨으로써 자신들이 속한 문화는 변화하게 된다. 예컨대, 페미니즘(Feminism)과 컴퓨터가 우리 문화에 접목됨으로써 새로운 문화적 변동을 가져다주고 있음을 알 수 있다.[64]

한편 문화를 물질문화(Material Culture)와 비물질문화(Non-Material Culture)로 구분할 수 있는데, 예컨대, 도구·거리·TV·VCR·포크·젓가락·칼·집·자동차·컴퓨터 등은 물질문화에 해당되고, 신념·태도·교육·언어·가치·규칙·기준, 사회적 관행, 민속·법·지식, 그리고 출생과 사망, 아이들 양육 및 결혼과 같은 유사한 문제들을 경험하고 처리하는 방식들은 비물질문화에 해당된다고 할 수 있다.

이러한 문화적 특징 가운데, 핵심요소로서 '언어와 가치'를 들 수 있다. 본질적으로 언어(言語, Language)는 문화를 반영한다. 따라서 어떤 민족 또는 국가에서 공통으로 사용하는 언어는 기본적으로 구성원들이 문화적으로 동질감을 느끼도록 해 준다. 더 나아가 역사적으로 볼 때에도 자신들만의 언어가 없는 민족 또는 국가는 발전성 및 영속성을 갖지 못하고 쇠퇴하여 역사 속으로 사라진 예를 쉽게 찾을 수 있다. 그리고 가치(價値, Values)는 언어 다음으로 어떤 문화를 특징짓는 핵심요소가 된다. 이는 우리 삶에서 일어나는 일에 관해 우리의 감정을 이끌어내고, 우리가 옳고 그른 판단을 내리는 기준이 되어 주는데, 서로 상이한 문화에서는 이러한 가치체계 또한 상이하게 나타난다.

따라서 경찰이라는 존재 역시 우리사회의 한 구성원으로서 일정한 언어와 가치를 가지고 활동한다는 점이다. 한 개인으로서 경찰은 경찰조직에 입직할 때부터 국가 및 사회가 가지고 있는 일반적인 문화적 특성을 가지고 들어온다고 볼 수 있다. 따라서 예컨대, 일제시대의 식민문화, 미군정의 서구문화, 해방 후의 문민독재문화 및 군사정권문화가 지배하던 시기에는 경찰조직 역시 그러한 특성을 반영하였음은 주지의 사실이다.

---

64) Michael J. Palmiotto, *Community Policing: A Policing Strategy for the 21st Century*, Gaithersburg, Maryland: Aspen Publishers, Inc., 2000, pp. 33~34; 양문승 역, 지역사회 경찰활동론: 21세기의 경찰활동 전략, 서울: 대영문화사, 2001, pp. 66~68.

물론 후술하겠지만 경찰조직이 가지고 있는 문화는 일반사회의 문화적 특성을 기본적으로 반영하면서도, 한편으로는 조직 내부적인 독특한 특성을 가지고 있다는 점도 인식해야 한다. 조직문화는 조직 자체가 사회구조의 한 구성요소로서 어떠한 역할 또는 기능을 수행하느냐에 따라서 그와 관련된 고유한 문화적 특성을 갖게 되기 때문이다. 예컨대, 경찰이라는 조직은 체제유지적이고 변화보다는 안정을 지향한다는 점에서, 그리고 조직구성원들이 제복과 무기를 착용하고, 기본적으로 계급제에 의해 조직이 운영되고 있다는 점 등을 바탕으로 경찰조직의 문화적 특성과 이의 문제점, 그리고 개선방안 등을 논의할 수 있을 것이다.

경찰조직의 문화 역시 우리사회에 내재한 기본적인 문화적 특성을 가지고 있다는 점은 위에서 설명한 바와 같다. 그렇다면, 우리사회의 기본적인 문화적 특성은 어떠한가? 예컨대, 문화를 결정하는 중요요소인 가치체계를 가지고 설명할 때, 미국인의 가치체계는 성취·성공, 활동·일, 도덕성, 능률·실용성, 진보, 인도주의, 물질주의, 민주주의 등으로 설명된다고 한다.[65] 우리의 가치체계는 어떠한가? 미국인과 동일한 가치체계를 가지고 있는가?

20세기 이후 우리사회(동양)의 가치체계가 미국(서양)의 영향을 많이 받았다 할지라도 전통적으로 내려오는 가치체계는 저마다 독특한 특성을 가지고 있다. 우리의 가치 속에는 집단주의·정신주의·권위주의·보수주의 등이 내재되어 있다. 이러한 특성은 그 자체의 좋고 나쁨을 떠나서 우리 문화를 설명해 주는 데 유용한 기준을 제시해 준다.

한편, 미국과 같이, 국가라는 실체보다 지방자치가 먼저 만들어진 곳에서 경찰은 커뮤니티를 기준으로 모집되고, 따라서 커뮤니티의 가치체계를 반영하는 것이 전통적으로 받아들여져 왔다. 그러나 우리나라와 같이, 국가라는 실체가 앞선 곳에서는 이러한 지역적 가치가 아직까지도 어떤 면에서는 부차적인 문제일 수도 있다. 즉, 국가적인 가치가 보다 우선시되고 있다는 의미이다. 따라서 우리나라의 경찰문화를 설명할 때에는 이러한 점들이 고려되어야 하며, 그것이 부정적 성향이 크다면 이에 대한 개선방안도 제시되어야 할 것이다.

---

65) 위의 책, pp. 34~35.

2. 경찰문화의 특성

어느 조직에 있어서나 이의 구성원들은 그들의 특정한 직업에 대한 고유한 문화를 공유·발전시켜 왔다. 따라서 경찰조직 또한 자신들만의 독특한 문화를 공유하고 있음은 주지의 사실이다. 사실 조직문화(Organizational Culture)에 대한 연구가 이루어지게 된 배경에는 조직구성원에 대한 관심이 증대되면서 비롯된 것이다. 문화의 주체는 인간이지, 제도나 그 어떤 것이 될 수는 없는 것이다.

조직이론적 관점에서 볼 때, 고전적 조직이론에서는 조직을 기계와 유사한 것으로 생각하면서 조직구성원 개개인을 그러한 기계의 부품 또는 부속물로 간주하였다. 즉, 조직이란 주어진 목표를 능률적으로 달성하기 위하여 형성된 합리적인 체계라고 인식한 것이다. 이러한 기계적 사고방식을 가진 조직의 관리이념에서는 조직구성원들에 대한 관심이 별로 없었기 때문에 조직문화에 대한 연구가 크게 이루어지지 못했다. 따라서 조직문화에 대한 개념은 조직을 사회적·인간적인 측면에서 보면서 조직구성원들의 비공식적 요소의 중요성을 인식하고자 하였던 인간관계론(Human Relations)이 등장하면서부터 시작되었는데, 구체적인 연구는 최근 들어 본격화되고 있다.[66]

이제 조직의 성과는 조직의 제도적·구조적 장치 못지않게 조직구성원들이 어떠한 가치와 태도를 취하느냐가 중요한 요소로 떠오르게 된 것이다. 따라서 조직문화에 대한 연구는 민간부문과 공공부문을 불문하고 보편적으로 이루어지고 있으며, 각 영역에서 자신들의 성과를 측정·평가하고 대안을 마련하는 과정에서 조직이 가지고 있는 문화적 특성은 중대한 변수로 작용하고 있다.

오늘날 경찰조직은 시민지향적인 개혁방향을 모색하고 있는데, 이것이 성공적으로 진행되기 위해서는 경찰의 가치 및 태도가 중요한 요소 가운데 하나가 될 것이다. 따라서 이들 경찰의 가치 및 태도를 심도 있게 분석하여 기존의 권위주의적·보수주의적 경찰문화를 지양하고 민주주의적·개방주의적 경찰문화를 창조했을 때 개혁목표에 보다 근접할 수 있을 것이다.

---

66) 유종해, 현대조직관리, 서울: 박영사, 1996, p. 148.

사람들이 일정한 조직 내에서 일정기간 동안 함께 일을 했을 때, 그들의 생각과 행동 그리고 감정에 관하여 특정한 형태를 취한다는 것을 쉽게 공감할 수 있을 것이다. 따라서 세계, 국가, 그리고 커뮤니티에 대해 독특한 이해관계를 형성하고, 가치관·상징체계·특정언어·행동방식 등을 공유하게 됨에 따라 조직구성원들과 비구성원들을 구별 짓게 하고, 독특한 하위문화를 형성시키는 과정을 거치게 된다. 바꿔 말하면, 유사한 일을 수행하는 사람들은 유사한 경험에 노출되고, 유사한 문제에 직면하게 된다. 이들은 또한 유사한 사람들과 상호작용하고, 이에 상응하는 보상을 받게 될 것이며, 자신들의 업무와 일상적인 사용언어, 그리고 문제를 다루는 데 필요한 비공식적 규칙에 맞는 독특한 지식체계를 발전시킬 것이다. 또한 유사 또는 동일한 장비와 복장(즉, 경찰무기, 제복 등)은 그 집단의 구성원임을 표시하는 상징물이 될 것이다.[67]

따라서 경찰조직이 어떠한 문화를 가지고 있느냐는 조직의 성과에 있어서 매우 중요한 영향을 미치게 되는데, 이의 독특한 경찰문화는 다음과 같은 관점에서 이해할 수 있을 것이다.

1) 보 수 성

경찰 등 형사사법기관은 업무의 특성상, 변화와 개혁을 지향하기보다는 현상유지를 전제로 한다고 볼 수 있다. 경찰조직의 목표는 미시적으로는 개인의 자유와 권리를 보호고, 거시적으로는 공공의 안녕과 질서를 유지하는 데 있다. 이러한 조직목표는 변화보다는 안전성을 전제로 하는 것이다. 체제유지 차원에서 경찰은 사회의 안전성 확보를 위해 존재하는 것이며, 따라서 경찰문화의 보수성은 바로 이러한 특성에서 비롯된다.

우리사회는 구성원들 간의 끊임없는 상호작용을 통해서 변화·발전되어 간다. 이러한 과정에서 상호간의 협력은 매우 중요한 기능을 하는데, 경우에 따라서 상호 협력뿐만 아니라 상호 대립과 갈등도 나타나게 된다. 기본적으로 경찰이 사회 구성원들의 상호작용에 개입하게 되는 순간은 협력적인 상황보다는 대립과 갈등

---

67) Michael J. Palmiotto, *op. cit.*, p. 37; 양문승 역, 앞의 책, pp. 70~71.

상황이라고 할 수 있다. 이처럼 사회의 여러 구성요소들이 변화와 발전을 모색하는 과정에서 필연적(必然的)으로 대립과 갈등이 존재하고, 그에 따른 부작용(범죄와 같은 사회문제)은 발생하기 마련이다.

경찰관 개개인이 법집행과 관련된 업무를 수행한다는 사실은 그 역시도 그러한 법 또는 법집행에 대한 확고한 신념을 가져야 한다(또는 가지고 있다)는 사실도 암시해 주는 것이다. 물론 경찰이 법을 집행하는 과정에서 문제가 오히려 악화되기도 하는데, 이는 바로 경찰의 법에 대한 확고한 신념 또는 전문성의 부족에서 비롯되는 것이라고 본다. 그리고 본질적으로 '법'(法)이라는 것은 그 적용에 있어서 미래지향적이라기보다는 과거지향적이고, 보수성(保守性)을 갖는다. 따라서 어떻게 보면, 법집행을 주요 업무로 담당하는 경찰이 보수성을 갖는 것은 당연한 일이다. 이에 더하여 경찰이 정서적으로 직업공무원제도 등에 의한 신분유지에 집착한다면 보수적인 성향은 더욱 강화될 것이다.

스콜닉(Skolnic)은 경찰활동 중에서, 특히 노동자들의 파업과 같은 다중범죄를 진압하는 경찰관들의 심리적 갈등을 사례로 들며, 경찰의 보수주의적인 성향을 설명하고 있다. 그는 "만약 경찰 자신이 집행해야만 하는 법제도에 대한 신념을 가지지 못한다면 많은 사회심리학자들이 고통스럽다고 말하는 자아갈등(自我葛藤, Self-Conflict)의 상태에서 삶을 지속하여야만 한다"고 하였다. 따라서 경찰은 자신들이 집행하고 있는 법에 대한 확신이 부족한 경우, 직업적 갈등 등에 의해 입직초기에 사임하게 된다는 것이다. 또한 경찰은 정치적으로도 보수적인 성향을 갖는다고 한다. 스콜닉의 연구조사에 의하면, 정치적으로 '자유주의적 성향'을 가졌다고 주장하는 경찰은 거의 발견할 수 없었다고 하면서 경찰의 정치적 보수성을 지적하였다.[68]

따라서 경찰은 가급적이면 급진적인 상황보다는 안정적인 상황을 추구하게 된다. 그렇기 때문에 경우에 따라서는 국민의 자유와 권리가 억압받는 상황에서 국민 스스로가 이를 쟁취하기 위해 투쟁하는 것은 필연성을 가지고 있음에도 불구하고, 경찰은 이러한 시대적 흐름에 역행하여 국민의 자유와 권리를 통제하는 수단으로 전락하기도 하였음을 알 수 있다.

---

68) 한상암, "한국경찰관의 인성적 특성에 관한 실증적 연구," 동국대학교 대학원 박사학위논문, 1996, pp. 32~33 재인용.

그런데, 경찰이 공공의 안전과 질서유지라는 조직목표를 토대로 안전성을 꾀하고자 한다 할지라도 조직문화가 지나치게 보수적인 것은 오히려 역기능이 나타날 수도 있다는 점이다. 특히, 법집행 중심의 경찰역할에서 서비스와 법집행 통합의 역할로 전환되고 있는 현 시점에서 보수주의 일변도의 경찰문화는 한계가 있기 때문이다. 따라서 과거와 같은 준군대식의 권위적·강제적인 조직문화보다는 민주적·봉사지향적인 조직문화를 모색해야 하는 시대흐름에 부응하다는 사실을 인식해야 할 것이다. 그리고 경찰조직의 내부(內部)가 민주적으로 운영된다는 것은 계급여부를 떠나서 경찰구성원 개개인의 인권이 어느 정도 보장된다는 것을 의미하며, 이러한 조건이 형성되었을 때, 외부(外部)의 시민관계에서 보다 민주적이고 봉사지향적인 모습을 보여 준다는 의미를 갖는다.

그리고 이상적인 조직형태는 우리사회가 보다 바람직한 방향으로 변화·발전해 나아가는 과정에서 경찰이 변화의 한 주체로서 긍정적인 역할을 수행해주는 것이라 할 수 있다. 경찰이 일종의 사회 또는 국가의 변화·발전을 위한 기본적인 인프라(Infra)로서 기능하는 셈이다. 그렇지 않고 과거 권위주의적 시대와 같이 경찰이 현상유지만을 고집한다면, 오히려 더 큰 역기능을 초래하게 될 것이다. 역사적으로 이러한 사례는 얼마든지 찾을 수 있다.

요약건대, 경찰의 보수성은 조직업무 및 목표의 특성상 당연한 것이지만, 그러한 보수성으로 인한 부작용은 조직 변화·개혁을 통해서 최소화시킬 수 있어야 할 것이다. 경찰의 보수성을 인정하면서도 시민의 참여를 모색하는 것은 바로 기존의 보수적인 성향을 가지고서는 사회의 변화·발전에 원동력으로서 제 기능을 할 수 없다는 시대적 한계에 직면한 것이라 할 수 있다.

2) 권위주의

권위주의(權威主義)와 관련하여 프롬과 야노비츠(Erich From & M. Janowitz)는 강자에 대해서는 무비판적이고 복종적인 태도를 취하며, 동시에 약자에 대해서는 강압적인 위세로 임하여 부하들이 복종하게끔 하려는 성향이라고 정의하고 있으며, 헤이턴(W. Haythorn)은 타인으로 하여금 자신의 의견이나 주장에 복종시키려는 성향이라고 정의하고 있다.[69)]

경찰의 권위주의적인 특성은 조직 내외적으로 나타난다. 그동안 경찰은 시민에 대해서 강압적이며 군림하려는 자세를 취해 왔던 것이 사실이다. 그리고 경찰조직 내에서도 하위계급이나 비간부는 상사의 권위에 대해서 복종하는 성향을 가지고 있으며, 경찰간부 역시 그 이상의 고위간부나 정치권력에 대해서 복종하는 성향을 가지고 있다. 어떤 면에서 권위주의가 팽배하게 된 요인 가운데 하나는 승진 등 인사관리와 관련된 잘못된 관행, 그리고 계급지상주의(階級至上主義)적인 분위기(마치 승진을 못하면 인생의 낙오자인 것처럼 여겨지는 분위기) 등에서 비롯된 것이라고도 볼 수 있다.

그렇다면 경찰의 권위주의적인 특성은 어떻게 형성되는가? 이에 대해서는 두 가지 관점에서 접근하고 있다.[70]

첫 번째 견해는 경찰이라는 직업을 선택하는 사람들은 몇 가지 면에 있어서 보통사람들과는 다르며, 이러한 인격구조의 차이 때문에 경찰직을 선택할 것이고, 이러한 인격적인 특성을 가진 지원자들이 경찰관으로 선발될 것이라는 주장이다. 이와 관련하여 니더호퍼(Arthur Niederhoffer)는 "일반인들은 경찰에 대해서 적대감과 공격성을 분출시킬 출구를 찾고자 하는 '좌절된 권위주의자'(Frustrated Authoritarian)라는 생각을 갖고 있다"고 주장하였다. 이와 관련하여 그는 '권위주의적 인성'(Authoritarian Personality)이라고 명명하였는데, 실질적으로 경찰지원자들과 일반시민을 구별해 줄 수 있는 인격적 차이를 발견하지 못했다.

두 번째 견해로서 니더호퍼는 다시 '직업적 권위주의'(Occupational Authoritarian)라는 개념을 제시하였다. 경찰이라는 직업 자체가 앞에서 언급한 권위주의적인 인성을 가진 지원자들을 유인한다기보다는 경찰제도 안에서 장기간에 걸친 직무수행과정에서 자연스럽게 개인을 변화시켜 준다는 주장이다. 이러한 견해에 대해 스콜닉도 의견을 같이 하는 것으로 보인다. 그는 '직업적 인성'(職業的 人性)이 한 개인이 자신의 직무환경에서 적응하는 과정에서 형성된 독특한 것이라 하며, 이러한 직업적 인성은 한 개인이 경찰부서의 어디에서 어떤 직무를 수행하는가에 따라 서로 차이를 보인다고 주장하였다. 즉, 이는 생활방식과 마찬가지로 이해되어야 한다는 것이다. 이러한 경찰의 직업적 인성의 특성은 제복경찰(Uniformed Cop)에서 가

---

69) 조철옥, 경찰행정학: 이론과 실천의 만남, 서울: 대영문화사, 2000, p. 207 재인용.
70) 한상암, 앞의 논문, pp, 33~34 재인용.

장 확연하게 발견된다고 주장하였다.

여기서 경찰이 왜 일반시민에 대해서 권위주의적인 태도를 보이는가는 다음과 같은 점에서 찾을 수 있다. 즉, 경찰은 제복을 입고 총기 및 각종 장구를 휴대하고 법을 집행하는 '걸어 다니는 국가권력의 상징'(A walking symbol of governmental power)에서 비롯된 것이라 할 수 있다. 경찰은 국가권력을 대행하기 때문에 언제 어디서나 시민과 경찰 모두가 경찰이 특정시민을 강제할 수 있는 권한을 가지고 있음을 공통으로 인식하고 있다. 이는 국가권력이라고 하는 힘이 시민과 경찰을 구별해 주는 요인이 되며, 경찰이 시민에 대해 우위에 존재함을 의미하는 것이라 할 수 있다. 따라서 이러한 인식이 경찰에게 권위적인 인성을 체득하도록 하는 환경적인 요인이 될 뿐만 아니라, 시민과 경찰의 접촉에 있어서 양자의 관계에 대한 성격을 결정지어 주는 것이다.

그런데 주의할 것은 권위주의가 나쁜 것이지, 권위 자체가 나쁜 것은 아니라는 점이다. 어떤 개인 또는 조직이 자신들이 하는 일에 대해 전문성과 지식, 그리고 자긍심을 가지고 행하게 되면, 맡은 바 업무에 대한 권위는 자연히 쌓이게 된다. 따라서 법집행·질서유지·대민봉사 등 경찰의 모든 활동영역은 자신들의 권위가 인정받을 때 보다 순조롭게 이루어지게 된다. 또한 권위는 조직의 질서와 통합을 이끌어내는 보이지 않는 힘이기 때문에 상관은 권한뿐만 아니라 부하직원들에게서 권위를 인정받을 때 엄청난 힘을 발휘하게 된다. 그러나 권위가 있다고 해서 마치 타인에 대하여 상대적으로 우위에 있다는 사실을 인식하고 이를 토대로 상대방의 복종을 유도하고자 하는 잘못된 권위주의가 문제되는 것이다.

따라서 이와 같은 경찰의 권위주의적 특성이 해소되기 위해서는 시민과의 관계개선뿐만 아니라 조직 내적인 관행 및 관리방식의 개선·개혁이 함께 이루어져야 한다. 즉, 경찰이 시민에 대해서 민주적·봉사지향적인 태도를 가지고 시민과의 원활한 의사소통이 이루어져야 한다는 것을 의미한다. 아울러 조직 내의 권한의 분권화, 민주적 리더십, 그리고 원활한 수평적·수직적 의사소통 등이 이루어져야 한다는 것을 의미한다. 이러한 점에서 후술하겠지만 커뮤니티 경찰활동이 정착될 때, 이러한 문제는 상당부분 해소될 수 있을 것이다.

3) 비밀주의[71]

경찰조직은 업무의 특성상 비밀주의(秘密主義)적 특성을 가지고 있다고 본다. 경찰이 범죄 및 무질서 문제를 성공적으로 통제하기 위해서는 무엇보다도 그와 관련된 정보(Intelligence)를 범죄자 등보다 먼저 확보하여 적절한 대응을 하는 것이 관건이기 때문이다. 그리고 만약 범죄자 등이 이러한 정보를 먼저 획득하는 경우에는 이에 대한 경찰대응이 어려울 것이며, 따라서 이에 대한 보안유지는 매우 중요하다. 물론, 경찰조직에서 이러한 정보활동은 정보경찰이 전담하고 있지만 비단 이에 국한되지 않고, 생활안전, 수사, 교통, 경비, 보안, 외사 등 모든 경찰활동에서 요구되는 사항이라고 할 수 있다.

한편, 경찰은 그 업무의 특성상(권력성, 위험성, 돌발성, 조직성 등) 인권침해의 문제가 상존하고 있고, 또 그러한 상황에서 부적절한 대응으로 과실 또는 위법성 문제가 발생할 수 있다. 이러한 경우, 경찰은 자신과 동료를 보호하고자 문제를 최소화하고, 따라서 그러한 문제가 조직 외적으로 드러나지 않도록 하는 경향이 있다고 볼 수 있다. 따라서 동료경찰 사이의 믿음은 비밀주의의 기초가 된다.

이러한 경찰문화 속에서는 경찰관 자신이 믿는 사람과 직무를 수행함으로써 성공적으로 업무를 수행하고, 동료경찰의 잘못을 알고 있다고 하여도 그것이 밝혀짐으로써 야기되는 파급력 또는 피해를 고려하여 상급자에게 이를 밝히지 않는 경향도 있다고 본다.

이와 관련하여 앞에서 언급한 바와 같이 우리나라의 경우, 2002년 공무원을 대상으로 여론조사를 실시한 결과에 따르면, 공무원 응답자의 28.1%가 공직사회의 부정부패가 심각하다고 느끼고 있었으며, 37.2%는 주변 공무원들의 부정부패를 목격한 경우에도 묵인했다거나, 18.9%는 개인적인 충고에 그쳤다고 답했다는 사실은 이를 반영하고 있다.[72]

한편, 비밀주의는 경찰업무의 특성상 경찰 개개인에게 관련책임을 부여하고, 그에 대한 지나치게 세부적인 간섭을 하지 않으려는 의도도 포함된다. 이는 전통적 경찰활동에서 두드러지게 나타난다. 전통적 경찰활동에서는 경찰이 범죄를 통

---

71) 정경선·박기태, 지역사회경찰론, 경찰공제회, 2001, pp. 180~181.
72) 중앙일보, 2002. 10. 22.

제할 수 있는 유일한 전문가들이며, 일반시민은 경찰의 업무를 제대로 알지도 못하거니와, 관여하려고도 하지 않고, 관여할 수도 없다는 입장에서 접근하고 있다. 따라서 경찰이 아닌 일반시민은 법집행의 객체에 불과한 당사자적 입장이거나 그저 제3의 방관자적 입장이고, 만약 일반시민들이 경찰에 대해 많이 알면 알수록 경찰조직과 경찰 개인에게는 불이익만 많아질 뿐이라고 여겼다. 즉, 조직 내의 일이 외부로 알려질수록 상부뿐만 아니라 언론이나 대중으로부터의 성가신 일이 많아지기 때문에 가능한 한 조직내부의 일을 발설하지 않도록 요구받아 온 것이다.

그러나 이러한 조직문화적 특성으로 인해 일반에게 공개해도 될 사항까지도 지나치게 은폐하려는 경향이 적지 않다는 점이다. 그리고 이러한 비밀주의적 관행은 오히려 시민들로부터 오해를 사게 되고, 결과적으로 경찰활동의 정당성(正當性) 또는 당위성을 잃게 되는 역효과도 불러일으킬 수 있다고 본다. 따라서 커뮤니티 경찰활동을 지향하는 현 시점에서 법적으로 공개될 수 있는 정보 및 조직 운영상 외부로 공개될 수 있는 정보 등에 대해서는 좀 더 적극적으로 공개함으로써 시민들로부터 신뢰 및 협조적인 분위기를 이끌어 낼 수 있어야 할 것이다. 지나친 비밀주의는 그 대상과 주체가 누구이든 간에 상호간의 신뢰를 형성하지 못하게 하는 중요한 요인이 되기 때문이다.

4) 냉소주의

어떤 면에서 경찰이 일반사회 및 조직내부에 대해서 냉소주의(冷笑主義, Cynicism)적인 경향을 띠고 있다는 점은 전세계적으로 공통된 현상이라 할 수 있다.

경찰은 법을 집행하는 과정에서 일반시민들의 위선적이고 비도덕적인 행동을 경험하게 된다. 물론 경찰이 법집행하는 과정에서 만나는 사람들은 주로 정상적인 시민(준법시민)이라기보다는 법을 위반한 경우가 많다. 그리고 경찰에 적발된 시민들은 자신들의 잘못에 대해서 떳떳하게 인정하기보다는 회피하려는 경향이 많다. 이러한 예는 교통법규를 위반하다 적발되었을 때, 폭력사건에 연루되었을 때, 사기사건에 연루되었을 때 등 얼마든지 발생할 수 있다. 따라서 경찰이 일상적으로 접촉하는 시민(법위반자)들과 상호작용하는 과정에서 이들에 대한 부정적인 사고방식이 정형화(定型化) 또는 고착(固着)되는데, 문제는 이를 가지고 다수의 일반시민을 동일한 시각으로 바라본다는 데 있다.

이러한 관점이라면, 경찰은 문제를 일으키지 않은 다수의 일반시민에 대해서도 "너희들도 다 똑같은 놈들이다. 다만 우리 경찰에게 적발되지만 않았을 뿐이다!"라는 태도를 보일지도 모른다.

또한 시민과 대중매체가 경찰이 아무리 성실히 업무를 수행할지라도 자신들의 업적을 인정해 주기보다는 비난이나 불평을 하고, 다른 사람들이 지키지도 않는 도덕기준을 자신들에게 지키라고 요구하는 것도 냉소주의에 영향을 미친다고 볼 수 있다.

또한 경찰조직 내부에 대한 냉소주의는 상관의 행태에 대한 실망에서 비롯되기도 한다. 상관의 비합리적인 명령과 지시, 자신의 행동에 대해서는 관대하면서도 부하의 행동에 대한 엄격성, 부하들에게 많은 것을 요구하지만 부하들을 위해서는 하는 것이 거의 없는 상관의 행태 등은 부하직원들의 냉소적인 태도에 적지 않은 영향을 미친다고 본다. 그리고 특히, 자신의 입신영달(立身榮達) 또는 사적인 이해관계를 위해서 부하직원들을 희생양으로 삼는 행태는 이들의 냉소주의를 더욱 심화시킨다고 볼 수 있다.

피터(G. Pitter)는 이상과 같은 냉소주의는 경찰이 수년 동안 수많은 스트레스를 경험하면서 얻어진 것이라고 보고 있다. 여기서 그는 경찰의 냉소주의에 영향을 미치는 요인들과 관련하여 언론매체에 의하여 왜곡되는 경찰 관련의 기사, 긴축재정에 의한 압박감, 시민의 비우호적인 태도, 시대에 뒤떨어지는 시설 및 장비, 경찰활동의 성과에 대한 시민의 감사나 호의적인 인식의 결여, 본인과 가정에 악영향을 미치는 근무행태, 부적절한 보상체계, 업무부담의 증가, 직업적 안정성 결여 등을 제시하고 있다.[73]

그리고 경찰의 냉소주의적인 특성과 관련하여 니더호퍼는 웨슬리(William Westley)에 의하여 정립된 가정, 즉 "대부분의 경찰은 자신들의 일상적인 업무에 비롯된 냉소주의 성향을 띠어갈 것이다"는 가설을 검증하였다. 웨슬리는 "경찰은 자신들이 보호해야 할 일반시민들을 불신하도록 훈련을 받는다"고 주장하였다. 즉, 경찰은 항상 시민들이 준법하도록 통제하여야 하며, 대부분의 시민들은 기회만 있

---

73) Gordon Pitter, "Police Cynicism in the 1990s," *The Police Chief*, May 1994, p. 57.

으면 법을 어기거나 경찰에게 해를 미칠 생각을 갖고 있다는 것이다.

니더호퍼는 웨슬리의 연구결과를 바탕으로 하여 뉴욕경찰국에 근무하는 220명의 경찰에 대한 설문조사를 실시하였다. 그의 연구결과에 따르면, 근무기간이 길어짐에 따라 냉소주의적인 경향이 증가하였으며, 대학교육을 받은 순찰경찰이 진급에서 누락된 경우 냉소적으로 변하며, 경찰학교의 군대식 교육이 경찰지원자들로 하여금 자신들과 경찰조직 및 사회 전반에 대하여 급격하게 냉소적인 경향을 띠도록 하는 요인이 되었다는 점이다.

따라서 니더호퍼의 연구결과에 의하면, 예컨대, 경찰학교의 입교시에는 거의 80%에 가까운 피교육생들이 경찰조직을 '매우 효율적이고, 원활하게 운영되고 있는 조직'이라고 응답하였음이 조사되었다. 이와 유사하게 신임경찰의 50%가 상관에 대하여 '부하직원들의 복지에도 매우 커다란 관심을 가진 존재'로 인식하였다. 그러나 경찰학교를 마치는 시기인 두 달 후에는 이러한 응답을 한 경찰관이 13%로 감소하였다.

그는 이러한 연구결과를 토대로, 경찰에 입직한 지원자들이 기대사회화(期待社會化)와 공식적인 사회화과정을 거치면서 처음에는 이상적인 경찰활동에 대한 각오 및 신념으로 무장되었으나, 시간이 지남에 따라 경찰조직 및 경찰활동의 현실은 이와는 거리가 멀다는 것을 깨닫는 과정에서 냉소주의적인 성향이 형성된다고 하였다.[74]

생각건대, 경찰이 시민에 대해서 색안경을 끼고 바라보고, 마찬가지로 시민 또한 경찰을 그렇게 바라 볼 때, 상호간의 신뢰와 지지는 형성되기 어렵다고 본다. 따라서 경찰 스스로가 단순히 법규위반자에 대한 '통제자'(統制者) 또는 '감시자'(監視者)라는 관념에서 벗어나, 대다수의 건전한 일반시민을 보호하고 이들에게 양질의 치안서비스를 제공하는 '보호자'(保護者) 또는 '봉사자'(奉仕者)라는 인식을 하고, 이를 통해 냉소주의를 최소화시킬 수 있도록 노력을 해야 할 것이다.

---

74) 한상암, 앞의 논문, pp. 35~36 재인용.

5) 결속력과 고립

경찰은 경찰끼리 어울리는 경향이 있으며, 자신들의 직업이 사회 내의 일반시민들과 관계를 맺는 데 있어서 장애요인이 된다고 보는 경향이 있다. 경찰이라는 직업적 특성 때문에 일반시민들과의 교제 또는 교류에 있어서 어려움이 있다는 것이다. 그리고 근무형태(3교대 등)가 다른 일반 직장인들과는 다르다는 점도 영향을 미친다고 본다.

경찰의 동료간의 친밀감 또는 결집경향이 형성되는 원인에 대해 비트너(Egon Bittner)는 "경찰활동을 수행하는 과정에서 형성되는 결속력과 협동심은 경찰에게 요구되는 위험하고 하기 싫은 과업을 수행하는 과정에서 형성되는 것"이라고 보았다. 그는 "경찰의 동료간의 긴밀한 유대감과 일체감 또는 동료에 대한 의지경향은 경찰이라는 직업에서 가장 소중하게 취급되는 두 가지 태도 즉, 덕목"이라고 본 것이다.

그리고 테일러(Robert W. Taylor)에 의하면, 경찰의 특징 중에 한 가지는 강력한 동료집단의 압력과 동료경찰의 생각에 대한 무한한 배려이기 때문에 동료들로부터의 인정을 받는 것이 경찰조직만큼 중요시되는 사회는 인간사회 어디에도 없다고 하며 동료 간의 친밀감의 중요성을 지적하였다. 그는 "경찰에 있어서 생존과 직업안정은 동료집단의 인정을 받고 이를 유지하는 데 달려 있다"고 주장하며, "경찰에서의 동료집단은 너무도 중요하기 때문에 동료집단이 가족을 대신하는 역할을 하기도 한다"고 하였다. 콜맨(Stephen F. Coleman)도 경찰의 특징을 강력한 결집력으로 나타나는 동료애(同僚愛)로서 표현하였다. 그는 경찰문화를 내부자와 외부자로 구분하여 시민과 동료에 대한 경찰의 행태를 각각 구분하고 있다고 하였다. 여기에는 자신들만의 고유한 버릇과 관습·지침·표준절차, 혹은 가치기준 그리고 동료에 의한 은밀한 규율이 포함되어 있다고 주장하였다.[75]

---

75) 위의 논문, pp. 38~40.

경찰의 동료애(同僚愛)

2016년 6월 ○지구대 소속 ○순경은 만취 상태로 주점에서 난동을 피우는 남성(34)을 현행범으로 체포하였다. 지구대에서 이 취객은 ○순경을 때릴 듯한 자세를 취했고, 이를 제지하려던 ○순경은 왼쪽 손바닥으로 남성의 목 부위를 밀쳐 넘어뜨렸다. 이 남성은 바닥에 머리를 부딪혀 전치 5주의 상해를 입었다며, 형사와 민사소송을 냈고, ○순경은 독직폭행 혐의로 기소되었다. ○순경은 "공무집행 과정에서 벌어진 일"이라고 항변했지만 검찰은 그가 좀 더 방어적으로 대처해야 했다고 판단하여 이를 받아들이지 않았다. 그리고 법원에서는 징역 6개월에 선고유예 판결을 내렸다. 법원은 판결문에서 "만취 남성이 위협적인 행동을 했지만, ○순경이 주먹이나 팔을 잡는 방법으로 제압이 가능했다"고 하였다.

그러나 경찰내부에서는 "위협을 받는 찰나의 순간에 나온 대처에 너무 엄격한 잣대를 댔다"며 법원 판결이 부당하다는 의견이 팽배하였다. 이 사건으로 인해 ○순경은 형사합의금 5,000만원과 치료비 300만원을 부담하였으나 상황은 끝나지 않았다. 이 취객이 사건 당시 넘어지면서 정신이 이상해졌다며 손해배상액 4,000만원의 민사소송을 제기한 것이다. 이 남성은 지난해 9월에도 또 술에 취해 영업방해를 한 혐의로 구속됐던 것으로 알려졌다. 그런데, ○순경은 이러한 금전적인 부담을 감당할 경제적 여력이 없었으며, 이를 도와주기 위해 ○지구대 지구대장은 경찰 내부망에 도움의 글을 올렸다.

지구대장은 "잘못한 것은 맞지만 전후 사정을 보면 안타까운 점이 한 두가지가 아니다"라며 도움을 요청했다. 그는 "시민을 밀친 그 손으로 이제는 강력범을 잡도록, 사람의 생명을 살리도록, 제가 그 직원을 훌륭한 경찰관으로 키워내겠다"면서 "민사소송 결과가 나오면 돈을 물어줘야 하는데 지금 당장 돈이 없다. 대출도 불가능하다. 염치불구하고 이렇게 동료 여러분께 부탁을 드린다"고 호소했다.

동료 경찰들은 이틀 만에 1억 4,000여 만원을 모금했다. 동료들은 "비슷한 경험이 있다", "무슨 마음인지 안다", "힘내라"고 ○순경을 응원했다. 지구대장은 "민원인에 의해 억울한 경험을 했던 경찰들이 그만큼 많다는 방증"이라고 말했다. ○순경은 모금액으로 손해배상을 한 뒤 남은 금액을 그처럼 억울한 일을 당한 동료 경찰들을 위해 사용할 계획이라고 하였다.

자료: 서울신문, 2017.8.22.; 의회신문, 2017.8.23.

그런데, 경찰은 이상과 같은 결속력이 강한 반면, 한편으로는 그에 따르는 외부와의 고립성도 존재한다고 볼 수 있다. 이와 관련하여 밴튼(Michael Banton)은 다음과 같이 설명하고 있다.[76] 경찰은 자신들의 부인에게 이웃 사람들이 "당신 남편은 뭐하세요?"라고 물어 오면 "회사원이에요"라고 대답하라고 시킨다. 이러한 이유는 이웃 사람들과의 대화과정에서 남편이 경찰이라는 사실 자체가 문제가 되는 것

---

76) 위의 논문, pp. 38~39.

은 아니지만, 남편이 경찰이라는 사실을 알게 되면 눈에 보이지 않는 장벽이 가로 놓이게 되며, 이웃과의 교류에 장애가 생기게 된다는 것이다. 즉, 경찰의 아내라는 사실을 알게 되면 아무도 진실 되게 대화를 하려 하지 않는다는 것이다.

이러한 인간관계에 있어서의 장애 때문에 경찰들은 가급적이면 자신의 신분을 숨기려고 노력하지만, 일단 자신의 신분이 노출되면 정상적인 인간관계를 유지할 수 없게 된다는 것이다. 따라서 이들은 휴가와 같은 여가시간이나 근무 후에도 일반인들보다는 같은 동료경찰들과 어울리는 경향을 갖는다는 것이다.

어떤 면에서 이러한 경찰의 고립은 경찰비밀주의의 부산물로서 생겨난 것이라 할 수 있다. 경찰은 커뮤니티와 상호작용하는 하는 것을 스스로가 제한함으로써 사회적으로 고립되기 때문이다. 아울러 경찰의 사회적 고립에 영향을 미치는 요인으로써 다음과 같은 것을 들 수 있다.[77]

첫째, 경찰의 물리적 강제력 행사를 들 수 있다. 경찰로부터 강압적인 명령이나 행동의 제한을 요구받았던 사람들은 이로 인해 자신들의 사생활이 침해당했다고 여기고 경찰의 그와 같은 공권력 행사에 대하여 그 당위성을 의심하고, 경찰의 행동에 피해를 입었다고 분개하게 되어 경찰에 대해 적개심을 갖는다는 것이다. 둘째, 경찰의 자질 또는 전문성의 부족과 폭력성·부정부패 등 경찰의 어두운 면이 언론에 공개됨으로써 경찰에 대한 불신과 두려움 및 경멸이 대중 사이에 생겨났다는 것이다. 셋째, 경찰업무 그 본연의 특성으로 인해 사회로부터 격리된 상태에 있게 된다는 것이다. 즉 경찰업무는 인간의 이면(악한 행위)을 다루기 때문에 사회를 항상 의심하는 습관을 가지게 되어 결국 사회와의 고립을 만들어 낸다는 것이다.

사실, 전통적 경찰활동에서는 조직내부의 결속을 강화하여 경찰이 시민과 너무 친숙해지는 것을 지양하고 경찰 상호간의 긴밀한 관계를 유지하도록 노력하였다고 볼 수 있다. 반면 커뮤니티 경찰활동은 경찰업무를 수행하는 과정에서 시민에게 열린 마음으로 다가가고 이들과 친밀한 상호작용을 한다는 점에서 전통적 경찰활동과 차이가 난다. 오늘날 커뮤니티 경찰활동을 지향하면서 그동안 경찰과 커뮤니티에 형성된 거대한 장벽을 허물기 위해 노력하고 있음을 인식할 필요가 있을 것이다.

---

77) Michael J. Palmiotto, *op. cit.*, pp. 44~45; 양문승 역, 앞의 책, p. 82.

이 밖에도 경찰문화의 특징으로서 공격성, 연고주의, 의심·불안감, 패배주의, 사복경찰의 우월의식 등을 들 수 있을 것이다.[78]

3. 경찰문화의 분화

위에서 살펴 본 바와 같이 경찰문화는 그 나라가 가지고 있는 전체문화를 반영하면서도 조직 특유의 문화적 특성(보수성·권위주의·냉소주의·공격성·의심 및 불안감, 결속력과 고립 등)을 가지고 있음을 알 수 있다. 그런데 경찰조직이 가지고 있는 이러한 기본적인 문화적 특성이 조직 전체에 걸쳐 동일하게 나타나지는 않는다. 따라서 예컨대, 계층(간부와 비간부), 근무형태(내근과 외근), 기능(생활안전·수사·교통·경비·정보·보안·외사 등), 경력(고참경찰과 신참경찰), 연령, 학력, 성별 등에 따라서 일정한 차이가 나타날 수 있다.

이와 같이 경찰조직 내에서 각 구성원들을 일정한 기준에 따라 구분하고, 이들 각 집단이 가지고 있는 독특한 문화적 특성을 발견함으로써 경찰조직 내의 문화적 분화현상을 발견할 수 있을 것이다. 그러나 현실적으로 이와 같이 기준을 지나치게 세분화하여 각 집단 간의 어떠한 차이점을 찾아내는 것은 쉬운 일이 아니며, 실질적으로 어떠한 문화적 분화현상이 나타나지 않을 수도 있다.

이와 관련된 한 연구에 의하면, 경찰이 가지고 있는 문화적 특성과 관련하여 인구사회학적 특성(연령, 성별, 학력 등)과 경력(근무부서, 재직기간, 직무교육 정도, 계급 등)에 따라 어떠한 차이가 있는가를 조사하였는데, 연구결과 대부분 특별한 차이점이 나타나지 않았고, 다만 재직기간과 관련하여 차이가 있는 것으로 나타났다.[79] 즉, 경찰에 재직하는 기간이 길어질수록 이러한 문화적 특성이 뚜렷하게 나타난 것이다. 경찰에 신규로 채용된 자들이 초기에는 보수가 다른 직종에 비하여 낮고, 근무여건의 어려움을 알고 있음에도 불구하고 주민들에게 봉사하고자 하는 사명감을 가지고 있으나, 시간이 지날수록 이러한 태도가 점차 감소하고 위와 같은 경찰조직 특유의 문화적 특성으로 자리 잡게 된 것이다.

---

78) 이에 대해서는 한상암, 앞의 논문, pp. 37~38; 조철옥, 앞의 책, pp. 209~210 등 참조.
79) 한상암, 앞의 논문, pp. 184~197.

그리고 특히, 치안의 일선에서 주민들과 직접 접촉하면서 직무를 수행하는 형사, 지구대·파출소에 근무하는 외근경찰의 경우 다른 기능에 종사하는 경찰관들보다 이러한 특징이 높은 것으로 나타나고 있다.[80] 이와 같은 경찰의 문화적 특징이 문제가 되는 것은 바로 이로 인하여 경찰과 시민의 관계가 원만하게 이루어지지 못하는 결과를 낳기 때문이다. 특히 시민과 직접 상호작용하는 일선경찰들이 이러한 특징을 뚜렷하게 보여 주고 있다는 것은 후술하는 경찰과 커뮤니티의 관계개선과 커뮤니티 경찰활동의 도입을 어렵게 하는 가장 큰 문제 가운데 하나로 부각될 것이다.

이와 같이 일선에서 근무하는 경찰과 그렇지 않은 경찰(즉, 외근경찰과 내근경찰 또는 일선경찰계층과 관리경찰계층)간에 문화적 특성에서 차이가 나며, 특히 일선경찰에서 그러한 현상이 두드러지게 나타나고 있음은 루스 이아니(Elizabeth Reuss-Ianni)의 연구결과에서도 마찬가지로 나타나고 있다. 따라서 그는 경찰문화의 분화와 관련하여 일선경찰문화(Street Cop Culture)와 관리경찰문화(Management Cop Culture)로 구분하여 접근하고 있다.[81]

그에 따르면, 일선경찰과 관리경찰 두 집단 모두 서로 간에 불화(不和)가 존재한다는 것을 인식하고 있다고 한다. 일반적으로 관리경찰은 보다 많은 권한과 책임을 가지고 있기 때문에, 치안정책과 규칙 및 절차를 개발하여 일선경찰이 이에 따르도록 영향력을 행사하려고 한다는 것이다. 일선경찰의 입장에서 보면, 관리경찰은 현장상황을 전혀 고려하지도 않고 단지 책상머리에 앉아 영향력을 행사하려고 하기 때문에 이들 간에 갈등이 생기게 된다는 것이다.

어쨌든, 이러한 일선경찰의 문화와 관리경찰의 문화 사이의 갈등은 후술하는 바와 같이 커뮤니티 경찰활동이 활성화되면 보다 해소될 것으로 보인다(물론 어떤 면에서는 이러한 두 집단의 갈등이 커뮤니티 경찰활동을 정착시키는 데 있어서 장애요인으로 인식되기도 한다). 그리고 커뮤니티의 구성요소인 시민 등이 경찰활동에 좀 더 능동적으로 참여하게 되고, 그러한 과정에서 커뮤니티가 관리경찰에 대해서는 정책제안 및 감시자로서, 그리고 일선경찰에 대해서는 공동의 파트너로서 참여하게 되는

---

80) 위의 논문, pp. 197~198.
81) Elizabeth Reuss-Ianni, *Two Cultures of Policing: Street Cops and Management Cops*, New Brunswick, NJ: Transaction, 1983; Michael J. Palmiotto, *op. cit.*, pp. 49~51 재인용; 양문승 역, 앞의 책, pp. 89~92.

과정에서 이들의 긍정적 결합을 유도하는 촉진제 역할을 할 것이다.

이러한 과정에서 관리경찰은 일선경찰의 현실을 이해하고, 일선경찰은 관리경찰이 지향하는 목표에 대해 공감하게 될 것이다. 따라서 커뮤니티 경찰활동을 실천하려고 시도하는 경찰행정가 또는 경찰관리자들은 이와 같은 두 개의 경찰문화가 존재한다는 사실을 인식하고 이들의 원활한 상호인식 및 상호작용을 유도해야 할 것이다.

제5장
경찰과 커뮤니티의 관계

제 5 장
경찰과 커뮤니티의 관계

이 장에서는 경찰과 커뮤니티의 관계에 대해서 살펴보기로 한다. 그런데 전술한 바와 같이 커뮤니티는 그 실체를 명확히 규명하기가 매우 어려우며, 이를 구성하는 요소들도 관점에 따라 매우 다양하다. 이를테면 일반시민, 다양한 형태의 이익단체, 기업, 매스미디어, 공공기관 등 우리 사회를 구성하는 모든 요소들이 커뮤니티를 형성한다고 볼 수 있다. 경찰과 커뮤니티의 관계를 논의하는 데 있어서 경찰과 이들 모든 요소들을 대상으로 구체적으로 접근하는 것은 본질적으로 한계가 있다. 따라서 여기에서는 커뮤니티를 구성하는 가장 기본적 실체인 시민(Citizens)을 중심으로 이들과 경찰과의 관계차원에서 살펴보기로 한다.

제 1 절
경찰과 커뮤니티의 상호관계 및 갈등

1. 경찰과 커뮤니티의 상호관계

클라카스(C.B. Klockars)가 지적한 바와 같이, 경찰과 커뮤니티의 관계에 대한 새로운 접근은 19세기 이후 전문화된 직업적 경찰활동의 도래와 함께 매우 중대한 관심사가 되기 시작하였다.[1] 이전의 자경주의(自警主義) 차원의 경찰활동은 커뮤니티가 외부의 침입 및 내부의 질서를 위하여 스스로를 보호하고 유지하는 것이라면, 오늘날에는 직업적·전문적인 경찰인력을 고용하여 이들로 하여금 경찰업무를 수행토록 하고 있다. 즉, 이제 시민과 경찰의 관계가 고용자와 피고용자의 관계 속에서 논의되고 있는 것이다.

이러한 커뮤니티와 경찰의 관계변화는 매우 큰 의미를 갖게 된다. 커뮤니티[시민]가 경찰활동을 스스로 하기보다는 전문인력을 선발하여 경찰활동에 종사토록 하고, 대신 이들의 활동에 대한 대가를 지불하기 시작하였을 때, 커뮤니티는 일종의 고객 또는 소비자의 위치에 서게 된다. 바꿔 말하면, 커뮤니티가 경찰인력을 고용하여 일정한 금전적 지원(세금 등을 통해)을 한다는 것은 이들에 대해서 일정한 요구를 할 수 있다는 것을 의미한다.

이는 자치경찰이든, 국가경찰체제이든 간에 국민이 낸 세금에 의해 경찰을 포함한 공공부문이 유지되기 때문에 이론의 여지가 없다. 다만 이러한 접근방식은 단지 명분에 불과하고, 현실적으로 경찰과 시민 간에 이러한 합의가 도출되지 못한 것이 사실이다. 그렇기 때문에 경찰은 시민을 고용자로 생각하지 않고, 시민 또한 경찰을 자신들의 피고용자로 생각하지 않는 경향이 있다. 이는 제도적으로 국가경찰에서는 중앙정부가, 그리고 자치경찰에서는 지방정부가 시민이 낸 세금을 토대로 시민을 대신해서 고용자로서 경찰을 고용하기 때문이다. 이 때문에 경찰은 국민에 대한 봉사자임에도 불구하고 오히려 국가 또는 특정 권력집단에 대한 봉사자로서 기능하는 경우가 많았다.

특히, 지방분권적인 자치경찰을 기초로 하는 영미법계 국가의 경찰보다는 중앙집권적인 국가경찰을 기초로 하는 대륙법계 국가경찰에서 경찰의 국가지향성(國家指向性)은 뚜렷하게 나타난다고 볼 수 있다. 그리고 오히려 경찰은 시민에 대한 봉사자가 아닌 감시와 통제자로서 기능을 수행해 온 것이 사실이다. 그동안 우리가 경험하였던 수많은 역사적 사실들은 이를 증명해 주고 있다. 그런데 이러한 현상이 비단 대륙법계의 국가경찰에서만 나타나는 것이 아니다. 영미법계의 자치경

---

1) Robert H. Langworthy & Lawrence F. Travis Ⅲ, *Policing in America*, New York: Macmillan Publishing Company, 1994, p. 316 재인용.

찰에서도 시민에 대한 감시와 통제, 그리고 경우에 따라서는 부당한 인권침해가 빈번하게 발생해 온 것이 사실이다. 20세기 영국과 미국의 경찰과 시민의 관계에서 이러한 예는 얼마든지 찾아 볼 수 있으며, 따라서 이 시기는 경찰과 시민의 관계를 재정립(再定立, Reestablishment)하는 과정이었다고 할 수 있다.

민주주의의 기본요소는 자유(自由)와 평등(平等)이라 할 수 있다. 그런데 어떤 면에서 국가차원의 경찰활동은 시민의 자유를 제한하고, 때로는 강제할 수 있기 때문에 많은 부분에서 시민의 가치와 경찰활동이 직접 갈등을 일으키기도 한다. 그렇기 때문에 버클리(G.E. Berkley)가 지적한 바와 같이 "민주주의는 시민의 합의에 기초하고, 경찰의 일은 이 합의가 깨질 때 시작된다"는 말은 이러한 경찰활동의 특징을 잘 설명해 주고 있다.

이러한 점에서 민주주의와 경찰은 서로 양립하기가 대단히 어려운 관계라고 말하고 있다.[2] 원칙적으로 본다면, 평상시에는 경찰이 시민의 생활에 개입할 여지가 거의 발생하지 않는다. 예컨대, 대학에서 공부할 때, 직장에서 근무할 때, 쇼핑할 때, 여가를 즐길 때 등 일상적 또는 준법적인 활동을 하는 과정에서는 경찰이 개인의 삶에 개입할 여지가 거의 없다고 본다. 그러나 교통법규를 위반한 순간, 타인에게 폭력을 가하는 순간 등 비정상적 또는 위법적인 행동을 하는 과정에서는 경찰개입이 이루어지게 된다. 그리고 경우에 따라서는 경찰이 '무기'(武器)라는 극단적인 물리적 강제력을 사용하기도 한다. 이는 시민들의 합의에 기초를 두고 만들어진 자유민주주의 법질서(자신의 자유와 권리를 중시하는 만큼 타인의 자유와 권리도 인정하자는 상호간의 약속)가 깨지는 순간이다.

무기의 사용

경찰관은 범인의 체포, 범인의 도주 방지, 자신이나 다른 사람의 생명·신체의 방어 및 보호, 공무집행에 대한 항거의 제지를 위하여 필요하다고 인정되는 상당한 이유가 있을 때에는 그 사태를 합리적으로 판단하여 필요한 한도에서 '무기'를 사용할 수 있다.[3] 다만, 다음 각 호의 어느 하나에 해당할 때를 제외하고는 사람에게 위해를 끼쳐서는 아니 된다.

1. 형법에 규정된 정당방위와 긴급피난에 해당할 때

---

2) G.E. Berkley, Democratic Policeman, Boston, Beacon Press, 1974, p. 1.
3) 무기(武器)란 사람의 생명이나 신체에 위해를 끼칠 수 있도록 제작된 권총·소총·도검 등을 말

2. 다음 각 목의 어느 하나에 해당하는 때에 그 행위를 방지하거나 그 행위자를 체포하기 위하여 무기를 사용하지 아니하고는 다른 수단이 없다고 인정되는 상당한 이유가 있을 때

① 사형·무기 또는 장기 3년 이상의 징역이나 금고에 해당하는 죄를 범하거나 범하였다고 의심할 만한 충분한 이유가 있는 사람이 경찰관의 직무집행에 항거하거나 도주하려고 할 때

② 체포·구속영장과 압수·수색영장을 집행하는 과정에서 경찰관의 직무집행에 항거하거나 도주하려고 할 때

③ 제3자가 ① 또는 ②에 해당하는 사람을 도주시키려고 경찰관에게 항거할 때

④ 범인이나 소요를 일으킨 사람이 무기·흉기 등 위험한 물건을 지니고 경찰관으로부터 3회 이상 물건을 버리라는 명령이나 항복하라는 명령을 받고도 따르지 아니하면서 계속 항거할 때

3. 대간첩 작전 수행 과정에서 무장간첩이 항복하라는 경찰관의 명령을 받고도 따르지 아니할 때

사회계약론(社會契約論)적 관점에서 볼 때, 법질서라는 것이 시민의 직·간접적인 참여를 통해서 만들어지는 것이라고는 하나 그것이 실제로 시민의 합의를 통해서 만들어지고 있는지에 대해서는 여전히 회의적이다. 어느 국가를 막론하고 법질서는 여전히 정치권력 지배구조 속에서 만들어지는 경향이 강하기 때문이다

물론 우리나라의 경우에 1993년 이후 '시민입법운동'이 전개되었고, 이를 통해서 공직자윤리법 개정, 국회법 개정, 정보공개법 제정 등을 이끌어내는 성과를 거두기도 하였다.[4]

그런데 우리의 일상적인 삶 속에서 그 정도의 차이는 있지만, 언제든지 이러한 합의가 깨지는 경우는 비일비재하다. 사람이 사회적 상호작용을 하는 과정에서 협력과 경쟁만큼이나 갈등도 자연스러운 현상이기 때문이다. 이러한 관점에서 본다면, 우리 사회의 구성원들 가운데 항상 법질서를 위반하는 절대적인 범죄자의 존재 유무는 논의대상으로 삼지 않더라도 우리 사회의 구성원들 가운데 누구든지 어느 순간 범죄자가 될 가능성은 얼마든지 있다는 것을 인식해야 한다. 그리고 법치주의(法治主義)하에서의 범죄의 성립은 단순히 도의적인 판단보다는 바로 제정된 법률(法律)을 토대로 판단하게 된다.[5] 따라서 평소에 도덕적으로 평판이 좋지 않

___

한다. 한편, 대간첩·대테러 작전 등 국가안전에 관련되는 작전을 수행할 때에는 개인화기(個人火器) 외에 공용화기(共用火器)를 사용할 수 있다(경찰관직무집행법 제10조의4).

4) 심희기, "1990년대의 사법제도개혁의 동향과 전망," 인권과 정의, 통권 308호, 2002. 4, p. 59.

5) 죄형법정주의(罪刑法定主義)는 '법률이 없으면 범죄도 없고 형벌도 없다'(nullum crimen nulla

은 사람일지라도 범죄혐의로 처벌할 수는 없으며, 반대로 평소에 아주 모범적인 삶을 살고 있는 시민일지라도 한 순간에 범죄자가 될 가능성은 얼마든지 있게 된다.

경범죄처벌법상의 범죄행위

시민이 범죄자가 되는 것은 강력범죄를 저질렀을 때에만 국한되는 것이 아니다. 예컨대, 경범죄처벌법(輕犯罪處罰法)상의 수많은 위반행위 역시 원칙적(原則的)으로 다음과 같은 형사처벌을 받게 된다.[6]

1. 10만원 이하의 벌금, 구류 또는 과료(科料)의 형

- 빈집 등에의 침입
- 흉기의 은닉휴대
- 폭행 등 예비
- 시체 현장변경 등
- 도움이 필요한 사람 등의 신고불이행
- 관명사칭 등
- 물품강매·호객행위
- 광고물 무단부착 등
- 마시는 물 사용방해
- 쓰레기 등 투기
- 노상방뇨 등
- 의식방해
- 단체가입 강요
- 자연훼손
- 타인의 가축·기계 등 무단조작
- 물길의 흐름 방해
- 구걸행위 등
- 불안감조성
- 음주소란 등

- 위험한 불씨 사용
- 물건 던지기 등 위험행위
- 인공구조물 등의 관리소홀
- 위험한 동물의 관리 소홀[7]
- 동물 등에 의한 행패 등
- 무단소등
- 공중통로 안전관리소홀
- 공무원 원조불응
- 거짓 인적사항 사용
- 미신요법
- 야간통행제한 위반
- 과다노출[8]
- 지문채취 불응
- 자릿세 징수 등
- 행렬방해
- 무단 출입
- 총포 등 조작 장난
- 무임승차 및 무전취식
- 장난전화 등

poena sine lege)는 근대형법(近代刑法)의 기본원리이다. 어떤 행위가 범죄로 되고 그 범죄에 대하여 어떤 처벌을 할 것인가는 미리 성문(成文)의 법률에 규정되어 있어야 한다. 죄형법정주의에 의하여 국가는 아무리 사회적으로 비난받는 행위라도 법률이 이를 범죄로 규정하지 아니하는 한 벌할 수 없고, 또 그 범죄에 대하여 법률이 정하지 않은 형벌을 과할 수 없다. 이는 국가형벌권의 확장과 자의적(恣意的) 행사로부터 시민의 장류를 보장하기 위한 형법의 최고 원리이다. 이재상·장영민·강동범, 형법총론, 서울: 박영사, 2017, p. 11.

6) ① 원칙적이라는 것은 예외가 있다는 점이며, 따라서 경범죄처벌법 특례에 의해 제3조 제1항

- 인근소란 등
- 지속적 괴롭힘

2. 20만원 이하의 벌금, 구류 또는 과료의 형

- 출판물의 부당게재 등
- 업무방해
- 거짓 광고
- 암표매매

3. 60만원 이하의 벌금, 구류 또는 과료의 형

- 관공서에서의 주취소란: 술에 취한 채로 관공서에서 몹시 거친 말과 행동으로 주정하거나 시끄럽게 한 사람
- 거짓신고: 있지 아니한 범죄나 재해 사실을 공무원에게 거짓으로 신고한 사람

결론적으로 범죄가 사회적 상호작용의 한 부분으로서 언제든지 발생할 여지가 있고(이 말은 누구든지 범죄자가 될 가능성이 있다는 것을 의미), 범죄가 발생하고, 그것을 인지하게 되면 필연적으로 어떠한 형태로든 경찰의 개입이 이루어지게 될 것이며, 그러한 과정에서 개인의 자유와 권리는 일정한 제한을 받게 될 것이다.

경찰활동의 이러한 본질적 특징 때문에 경찰에 대한 시민의 태도는 다른 어떤 공공부문보다 호의적이기보다는 비호의적인 태도를 가질 수밖에 없는 것이다. 그럼에도 불구하고 경찰이 시민에 대해서 강제적·권위적인 법집행가로서의 모습을

각호 및 제2항 각호에 대해서는 특별한 경우를 제외하고는 이러한 위반행위를 '범죄행위'(犯罪行爲)가 아닌 '범칙행위'(犯則行爲)로 하여 통고처분에 의한 범칙금(犯則金)을 납부하도록 하고 있다. 다만, 이에 따르지 않을 경우에는 즉결심판청구에 따른 형사절차를 따르게 됨은 물론이다(경범죄처벌법 제6조~제9조 참조). ② 이러한 점에서 경범죄처벌법 역시 실질적 의미의 형법(刑法) 또는 특별형법(特別刑法)이라고 할 수 있다. 김일수(1987), "경범죄처벌법의 문제," 대한변호사협회지, p. 26. ③ 형법상 구류(拘留)는 1일 이상 30일 미만의 구금을 의미하며(제46조), 벌금은 5만원 이상(다만, 감경하는 경우에는 5만원 미만으로 할 수 있음)으로 하고(제45조), 과료는 2천원 이상 5만원 미만(제47조)으로 하고 있다.

7) '사람이나 가축에 해를 끼치는 버릇이 있는 개나 그 밖의 동물을 함부로 풀어놓거나 제대로 살피지 아니하여 나다니게 한 사람'을 의미한다. 이 밖에도 동물보호법 제47조(안전조치를 하지 아니하거나 배설물을 수거하지 아니한 소유자 등)에 의해 50만원 이하의 과태료를 부과할 수 있다. 그리고 동물로 하여금 다른 사람에 상해를 입히거나 죽음에 이르게 한 경우에는 형법상의 과실치상죄(제266조, 500만원 이하의 벌금, 구류) 및 과실치사죄(제267, 2년 이하의 금고 또는 700만원 이하의 벌금)를 적용할 수 있다.

8) '공개된 장소에서 공공연하게 성기·엉덩이 등 신체의 주요한 부위를 노출하여 다른 사람에게 부끄러운 느낌이나 불쾌감을 준 사람'을 말한다. 이 조항은 이전에는 '여러 사람의 눈에 뜨이는 곳에서 공공연하게 알몸을 지나치게 내놓거나 가려야 할 곳을 내놓아 다른 사람에게 부끄러운 느낌이나 불쾌감을 준 사람'으로 규정하고 있었는데, 헌법재판소는 그 내용이 다소 추상적이어서 '명확성원칙'(明確性原則)에 벗어나 위헌이라고 판시하였다(단순위헌, 2016헌가3, 2016.11.24.). 이러한 이유로 상기의 규정이 2017년 10월 24일에 개정되었다.

보이기보다는 민주적이고, 서비스지향적 경찰로서 기능해야 한다는 것이 오늘날 요구되고 있기 때문에, 이는 앞으로 경찰이 해결해야 할 하나의 과제이자 딜레마인 것이다.

이상에서 논의한 바와 같이, 경찰이 우리 일상에 개입하는 상황은 어떠한 사건·사고와 관련이 있기 때문에 수평적이고 대등한 관계에서 이루어지기보다는 수직적이고 강제적인 관계에서 이루어짐을 알 수 있다. 이 상태에서 사건·사고의 당사자들(특히, 가해자의 경우)이 경찰에 대해서 친밀한 관계를 형성하는 것은 어려운 일이다. 또한 경찰의 입장에서도 시민에 대해서 감성적이기보다는 냉철한 이성적인 경찰활동을 수행해야 하고, 법을 위반한 사람에 대해서는 일정수준의 강제력을 행사해야 하기 때문에 시민에 대해서 친밀한 관계를 형성하는 것은 쉽지 않을 것이다.

2. 경찰과 커뮤니티의 갈등요인

국가의 존립유지라는 측면에서 보면 경찰은 강한 조직일 필요성이 있다. 그러나 이로 인해 국민의 자유와 권리가 보호되기보다는 오히려 침해될 위험성을 보다 많이 안고 있다. 역사적 경험에서 이를 증명해 주고 있다. 어떤 면에서 보면 민주주의와 경찰은 서로 양립하기가 대단히 어려운 관계에 놓여 있는 것이다.

이러한 문제는 어느 나라 어느 시대를 막론하고 첫째, 경찰은 그 업무대상에 있어서 위험성·돌발성·긴급성이라는 특성을 가지고 있고 둘째, 그 수단에 있어서 권력적 강제성과 조직성·직접성이라는 특성이 있으며 셋째, 환경과의 관계에서 정치성·보수성을 그 특징으로 하고 있기 때문에 발생하게 된다고 볼 수 있다.[9]

따라서 이와 같은 경찰의 특성으로 인하여 국민은 경찰에 대하여 본능적으로 호의적이기보다는 적대적이기 쉽다. 더구나 위와 같은 상황에 더하여 우리나라 경찰은 일제식민지시대의 식민경찰(植民警察)의 불행한 유산과 문민독재와 군사정권

---

[9] 백형조, "한국형사사법행정의 문제점과 대책: 경찰의 역할을 중심으로," 서재근 편저, 한국형사사법행정의 발전과 그 과제, 서울: 신흥출판사, 1985, p. 29; 이황우, 경찰행정학, 서울: 법문사, 1998, pp. 29~32.

속에서의 정치경찰(政治警察) 및 군사경찰(軍事警察)의 이미지를 여전히 가지고 있기 때문에 경찰과 시민의 관계는 더욱 괴리감이 형성되어 있다고 볼 수 있다.

아래에서는 몇 가지 관점에서 경찰과 커뮤니티의 갈등요인에 대해서 접근하고 있다. 이를 통해서 알 수 있겠지만, 결론적으로 경찰과 커뮤니티가 갈등관계를 형성하게 되는 가장 일차적인 요인은 무엇보다도 경찰업무의 본질적인 특성에서 비롯된 것이라 할 수 있다. 아울러 그동안 제도적으로 경찰과 커뮤니티(시민)의 능동적이고 친밀한 상호작용이 이루어질 여건이 마련되지 못하였으며, 또한 현실적으로 경찰이 시민에 대해 편파적으로 대응한 점도 일정 부분 영향을 끼쳤다고 볼 수 있다.

1) 휴스턴연구

경찰과 시민의 갈등관계는 특히 경찰의 법집행 기능에 깊이 내재되어 있다고 볼 수 있으며, 따라서 이러한 과정에서 시민의 경찰에 대한 비우호적인 요소를 자주 발견하게 된다. 휴스턴연구(Huston Study)에 의하면, 경찰의 어떤 업무는 아무리 잘한다 해도 관계된 모든 사람들을 만족시킬 수 없는 면을 가지고 있다고 한다.[10]

여기서 경찰과 시민과의 관계를 이해하는 데 있어서 중요한 시사점을 발견할 수 있다. 경찰에 대한 비우호적인 태도는 시민에 대한 경찰의 편협성을 유발시키는 악순환을 가져 오기 마련이고(경찰이 시민을 색안경을 끼고 바라보게 만들고), 결과적으로 이로 인해 시민과 경찰 간의 협조체제가 무너지게 됨으로써 정상적인 커뮤니티 관계를 유지하기가 어렵게 된다.

2) 스터링의 견해

한편 스터링은(J. Sterling)은 경찰의 기계적·비인간적인 태도와 법의 획일적인 적용이 시민의 반감을 야기 시키는 가장 큰 요인이라고 보았다.[11]

---

10) 이상안, 신경찰행정학, 서울: 대명출판사, 1999, p. 762 재인용.
11) 위의 책, pp. 762~763 재인용.

(1) 경찰의 기계적·비인간적인 태도

일반인들의 관점에서 볼 때, 경우에 따라서 경찰은 지나치리만큼 기계적·비인간적인 태도를 보일 때가 많다는 것이다. 이와 관련하여 예컨대, 시위 군중들의 조롱과 빈정거림 및 외침에 대해서 경찰이 공격적 행동을 취하지 않을 때 오히려 군중들은 불쾌하게 생각하고 군중들이 먼저 과격한 행동을 하게 만든다고 하였다. 즉, 여기서의 경찰의 기계적·비인간적인 태도는 과잉반응이 아니라 오히려 과소반응의 측면을 지적하고 있다.

그런데 경찰의 이러한 기계적·비인간적인 태도는 적극적인 과잉반응에서도 자주 경험할 수 있음은 물론이다. 경찰이 집회시위를 막는 과정, 범죄수사를 하는 과정, 기타 법을 집행하는 과정에서 경찰의 과잉반응으로 인해 국민의 자유와 권리가 침해되는 사례는 얼마든지 찾아 볼 수 있다.

농민운동가 백남기 사망사건

검찰이 농민운동가 '백남기 사망사건'에 대한 책임을 물어 구○○ 전 서울지방경찰청장과 현장 책임자, 살수요원 등 총 4명을 업무상 과실치사(過失致死) 혐의로 기소하였다. 강○○ 전 경찰청장에 대해서는 살수차 운용과 관련해 직접 지휘·감독 책임이 없다고 보고 '혐의없음' 처분을 하였다.

검찰은 백남기씨의 사망원인이 직사살수에 의한 외인사(外因死)로, 2015년 11월 14일 민중총궐기 시위에 참석했다가 머리 부위에 경찰 살수차가 쏜 물대포를 맞아 두개골 골절을 입은 것으로 결론 내렸다(그는 이후 혼수상태에서 치료를 받다가 2016년 9월 25일 사망하였다). 이번 수사결과는 백남기씨의 유가족이 강○○ 전 청장 등을 살인미수 등 혐의로 2015년 11월에 고발한 후 약 2년 만에 나온 것이다.

2015년 당시에 경찰은 폴리스라인은 넘어 진입하는 시위대를 폭도(暴徒)로 규정하여 선진국의 공권력을 예시로 들면서 해당 물대포 조치가 정당행위라고 하였다(백남기씨 사망 직후, 서울대병원 백선하교수는 사망원인을 병사로 기록하여 많은 논란이 되었고, 사망 이후 10개월 넘게 검찰수사는 진척되지도 않았다. 그러나 문재인 정부가 들어서면서 서울대병원은 사망 9개월 만인 지난 6월에 외인사로 수정하였고, 이후 검찰은 다시 수사를 진행하는 등 우여곡절을 겪었다).

〈집회시위과정에서 경찰의 물대포 사용 장면〉

검찰에 따르면, 살수요원은 시위군중 해산 목적으로 살수차를 사용해야 한다는 '살수차 운용지침'을 위반한 혐의를 받았다. 이들은 시위대와 떨어져 혼자 밧줄을 당기고 있는 백씨의 머리에 약 2800rpm의 고압으로 약 13초가량 직사살수를 하고, 백씨가 넘어진 후에도 다시 17초 가량 직사살수를 하였다고 한다. 살수차 운용지침에 따르면 직사살수를 할 때에는 안전을 고려해 가슴 이하 부위를 겨냥해 사용해야 하지만 이들은 이를 지키지 않았다는 것이다. 살수차는 위해성 장비이며, 따라서 살수시 거리와 수압 등은 여러 현장상황을 고려해 집회·시위관리에 필요최소한으로 사용되어야 한다. 이들은 또한 차벽 등에 가려 현장을 제대로 살필 수 없는 상황에서도 살수차량 내의 CCTV 모니터를 자세히 관찰하거나 확대해 현장상황을 살피지 않았다. 그리고 이들이 탑승한 살수차는 점검·정비 소홀로 살수포 좌우 이동장치와 수압제어 장치가 고장 난 상태였던 것으로 드러났다.

현장지휘관인 신○○ 전 단장은 거리·수압 조절, 시야 확보 등 상황을 관리해 적법한 살수가 되도록 해야 함에도 살수요원들이 백남기씨의 머리에 직사살수를 하도록 방치한 혐의를 받았다. 당시 두 명의 살수요원은 기존에 배치된 곳이 아니라 급히 지원을 나왔으며, 살수차 내의 CCTV 화면 외에 시야가 차단된 상태에서 처음부터 시위대의 머리를 향해 강한 수압으로 수회에 걸쳐 고압의 직사살수를 한 것으로 조사되었다. 구○○ 전 청장은 살수 승인부터 혼합 살수의 허가, 살수차 이동·배치를 결정하는 집회 관리의 총 책임자였음에도 이들에 대한 지휘·감독을 제대로 하지 않아 업무상 과실이 인정된다고 검찰은 밝혔다.

자료: 뉴시스, 2017.10.17.

(2) 법의 획일적인 적용

그리고 경찰의 획일적인 법의 적용이 시민의 반감을 불러 일으켰다고 볼 수 있다. 우리사회 모든 곳곳의 환경이 서로 다른 것은 분명한 사실이다. 그렇기 때문에 주어진 환경에 따라 경찰이 상황적응적으로 경찰활동을 수행하면 문제해결이 보다 용이해진다. 그러나 스터링에 의하면, 경찰이 상황과 지역에 따라 상이한 운영절차를 적용한다면, 오히려 민주사회의 기본골격인 평등과 정의가 유지되기가 어렵기 때문에 자신들의 행동기준을 강화시키게 되고, 더 나아가 자신들의 역할에 부적합한 행동기준을 버리게 된다고 보았다. 이러한 현상은 경찰의 직업적 사회화(職業的 社會化, Occupational Socialization)과정을 통해 더욱 심화되어 나타난다는 것이다. 따라서 경찰직에 오래 재직하게 될수록 문제는 더욱 심각해진다고 하였다.

3) 래들릿의 견해

경찰과 시민의 상호갈등에 대한 설명을 위해 플로리다대학의 래들릿(Michael Radelet)은 합의모형(Consensus Model)과 갈등억제모형(Conflict Repression Model)을 제시하였다.[12]

(1) 합의모형상의 접근

합의모형(合意模型)은 법규범과 경찰에 의한 법집행이 민주적으로 이루어지기 때문에 사회의 모든 분야에 공히 이익이 된다는 것을 전제로 하고 있다. 이 모형에 의하면 경찰은 공동의 이익과 가치를 위해 활동하기 때문에 유효한 경찰력은 사회의 모든 구성원에 의해 영향을 받게 된다는 것이다.

이러한 점에서 밴튼(Michael Banton)은 경찰과 시민의 관계를 협력적·긍정적인 관계로 보고 있다. 그에 의하면, 경찰활동이 주로 시민에게 도움을 제공하는데 소비되며, 이러한 과정에서 경찰의 성과는 도덕적 권위(道德的 權威)에 의해 좌우되기 때문에 경찰과 시민은 협력적·긍정적인 관계를 형성하게 된다고 본 것이다.[13] 따라서 경찰과 시민의 갈등은 경찰직무 자체의 근본적인 모순에서 야기된다기보다는 경찰과 시민의 관계가 불완전하게 형성되었다는 데서 찾아야 한다고 보았다.

바꿔 말하면, 경찰과 시민의 관계가 완전하게 형성되면 경찰과 시민의 갈등은 존재하지 않는다는 것이다. 이를 위해 경찰은 공정중립(公正中立)의 자세로 맡은 바 역할을 최대한으로 수행하고, 이에 대해 시민은 경찰에 대한 긍정적인 인식전환을

---

12) 위의 책, pp. 763~765.
13) Michael Banton, *Social Integration and Police, Police Chief*, April 1963, pp. 10~12; 이상안, 앞의 책, p. 763 재인용.

갖게 되면, 상호간의 갈등은 최소화될 것이라고 보는 것이다. 그리고 시민의 경찰에 대한 인식전환은 시민 스스로의 인식전환 노력도 필요하지만, 보다 중요한 것은 경찰이 능동적·지속적으로 커뮤니티 연계 및 지원프로그램을 개발·제시함으로써 가능하게 될 것이다.

그런데 경찰이 맡은 바 직무를 완벽하게 수행하고, 아울러 모든 시민이 경찰에 대한 긍정적인 인식전환을 하는 것은 근본적·현실적으로 한계가 있다. 경찰의 직무수행은 경찰 스스로가 통제할 수 없는 조직내외의 수많은 변수(조직외적으로는 정치·경제·사회·문화적인 요소와 다른 형사사법기관과 관련된 요소 등이 있고, 조직내적으로는 조직구조·인사·예산·관리 등 조직운영과 관련된 요소가 있다)에 의해서 영향을 받기 때문에 직무를 완벽하게 수행하는 것은 본질적으로 불가능하다.

또한 사회적 상호작용 속에서 동서고금을 막론하고 범죄와 같은 갈등이 필연적(必然的)으로 발생하게 되고, 경찰은 이러한 갈등원인을 제공한 자(범죄자 등)를 수사·체포하는 기능을 하고 있다. 통념적으로 볼 때, 경찰에 의해 범죄자로 체포된 사람들에게 경찰에 대한 긍정적인 인식을 기대하는 것은 어려운 일이다. 바꿔 말하면, 범죄를 저지르지 않은 사람들에 대해서는 경찰의 노력에 따라 어느 정도 긍정적인 인식과 태도를 기대할 갖게 할 수 있지만, 범죄와 관련된 사람들은 이를 기대하는 것이 쉽다고 본다. 이러한 이유로 국민들의 사회적 합의를 바탕으로 국가이념과 제도가 근대화되고, 경찰조직이 민주적으로 운영되고 국가일지라도 경찰과 시민간의 갈등은 적지 않은 수준으로 노정되어 있음을 알 수 있다. 이는 합의모형적 관점의 한계를 보여주는 것이라 할 수 있다.

(2) 갈등억제모형상의 접근

갈등억제모형(葛藤抑制模型)에 의하면, 법규범과 경찰에 의한 법집행은 일차적으로 사회적 강자 또는 지배계층의 이해관계를 대변하는 역할을 하고 있다고 보고 있다. 즉, 경찰은 현존하는 계층구조의 불평등을 유지하기 위한 수단 또는 도구로 인식된다. 따라서 예컨대, 경찰이 법을 집행하는 과정에서 피지배계층보다는 지배계층, 그리고 사회경제적 하류층보다는 상류층에 우선순위를 두고 이들의 이해관계를 우선적으로 고려한다는 것이다.

또한 경찰이 지배계층의 이해관계를 대변하기 때문에 이들 지배계층에 의해서 자행되는 범죄에 대해서는 신경을 별로 쓰지 않거나, 또는 힘이 없으므로 결과적으로 사회경제적 약자인 일반시민의 개별적 범죄행위에 대해서만 관심을 가진다는 것이다.

따라서 이 모형에 의하면 경찰의 직무가 사회·경제적 약자들의 이익과 상황에 대해서는 근본적으로 역행하는 것으로 보일 수 있다는 것이다. 그리고 기존의 경찰 커뮤니티 연계관계는 오히려 사법제도의 숨겨진 억압기능을 합법화시켜 왔으며, 경찰의 일상적인 행위나 업무는 단지 일반시민의 불만과 비판 및 갈등을 순화시키려는 형식적인 노력에 불과하다는 것이다.

이러한 관점도 충분히 설득력을 갖는다. 역사적으로 과거 경찰이 커뮤니티 내의 소수 지배계층과 연계되어 부정부패의 중요한 연결고리작용을 했으며, 따라서 일반시민에 대해서는 형식적인 관계만 구축하여 왔음을 알 수 있다.

그러나 갈등억제모형의 관점에서도 경찰과 커뮤니티 관계의 필요성 자체를 부인하지는 않는다는 것에 유의할 필요가 있다. 단지 경찰조직과 커뮤니티 관계를 다수의 일반시민의 필요와 요구에 의해 대응할 수 있도록 전반적인 개편을 주장시켜야 한다는 것이다. 이는 사회의 모든 분야에 대한 경찰의 대응성을 증가시켜야 한다는 것을 의미한다. 그러기 위해서는 경찰직무의 우선순위를 새로이 설정하고 경찰 자체 내의 민주화, 즉 경찰조직과 행정의 민주화가 이루어지고, 커뮤니티 구성원인 시민의 적극적인 참여가 병행되어야 한다는 것이다.

결론적으로 합의모형과 갈등억제모형이라는 이분법적 접근이 아닌, 양자의 발전적 결합이 필요한 시점이라고 본다. 이러한 논의가 너무 이상적이라는 비판이 제기될 수도 있지만, 이렇게 했을 때 시민과 경찰의 관계에 있어서 상호 존경과 협조, 그리고 공생관계가 이루어지고 이에 따른 치안서비스의 공동생산이 이루어질 수 있다고 본다. 이의 구체적 실천 전략은 경찰과 커뮤니티 관계 프로그램의 개발 등에 의해서 모색할 수 있을 것이다.

경찰과 커뮤니티의 관계개선

1. 친밀한 관계형성의 필요성

이상에서 살펴 본 바와 같이 경찰과 시민이 일정한 수준의 갈등관계를 형성하고 있는 것은 필연적인 부분이 있으며, 따라서 이를 모두 해결하는 것은 결코 쉬운 일이 아니다. 문제는 이러한 갈등관계를 최소화시키면서 어떻게 하면 친밀한 상호관계를 구축하느냐 하는 것이다. 어떤 면에서 경찰과 시민의 갈등관계를 최소화시키고, 동시에 친밀한 협력관계를 최대화시키는 것이 경찰활동의 성패를 좌우할 것이며, 아울러 시민의 삶의 질을 향상시켜 주는 최선의 대안이 될 것이다. 아래에서는 이러한 문제인식하에 범죄 및 무질서의 심화와 시민참여의 중요성, 그리고 시민의 경찰 등 국가에 대한 서비스요구의 증대 등을 중심으로 살펴보기로 한다.

1) 범죄문제에 대한 시민참여의 중요성

오늘날 경찰활동의 성패는 전적으로 시민의 참여가 어느 정도로 이루어지는가에 달려 있다고 보아도 과언이 아니다. 주지한 바와 같이 국내외의 복잡한 치안환경 속에서 범죄문제가 질적·양적으로 심화되고 있고, 이에 대응하는 경찰력은 현실적으로 한계에 직면하고 있는 실정이다.

여기서 경찰이 범죄대응을 하는 데 있어서 겪고 있는 어려운 문제 가운데 하나는 경찰의 역할과 관련된 것이다. 전통적인 관점에서 본다면, 범죄문제가 심화되면 경찰력은 당연히 범죄통제에 집중되어야 한다. 그러나 오늘날 경찰이 서비스제공자로서 범죄대응뿐만 아니라 시민에 대한 봉사자(특히, 사회적 약자)로서 기능할 것을 요구하고 있기 때문에 경찰은 역할갈등에 직면하고 있다.

따라서 이러한 상황에서 다양한 경찰활동에 시민이 긍정적인 관심을 가지고 직·간접적으로 협조 및 도움을 제공하는 것은 경찰조직에 활기를 불어 넣어 줄 것이며, 나아가 경찰조직의 생산성을 증진시켜 줄 것이다. 실질적으로 시민참여가 어느 정도 경찰의 생산성 향상에 직접적으로 영향을 미치느냐 그렇지 못하느냐에 대해서는 아직까지 명확한 결과가 나오지는 못하고 있으며, 이에 대한 연구는 진행 중이다. 특히, 범죄예방과 관련하여 시민참여가 이루어졌을 때와 그렇지 않았을 때와의 성과를 비교하기가 쉽지 않다. 범죄예방이라는 것은 그 자체적으로 매우 추상적이기 때문에 이는 범죄예방이 실패함으로써 나타난 범죄발생 정도를 가지고 측정해야 하는데, 이러한 접근방법이 쉽지가 않다. 특히 시민참여와 관계없이 수많은 외생변수(정치·경제·사회·문화적 특성 등)에 의해 범죄발생 정도가 결정되는 경우(예컨대, IMF시대의 경제위기로 인한 생계형 범죄의 급증)가 많기 때문에 문제는 더욱 복잡해진다.

그러나 분명한 것은 시민참여 정도는 경찰활동의 성과에 적지 않은 영향을 미친다고 볼 수 있다. 따라서 경찰과 같은 국가기관에 의해서 공식적으로 이루어지는 범죄예방활동과 시민에 의해서 비공식적으로 이루어지는 범죄예방활동이 개별적 또는 협력적으로 이루어질 때, 그 성과는 매우 높게 나타날 것이라고 본다. 그리고 시민참여에 따른 범죄예방의 성과가 뚜렷하게 나타나지 않는 것은 시민참여 자체가 범죄예방에 있어서 어떠한 기능을 하지 못한다기보다는 아직까지 시민참여 자체가 만족할 만한 수준(시민의 양적·질적인 참여 정도)에 이르지 못하였기 때문이라 할 수 있다.

실질적으로 다양한 형태의 시민참여(예컨대, 시민의 신고)는 범죄수사에 있어서 결정적인 단서(端緒)를 제공하고 있다. <표 5-1>에서 보는 바와 같이 우리나라의 경우, 2015년 인지된 범죄 가운데 경찰이 수사에 착수하게 된 단서를 살펴보면, 전체범죄의 70% 이상이 신고에 의한 것임을 알 수 있다. 그리고 현행범(現行犯)이 약 8.5%에 이르는 것으로 나타나고 있다.[14] 따라서 수사기관이 자체적인 역량만으로 발생한 범죄사건의 단서를 발견하고, 범인을 체포하여 사건을 해결하는 것은

---

14) 범죄의 실행 중이거나 실행 직후인 자를 현행범(現行犯)이라고 한다. 그리고 다음에 해당하는 자는 현행범인으로 간주(看做)한다. 이를 준현행범(準現行犯)이라 한다. ① 범인으로 호창(呼唱)되어 추적되고 있는 때, ② 장물이나 범죄에 사용되었다고 인정함에 충분한 흉기 기타의 물건을 소지하고 있는 때, ③ 신체 또는 의복류에 현저한 증적이 있는 때, ④ 누구임을 물음에 대하여 도망하려 하는 때가 이에 해당된다(형사소송법 제211조 제2항).

표 5-1 인지된 범죄의 수사 단서별 현황(2015)

(단위: 건, %)

구분	전체	현행범	신고						
			소계	피해자 신고	고소	고발	자수	진정 투서	타인 신고
합계	1,861,657	158,564	1,309,747	714,383	268,529	63,916	11,769	135,740	115,410
비율	100.0	8.5	70.4	38.4	14.4	3.4	0.6	7.3	6.2

구분	미신고						
	소계	불심 검문	피해품 발견	변사체	탐문 정보	여죄	기타
합계	393,346	185,348	1,349	443	65,799	52,253	88,154
비율	21.1	10.0	0.1	0.0	3.5	2.8	4.7

자료: 경찰청, 경찰통계연보, 2016, pp. 128-129 재구성.

쉬운 일이 아니다.

사실, 외국의 경우 범죄수사 등에 있어서 시민참여의 중요성은 보다 강조되고 있다. 예컨대, 독일을 비롯한 각국에서는 경찰이 스스로 해결할 수 있는 범죄는 인지되지 않은 모든 범죄를 포함하여 불과 10%에도 미치지 못하는 것으로 보고 있다.15) 이는 직·간접적으로 이루어지는 시민참여의 중요성을 의미하는 것이라 할 수 있다. 그리고 범죄수사에 있어서 시민참여의 정도가 우리나라와 독일 등 다른 여러 나라를 비교해 볼 때, 어떤 점에서 차이가 나타나는지를 파악하기는 어렵지만, 중요한 것은 이들 모두 시민참여의 중요성을 인식하고 있다는 점에 있어서는 차이가 없다고 본다.

한편, 다른 범죄와 비교해 볼 때, 강간범죄와 폭력범죄와 같이 여전히 피해자나 목격자의 신고율이 상대적으로 높지 않은 특정강력범죄도 있다. 신고율이 높지 않다는 것은 그만큼 사건해결이 어렵다는 것을 의미하며, 한편으로는 범죄사건 자체가 공식화되지 못하는 결과를 초래하게 된다. 이른바 암수범죄(Hidden crime)의

---

15) Thomas Feltes, "Police Research in Germany," in Dieter Dolling & Thomas Feltes(ed.), *Community Policing: Comparative Aspects of Community Oriented Police Work*, Felix-Verlag GbR, 1993, p. 3 재인용.

문제가 그것이다. 암수범죄율이 높은 이유는 경찰에 대한 불신, 가해자에 대한 보복의 두려움, 피해자의 수치심, 경찰 및 다른 형사사법기관과 연계되는 것에 대한 거부감 등 여러 가지 요인 등을 들 수 있다. 그런데 신고 되지 않는 암수범죄가 많음으로 해서 그만큼 시민들이 느끼는 체감치안이 낮게 나타날 것이며, 결과적으로 이들의 삶의 질은 저하될 것이다.

따라서 범죄문제를 해결하기 위해서는 어떠한 형태로든 그것이 공식화되고, 아울러 시민의 능동적·적극적인 참여가 이루어질 때, 문제해결에 보다 근접하게 된다. 따라서 범죄를 해결하기 위해서는 경찰은 반드시 범죄가 발생한 지역주민들과 유기적인 상호작용을 토대로 관련정보를 얻어 낼 수 있어야 할 것이다. 그러나 만약 주민들이 경찰에 대해 반감을 가지고 있고, 신뢰를 하지 않는다면, 경찰이 이들로부터 유용한 정보를 얻기는 어려울 것이다.

2) 무질서문제의 증가와 시민참여의 중요성

집회시위(集會示威) 등과 같이 개인이 아닌 다중이 참여하는 현장에 있어서도 경찰과 시민의 협력관계가 보다 절실하게 요구된다. 오늘날 자유민주주의사회에서 시민의 자유와 권리에 대한 열망은 최고조에 달하고 있다. 이에 따라 시민 개인 또는 자신들이 속한 이익집단의 이해관계에 따라 사회 곳곳에서 국가와 기업 등을 상대로 자신들의 목표를 관철시키기 위해 집단행동을 빈번하게 하고 있다. 그리고 이러한 과정에서 합법적인 방법뿐만 아니라 불법적인 방법이 동원되기도 한다.

시민의 이러한 집단행동은 경찰과 대치관계 또는 대립관계를 형성하게 될 가능성이 매우 높다고 할 수 있다. 경찰은 국가공권력의 최일선에서 무질서 문제를 일차적으로 책임지고 있으며, 따라서 집회시위 참가자를 보호하면서도 동시에 이들이 평화적으로 자신들의 목적을 달성할 수 있도록 규제하기 때문이다.

우리나라에서 이러한 집회시위는 정치영역, 경제영역, 사회문화 등 우리사회 모든 영역에서 적지 않은 수준으로 이루어져 왔다. 사회가 복잡다양해질수록 가치갈등(價値葛藤)이 팽배하기 때문이다. 따라서 그 동안 국가보안법폐지, 주한미군철수, 한미FTA, 대통령탄핵, 사드배치반대, 의료계파업, 낙태죄폐지, 성매매특별법폐지 등 수많은 집회시위가 지속적으로 이루어져 왔음은 주지의 사실이다.

표 5-2 경찰력이 동원된 집회시위 현황[198]

구 분	회 수	연인원	기 간	1일 최대인원
2001	13,083건	2,879,840명	361일	20,000명
2005	11,036건	2,928,483명	365일	16,000명
2010	8,811건	1,462,894명	365일	20,000명
2015	11,311건	1,803,191명	365일	68,000명

자료: 경찰청, 경찰통계연보, 2016, p. 222 재구성.

그리고 이와 관련하여 과거에는 경찰과 같은 국가공권력이 강제적으로 시위를 진압·통제하는 과정에서 시민의 자유와 권리가 유린되기도 하였으며(물론 이러한 문제는 현재도 여전히 남아 있다), 시민은 또한 이러한 경찰력에 대응해서 평화적이기보다는 폭력적인 수단으로써 자신들의 의지를 관철시키고자 하는 경우도 없지 않았다.[17] 그리고 결과적으로 양자간에는 돌이킬 수 없는 상처가 남아 시민은 국가권력에 대한 불신이 싹트고, 경찰은 시민에 대한 냉소주의가 만연하는 상태에 이르기도 하였다.

따라서 어떻게 하면 경찰이 시민의 자유와 권리를 최대한 보장하면서 시위운

표 5-3 불법 폭력집회시위 현황

구 분	전체 집회시위		불법 폭력시위	경찰피해	
	건 수	참가인원		인적피해	물적피해
2015	11,311건	1,803,191명	30건	302명	891점
2014	10,504건	1,855,225명	35건	78명	125점
전년대비 (%)	807건 (+7.7)	-52,034명 (-2.8)	-5건 (-14.3)	224명 (+287.2)	766점 (+612.8)

자료: 경찰청, 경찰백서, 2016, p. 309.

---

16) 2015년에 경찰에 신고 되고 개최된 집회시위는 47,842건(학원 5,575, 종교·문화 14,217건, 노동 20,362건, 경제·사회 7,688건)에 이른다. 경찰청, 경찰통계연보, 2016, p. 231.

17) 2015년 12월 실시한 집회시위 관련 대국민 여론조사에서 불법집회 시위에 따른 피해는 ① 교통체증(88.1%) ② 소음(45.1%) ③ 심리적 불안(38.0%) ④ 폭력행위(15.8%) 순으로 조사되었는데, 이로 인해 일반국민들은 도로점거에 따른 '교통체증'과 집회시위로 인한 과도한 '소음'으로 인해 큰 불편을 느끼고 있다는 것을 알 수 있었다. 경찰청, 경찰백서, 2016, p. 309.

동을 통제할 것인가가 하나의 과제이며, 시민은 성숙된 시민의식을 가지고 평화적인 시위운동을 전개할 것인가가 과제로 남아 있다. 오늘날 평화적인 시위문화의 조성은 비단 경찰의 민주적인 대응뿐만 아니라, 성숙된 시민의식이 동시에 이루어질 때 가능하게 된다.

한편 자동차가 우리 일상생활에 있어서 없어서는 안 될 중요한 교통수단으로 등장한지는 이미 오래 전의 일이다. 우리나라의 경우 이미 1997년에 1천만대를 넘어섰다. 2015년 현재 자동차는 약 2,100만대에 달하고 있으며, 운전면허 소지자는 3,000만 명을 넘어서고 있다. 따라서 자동차의 대중화 역시 현대사회의 중요한 특징 가운데 하나라고 볼 수 있다. 그런데 이와 같이 자동차가 대중화됨에 따라 우리에게 편리함과 편안함이라는 긍정적인 기능 못지않게 수많은 교통사고 및 환경오염으로 심각한 사회적 부작용을 낳고 있다. 따라서 교통문제와 관련된 교통경찰활동 역시 중요한 경찰기능 가운데 하나로 인식되고 있다. 참고적으로 2015년 현재 교통경찰은 약 1만 명 수준에 이르고 있다.[18]

2015년 발생한 교통사고를 원인별로 분석해 보면, 전체 교통사고의 56.3%, 교통사고 사망자의 68.5%가 운전자의 안전운전 의무위반으로 발생하거나 사망하였으며, 안전운전 의무위반에 이어 중앙선 침범, 신호위반 순으로 교통사고 사망자가 많은 것으로 나타났다.[19]

표 5-4 교통사고의 발생현황

(단위: 건, 명)

구 분	1990	1995	2000	2005	2010	2015
발 생	255,303	248,865	290,481	214,171	226,878	232,035
사 망	12,325	10,323	10,236	6,376	5,505	4,621
부 상	324,229	331,747	426,984	342,233	352,458	350,400

자료: 경찰청, 경찰백서, 2016, p. 267 재구성.

한편, <표 5-5>에서와 같이 2012~2015년도 주요 국가별 교통사고 사망자 수를 비교해 본 결과, 우리나라는 OECE 평균, 그리고 미국·일본·프랑스·스페인

---

18) 경찰청, 경찰백서, 2016, p. 266.
19) 위의 책, p. 267.

표 5-5 주요 국가별 교통사고 사망자수 비교

(단위: 명)

구 분	한 국				OECD	미 국	일 본	프랑스	스페인
연 도	12	13	14	15	12	12	12	12	12
차량 1만 대당	2.4	2.2	2.0	1.9	1.1	1.3	0.6	0.9	0.6
인구 10만 명당	10.8	10.1	9.4	9.1	6.5	10.7	4.1	5.8	4.1

자료: 경찰청, 경찰백서, 2016, p. 267.

등의 국가와 비교해 볼 때, 여전히 높은 사망자 수를 보여주고 있음을 알 수 있다.

이러한 교통사고 문제를 줄이기 위해서는 도로환경 및 교통경찰의 적절한 단속 및 계몽·지도 등도 중요하지만, 무엇보다도 운전자의 교통법규의 준수 및 안전운행 의식이 무엇보다도 중요하다고 본다. 2,100만대에 달하는 자동차와 3,000만명이 넘는 운전면허 소지자들 스스로가 교통법규를 준수하고, 타인을 배려하는 양보 및 방어운전을 하지 않으면, 교통사고는 언제 어디에서든 발생할 가능성이 상존해 있기 때문이다.

2017년 11월 2일 창원터널 앞 도로에서 윤활유 7.5t을 실은 트럭이 중앙분리대를 들이받아 윤활유통이 떨어지면서 폭발해 3명이 숨지고 5명이 다쳤다. 당시 화물트럭은 윤활유 드럼통을 싣고 덮개를 씌우거나 묶는 고정장치를 하지 않은 것으로 확인됐다. 경남지방경찰청은 5t 트럭에 실린 드럼통 196개(200ℓ 22개, 20ℓ 174개)의 주인인 울산의 모 가공유 업체를 압수수색하고 내부 CCTV 영상을 분석한 결과 이 같은 사실을 확인했다고 밝혔다. 경찰이 업체 내부 CCTV를 통해 짐을 싣던 당시 모습을 살펴보니, 화주 측과 운전기사는 뚜껑이 없는 트럭 적재함에 드럼통을 싣고도 덮개를 씌우거나 묶는 등 화물을 고정하기 위한 조치를 전혀 하지 않은 것으로 나타났다. 그리고 경찰이 사고 직전에 공개한 창원터널 앞 도로 CCTV 영상에도 화물트럭이 적재함 덮개를 씌우지 않은 것으로 나타났다.

도로교통법 39조 제4항에서는 '모든 운전자는 실은 화물이 떨어지지 않게 확실히 고정되도록 필요한 조치를 해야 한다'고 규정하고 있다. 경찰은 "화주 업체에서 압수한 영상을 분석한 결과 200ℓ

짜리 큰 드럼통을 화물트럭 적재함 바깥에 싣고 그 안에 작은 통들을 싣고 출발하는 모습이 보인다"며 "정확한 것은 영상을 정밀하게 분석해봐야 한다"고 말했다.

경찰은 트럭 운전기사 윤모씨(76)가 운수업을 시작한 2006년부터 현재까지 모두 46차례, 최근 2년간 10차례 사고를 냈다는 정황을 포착하고 건강·인지 이상 여부 등도 확인할 계획이다. 경찰이 창원터널 내 CCTV 영상을 확인한 결과 화물트럭이 사고 직전에도 차체 아래 뒷부분에서 불꽃이 튀는 듯 한 모습 등 이상 현상을 보여 국립과학수사연구원이 정밀감식을 하고 있다. 경찰은 차체결함 가능성도 염두에 두고 수사하고 있다.

자료: 중앙일보, 2017.11.03.; 경향신문, 2017.11.05.

그리고 교통사고와 관련하여 특히, 시민의 협조가 무엇보다도 중요한 경우가 바로 뺑소니사건이라 할 수 있으며, 이 경우 목격자의 신고 없이는 사건해결이 매우 어려운 경우가 적지 않다고 본다. 또 시민의 음주운전(飲酒運轉) 행태가 과거보다 많이 개선되고 있지만, 여전히 사회문제시 되고 있음은 주지의 사실이다.[20]

이처럼 교통문제가 심화되고 있는 이유는 교통수단의 양적인 팽창과 교통기반 시설(도로망, 신호체계 등) 미흡 등의 이유도 있지만, 보다 근본적인 이유는 시민의 무질서의식에서 찾아야 할 것이다. 즉 준법의식의 부재, 안전수칙 비준수, 자동차에 대한 적정관리소홀 등으로 인해 우리나라는 세계에서 가장 교통사고가 많이 발생하는 나라 가운데 하나라는 오명을 안고 있는 것이다. 따라서 시민의 성숙된 교통질서의식의 함양은 무엇보다도 중요한 것이다.

그렇기 때문에 이와 같이 시민의 무질서의식이 팽배한 상태에서 경찰이 교통단속을 통해서 교통질서를 확립하는 데에는 한계가 있는 것이다. 일부 국가에서는 교통법규를 위반했을 때, 엄청난 금액의 벌금을 부과함으로써 교통질서를 확립하는 경우도 있지만, 그 이전에 자발적인 시민의식이 전제된다면 문제는 보다 쉽게 해결될 것이다.

3) 서비스요구의 증대

과거 경찰은 권위적인 법집행 중심의 역할을 수행하였기 때문에 시민은 경찰

---

20) 2015년 음주운전 중 교통사고는 24,399건이 발생하여, 부상자는 42,880명으로 전년 대비 1.5%, 0.3% 각각 증가하였으나, 사망자는 583명으로 1.5%가 감소하였다. 위의 책, p. 268.

을 봉사자로서가 아닌 통제자(統制者)로서 인식하여 왔던 것이 사실이다. 경찰 스스로도 자신들을 시민에 대한 봉사자로서 인식하지 못했던 것도 사실이다. 이러한 비판적인 인식과 태도는 이들 상호간을 일정한 갈등상태에 놓이게 하였음은 물론이다.

그러나 군사정권시대가 끝나고 1990년대에 접어들면서 새로운 전환기를 맞이하게 되었다. 경찰 스스로도 과거의 이미지를 종식시키고, 권위적인 법집행자의 이미지보다는 친절한 대민봉사자의 이미지로 거듭나기 위해 노력하기 시작한 것이다.

표 5-6 봉사경찰의 예: 헤어진 가족 찾아 주기[21]

(단위: 건)

구 분	1995년	2000년	2005년	2010	2015년
국 내	30	1,064	2,170	7,460	1,364
국 외	16	-	-	-	-
총 계	46	1,064	2,170	7,460	1,364

자료: 경찰청, 경찰통계연보, 2016, p. 260 재구성.

시민들 또한 이러한 경찰의 노력에 반응하여 이에 대한 부정적인 이미지를 서서히 줄여 나가기 시작하고 있다. 이러한 경찰의 이미지전환 노력은 시대적인 당위성을 갖는 문제이다. 그렇기 때문에 기존의 형식적·피상적인 이미지에서 실질적·구체적인 이미지로 전환을 꾀하고 있는 것이다. 1945년 해방과 더불어 미군정이 시작되면서 경찰의 기본이념이 '봉사와 질서'로 확립되어 오늘에 이르고 있는데, 실질적으로 이러한 이념이 현실화되기까지는 오랜 세월을 더 기다려야만 했으며, 아직도 개선되어야 할 부분이 많이 남아 있다.

과거 관료제가 국가적 이해관계를 뒷받침하는 역할을 하였다면, 이제는 개인 또는 시민의 이해관계를 뒷받침하는 역할로 인식되고 있다. 이제 국민 전체의 이해관계를 무시하고 소수 기득권층의 이해관계에 의해 국가가 좌우되는 시대는 지

---

21) 헤어진 가족 찾아 주기 민원은 가까운 지구대나 경찰서 민원실을 방문해서 신청하며, 이의 대상으로 6·25전쟁으로 헤어진 가족, 유아시절 길을 잃거나 가출로 인하여 헤어진 가족, 고아원에 맡겨지거나 해외입양 등으로 헤어진 가족에 한하여 신청이 가능하다. 단순히 연락이 되지 않는 가족들의 경우에는 위 대상에서 제외된다.

난 것이다.

다만, 경찰은 일반직 공무원과 비교하여 볼 때, 일반시민의 자유와 권리를 직접적으로 제한하는 강제권을 행사할 여지가 많기 때문에 명목적인 봉사자가 아닌 실질적인 봉사자로서 기능하는 데에는 어려움이 많이 따른다. 그렇기 때문에 앞으로도 실질적으로 경찰이 국민 전체에 대한 봉사자로서 기능하는 데에는 조직 내·외적으로 보다 많은 개선이 요구되는 것이다.

물론, 경찰이 법집행자로서 기능을 하는 경우는 정상적인 일반시민에 대하여 이루어지기보다는 법을 위반한 범죄자에 대하여 이루어지기 때문에 봉사자로서의 위치가 어떻게 설정되어야 할 것인가가 문제시 된다. 본질적으로 경찰이 일반시민과 똑같은 수준으로 범죄자들에 대해서까지 봉사자로서 기능을 해야 한다는 것은 문제가 있다. 그러나 범죄자가 실질적으로 우리 사회에 해악을 끼친 것인지, 아니면 시대가 이러한 범죄자들을 양산한 것인지, 혹은 국가가 지배권력 이데올로기에 의해 정상적인 사람을 범죄자로 규정했는지에 따라 문제는 복잡해진다. 경찰이 표면적으로 준법시민 대 범죄자라는 이분법적 논리에서 그 정당성을 부여받게 된다면, 경찰의 봉사자로서의 기능은 자칫 허구에 불과하게 된다. 역사적인 사실이 이러한 것을 분명히 보여 주고 있다.

그리고 경찰의 봉사자로서의 기능은 경찰이 직접적으로 봉사기능을 했을 때(예컨대, 길거리에 쓰러져 있는 노약자보호)뿐만 아니라 범죄를 통제함으로써 우리 사회의 안전성을 증진시키는 것 자체가 간접적인 봉사기능에 해당된다고 보아야 할 것이다.

한편 경찰이 권위적인 법집행자의 이미지보다 민주적인 봉사자로서의 이미지가 보다 중요한 구체적인 이유가 된다. 먼저 오늘날 우리 사회가 발전한 만큼 그 이면에는 수많은 사회문제(범죄, 환경오염, 가정폭력, 청소년일탈, 약물남용, 노약자보호, 교통사고, 재해 등)가 만연하고 있다. 그런데 경찰과 같이 대규모 조직을 가지고 도서·산간벽지를 포함한 우리 사회 곳곳에서 항상 운영되고 있는 조직은 거의 없다. 그렇기 때문에 경찰이 법집행가로서 맡은 바 역할이 중요시되면서도, 한편으로는 이와 같이 사회 곳곳에서 발생하고 있는 수많은 사회문제를 직·간접적으로 지원해 줄 봉자자로서의 기능이 요구되고 있는 것이다.

다음으로 이미 앞에서 언급한 바와 같이 오늘날 우리 사회의 범죄문제는 매우 심각하며, 경찰이 이에 대해 적절히 대응하는 데에는 한계가 있음은 주지의 사실이다. 그런데 과거와 같이 경찰이 권위적·강제적인 태도를 가지고, 이러한 범죄문제를 해결하고자 한다면 문제해결은 보다 어려워질 것이다. 왜냐하면 과거에는 국가권력의 강압적인 통제방법에 시민들이 순응하였으나, 오늘날에는 이러한 방법이 전혀 통하지 않는다. 예컨대, 강력범죄 또는 교통사고가 발생했을 때 목격자들에게 경찰이나 검찰이 강제적으로 협조요청을 했을 때, 바쁜 자기생활을 포기하면서 순수히 이에 협조해줄 시민은 거의 없다. 오히려 형사사법기관이 시민에 대한 협조를 부탁하면서 최대한으로 양해를 구했을 때, 그나마 시민의 협조가 이루어지고 있는 실정이다.

이러한 상황은 무엇을 의미하는 것인가. 이는 국가지향적 시대에서 개인 또는 시민지향적 시대로 전환되고 있음을 의미하는 것이다. 따라서 경찰은 법집행과 질서유지뿐만 아니라 봉사 역시 본질적 기능으로 인식해야 할 것이며, 아울러 법집행의 성과를 극대화시키기 위해서는 시민에 대한 봉사를 최대한으로 제공하는 것이 필요한 시점에 이른 것이다.

이제 시민의 삶의 질 향상과 관련하여 볼 때, 경찰의 대민 서비스기능은 본질적인 기능으로 인식되고 있다. 만약 경찰과 시민의 관계가 갈등관계를 계속 유지하고 있다면 어떻게 될 것인가? 갈등관계는 상호간의 부자연스럽고 비판적인 관계를 형성시킨다. 이러한 관계 속에서 경찰이 시민에 대한 서비스의 질을 향상시키는 것은 불가능할 것이며, 설혹 이루어진다 할지라도 형식적인 수준에 그칠 것이다. 따라서 협력관계 속에서 경찰이 시민에 대한 봉사자임을 인식할 때, 진정한 치안 서비스가 제공될 수 있을 것이다.

2. PCR의 등장과 특징

여러 연구조사의 결과, 범죄와 무질서 등 수많은 문제의 주요원인이 바로 경찰과 커뮤니티의 단절에서 비롯된 것이라는 사실을 발견하게 됨으로써 이에 대한 대응방안을 강구하기 시작하였다. 이러한 시기를 명확하게 제시하기는 어렵지만, 대략 미국에서는 1960년대 전후에 해당되는 시기이다. 당시 미국사회는 범죄율의 지속적인 증가와 반전데모·인권운동·민족운동 등으로 인해 각종 폭동들이 난무하던 시기로 경찰은 시민들과 자주 충돌하였으며, 그러한 결과로 경찰과 시민은 더욱 격리되게 되었다.

이와 관련하여 특히 TV의 대중화는 경찰의 한계를 가장 극명하게 알려 주는데 결정적인 기여를 하였다. 당시의 베트남전쟁과 시민권리운동(市民權利運動)에 따른 시민사회의 불만, 그리고 이에 대한 경찰의 강경대응으로 인해 경찰은 매스컴의 스포트라이트를 받았다.

시민들은 TV를 통해서 그동안 경찰에 대한 전문가적 이미지가 마음에서 점점 멀어지게 되었다. 시민들은 경찰들의 야만성과 과민반응을 목격하게 된 것이다. 또한 1966년 애리조나주의 미란다(Miranda)사건에 대한 연방대법원의 판결 등은 필연적으로 무엇인가 커다란 변화가 이루어져야 할 것을 요구하고 있었다.[22]

미란다원칙(Miranda Rule)

1963년 3월 애리조나(Arizona)주 피닉스시의 경찰은 미란다(E. Miranda)라는 멕시코계 미국인을 체포하였다. 18세 소녀를 납치해 강간했다는 혐의로 경찰에 연행된 미란다는 그 소녀에 의해 범인으로 지목되었다. 미란다는 경찰서로 연행되어 변호사도 없는 상태에서 두 명의 경찰관에 의해 조사를 받았다. 미란다는 처음에는 자신의 결백을 주장했으나 약 2시간 정도의 신문을 받은 후에는 자신의 범행을 인정하는 구두자백과 진술서를 썼다. 그러나 재판이 시작되자 미란다는 자신의 자백진술서를 증거로 인정하는 것을 반대했지만 애리조나 주법원에서는 미란다의 주장을 받아들이지 않았으며, 납치와 강간에 대해 유죄가 인정되어 각각 징역 20년과 30년을 선고하였다. 미란다는 애리조나 주대법원에 상고했지만 역시 유죄가 인정되었으며, 마지막 수단으로 연방대법원에 상고를 청원하였다. 상고청원서에서 미란다는 수정헌법 제5조에 보장된 불리한 증언을 하지 않아도 될 권리와 수정헌법 제6조에 보장된 변호사의 조력을 받을 권리가 침해되었다고 주장하였다. 피의자의 자백을 받아내기 위한 경찰의 가혹행위가 중단되지 않았던 것은 1960년대까지 수정헌법에 의해 보장된 피의자의 권리가 주정부에는 적용이 되지 않고 연방법원과 연방수사국(FBI)에만 적용이 되는 것으로 해석되었기 때문이다. 미란다의 상고심이 열리기까지 미국법원은 수사기관의 자백강요를 예방하기 위해 보장한 권리, 즉 묵비권을 행사할 권리나 자신에게 불리한 증언을 거부할 권리는 경찰의 신문과정에서는 적용되지 않는 것으로 인정했다. 주법원에서 피의자의 자백을 증거로 채택할지의 여부는 전체적인 신문방향이 강압적이었느냐의 여부에 따라 결정되

---

22) Richard N. Holden, *Modern Police Management*, Englewood Cliffs, NJ: Prentice Hall, 1994, p. 23.

23) 그러나 이러한 미란다 원칙은 자백취득이 불가능해진다는 주장 등 여러 비판을 받아 약화되는

는 것이 관례였다. 그러나 1960년대 들어 연방대법원은 권리장전의 적용범위를 차츰 확대해 갔고, 이 과정에서 주정부 경찰에 의해 체포되어 재판을 받는 피의자의 인권도 신장될 수 있었다. 미란다 판결은 많은 미국인들로부터 1960년대의 다른 인권판결과 마찬가지로 대법원이 범죄예방이나 범죄피해자의 권리보다는 범죄자의 권리를 더 존중하고 있다는 거센 비난을 받았다. 그러나 대부분의 주정부 경찰들은 미란다 판결 이후 연방대법원의 판결취지에 따라 '미란다 고지문'을 만들어 수사관들로 하여금 피의자를 체포하거나 신문하는 경우에 이를 고지해 주도록 하였다. 즉 경찰은 용의자에게 ㉠ 당신은 묵비권을 행사할 수 있고, ㉡ 당신이 말한 것은 법정에서 불리하게 사용될 수 있으며, ㉢ 당신은 우리가 질문하기 전에 변호사와 상의할 권리가 있고, 변호사를 배석시킬 권리를 갖고 있으며, ㉣ 만약 당신이 변호사를 선임할 능력이 없지만, 그래도 변호사를 원한다면 국선변호인을 선임해 줄 것이며, ㉤ 당신은 변호사 없이 진술을 하는 상황에서 언제나 원할 때에 중단할 권리가 있음을 사전에 주지시켜야 한다는 것이다. 미란다 판결 이후 '미란다 고지'가 범죄수사에 있어서 어떤 영향을 미쳤는지 많은 조사가 이루어졌는데, 이러한 조사결과들의 공통점은 미란다 판결로 인해 많은 범죄자들이 무죄 석방되리라는 우려가 기우였다는 것이다. 어쨌든, 미란다 판결과 같은 권리장전은 이후에도 미국뿐만 아니라 전 세계에 계속 영향력을 가지게 되었으며, 경찰의 수사업무에 큰 지장을 주지 않은 채 경찰의 수사관행을 변화시키고 피의자의 인권을 신장시키는 데 크게 기여하였다.[23]

자료: 위키백과(https://ko.wikipedia.org).

따라서 이러한 미국사회 내의 혼란 및 커뮤니티와 경찰의 불화를 치유하기 위하여 존슨 대통령은 1965년 법집행과 사법행정에 관한 대통령위원회(Commission on Law Enforcement and Administration of Justice)를 설치하고, 관련문제를 조사 연구하여 1967년 그 결과를 발표하였다.[24]

이 보고서에 따르면, 경찰의 시민에 대한 무관심과 시민의 경찰에 대한 적대감은 결과적으로 경찰의 사건해결능력과 체포능력을 저해하는 요소로 작용하여

듯하였으나, 다시 자백을 유도한 제반사정을 종합적으로 판단하여 임의성의 존부를 실질적으로 판단하여야 한다는 움직임이 일어났다. 이에 따라 1968년 6월 19일 미국 의회는 범죄통제법을 성립시켜 '자백의 허용성 기준'을 정하였는바, 이는 미란다 원칙의 불이행이 자백의 임의성을 결정적으로 좌우하는 것이 아니라고 하면서, 종합적 사정에 비춰 본 '임의성 판단의 원칙'을 허용하였다. 이러한 미란다 원칙의 기원을 추적하여 보면, 피의자의 인권보장을 위해 강제에 의한 자백의 증거능력을 부정하고자 했던 영국에서부터 비롯되었다고 볼 수 있다. 이 자백의 배제법칙이 미국에 계수되었고, 임의성과 관계없이 자백 채취과정에 위법이 있으면, 그 자백을 증거에서 배제하려는 경향이 성립되기에 이르렀다고 볼 수 있다. 위키백과(https://ko.wikipedia.org).

24) The President's Commission on Law Enforcement and Administration of Justice, *Task Force Report: The Police*, Washington, D.C.: U. S. Governmental Printing Office, 1967, Chapter 5.

커뮤니티에 악영향을 미친다고 하였다. 경찰과 시민의 관계가 악화되면 경찰에 대하여 적대감을 가지는 시민이 점차 늘어날 것이고, 그들은 범죄를 목격하고도 경찰에 신고하거나 증인으로 나서지 않을 것이기 때문이다. 또한 이러한 적대감은 경찰의 업무태도 및 업무수행에도 영향을 미치는데, 경찰 역시 시민에 대해서 호의적이고 봉사하는 자세를 갖추지 않는다는 것이다. 따라서 대통령 위원회는 친화적인 '경찰－커뮤니티 관계' 수립의 중요성을 강조하였다. 친화적인 경찰－커뮤니티 관계는 문제를 해결해 주고, 나아가 경찰이 경찰활동을 성공적으로 수행할 수 있도록 해 주기 때문이다.

따라서 경찰과 커뮤니티의 관계를 개선하고자 하는 총체적인 노력이 이른바 'PCR'(Police Community Relations)로 표현되는데,25) 이는 경찰조직의 경찰과 커뮤니티 내의 시민들 사이에 존재하는 모든 형태의 상호작용 속에서 나타나는 관계개선을 의미한다. 즉, 긍정적인 관계개선은 물론, 부정적인 관계개선을 모두 포함하는 것이다. 여기에서 긍정적인 관계란 경찰과 커뮤니티의 협력과 의사소통을 촉진시켜 주는 여러 가지 상호작용을 의미하며, 부정적인 관계란 일반적으로 예기치 못했던 의사소통의 단절과 상호작용을 불가능하게 하는 장애물을 의미하는 것이다.26)

PCR에서는 경찰이 지역주민들에게 무엇을 해야 하는가를 말하는 대신 그들의 소리에 귀를 기울이는 것을 특히 강조한다. 왜냐하면 시민들은 그 지역에 대해서 가장 잘 알고 있는데, 경찰이 그러한 정보를 적절하게 수집할 수 있으면 이를 바탕으로 경찰업무를 보다 잘 수행할 수 있기 때문이며, 또한 실제 시민들이 경찰에 대하여 기대하는 바를 시민을 통해서 직접 들음으로써 보다 잘 알고 대처할 수 있기 때문이다.

---

25) PCR은 래들릿(Louis A. Radelet) 교수가 주도한 미시간 주립대학의 국립경찰커뮤니티관계연구소(The National Center for Police Community Relation)에 기원을 두고 있으며, 이는 커뮤니티의 의사소통을 원활히 하여 법집행과 시민 사이의 긴장을 해소하기 위해 시작된 일련의 운동이라 할 수 있다. The Late Louis A. Ladelet & David L. Carter, *The Police and The Community*, New York: Macmillan College Publishing Co., 1994, pp. 51~52.

26) 김충남, "경찰과 지역사회관계에 관한 연구," 동국대 대학원 박사학위논문, 1989, p. 37.

경청의 중요성

사전적 의미로 '경청'(傾聽, listening attentively)은 남의 말을 귀 기울여 주의 깊게 듣는 것을 말한다. 여기에서 '경'은 '기울어질 경'(傾)을 의미하며, '청'은 '들을 청'(聽)의 의미이다. 잘 들으려면 자세를 앞으로 약간 기울여서 듣는 모양이다. 따라서 경청이라는 것은 상대의 말을 듣기만 하는 것이 아니라, 상대방이 전달하고자 하는 말의 내용은 물론이며, 그 내면에 깔려 있는 동기(動機)나 정서에 귀를 기울여 듣고 이해한 바를 상대방에게 피드백(feedback)하여 주는 것을 말한다. 이러한 경청은 효과적인 의사소통(意思疏通)에 있어서 매우 중요한데, 이를 3단계로 나누어 다음과 같이 설명하기도 한다.

첫 번째가 귀로 듣는 일상적 경청이다. 입에서 나오는 말이 귀로 전달된다는 것 즉, 사실이나 정보를 듣는 수동적 경청으로서 정보수집에 초점을 둔 것으로, 제대로 듣기 위해서는 머릿속에 들어있는 잡동사니들을 없애야 한다.

두 번째는 적극적 경청이다. 이는 적당한 시점에 적절한 질문을 던짐으로써 상대의 이야기를 신중하게 듣고 있음을 표현하는 것이다. 단지 내가 듣고 싶어 하는 것만을 듣기 위해 질문하는 것은 바람직하지 못하다. 충분히 이해하기 위해 듣는 것이 아닐 뿐 아니라 듣는 이의 특정한 목적을 달성하기 위해 질문을 하는 것이기 때문이다.

마지막은 마음으로 듣는 직관적 경청이다. 스스로 자신의 문제를 해결하도록 돕겠다는 의지를 가지고 마음을 열고 진심으로 들어주는 것이다. 이것이 바로 말과 태도, 그리고 에너지, 수준, 음성의 톤, 보이는 태도, 감정, 암시까지 총체적으로 듣는 경청의 최고단계라 할 수 있다. 고도의 집중과 인식을 갖고 상대도 알아채지 못하는 모순점, 어휘와 태도에서 드러나는 감정, 반복되는 주제, 꿈과 좌절, 발전을 가로막는 장애물을 읽어 주는 단계라 할 수 있다.

자료: http://100.daum.net/encyclopedia; http://cafe.daum.net/hansb/FFr9.

어떤 면에서 경찰과 커뮤니티는 공생관계이면서 긴장과 갈등관계가 동시에 존재하는 일종의 '애증관계'가 존재한다고 볼 수 있다. 전통적 관점에서 경찰과 커뮤니티가 긴장과 갈등관계를 형성하였다면, PCR에서는 이를 해소하고 공생관계를 형성하고자 한 것이라 볼 수 있다. 따라서 PCR이라는 것은 시민들이 경찰과 함께 커뮤니티의 문제를 이해하고 이에 적절히 대응할 수 있도록 상호관계를 형성하는 것을 의미한다. 이는 경찰이 직면하고 있는 어려움과 역할에 대한 시민의 이해, 그리고 경찰과 시민 양자의 조화와 협력을 위한 성실한 노력과 양자간의 문제점을 이해하려는 즉, 범죄와 무질서 대응에 대한 공통목표를 공유하려는 노력이라 할 수 있다.

초기의 PCR은 커뮤니티 지도자와 경찰 사이의 긍정적인 관계를 유지하려는 목적으로 일방적인 경찰주도에 의해 진행되었으며, 이후 1970년대까지 미국 대부분의 경찰조직에서는 커뮤니티 관계를 담당하는 부서를 설치하거나 혹은 직원을 배치하였고, 형사사법관련 대학에서는 PCR강좌가 개설되기에 이르렀다. 즉 PCR 초기단계에서는 시민과의 정보를 교환하기 위한 수단으로 시작되었으나, 점차 경찰에게 시민과의 의사소통방안에 관하여 교육하고, 시민들에게는 경찰업무의 위험성과 어려움을 알리며 상호간의 이해를 증진시키려는 방향으로 발전하게 된 것이다.[27]

3. PCR의 구성요소

PCR은 크게 인간관계(HR: Human Relation)와 공공관계(PR: Public Relation)로 나누어진다.[28] 따라서 PCR은 커뮤니티의 모든 구성원 및 경찰조직의 모든 직원과 관련되고, 이는 경찰과 시민의 접촉에 의한 인간관계와 시민들에게 좋은 이미지를 심어 주려는 공공관계에 의해 형성된다고 볼 수 있다. 물론, 이 두 가지가 뚜렷이 구분된다기보다는 양자가 중복되어 나타나기도 하며, 또 상호 보완적인 면이 있다고 할 수 있다.

1) 인간관계의 개선

우리가, 예컨대 A라는 사람과 B라는 사람이 서로 인간적인 관계를 형성하고 있다는 것은 무엇을 의미하는가? 이는 상호간에 서로 친밀하고 신뢰할 수 있는 관계를 형성하고, 어려울 때 서로 도와줄 수 있는 관계를 의미한다. 마찬가지로 PCR 에서의 인간관계(人間關係) 개선은 경찰과 시민 사이의 인간 대 인간접촉을 통해서 상호간의 관계를 개선시키고자 하는 것이다.

---

27) 노호래, "한국의 지역사회 경찰활동에 관한 연구," 동국대학교 대학원 박사학위논문, 1999, p. 40.
28) Steven M. Cox & Jack D. Fitzgerald, *Police in Community Relations*, 3rd ed., Madison: Brown & Benchmark, 1996, pp. 9~10.

경찰의 소외계층을 위한 지원활동

① 사랑의 나눔 운동

장기화된 경기침체로 저소득층 및 아동·노인 등 취약계층의 생활이 어려워지는 상황에서 경찰청은 이들에게 삶의 새로운 희망과 용기를 주고 경제적인 안정을 도모하는 계기를 마련하고자 「사랑나눔 운동」을 지속적으로 전개하고 있다. 공공의 안녕과 질서유지를 책임지는 경찰관이 직접 복지시설을 찾아가 봉사활동하며 국민의 따듯하고 든든한 버팀목이 되고자 한 것이다.

2015년 「사랑나눔 운동」을 통해 전국 경찰관서에서는 '급여우수리' 모금과 사랑의 성금 모금을 실시하여 총 7억 9,105만원을 취약계층에 지원하였고, 3,010회에 걸쳐 복지시설을 방문, 장학금 전달·복지시설 청소·빨래·목욕봉사·독거노인 위문 등 이웃과 사랑의 온정을 나누고 사회적 약자 배려를 실천하였다.

② 사랑의 헌혈 운동

2005년 12월 12일 경찰청과 대한적십자사 간 「생명을 나누는 사랑 실천의 약속」 헌혈약정을 체결한 이후, 참다운 사회공헌과 따뜻한 사랑나눔을 통한 국민이 공감하는 경찰상을 정립하기 위해 전국 경찰관서에서는 상·하반기로 사랑의 헌혈 운동에 적극 참여하고 있다. 특히, 2015년에는 상반기 메르스 위기, 하반기 70주년 경찰의날 기념 릴레이헌혈을 실시하여 혈액부족으로 인한 국민적 어려움 해소와 봉사경찰상 확립의 계기가 되었다.

표 5-7 사랑의 헌혈 참여 현황

구 분	2009	2010	2011	2012	2013	2014	2015
참여인원	19,074	11,374	9,996	3,182	6,038	2,309	5,733

③ 전통시장 상품권 구매 운동

전통시장 수요진작과 지역경제 활성화의 일환으로 전통시장 상품권 구매운동을 실시, 맞춤형 복지포인트를 이용해 전통시장 상품권을 일괄구매·지급하고 복지시설 위문품 구매나 직원 격려·포상시에도 전통시장 상품권을 적극 활용하는 등 '15년 총 25억 9천만원을 구매하며 시장경제 살리기에 앞장서고 있다.

자료: 경찰청, 경찰백서, 2016, pp. 445~446.

경찰은 다른 공무원과 비교하여 현장활동이 많고, 따라서 시민과의 접촉이 빈번하게 이루어지는데, 이러한 과정에서 강제력을 동원하는 경우가 많기 때문에 비록 합법적일지라도 업무의 특성상 경우에 따라서는 시민의 인권을 침해할 여지가 많이 발생한다. 예컨대, 폴리스 라인(Police Line)을 설정하여 경찰이 그 범위 안에서 평화적인 시위가 이루어지도록 통제하는 과정에서 일부가 이를 위반하였을 경우, 경찰은 이를 공권력에 대한 도전으로 여기고 질서유지를 위해서 강력하게 대응을 하게 된다. 이러한 과정에서 시민은 경찰의 물리적 강제력 행사에 의해 신체적 상해를 입을 수도 있다.

경찰봉 대신 이발가위를 든 경찰관

경찰봉 대신 이발가위를 든 경찰관이 있어 화제다. 화제의 주인공은 전남 완도군 노화읍 넙도 완도해양경찰서 내리출장소에 근무하 는 조병훈(46) 경사로 낙도 오지 주민들의 머리를 책임지고 있어 주민들로부터 칭송이 자자하다. 조경사가 출장소 안에 이발소를 개업(?)하게 된 것은 지난 2004년 9월부터이다.

해남 땅 끝에서 보길도로 가는 초입에 위치한 이 섬에는 450여명의 주민들이 살고 있지만 미용실이나 이발소가 없어 주민 불편이 이만 저만이 아니다. 큰 섬으로 가거나 완도읍까지 나가 이발을 해야 하는 노인들의 딱한 사정을 외면 할 수 없어 자비로 이발도구를 구입하여 머리를 깎아주기 시작하였다. 군 복무 때 익혀둔 이발 솜씨를 발휘해 마을 노인 한 분, 한 분을 모셔다 머리 손질을 해 준 것이 입소문이 나면서 이제는 하루 평균 2-3명의 손님(?)을 받고 있을 정도로 인기를 끌고 있다고 한다.

주민 김모(73) 씨는 "머리를 깎기 위해 인근 섬 등으로 나가기가 번거롭고 귀찮아 그냥 지낼 때가 많았는데 출장소에서 조 경사가 바쁜 와중에서도 이발을 해줘 너무 고맙다"면서 "이발 실력도 좋아 섬 노인들이 모두 멋쟁이가 됐다"고 고마움을 표시하였다. 조경사는 "언제나 주민들을 위해 출장소 문을 활짝 열어 놓고 있다"면서 "이발 봉사라는 작은 정성으로 경찰이라는 경직된 이미지를 털어 내고 주민과 함께 하는 웃음과 정이 넘치는 해양경찰로 거듭나기 위해 계속 노력 하겠다"고 하였다.

자료: 연합뉴스, 2004.11.25.

이와 같이 경찰의 대응이 합법적으로 이루어졌을지라도 경찰과 시민 상호간에 신뢰성이 형성되지 못한 상황에서는 이는 단순히 공권력에 의한 부당한 인권침해로 받아들여지게 된다. 이에 따라 경찰과 접촉한 시민은 경찰에 대한 평가를 주변사람들에게 알리게 되고, 수많은 사람들은 경찰의 야만성에 분노하며, 이에 가세하여 심각한 경우에는 언론에 보도되어 경찰에 대한 비판이 거세게 제기되는 경우도 발생하게 된다.

반대로 위와 같은 상황에서 경찰과 시민 상호간에 신뢰가 형성되어 있을 때에는 비록 경찰이 공권력을 행사하여 어떤 개인의 인권을 침해했을지라도 대부분의 시민들은 경찰의 대응에 대하여 신뢰를 표하게 된다. 사회안전이라는 전체적인 틀에서 보았을 때, 경찰의 강경대응보다는 시민의 법규위반이 더 잘못되었다고 인식하기 때문이다. 마찬가지로 경찰이 합법적으로 강경대응할 수 있는 것은 바로 다수의 시민들의 신뢰를 바탕으로 하기 때문이다.

젖도 빨 줄 모르는 아이들을 데려와 키우면서 오히려 사랑을 수유 받지요

서울지방경찰청 이성남 경사는 7년 동안 14명의 아이들을 '위탁입양해 오고 있어 주변의 칭송을 받고 있다. 먹고 살기 바빠 자기자식도 기르기 힘들다고 하소연하는 부부들이 지천인 가운데, 이 경사는 생면부지의 갓난아기들을 데려와 혈육 못지 않은 정을 나눠 주고 있다. '위탁입양'이란 친부모가 양육할 능력이 없어 입양기관에 아이들이 입양되기 직전까지 일정기간 아이들을 맡아 길러 주는 것을 뜻한다. 이 경사가 위탁입양과 인연을 맺게 된 것은 지난 1997년 겨울이었다. 당시 강서경찰서 파출소(현 지구대)에서 재직하던 그는 만삭의 20대 미혼모와 상담을 하였다. 원하지 않던 임신을 했던 그녀는 아이의 장래에 대한 불안감에 떨고 있었다. 딱한 처지에 공감한 이 경사는 아이의 미래를 위해 동분서주하다 홀트아동복지회와 연이 닿았다. 입양시킬 곳을 찾았지만 당장 태어날 아이를 선뜻 맡아줄 곳은 쉽게 나타나지 않았다. 그래서 자신이 직접 위탁입양을 하는 방법을 생각해 보았지만 집문제가 걸림돌이 되어 포기해야만 했다. 이 경사는 집문제가 해결되면 꼭 위탁입양을 해 보겠다고 마음먹고 아내에게 어렵게 승낙을 얻었다. 이렇게 해서 이들 부부가 처음 입양아를 맞이한 것은 지난 2001년이었다.

이 경사는 당시 홀트아동복지회로부터 갓난아기를 데려 올 때 느꼈던 낯설음과 기쁨에 대해 말한다. "처음에는 젖도 빨 줄 모르는 갓난아기가 하루 종일 우는 통에 잠도 통 못잤죠. 집안 식구들의 신경이 하루 종일 곤두설 수밖에 없었어요. 그러나 시간이 지나면서 모든 관심사가 아기에게 쏠리고 자연스럽게 가족이 하나가 되는 것을 느낄 수 있었어요." 자신의 가정에서 1년 정도를 자라다 미국의 한 중산층 가정으로 입양된 한 사내아이의 기억을 떠올린 이 경사는 "장이 선천적으로 약해 하루에 20번이 넘게 설사를 했다. 식구들도 그렇지만 아기가 참 고생이 많았다"며 "상처난 항문을 닦아 주면 아이는 아프다고 울고, 아내도 울고, 그렇게 식구들의 마음이 다 헐곤 했다"고 말했다. 그러나 그런 아픔보다는 아이가 좋은 가정에서 행복하게 지내는 것을 입양후 확인할 때의 기쁨이 몇 배 크게 다가온다고 말한다.

이 경사는 "젊어서는 무조건 일만 하느라 아이 낳고 키우는 것에 신경쓸 겨를이 없었지만, 어느 정도 나이가 들고 갓난아기를 기르니 육아의 새로운 의미를 발견할 수 있었다"며 "젖도 뺄 줄 모르는 아이들을 데려와 키우면서 오히려 사랑을 수유받는 셈이다"며 환하게 웃었다. 물론 새 식구들이 이 경사의 가정에 쉽게 합류하게 된 것은 이제는 대학생이 된 아들과 고등학생 딸의 도움도 컸다.

이 경사는 특히 이제 고등학생에 불과한 이 양이 제법 초보엄마노릇을 해 주는 것을 무척 대견스러워 했다. 그래도 애지중지 키우던 아이들이 다른 가정으로 입양될 때의 심정은 어떨까. "떠나 보낼 때 마음을 표현하기는 힘듭니다. 그저 눈물바다만 되는 거지요. 아이가 떠나면 저는 휴가를 신청해서 가족들과 함께 여행을 가요. 잊기 위해서라기보다는 기억하기 위해서죠. 아이가 떠나도 기저귀와 담요를 오래 간직하고 틈틈이 냄새를 맡아요." 입양을 하다 보면 가끔 서글플 때도 적지 않다고 한다. "위탁입양을 한다고 하면 '잘 한다'고 칭찬하는 분들도 있지만, '얼마 받느냐'고 묻는 사람들도 있어요." 웃으면서 말하지만 색안경을 끼고 위탁입양을 바라보는 일부 시선에 대한 섭섭함도 묻어나는 대목이었다.

이 경사는 친부모로부터 양육되지 못하는 아이들이 여전히 줄지 않고 있는 현 상황에서 대안가족으로서의 입양에 대한 사회적 공감대가 좀 더 확산되어야 한다고 하였다. 이 경사는 "외국처럼 정부차원에서 적극적인 혜택을 주는 지원 시스템이 마련되어야 한다"며 "한국은 입양에 대한 사회적 인식은 많이 향상되었는데, 조건이 지나치게 까다로워 입양을 하고 싶어도 하지 못하는 가정이 많다"고 아쉬움을 털어 놓았다. "일근을 하는 기동단으로 오다 보니 새벽 출근에 새벽 퇴근이 빈번하다"는 이 경사는 "전에는 저도 틈틈이 도운다고 했는데, 요새 아내가 참 고생이 많다"며 아내에게 미안함과 고마움을 함께 전했다.

자료: 뉴시스, 2008.3.28.

따라서 PCR에서는 이와 같이 어떻게 하면 그동안 소원했던 경찰과 시민 상호간의 신뢰를 회복할 수 있느냐가 관건이다. 이는 단기적으로 가능한 일이 아니며, 단순히 구호에 그쳐서 해결될 일이 아니다. 구체적으로 경찰과 시민 상호간의 인간적인 관계를 개선할 수 있는 여러 가지 프로그램이 개발되어 장기적으로 실시하고, 이를 토대로 실질적인 관계개선이 이루어져야 할 것이다.

PCR의 관점에서 볼 때, 이와 같이 경찰이 이미지를 개선하고 신뢰를 받기 위한 방법으로서 경찰의 가정방문, 유실물 찾아 주기, 미아 찾아 주기 등 법집행 이외의 봉사활동이 무엇보다도 강조된다. 아울러 언론과의 관계개선도 중요한 측면 가운데 하나로 인식되고 있다. 특히 적절한 도보순찰은 주민과의 접촉을 용이하게 함으로써 커뮤니티의 문제를 확인시켜 주고, 아울러 대민관계를 개선할 수 있을 것이다.[29]

2) 공공관계의 개선

한편 공공관계(公共關係)의 개선이라는 것은 경찰이 무엇을 하고 있고, 왜 그것을 하고, 누구에게 봉사하며, 그러한 활동들이 커뮤니티의 공공안녕과 질서유지에 얼마만큼 기여하는가를 시민에게 알림으로써 경찰의 좋은 이미지를 심어 주는 것이라 할 수 있다.[30] 이는 공공관계의 개선을 통해 시민들에게 일반적인 경찰정보를 제공하고, 경찰의 이미지 제고를 위해 시행하고 있는 여러 가지 시책 등을 공개하는 공보기능을 의미하는 것이다. 어떤 면에서 공공관계의 개선은 경찰의 이미지를 제고하는 특징을 갖기 때문에 일종의 경찰홍보차원에서 전개되는 것이라 할 수 있다.

과거에는 공공부문, 특히 경찰과 같은 특수한 업무를 수행하는 조직은 비밀주의 그 자체였다고 볼 수 있다. 따라서 실질적으로는 중요하지도 않은 내용을 마치 경찰이 수행하는 모든 업무가 일급비밀(Top Secret)인 것처럼 포장하여 공개하기를 꺼렸다. 심지어 시민들은 경찰조직이 어떻게 조직화되어 있고, 그 구성원들은 몇 명이며, 구체적으로 어떠한 업무를 수행하는지를 알 수가 없었다. 또한 조직구성원들 사이에서도 상호간의 의사소통과정에 상당히 제한되고, 경우에 따라서는 소위 말하는 '그레샴 법칙'(Gresham's Law)에 따라 그다지 중요하지 않은 정보는 서로 공유하되, 정말로 중요한 정보는 독점함으로써 배타적인 이익을 누리고자 한 것이 사실이다.

---

29) 노호래, 앞의 논문, 1999, pp. 120~121.
30) T.A. Johnson, *The Police and Society*, New Jersey: Prentice Hall, 1981, p. 125; 이황우, 앞의 책, p. 370 재인용.

지역자문위원회

지역자문위원회(Community Advisory Councils)는 지역주민대표들로 구성된 단체로서 경찰 관리자 및 일선경찰과 정기적으로 모임을 갖고, 여기에서 지역의 범죄현황·특징, 범죄율 감소방 안, 범죄의 두려움 감소방안, 범죄대응방안 등에 대한 상하간의 정보를 교환한다. 이러한 지역자 문위원회를 통해 지역주민의 요구사항을 경찰에 반영시킬 수 있고, 경찰은 이를 토대로 경찰활동 을 함으로써 결과적으로 지역주민의 삶의 질을 향상시킬 수 있게 된다.

그러나 경찰과 시민, 그리고 경찰조직 구성원들 간의 비밀이 많을수록 상호간 의 진정한 이해 및 협력은 이루어지기 어렵다. 경찰조직 스스로가 정보공개를 꺼 림으로써 업무의 원활한 수행에 장애를 가져 오고, 아울러 부정부패문제가 보다 심각한 수준에 이르게 된 것이다. 오늘날 부정부패해결에 대해 전세계가 공통으로 인정하는 대안이 바로 '투명성'이라는 점에 주목할 필요가 있다.

따라서 어떤 면에서 경찰은 자의적이든 타의적이든 간에 정보공개를 통해서 공공관계를 개선시키지 않으면 안 될 시점에 이른 것이다. 즉, 경찰이 무슨 일을 수행하고 있으며, 어떠한 어려움을 안고 있는지를 시민에게 공개하고 시민의 이해 를 이끌어 내야 할 시점에 이른 것이다. 이제는 시민의 경찰에 대한 이해를 바탕으 로 시민의 능동적인 협력을 이끌어 내지 않고서는 경찰활동이 성공적으로 이루어 지는 것을 기대하기가 어렵기 때문이다.

이러한 추세에 따라 경찰은 자신들의 조직과 활동을 소개하는 책자(경찰통계연 보, 경찰백서 등)를 만들어 적극적으로 시민에게 알리는 노력을 시도하고 있으며, 최 근에 들어서는 인터넷의 보편화를 활용해 대부분의 경찰조직들이 홈페이지를 개 설하여 각종 범죄통계, 경찰조직현황, 채용과 승진, 주요시책을 알리기에 노력하고 있으며, 더 나아가 인터넷이 가지고 있는 쌍방향적 특성을 활용하여 시민의 제안 이나 각종 민원을 접수하여 처리토록 하고 있음에 주목할 필요가 있다.

또한 경찰의 이미지 개선 및 관계 개선을 위하여 경찰에서는 '경찰서비스헌 장'을 채택하고, 경찰 캐릭터 '포돌이'를 형상화시키고, 시민경찰학교 운영 및 경· 학 교류에 의한 대학에서의 경찰현장실습 교과목을 운영하는 것 등은 이러한 공 공관계의 개선을 위한 단적인 예라 할 수 있다. 과거 비밀주의·권위주의가 경찰의 지상명제인 것처럼 인식된 시대에는 과연 상상이나 할 수 있었던 것인가?

(1) '경찰서비스헌장' 제정

오늘날 세계 각국의 정부가 관심을 갖고 연구 또는 도입하고 있는 것 가운데 하나가 바로 '시민헌장'(Citizen's Charter)제도이다. 이는 1991년 영국에서 처음 시작되었는데, 공공서비스의 주체인 정부와 시민간의 관계를 새롭게 인식한다는 점에서 큰 의의를 가지고 있다.[31]

시민헌장제도는 정부는 공공서비스의 수혜자인 시민에게 공공서비스에 관한 적절하고 구체적인 정보와 서비스를 제공해야 하며, 고객들은 이와 같이 제공되는 서비스와 정보를 선택하고 평가하며, 공공서비스가 만족스럽지 못한 경우 이의나 불만을 제기하고, 또한 보상도 요구할 수 있다. 이러한 시민헌장제도의 성격은 일반적인 상품이나 서비스의 제공과 그에 대한 애프터 서비스(After service)와 유사한 개념이고, 공공기관이 제공한 서비스에 대한 사전적·사후적인 책임을 부여하고 있다.

이와 관련하여 보다 구체적으로 우리나라의 경우 국가의 행정서비스의 향상을 위하여 1998년 이후 '행정서비스헌장'제도를 실시하고 있는데, 경찰 역시 이와 관련하여 '경찰서비스헌장'을 제정하고 1999년에는 민원실·수사·방범·교통·병원진료 서비스헌장 등 5개 기능별 경찰서비스헌장을 제정·운영하고 있다. 이후 2000년과 2001년에는 지방경찰청·경찰서·면허시험장 등 모든 경찰관서 대민부서까지 경찰서비스헌장을 제정하여 확대시행 중에 있다.[32]

표 5-8 경찰서비스헌장

우리는 국민의 생명과 재산을 보호하고 법과 질서를 수호하는 국민의 경찰로서 모든 국민이 안전하고 평온한 삶을 누릴 수 있도록 다음과 같이 실천하겠습니다.
1. 범죄와 사고를 철저히 예방하고 법을 어긴 행위는 단호하고 엄정하게 처리하겠습니다.
1. 국민이 필요로 하면 어디든지 바로 달려가 도와 드리겠습니다.
1. 모든 민원은 친절하고 신속·공정하게 처리하겠습니다.
1. 국민의 안전과 편의를 제일 먼저 생각하며 성실히 근무를 수행하겠습니다.
1. 인권을 존중하고 권한을 남용하는 일이 없도록 하겠습니다.
1. 잘못된 업무처리는 즉시 확인하여 바로 잡겠습니다.

---

31) 박영택, 고객만족과 행정서비스: 품질행정과 서비스혁신, 중앙공무원교육원, 2000, p. 61.

국민에 대한 서비스를 마치 민간부문의 '고객'(Client)의 관점에서 접근하기 시작한 것이다. <표 5-8>에서는 대표적으로 경찰서비스헌장의 기본내용을 제시해 주고 있다.

이를 토대로 각 기능별(민원실·수사·방범·교통·병원진료 등) 서비스헌장은 별도로 제정되었고, 아울러 이를 현실적으로 실현시키기 위한 노력이 시도되고 있다. 이와 같은 경찰서비스헌장은 그 자체로 볼 때는 국민에 대한 경찰의 공공관계 개선의 기능을 하게 되며, 이의 실천이 현실화되었을 때에는 인간관계 개선까지 이루어지게 될 것이다.

(2) 경찰 캐릭터 '포돌이'의 탄생

경찰은 '포돌이' 캐릭터를 제작하여 국민과의 친밀도를 높이고자 노력하고 있다. 과거처럼 국민들이 느끼는 딱딱한 경찰의 이미지를 탈피하여 친근하고 다정하며 미래지향적인 경찰상을 확립하기 위한 목적으로 경찰 캐릭터 '포돌이'가 탄생하였다. '보비'(Bobby)가 영국경찰의 애칭을 뜻하듯이, 우리나라에서도 '포돌이'가 경찰의 애칭으로 등장한 것이다.

이 '포돌이'는 서울지방경찰청에서 적극적인 경찰홍보와 이미지개선을 목적으로 개발하였는데, 경찰청이 이를 공식 캐릭터로 선정하고, 경찰 이미지의 통일성을 유지하기 위해 기본모델 여섯 가지를 바탕으로 업무기능별 응용모델을 개발하였다. 그리고 지방청별로는 지역특성에 맞는 시안을 개발하여 전국경찰관서에 플래카드·안내판·표지판 등에 활용토록 하였고, 옥외광고 전광판 등 공익시설물을 이용하여 경찰 캐릭터 '포돌이'에 대한 홍보를 하면서 경찰관 개인명함에도 이를 활용토록 하였다. 또한 시계·물컵·자판기컵·T셔츠·모자·배지·열쇠고리 등 '포돌이'를 이용한 각종 캐릭터상품을 개발하여 '포돌이'를 홍보하고 있다. 아울러 '포돌이 노래'를 제정하여 직원들의 화합과 일체감을 도모하고 있으며, 명예경찰 '포돌이·포순이 소년단'의 로고송으로 활용하고 있다.[33]

'포돌이'는 기본적으로 여섯 가지 이미지를 담고 있다. 먼저 밝은 미소는 국민과 함께 호흡하는 국민의 봉사자로서 항상 친절하고 국민이 만족할 수 있는 치안서

---

32) 경찰청, 경찰백서, 2001, pp. 396~402.
33) 경찰청, 경찰백서, 2000, pp. 338~339.

비스를 제공한다는 의미이다. 큰 눈은 도심 구석구석을 살피면서 순찰하고 범죄를 사전에 예방하겠다는 의미를 갖는다. 큰 머리는 '생각을 바꾸면 미래가 보인다'는 인식 아래 머리를 쓰는 21세기 선진 경찰이 되겠다는 의미이다. 큰 귀는 국민의 목소리를 빠짐없이 듣고 치안상황을 신속·정확하게 수집하여 각종 범죄예방에 대처하겠다는 의미이다. 두 팔을 벌린 모습은 어떤 불의나 불법에서도 물러나지 않고, 당당히 엄지손가락을 편 것은 세계경찰 중 으뜸이 되겠다는 각오를 나타낸 것이다.

그림 5-1 경찰 캐릭터 포돌이

끝으로 우측 가슴에 달린 천칭은 어느 한 쪽에 치우침 없이 공정하게 법을 집행하겠다는 국민과의 약속을 의미하는 것이다. 한편 '포돌이'의 '포'(包)는 Police의 머리글자 'Po'를 따서 경찰을 상징하고, 조선시대의 포도청과 포졸의 '포'(捕)자를 의미함으로써 전통성과 상징성을 동시에 가지고 있으며, 국민을 보호하고 감싸안는다는 포용의 '포'(包), 청렴과 공정의 대명사인 포청천의 '포'(包)를 의미하기도 한다. 그리고 '돌이'는 총명하고 야무지며 씩씩한 느낌이 들고, '순이'는 우리 민족 고유의 쉽게 부를 수 있는 이름이라 할 수 있다.[34]

(3) 시민경찰학교 및 청소년경찰학교의 운영

① 시민경찰학교

시민경찰학교(Citizen Police Academies)는 경찰업무와 관련된 활동에 대하여 시민에게 알려 줌으로써 상호 신뢰회복과 친화적인 관계증진을 도모하고 있다. 시민경찰학교는 공무원, 자영업자, 주부, 회사원, 기타 일반시민을 대상으로 경찰이 주도하여 일정기간 교육하는 프로그램이다. 이 프로그램을 통해 지역주민들은 치안여건 및 경찰의 업무와 경찰이 안고 있는 문제점에 대하여 더 잘 이해하게 되어 경찰에 대한 애정을 갖게 되며, 또한 종종 이 프로그램의 수료자들이 여러 가지 경찰활동에 자원함으로써 경찰에 도움을 주고 있다. 따라서 이와 관련하여 미국의 수많은 경찰조직에서 이를 실시하고 있으며, 우리나라에서도 경찰주도로 이를 실시하고 있다.[35]

시민경찰학교는 경찰활동에 주민들이 직접 참여할 수 있도록 경찰서별로 교육생의 여건 등을 고려하여 2~4주에 걸쳐 15~20시간씩 실시하고 있다. 교육내용은 생생한 현장경험을 토대로 한 경찰활동 강의, 지역범죄예방을 주제로 한 합동토의, 지구대·112신고센터·유치장 견학 및 각종 경찰단속 현장체험활동 등으로 구성된다.

2015년의 경우, 5월 1일 부터 9월 31일 까지 전국 46개 경찰서에서 시민경찰학교를 운영하여 총 1,282명이 수료하였으며, 교육생들은 치안현장 체험을 통해

---

34) http://kr.geocities.com/kpodori/main1/01podori.htm.
35) 경찰청, 경찰백서, 2016, p. 51.; 한편, 대학차원에서도 정부지원을 받아 이와 유사한 프로그램을 운영한 바 있다. 예컨대, 광주대학교가 주체가 되어 지방경찰청과 공동으로 지역주민을 대상으로 '시민경찰 아카데미'(2001. 8)를 실시하여 긍정적인 반응을 얻기도 하였다.

경찰업무의 이해 및 신뢰가 높아짐으로써 '민·경 협력치안의 장'이 마련되었다는 긍정적인 반응을 보였다. 교육수료 후 교육생들은 거리질서·청소년선도 캠페인 등 여러 분야의 민·경 협력 치안활동에 참여하였다.

표 5-9 시민경찰학교 교육수료생 현황(2015)

(단위: 명)

연령별				성별		직업별				총계
20대	30대	40대	50대 이상	남	여	자영업	주부	회사원	기타	
51	97	402	732	561	721	430	405	208	239	1,363

표 5-10 시민경찰학교 교육과정

일차	주제	교시	교육내용	강사
1	• 입교 및 등록 • 경찰업무소개	1	교육과정 안내 및 등록	생활안전계장
		2	입교식, 경찰서장 인사말	
		3	관내 치안여건 및 범죄발생 예방대책	생활안전과장
2	• 경찰조직 • 경찰관련법 • 청문감사관제도	1	경찰조직 및 활동내용	경무과장
		2	경찰장비 소개, 경찰관련 법규교육	장비담당
		3	청문감사관제도 소개	청문감사관
3	• 현장견학	1	지방청 112신고센터 견학	생활안전계장
		2	지방청 교통관제실 견학	
4	• 방범활동교육	1	자위방범 및 범죄신고요령	생활안전계장
		2	환경설계를 통한 범죄예방(CPTED)	
		3	즉결사범 처리, 기초질서 지키기	생활질서담당
5	• 형사절차	1	형사민원 처리절차	수사지원팀장
		2	경찰·검찰의 역할과 수사권	수사과장
		3	범죄감식반 견학	과학수사팀
6	• 지구대 현장실습	1	지구대 근무요령 및 대민접촉요령	생활안전계장
		2	지구대 현장실습(112·도보순찰·소내근무 등 경찰합동근무)	

7	• 외래강사 특강	1	청소년 폭력문제	청소년전문가
		2	생활법률	변호사
		3	호신술	무도사범
8	• 교육수료	1	교육평가 및 설문조사	생활안전과장
		2	수료식(수료증·기념품 증정)	
		3	다과회	

② 청소년경찰학교

경찰청은 기존 단순 전달방식보다 학생 눈높이에 맞는 체험형 예방교육이 필요하다는 판단에서, 2014년부터 교육부와의 협업을 통해 유휴 치안센터 건물 등을 리모델링하여 경찰체험·교육공간인 청소년 경찰학교를 운영하고 있다.[36]

청소년 경찰학교는 학생들이 학교폭력의 심각성에 대해 공감하고 경찰의 역할을 이해할 수 있도록 학교폭력 예방교육, 가해자·피해자 역할극, 과학수사 등 경찰체험, 심리상담 등의 프로그램으로 구성되어 있다.

2014년 전국 19개 경찰서의 치안센터를 리모델링하여 청소년경찰학교를 설치·운영하였으며, 2015년에는 10개 경찰서를 추가하여 전국 29개 경찰서에서 총 693회에 걸쳐 14,051명의 청소년이 참여하였고, 지속적으로 확대해 나갈 예정이다.

(4) 대학차원의 경찰현장수업의 실시

한편, 경·학 교류 차원에서 대학의 경찰학 관련학과에서 경찰의 지원을 받아 경찰현장실습(警察現場實習)과목을 정규교과목으로 편성·운영하는 것도 의미 있는 일이다.

이러한 경찰현장실습과목을 운영함으로써, 기존 이론중심의 교과목운영의 한계를 일부 극복할 수 있으며, 경찰에 대한 이미지 개선 및 경찰업무에 대한 이해를 돕고, 아울러 졸업 후 경찰직을 희망할 수 있는 동기를 제공한다는 점에서 매우 큰 의미가 있다고 본다.[37]

---

36) 경찰청, 위의 책, pp. 125~126.
37) 광주대학교 경찰법행정학부(경찰학전공)에서는 2011년부터 경찰현장실습과목을 1·2학기에 동일한 프로그램으로 개설(3학점)하여, 한 학기마다 20명의 학생들이 이수하도록 운영하고 있다.

표 5-11 경 · 학 학점제 교육프로그램(예)

구 분	시간 · 장소	교육 내용	담당부서
1회	14:30~17:30(3시간) 대학교	• 수업의 운영 목적 및 취지 설명 • 수업 일정 소개 • 이전학기 수료식 동영상	대학 생활안전과
2회	13:00~18:00(5시간) 남부경찰서	• 112상황실 업무소개 및 견학	112상황실
		• 생활안전과 업무 소개 등	생활안전과
		• 입교등록, 교육일정 소개 • 생활안전과장 인사말씀	생활안전과
		• 자기소개 및 수강동기	생활안전과
3회	13:00~18:00(5시간) 각 지 · 파출소	• 지역경찰관서 경찰현장실습(1) • 신임경찰관과의 대화 • 합동순찰 실시 등	지구대 파출소
4회	13:00~20:00(7시간) 광주지방경찰청	• 광주지방경찰청 • CCTV관제센터 견학 • 광주대캠퍼스 야간 합동순찰	생활안전과
5회	13:00~18:00(5시간) 각 지 · 파출소	• 지역경찰관서 경찰현장실습(2)	지구대 파출소
6회	13:00~18:00(5시간) 과학수사연구소 해바라기센터	• 광주 국립과학수사연구원 견학 • 센터운영사항 및 동영상 시청 등	생활안전과
7회	13:00~18:00(5시간) 각 지 · 파출소	• 지역경찰관서 경찰현장실습(3)	지구대 파출소
8회	13:00~18:00 (5시간) 남부경찰서	• 여성청소년과 업무 소개	여성청소년과
		• 형사 업무소개 및 범인검거 사례 등	형사과
		• 교통사고 및 음주운전 처리절차 등	경비교통과
		• 경찰서 현황 및 경무과 업무소개 등	경무과
		• 평가 및 수료식(2시간)	생활안전과

즉, 이 강좌는 매학기 40시간(총 8회), 1일 3~7시간 동안 대학, 경찰관서(지방경찰청, 경찰서, 지구대 · 파출소), 그리고 국립과학수사연구소, 해바라기센터 등에서 진행되고 있다.

제 **6** 장
커뮤니티 경찰활동의 역사

제6장
커뮤니티 경찰활동의 역사

이 장에서는 전통적 경찰활동(Traditional Policing)에 대한 기본적인 이해를 바탕으로 커뮤니티 경찰활동(Community Policing)을 역사적 관점에서 살펴보기로 한다. 커뮤니티 경찰활동이라는 것은 전통적 경찰활동이 안고 있는 한계를 일부 극복할 수 있는 새로운 대안으로서 등장한 것이라 할 수 있으며, 따라서 전통적 경찰활동의 특징을 여러 관점을 살펴본다면, 커뮤니티 경찰활동에 대한 이해가 한층 쉽게 이루어질 것이다.

생각건대, 전통적 경찰활동과 커뮤니티 경찰활동을 시기적으로 뚜렷하게 구분하는 것은 불가능하다. 양자는 필연적으로 일정기간의 과도기를 거치면서 전자에 대한 역할 및 기대가 퇴색되는 과정에서 후자에 대한 역할 및 기대가 점진적 또는 급진적으로 부각되었다고 볼 수 있다. 어쨌든 오늘날 많은 시행착오를 거치면서 커뮤니티 경찰활동은 점차 새로운 경찰활동의 대안으로 등장하고 있음을 이해해야 할 필요가 있다고 본다.

그렇다면 커뮤니티 경찰활동시대가 완전히 도래한 것인가? 이에 대해 명확하게 단정 짓는 것은 아직 시기상조이다. 오늘날 우리가 직면하고 있는 치안환경, 경찰의 역할정립 및 시민의 인식 수준 등을 고려한다면, 커뮤니티 경찰활동시대는 완성된 상태가 아니라 이제 막 시작하는 단계로 보아야 할 것이다.

제1절

경찰활동의 시대적 변화

1. 경찰과 커뮤니티관점에서의 시대구분

경찰활동의 시대적 구분을 경찰과 커뮤니티의 상호관계차원에서 접근할 수 있다. 이는 크게 세 가지로 나뉘는데, 첫째, 경찰과 커뮤니티를 별개의 독립체로 인식된 시기는 언제이며, 그 특성은 어떻게 나타나고 있는가, 둘째, 또 경찰과 커뮤니티가 상호간의 관계개선이 이루어진 시기는 언제이며, 그 특성은 어떻게 나타나고 있는가, 마지막으로 경찰과 커뮤니티가 친밀한 상호작용이 본격적으로 이루어지는 시기는 언제이며, 그 특성은 어떻게 나타나고 있는가에 대한 물음에서 출발한다.

이는 바로 우리가 이 글에서 중심적으로 접근하고 있는 전통적 경찰활동(TP: Traditional Policing)시대, 경찰과 커뮤니티 관계개선(PCR: Police Community Relations)시대, 그리고 커뮤니티 경찰활동(CP: Community Policing)시대를 의미하는 것이다. 아래에서는 이러한 관점에서 미국사회를 중심으로 살펴보고자 한다. 미국에서 이에 대한 학문적·실천적 접근이 상당히 이루어졌기 때문이다. 그런데 주의할 것은 전통적 경찰활동, PCR, 그리고 커뮤니티 경찰활동의 각 과정과 특성을 시대적으로 명확하게 구분하는 것은 불가능하다는 점이다.

예컨대, 우리가 시대를 중세시대와 근대를 구분하는 것은 어떠한 기준을 가지고 접근했을 때, 중세시대는 중세적인 요소가 두드러진 시대를 의미하며, 근대는 근대적 요소가 두드러지게 나타난 시대를 의미하는 것이지 상호 단절된 시대는 아니라는 점이다. 중세와 근대를 구분하는 일반적 기준 가운데 하나가 바로 신(神)중심적 세계관과 인간중심적 세계관일 것이다. 즉, 중세 때에는 신 중심적 세계관이 종교뿐만 아니라 정치·경제·사회·문화 등 모든 영역에 영향을 지쳤다면, 근대에 들어 신적인 요소보다는 인간(人間) 중심적 사고가 보다 많이 작용하였다고 볼 수 있다. 그런데 중세라고 해서 전혀 인간 중심적인 요소가 없었던 것은 아니며, 또한 근대라고 해서 신 중심적 요소가 없는 것은 아니다. 여전히 이들 두 요소는 공존하고 있다. 다만 어느 시대에는 신 중심적 세계관이 지배적인 패러다임을 형성하였다면, 어느 시대에는 점차 그러한 특성이 약화되는 과정에서 인간 중심적 가치가 서서히 강화되는 과정을 겪게 되고, 일정한 어느 단계에 이르러서는 인간 중심적 세계관이 지배적인 패러다임을 형성하게 되었다고 볼 수 있다. 그리고 이 또한 현재의 진행형일 뿐이다. 역사는 물 흐르듯 자연스럽게 전개되는 것이다. 그리고 경우에 따라 파도가 거세게 일기도 하고, 잔잔하게 흐르기도 한다. 마찬가지로 변화와 개혁이라는 것은 항상 나타난다. 다만 그 파장효과가 어느 정도냐에 따라 달라질 뿐이다.

따라서 우리는 경찰활동을 시대적으로 접근할 때 가장 생기기 쉬운 오류, 즉 이분법적 접근을 지양해야 할 것이다. 이러한 점에 비추어 볼 때, 전통적 경찰활동과 커뮤니티 경찰활동은 상호 공존하면서 발전·쇠퇴하였음을 알 수 있다. 그리고 이러한 변화과정이 경우에 따라서는 어느 시점에서 진행속도가 가속화되는 경우(예컨대, 범죄와 인권문제 등 사회문제가 크게 이슈화되고, 경찰의 역할한계가 노정되어 나타날 때, 미국의 경우 1960년대, 우리의 경우 1980년대 민주화 항쟁 이후)도 있지만, 거시적으로는 점진적으로 이루어지고 있다고 볼 수 있다.

따라서 전통적 경찰활동시기에도 분명히 커뮤니티 경찰활동 요소가 존재하였으며, 오늘날과 같이 커뮤니티 경찰활동이 활발하게 논의되는 과정에서도 여전히 전통적 경찰활동은 중심적인 위치를 차지하고 있는 것이 사실이다. 전통적 경찰활동이 현재까지도 중심적인 위치에 있다는 것은 아직까지도 커뮤니티 경찰활동이 지배적인 패러다임을 형성하고 있지 못한 까닭이다. 생각건대, 21세기에는 본격적인 커뮤니티 경찰활동이 핵심을 이루고, 전통적 경찰활동이 부차적인 기능을 할 것으로 기대된다.

<표 6-1>에서는 지난 20세기를 전후해서 미국사회에서의 시대적 변화과정에 따른 경찰활동의 특징을 보여 주고 있다.[1]

큰 틀에서는 정치적 시대에서 개혁의 시대 중반까지가 전통적 경찰활동시대

---

1) 전경선·박기태, 지역사회경찰론, 경찰공제회, 2001, p. 75 재인용.

에 해당된다. 특히 정치적 시대가 끝나는 1930년대 이후부터 1950년대에 이르는 시기(법집행 강조의 시대)가 여기에 해당된다. 이후 일정한 과도기(경찰과 커뮤니티의 관계개선을 모색하는 PCR시기)를 거쳐 1980년대에 이르러서는 본격적인 커뮤니티 경찰활동이 모색되기에 이르렀다고 볼 수 있다.

표 6-1 시대적 변화에 따른 경찰활동의 특징

구 분	정치적 시대 1840년대~1930년대	개혁시대 1930년대~1980년대	커뮤니티시대 1980년대~현재
권한부여	정치와 법	법과 직업정신	주민의 정치적 후원 법, 직업정신
기 능	대민봉사의 확대	법집행	법집행 대민봉사의 확대
조직형태	분권화	중앙집권	분권화 특별부서·프로그램 운영
커뮤니티 관계	친밀	소원 직업적인 관계 형성	친밀
전 술	도보순찰 주민들과의 관계 중시	기동순찰 공격적·신속한 대응	도보순찰 사전 문제해결
목 표	주민 만족 정치적 만족	범죄통제	주민만족 삶의 질의 향상

어떤 면에서 볼 때, 우리가 자주 언급하는 경찰의 법집행 중심과 전문가주의적 특징을 갖는 전통적 경찰활동시대는 생각보다 그 수명이 짧은 것 같다. 바꿔 말하면 전통적 경찰활동시대는 그 한계가 일찍 드러났다는 것을 의미하는 것이기도 하다.

2. 전통적 경찰활동시대

미국은 시민혁명 이래로 1960년대 이전까지를 전통적 경찰활동시대(특히 1930년대에서 1960년대까지)로 보고 있다. 전통적 경찰활동 관점에서는 경찰조직을 계급에 따른 준군대조직(Paramilitary)으로 인식하고, 엄격한 관료제에 기초를 둔 전문가적 모델을 지향하고 있다. 이와 관련하여 홀든(Richard N. Holden)은 전통적 경찰활동은 범죄통제의 능률성 지향, 과학기술에 의존, 기계적 사고방식, 차가운 감정소유, 건장한 남성상(Macho) 및 법집행·보수성·권위주의·전문가주의 등의 특징을 갖고 있는 것으로 설명하고 있다.[2]

따라서 전통적 경찰활동은 지역주민이 안고 있는 서비스요청에 대한 대응보다는 주로 범죄와 무질서통제에 중점을 두고 있으며, 이를 위해 차량순찰과 무선호출기 등 현대장비와 과학기술에 의한 기계적인 경찰대응을 중시하였다.

그러나 이러한 접근방식은 경찰과 시민의 원활한 상호작용을 방해하였고, 따라서 시민의 이해관계를 고려하지 못함으로써 경찰은 스스로 고립되기에 이른 것이다. 이로 인해 범죄문제에 적절하게 대응하지도 못했고, 오히려 커뮤니티의 불만으로 인해 보다 큰 사회적 혼란을 가져 오게 되었다. 전통적 경찰활동의 접근방식은 경찰과 커뮤니티가 각자 별개의 것으로 인식하였고, 결국 이들 상호간의 거리감·적대감, 그리고 상호불신의 관계가 형성되어 왔음을 알 수 있다.

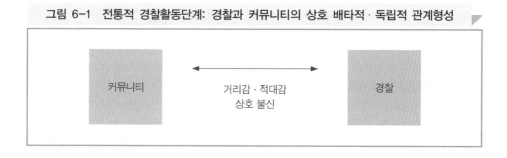

그림 6-1 전통적 경찰활동단계: 경찰과 커뮤니티의 상호 배타적·독립적 관계형성

3. PCR시대: 과도기적 단계

그동안 경찰은 계속 발전해 온 가운데 수많은 정치적·사회경제적 요인들이 경찰조직의 구조와 과정에 영향을 미친 것이 사실이다. 미국의 경우, 1960년대 이전에도 경찰개혁을 시도한 몇몇의 경찰지도자들이 있었는데, 1960년대에 이르러

---

2) Richard N. Holden, *Modern Police Management*, Englewood Cliffs, NJ: Prentice Hall, 1994, p. 23.

서야 비로소 시민이 경찰개혁의 한 주체로서 등장하게 된 것은 주목할 필요가 있다.

이와 같이 전통적 경찰활동이 가지고 있던 경찰과 커뮤니티의 갈등관계를 개선시키는 과정에서 등장한 것이 바로 1960년대 이후의 PCR 단계라고 할 수 있다. PCR 단계에서는 본격적으로 경찰과 커뮤니티가 긴밀한 상호작용을 하는 과정에서 문제를 공동으로 해결하는 과정이라기보다는 일차적으로 이들 상호간에 단절되었던 관계를 회복하고, 이전의 불신과 적대감을 해소하는 일종의 '과도기적 단계'라고 할 수 있다. 여기에서 등장한 것이 바로 인간관계와 공공관계 전략·전술이라 할 수 있다(이에 대해서는 이미 제5장에서 살펴 본 바 있다).

사실, 전통적 경찰활동이 지향하고 있었던 법집행 중심적·통제지향적 경찰활동을 한순간에 서비스지향적 경찰활동으로 전환하는 것은 불가능한 일이다. 즉, 권위주의적인 경찰이 하루아침에 민주주의적인 경찰로 탈바꿈될 수는 없는 일이다. 시대가 흐르면서 권위주의적인 경찰이 민주주의적인 경찰로 전환되는 것이며, 이는 한편으로는 필연적으로 경찰조직 내의 세대교체를 수반할 때 가능한 일이다.

'여중생 추모' 광화문 촛불시위와 경찰

2002년 6월 13일 주한미군에 의해 여중생 2명이 사망한 사건이 발생하였는데, 이를 계기로 2003년 1월 10일 현재까지 여중생에 대한 추모, 사건의 가해자인 미군의 처벌 및 SOFA 개정, 그리고 미군과의 관계개선을 위한 시위(촛불시위)가 계속되고 있다.

이러한 과정에서 우리 경찰은 어떠한 입장을 취해야 하는가? 시민들과 함께 미국에 대해 항의해야 하는가? 아니면 주한미군을 보호하고, 시민의 시위를 통제해야 하는가? 2003년 1월 현재 경찰의 태도는 시민단체의 여중생 추모행사에 대해 엄중 대처하겠다는 입장을 밝히고 있다. 이 때문에 시민단체와 마찰이 발생하고 있다. 경찰의 입장은 시민의 입장보다는 질서유지차원에서 시민단체의 활동이 단순한 추모행사를 넘어 불법시위양상을 보이고 있다고 보고 있으며, 따라서 반미구호나 과격폭력시위에 해당하는 요소에 대해서는 관련 법률을 엄격히 적용할 것이라고 밝히고 있다.

서울지방경찰청장은 2일 기자간담회에서 "지난 한 달간 추모행사를 지켜 본 결과, 단순한 추모행사를 넘어 불법시위양상을 보이고 있다"며 "반미구호나 과격폭력시위에 해당하는 요소에 대해서는 관련 법률을 엄격히 적용할 것"이라고 밝혔다. 아울러 경찰은 지난 1월 1일 2개 중대를 투입하여 농성장을 강제철거하고, 농성 중이던 9명을 연행했다. 촛불시위를 하는 과정에서 시민단체는 경찰을 폭행하고 경찰차를 부수는 등 폭력시위성격도 있는 것으로 드러났다.

이에 대해 시민단체는 "시민들의 자발적인 촛불행진을 탄압하는 경찰청장 규탄한다," "평화적인 추모농성 폭력연행 강제철거 한국경찰 사죄하라," "여중생 추모 가로막는 한국경찰 국민 앞에 사죄하라," "경찰이 국민의 뜻을 거스르고 무차별 폭력을 가하고 있다"는 등 경찰에 대한 규탄의 목소리를 높이고 있다.

자료: 한겨레, 2003.1.2, 1.4.

우리의 경우 경찰과 커뮤니티의 관계가 새롭게 모색되기 시작한 때는 군사정권에서 문민정부로 전환되고, 민주주의가 정착되는 과정에서 나타났다고 볼 수 있다. 그런데 군사정권시대에 경찰조직에 몸을 담고 있었던 경찰이 문민정부시대가 도래했다고 해서 그들의 가치관이 본질적으로 바뀐다거나 또는 전환되는 것이 아니라고 본다. 조직변화와 개혁 속에서 생존하기 위해 권위주의라는 정신과 육체를 그대로 둔 채, 민주주의라는 새 옷을 입는다고 해서 전혀 다른 사람이 되는 것이 아니기 때문이다. 따라서 이들에게 진정한 민주경찰을 기대하는 것은 쉬운 일이 아니다. 이는 경찰구성원의 세대교체가 어느 정도 이루어진 시점에서 가능한 일이다.

물론, 그렇다고 해서 우리가 기성세대의 경찰의 권위와 공헌을 부정하는 것은 바람직하지 못하다. 이들 나름대로 시대가 안고 있는 문제를 고민하고, 맡은 바 역할에 충실하였음은 주지의 사실이다. 보다 중요한 것은 우리들 스스로가 이러한 시대의 흐름을 인식하고 변화 또는 개혁의 토대가 서서히 마련되고, 그것이 진행되고 있음을 인식해야 한다는 점이다.

이러한 점에서 볼 때, 경찰과 커뮤니티의 관계개선에 대한 논의는 경찰활동의 전환을 위한 하나의 과도기라 할 수 있다. 과도기가 길어질수록, 바꿔 말하면 경찰과 커뮤니티의 관계개선 과정이 길어질수록(어떤 면에서는 이전에 경찰과 커뮤니티의

그림 6-2 PCR 단계: 경찰과 커뮤니티 상호간의 이해증진 및 신뢰회복 관계 형성

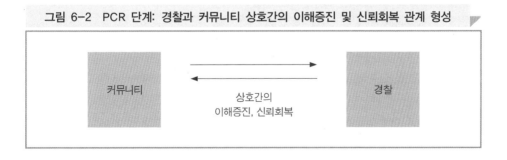

감정의 골이 깊을수록) 커뮤니티 경찰활동의 정착은 더 오랜 시간을 필요로 하게 될 것이다. 따라서 PCR은 과도기적 단계로서 이 과정에서 우선적으로 경찰과 시민의 상호관계를 개선하고, 이를 토대로 새로운 경찰활동을 정착시킬 수 있는 기반을 마련하는 것이다.

한국의 시위문화와 평화적 집회시위의 모색

민주법치국가에서 합법적인 정부라 할지라도 경우에 따라서는 부당한 정책결정을 내리는 경우가 종종 있다는 사실은 긴 설명을 필요로 하지 않는다고 본다. 물론 그러한 정책결정이 부당한지, 아니면 정당한지, 혹은 그 성과가 어느 정도인지의 여부는 이해관계에 따라 다분히 상대적이고, 쉽게 밝혀질 수 있는 일이 아니라고 본다. 그런데 정작 중요한 문제는 그러한 정책결정이 갖는 진정한 의미파악이 아니라, 그러한 정책결정에 대해 민감하게 반응하는 개인이나 시민들이 점점 늘어나고 있다는 사실이다. 즉, 어떠한 정책결정에 대해 불이익(그것이 진정으로 부당한 것이든 혹은 비록 그것이 사회 전체적으로는 이익이 되지만 특정 개인 및 집단에 대해서는 불이익을 가져다 주든 간에)을 받는 개인이나 시민은 어떠한 '저항'을 통해서 자신들의 의사를 표출·관철시키는 경향이 늘고 있다는 점이다. 그리고 이러한 저항은 합법적이고 평화적인 시위형태를 띠기도 하지만, 한편으로는 극렬한 불법폭력의 행태를 띠기도 한다는 점이다.

이러한 문제는 비단 우리나라만이 아니라 오늘날 세계적인 한 국면을 보여 주고 있는 것 같다. 남아프리카의 인종차별정책의 저항에서 유럽의 각 인종집단의 자치요구, 프랑스의 최초고용계약에 반대하는 대규모 폭력시위, 또 미국 워싱턴 DC에서 이라크전쟁에 반대하는 대규모의 집회와 폭력, 인종차별문제, 노숙자 지원시위, 반전쟁시위 등에 이르기까지 우리사회는 가치갈등과 폭력으로 가득 차 있다. 이처럼 사람들이 자신들의 의지를 관철하기 위하여 행사하는 집회와 시위는 인류의 역사만큼이나 오래된 것이다. 어떤 사회에서든 약자가 존재하기 마련이고, 이들의 권리가 권력집단에 의해 부당하게 침해를 당했을 경우 개인의 힘이 아닌 다수 또는 군중의 힘으로 이를 해결하고자 했던 것이다.

"경찰, 매 맞는 모습 보이지 말라" 이명박 대통령(당선인)은 2008년 2월 신임경찰청장에게 법질서확립을 강조하는 취지로 이러한 언급을 하였다. 이는 집회시위와 관련된 경찰의 대응과 관련된 것으로, 경찰의 무기력한 모습과 과격한 불법폭력시위를 문제시한 것으로 보인다. 보는 관점에 따라 다르겠지만, 경찰의 무기력한 대응은 경찰의 위상을 크게 떨어뜨리고, 이는 다른 법집행 업무에 대해서도 적지 않은 영향을 미친다고 본 것이다. 최근 우리나라에서 발생하는 집회시위는 과거와는 상당한 차이가 있다. 과거 권위주의 체제 하에서는 민주화를 위한 정치적·이념적 집회시위를 하였다면, 문민정부와 국민의 정부를 거치는 동안에는 정치적 문제보다는 집단의 이익을 관철시키기 위한 집회시위가 많아지고 있는 것이 특징이다. 그리고 전체적으로 집회시위가 감소하고 불법폭력시위가 감소하는 추세에 있다고는 하지만, 여전히 그 발생규모와 빈도가 적지 않은 수준에 이르고 있다

① 집회시위의 본질과 한국 시위문화의 특성

　민주주의는 본질적으로 개인의 자유와 권리보호에 그 기초를 두고 있다. 이와 관련된 기본권 또는 인권의 보장은 자유민주국가를 지향하는 모든 나라의 헌법에 규정되어 있음은 물론이다. 따라서 우리나라 헌법의 수많은 조항에서 이와 관련된 기본권 내용을 규정하고 있다. 집회시위의 자유는 개인의 권리이자 민주주의를 구성하는 이중적 헌법적 기능을 가지고 있다는 점에서 중요한 의미를 갖는다.

　먼저 인간의 존엄성과 자유로운 인격발현을 최고의 가치로 삼는 우리 헌법질서 내에서 집회시위의 자유도 다른 모든 기본권과 마찬가지로 일차적으로는 개인의 자기결정과 인격발현에 기여하는 것이다. 뿐만 아니라 집회시위의 자유는 정치적 자유로서 민주정치 실현에 불가결한 전제가 되기 때문에 민주주의사회의 원동력으로서 이 자유의 보장이 절실히 요청되는 측면도 아울러 갖고 있다. 즉, 집회시위를 통하여 국민들이 자신의 의견과 주장을 집단적으로 표명함으로써 여론의 형성에 영향을 미친다는 점에서, 이는 민주적 공동체가 정상적으로 기능하기 위한 불가결한 요소라고 할 수 있다.

　그런데 집회시위는 통상적으로 집단적·단체적 행동으로 이루어지고, 이로 인하여 공공질서에 미치는 영향력이 크고 직접적이기 때문에 개인적 자유보다는 상대적으로 강한 국가적 통제를 받는 경향이 있다. 집회시위과정에서 행위당사자의 이해관계뿐만 아니라 선의의 일반시민의 권리, 더 나아가 공공의 안녕과 질서유지를 함께 고려해야 하기 때문이다. 「집회 및 시위에 관한 법률」 제1조에서 "적법한 집회 및 시위를 최대한으로 보장하고 위법한 시위로부터 국민을 보호함으로써 집회 및 시위의 권리보장과 공공의 안녕질서가 적절히 조화를 이루도록 하는 것을 목적으로 한다" 고 규정하고 있는 것은 이 점을 분명히 하고 있다.

　사실 우리나라만큼이나 집회시위가 빈번히 일어나는 나라도 드물 것이다. 2015년 현재 전국에서 벌어진 집회시위는 47,842건으로, 하루 평균 약 131건에 달하고 있다. 이 가운데 경찰력이 동원된 집회시위는 11,311건으로, 하루 평균 약 31건에 달하고 있다. 그리고 문제는 그 횟수보다도 집회시위과정에서 과격한 폭력으로 인하여 적지 않은 사상자가 발생한다는 점이다. 최근에는 많이 감소하였지만, 과거 시위대가 사용하는 시위용품으로서 경찰에게 치명상을 가할 수 있는 무기수준의 폭력시위용품(3~5m 쇠파이프, 수레전차 등)을 사용하고, 경찰버스에 무차별적인 방화를 하며, 깃발로 이용한다는 명목으로 죽봉을 반입한 후 끝이 갈라지게 하여 죽창으로 변형시켜 안면 부위에 집중공격을 하는 등 과격한 양상을 띠기도 하였다. 경찰통계에 따르면, 2015년 한 해 전국적으로 발생한 30건의 불법폭력시위로 경찰부상자는 302명에 이른 것으로 나타났다. 그리고 이러한 불법시위로 형사입건 된 불법시위관련사범은 4,216명(구속 60명, 불구속, 3,258명, 즉심 10명, 불입건(훈방) 888명 등)에 이르고 있다.[3]

　아울러 집회시위가 전국적으로 대규모화되고, 기동성을 가지고 조직적으로 전개되고 있다는 점이다. 여기에서 특히 휴대폰은 획기적으로 시위집단의 조직력과 기동성을 극대화시켰다고 볼 수 있다. 이미 프랑스의 최초고용계약에 대한 대대적인 폭력적 시위에서 그 효과가 입증된 바와 같이 휴대폰을 이용한 시위자들의 의사소통을 통한 대응방식은 아마도 경찰이 직면한 가장 골치 아픈

문제 가운데 하나일 것이다.

불법폭력시위와 관련하여 지난 2005년 상반기의 단위사업장(울산건설플랜, 청주 하이닉스 등) 분규, 반미·반일여론의 고조, 하반기의 맥아더 동상철거, 덤프연대 운송료인상과 운송거부시위, 전국농민대회, APEC 반대집회, 평택 미군기지 이전반대시위 등 대규모 시위가 노동계·농민을 중심으로 지속적으로 발생하였다. 또 올해 들어서도 이러한 갈등은 지속되고 있으며, 특히 비정규직 및 FTA협상을 둘러싼 관련 집단들의 생존권 확보를 위한 격렬한 집회시위가 계속되고 있다. 이들 집회시위는 시민과 정부 사이의 갈등이 심화되고, 나아가서는 일반시민들의 권리까지 침해하기도 하였다. 최근 발생하고 있는 집회시위는 표면적으로는 농민·노동자 등 이해관계자들의 생존권 수호투쟁차원에서 이루어지는 것으로 보여 지지만, 그 주체 및 주동세력에 따라 이면에 내재해 있는 가치문제는 복잡하게 얽혀 있다고 본다. 그리고 단순히 생존권수호를 위해 투쟁하는 시위가 있는가 하면, 부적절한 정치적 관행을 타파하고자 하는 것을 목적으로 하는 시위가 있다. 물론 전자의 시위가 보다 불법·폭력적인 행태를 띠는 것이 사실이다.

② 한국 집회시위의 역사적 변화

중요한 것은 이러한 집회시위의 행태 역시 시대를 반영하고 있다는 점이다. 예컨대, 해방 이후 1980년대 중반까지 발생한 시위는 주로 정치적·이념적 색채가 강하였다. 이 시기를 특정하여 세부적으로 보면, 1956년부터 1961년까지 시기에는 주로 학생들과 도시 인텔리들이 중심이 되어 이승만 정권의 압제와 부패에 맞섰다. 부정선거 규탄, 독재정권 타도, 민주회복, 인권보장, 규제법의 제정이나 개정의 반대 등 대부분이 정치와 관련된 문제가 시위의 원인이었다. 1973년부터 1980년까지 시기에는 학생과 지식인은 물론, 종교인과 언론인 그리고 대학교수들까지 유신반대를 위해 결집하여 박정희 정권에 대항하였다. 그리고 1984년부터 1987년 시기에는 학생과 노동자 그리고 교회가 3대 축을 형성하였고, 여기에 중산층까지 가세하여 시위중심의 한국시민사회가 민주적 이행에 결정적인 기여를 한 시기이다. 시민사회 주도의 전국적 민주화 시위운동이 1987년 6월 항쟁이라는 극적인 사건으로 귀결된 것이다.

그런데 1990년대 이후의 한국의 시위문화는 상당한 변화를 경험하였다. 무엇보다도 새로운 시민단체 및 이익단체들이 등장하고 있다는 점이다. 과거의 정치적 시위는 모든 계층이 참여 하는 형태가 아니었으며, 대학생 등이 주도하는 집회시위가 주류를 이루었지만 최근에는 어느 누구나 자신의 이익을 관철하기 위하여 필요하다면 자연스럽게 집회시위의 방법을 동원하고 있다는 점이다. 따라서 현재는 특정단체의 특정목적뿐만 아니라 환경, 노동, 종교, 외교, 통일, 이념, 복지, 시장개방, 부정부패, 정부의 늑장대응, 교통, 인권, 건축, 안온권, 교육, 의료, 호주제, 남녀평등, 손해배상, 파병문제, 주한미군, 부동산대책, 소음대책, 범죄예방, 법집행결과에 대한 항의, 심지어 땅꾼들의 요구에 이르기까지 모든 사회적 갈등이 집회시위로 분출되고 있다. 이것이 과거와 현재의 집회시위간에 가장 큰 변화이자 차이점이라고 할 수 있다.

요약컨대, 과거의 권위주의체제하의 민주화를 위한 정치적·이념적 집회시위에서 문민정부와 국민의 정부를 거치는 동안 민주화가 정착되어 감에 따라 정치적 문제보다는 집단의 이익을 관철시키기 위한 집회시위가 많아지고 있는 추세이다. 즉 '민원성 집회시위'가 전반적으로 증가하여 최근 가장 빈번한 집회시위유형으로 자리잡고 있다는 점이다.

③ 자유와 질서의 딜레마

그런데 흥미로운 것은 국가가 개인의 자유 및 권리의 확대를 보장하는 정도는 범죄 및 무질서의 증가와 일정한 관련성을 갖는다고 보기도 한다는 점이다. 이와 관련하여 윌슨(J.Q. Wilson)은 국가가 개인의 '자기표현'(personnel expression)의 권리를 장려 또는 보장해 주는 것은 한편으로는 '자기방종'(self-indulgence)을 장려하는 것과 '동일한 결과'를 가져다준다고 보았다. 바꿔 말하면, 자유롭게 무엇인가를 표현 또는 행동하고자 느끼는 것은 결과적으로 그것이 무질서한 상태로 표출될 가능성을 내포하고 있다는 것이다.

이러한 시각에서 본다면, 일정한 수준에서 개인의 자유와 권리를 통제할 필요성이 제기된다. 그렇다면 그 기준은 어디에 있는가? 이와 관련하여 밀(J.S. Mill)은 그의 저서인 『자유론』(On Liberty, 1859)에서 개인은 자기 자신의 행복을 제 각기의 방식에 따라 추구할 수 있는 자유(사상과 언론의 자유 등)만이 참다운 의미의 자유라고 하였다. 그러나 다른 사람의 권리나 자유를 침해하거나 공동체의 안전을 위협할 때에는 그 자유를 억제해야 한다고 하였다. 밀은 보호 받아야 할 자유와 제한 받아야 하는 자유를 구별하여 개인 또는 공중에게 분명한 가해의 위험이 있을 때에는 그것은 자유의 영역을 넘어서 '법이나 도덕'의 '공적 제약 영역에 속한다고 본 것이다. 그래서 관객으로 가득 찬 극장 안에서 "불이야!"(Fire!)하고 큰소리 칠 수 있는 자유란 돌발적 사상자가 생길 위험 때문에 그 자유를 스스로 억제해야 한다는 것이다. 밀은 개인의 자유를 다른 사람의 권리와 공동체의 안전을 전제로 한 질서와의 관계에서 본 것이다.

이렇게 볼 때, 밀의 자유론은 약육강식·적자생존 등 자연질서(自然秩序)상에서의 자유를 논한 것이 아니라 강자로부터 약자가 보호되는 사회질서(社會秩序, Social Order)상에서의 시민의 사회적 자유를 논하였음을 알 수 있다. 따라서 사회질서상의 자유는 국가의 적절한 중재가 이루어질 때 가능한 것이다. 물론 밀은 국가의 가치는 결국 그 국가를 구성하는 개인의 가치에 있으며, 개인을 경시하는 국가는 존립하지 못한다는 점을 분명히 하고 있다.

④ 불법·폭력시위의 원인

이처럼 개인 또는 시민이 정부의 부당한 정책결정 등에 정당(正當)하게 저항하는 대항논리로서 이른바 '시민불복종'(市民不服從, Civil Disobedience)으로 표현되고 있다. 이와 관련하여 롤스(J. Rawls)는 "정의(Justice)의 원칙에 입각해서 자신의 판단에 따라 시민은 부정의한 법률에 대해서는 불복종할 수 있는 정치적 권리를 하나의 의무로서 가지고 있다"는 것을 강조한 바 있다. 그런데, 오늘날에는 롤스식의 '비폭력적·도덕적 저항'의 개념정의 수준을 넘어서 '폭력적 저항'에 대해서도 시민불복종논리로 접근하기도 한다. 그렇다면 시민불복종에 내재하는 복잡한 논쟁은 차치하고, 개인 또는 집단이 자신들의 목적달성을 위해 합법적·평화적인 방법으로 시위를 하지 않고 불법·폭력 등을 행사하는 이유는 무엇인가?

일반적으로 정부의 정책결정 또는 사회가 직면한 어떤 원인에 대하여 시민의 불법·폭력적인 시위가 일차적으로 전개되기보다는 일정기간동안에는 사소한 저항으로 시작된다고 볼 수 있다. 대부분의 문제제기(이의제기·불복·항의·집회·시위)는 합법적으로 그리고 평화적인 저항으로 시작된다. 그러나 감정이 격화되면 합법적인 장벽들을 넘어서게 되고, 전형적인 불법·폭력 시위상황으로 전개된다. 그리고 그 이전에 심각한 좌절감을 경험(예컨대, 비정규직의 정리해고 등)한 시위자들은 극단적인 상황에서 무차별적으로 행동할 가능성도 없지 않다고 본다. 이러한 상황에서 시위자들은 자신들의 불법행위에 대해 무감각해지거나 기꺼이 처벌받을 각오를 하고 행동하게 된다. 아울러 이들 시위자들은 자신들이 저지른 불법·폭력행위가 항상 비합리적이지만은 않으며, 오히려 매우 선택적이거나 합리적이라는 인식을 하기도 한다는 점이다.

한편, 시위대가 폭력적인 방법을 행사하는 것은 이들이 원하는 요구조건을 정부가 수용시키는데 불법이 준법보다 효과적이기 때문일지도 모른다. 실제로 동아시아연구원(EAI)이 1989년부터 2005년까지의 주요시위 5,400건을 분석한 결과 불법시위대의 요구를 받아들인 비율이 29.1%, 준법시위대의 요구를 받아들인 비율이 25.1%였다는 점이다. 즉, 시위대의 입장에서 요구조건을 수용시키는 데 불법이 준법보다 효과적이라는 역설적인 설명이 가능하다. 한국사회에는 법률 위에 헌법이 있고, 헌법 위에 '떼법'이 있다고 하는데, 이는 불법·폭력시위가 여론을 조장하여 정책결정에 반영시키는 가장 효과적인 수단으로 자리 잡은 현 사회풍토를 꼬집는 냉소적 표현이다. 불법·폭력시위가 보다 효과적이라는 근거는 다른 나라 역시 마찬가지이다. 예컨대, 갬슨(Gamson, 1990)은 미국 시위역사에 있어서 폭력을 사용한 집단은 그렇지 않은 집단보다 목적을 달성하는데 보다 성공적이었다고 주장하고 있다.

그런데 불법·폭력 시위문제는 당사자들(시위대와 경찰 등)간의 문제일 뿐만 아니라 더 나아가 그에 따른 피해를 일반시민들 역시 고스란히 입고 있다는 점이다. 서울시민의 경우, 주말마다 시청 앞 광장과 주요간선도로를 갖가지 이념단체와 이익단체의 시위대에게 빼앗긴 지는 벌써 오래된 일이다. 물론 집회시위는 헌법이 보장하는 기본권으로 그 자유는 최대한 보장되어야 한다는 점에는 이견이 없다. 그러나 현행 '집회 및 시위에 관한 법률'은 적법한 집회 및 시위는 최대한 보장한다는 취지와 함께 위법한 시위로부터 국민을 보호한다는 또 하나의 목적을 제1조에서 밝히고 있다. 즉 집회시위는 단순히 시위대와 이를 통제하는 경찰과의 문제만이 아니라 일반시민들도 관련된 사회적 문제라는 점에 주목해야 할 것이다.

⑤ 폴리스라인(Police Line)이 갖는 상징적 의미

민주사회에서 경찰은 기본적으로 법집행과 질서유지, 그리고 대민봉사의 역할을 수행하고 있다. 집회시위에 대한 경찰의 대응은 질서유지 차원에서 대단히 중요한 의미를 갖는다. 일반적으로 경찰이 대민관계에 개입하는 것은 시민들이 법이라는 사회적 합의를 깨트렸을 때 통제수단으로 작용한다고 인식되지만, 본질적으로는 국가와 시민을 보호하기 위한 것이라고 보아야 한다.

그렇다면 폴리스 라인이 갖는 상징적 의미는 무엇인가? 그것은 법에 기초를 둔 '합법적인 한계선'을 의미한다고 본다. 이는 위에서 밀이 제시한 바와 같이 상호 조화되기 어려운 자유와 질서를 조화롭게 만들어 주는 중요한 기준이 되는 것이다. 법치주의(法治主義) 테두리 내에서 경찰은 준법시민들에 대해서는 자유로이 자신들의 권리를 향유하도록 보호하면서도 한편으로는 법규 위반자들에 대해서는 강제적·규제적인 물리력을 행사할 수 있는 권한을 부여하고 있는데, 그 기준 가운데 하나가 폴리스라인이라고 할 수 있다.

물론 경찰이 폴리스라인을 통해서 집회시위의 권리를 행사하는 시위군중들을 무조건적으로 통제하는 기능을 수행한다기보다는 이들이 시위군중들의 의사를 자유롭고 평화롭게 개진할 수 있도록 보호해 주는 측면도 아울러 갖고 있다고 보아야 한다. 경찰이 시위군중을 적절하게 보호해 주지 않는다면, 경우에 따라서는 다른 이해관계를 갖는 개인 및 집단과 충돌될 가능성은 매우 높기 때문이다. 그리고 경찰은 폴리스라인을 통해서 시위군중들로부터 일반시민들이 피해를 당하지 않도록 보호해 주는 기능을 한다. 시위군중들의 권리행사과정은 일반시민들의 정상적인 사회활동을 방해하는 수준까지 이르기 때문에 이를 적절하게 차단해 주는 역할이 필요한 것이다. 결과적으로 경찰은 폴리스라인을 통해서 이들 양자의 적절한 통제 및 보호를 유도하고, 궁극적으로 공공의 안녕과 질서를 유지하게 되는 것이다.

그런데 현실적으로 각 당사자 간의 이해가 상충될 때 모두를 만족시키는 경찰활동을 수행하는 것은 대단히 어려운 일이다. 더욱이 우리나라와 같이 경찰의 권위 또는 정통성이 확립되지 않은 상황에서는 내적으로 긴장상태에 있는 시위군중 및 이해당사자들을 보호·통제한다는 것은 더욱 어려울 수밖에 없다.

⑥ 정부의 폴리스 라인 강화정책

2007년 1월 국가인수위원회는 "이른바 '떼법·정서법'을 앞세워 법을 지키지 않는 집단이기주의를 시정하려고 한다"며 "국민이 잘 지킬 수 있고, 경제 살리기에도 도움을 줄 수 있는 법령의 합리적 정비를 위해 태스크포스(TF)팀을 운영하기로 했다"고 발표했다. 아울러 "불법폭력·집단행동에 대한 엄정한 대응과 공무집행의 일관성 유지를 위해 검찰·경찰·노동부 등 정부유관기관 합동으로 '산업평화정착 TF'를 구성하고, 법질서 바로세우기 범국민운동을 추진키로 했다"고 밝혔다(그러나 노동계와 여론의 '신공안정국' 조성이라는 비판이 제기되자 4시간 만에 백지화하는 해프닝이 발생하였는데, 이들 진보주의적 입장에서는 여전히 정부의 태도에 의구심을 보이고 있다).

이에 호응하여 경찰은 폴리스라인을 넘는 시위대를 전원 연행하는 등 집회시위시 경찰의 대응방식을 "현장검거 위주로 전환하는 방안을 검토 중"이라고 밝힌 바 있다.

또한 경찰은 시위대에게 전기충격기·최루액 등을 적극 사용하는 방안도 고려중인 것으로 알려졌다. 경찰이 밝힌 전기충격기는 2006년 4월 하이스코 노동자들의 점거농성과 11월 한·미 FTA반대 광주전남지역 민중총궐기 당시 이미 사용된 바 있는 '테이져건'인 것으로 알려졌다.

테이져건은 테러방지용으로 개발된 것으로 방아쇠를 당기면 탄산가스나 아질산가스가 터지면서 총기에서 가는 와이어선으로 연결된 두 개의 촉이 발사되어 그 촉이 피부나 옷을 뚫고 들어가 최고 5만 볼트의 전기적 충격을 몇 초간 가해 당사자를 무력화시키도록 제작된 것이다(그러나 테이져건의 충격에 의해 신체적·생리적 장애가 발생하기도 한다는 점에 신중하게 고려할 필요가 있다).

진보적 입장에서 정부와 경찰의 집회 및 시위의 강화정책에 대해서 반대하는 중요한 이유 가운데 하나는 경찰청이 지난해 국가인권위원회에 제출한 자료에 기초한 것이다. 이 자료에 따르면 경찰청이 지목한 불법적인 폭력시위는 2003년에 134건, 2004년에 91건, 2006년에 62건으로 줄어들고 있다는 점이다.4) 불법적인 폭력시위가 현저하게 감소하고 있는 상황에서 경찰이 전보다 오히려 강경 대응하는 것은 시대의 흐름에 역행하는 구습이라는 것이다.

⑦ 폴리스라인의 외국사례

생각건대, 진보주의적인 입장 역시 수긍이 간다. 그러나 폴리스라인 강화정책의 반대논리로서 불법적인 폭력시위의 감소를 지적하는 것은 본질에서 벗어난 측면이 없지 않다. 각 집단의 이해관계가 상충한 상황에서 질서유지의 책임을 맡는 소수의 경찰이 다수의 시위군중 및 이해관계자들을 보호·통제하기 위해서는 엄격한 법집행력을 갖는 경찰활동이 전제되어야 하기 때문이다. 바꿔말하면, 단 한 건의 불법적인 폭력시위가 발생했다 할지라도 경찰은 이에 대해 강경하게 대응할 필요성이 있다는 것이다. 경찰이 강경 대응한다는 것 자체가 시대에 역행하는 것은 아니라는 점이다(다만, 잘못된 국가정책 및 부당한 기업경영 등 근본적·근원적인 문제가 해결되지 않고서는 이러한 과격한 폭력시위의 가능성이 항상 내재해 있다고 본다).

미국의 경우, 몇 명 또는 몇 십 명의 소수의 시위자들의 보도의 가장자리에서, 도로 주변의 잔디밭에서 보행자와 차량의 교통에 불편을 주지 않으면서도 시위를 할 때 순찰하던 경찰이 멀리서 보고 별 문제가 없다고 판단하면 신고 및 허가 여부를 따지지 않는다. 그래서 남에게 피해를 주지 않는 평화적인 소규모의 시위는 일상화되어 있을 정도로 많다. 미국의 시위문화를 보면 진정한 집회시위의 자유와 표현의 자유가 무엇인지를 이해할 수 있다. 물론 경우에 따라서는 물리적 충돌이 발생하기도 한다.

그러나 미국의 경우 집회시위가 신고내용과 다르게 폭력적이거나 무질서하게 변할 때에는 경찰은 현장에서 집회책임자에게 집회허가의 취소를 통보하고 강제해산 시킨다. 이와 같은 집회시위 과정에서 발생하는 폭력·파괴·무질서 등의 행위에 대해서는 집회시위의 본질과는 무관하므로 일반법규정에 따라 처벌하게 되며, 특히 이를 통제하는 경찰에게 항거할 때에는 일반범죄자를 처리할 때와 똑같은 기준과 원칙이 적용된다. 한 마디로 법을 위반 했을 때 경찰의 대응은 살벌하다.

예컨대, 2000년 4월 국제통화기금(IMF)과 세계은행(IBRD) 회의가 열릴 때 세계 각국의 NGO 회원들이 몰려와 시위를 했었는데, 이 때 경찰이 회의장 주변에 광범위하게 설치해 놓은 폴리스라인을 침범하거나 교통소통을 이유로 시위대의 행진을 인도로 할 것을 명령하였음에도 불구하고 불응한 자 등 1,300여명의 불법시위자들을 체포하였다. 이 때에도 시위대는 폴리스라인을 넘기 위해 경찰과 몸싸움을 한 정도가 폭력의 전부였다.

그러나 경찰의 대응은 단호하다 못해 무차별적이었다. 최루탄과 후추 스프레이 가스 및 물대포는 물론, 쇠막대기로 된 경찰봉과 고무총탄을 사용하였다. 일부 언론은 폭력성이 거의 없는 시위대에 대한 경찰의 조치가 너무 가혹하다고 문제제기를 하였지만 대부분의 언론은 적절한 조치였다고 평가하였다. 폴리스라인을 넘어 국제회의장으로 진입을 시도하는 시위대에게 경찰은 해산을 명령하였고, 이러한 경찰의 명령에 불응한 시위대(즉 불법시위)에 대한 경찰의 조치는 적법하였다는 것이다.

⑧ 평화적 집회시위의 모색

그렇다면 우리나라의 경우 무엇이 문제인가? 평화적인 집회시위를 방해하는 요인이 과격하고 부적절한 경찰의 대응조치 때문인가, 시위문화 자체가 아직까지 선진화되지 못한 것인가, 아니면 부적절한 국가정책 및 부당한 기업가 경영방식 등으로 인해 수많은 노동자와 근로자 등이 삶을 영위하기 위해 극단적인 방법에 호소하지 않으면 안 될 상황에 직면했기 때문인가? 이 문제에 대해 어떠한 명확한 해답을 얻는 것은 불가능하며, 다만 각 집단마다 일정한 책임을 져야 한다고 본다.

그러나 중요한 것은 법질서 원칙을 지켜야 한다는 점이다. 시위대가 폭력을 행사하는 것은 이들이 원하는 요구조건을 정부가 수용시키는 데 불법이 준법보다 효과적이기 때문일지도 모른다. 그러나 이러한 원칙이 붕괴되면, 더욱 심각한 사태를 초래할 수밖에 없음은 자명한 사실이다.

따라서 경찰의 관점에서 접근한다면, 불법시위에 대한 경찰의 강경하고 단호한 조치는 필요한 시점이며, 따라서 이는 무엇보다도 중요한 요소이다. 그리고 잘못된 경찰행태에 대한 통제 역시 명확한 법적 근거 및 부적절한 법규정의 개정, 그리고 조리(條理)상의 한계 등을 통해서 이루어져야 할 것이다. 국민과 1:1로 대응하는 경찰력을 보유하고 있는 나라는 지구상에 존재하지 않는다. 우리나라의 경우, 2015년 현재 경찰관 1인당 담당인구수는 456명에 달하고 있다. 따라서 소수의 경찰력으로서 다수의 일반시민을 통제할 수 있는 경찰의 능력이 무엇보다도 중요한 것이다. 그러나 여전히 시위대보다 시위를 막는 경찰의 숫자가 더 많은 것이 서글픈 현실이다.

선진화된 시위문화가 정착되고, 경찰의 권위가 바로서고, 강력한 공권력을 가지게 된 나라에서는 소수의 경찰력으로 다수의 시위군중을 통제할 수 있을 것이다. 이렇게 선진화된 시위문화와 경찰의 위상확립 및 공권력의 확보는 그만큼 경찰의 업무수행 능력을 향상시킨다. 시위통제가 효율적으로 이루어지게 되면, 나머지 경찰력을 다른 활동(범죄예방 및 수사·교통 등)에 투입할 수 있기 때문이다. 이는 결과적으로 경찰의 치안서비스 생산력을 향상시키게 될 것이다.

그리고 경찰의 입장에서 집회시위 문제를 근본적으로 해결하는 데에는 한계가 있다는 문제인식에서 출발해야 할 필요가 있다. 경찰은 발생한 집회시위를 적절하게 통제관리 하는 입장일 뿐 집회시위의 발생원인 자체를 통제할 수 있는 위치에 있지는 않기 때문이다. 특히, 오늘날과 같이 정치적·경제적·사회문화적으로 불안정한 환경 속에서 생존권(生存權)에 위협을 받는 시민들이 행사하는 집회시위는 어떻게 보면 시대적 필연성을 갖는다고 본다. 일본의 경우, 1970년대 후반 이후 대중집회가 폭력을 수반하여 경찰과 충돌하는 형태의 사건은 거의 발생하지 않았다고 한다. 이와 관련하여 아카사카 마사히로(赤坂正浩, 2006)는 일본에서 불법·폭력형태의 집회시위가 자취를 감추게 된 이유를 일본의 정치·사회적 상황이라는 전체의 큰 변화에서 찾아야 할 것이라고 하였는데, 이는 우리에게 시사하는 바가 크다고 본다.

아울러 집회시위 자체는 자유민주국가를 존속하게 하고, 유지·발전시키는 헌법적 시민권의 하나이기 때문에 이를 근본적으로 제한하는 것 역시 불가능하며, 또 결코 바람직하지 않다고 본다.

그러나 중요한 것은 '폭동' 또는 '폭력'의 형태를 띤 집회시위는 반드시 지양해야 한다는 점이다. 그리고 경찰은 평화적 집회시위를 유지하고 이를 통제하는 제1차적인 역할을 하고 있기 때문에 이를 위한 방안을 강구해야 할 것이다.

사실, 불법·폭력적 집회시위가 위에서 언급한 바와 같이 합법적인 시위보다 그 '효과'가 더 있을지는 모르겠지만, 결과적으로 이는 개인 및 국가발전에서는 비생산적이다. 불법·폭력적 집회시위로 인해 국가가 부담해야 할 경제적 손실은 천문학적이다. 경찰의 입장에서 본다면 과거 법집행과 질서유지를 주요임무를 수행해 온 반면, 오늘날에는 '대민봉사'라는 새로운 역할까지 요구되고 있다. 이러한 상황에서 집회시위는 경찰에게 커다란 역할부담으로 작용하고 있다고 본다. 경찰통계에 의하면, 집회시위에 동원되는 경찰인력은 지난 15년간(2001~2015) 연간 약 150만명에서 300만명 수준에 이르고 있다. 집회시위가 많아지고, 또 과격해질수록 경찰의 부담은 증가할 수밖에 없으며, 결과적으로 그 피해는 일반시민이 겪을 수밖에 없는 것이다. 이러한 문제점들로 인해 우리나라의 집회시위문화의 올바른 정착을 위해서는 새로운 접근방법을 찾아야 한다는 사회적 공감대가 형성되고 있다. 특히 직접 불법·폭력시위에 대응해야 하는 경찰로서는 중요한 고민거리가 아닐 수 없다.

물론 집회시위가 처음에는 평화적으로 전개되다가 경찰의 대응행태에 따라 불법폭력으로 전환되는 경우도 있다. 이러한 문제는 시위군중의 감정변화 또는 경찰의 부적절한 통제방식에서 비롯된 것이다. 어쨌든 경찰이 지난 1999년부터 시행해 온 '무최루탄정책'을 일관되게 유지하고, 신고된 평화적인 준법집회는 최대한 보장하되, 국민불안을 초래하는 불법·폭력행위에 대해서는 현장검거 및 사후사법조치 등 엄정 대처함으로써 국민의 기본권과 공권력 행사의 조화를 이루기 위해 최선의 노력을 다할 필요가 있다고 본다.

아울러 기존의 '집회시위현장 인권보호 매뉴얼'보다 체계적으로 개발하여 집회단계별·참가자별·유형별 인권보호요령 및 경찰장비사용규칙 등을 제시하는 등 현장 안전관리를 최우선과제로 삼아야 할 것이다. 그리고 경찰에서는 신고된 각 집회시위의 규모 및 행태를 예측하여 최적의 대응전략(이른바 'Advance Planning')을 수립할 필요가 있다. 비록 각 집회시위가 발생했을 때 언제 개입을 해야 할지를 정확히 파악하기는 어렵지만, 각각의 장소 및 상황에 따라 이들은 어떠한 형태의 공권력 투입이 요구되는지를 예측할 수 있어야 할 것이다.

생각건대, 어느 누구도 현재의 시점에서는 집회시위의 정당성에 대한 명확한 답변을 내리는 것은 불가능하다고 본다. 다만 여기에서 일방은 옳고 일방은 옳지 않다는 이분법적 접근보다 많은 비생산적인 소모전을 가져다 줄 것임에는 분명하다고 본다. 대화와 타협을 통한 진리 찾기의 출발점은 '내 생각만이 전부가 아니다'라는 상호 관용의 정신에서 출발한다는 점을 상기할 필요가 있다.

자료: 최선우, "폭력불법시위는 시민과 헌법에 대한 폭행," 자유공론, 통권 제478호, 2007.1. pp. 111~115; 최선우, "매 맞는 경찰 벗어나 법치 바로서는 사회로," 자유공론, 통권 제492호, 2008.3, pp. 84~86 재구성.

---

3) 경찰청, 경찰통계연보, 2016, p. 198.

평화적인 집회시위의 장(場): 대통령 탄핵 촛불집회시위

대한민국 헌정사상 최초의 대통령 탄핵과 구속, 정권교체까지 이어진 첫 촛불집회는 지난해 2016년 10월 29일 서울 종로구 청계광장에서 시작되었다. 처음 주최 측이 경찰에 신고한 인원은 2,000명이었고, 경찰의 예상인원은 4,000명이었다. 현장엔 이를 훌쩍 넘은 3만 명(주최 측 추산)이 참여하였다. 이후 계속 된 촛불집회는 계속되었는데, 주최 측이 추산한 23차에 걸친 누적 인원은 총 1,685만 2,360명에 달하였다.

첫 촛불집회 이틀 뒤인 10월 31일 최순실 씨가 검찰에 출석해 "죽을 죄를 지었습니다"라고 하였다. 나흘 뒤인 11월 4일 박근혜 당시 대통령은 "내가 이러려고 대통령이 됐나"라며 두 번째 사과 성명을 냈다. 이를 지켜본 시민들은 너나 할 것 없이 거리로 나왔고, 2차 촛불집회 30만명, 3차 촛불집회에선 106만명으로 급격히 늘어났다.

2016년 12월 3일 열린 6차 촛불집회는 한국사의 한 페이지가 되었다. 대한민국 정부수립 이래 최대 규모로서 서울에 170만명, 지방에 62만명이 집회에 참여한 것이다. 집회 이름을 '박근혜 즉각 퇴진의 날'로 정해 부르기 시작하였다. 12월 2일로 예정됐던 탄핵소추안 처리 일정이 대통령의 3차 대국민 담화, 새누리당의 입장 번복, 국민의당의 머뭇거림으로 늦춰진 것에 대한 분노 여론이 가장 비등했던 때이기도 하다. 그리고 이와 같은 엄청난 규모의 범국민적 촛불 집회시위과정에서 과격한 폭력 등을 행사하지 않고, 국민들 스스로가 자신들의 의지를 관철시켰다는 것은 성숙된 시민의식과 민주주의에 대한 열망, 그리고 미래에 대한 희망을 보여준 역사적 사건이었다고 할 수 있다.

자료: 헤럴드경제, 2017.10.26.

4. 커뮤니티 경찰활동시대

이와 같은 PCR 단계가 어느 정도 정착되어 가는 과정에서 본격적으로 경찰과 커뮤니티가 공동으로 문제해결에 동참하는 것은 커뮤니티 경찰활동(CP: Community

---

4) 그리고 불법폭력시위가 2014년에는 35건, 2015년에는 30건으로 줄어든 것으로 나타나고 있다. 다만, 2014년에 비해 2015년의 경우 인적·물적 피해가 각각 78명에서 302명, 125점에서 891점으로 대폭 증가하였다. 이는 2015년 11월 14일 민중총궐기 집회 등과 같은 대규모 폭력시위로 인한 결과에서 비롯된 것이다. 경찰청, 경찰백서, 2016, p. 309.

Policing) 단계에서 비로소 나타나게 된다. 커뮤니티 경찰활동에서는 PCR에서 얻은 상호간의 이해와 신뢰를 바탕으로 시민이 경찰활동에 능동적으로 참여하게 된다.

　　전통적 경찰활동 단계보다는 PCR 단계, 그리고 PCR 단계보다는 커뮤니티 경찰활동 단계는 분명히 이들 상호간의 관계가 보다 긍정적으로 변한 것이 사실이다. 그러나 여기서 주의할 것은 커뮤니티 경찰활동 단계라 할지라도 경찰이 커뮤니티의 완전한 일부분을 형성할 수는 없다는 점이다. 즉, 경찰과 커뮤니티는 별개의 존재도 아니며, 그렇다고 해서 경찰이 커뮤니티의 완전한 구성요소라고 보기도 어렵다. 오늘날에도 경찰과 커뮤니티가 항상 상호 협력관계만을 구축하는 것은 아니며, 앞으로도 그러할 것이다. 따라서 경찰과 커뮤니티는 상호간에 영향을 미치면서 때로는 협력하고, 때로는 갈등관계를 형성해 갈 것이다.[5] 다만, 우리가 바라는 것은 이들 상호간에 갈등관계보다는 미래지향적인 협력관계인 것이다.

　　이러한 관점에서 본다면, '현대경찰의 아버지'라 불리는 로버트 필(Robert Peel)이 제시한 경찰의 기본원리, 즉 "경찰은 시민[커뮤니티]과 별개가 아닌 하나의 존재로서 시민의 경찰활동에 대한 참여 없이는 완전한 경찰활동이 불가능하며, 경찰은 국가권력의 대변자가 아닌 참된 민주주의를 유지하는 수단이다. 이러한 의미는 곧 경찰이 시민의 일부로서 시민의 모든 어려움을 해결해 주는 민주주의의 수호자로서 그 중요성을 갖는다"라는 것은 다분히 정치적(政治的)인 성격을 갖는 것이다.[6]

　　바꿔 말하면, 경찰이 개인의 자유와 권리의 보호뿐만 아니라 공공의 안전과

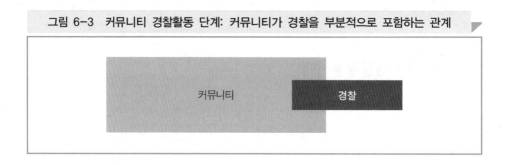

그림 6-3　커뮤니티 경찰활동 단계: 커뮤니티가 경찰을 부분적으로 포함하는 관계

커뮤니티　　　　경찰

5) Pamela D. Mayhall, Thomas Barker & Ronald D. Hunter, *Police−Community Relations and The Administration of Justice*, Englewood Cliffs, New Jersey: Prentice Hall, 1995, p. 2.
6) Robert Reiner, *Policing*, Vol. Ⅰ, England: Dartmouth Publishing Company, 1996, p. 10.

질서유지를 위해 존립한다면, 경찰과 시민[커뮤니티]이 별개가 아닌 하나의 존재로서 관계성(關係性)을 형성하는 것은 사실상 불가능하다는 의미이다. 따라서 [그림 6-4]와 같이 커뮤니티가 경찰을 완전히 포함하는 관계, 경찰이 커뮤니티의 일부가 되는 관계는 형성되기 어렵다고 본다. 다만, 경찰과 커뮤니티의 상호간의 노력 여하에 따라, 상호 중복되는 영역은 보다 확대될 수 있을 것이다.

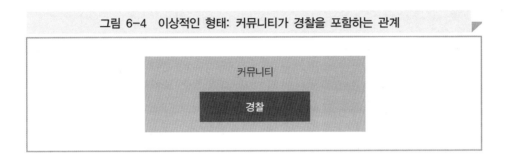

그림 6-4   이상적인 형태: 커뮤니티가 경찰을 포함하는 관계

커뮤니티

경찰

한편, PCR과 커뮤니티 경찰활동은 유사한 점이 많다. 그 이유는 커뮤니티 경찰활동 자체가 PCR의 접근방법을 배경으로 해서 발전한 것이기 때문이다. 그러나 커뮤니티 경찰활동은 그 목적 및 운영방식 등에서 차이가 있다. PCR의 가장 큰 목표는 커뮤니티 구성원(지역주민 등)과의 관계개선인 데 비하여, 커뮤니티 경찰활동은 그 목표가 커뮤니티의 총체적인 문제해결이고, 따라서 지역주민과의 관계개선은 커뮤니티의 문제해결을 위한 여러 가지 활동의 부산물일 뿐이다. 또 PCR은 커뮤니티의 문제파악 및 해결방안에 대해서 주로 지역자문회, 자원봉사자 등 특정 집단 및 계층 중심으로 접근하는 데 비하여, 커뮤니티 경찰활동에서는 가능한 한 지역 내의 모든 구성원들이 참여하여 관련 문제를 파악하고 해결방안을 제시하고자 노력한다. 그리고 PCR이 관(官) 즉, 경찰 등이 주도하는 상의하달(上意下達)식 개혁인데 비하여, 커뮤니티 경찰활동은 하의상달(下意上達)식 개혁을 지향한다는 점에서도 차이가 있다.[7]

따라서 현재의 커뮤니티 경찰활동 단계는 완성단계가 아니라 이제 막 걸음마를 시작한 단계이며, 아직도 전통적 경찰활동의 요소가 더 큰 비중을 차지하고 있고, 경찰과 커뮤니티의 관계개선도 진행 중에 있는 상태라고 할 수 있다.

---

7) 정경선·박기태, 앞의 책, p. 35.

이상에서 논의한 경찰활동의 발전과정을 [그림 6-5]에서 요약해 주고 있다. 다만, 여기에서 주의할 것은 이러한 접근방식이 경찰역사 전과정을 중심으로 한 것이 아니라 20세기를 전후로 한 것이라는 점이다. 여기서는 전통적 경찰활동 패러다임이 점차 약해지고, 과도기로서 PCR이 등장하고, 서서히 커뮤니티 경찰활동이 지배적인 패러다임으로 등장하고 있는 과정을 보여 주고 있다.

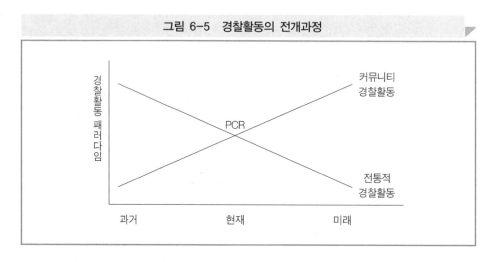

그림 6-5 경찰활동의 전개과정

그러나 사실 역사적 해석이라는 것은 그 기준에 따라 달라지는 것이기 때문에 전통적 경찰활동 역시 하나의 과도기에 해당될지도 모른다. 그리고 커뮤니티 경찰활동 역시 이와 마찬가지일지도 모른다. 다만 우리가 기대하는 것은 커뮤니티 경찰활동이 21세기 현대사회에 적합한 경찰활동으로 자리 잡기를 기대할 뿐이다.

제2절

커뮤니티 경찰활동의 시작

아래에서는 20세기 이후 미국을 중심으로 한 커뮤니티 경찰활동의 역사적 발전과정을 살펴보기로 한다. 아마도 세계적으로 커뮤니티 경찰활동이 가장 활발하게 연구되고 있는 곳 가운데 하나가 바로 미국일 것이다. 왜냐하면, 미국이라는 나라는 자유민주주의를 지향하는 대표적인 국가 가운데 하나이지만 이 나라야말로 가장 복잡하고 다양한 연방국가(聯邦國家) 및 다문화(多文化)를 이루고 있으며, 이에 따른 가장 많은 정치·경제·사회적인 가치갈등과 대립이 노정되어 있기 때문이다.8) 상대적으로 우리나라의 커뮤니티 경찰활동은 아직 그 역사가 짧으며, 따라서 이에 대한 시대적 접근을 시도하는 것이 쉽지 않다. 미국이 커뮤니티 경찰활동의 씨앗을 뿌린 상태라면, 우리는 이제 겨우 토양을 일구는 상태일지도 모른다.

그리고 이미 앞에서 언급한 바와 같이 전통적 경찰활동시대에도 커뮤니티 경찰활동이 부분적이지만 존재해 왔다는 사실이다. 따라서 여기서는 이와 같이 비록 전통적 경찰활동이 중심적으로 이루어진 시대이지만, 그 속에서도 커뮤니티 경찰활동이라 할 만한 몇 가지 선구자적인 사례를 제시하면서 이 글을 전개시키기로 한다. 그런데, 국내외의 많은 문헌들은 커뮤니티 경찰활동의 역사를 경찰의 역사(고대부터 현대에 이르기까지, 또는 1829년 로버트 필의 경찰개혁 이후) 속에서 찾기도 한다.

이는 커뮤니티 경찰활동을 어떻게 보느냐에 따라 접근이 가능하다. 다만 과거에 인식되었던 커뮤니티 개념과 현대에 인식되고 있는 커뮤니티 개념, 과거의 국가관과 오늘날의 국가관, 지배계층과 피지배계층 간의 상호관계 등에 있어서 과거와 현재는 상당한 차이가 있다는 점 등에서 볼 때, 커뮤니티 경찰활동은 적어도 20세기 이후의 현대적 관점에서 접근하는 것이 바람직할 것이다. 예컨대, 오늘날 시민들의 자발적인 공동체 의식을 이끌어 내고자 하는 노력과 15세기 조선시대 주민감시를 위해 실시된 '오가작통'(五家作統)을 동일한 관점에서 해석할 수는 없는 것이다. 중세시대 영국에서 10명의 자작농민들을 하나로 묶어 '십호반'(Tithing)을 만든 것도 마찬가지로 지배계층이 주민들의 세금납부와 상호감시 기능을 향상시키기 위한 것이지, 오늘날과 같이 시민지향적인 국가관 위에서 형성된 것은 결코 아니라는 점이다.

---

8) 50개 주(州)로 구성된 미국(United States of America)은 국토면적 약 983만㎢(한반도의 약 45배), 인구 약 3억 2천 만명(세계 3위)에 이르고 있다. 국민들은 유럽계와 중동계의 후손들, 아프리카계 미국인, 히스패닉계, 아시아계, 태평양 섬의 원주민, 아메리카 인디언(아메리카 원주민), 알래스카 원주민으로 구성된다. 국민의 대부분이 영어를 사용하지만, 히스패닉계는 스페인어를 사용한다. 종교는 그리스도교가 대다수를 차지하는데 여기에는 개신교, 로마가톨릭, 동방정교회 등 다양한 그리스도교 종파가 포함된다. 또한 유대교, 이슬람교, 불교, 힌두교를 믿는 국민들도 있다. http://100.daum.net/encyclopedia(다음백과).

또 영국 로버트 필(R. Peel)이 시도한 경찰개혁에서 시민의 중요성을 강조한 것을 커뮤니티 경찰활동의 기원으로 보기도 하는데, 역시 이전 영국의 전근대적인 치안조직에 대한 정치적인 대안으로 제시한 것이지, 진정한 시민참여를 목적으로 한 것은 아니라고 본다. 당시의 사회적 배경 속에서는 오늘날과 같은 커뮤니티 경찰활동을 시도할 수 있는 여건이 만들어지지 못한 까닭이다.

따라서 현대의 미국경찰의 발전과정에서 커뮤니티 경찰활동의 뿌리를 찾고자 하는 스콜닉과 베일리(Jerome H. Skolnick & David H. Bayley)의 접근방식이 오히려 설득력을 갖는다고 본다. 다음에서는 이들의 견해를 중심으로 살펴보기로 한다.9) 주의할 것은 이러한 시대적 접근과정이 단지 커뮤니티 경찰활동에 국한되어 나타나지 않는다는 점이다. 여기에는 전통적 경찰활동이 문제시되어 온 배경, 이에 대한 경찰개혁으로 등장한 경찰과 커뮤니티 관계개선, 그리고 커뮤니티 경찰활동과 관련된 선행연구 등에 대한 논의가 일관되게 전개되고 있음을 주목할 필요가 있다. 그리고 이러한 미국경찰의 개혁과 발전과정을 통해 우리에게 시사하는 바를 발견할 수 있을 것이다.

1. 커뮤니티 경찰활동의 선구자

커뮤니티 경찰활동은 경찰이 시민[커뮤니티]에 대해서 어떻게 하면 이치에 맞고 적절하게 상호작용할 것인가에 하는 것에 초점을 둔 하나의 일관성 있는 이론적·실천적 인식체계라고 할 수 있다. 그런데 이러한 접근방식이 최근에서야 새롭게 등장한 것은 아니다.

미국경찰의 예를 든다면, 1914년부터 1919년까지 뉴욕경찰국장을 지낸 바 있는 우즈(Arthur Woods)가 아마도 가장 먼저 미국의 커뮤니티 경찰활동을 제시한 사람일 것이다. 예일대학에서 강연한 그의 유명한 강의 등을 통해서 볼 때,10) 경찰에 대한 사회적 중요성과 존엄성, 그리고 시민의 인식전환을 꾀하기 위해서는 일선경

---

9) Jerome H. Skolnick & David H. Bayley, *Community Policing: Issues and Practices Around The World*, National Institute of Justice, 1988, pp. 37~46.
10) Arthur Woods, *Policeman and Public*, Montclair, NJ: Patterson Smith, 1975.

찰에 대한 지속적인 관심과 지원이 이루어져야 한다는 것이 그의 일관된 논지라고 할 수 있다. 그는 경찰활동에 대해서 식견 및 의식을 갖고 있는 시민들은 두 가지 관점에서 유용할 것이라고 확신하고 있었다. 첫째, 만약 시민들이 경찰업무의 복잡성·어려움, 그리고 중요성을 이해하게 된다면 이들은 경찰활동에 대해서 보다 경의를 표하게 된다는 것이다. 둘째, 이러한 이해를 토대로 시민들은 한발자국 더 나아가 효율적인 경찰업무 수행을 위해서 보다 적극적으로 경찰에 대한 지원 및 보상체계를 강구하고자 할 것이라는 점이다.

물론, 우즈는 대학에서 연구활동을 하는 이론가는 아니었다. 그러나 그는 뉴욕시의 경찰부패와 기타 경찰개혁에 중대한 장애가 되는 여러 가지 요인들을 통찰력 있게 인식하고 있었다. 그는 자신들의 정치적 목적 달성을 위해 경찰과 경찰조직을 악용하고 있는 공무원과 정치인들을 비난하였다. 그리고 그는 이러한 주변의 장애요인들에도 불구하고 오늘날 우리가 논의하고 있는 커뮤니티지향적 경찰활동의 관점에서 경찰활동을 실시하고자 하였다. 따라서 예컨대, 그의 지시에 따라 관할 경찰서장들은 관할구역 내에 소년경찰대(Junior Police League)를 조직화하였다. 여기에 참여한 소년들은 소년경찰배지를 수여받고, 자신들이 거주하는 이웃의 법규 위반사항을 경찰에 보고하도록 훈련을 받았다. 그리고 뉴욕경찰조직(NYPD)의 젊고 활동적인 경찰관들은 학교를 방문하여 학교아이들에게 진정한 경찰업무라는 것은 주변이웃을 보다 안전하고 평화로우며, 보다 양질의 삶을 살 수 있도록 도와주는 것으로서 단순히 범인을 체포하는 것 이상의 의미를 갖는다는 것을 설명하도록 하였다.

명예경찰소년단

① 명예경찰소년단의 의의

경찰은 경찰과 학교, 선도단체의 유기적인 협조 하에 청소년 스스로가 각종 범죄 및 제반 사고로부터 자신을 보호할 수 있는 능력을 배양하고 교통질서 등 기초질서 의식을 함양시키기 위해 초·중학생을 대상으로 명예경찰소년단을 운영하고 있다. 자라나는 청소년들에게 꿈과 희망을 주고 경찰과의 만남을 통해 경찰에 대한 친밀감 및 자긍심을 고취시키며 '또래지킴이' 등 활동을 통해 청소년의 건전한 육성을 도모하는 데에 그 의의를 두고 있다.

② 명예경찰소년단의 조직 및 선발절차

명예경찰소년단은 전국 초등학교 4~6학년 및 중학교 1~2학년생 중 인성이 바르고 학교생활에 있어 타의 모범이 되며, 명예경찰소년단의 활동에 의욕이 있는 희망자 중에서 학교장의 추천을 받아 경찰서장이 위촉하고 있으며, 2015년에는 1,431개 초·중학교에서 17,630명을 선발하였다.

③ 명예경찰소년단의 주요활동

명예경찰소년단은 경찰서에서 호신술을 배우는 명예경찰 무도학교, 경찰관서 치안시스템 견학, 지역경찰관과 합동순찰 등 현장체험활동을 실시하고 있으며, 교내에서도 학교폭력 예방활동, 교통질서·기초질서 캠페인, 봉사활동 등을 수행하고 있다. 최근 또래 역할이 중요시됨에 따라 왕따학생과 '친구맺기'를 통해 소외감을 해소하고 학교생활에 적응할 수 있도록 도와주는 등 '또래지킴이' 활동을 통한 자발적 학교폭력 방어자로서의 역할을 담당하고 있다.

자료: 경찰청, 경찰백서, 2016, pp. 124~125.

이러한 일련의 노력들은 후속되는 이념 및 프로그램들에 의해서 효과적으로 축적·보완되었다. 예컨대, 우즈는 맨하탄(뉴욕시의 상업지구)의 후미진 곳에 빈곤한 가정 내에서 성장하고 있는 많은 아이들이 처한 삶의 현실을 이해하고자 하였다. 이곳의 어머니들은 경제적인 어려움 등으로 아이들을 도시공원이나 공공장소에 데리고 갈만한 시간적 여유가 없었다. 이러한 문제를 해결하기 위해서 우즈는 '놀이거리'(Play Street)를 만들었다. 경찰은 하루의 몇 시간동안 주거지역 내의 거리 끝부분에 장벽을 설치하여 차량을 통제하였다. 아이들은 교통사고 위험 없이 밖에서 놀이를 할 수 있게 되었는데, 이로 인해 일부의 바쁜 시민들에게는 불편함·불쾌감을 안겨 주기도 하였다.

한편, 대규모 이민지역인 이곳에서 우즈는 그리스·이탈리아·유태인 등 각 언어를 사용하는 신문사와 접촉하여 이들로 하여금 자신들 언어로 노점상인들을 규제할 수 있는 규정에 대한 안내장을 인쇄해 달라고 설득하기도 하였다. 이러한 안내장들은 일차적으로 경찰들에게 배포되어 외국 언어를 사용하는 거주민들에게 재배포 되기도 하였다.

우즈는 커뮤니티에 대한 경찰(특히, 경찰관리자)의 책임이 혁신적·개혁적인 것으로 변화·확대되고 있다고 생각하였으며, 이에 따라 대부분의 경찰은 범죄뿐만 아니라 거리나 이웃이 처한 경제적·사회적 상황에 대해서도 책임감을 갖게 되었다. 당시 실업은 범죄의 주요원인으로 인식되었기 때문에, 관할경찰은 취업과 관련된 여러 정보를 배포하는 장소로 이용되기도 하였으며, 취업을 하지 못한 거주민들은 경찰에게 일자리를 구하는 데 도와줄 것을 요청하기도 하였다. 또한 경찰은 비행에 빠진 청소년들을 YMCA나 빅브라더(Big Brother)협회와 같은 사회단체에 연결시켜 주기도 하였다.

당시 우즈의 경찰철학은 뉴욕시에서 폭넓은 지지를 받았다. 그는 시의 대규모 이민, 사회적 혼란, 이주민 아이들의 범죄문제 등 당시의 상황을 적절하게 대응한 공로로 뉴욕시 신문, 잡지사에 의해 감사장을 수여 받았다. 당시 저명한 저널리스트인 맥쿨로치(Campbell MacCulloch)는 우즈의 뉴욕경찰을 다음과 같이 설명하였다.[11]

> 많은 사람들(특히, 이주민)에게 법과 경찰은 도움을 제공하기보다는 거대한 위협의 상징이 되어 왔다. 과거의 법과 경찰은 정치적인 영향력 하에 개인의 자유와 권리를 보호하기보다는 이를 억압·통제하고, 특히 소수민들에게는 두려움과 불만의 대상이었던 것이 사실이다. 그러나 이번에 새롭게 도입하고자 하는 경찰이념과 접근방법은 전적으로 다른 것이라 할 수 있다.
>
> 이는 미국경찰의 새로운 방향설정으로서 이전에 시도되지 않은 것이라 할 수 있다. 앞으로 법과 경찰은 시민과의 상호관계를 진전시키고, 친절 및 긍정적인 영향을 미치고자 노력할 것이다. 이러한 새로운 경찰이념은 우리 사회의 보호자로서 맡은 바 소임을 다할 것이다.

그런데, 우즈의 많은 노력과 장점들은 그의 가장 나쁜 단점들을 입증하였는지도 모른다. 그는 경찰행정에 있어서 개인적인 리더십의 힘을 전적으로 믿었던 것이다. 그러나 이와 같은 리더십은 그 자체적으로 문제점들을 야기할 수도 있는 것이었다. 즉, 조직발전의 계승·강화가 우즈가 재임하고 있었던 초창기에만 이루어졌다는 점에서도 알 수 있다. 따라서 경찰국장인 우즈의 권한이 탐매니 홀(Tammany Hall)에게 넘겨졌을 때, 이상과 같은 우즈의 경찰개혁은 당시와 같이 진보적인 시기에 이루어졌던 수많은 개혁과 마찬가지로 금세 쇠퇴하였다. 불행하게도 NYPD는 시간이 지남에 따라 타락하였고, 다시 부패와 결합하여 정치적 수단으로 악용되었다.

---

11) Campbell MacCulloch, *The Outlook*, Vol. 10, February 1915.

2. 평화시기

일반적으로 1920년대에서 1960년대에 이르는 동안(1929년의 세계대공황, 1939~ 1945년의 제2차 세계대전, 그리고 1950년대의 전후시기 등)을 평화로운 시기라고 설명하는 것은 이론의 여지가 많다고 본다. 그럼에도 불구하고 범죄와 관련하여 미국과 미국 내의 도시들은 제2차 세계대전이 발생한 동안에도 전대미문의 사회적 안정기처럼 보였다. 경찰과 사회는 크게 가시적이거나 중대한 공공정책 이슈를 제기하지 않았다.

그리고 경찰조직 자체적인 관점에서 볼 때, 경찰의 높아진 교육수준, 기술적 향상, 행정적 체계화, 부정부패에 대한 법적 규제, 강력한 중앙집권화 등에 의해 이른바 '경찰전문가주의'(Police Professionalism)가 구체화되기 시작하였다. 경찰개혁가로서 윌슨(O.W. Wilson)과 LA 경찰국장인 파커(Parker) 등은 이러한 경찰전문가주의 개념을 발전시켰다. 경찰전문가주의는 기존의 경찰이 실적 또는 능력이 아닌 정치적인 요소로 임용되고,[12] 아울러 부정부패 등과 연루되어 있는 문제점들을 극복하기 위한 것이었다.[13]

그러나 아직까지도 당시의 대부분의 경찰조직들은 여전히 재량권행사의 여지가 많은 비정상적인 '경비원모델'(Watch Man Style)을 선호하였다. 경비원모델은 경찰과 같은 법집행관의 자질을 단지 이들의 법지식과 도덕적·윤리적 수준 및 신체적 조건 등에 의존하지 않고, 그 사람의 커뮤니티 내에서의 사회경제적인 특성, 정치적인 영향력, 그리고 경찰책임자의 이해관계 및 특별한 관심 등에 크게 의존하였다.[14] 전형적으로 경비원모델의 경찰들은 이해관계에 따라 흑인 및 소수민족에 대해서 한편으로는 평등하게 대해 주면서, 다른 한편으로는 차별적으로 다루었다.

---

12) 경찰공무원에 대한 정치적 임용은 엽관주의(獵官主義, Spoils System)와 정실주의(情實主義, Nepotism)로 설명된다. 양자에 대해서 인사행정의 생리(즉, 정치적 요소를 고려한 다는 점에서)가 비슷하기 때문에 이를 동일시하는 경향이 있다. 그러나 정실주의는 엽관주의보다 넓은 뜻으로 이해하는 것이 옳을 것 같다. 실적(實績) 이외의 요인을 고려하여 관직임용을 행하는 원칙을 정실주의라고 규정하는 것이 보통이다. 여기에서 말하는 실적 이외의 요인에는 엽관주의에서 중요시하는 정치적 요인뿐만 아니라 혈연, 지연, 개인적 친분 등이 포함된다. 오석홍, 인사행정론, 서울: 박영사, 1996, p. 24.; 최선우, 경찰학, 서울: 그린, 2017, p. 317 재인용.

13) Robert M. Fogelson, *Big-City Police*, Cambridge: Harvard University Press, 1977.

14) *Ibid.*, p. 143.

3. 1960년대

1960년대에 이르러 미국과 미국 내의 여러 도시, 그리고 경찰은 매우 엄청난 변화를 겪게 되었다. 윌슨은 "모든 것이 1963년에 시작되었다. 이 시기에는 어떤 사소한 것일지라도 지나치게 극화되었으며, 이후 10년간 분화되기 시작하였다"고 말하였다.[15] 왜 이러한 일이 발생하게 되었는가에 대해서 많은 설득력 있는 근거들이 제시되었는데, 분명한 사실은 그러한 결과가 발생했다는 점이다. 그리고 당시에 경찰이 이러한 치안환경에 적지 않은 영향을 미쳤다는 점이다. 어쨌든, 1960년대에 도시 곳곳에서 발생한 폭동(暴動)들은 미국경찰 역사상 경찰의 사고방식·전술·자원운용 등에 있어서 가장 큰 변화를 가져 왔고, 이러한 변화의 중심에서 경찰과 커뮤니티의 관계, 특히 '소수민족'(Minority Group)과의 관계에 많은 관심을 갖기 시작하였다.

여기서 당시의 미국사회의 변화과정과 경찰과 커뮤니티의 관계를 이해하는 데 있어서 두 개의 보고서가 발표된 것에 대해 주목할 필요가 있다. 이 가운데 하나는 커너위원회(Kerner Commission)의 보고서(1968.3)로서, 이는 '시민의 무질서에 대한 국가자문위원회'(The National Advisory Commission on Civil Disorder) 보고서로 보다 잘 알려져 있다. 다른 하나는 법집행 및 사법행정에 관한 대통령위원회(The President's Commission on Law Enforcement and Administration of Justice)의 보고서(1967.2)로서, 이는 '범죄위원회'(Crime Commission) 보고서로 알려져 있다. 커너보고서는 디트로이트·뉴왁·LA·뉴욕 등 미국 대도시를 분열시킨 폭동의 원인을 조사하였다. 조사결과, 이 위원회는 경찰과 소수민족 커뮤니티간의 뿌리 깊은 적대감을 발견하였으며,[16] 따라서 이러한 적대관계를 인종분열의 '제1차적 원인'[17]으로 파악하였다. 따라서 위원회는 경찰과 흑인 그리고 다른 소수민족간의 갈등관계가 상

---

15) James Q. Wilson, *Thinking About Crime*, New York: Basic Books, Inc., 1983, p. 5.
16) 오늘날 소수민족의 문제는 비단 미국에 국한된 것이 아니다. 최근 우리나라도 많은 나라의 외국인들이 하나의 커뮤니티를 형성하고 우리와 함께 살고 있다. 이러한 과정에서 이들에 대한 처우문제, 차별문제, 경찰의 대응문제 등은 앞으로 심각한 사회문제(社會問題) 가운데 하나로 대두될 것이다.
17) *Report of the National Advisory Commission on Civil Disorders*, New York: Bantam Books, 1967, p. 299.

호간의 불만과 긴장, 결국에는 무질서를 야기시키는 주요원인이라는 결론을 내렸다.

그러나 커너보고서는 이러한 폭동의 원인이 전적으로 경찰에 대한 적대감에서 비롯된 것이라고는 보지 않았다. 다만, 위원회는 경찰에 대한 적대감이 사회 전체적인 문제, 그 사회 내에서의 흑인 및 소수민족의 역할문제, 그리고 특히 법집행 및 형사사법과 관련된 문제 등에 있어서 보다 깊이 내재해 있다는 사실을 알게 되었다. 그리고 위원회는 적대감과 보복의 원인으로서 다음과 같은 점들을 제시하였다. 여기에는 하급법원에 대한 지나치게 많은 정치적 압력, 형량선고에 있어서 지나친 불균형성, 낙후된 교정시설, 하류층에 대한 본질적인 차별 등이 해당되었다.

한편, 경찰관행에 대해서도 일부 부정적인 평가를 내렸다. 이와 관련된 것 가운데 하나로 특히, 경찰의 '공격적인 예방순찰'(Aggressive preventive patrol)을 지적하였다. 경찰의 순찰방식은 상황에 따라서 여러 가지 형태로 이루어질 수 있다. 그러나 경찰은 시민이 도움이나 지원요청을 하지 않은 경우에도 항상 많은 경찰력을 동시에 동원하여 시민에게 위협적으로 접근하였다. 가장 최악의 경우 중의 하나는 범죄발생이 높은 지역을 순찰하는 경찰에 의해 야기되는 것인데, 이들은 사전고지 없이 길거리에서 불심검문을 지나치게 차별적으로 실시하였다는 점이다.

이와 더불어 커너위원회는 소수민족이 거주하는 구역이 경찰과 같은 정부 당국으로부터 적절한 보호를 받지 못하고 있음을 발견하였다. 즉, 길거리 폭력과 매춘 등이 백인지역에서 발생한 경우에는 경찰은 적극적 대응을 하였으나, 흑인지역에서는 이와 같은 일들이 발생하는 경우에는 무관심한 태도를 보인 것이다.

또 다른 적대감의 원인으로서 커너위원회는 잘못된 경찰관행 또는 경찰행태를 시정할 수 있는 효과적인 통제 메커니즘이 전무하다는 사실을 발견하였다. 커너위원회는 소수민족 커뮤니티가 수차례 경찰의 잘못에 대해서 고발·비난한 것을 조사하였는데, 여기서 많은 경찰조직들이 소수민족 커뮤니티에 대해 매우 강압적이었으며, 심지어 편협하고 폭력적인 경찰이 이들 지역에 배치되는 것에 대한 시정요구조차 무시되었다는 점을 발견하였다. 동시에 소수민족지역 내에서 발생한 사건조사 과정은 공정한 사건해결을 위한 것이라기보다는 잘못된 경찰행태를 보호하기 위한 수단으로 빈번하게 사용되었다는 점이다.

그리고 커너위원회와 범죄위원회가 공통적으로 인식한 것은 경찰조직구성원이 대부분 백인이고, 따라서 소수인종이 부족하다는 점이었다. 흑인 커뮤니티에 있어서 경찰은 대부분이 백인인데, 흑인사회의 문화적 특성을 잘 이해하지 못하는 백인경찰들은 경우에 따라서는 오해 또는 위험한 자극을 불러일으킬 수 있다는 것이다. 따라서 이러한 상호감정은 커뮤니티를 보다 평화롭게 유지시키기보다는 단지 현상유지에 급급하게 할 뿐이었다.

끝으로 범죄위원회는 사회적 긴장의 증대와 특히 범죄율의 증대를 우려하였다. 따라서 공공기관이 법집행에 있어서 시민의 참여를 보다 성공적으로 확대시키지 못한다면 질서유지 및 범죄통제를 적절하게 하지 못할 것이라고 단언하였다.

이 위원회는 악화된 커뮤니티 감정은 다분히 사회적 긴장 이상의 사태를 가져다 줄 것이라는 결론을 내린 것이다. 이러한 커뮤니티의 악화된 감정은 경찰의 태도를 더욱 나쁘게 하고, 이들의 비합리적인 대응을 유발시킬 수 있다는 것이다. 이로 인해 시민의 경찰에 대한 태도는 보다 적대적으로 될 것이며, 따라서 경찰의 행태에 대항하여 보다 과격한 행동을 취하게 될 것이라고 하였다. 그리고 이들에 대한 공공지원(公共支援, Public Support)의 부족 또는 부재로 인해 경찰은 보다 비효율적으로 대응하게 되고, 결과적으로 범죄는 증가하게 될 것이라고 보았다.[18] 이렇게 볼 때, 경찰은 범죄예방에 실패하였을 뿐만 아니라, 이의 증대를 조장하는 경우도 가져 왔을지도 모른다.

4. 대민관계부서의 부적절성

커너위원회는 샌프란시스코 경찰조직 내에 설치된 경찰·커뮤니티 관계부서(Police Community Relations Unit)들에 대한 조사를 하였는데, 조사과정에서 해당 부서가 가지고 있는 몇 가지 특징적인 문제점들을 발견하였다.[19] 이 가운데 근본적인 문제는 이들 부서가 경찰조직 내의 일원으로서 청렴성과 인정을 받고자 하면서

---

18) *The Challenge of Crime in a Free Society, A Report by the President's Commission on Law Enforcement and Administration of Justice*, Washington, D.C.: United States Government Printing Office, 1967, p. 100.

19) Jerome H. Skolnick, *Police and the Urban Ghetto*, Research Contribution Number 3, Chicago: The American Bar Foundation, 1968.

도, 한편으로는 경찰에 대해 적대감과 두려움을 갖고 있는 소수민족집단의 신뢰까지도 동시에 얻고자 한다는 것이었다.

특히 이와 관련하여 세 가지 어려운 점이 발견되었다. 먼저, 샌프란시스코 경찰의 대민관계부서는 실질적인 경찰업무로서가 아닌 사회봉사자로서 종사하였다는 점이다. 예컨대, 관할구역 내의 빈민가지역에 스포츠 팀을 구성하는 것을 들 수 있다. 다음으로 이러한 업무수행을 위해 담당경찰은 제복이 아닌 사복을 입었는데, 시민들에게 편안하고 친근한 이미지를 보여주면서도 한편으로 사복형사와 같은 인식을 심어주기도 하였다. 마지막으로 무엇보다도 곤혹스러운 것은 이들 담당경찰관들은 시민들로부터 경찰업무와 관련된 애로사항뿐만 아니라 다른 도시공공서비스에 대한 불만·고발사항까지도 접수를 받아 지원해주기까지 하였다는 점이다. 물론 이는 당시의 상황에서 절실하게 요구되는 대민봉사의 한 기능으로도 인식될 수도 있을 것이다. 그러나 다른 부서에서 근무하는 많은 일선경찰들은 경찰이 그러한 일까지도 봉사를 해야 한다는 것에 대해서 불만을 표시하였다.

그리고 시간이 지남에 따라 대민관계부서는 다른 경찰부서로부터 고립되었으며, 따라서 이러한 부서 자체가 해체되지 않고 살아남기 위해서 스스로 정치적 성향을 갖게 되었다. 이러한 과정은 결국 좋지 못한 결과를 초래하게 되었다. 이는 이들 대민부서가 경찰조직 내에서 다른 동료경찰들과 정치적 갈등·암투가 벌어졌다는 것을 의미하는 것이었다. 따라서 이들 대민부서를 창설한 경찰책임자는 대민부서의 해체를 주장하는 경찰조직 내의 대다수 구성원들의 요구를 고려하지 않을 수 없었다. 그리고 커뮤니티 내의 보수적인 국가기독교협회, 선거직 공무원, 그리고 도시의 주요일간지 등 영향력 있는 조직들이 점차적으로 소수민족 커뮤니티에 불만을 표시하게 됨에 따라 정치적 곤경에 빠지게 되었다.

이러한 사회적 불만과 대립 그리고 공공행정, 특히 경찰에 대한 적대감은 대민관계부서가 보다 큰 활동을 할 수 없게 하였다. 따라서 1960년대에 이루어진 경찰과 커뮤니티 관계개선 프로그램들은 대부분 실패하였는데,[20] 이는 다음과 같이 설명될 수 있을 것이다. 즉, 경찰과 커뮤니티 관계에 대한 관심과 접근방법과 관련

---

20) Arthur Niederhoffer & Alexander B. Smith, *New Directions in Police–Community Relations*, San Francisco: Rinehart Press, 1974; Victor G. Strecher, *The Environment of Law Enforcement: A Community Relations Guide*, Englewood Cliffs, NJ: Prentice–Hall, 1971.

하여 경찰조직 내에서 의견일치를 갖지 못하는 정도만큼 실패한 것이다. 그리고 실제로 인종차별 문제에 대해서 내부부서간의 갈등·대립이 팽배하기도 하였고, 이로 인해 오히려 일선경찰과 여러 커뮤니티간의 관계가 보다 악화되기도 하였다.

5. 팀 경찰활동

이상과 같이 일선경찰과 소수민족간의 대립과 경찰조직 내의 커뮤니티 관계 부서와 다른 부서간의 갈등 속에서 경찰조직은 범죄예방 및 커뮤니티관계 개선을 위한 또 다른 전략을 모색하게 되었다. 이에 따라 범죄위원회(법집행 및 사법행정위원회)는 또 다른 대안 가운데 하나로 팀 경찰활동(Team Policing)을 제안하게 되었다.

팀 경찰활동은 1960년대 후반과 1970년대 초반에 제기된 가장 인기 있었던 경찰활동 개선노력 가운데 하나라고 할 수 있다. 1974년에 이르러서는 미국의 60 여개의 경찰관서가 이러한 팀 경찰활동을 도입하게 되었다. 팀 경찰활동은 전통적 경찰활동인 사후대응적 순찰활동(Reactive Patrol)과는 다른 관점에서 접근한 것이었다.

팀 경찰활동은 일종의 '3인조 순찰활동'을 의미하는 것인데, 이에 따라 팀의 활동을 지휘하는 책임자(Police Agent) 1명, 순찰·수사·교통 등의 경찰업무를 수행하는 정규경찰(Police Officer) 1명, 그리고 경찰의 직무수행을 보조하는 민간인(Community Service Officer) 1명이 하나의 팀을 이루게 된다. 이 순찰활동 팀이 관할 커뮤니티에 파견되어 자율과 책임의 원칙에 따라 법집행과 질서유지 임무를 수행하도록 하였다.

이러한 팀 경찰활동은 ㉠ 팀의 한 지역에 대한 장기적인 배치, ㉡ 팀 구성원간의 상호작용 촉진, ㉢ 커뮤니티 내의 주민과의 의사소통 극대화 등이 기본요소로 강조된다. 아울러 팀 경찰활동의 성공을 위해 ㉠ 감독체계의 단일화, ㉡ 팀 리더의 재량권 확대, ㉢ 서비스제공 경로의 단일화, ㉣ 순찰기능과 수사기능의 통합 등이 전제되고 있다.[21)

이처럼 팀 경찰활동은 관할 구역 내의 순찰과 수사, 그리고 서비스 활동을 종

---

21) 이황우 외, 경찰학개론, 한국형사정책연구원, 2001, p. 374.

합적으로 처리할 수 있게 한 체제라 할 수 있다. 그리고 경찰업무와 관련된 의사결정(意思決定)을 실제로 순찰·수사, 서비스 활동을 수행하는 담당자에게 위임함으로써 범죄예방과 범죄수사, 그리고 서비스 활동의 개선을 도모하고자 한 것이다. 이렇게 함으로써 경찰활동이 다양한 경찰기능에서 중복되고 분산되는 것을 막고자 하였다.

요약건대, 팀 경찰활동은 하나의 사건을 처음의 신고접수 단계에서부터 수사 단계에 이르기까지 책임지고 처리할 수 있도록 된 것이다.[22] 이러한 팀 경찰활동의 특징을 전통적 경찰활동의 사후 대응적 접근방식과 비교하여 다음과 같이 설명하고 있다.

> 이론적으로 팀 경찰활동은 하나의 준자치적인 팀(Quasi-Autonomous Team)으로 재조직되는데, 이는 커뮤니티에 대한 서비스 증진과 순찰경찰의 직무만족 증진이라는 두 가지 목적을 동시에 달성하기 위한 것이었다. 보통 이 팀은 특정이웃을 대상으로 경찰활동을 수행한다. 그리고 각각의 팀은 관할이웃에 대한 서비스를 책임지고, 범죄예방과 질서유지를 위하여 관련 커뮤니티와 친밀한 관계를 형성하는 하나의 '경찰부서'로서 기능하게 되는 것이다.[23]

그러나 팀 경찰활동은 이상과 같은 목표는 이론적이며, 따라서 실제는 이를 달성하기가 쉽지 않다는 점이 지적되기도 하였다. 다만, 조사대상이 된 7개 도시의 팀 경찰활동이 완벽한 형태로 개발·운영되지 않았다는 점도 고려해야 할 것이다.

1970년대의 가장 대규모적인 팀 경찰활동은 1973년 미국 오하이오주의 신시내티에서 시작되었다. '커뮤니티 팀 경찰활동'(Community Sector Team Policing) 또는 'COMSEC'이라 불리는 이 프로그램에 따라 도시 내부지역을 담당하는 경찰인력은 일부 증대되었다. 그러나 무엇보다도 중요한 것은 경찰인력에 대한 조직화, 지도·감독에 있어서 중대한 변화가 이루어졌다는 점이다. 즉, 기존과 같이 경찰본부의 수사부서에 의해서 조사되는 살인과 같은 범죄를 제외하고는 실질적으로 모든 출동요청(91%)이 그 지역에 배치된 팀에 의해 이루어진 것이다. 그리고 일선 관할구

---

22) S. Walker, *The Police In America: An Introduction*, New York.: McGraw−Hill, Inc., 1992, p. 363; 한국형사정책연구원, 미국경찰의 범죄예방활동에 관한 연구, 1995, pp. 83~87.
23) Lawrence W. Sherman, Catherine H. Milton, and Thomas V. Kelly, *Team Policing: Seven Case Studies* Washington, D.C.: The Police Foundation, 1973, p. xⅳ.

역 담당하는 팀 경찰들은 동료경찰들에게 범죄예방 및 통제관련 정보를 제공하기 위하여 내부회의에 참석하였다.

그러나 이 프로그램의 실험은 성공적인 것으로 입증되지는 않았다. 관련 커뮤니티내의 시민들의 범죄에 대한 안전감(Safety) 정도는 변화가 없었으며, 침입절도 및 강도를 제외한 다른 범죄율은 실험되지 않은 다른 도시들의 범죄율과 상이한 차이가 나타나지 않았던 것이다.

비록 이상과 같은 실험결과가 성공적이지는 못한 것으로 나타났지만, 이러한 결과의 원인이 프로그램 자체의 문제라기보다는 관련성 있는 외부조건들이 실질적으로 통제되지 못하였기 때문에 그러한 결과가 나타났을 수도 있다는 점도 지적되었다. 예컨대, 신시내티의 팀 경찰은 상부로부터 자신들의 관할구역 내의 개인 및 집단·단체 등을 이해하고 이들에 대한 보다 많은 정보를 수집하기 위해 많은 시간을 활용하여 관련업무를 수행하도록 명령·지시를 받았다.

그러나 문제는 신시내티 경찰조직의 경찰에 대한 인센티브 시스템은 여전히 객관적인 '활동'(Activity) 또는 '성과'에 더 보상가치를 두고 있었다는 점이다. 즉, 기존의 전통적 경찰활동과 마찬가지로 범죄자 체포 및 혐의자에 대한 불심검문 등이 근무평가기준이 되었던 것이다. 반면, 시민과 관계개선을 위해서 대화를 나눈 노력 또는 시간 등은 평가기준에서 제외되었다.[24]

그리고 팀 경찰활동은 각 팀을 책임지고 있는 경찰감독자(Lieutenants: 경위계급 정도)들에게 일선경찰들에 대한 유연성 있는 시간적 배치를 결정하고, 이들이 제복 또는 사복을 입고 근무를 할 것인지를 결정할 수 있는 권한을 위임하여 '작은 경찰책임자'로서 기능하도록 하였다. 그러나 신시내티 경찰조직의 중간 및 최고계층의 관리자들은 그러한 권한이 팀장 및 일선 순찰경찰들에게까지 위임된다면, 자신들의 권위·지위를 잃을 위험이 있다는 것을 인식하게 되었다. 이들의 우려가 증대됨에 따라 이들은 자신들이 하고 있는 일이 점차 가치가 없는 일이 되고 있음을 느끼게 되었다.

따라서 경찰조직 상부의 관리자들은 서서히 일선 팀 경찰활동을 수행하는 책임자들의 권한을 다시 감소시켰으며, 동시에 자신들의 입지를 거듭 강화하였다. 이

---

24) Charles E. Silverman, *Criminal Violence, Criminal Justice*, New York: Vintage, 1978, p. 337.

에 따라 결국, 실험적으로 실시되었던 팀 경찰활동의 본래의 의도 및 순수성은 퇴색되어 버렸다.[25] 이에 따라 팀 경찰활동은 전략적인 면에서 범죄의 원인을 제거하는 활동과는 거리가 있고, 시행과정에서 많은 문제점이 노출되어 실패한 대안으로 간주되었다.

6. 조사연구의 시기

이상에서 살펴본 바와 같이, 1970년대에 경찰조직 스스로 커뮤니티 지향적이고자 하였던 역사적 노력은 기대했던 것 이상의 효과를 거두지 못했던 것 같다.

그런데, 커뮤니티 지향적인 경찰활동 운동이 1980년대에 들어 미국을 비롯해서 전세계적으로 다시 한 번 중요한 관심사로 대두되기 시작하였다. 런던·디트로이트·오슬로·캘리포니아·싱가포르·텍사스 등 지구촌 곳곳의 정부 책임자 및 경찰수뇌부들은 과거에 성공적인 효과를 거두지 못했던, 그리고 우리 사회에 확립된 전통적 경찰역할에 대한 도전적 의미를 가지고 있는 커뮤니티 경찰활동에 매력을 느끼기 시작했던 것이다.[26]

이는 매우 놀라운 현상이 아닐 수 없다. 이러한 의문에 대한 답변 가운데 하나는 지난 1960년대에 미국이 경험하였던 사회문제들이 아직까지 잔존해 있다는 점이며, 어떤 면에서는 그러한 문제가 보다 악화되고 있다는 점이다. 그리고 영국의 경우, 1960년대와 같이 상대적으로 평화롭고 범죄 없는 사회 속에서 시민의 지지를 받아 왔던 영국경찰의 위상과 비전(Vision)이 이제는 더 이상 지속되기 어려운 실정에 놓여 있다는 점을 인식한 것이다. 실제로 그러한 조짐은 1970년대의 범죄율의 급증, 1981년 런던 브릭스턴(Brixton) 지역의 인종폭동(人種暴動), 광업·인쇄업

---

25) *Ibid.*, pp. 339~340. See also Peter B. Block & David Specht, *Neighborhood Team Policing*, Washington, D.C.: U.S. Department of Justice, 1973, pp. 34~39.

26) 역사적 사건들이 항상 인과관계에 의해 전개되는 것은 아니다. 예컨대, 서양에서 문명이 발생하고, 철학이 융성하며, 제국주의가 들어서는 시기와 비슷하게 동양에서도 그러한 과정을 거쳤음을 알 수 있다. 경찰활동에 있어서 전세계적으로 관심을 받고 있는 커뮤니티 경찰활동도 마찬가지이다. 각국의 정부 및 경찰은 저마다 기존 경찰활동이 안고 있는 한계를 인식하고, 이를 극복할 수 있는 발전방안을 모색하고 있는 것이다. 물론, 각국이 고립적으로 방안을 모색하기보다는 서로 정보를 교환하는 과정에서 최선의 대안을 강구하고 있는 것이 사실이며, 우리나라 역시 이러한 시대적 흐름에 부응하고 있음을 알 수 있다.

의 파업, 그리고 런던 중심지의 고층주택단지 건설 프로젝트에 대한 폭동 등을 통해 나타나기 시작하였다.

영국폭동과 경찰의 대응상의 문제, 다문화의 한계

2011년 8월 4일, 영국 런던 북쪽에 위치한 토트넘(Tottenham)에서 경찰의 총격으로 4명의 자녀를 둔 29살 흑인 남성 마크 더건이 사망하는 사건이 발생하였다. 이 사건에 대해 가족들과 토트넘 지역 주민들은 경찰이 과잉 대응을 했다고 생각해 이에 대해 항의 시위를 벌였다. 8월 6일부터 시작한 이 시위는 그저 평범한 항의 시위로 끝날 것 같았지만 8월 8일 밤이 되면서 시위대가 하나씩 폭도로 변하기 시작해 상가를 약탈하고 건물에 불을 지르기 시작했다. 이후 런던 중심가 등 20여 곳에서 폭동과 약탈이 동시 다발로 벌어지고 제2도시인 버밍엄, 항구도시 리버풀과 브리스틀 등 다른 도시로까지 확대되었다. 경찰의 진압으로 폭동은 8월 10일 무렵부터 진정되었다.

〈영국폭동(2011. 8) 당시의 모습〉27)

당시 더건은 지역 조직폭력배의 두목으로 수배 중이었으며 경찰 측은 더건은 경찰이 차를 세우자 총을 꺼내 쐈으나, 경찰관은 무전기에 총알이 맞아서 생명을 건졌고 경찰은 반격으로 총을 세 번이나 쏴서 더건이 숨졌다고 발표하였다. 그러나 이에 대한 수사가 진행되면서 총격 당시 더건은 단 한 발도 총을 쏘지 않았고 무전기에 박힌 총알까지 모두 경찰이 발포한 총알이었으며 언론에 잘못된 정보를 전달한 것으로 드러났다. 참고로 영국 경찰이 이런 식으로 책임회피를 위해 거짓말을 한 것은 이번이 처음이 아니라는 점이다.28)

이러한 영국폭동은 1981년 런던 브릭스턴(Brixton) 폭동 이후 발생한 최악의 소요 사태 가운데 하나로 인식되고 있다. 당시 런던의 브릭스턴 지역은 아프리카·카리브계 주민들이 모여 사는 곳으로, 주거환경이 열악하고 실업률이 높은데다 범죄가 많은 곳이었다. 이러한 문제에 대응하기 위해 1981년 4월 초 런던경찰청은 '늪지 작전 81'(Operation Swamp 81)'이라는 이름으로 브릭스턴에서 범죄 소탕작전을 시작하였다. 경찰은 범죄자라고 단순히 의심만 되는 상황이어도 시민들을 검문검색 할 수 있게 한 이른바 '의심법(Sus Law)'을 남용하여, 5일 동안 주민 943명을 검문하고, 118명을 체포했으며, 그 중 75명을 기소하였다. 그러나 이에 반발한 주민 5000여명이 폭동을 일으켜, 경찰 279명과 시민 45명이 상해를 입게 되었다. 차량은 100대 이상이 불타고, 건물 150여 채가 손상을 입었으며 30채는 전소되었다. 폭동이 끝난 후 82명이 체포되었고, 경찰이 체포하는 것에 항의하면 역시 폭도로 간주되어 체포되었다.[29]

이처럼 영국사회 내에서 인종차별은 여전히 존재한다고 볼 수 있다.[30] 그렇다면, 이상과 같은 사태를 순전히 인종폭동으로 보아야 할 것인가? 발단은 흑인 등에 대한 인종차별에서 비롯되었지만, 내용은 간단하지가 않다. 폭동의 진원지인 토트넘과 해크니, 브릭스톤 등은 모두 낙후된 지역으로 저소득층이 몰려 사는 곳이다. 도시 인프라(Infra)는 형편없고, 인종 차별에 일자리 부족에 빈곤이 겹쳐져 있는 곳들이라 할 수 있다.

이에 대해 정부는 부채를 줄인다는 미명하에 긴축재정을 함으로써 계속해서 사회복지혜택을 없애고 있고, 그 피해는 고스란히 빈민층, 특히 저소득 소수인종들과 이주자들에게 전가되고 있는 실정이다. 폭동을 일으킨 젊은이들은 가디언, BBC 등 현지 언론 인터뷰에서 "몇 년 동안 쌓여온 불만이 마크 더건의 피살이라는 불씨에 의해 폭발한 것"이라고들 말하고 있다. 경제난과 빈부격차, 인종차별에 따른 불만이 약탈과 방화로 이어진 것이다. 이제 유럽의 대도시가 폭동에 휩싸여 불타는 모습은 연례행사처럼 되어버렸다.[31]

한편, 최근 유럽에서 만연되고 있는 폭력사태는 근본적으로 다문화정책의 한계라고 지적하기도 한다. 즉, 다문화는 그 어떤 나라에서도 성공할 수 없는, 절대로 하면 안 되는 국가가 망하는 정책이고, 극단적인 민족분열을 일으켜 폭동을 야기하는 정책이라는 것이다. 다문화사회의 근본적인 취지는 발전적이지만, 전세계적으로 다문화정책이 성공한 나라는 찾아보기 어렵기 때문이다. 따라서 유럽은 물론이거니와 이민으로 국가가 성립한 미국, 호주 등의 나라도 모두 더 이상 이민을 받지 않고, 반이민정책과 반이민법을 입법하여 자국민보호에 앞장서는 것이 현재 세계의 추세라고 볼 수 있다.[32]

---

27) 사진: 나무위키(https://namu.wiki/w/2011).
28) 영국 스포츠사의 흑역사로 분류되는 1989년 힐스보로(Hillsbrough) 참사(96명의 축구팬들이 압사하고, 766명이 부상당한 대형사고)도 경찰의 안전계획 및 안전관리상의 과실에서 비롯된 것으로 판결이 났다. 그러나 당시에 경찰은 이 사고에 대해 '술 취한 폭도들이 일으킨 폭동'으로 언론 플레이하고, 그 근거를 만들기 위하여 희생자들을 '폭도'로 치부하거나 '죽은 사람 품에서 돈을 훔치는 인간쓰레기'로 몰아붙이기도 했다. 이 문제는 판결 이후, 2012년이 되어서야 경찰이 유족에게 사죄를 함으로써 일단락되었다. 나무위키(https://namu.wiki/w/2011).
29) 이처럼 경찰대응상의 문제가 제기되어 진상조사위원회가 만들어졌다. 레슬리 스카먼(L. Scarman)을 위원장으로 하는 조사위원회는 그 해 11월에 이른바 '스카먼 보고서'로 알려진 조사보고서를 발표하였다. 이 보고서에서는 브릭스턴 폭동을 '명백히 인종차별적으로 진행된 검문검색과 체포 때문에 일어난 우발적인 폭동'으로 규정하면서 '복잡한 정치적, 사회적, 경제적 요인들이 폭력적인 저항으로 이어졌다'고 지적했습니다. 그리고 보고서는 인종적인 불리함 때문에 브릭스턴이 쇠퇴를 겪어왔음을 지적하면서 '인종적인 불리함이 광범위하고 피할 수 없는 질병이 되어 우리 사회의 생존 자체를 위협하게 되는 것을 막으려면 시급한 대책이 필요하다'고 하였다. http://ttalgi21.khan.kr/2914.
30) 영국경찰의 인종차별 사건은 미국 못지않게 많다. 예컨대, 1985년 토트넘에서 한 흑인 여성이

그리고 이에 대한 또 하나의 답변으로 그동안의 지속적인 범죄율의 증가와 이러한 범죄율의 결과가 가져다 준 시민들의 인식변화를 들 수 있다. 웨이너와 볼프강(Neil Alus Weiner & Marvin E. Wolfgang)에 의해 1969년~1982년 동안 미국에서 이루어진 폭력범죄동향에 관한 연구를 통해 볼 때, 살인, 계획적인 학살, 강도, 가중폭력 등이 실질적인 비율로 증가하고 있음을 밝혀 낸 것이다. 이 가운데 강도와 가중폭력이 결합된 강력범죄가 조사된 기간 동안 전체의 69%에 달하고 있었다. UCR(Uniform Crime Report)에 의하면, 1980년대 기간 동안 약간의 감소가 있는 것으로 나타났으나, 강도와 가중폭력은 불과 5% 미만의 감소 정도에 불과한 것으로 나타났다.[33]

그런데 범죄율의 증가가 미국에서만 국한되어 나타나는 독특한 현상이 아니라는 점이다. 대략 위와 동일한 기간 동안 영국의 잉글랜드와 웨일즈 지역의 범죄율은 약 68% 증가하였으며, 스코틀랜드는 약 두 배, 그리고 런던은 약 80%가 증가한 것으로 나타났다.[34] 한편, 상대적으로 평화로운 스칸디나비아 지역(덴마크, 핀란드, 노르웨이, 스웨덴)에서도 범죄율의 증가가 이루어졌는데, 이와 같은 수많은 범죄에 대하여 지난 30년 동안 형법규정이 3배 이상 늘어났다. 물론 이들 각 국가 간에는 차이점이 있다. 보고된 범죄는 스웨덴과 덴마크가 가장 높았고, 핀란드는 낮았으며, 특히 노르웨이가 가장 낮았다. 덴마크의 범죄학자 발빅(F. Balvig)은 스칸디나비아 지역에서 그와 같이 실제로 범죄가 증가한 것에 대해서는 이론의 여지가 없다고 하였다.[35]

경찰수사 과정에서 사망함으로써 과잉수사 논란이 일어났고, 이로 인해 흑인들이 대규모 항의시위를 일으켜 폭동으로 비화된 사례가 있다. 이는 브로드워터 팜 폭동(Broadwater Farm Riot)으로 알려져 있다. http://ttalgi21.khan.kr/3519.

31) http://ttalgi21.khan.kr/3519.

32) http://cafe.daum.net/dacultureNO/32of.

33) Neil Alan Weiner & Marvin E. Wolfgang, "The Extent and Character of Violent Crime in America, 1969 to 1982," in Lynn A. Curtis(ed.), *American Violence and Public Policy: An Update of the National Commission on the Causes and Prevention of Violence*, New Haven, Conneticut: Yale University Press, 1985.

34) Richard Kinsey, John Lea & Jock Young, *Losing the Fight Against Crime*, London: Basil Blackwell, 1986, p. 10.

35) Flemming Balvig, "Crime in Scandinavia: Trends, Explanations and Consequences," in Norman Bishop (ed.), *Scandinavian Criminal Policy and Criminology: 1980~1985*, Stockholm: Scandinavian Research Council for Criminology, 1985, p. 8.

그리고 실질적으로 각국의 범죄 및 범죄에 대한 두려움이 증가하였음을 예측할 수 있는 방법이 있다. 이러한 예측 가능한 방법으로서 다음과 같은 것을 들 수 있다. 예컨대, 어떤 국가가 범죄자를 보다 엄중하게 처벌하고자 할 때, 교도소 최대 수용능력 또는 그 이상으로 범죄자를 수용시키고자 할 때에는 그 사회에 범죄문제가 심각한 수준에 이르렀다는 것을 알 수 있다. 그리고 또 다른 예측 가능한 방법은 무엇보다도 시민들이 범죄예방 및 통제를 위해 노력하는 경찰 등 형사사법기관에 의지하고자 하는 정도가 높을 때에 범죄 및 범죄에 대한 두려움이 높게 나타나고 있음을 알 수 있다. 범죄와 범죄 두려움 등 여러 가지 열악한 치안환경에 직면하게 되면, 시민은 경찰에 대해 배타적이라기보다는 의지하고자 하는 성향을 갖고 있기 때문이다.

한편, 경찰관리자들 역시 범죄문제는 일반 비즈니스와 같은 방법에 의해서는 결코 해결될 수 없다는 사실을 분명히 인식하고 있다고 본다. 따라서 이들은 다음과 같은 조사결과에서 입증된 사실을 이해하고 있다고 볼 수 있다.[36)]

첫째, 경찰의 수적 증가가 반드시 범죄율을 감소시키지 않으며, 범죄 해결율을 높이지도 않는다는 것이다. 또한 경찰조직에 예산과 인적 자원을 늘려도 그러한 결과가 나타난다는 것이다. 물론 현실적으로 볼 때, 만약에 경찰이 존재하지 않는다면, 보다 많은 범죄가 발생할 것이다. 그러나 일단 일정한 수준에 이르게 되면, 경찰 수 또는 예산의 증감은 범죄통제 결과에 매우 민감하게 영향을 미치지 않을 것이라는 점이다. 경찰의 범죄통제 수단의 적절성 여부는 이의 결과에 일정한 영향을 미치지만, 결정적인 요소라기보다는 하위 부분을 차지하는 요소라고 할 수 있다. 이보다는 소득·실업·인구 및 사회적 이질성 등과 같은 사회적 조건들은 범죄발생 및 범죄해결에 있어서 보다 중요한 예측·영향요인이 될 것이다.

둘째, 경찰의 무작위 차량 순찰활동이 범죄를 감소시키거나 범죄자 체포기회를 증대시키지도 못한다는 점이다. 또한 이와 같은 무작위 순찰이 시민들의 범죄에 대한 두려움에 영향을 미칠 정도로 효과가 있는 것도 아니라는 것이다. 그리고 이러한 활동이 시민의 경찰에 대한 신뢰를 보다 증대시키는 것도 아니다(물론, 이러한 사정에도 불구하고 정선순찰, 난선순찰, 요점순찰, 차량순찰 도보순찰 등 다양한 순찰방법

---

36) Jerome Skolnick & David H. Bayley, *The New Blue Line: Police Innovation in Six American Cities*, New York: Free Press, 1986.

에 대한 좀 더 심도 있는 연구가 이루어져야 할 것이다).

한편, 비록 규칙적인 도보순찰(徒步巡察)은 범죄율에 영향을 미치지는 못하지만, 시민의 범죄에 대한 두려움을 감소시키는 것으로 나타났다. 범죄율 못지않게 중요한 것이 체감치안을 향상시키는 것(즉, 범죄에 대한 두려움 감소)이며, 따라서 관할구역의 특성에 따라 적절한 도보순찰활동을 실시하는 것은 매우 중요한 의미가 있다고 본다.

셋째, 2인 탑승 순찰차량이 1인 순찰차량에 비교하여 범죄감소 및 범죄자 체포에 있어서 특별한 효과가 있지 않은 것으로 나타났다. 그리고 1인 순찰차량 경찰이 범죄로 인한 피해를 더 겪을 것이라는 우려와는 달리 특별한 차이가 없는 것으로 나타났다. 만약에 이러한 점이 분명하다면, 경찰인력의 탄력적인 운용방법에 대해서 검토할 필요가 있다고 본다. 다만, 경찰 순찰차량 역시 하나의 '작은 사회'(Small Society)로서 경찰관들이 사회적 상호작용을 하는 중요한 공간이라는 점을 고려할 필요는 있다고 본다.

넷째, 비록 어떤 지역에 대한 집중적인 순찰활동이 그 지역의 범죄감소를 가져다주었지만, 반대로 이러한 특정지역의 범죄감소는 범죄문제를 다른 지역으로 '이동·대체'(Replacement)시켰으며, 이러한 과정에서 매우 많은 경찰활동 비용이 추가적으로 소요된다는 점이다. 이러한 방법은 일종의 '미봉책'(彌縫策, Temporary Remedy)에 불과하며, 따라서 근본적으로 우리사회에 만연되어 있는 범죄문제를 감소시킬 수 있는 방안을 강구하는 것이 관건이라고 할 수 있다.

다섯째, 우리가 이상적으로 생각하는 완벽한 범인체포는 좀처럼 이루어지지 않았다. 즉, 순찰경찰이 순찰 도중 현행범죄에 직면하게 되는 경우는 거의 없었다. 대부분의 경우, 순찰경찰은 소극적으로 순찰활동을 실시하고, 비상사태에 대한 대응 정도의 수준에 머무르고 있었다.

여섯째, 경찰의 대응시간은 사안에 따라서는 그다지 중요하지 않다는 점도 제기되고 있다. 범죄가 발생한 경우 1분이 경과하였다면, 경찰이 범죄자를 체포할 가능성은 10%에도 미치지 못하며, 심지어는 경찰이 범죄신고와 동시에 대응한다 해도 범죄자를 체포하지 못할 수도 있다는 것이다. 피해자, 목격자 등이 자신이 처한 상황을 파악하고 경찰에 신고하기까지는 일정한 시간이 소요되기기 때문에 신속한 대응 자체만으로는 특별한 의미가 없게 된다(그러나 강력사건의 경우, 경찰의 시속

한 대응이 매우 중요함은 물론이다).37)

따라서 시민들의 입장에서는 이러한 신속한대응 자체보다는 '예측 가능한 경찰대응'을 원하는 것 같다. 범죄피해자들은 범죄가해자가 보통 경찰이 범죄현장에 도착하는 시간에는 이미 현장에서 떠나 있다는 것을 알고 있다. 시민은 자신들이 믿고, 의지할 수 있는 경찰대응을 원하는 것이다. 따라서 조사결과에서 밝혀진 바와 같이, 신속한 대응보다는 상대적으로 신속하지는 않지만 '정확'(正確)하고 '확실'(確實)한 대응을 선호하는 것이다. 최근 우리사회에서 발생한 강력범죄(오웬춘사건, 어금니아빠사건 등)에 대한 경찰의 대응미숙은 시사하는 바가 크다고 본다.

일곱째, 범죄수사는 범죄해결에 있어서 매우 효과적이지 못하다는 점이다. 일반적으로 범죄가 해결되는 경우는 가해자가 사건발생 즉시 체포되거나, 또는 피해자, 목격자 등이 가해자의 인상착의, 이름·주소·차량 번호 등을 알고 있기 때문이라고 본다. 소설에서 등장하는 명탐정 홈즈(Holmes)와 왓슨(Watson)은 범죄자를 체포하기 위하여 자신들의 직관력 등을 활용하여 미묘하고 사소한 단서(머리카락, 깃털, 모자, 발자국, 담배꽁초 등)에서부터 범죄수사를 시작하여 성과를 내곤 한다. 그러나 실제 발생한 범죄사건에 대응하는 경찰은 자신의 직관력 및 과학수사 등을 활용하기도 하지만, 용의자 등과 관련된 보강증거수집에서부터 수사를 실시한다. 그리고 이러한 증거를 수집하기 위해서는 범죄관련 이해관계인 및 목격자 등의 협조가 필수적이다. 그러나 이러한 사람들이 경찰에 대해서 거부감 또는 반감을 가지고 있거나 신뢰를 하지 않는다면, 이들로부터 유용한 정보를 얻는 것은 쉽지 않을

---

37) 경찰청이 국회행정위원회에 제출한 통계자료(2017.8)에 의하면, 각종 범죄나 생명이나 신체의 위험으로 인한 신고를 받고 현장에 출동하는 112 긴급출동의 평균도착 시간은 5분 20초, 비긴급출동은 5분 51초로 나타났다. 그리고 일반적으로 대도시의 경우, 출동시간이 빨라 4~5분대에 현장에 도착하는 반면, 농·산·어촌지역은 6~7분대의 출동시간을 보이고 있다. 7대 특별·광역시 가운데서는 서울이 4분으로 가장 빨랐고, 충남은 긴급출동 6분 47초, 비긴급출동 6분 51초로 가장 느린 것으로 나타났다. 이에 대해서 충남지방경찰청은 "2개 면 이상을 관할하는 파출소가 많기 때문"이라고 설명하였다. 실제, 충남지방경찰청 산하 지구대와 파출소의 관할구역이 상대적으로 넓은 편인데, 2개 면 이상을 관할하면서 순찰차가 1대뿐인 파출소가 무려 28곳에 달하는 것으로 조사되었다. 특히, 당진경찰서 석문파출소의 경우 순찰차는 3대에 불과하지만 석문면, 고대면, 대호지면, 정미면 등 4개 면을 관할하고 있는 실정이며, 동 파출소는 지난해 총 1,538번 출동했으며, 평균 출동 시간은 12분 11초대로 나타났다. 따라서 이러한 지역의 경우 긴급한 치안수요가 생겼을 때 충분히 대응할 수 있을지 우려되는 부분도 없지 않기 때문에 인력 재배치와 순찰차 추가 도입 등 개선이 필요하다고 본다. 노컷뉴스, 2017.10.04.; 굿모닝충청, 2017.10.29.

것이다.

이와 관련된 보다 광범위한 연구가 미국의 랜드협회(Rand Corporation)와 유사한 런던수도경찰 내의 런던정책연구소(London's Policy Studies Institute)에서 이루어진 바 있는데, 여기에서는 무엇보다도 시민협조가 중요하다는 것을 보여 주었다. 이 연구결과, 범인체포의 1/3이 직접적으로 시민의 신고 또는 정보제공에 의해서 이루어진 것임을 발견하였다. 더욱이 경찰이 사건 발생 후에 범인을 체포하게 되는 수많은 경우에 있어서도 시민의 협조에서부터 가능하게 되었다는 점을 지적하였다. 따라서 일부의 범죄사건(약 14%)만이 경찰의 자체적인 범죄수사에 의해서 해결되며, 이 가운데에서도 상당수가 범죄와 관련되지 않은 문제에 불과하다는 결론을 내렸다.[38]

이상과 같은 조사결과는 경찰활동에 많은 관심을 가지고 있는 경찰행정가들에게 전통적인 경찰활동 전략·전술들이 범죄를 감소시키거나 잠재적 범죄피해자들을 안심시키지도 못한다는 것을 보여주었다. 따라서 의식 있는 경찰전문가들은 어떤 새로운 경찰철학과 이념, 그리고 현장운용원리를 개발시켜야 할 시점에 이르렀다는 것을 깨닫게 되었다. 그리고 이러한 경찰개혁과정의 핵심(核心)은 경찰과 커뮤니티가 범죄예방에 있어서 '공동생산자'(共同生産者, Co-producers)로서 상호작용을 해야 한다는 것으로 요약된다. 이에 대해서 국가사법연구소(National Institute of Justice)의 소장인 스튜어트(James K. Stewart)는 다음과 같이 설명하였다.

> 경찰은 그들 혼자만으로는 범죄통제를 하기 어렵다. 시민은 경찰과 마찬가지로 범죄통제에 있어서 동일한 비중을 차지하고 있다. 따라서 국가 및 커뮤니티의 안녕질서를 유지하는 데 있어서 이들 각자의 역할은 매우 중요하다. 따라서 만약 범죄피해자와 목격자가 범죄를 신고하지 않고, 관련정보를 갖고 증언하지 않으며, 관련사건을 끝까지 극복하고자 하는 노력을 하지 않고, 범죄예방을 위한 조직적인 노력에 활동적으로 참여하지 않는다면, 우리 형사사법체계는 제대로 기능을 수행할 수 없을 것이다.

그러나 시민과의 긍정적인 상호관계 형성 및 연계를 강화하는 것은 쉬운 일이 아니다. 이웃 구성원들에게 커뮤니티라는 '공동체적 유대감'(共同體的 紐帶感)을 형

---

38) David J. Smith & Jeremy Gray, *Police and People in London: "Ⅳ, the Police in Action,* London: Policy Studies Institute, p. 323.

성시키고, 커뮤니티의 요구에 맞게 치안서비스를 제공하기 위해서는 특별한 기술이 요구된다. 어떤 면에서는 경찰이 단순하고 피상적으로 '범죄와의 전쟁'(Crime Fighting)을 선포하고 실시하는 것이 오히려 시민의 불평·불만을 수렴하고, 동시에 시민의 위법한 행동을 적절하게 처리하는 일보다 더 쉬울지도 모른다. 그러나 범죄예방의 성과를 높이기 위해서는 무엇보다도 커뮤니티의 적극적·능동적인 참여를 유도하는 것이 핵심이라는 점을 명심할 필요가 있다.39) 그리고 이와 같이 커뮤니티와의 증대된 상호협력관계의 구축은 '커뮤니티 경찰활동'을 확립하는 데 기초가 될 것이다.

---

39) James K. Stewart, Foreword to Judith D. Feis, Joan Peterson & Emily L. Rovetch, *Partnership for Neighborhood Crime Prevention*, Washington, DC: National Institute of Justice, January 1983.

제 **7** 장

커뮤니티 경찰활동의 이론적 기초

제 7 장
커뮤니티 경찰활동의 이론적 기초

커뮤니티 경찰활동의 의의

1. 커뮤니티 경찰활동의 동기

각국의 커뮤니티 경찰활동을 조사하는 과정에서 그 현실과 경찰관리자들이 이를 매력적인 것으로 인식하게 된 이유 간에는 상호 밀접한 연관성이 있음을 발견하였다. 그러나 일부 나이 많은 그리고 보수적인 경찰관리자들은 커뮤니티 경찰활동이라는 것은 하나의 유행에 불과하고, 단지 그것이 진보적이고 개혁적인 것처럼 보이기 때문에 이러한 현상이 나타난 것이라고 비난하고 있다. 그러나 커뮤니티 경찰활동은 경찰활동에 있어서 일종의 '모성애'(母性愛, Motherly Love)적인 특성을 갖는 것으로서 그렇게 비난받을 수는 없는 것이다. 한편, 커뮤니티 경찰활동을 지지하는 일부 경찰관리자들은 표면적으로는 이의 실천전략·전술 등에 대해서 하지만, 이를 끝까지 지속시키는 경우는 드물다. 이들은 현실보다는 정치적·외향적인 것에 보다 많은 관심을 갖고 있기 때문이다.

그리고 일부의 경찰관리자들은 커뮤니티 경찰활동을 통해서 시민들에게 많은 감정적 호소를 할 수 있다고 인식하고 있다. 시민으로 하여금 경찰을 지원할 수 있도록 하는 이론적·현실적 근거를 제시할 수 있다는 것이다. 이러한 성향을 가지고 있는 경찰관리자들은 시민에 대해 냉소적이기보다는 긍정적인 태도를 보이고 관련 프로그램을 일관성 있게 개발하고자 노력하고 있다고 볼 수 있다. 따라서 예컨대, 전문화된 매스미디어 관계부서를 설치하고, 커뮤니티 교육 및 관계개선에 필요한 많은 공공프로그램을 개발하며, 아울러 이웃감시활동을 체계적으로 조직화하여 성과를 높이고자 노력하고 있다.

다만, 이러한 프로그램들의 대부분이 어떠한 새로운 방향성을 가지고 개혁적으로 신설되기보다는 경찰조직에서 운영하고 있는 기존의 활동(즉, 전통적 경찰활동)에 추가되어 이루어지고 있는 실정이다. 바꿔 말하면, 아직까지도 커뮤니티 경찰활동이라는 하나의 독자적인 '컨셉'(Concept)을 가지고 그것이 주체가 되어 실질적으로 운영되는 경우는 드물며, 또 외부환경에 영향력을 행사할 수 있는 수준도 아니다.

이러한 점에서 볼 때, 여전히 전통적 경찰활동에 바탕을 둔 경찰전문가주의 개념은 그대로 유지되는 경향이 있으며, 따라서 경찰이 어떠한 관련활동을 수행하는데 있어서 주도적으로 책임과 권한을 가지고 있으며, 시민은 단지 필요한 한도 내에서 경찰의 '연장된 팔'(보조적 수단)로써 기능하고 있다고 볼 수 있다.

그런데 커뮤니티 경찰활동은 프로그램 개발뿐만 아니라 '가치관의 변화'를 의미하는 것으로써 보다 명백하고 거시적인 비전을 갖게 될 때, 가장 현실적으로 이루어지게 된다는 점을 인식할 필요가 있다. 그리고 이러한 문제인식하에 경찰개혁이 현실화되기 위해서는 기존의 경찰조직 및 경찰활동에 내재한 한계 또는 실패에 대한 분석이 이루어져야만 한다고 본다. 따라서 기존의 경찰활동에 대한 보다 체계적인 분석과 진단은 변화와 개혁을 위해 선행되어야 할 사항인 것이다.

아래에서는 영국과 미국, 그리고 싱가포르에서 커뮤니티 경찰활동이 등장하게 된 배경에 대해서 살펴보기로 한다. 먼저 영국은 최근에도 여전히 논쟁이 계속되고 있지만, 커뮤니티 경찰활동이라는 이름하에 광범위한 경찰개혁이 이루어지게 된 배경은 1970년대 후반에서 1980년대 초에 발생한 인종분쟁에서 비롯된 것이다. 비록 일부에서는 엄격한 경찰대응을 요구하기도 하였지만, 시민들은 경찰과 소수민족들 간의 갭(Gap)을 감소시키기 위해서는 타협적·협력적인 시도와 노력이 필요하다는 점에 보다 지지를 하였다. 영국에서 커뮤니티 경찰활동이 앞으로도 계속지속될 것이라고 이야기하는 것은 이른 감이 없지 않지만, 커뮤니티 경찰활동은 수많은 난관 속에서 보다 건설적인 존재로서 등장할 것으로 기대된다.

미국의 미시간주의 디트로이트 역시 전통적 경찰활동의 실패를 경험하였고, 그 결과 커뮤니티 경찰활동을 지향하고 있다. 1970년대 당시 미국사회의 지배적인 위치에 있는 백인경찰들은 격렬한 폭동과 인종주의자들의 저항에 직면하게 되었다. 1974년 이 시에 최초의 흑인시장으로 임명된 영(Coleman Young)은 시 최초로 하트(William Hart)라는 흑인경찰청장을 임명하였다. 이 두 사람의 노력으로 관할구역 내에 소규모 경찰서(Mini-Police Station)를 설치하였으며, 동시에 적극적으로 경찰조직에 흑인과 여성을 모집하였다. 그러나 이러한 노력에도 불구하고 디트로이트시는 범죄통제에 실패하였다. 즉, 범죄율이 미국에서 가장 높게 나타났으며, '미국의 살인도시'라는 오명을 얻게 되었다. 더욱이 자동차산업의 경기침체로 인한 재정적 위기 때문에 경찰은 1978년에서 1979년에 이르는 동안 거의 1/3에 달하는 정규경찰이 조직을 떠나게 되었다.

이에 대해 디트로이트의 경찰지휘부는 소규모 경찰서 수의 증대, 경찰운영방법의 향상, 경찰목적의 명확화, 그리고 도시 전체에 걸친 이웃범죄예방 프로그램의 실시 등으로 대응하였다. 요약건대, 도시가 직면한 문제를 해결하기 위한 긴박성과 필연성은 결과적으로 커뮤니티 경찰활동이라는 방향으로 전략적 개혁을 하게 된 것이다.

끝으로 싱가포르는 국가건설이라는 뚜렷한 목표달성을 위하여 커뮤니티 경찰활동을 이용하고 있음을 알 수 있다. 아시아지역에서 생활수준이 높은 국가 가운데 하나인 싱가포르의 경찰관리자들은 국가적 번영이라는 미명하에 전통적인 도덕 가치를 약화시키고, 또한 도시 내의 다민족간의 긴장이 악화될 것을 우려하고 있었다. 유럽과 미국 역시 범죄, 인간성 상실, 그리고 약물남용 등의 증가 등에 대해 명쾌한 답변을 제시하지 못한 것처럼 보였기 때문에 싱가포르의 전총리인 리콴유(Lee Kuan Yew)는 "싱가포르는 이제부터 동양을 교훈삼아야 한다"고 강조하였다. 영국의 경험을 바탕으로 한 전통적인 경찰활동은 무엇인가 결여되어 있음을 발견하게 된 것이다.

경찰에 대한 롤 모델은 일본을 의미하는 것이었다. 이에 따라 1984년 싱가포르 경찰은 일본에서 도입한 경찰시스템을 섬 전체에 확대시키기로 결정하였으며, 이를 1989년에 완성시키고자 하였다. 싱가포르 경찰관리자들은 이웃경찰시스템을 출범시킴으로써 다민족집단 즉, 다문화사회를 진정한 공동체사회(共同體社會)로 통합시킬 수 있을 것이라 믿었다. 다만 인구의 대부분이 10년 전에 아파트와 같은 대규모 다세대 공동주택단지에 새롭게 입주하였기 때문에 이는 특히 어려웠다. 그리고 싱가포르는 그동안 경찰의 노력 등으로 범죄문제는 일정 수준 감소하였기 때문에 경찰조직을 재구축하는 일차적 목적은 범죄예방이라기보다는 '시민정신'(市民精神)을 고취시키기 위한 것이었다. 이처럼 경찰은 '새로운 싱가포르 시민'을 창조하기 위한 하나의 도구로써 활동하고 있는 것이다.

한국사회의 다문화 현상과 갈등문제

① 다문화의 의의

오늘날 '다문화'(多文化) 또는 '다문화사회'(多文化社會)라는 말이 하나의 유행어로 널리 사용되고 있다. 따라서 다문화 현상을 둘러싸고 이에 대한 복지·교육·경제 등 각 학문분야 영역에서 이에 대한 많은 관심을 갖기 시작했음은 주지의 사실이다.[1] 이에 따라 법적·제도적 차원에서도 '외국인근로자의 고용 등에 관한 법률(2003), 재한외국인 처우기본법(2007), 다문화가족지원법(2008) 등' 관련법이 제정되었고, 아울러 이와 관련된 각종 제도와 프로그램이 운영·개발되고 있는 실정이다. 또 2010년 7월에 제1회 '다문화가정 상담사' 자격증제도까지 실시되는 등 '다문화'는 가히 하나의 사회적 담론(談論)을 형성하고 있음을 실감할 수 있다.

이러한 다문화 현상은 그 경계가 뚜렷한 것인가, 아니면 불투명한 것인가? 이에 대해 버토벡(S. Vertovec)은 다문화주의라는 것이 몇 개의 인접한 소수집단의 단위문화가 주류사회의 단위문화를 배경으로 점점이 박혀 있는 모자이크가 아니라(즉, 뚜렷한 경계가 있는 것이 아니라), 다양한 구성요소들이 상호 공존하면서 각자의 색깔과 냄새, 그리고 고유의 개별성을 그대로 유지하면서도 서로 조화되어 또 다른 통합성을 이루어 내는 이른바 '샐러드 그릇'(salad bowl)을 의미한다고 하였다(물론, 부적절한 음식재료가 첨가되어 샐러드 맛이 버리는 경우도 있을 것이다).[2] 여기에서 중요한 것은 소수집단의 문화와 주류집단의 문화가 단순히 이분법적으로 규정될 수 없다는 것을 의미한다. 아울러 문화적 다양성만을 옹호하고, 차이만을 포용하는 단순한 해결책으로는 한계가 있음을 보여주는 것이다.[3]

생각건대, 문화라는 것은 시대와 장소를 막론하고 어떠한 사회전체에 동일하게 형성되는 것은 아니라고 본다. 그것은 언뜻 보기에는 보편성을 가지면서도, 성·연령·종교·지역·인종·계층 등 수많은 요인에 의해서 개별적인 특성을 갖는 '하위문화'(下位文化)로 분화되어 나타나기 때문이다.

이러한 시각에서 본다면, 우리사회는 본질적으로 '다문화사회'인 것이다.4) 다만, 아래에서는 세계화·국제화의 진전에 따른 국적(國籍) 또는 인종(人種)적 특성에 의한 다문화 현상 및 관련문제를 중심으로 살펴보기로 한다.

② 다문화 현상의 한국적 특징

다문화 현상 가운데 국적 또는 인종적 특성을 단적으로 보여주는 것은 바로 출입국 동향 및 체류외국인 현황이라고 할 수 있다.

이와 관련하여 아래 〈표 7-1〉에서 보는 바와 같이, 2016년 총 출입국자는 79,987,974명으로 2010년 4천만 명을 넘어선 후 6년 만에 두 배인 약 8천만 명을 기록하였다. 국민 출국자는 22,659,640명으로 6년 만에 1천만 명이 늘었고, 외국인 입국자도 17,418,307명으로 6년 만에 두 배 늘었음을 알 수 있다.

표 7-1   연도별 출입국자 현황

구 분	출입국자 합 계	입 국			출 국		
		소 계	국 민	외국인	소 계	국 민	외국인
2006	35,851,121	17,945,995	11,704,739	6,241,256	17,905,126	11,833,511	6,071,615
2010	42,988,101	21,545,183	12,778,268	8,766,915	21,442,918	12,807,359	8,635,559
2015	66,372,908	32,891,119	19,531,418	13,359,701	33,481,789	19,580,398	13,901,391
2016	79,987,974	40,072,565	22,654,258	17,418,307	39,915,409	22,659,640	17,255,769

자료: 법무부, 출입국·외국인 정책 통계월보, 2017(10), p. 5.

그리고 〈표 7-2〉에서 보는 바와 같이, 2016년 체류외국인은 2,049,441명으로 2007년 100만 명을 넘어선 이후 9년 만에 200만 명을 돌파하여 전체 인구의 4% 수준으로 증가하는 등 우리사회의 외국인이 빠른 속도로 증가하고 있음을 알 수 있다.

표 7-2   체류외국인 연도별 현황

(단위: 명)

구 분	총 계	장기체류			단기체류
		소 계	등 록	거소신고	
2006	910,149	660,607	631,219	29,388	249,542
2010	1,261,415	1,002,742	918,917	83,825	258,673
2015	1,899,519	1,467,873	1,143,087	324,786	431,646
2016	2,049,441	1,530,539	1,161,677	368,862	518,902

자료: 법무부, 출입국·외국인 정책 통계월보, 2017(10), p. 14.

<표 7-3>에서 보는 바와 같이, 체류외국인의 국적별 비중을 살펴보면, 중국(49.6%), 베트남(7.3%), 미국(6.8%), 태국(4.9%), 필리핀(2.8%), 우즈베키스탄(2.7%) 순으로 나타났다. 그리고 특히, 베트남은 미국을 제치고 중국에 이어 국내에 체류하는 외국인이 두 번째로 많은 국가가 되었음을 알 수 있다.

표 7-3 체류외국인 연도별 · 국적(지역)별 현황

(단위: 명)

구 분	2013	2014	2015년	2016년
총 계	1,576,034	1,797,618	1,899,519	2,049,441
중국(한국계포함)	778,113	898,654	955,871	1,016,607
한 국 계	497,989	590,856	626,655	627,004
베 트 남	120,069	129,973	136,758	149,384
미 국	134,711	136,663	138,660	140,222
타 이	55,110	94,314	93,348	100,860
필 리 핀	47,514	53,538	54,977	56,980
우즈베키스탄	38,515	43,852	47,103	54,490
캄 보 디 아	31,986	38,395	43,209	45,832
인 도 네 시 아	41,599	46,945	46,538	47,606
러시아(연방)	12,804	14,425	19,384	32,372
일 본	56,081	49,152	47,909	51,297
몽 골	24,175	24,561	30,527	35,206
네 팔	22,015	26,790	30,185	34,108
(타 이 완)	27,698	31,200	30,002	34,003
캐 나 다	23,655	24,353	25,177	26,107
스 리 랑 카	23,383	26,057	26,678	27,650
미 얀 마	12,678	15,921	19,209	22,455
방 글 라 데 시	13,600	14,644	14,849	15,482
(홍 콩)	7,144	10,762	13,506	16,728
파 키 스 탄	10,423	11,209	11,987	12,639
오 스 트 레 일 리 아	12,203	12,468	12,303	13,870
인 도	9,174	10,196	10,414	10,515
영 국	7,998	7,398	7,275	7,180
뉴 질 랜 드	4,310	4,593	4,744	4,906
기 타	61,076	71,555	78,906	92,942

자료: 법무부, 출입국 · 외국인 정책 통계월보, 2017(10), p. 15.

이상과 같은 추세를 볼 때, 체류외국인은 2010년 이후 연평균 증가율인 8.4%을 유지할 경우, 2021년에 300만 명을 상회하여 전체인구의 5.8%에 해당하게 되고, 출입국자는 2010년 이후 연평균 12.6%의 증가율을 보이고 있어 2018년에는 출입국자 1억 명 시대가 열릴 것으로 예상된다.[5]

③ 문화적 갈등으로 인한 범죄 및 무질서 문제

그런데, 다문화사회가 진전되는 과정에서 나타나는 범죄문제 등에 대한 어떠한 총체적 노력을 하지 않는다면, 지금보다는 다음 세대에 이르러 더욱 심각한 문제로 발전될 수 있다는 점이다. 이러한 문제의 심각성을 제기하는 이유는 우리사회의 다문화진전 속도가 매우 빠르기 때문에 일종의 '급행료'를 지불해야 하나 하는 우려가 제기되기 때문이다(앞의 통계적 수치에서 볼 수 있듯이 실제로 한국에서 외국인 이주 자체가 비교적 최근의 현상이라는 점을 고려하면 다문화의 진전 속도는 가히 '폭발적'이라고 할 수 있다).

현재에도 문화적 갈등 등으로 인한 개인적·집단적 갈등양상은 서서히 노정되고 있으며, 이들 사회적 소수집단(Minority Group)의 불만 내지 분노표출은 이들이 일정부분 사회적 세력을 형성하고 힘을 행사할 수 있는 집단화 되었을 때 표면화 된다고 볼 수 있다.

물론, 문화적 갈등이라는 것도 본질적으로 개인과 개인의 문제에서 출발한다고 본다. 우리가 인간의 자아를 분석적 수준에서 크게 두 가지 측면으로 나눈다면, 사회화 과정에서 발달되어 사회 속의 객관적 위치에 의해 규정되는 자아와, 때로는 이 '사회적 자아'(문화적 자아)와는 독립해서 인식되는 이른바 '본질적 자아'로 나눌 수 있다. 이 본질적 자아와 사회적 자아가 조화되지 못할 때 우리는 내부적인 갈등을 경험하게 된다. 여기에서 각 개인이 본질적 자아의 의지로 결합되지 않고, 특정한 목적 달성을 위해 사회적 자아의 의지에 의해 상호작용이 결정되는 이해관계 속에서는 반목과 대립의 가능성은 더욱 증대되기 마련이다. 나아가 각 개인이 몸담고 있는 특정 사회의 전통적인 가치와 통일성을 잃고, 이질적인 규범들이 상충하는 상황에서는 개인 간의 대립과 갈등은 더욱 양성화되기 쉽다.[6]

이러한 사회적 존재로서 개인의 갈등적 상황은 특히 개인과 국가간의 충돌에서 가장 첨예하게 나타날 가능성이 있다고 본다. 개인에 대해 포괄적이고 강력한 통제력을 발휘하는데 있어서 국가만큼 절대적인 집합체도 없기 때문이다. 또는 반대로 국가가 특정 개인 및 집단에 대해 무관심하거나 방치했을 경우에도 이와 유사한 갈등이 노정될 수도 있을 것이다. 결과적으로 다문화사회의 구조 속에서 각 개인이 범죄와 무질서 문제에 관여하게 되는 것은 부당한 국가의 간섭과 영향력 행사, 혹은 국가의 무관심 혹은 차별적 배려에 대한 갈등표출로 해석될 수도 있을 것이다. 이러한 시각에서 본다면, 현재의 시점에서 다문화사회에 대한 어떠한 본질적·체계적인 진단을 하지 않는다면, 향후 우리사회에 다문화로 인한 개인과 집단의 갈등표출은 더욱 심각한 수준에 이를 가능성이 있다고 본다.

따라서 다문화사회의 구조 속에서 직면한 범죄와 무질서 문제에 대응하기 위해서는 개인에 대해 가장 강력한 영향력을 행사할 수 있는 국가적 차원에서 먼저 개입을 하지 않으면 안 된다고 본다. 이러한 점에서 볼 때 국가공권력 내지 형사사법의 최일선에서 활동하는 경찰의 적절한 역할모형 설정은 매우 중요한 의미를 갖는다고 본다(범죄 등의 문제는 형사정책을 포함하여 사회복지 등 거시적인 국가정책적 차원에서 접근이 이루어져야 함은 물론이다).

2. 커뮤니티 경찰활동의 개념

베일리(David H. Bayley)는 20세기 초 전문가주의에 기초를 둔 경찰모델이 개발된 이후로 경찰활동의 목적과 관행을 다시 한 번 공식적으로 재구축하려는 노력으로서 등장한 것이 커뮤니티 경찰활동이라고 하였으며, 이는 기본적으로 다음과 같은 세 가지 통찰력을 가지고 접근해야 한다고 보고 있다.

첫째, 경찰이 사회의 범죄문제를 단독으로 해결하는 데에는 한계가 있기 때문에 이를 극복하기 위해서는 시민의 협조를 필요로 한다는 것이며 둘째, 경찰자원(警察資源)은 범죄대응을 위해 사전예방적으로 배치되어야 하며 셋째, 순찰활동이 수동적으로 이루어지는 것을 지양하고, 경찰이 시민들로부터 신뢰와 존경을 받고 능동적으로 사회질서를 유지해 나가야 하는데, 이러한 과정에서 커뮤니티의 요구사항을 반영해야 한다 등으로 요약될 수 있다.[7]

그런데 커뮤니티 경찰활동은 새롭게 생겨난 개념이 아니면서, 동시에 전통적

---

1) 이하 최선우, "다문화사회의 범죄문제와 경찰의 대응", 한국경찰학회보, 25, 2010, pp. 38~48 재구성.
2) W. Kymlicka, N. Wayne(eds.), Citizenship in Diverse Societies, N.Y.: Oxford Univ. Press, 2000, p. 176.
3) 강휘원, "한국 다문화사회의 형성요인과 통합 정책," 국가정책연구, 20(2), 2006, p. 19.; 권혜림, "다문화사회의 치안활동에 관한 연구," 한국경찰학회보, 12(1), 2010, p. 9 재인용.
4) 따라서, 특정 집단을 다문화라는 용어를 사용하여 지나치게 강조했을 경우 그것은 일종의 '분리주의'(分離主義)를 오히려 조장시키는 결과를 가져다줄지도 모른다. 물론, 우리사회가 '다문화'라는 용어를 공식적으로 사용한 것은 건설적인 의미를 갖는다. 이와 관련하여, 2004년 4월 시민단체인 '건강가정 시민연대'가 국제결혼가정, 혼혈인 가정 등 차별적 용어의 개선을 목적으로 '다문화가정'이라는 명칭사용을 권장한 것에서 유래된 것이라 하였고, 이후 다문화는 우리와 다른 민족적 배경을 지닌 사람으로 구성된 상황을 통칭하는 의미를 갖게 되었다고 한다. 위의 논문, p. 40.
5) 법무부, 출입국·외국인 정책 통계월보, 2016(12), p. 3
6) 박재환, 사회갈등과 이데올로기, 서울: 나남, 1992, pp. 37~39.
7) 양문승 역, 지역사회 경찰활동론, 서울: 대영문화사, 2001, p. 314 재인용.

인 경찰활동과는 분명히 구별되는 새로운 개념이라 할 수 있다.

새로운 개념이 아닌 이유는 커뮤니티를 배제한 경찰활동은 애초부터 생각할 수 없기 때문이다. 이 때문에 자경주의(Vigilantism) 전통이 강한 영미법계의 경우는 경찰의 역사와 커뮤니티 경찰활동의 역사를 동일하게 보기도 하는 것이다. 한국과 일본의 경우에도 '파출소'와 '交番'(マうばん, Koban)은 커뮤니티 경찰활동의 오랜 역사를 대변해 주는 것이다.

그럼에도 불구하고 커뮤니티 경찰활동을 새로운 개념으로 간주하는 이유는 경찰활동의 기본철학·기본전략·기본전술, 그리고 경찰의 조직관리에 있어서 종전의 그것과는 다른 모습을 지니고 있기 때문이다.[8]

그런데, 문제는 이러한 커뮤니티 경찰활동이 전세계적으로 급속히 확산되고 있음에도 불구하고 그 개념을 정의하기는 쉽지가 않다는 점이다. 그 이유 가운데 하나는 본질적으로 커뮤니티 경찰활동 자체가 안고 있는 개념상의 한계에서 비롯된다. 즉 'Community'와 'Policing'이라는 단어가 내포하는 의미의 복잡성·다양성에서 비롯된다.

이와 관련하여 먼저 커뮤니티 개념의 복잡성·다양성에도 불구하고 경찰활동 자체가 주로 경찰조직을 중심으로 하는 지리적인 관할구역(管轄區域) 단위로 이루어진다는 점에서 이를 그러한 범주 속에 존재하는 정치적·경제적·사회적·문화적 구성요소들을 함축하는 개념으로 접근하기도 한다는 점이다. 그러나 문제는 커뮤니티 개념 자체가 다분히 역사성·사회성을 띠고 있기 때문에 이와 같은 방법으로 적용하는 데 많은 한계가 있다는 사실이다(이에 대해서는 이미 제3장에서 상세하게 논의한 바 있다).

다음으로 'Policing'에 대한 좀 더 거시적이고 개방적인 개념적 접근이 이루어져야 한다는 점이다. 'Policing'에 대한 개념적 접근도 커뮤니티의 개념과 마찬가지로 간단하지는 않으나, 치안을 유지하는 작용으로서 '경찰활동' 정도로 개념 정의해도 특별한 문제는 없을 것 같다.[9] 다만 이를 어느 범위까지 적용하느냐가 문제시 되고 있다. 이와 관련하여 랭워디(Robert H. Langworthy) 등은 미국경찰을 크게 공공경찰(公共警察, Public Police)과 민간경찰(民間警察, Private Police)로 구분하여 이

---

8) 이황우 외, 경찰학개론, 한국형사정책연구원, 2001, pp. 364~365.
9) 위의 책, p. 365.

들의 활동 전체를 '경찰활동' 즉, 'Policing'으로 설명하고 있다는 점이다. 이렇게 볼 때, 미국은 경찰활동개념 자체에 대해서 공공부문과 민간부문이 공동으로 사용하는 것 같다.[10]

그러나 국내에서는 경찰활동을 주로 공공경찰의 활동으로 인식하고 있기 때문에 이를 시민과 민간경비와 같은 민간부문이 개념적으로 사용하는 데에는 다소 제한이 따른다. 한편, 존스톤(Les Johnston)은 'Police'와 'Policing'은 어원적으로 상이하다는 견해를 보이고 있다. 즉 'Police'는 대륙법계에서 비롯된 국가의 사회안전과 관련된 특정활동 또는 공공행사자(경찰)를 의미하며, 'Policing'은 영미법계의 정치적·사회적 용어로써 사회안전을 위한 공공부문과 민간부문의 모든 활동을 의미한다고 본 것이다.[11] 또한 쉬어링(C.D. Shearing) 등은 'Policing'은 어떤 의미에서 'Security'와 동의어(同義語)로도 사용될 수 있다고 보았으며, 이에 대한 다양한 관점을 제시하고 있다.[12]

생각건대, 커뮤니티 경찰활동을 논의하는 데 있어서는 경찰활동(Policing)이라는 개념 속에는 공공경찰의 활동뿐만 아니라, 민간부문에 의한 경찰활동 역시 중요한 요소로 포함된다고 보아야 할 것이다. 커뮤니티 경찰활동에 있어서 경찰활동의 주체는 경찰뿐만 아니라 일반시민도 하나의 주체로서 인식되는 것은 분명한 사실이기 때문이다.

그렇다면 이상과 같은 논의를 토대로 커뮤니티 경찰활동의 개념을 어떻게 정립할 것인가 하는 것이다. 이상과 같이 커뮤니티 개념과 경찰활동 개념의 불명확성으로 인해 커뮤니티 경찰활동에 대한 명확한 정의를 내리는 데 어려움을 갖게 하지만, 한편으로는 이로 인해 커뮤니티 경찰활동에 대한 다양한 해석 가능성 또는 발전가능성을 능동적으로 제시할 수 있을 것이다.

어쨌든, 커뮤니티 경찰활동에 대한 개념정의에 있어서 트로야노비치(Robert

---

10) Robert H. Langworthy & Lawrence F. Travis Ⅲ, *Policing in America: A Balance of Forces*, New York.: Macmillan Publishing Company, 1994.

11) Les Johnston, *The Rebirth of Private Policing*, London: Routledge, 1992, pp. 4~5; 국내에서는 정진환 교수가 이러한 견해를 수용하고 있다. 정진환, "민간경비와 경찰연구의 새 방향," 한국경찰학회보, 제1호, 1999, p. 244.

12) C.D. Shearing, "The Relation between Public and Private Policing," in *Modern Policing: Crime and Justice: a Review of Research*. Vol. 15, Chicago: University of Chicago, 1992, pp. 399~434; Les Johnston, "Governance, and Policing," in Paul Brodeur Jean(ed.), *How To Recognize Good Policing*, New Delhi: Sage Publication, 1998, pp. 205~209.

Trojanowicz) 등은 다음과 같이 정의를 내리고 있다.[13] 즉, 커뮤니티 경찰활동은 범죄, 범죄에 대한 두려움, 사회의 무질서, 이웃환경 등과 관련된 커뮤니티 내의 문제를 해결하기 위하여 경찰과 시민이 창조적으로 상호 협력하는 '새로운 형태의 경찰활동 철학'(A new philosophy of policing)이라고 할 수 있다. 이러한 커뮤니티 경찰활동 철학은 경찰조직이 커뮤니티 내에서 시민과 새로운 관계를 발전시키고, 시민에게 경찰활동에 있어서 우선적으로 요구되는 사항이 무엇인지를 결정할 수 있는 권한을 부여하고, 더 나아가 이들 스스로를 자신들의 총체적 삶의 질을 향상시키는 데 있어서 참여시킴으로써 위와 같은 목표를 달성할 수 있다는 신념에 기초를 두고 있다. 이는 경찰업무의 초점을 무작위 범죄대응에서 커뮤니티의 관심사항에 맞게 대응하는 것으로 전환시키고 있다.[14]

한편 아쯔미 도요(渥美 東洋)는 커뮤니티 경찰활동이라는 것은 영·미의 용어로써 그 용어에는 철학 또는 이념적인 의미가 내포되어 있다고 보고 있다.[15] 따라서 이것은 경찰활동에 관한 구체적인 대책이나 계획 및 프로그램을 의미하는 것이 아니며, 더욱이 범죄원인론도 아니고, 또한 경찰활동의 일부를 단지 시민에게 떠맡기려고 하는 것도 아니라고 하였다. 오히려 커뮤니티의 사회통제 기능을 살아나게 함으로써 사람들을 정신적으로 연대시키려는 노력의 결과가 커뮤니티 경찰활동으로 개념화되어 등장한 것이라고 하였다.

따라서 그에 의한다면 커뮤니티를 제1차적인 사회통제기구로 회복시키기 위해서 경찰을 중심으로 하는 법집행기관이 총체적으로 무엇인가 가능한 것을 해 보고자 하는 방향을 제시하는 개념이 바로 커뮤니티 경찰활동인 것이다. 그는 오늘날 영·미에서 커뮤니티 경찰활동이 강조되는 이유는 커뮤니티의 해체와 사회통제

---

13) Robert Trojanowicz, Victor E. Kappeler, Larry K. Gaines & Bonnie Bucqueroux, *Community Policing: A Contemporary Perspective*, Cincinnati: Anderson Publishing, 1998, p. 3.

14) Community Policing is a new philosophy of policing, based on the concept that police officers and private citizens working together in creative ways can help solve contemporary community problems related to crime, fear of crime, social and physical disorder, and neighborhood conditions. The philosophy is predicated on the belief that achieving these goals requires that police departments develop a new relationship with citizens in the community, allowing them the power to set local police priorities and involving them in efforts to improve the overall quality of life in their neighborhoods. It shifts the focus of police work from handling random crime calls to addressing community concerns.

15) 아쯔미도요(渥美 東洋), "지역사회 경찰활동(Community Policing)에 대하여," 형사정책연구소식, 25, 1994, pp. 45~50.

기능의 상실이 낳은 사회의 도시화·익명화·개인화에 있다고 보고 있다.[16)]

오늘날과 같은 복잡·다양한 사회에서는 경찰과 같은 공식적인 국가기관이 사회통제 및 유지를 주로 담당하고 있으나, 과거 전통사회에서는 사회통제 및 유지를 주로 비공식적인 커뮤니티 구성요소들이 담당하였다고 본다. [그림 7-1]에서 보는 바와 같이 인류의 역사가 전개되는 과정에서 초기에는 커뮤니티가 사회통제·유지의 주요기능으로 작용하다가 어느 시점에 이르러서 서서히 국가가 이를 대신 또는 독점(獨占)하였다고 볼 수 있다. 그러한 과정에서 국가, 특히 경찰은 공식적 사회통제기관으로 자리 잡고, 커뮤니티는 비공식적 사회통제기관으로 변모되어 오늘날에는 커뮤니티의 사회통제 기능은 거의 '영'(零, Zero)에 가깝게 약화되었음을 알 수 있다.

그림 7-1 시대적 전개에 따른 사회통제주체의 변화

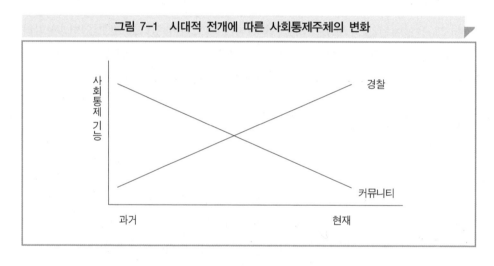

따라서 경찰활동에 있어서 오늘날 전세계적으로 주요한 이슈가 되고 있는 커뮤니티 경찰활동은 일종의 경찰이라는 공식적 사회통제기관과 비공식화 되어 그 역할이 거의 희미해진 커뮤니티 구성요소들 간의 조화를 도모하고자 하는 새로운 움직임으로 파악될 수 있을 것이다. 즉, 경찰활동에 있어서 커뮤니티를 중요한 개념으로 등장시킨 이유는 현대사회가 안고 있는 범죄 등 수많은 사회문제를 극복하기 위하여 일종의 과거 전통사회의 '공동체적 유대감'(共同體的 紐帶感)을 이끌어내

---

16) 노호래, "한국의 지역사회 경찰활동에 관한 연구," 동국대학교 대학원 박사학위논문, 1999, pp. 13~14 재인용.

어 이를 현대경찰활동에 적용시킨 것이라고도 볼 수 있다.[17]

여기서 주의할 것은 어느 시대에 어떠한 경찰활동이 지배적인 패러다임 (Paradigm)으로 등장하기 시작하였으며, 그 전환점은 어떠한 계기를 통해서 이루어 졌는가를 파악하는 것이 중요하다. 따라서 커뮤니티 경찰활동을 이루는 핵심요소 가운데 커뮤니티에 기초를 둔 소규모 경찰부서(예컨대, 일본의 交番과 우리나라의 파출 소 등)를 들고 있는데, 단지 그러한 제도가 과거부터 시행되고 있다고 해서 마치 커 뮤니티 경찰활동이 이미 우리 사회에 뿌리깊이 내재해 있었다고 단정 짓는 것은 옳지 않다. 이는 단순히 거시적인 전통적 경찰활동의 패러다임 속에서 이루어지고 있는 한 부분에 불과한 것이며, 실질적으로 과거에 경찰조직을 시민감시와 통제를 용이하게 하기 위해 파출소와 같은 제도를 활용하였다면, 오히려 커뮤니티 경찰활 동과는 상반되는 것이다. 그렇기 때문에 경찰제도보다도 경찰조직이 지향하는 철 학과 이념, 그리고 가치체계가 무엇보다도 중요한 것이다.

3. 커뮤니티 경찰활동의 전제조건

오늘날 민주주의사회에 있어서 커뮤니티 경찰활동은 진보적이고 미래지향적 인 경찰활동을 의미하는 것이다. 서부유럽, 북아메리카, 오스트레일리아, 뉴질랜 드, 그리고 일본과 한국 등을 포함한 극동지역에 있어서 커뮤니티 경찰활동은 그 동안 전통적 경찰활동이 안고 있었던 문제점들을 해결하기 위한 대안으로서 논의 되어 왔다.

각국의 경찰전문가들이 참석한 회의에서 커뮤니티 경찰활동에 대한 논의가 양적·질적으로 매우 활발하게 이루어지고 있음을 볼 때, 이제 커뮤니티 경찰활동 이 경찰운영에 있어서 중요한 요소로 고려되기 시작했으며, 앞으로 이의 활동형태 는 매우 다양하게 나타날 것으로 기대되고 있다. 그러나 현실적으로 많은 사람들 이 커뮤니티 경찰활동에 대해서 논의하고는 있지만, 이의 의미에 대해서는 여전히 합의점을 찾지 못하고 있는 실정이다.

---

17) 최선우, "지역사회의 재인식을 통한 사회문제접근: 경찰의 역할을 중심으로," 공안사법연구, 1999, pp. 44 ~71.

결과적으로 커뮤니티 경찰활동이라는 이름 하에서 이루어지는 많은 실질적인 개혁들이 가지각색임을 알 수 있다. 따라서 커뮤니티 경찰활동을 실시함으로써 어떤 지역에서는 경찰관행이 실질적으로 변화하기도 하였으나, 반면 어떤 지역에서는 커뮤니티 경찰활동이라는 것이 전통적인 경찰활동을 분장시킨 것에 불과한 경우도 나타났다. 즉, 새 술을 헌 병에 담는 것과 같은 가장 상투적인 수단으로 이용되기도 한 것이다.

따라서 커뮤니티 경찰활동으로 설명되고 있는 많은 프로그램들을 자세히 살펴보면 적지 않은 혼란스러움을 발견할 수 있다. 커뮤니티 경찰활동은 이웃감시(Neighborhood watch), 소규모 숍 프론트 경찰서(Mini-Shop Front Police Station), 동성애자와의 공식 연락, 여성과 아동의 문제에 대한 전문화된 관심, 사전요청 없는 순찰경찰의 가정방문, 경찰의 이미지를 향상시키기 위한 미디어 광고, 도보순찰, 시골보안관, 학교아이들을 위한 '안전한 집'(Safety House) 지정,18) 시민의 범죄에 대한 두려움을 감소시키기 위한 전략, 지정된 순찰, 춤 경연·운동경기에 대한 경찰후원, 기마순찰, 그리고 시민보조경찰의 채용 등이 밀접한 관련을 갖고 있다. 그리고 어떤 경찰관리자들은 모든 경찰이 '커뮤니티 경찰'로 인식될 것을 선포하면서 직권으로 커뮤니티 경찰활동을 실시하기도 하였다.

1980년대 들어 미국의 커뮤니티 경찰활동을 주제로 한 회의에서 관련학자·자문가·경찰관리자 등은 커뮤니티 경찰활동의 의미를 분명히 하지 않은 상태에서 10가지 뚜렷하게 상이한 프로그램들에 대한 개념규정을 시도하기도 하였다. 한편, 1984년 미국 경찰조직을 연구하는 과정에서 트로야노비치와 하던(Robert C. Trojanowicz & Hazel A. Harden)은 143가지의 커뮤니티 경찰활동을 발견하였다.

이러한 활동들에 대해 나름대로 의미를 부여할 수 있으며, 따라서 표면적으로 볼 때에는 이들 프로그램 가운데 커뮤니티 경찰활동이라 할 수 있는 것들이 광범위하게 적용되어 이루어지고 있는 것으로 나타났다. 즉, 이들 대부분은 도

---

18) 오스트레일리아에서 실시되고 있는 '안전한 집'(Safety House) 프로젝트는 아동들이 등하교시간대에 어떠한 위험에 노출되었을 때 이를 피하기 위해서 주변에 '안전한 집'으로 지정된 집에 들어가 도움을 요청할 수 있도록 고안된 것으로 상당한 성과가 있는 것으로 나타났다. 이에 대한 상세한 내용은 노호래, 앞의 논문, pp. 63~67, pp. 95~96 참조.; 우리나라도 이와 유사한 아동안전지킴이집·아동안전지킴이 제도를 2008년부터 시행하고 있다. 이에 대한 자세한 내용은 제8장 참조.

보순찰, 공원 등에 대한 순찰활동, 모터사이클-스쿠터-도보순찰, 팀 경찰활동 (Team Policing), 특별목적 자전거순찰, 기마순찰, 경찰보조원·예비인력, 시민들로 구성된 자원봉사자, 이웃감시시스템 등 여러 활동 가운데 하나에 해당되는 것이었다.[19]

　　이 글을 통해서 우리는 커뮤니티 경찰활동이 무엇을 의미하는지를 생각할 수 있을 것이다. 그리고 여기에서 논의되는 프로그램들을 통해 어떠한 아이디어를 가질 수도 있을 것이다. 그러나 곧 실망도 하게 될 것이다. 왜냐하면 위에서 언급한 커뮤니티 경찰활동들은 아직까지 경찰조직에 일반적으로 인정된 프로그램이 아니며, 또한 경찰조직의 핵심적 프로그램이 되지도 못하고 있기 때문이다.

　　한편, 영국경찰은 커뮤니티 경찰활동의 의미에 대해서 논의하는 것을 매우 좋아 한다고 한다. 그리고 이들은 스스로가 커뮤니티 경찰활동에 대해서 잘 알고 있다고 말한다. 예컨대, 순찰경찰이 자전거순찰 도중에 시민을 만났을 경우, 즉시 자전거에서 내려 시민들에게 몇 시나 되었느냐고 묻는 것도 커뮤니티 경찰활동의 하나라고 말한다. 만약 어떤 사람이 경찰서에 찾아가 "커뮤니티 경찰활동이란 무엇을 의미하는 것입니까?"라고 묻는다면, 그 사람은 여러 장소에 안내되어 서로 다른 여러 가지의 경찰활동을 접하게 될 것이다.

　　그런데 커뮤니티 경찰활동과 관련하여 프로그램의 명확성이 결핍된 부분이 없지 않기 때문에 문제가 되고 있다. 왜냐하면 커뮤니티 경찰활동은 오늘날 경찰활동에 있어서 일반적으로 언급되고 있지만, 매우 애매모호하기 때문에 많은 사람들은 이것이 단지 외향적인·과장된 활동에 불과하다는 결론을 내리게 될 가능성이 많기 때문이다. 또한 여러 가지 교묘한 미사여구(美辭麗句)는 커뮤니티 경찰활동을 보다 그럴 듯하게 만들어내기도 한다. 그러나 이와 같은 과대평가에 의한 필연적 결과는 의미 있는 그리고 실질적인 경찰개혁의 전망에 대해서 환멸감과 깊은 냉소주의를 가져다 줄 수도 있을 것이다. 사실, 커뮤니티 경찰활동은 여기에서 설명하고자 하는 것 이상의 의미가 있다고 생각한다. 그러나 커뮤니티 경찰활동이라는 용어를 사용하는 데 있어서는 보다 신중해야 할 것이다. 이는 의미 있는 경찰개

---

19)　Robert C. Trojanowicz & Hazel A. Harden, *The Status of Contemporary Community Policing*, East Lansing, Michigan: National Neighborhood Foot Patrol Center, Michigan State University, 1985, p. 8.

혁을 하는 데 있어서 가장 중요한 본질적인 첫 단계가 되기 때문이다.

사실, 그동안 커뮤니티 경찰활동을 프로그램 상으로 뚜렷하게 확인하는 것에 실패하였을 뿐만 아니라, 커뮤니티 경찰활동에 대한 논의는 목적·철학·동기·관리방식 및 행정적 수요, 그리고 조직구조 등 운영현황에 있어서도 빈번하게 혼란을 가져다주었다. 예컨대, 휴스턴경찰의 경찰고위관리자 세미나에서 참가자들은 최근 진행되고 있는 '이웃지향적 경찰활동'(Neighborhood-Oriented Policing)과 관련된 30가지의 구성요소들을 확인하였다.[20] 여기에는 경찰과 시민 간의 신뢰, 경찰의 역할변화, 경찰의 책임성, 책임에 따른 사기진작 방안, 경찰서비스 전달과정의 조정, 그리고 재정적 한계의 인식 등이 포함되었다. 커뮤니티 또는 이웃지향적 경찰활동을 성공적으로 실시하기 위해서는 가능한 한 이러한 구성요소들이 모두 포함되어야 할 것이다. 그러나 이러한 구성요소들 자체가 커뮤니티 경찰활동을 의미하는 것은 아니라는 점이다. 좋은 의도에서 비롯된 것이라 할지라도 새로운 프로그램을 만들어 내지 않을 수도 있으며, 경찰조직은 기본적인 전략을 수정하지 않고 기존관행을 단지 '재조직화'(再組織化) 하는 수준에 머무를지도 모른다. 또한 관리 스타일은 바뀔지도 모르지만, 조직목표는 그대로 남게 될 수도 있을 것이다.

생각건대, 우리사회에서 경찰활동의 중요성은 점차 높아지고 있다. 그것은 범죄와 무질서, 그리고 다양한 갈등 문제가 양적·질적으로 심화되고 있다는 것을 의미하는 것이기도 하다. 경찰활동은 내적으로 경찰철학과 경찰이념을 바탕으로 목표를 설정해야 하고, 경찰조직이라는 것은 그러한 목표를 달성하기 위한 수단이 된다. 커뮤니티 경찰활동과 관련된 어떠한 의미 있는 변화가 이루어지기 위해서는 실질적으로 관련 프로그램이 개발되어야 한다. 이는 조직운영상의 전략(Strategies)과 전술(Tactics)의 단계에서 커뮤니티 경찰활동 철학을 반영해야 한다는 것을 의미한다. 만약 이러한 변화가 이루어지지 않는다면, 커뮤니티 경찰활동은 탁상공론(卓上空論)이 될 것이고, 경찰 자신들의 이해관계에 맞게 조정될 것이며, 아마도 자신들이 봉사하는 커뮤니티는 중요하게 생각하지 않을 것이다.

또한 커뮤니티 경찰활동의 핵심이 되는 기본전제는 안전의 증진을 위하여 시

---

20) Houston Police Department, *Developing a Policing Style for Neighborhood Oriented Policing: Executive Session* No. 1, Houston, TX: 1987, Appendix A.

민이 보다 활동적인 역할을 하고 경찰과 동등한 입장에 있어야 한다는 점이다. 경찰은 치안책임을 혼자서 떠맡을 수 없으며, 다른 형사사법기관 또한 마찬가지이다. 이는 적절한 단계에서 시민이 경찰과 함께 안전과 질서유지에 대한 '공동생산자'로서 역할을 수행해야 한다는 것을 의미한다.[21] 따라서 커뮤니티 경찰활동은 경찰에게 새로운 책임을 부여하고, 시민과 경찰이 적절하게 연결될 수 있는 방안을 마련하고 질서유지를 해야 할 것이다.

그러나 이러한 것은 전혀 새로운 형태의 경찰책임을 의미하는 것은 아니며, 마찬가지로 단순히 지엽적인 형태의 커뮤니티 경찰활동을 의미하는 것도 아니다. 경험이 많은 경찰들은 만약 시민이 경찰활동에 '협조'(Cooperates)하고, '지원'(Supports)을 해준다면, 자신들의 업무가 훨씬 수월해질 것이라는 점을 잘 알고 있다. 따라서 이들은 자신들의 업무수행과정에서 시민들로부터 협조를 이끌어 내기 위해 노력해 왔다. 만약 커뮤니티 경찰활동이 기존 경찰활동들과 뚜렷하게 구분되는 어떤 것을 의미한다면, 여기에서 우리는 경찰과 시민간의 기존의 관행적인 접촉을 개선·변화시켜주는 프로그램과 관련된 것임을 알 수 있다.

따라서 커뮤니티 경찰활동은 공공의 안녕질서를 유지 하는데 있어서 시민의 참여수준을 증대시키는 새로운 프로그램이 운용될 때에만 존재한다고 보아야 할 것이다. 기존과 같이 단지 시민의 참여를 증진시키기 위한 활동이 이루어졌다는 것만으로는 커뮤니티 경찰활동이라고 말할 수 없다. 즉, 커뮤니티 경찰활동은 기존에 운영되었던 관행·활동과는 구별되었을 때, 그리고 새로운 전략과 전술이 반영되었을 때만이 그 의미를 갖게 된다고 볼 수 있다.

---

21) Stephen L. Percy, "Citizen Coproduction of Community Safety," in Ralph Baker & Fred A. Meyer (ed.), *Evaluating Alternative Law Enforcement Policies*, New York: Lexington Books, 1979, pp. 125~134.

제 2 절

커뮤니티 경찰활동의 기본모형

1. 커뮤니티 경찰활동의 구성요소

오늘날 커뮤니티 경찰활동은 세계 각국에서 매우 활발하게 이루어지고 있으며, 매우 빠르게 성장하고 있다. 따라서 다음에서는 네 개의 대륙에서 이루어지고 있는 경험적 연구를 토대로 네 개의 영역에서 커뮤니티 경찰활동이라는 이름하에 지속적으로 나타나고 있는 관련 프로그램의 변화를 살펴보기로 한다.

바꿔 말하면, 경찰조직이 커뮤니티 경찰활동을 탁상공론에 그치지 않고 실질적으로 실행할 때에는 일반적으로 다음과 같은 네 가지 요소가 이루어지고 있음을 알 수 있다. 즉 ㉠ 커뮤니티에 기초를 둔 범죄예방활동의 조직화, ㉡ 비상사태가 아닌 평상시의 서비스를 강조하는 순찰활동의 재구축, ㉢ 관할영역에 있어서 경찰과 시민의 책임증대, ㉣ 경찰명령의 분권화가 바로 그것이다.

표 7-4 커뮤니티 경찰활동의 구성요소

커뮤니티 경찰활동	→	• 커뮤니티에 기초를 둔 범죄예방활동의 조직화
	→	• 비상사태가 아닌 평상시의 서비스를 강조하는 순찰활동의 재구축
	→	• 경찰과 커뮤니티의 책임 증대
	→	• 경찰명령의 분권화

1) 커뮤니티에 기초를 둔 범죄예방

커뮤니티에 기초를 둔 범죄예방(Community−Based Crime Prevention)은 커뮤니티 경찰활동의 궁극적 목표이며 핵심내용이 된다. 그런데 커뮤니티는 기초단위로서 이웃으로 구성되어 있기 때문에 이웃감시활동(Neighborhood Watch)은 커뮤니티

에 기초를 둔 범죄예방의 중심내용이 되어 왔다.[22]

비록 이웃감시활동이 1970년대 초기에 미국에서 시작되었지만, 이는 각국에 걸쳐 다양한 형태로 나타났으며, 때로는 동일한 국가 내에서도 다양하게 나타났다.[23] 한편 런던수도경찰은 이웃감시활동이 세 가지 구성요소로 이루어진다고 정의를 내리고 있다.

① **시민감시**(Public Surveillance): 일정한 지역 내에서 거주하고 있는 주민들은 모임을 갖고 경찰의 눈과 귀의 역할을 하도록 한다. 이를 통해 주민들은 의심스러운 사람이나 차량에 대해 일정한 경계를 하고, 이를 경찰에 알리도록 한다.

② **소유물표시**(Property Marking): 경찰은 주민들에게 소유물 표시장치(kits)를 빌려 준다. 이것을 가지고 주민들은 자신들의 소유물을 우편번호, 주택과 아파트 호수, 그리고 자신들 이름의 첫 글자를 표기할 수 있도록 한다. 이는 절도와 같은 범죄를 억제하기 위한 것이며, 또한 도난 당한 물품의 신속한 확인과 반환을 위한 방법으로 이용된다.

③ **홈 시큐리티**(Home Security): 이웃감시계획이 이루어지면, 경찰은 가정을 방문하여 그 지역에 대한 안전을 증대시킬 수 있는 여러 가지 조언 및 충고를 무상으로 해 준다.

무엇보다도 이러한 이웃감시활동은 이웃의 정체성과 더 나아가 커뮤니티의 정체성에 대한 인식전환을 가져다주기 위한 것이라 할 수 있다. 이는 이웃에 거주하는 주민은 자신의 신체 및 재산에 대한 안전뿐만 아니라, 다른 사람의 안전에 대한 집단적 책임을 인식·공유해야 한다는 것을 의미한다.

이웃감시활동 관련프로그램은 그 출발이 경찰에서 시작되었는지, 아니면 시민의 자발적 노력에 의해서 시작되었는가에 따라 매우 다양하게 나타나고 있다.

---

22) 여기에서는 주로 지리적 관점에서의 커뮤니티 경찰활동을 중심으로 살펴 보기로 한다. 이를 보다 발전시켜 사이버공간에서도 적용할 수 있을 것이다. 예컨대, 첫번째 구성요소로서 커뮤니티에 기초를 둔 범죄예방에서 '커뮤니티'는 지역 내의 이웃을 의미한다. 따라서 이를 응용하여 사이버 커뮤니티(민간차원의 사이버 범죄감시단체 결성 등)에 기초를 둔 범죄예방을 모색할 수 있을 것이다.

23) David H. Bayley, "Community Policing in Australia; Dennis P. Resenbaum," Dan A. Lewis, & Jane A. Grant, "Neighborhood—based Crime Prevention: Assessing the Efficacy of Community Organizing in Chicago," in Dennis P. Rosenbaum(ed.), *Community Crime Prevention: Does It Work?*, Beverly Hills: Sage Publications, 1986, pp. 109~133.

여기에서는 조직화된 감시활동의 규모, 책임자의 선임방식, 참여자·정부·자선단체에 의한 비용조달 여부, 감시활동을 지속적으로 유지하기 위한 노력 정도, 이웃 단위를 보다 큰 단위로 연합하여 조직화하기 위한 준비 정도와 경찰에 의해 제공되는 자원수준 등이 고려될 수 있을 것이다.

한편 이웃감시활동으로 불리지도 않고, 미국으로부터 영향을 받지도 않았지만, 가장 대규모적이고 광범위한 이웃범죄예방 프로그램이 일본에서 이루어지고 있다는 것에 주목할 필요가 있다.[24] 아주 오래 전부터 일본의 이웃 간의 결속은 비공식적 정부의 노력에 기초를 두고 있는데, 이의 출현은 법령에 의하였다기보다는 관습적인 전통에 기초를 두고 있다(물론 전술한 바와 같이 시대적 한계는 분명히 인식해야 할 것이다). 따라서 이 프로그램의 구성원들은 (다소 커뮤니티 내의 암묵적 압력하에서) 자발적으로 참여하고 있다는 점이 특징이다. 이의 책임자는 구성원들 상호 간의 갈등과 분쟁을 조정하며, 보다 나은 지방정부의 서비스를 지원받기 위해 로비활동을 하며, 이웃 간의 결속력 증진을 위해 관련 캠페인을 실시하고, 지역 내의 관심사항에 대해 상호정보를 교환하며, 지역축제의 후원자역할을 하기도 하였다. 이러한 전통이 자연적으로 발전함으로써 이제 대부분의 이웃 간에 결속된 집단들은 범죄예방협회로 발전하게 되었으며, 이를 통해 정보를 제공하고, 안전과 관련된 장치를 판매하며, 회보(會報)를 발간하고, 지역경찰과 밀접한 연락체계를 유지하며, 때로는 거리순찰을 실시하기도 한다. 그리고 이들 모든 이웃감시조직들은 지방 및 국가 범죄예방협회에 소속되어 있다.

한편 시민순찰활동은 경찰에 의해 엄격하게 감독을 받고, 때때로 제한을 받기도 하지만, 이들 활동은 여러 국가에서 발견되고 있다. 예컨대, 미국의 경우 CB(Citizen-Band radio)순찰은 일반적으로 이루어지고 있다. 다만, 경찰의 감시능력을 증진시키기 위해 만들어진 CB요원들은 경찰에게 비상사태 또는 범죄혐의가 있는 상황을 알리는 것을 제외하고는 어떠한 활동(예컨대, 범인추격 및 체포 등)도 엄격하게 제한하고 있다.[25] 자칫하면, 또 다른 불상사태가 발생할 우려가 있기 때문이다.

---

24) David H. Bayley, *Forces of Order*, Berkeley, California: University of California Press, 1978.
25) Jerome H. Skolnick & David H. Bayley, *New Blue Line: Police Innovation in Six American Cities*, New York: The Free Press, 1986.

영국에서 이웃감시 프로그램은 가장 중요한 범죄예방 전략 가운데 하나로 발전되어 왔다. 영국의 이웃감시는 1980년대에 급속도로 확산되었다. 영국 내무성 (Home Office)의 자료에 의하면, 1986년에 약 8,000여개가 운영되고 있는 것으로 나타났는데,[26] 이러한 숫자는 경찰조사에 의하거나 경찰과 관련된 지방언론의 조사결과에 의한 것이다. 예컨대, 경찰은 어떤 조사대상 지역을 설정한 후에 정기적으로 주민협회 구성원들로 활동하는 사람들과 접촉을 하였다. 이러한 사람들은 종종 이웃감시와 관련된 모임을 갖고 있으며, 경찰은 비공식적으로 이들 주민 가운데 그 지역 내의 조정자 또는 책임자를 파악하고자 하였다.

런던의 이웃감시는 광의의 개념으로서 다양한 기관연계 경찰활동(Multi-Agency Policing) 가운데 일부분으로 인식되고 있다. 이러한 개념은 모든 런던시민과 경찰이 범죄통제에 있어서 공통된 이해관계를 갖고 있다는 신념에 기초를 두고 있다. 따라서 다양한 형태의 경찰활동은 이웃감시와 시민참여뿐만 아니라 지방교육·사회복지·주택공급 등과 같은 여러 정부기관의 경찰활동에 대한 협조도 포함된다. 따라서 보다 거시적인 관점에서 볼 때, 런던의 이웃감시는 단지 사회 내의 경찰역할을 담당하는 한 부분을 차지하고 있음을 알 수 있다. 그리고 여기에서 경찰은 사회변화 속에서 선두주자로서 위치하면서 범죄예방을 위한 건축설계의 변화를 조언·조장하고, 주택공급정책에 대해서 의견을 제시하며, 더 나아가 주택이나 차량설계에 있어서 안전 및 범죄예방 관련요소를 증대시키기 위해 관련사업체를 적극적으로 설득하는 역할을 수행할 것이 요청되고 있다.[27]

그런데 영국에서 이웃감시 및 그 이상의 여러 활동에 대해 많은 비판이 제기되기도 하였다. 첫째, 이웃감시가 실제로 범죄예방과 시민의 범죄에 대한 두려움 (Fear of crime)을 감소시키는 데 기여하고 있는가에 대해서는 여전히 의문이 제기되고 있는 점이다. 이와 관련하여 캠브리지대학의 범죄연구소는 이웃감시가 이루어지고 있는 두 개의 구역을 대상으로 조사를 실시하였는데, 조사결과 이웃감시가 매우 효과적이라고 믿을 만한 충분한 이유를 발견하지 못하였다.[28] 또한 이웃감시

---

26) Harry Donnison, Julian Scola & Phil Thomas, *Neighborhood Watch: Policing the Police*, London: Libertarian Research and Education Trust, 1986, p. 1.

27) *Report of the Commissioner of Police for the Metropolis*, London: Metropolitan Police Department, 1984.

28) Trevor Bennett, *An Evaluation of Two Neighborhood Watch Schemes in London*, Cambridge,

가 중류계층의 가정에 도움이 될지는 모르지만, 경찰의 권고·조언대로 개선시킬 여유가 없는 생활수준이 낮은 계층은 실질적으로 가치가 없다는 것이다. 결국, 다양한 형태의 경찰활동이라는 것은 시민의 삶에 관여할 자격이 없는 경찰이 과욕을 부리고 있다는 비난을 받게 되었다.

오스트레일리아의 이웃감시는 1980년 초기에 빅토리아주(州)에서 시작되었다. 비록 오스트레일리아 경찰은 자신들의 프로그램을 구체화하기 이전에 미국의 경험을 체계적으로 연구하기는 하였지만, 실제로 이루어진 '빅토리아 모델'(Victoria Model)은 상당히 많은 부분에 있어서 수정·변화가 이루어졌다.[29] 예컨대, 이웃감시의 기본단위가 블록(Block, 街)이 아니라 대략 400~600명 또는 약 2,000명의 사람을 포함한 일정 지역(Area)을 대상으로 하였다는 점이다. 그리고 영국에서와 같이 경찰은 주민들과 친밀한 관계 속에서 업무를 수행하는데, 이러한 과정에서 주민들 가운데 이웃감시의 책임자로써 누가 가장 적합한지를 결정하였다. 그리고 이웃감시에 참여하는 구성원들의 자질 및 자격요건을 파악하기 위하여 적어도 1개월에 한 번 이상의 모임을 갖고, 이웃감시협회에서 발간되는 회보에서는 범죄정보 및 범죄예방정보를 기본적으로 다루었다.

그런데 오스트레일리아의 이웃감시는 무상으로 이루어지지는 않고 있다는 점이다. 비록 경찰이 공식적으로 지원해 주고 지방정부는 때때로 이웃감시 표지·안내판 등을 제공해 주지만, 구성원들은 유인물 및 회보발간 등을 위해서 정기적으로 적은 비용을 부담하도록 하고 있다. 오스트레일리아의 이웃감시 집단들은 각자가 개별적으로 활동하는 것이 아니라, 이들의 활동을 지원하고 조정하는 보다 큰 협회에 속해 있다. 즉, 이웃감시는 지역·구역적으로 그리고 시와 주에 걸쳐 광범위하게 조직되어 있으며, 상위조직은 하위조직을 대표하여 활동하고 있다.

한편 싱가포르 경찰은 1980년에서 1987년 사이에 약 인구의 절반이 이웃감시단(NWGs: Neighborhood Watch Groups)에 가입되어 있다고 추정하고 있다.[30] 이들의 기본단위는 매우 작은데, 평균적으로 네 가정으로 이루어져 있으며, 단독주택 또는

England: Institute of Criminology, Cambridge University, 1987.

29) Bayley, *Community Policing in Australia: An Appraisal*, Adelaide, S.A.: National Police Reserch Unit, 1986.

30) Private communication by the Director, Crime Prevention Department, Singapore Police Force, July 1987.

아파트로 구분되어 있다. 그런데 경찰조직 내외적으로 이웃감시단의 효과성에 대한 의문이 제기되어 왔으며, 따라서 범죄예방담당 경찰부서에서는 1986년에 이 프로그램을 보강·강화시켰다. 이러한 조치로서 이웃감시단의 수를 증대시켰으며, 지역경찰이 이웃감시단 구성원들의 가정을 방문하여 이들의 자경주의 의식을 증진시키고자 하였다. 이들 활동에 대한 평가는 수평적인 방법뿐만 아니라 수직적 방법으로 이루어졌다. 따라서 싱가포르는 1987년 후반까지 이웃감시활동의 현황 및 그 결과에 대한 평가와 관련하여 세계적으로 가장 좋은 자료를 상당 부분 가지고 있다고 볼 수 있다.

끝으로 이웃감시와 관련하여 우리나라의 경우 '자율방범대'를 들 수 있다. 이는 지역주민이 마을단위로 자율적으로 조직하여 관할 지구대 및 파출소와 상호협력관계를 유지하면서 방범활동을 하는 자율봉사조직이라 할 수 있다. 자율방범대는 경찰과 합동 또는 자체적으로 3~5명이 한 조를 편성하여 심야의 취약시간에 순찰활동을 전개하면서 범죄신고와 부녀자 안전귀가 및 청소년 선도보호 등 다양한 활동을 펼치고 있다. 이러한 자율방범대는 2008년에 전국적으로 3,861개 조직에 10만 2천여 명이 활동하고 있으며, 2016년 현재에는 4,336개 조직에 106,202명이 활동하고 있다. 이들 자율방범대는 2015년 한 해 동안 64명의 형사범을 검거하는 등 지역치안활동에 일정 부분 기여를 하고 있다.[31]

한편, 경찰은 자율방범활동의 활성화를 위하여 자율방범대원이 안정적인 근무활동을 할 수 있도록 유관기관과 협조하여 민방위해당자의 기본교육을 면제하고, 치안봉사활동 중 사고로 피해를 입었을 경우 적정하게 보상받을 수 있도록 단체상해보험 가입을 지원하고 있다. 그리고 자율방범대원의 사기를 진작시키기 위해 2015년에 방범순찰에 필요한 안전조끼, 후레쉬봉 등 안전용품 및 방한용품을 지원하고 있으며, 모범대원 및 형사범 합동검거 유공자 4,308명에 대하여 포상을 실시하였다. 그리고 범죄신고에 대해서는 「범죄신고자 보호 및 보상에 관한 규칙」에 의한 보상금을 지급하였다.[32]

그러나 이러한 자율방범대의 활동이 적극적으로 이루어지기보다는 대체로 파출소업무에 대한 협조 및 보조적인 활동 정도에 머무르고 있는 실정이다. 또한 이

---

31) 경찰청, 경찰통계연보, 2016, p. 100.
32) 경찰청, 경찰백서, 2016, p. 52.

들의 경찰활동은 다분히 형식으로 운영되는 경향이 있으며, 경우에 따라서는 경찰이 이들에 대해 부정적인 이미지를 갖는 경우도 있다. 따라서 전반적으로 볼 때, 우리나라의 시민참여수준은 아직까지는 정책적·전략적인 수준에 이르지 못하고 있다고 볼 수 있다.

생각건대, 경찰은 범죄대상이 되기 쉬운 집단 스스로가 자신들을 보다 성공적으로 보호할 수 있도록 도움을 주는 다양한 프로그램을 설계·개발할 필요가 있다고 본다. 따라서 예컨대, 노약자, 학생, 택시운전기사, 여행자 등을 위한 범죄예방 관련내용을 다양한 방법으로 안내해 줄 필요가 있다. 또한 범죄예방관련 소책자 및 유인물의 배포, 경찰 고위관리자들을 대상으로 한 전문가교육의 실시, 범죄예방 관련 모임의 조직화, 그리고 매스미디어 등을 통한 적절한 홍보활동 등이 이루어져야 할 것이다. 그리고 국가단위를 넘어 국제적인 차원에서 범죄예방 전문가들 간의 유기적인 네트워크(network)를 구축하고, 관련정보의 교환 등을 활발히 함으로써 통합적이고 효율적인 치안정책의 개발이 모색되어야 할 시점이라고 본다.

2) 순찰활동의 개선

지난 15년 동안 전통적 경찰활동 전략이 범죄대응에 있어서 효과적이었는가에 대한 의문이 제기되어 왔다. 전통적 경찰활동 전략은 범죄와 무질서 문제를 통제하기 위해서 예컨대, 경찰이 거리에서 가시적으로 순찰하고, 법을 위반한 사람들에 대해 정확하고, 신속한 체포를 한다면 억제될 것이라는 가정에 기초를 두고 있다. 따라서 약 50~60%의 경찰인력이 순찰활동에 배치되어 왔다.[33] 이에 더하여 그 동안 순찰업무는 점차 차량순찰에 의해 이루어지게 되었으며, 전화신고 및 무선전화 응답으로 더욱 신속하게 이루어졌다.

비록 전통적 경찰활동의 이러한 특징이 '범죄와의 전쟁'(Crime Fighting) 모델로

---

[33] David H. Bayley, *Patterns of Policing*, New Brunswick, NJ: Rutgers University Press, 1985.; 2016년 현재 우리나라 경찰의 기능별 인력 현황을 살펴보면, 전체 114,658명 가운데, 생활안전과 지구대·파출소가 59,527명(각각 12,831명, 46,696명)으로 약 52.0%를 차지하고 있다. 수사는 20,247명으로 약 18.0%, 경비는 10,770명으로 약 9.4%, 교통은 9,682명으로 약 8.4%, 정보는 3,480명으로 약 3.0%, 보안은 2,518명으로 약 2.2%, 외사는 1,439명으로 약 1.3%에 이르고 있다. 이 밖에도 경무는 3,233명으로 약 2.8%, 정보화장비는 1,335명으로 약 1.12%, 감사는 1,581명으로 약 1.4% 등에 이르고 있다. 경찰청, 경찰통계연보, 2016, p. 8.

서 인식되기도 하였지만, 어떤 면에서는 이 역시 범죄예방(犯罪豫防)을 목적으로 하고 있다고 볼 수 있다. 이에 대해서 커뮤니티 경찰활동의 옹호자들은 때때로 마치 자신들만이 유일하게 범죄예방과 관련되어 있는 것처럼 말하면서 전통적 경찰활동이 가지고 있는 범죄예방 목적에 대해 부정적인 인식을 하고 있는 면이 없지 않다. 그런데 여기에서 주의할 점은 '커뮤니티 경찰활동은 경찰활동의 목적과 관련된 것이 아니라 수단과 관련된 것'(What community policing questions is not the goal of policing, but the means)이라는 점이다. 바꿔 말하면 전통적 경찰활동이든 커뮤니티 경찰활동이든 간에 본질적·일차적으로 범죄예방을 목적으로 하고 있다는 점에서는 동일하며, 다만 그러한 범죄예방 목적을 달성하는 방법 즉, 수단에 있어서 차이가 있다는 점이다.

연구결과에 의하면, 무작위 순찰차량의 운용과 신속한 대응이 효과적으로 범죄를 억제하거나 더 많은 범죄자 체포를 가져다주지 못하였다는 결과가 나타났다.[34] 따라서 커뮤니티−경찰 개혁론자들은 이러한 순찰활동 방식보다는 커뮤니티와 보다 밀접한 관계 속에서 이루어지는 순찰활동이 활성화 되어야 한다는 점에 공감하고 있다. 이러한 경찰과 커뮤니티의 밀접한 관계형성은 비상사태에 대한 대응과정에서 이루어지는 것이 아니라 평상시의 상호작용 과정에서 이루어지는 것임을 인식해야 한다.

따라서 순찰경찰은 비상사태에 대응하는 응급구조 서비스와 같이 배치되기보다는 일상적인 자신의 업무수행과정에서 항상 사람들과 대화를 함으로써 '커뮤니티를 이해하고'(Get to know the community), 비상사태가 아닌 경우의 요청에도 대응하며, 커뮤니티의 모든 장소에서 나타날 수 있도록 가시적이어야 한다는 것이다. 이렇게 함으로써 순찰경찰은 '집단적 자기보호'(Collective Self Protection)뿐만 아니라 일반시민 개개인에 대한 보호와 지원까지도 가능하게 되며, 문제가 발생했을 경우 초기에 예방할 수 있게 될 것이다. 그리고 커뮤니티에 대한 관심을 높일 수 있고, 경찰서비스가 보다 정확하고 적절하게 제공될 수 있으며, 더 나아가 체포와 기소

---

34) George L. Kelling et al., *The Kansas City Preventive Patrol Experiment: A Summary Report*, Washington, DC: The Police Foundation, 1974; Stephen L. Percey, "Response Time and Citizen Evaluation of Police," *Police Science and Administration*, 8, 1980, pp. 75~86; Pauline Morris & Keven Heal, *Crime Control and the Police: A Review of Research*, London: Home Office Research Study No. 67, 1981.

를 위한 보다 유용한 정보 또는 증거를 획득할 수 있을 것이다. 그러나 경찰은 여전히 비상사태에 대한 대응에 치중하고 있는 것이 현실이다(물론, 과거에 비해 상당히 감소되고 있음을 알 수 있다). 따라서 경찰활동이 보다 효과적이기 위해서는 비상사태에 대응하는 대부분의 인력을 적절히 분산시켜 이들이 사전 범죄예방활동에 적절히 활용될 수 있도록 해야 할 것이다.

이와 같은 예방목적을 위한 경찰의 순찰활동은 매우 다양한 방법으로 개선이 이루어지고 있다. 이 가운데 가장 눈에 띠는 변화는 차량순찰경찰을 가장 소규모의 분권화된 경찰부서로 재배치한 것이다. 디트로이트시에서는 미니스테이션(Mini−Station), 오스트레일리아에서는 숍 프론트(Shop Fronts), 싱가포르에서는 이웃경찰서(NPPs: Neighborhood Police Posts), 일본에서는 交番(Koban) 등의 이름으로 불리고 있으며, 우리나라의 경우 파출소가 여기에 해당한다. 이 가운데 일본과 싱가포르의 경찰부서는 가장 소규모 경찰조직 형태를 이루고 있으며, 여기에서는 범죄수사를 제외한 모든 경찰활동을 담당하고 있다. 즉 고소·고발사건의 접수, 서비스요청에 대한 대응, 정보제공 및 자문·조언, 도보 및 자전거 순찰, 커뮤니티 범죄예방활동의 조직화, 그리고 대민접촉의 지향 등을 주요임무로 행하고 있다.

지구대시스템의 문제

우리나라는 지난 2004년부터 상당부분의 파출소를 통폐합하여 지구대시스템으로 운영하고 있다. 지구대시스템은 일종의 '광역 파출소'인 셈이다. 종래에 파출소는 해당지역의 치안 여건을 고려하여 위치한 것이다. 그러나 지구대는 새롭게 시설이 만들어진 것이 아니라 통폐합된 파출소 가운데 규모가 큰 곳을 지구대로 개편하였을 뿐이다. 바꿔 말하면, 통폐합된 관할구역의 치안여건이 충분히 고려되지 못했다는 점이다.

그런데, 위에서 언급한 바와 같이 여러 선진국의 경찰현장 운용의 변화 특히, 커뮤니티 경찰활동에 기반을 둔 순찰활동의 개선은 경찰단위를 가능한 한 소규모화 하는 것에서 출발하고 있다는 점이다. 이러한 점에서 지구대시스템은 커뮤니티 경찰활동과 오히려 부합되지 않음을 알 수 있다. 커뮤니티 경찰활동은 전술적으로 도보순찰 등을 통한 주민과의 평상시 상호작용을 강조하고 있다. 그러나 지구대시스템은 관할이 확대되다보니 도보순찰보다는 차량순찰 방식을 기본으로 하지 않으면 안 된다. 생각건대, 지구대시스템은 표면적으로는 신속한 범죄대응 및 지역경찰(地域警察)이라는 이름으로 주민밀착형 경찰활동 등을 지향한 것처럼 보이지만 실제는 적체된 경찰인사문제(특히, 관리직)를 해결하기 위해 졸속으로 만든 하나의 방편에 불과한 것이라 할 수 있다. 이러한 이유로 지구대시스템은 그 한계를 곧 바로 노정시켰으며, 따라서 파출소가 2010년 이후 다시 부활하고 있음을 알 수 있다.

표 7-5 지구대·파출소 변화 추이(단위: 개소)

구 분	2002	2003	2004	2005	2006	2007	2008
지구대	-	-	871	872	826	826	816
파출소	2,922	2,945	119	200	528	544	580
구 분	2009	2010	2011	2012	2013	2014	2015
지구대	773	423	428	427	512	515	514
파출소	760	1,517	1,517	1,524	1,436	1,438	1,463

자료: 경찰청, 경찰통계연보, 2016, p. 5.

그러나 디트로이트시의 미니스테이션은 스톡홀름(스웨덴의 수도)과 멜버른(오스트레일리아의 남동부 항구도시)의 숍 프론트와 같이 일반적인 경찰업무를 수행하지 않고, 단지 커뮤니티의 범죄예방활동만을 담당하고 있다. 이들 소규모 경찰조직은 이웃감시활동을 조직화하고, 자경주의 및 정당방위 등에 대한 교육을 실시하며, 경찰과 특별안전을 필요로 하는 시설 및 기관간의 연락을 제공하는 역할을 수행하고 있다. 코펜하겐(덴마크의 수도)의 경찰은 학생들을 대상으로 공공안전에 관한 기초교육을 실시하고 있다. 이미 앞에서 논의한 바와 같이 '커뮤니티 경찰활동' 자체가 매우 다양한 것과 마찬가지로 각 일선경찰부서의 활동에서도 목적과 운영 방식에 따라 매우 다양한 형태로 이루어지고 있음을 알 수 있다.

실제로 다양한 기능을 수행하고 있는 일본의 交番과 싱가포르의 NPPs의 대합실에는 낮은 카운터와 의자·전화기·라디오·벽걸이 지도 등이 설치되어 있다. 그리고 경찰직원을 위한 휴게실에는 TV, 최소한의 요리기구 및 냉장고가 비치된 간단한 주방, 면접실, 물품저장실 및 화장실 등이 설치되어 있다. 또한 싱가포르의 NPPs는 의자와 책상이 비치된 상당히 넓은 다용도 사무실을 구비하고 있는데, 이곳은 회의 및 체포된 용의자를 신문하는 것 등의 목적으로 이용된다.

이러한 交番과 NPPs는 관할구역을 대상으로 순찰활동과 안전진단·조사

(Security Survey)의 실시, 범죄예방의 효과를 높이기 위한 다양한 활동의 실시, 그리고 이밖에도 자신들의 커뮤니티의 안전성을 확보하기 위해 보다 유용하게 적용할 수 있는 방안을 모색하고 있다. 한편, 交番과 NPPs는 '유실물취급소'의 역할도 담당하고 있고, 경찰업무 외에도 시민들이 제기하는 여러 가지 정부서비스에 대한 불만을 지속적으로 수렴하고, 이웃 간의 분쟁 및 법적 분규에 대해서도 일정부분 관여하고 있다. 그리고 일본의 交番은 관할구역 내의 임시적인 업무로서 일반적인 우편물 전달소의 역할도 수행하고 있으며, 이른 아침에 주민 및 행인들에게 시간을 알려 주기 위하여 종을 울려 주고 있다. 그리고 해가 진 뒤, 근처의 공원에서 놀고 있는 아이들이 집에 돌아가야 한다는 생각을 할 수 있도록 스피커로 안내방송도 하고 있다. 싱가포르의 NPPs는 이웃감시구성원들을 자신들의 다용도 사무실로 시민들을 초청하여 범죄예방뿐만 아니라 여러 가지 모임을 개최할 수 있도록 지원해주고 있으며, 지역 아이들이 이용할 수 있는 장기와 같은 게임판을 빌려 주는 일도 하고 있다.

경찰이 커뮤니티 내에 거주하는 주민들과 보다 밀접한 관계형성을 위한 대표적인 방법 가운데 하나는 '가정방문' 즉, 방범심방(防犯尋訪)이라 할 수 있다. 이를 위해 경찰이 집집마다 방문하면서 안전관련 문제를 묻고, 필요한 경찰서비스를 제공하며, 경찰활동에 대한 조언 및 제안을 청취하고, 때로는 거주자에 대한 정보를 수집하기도 한다. 일본의 交番과 싱가포르의 NPPs 경찰은 자신들의 관할구역 내의 모든 주거지 및 사업장에 대해서 적어도 1년에 1번 이상 방문하도록 되어 있다. 한편, 주거방문은 산타아나(미국 캘리포니아주의 도시)와 오슬로(노르웨이의 수도)의 커뮤니티 담당경찰에 의해서도 이루어지고 있는데, 일본과 싱가포르와 같이 정기적으로 이루어지는 것은 아니다. 이 밖에도 미국의 디트로이트시와 휴스턴시의 경찰도 주거방문을 해 왔는데, 주민들로부터 냉대를 받을 것이라는 우려와는 달리 열렬한 환영을 받고 있다.[35]

그런데 싱가포르 경찰의 주거방문은 일정한 언어능력이 요구되기도 한다. 싱가포르에서는 영어, 만다린어(중국표준어), 말레이지아어, 그리고 타밀어(남인도 및 실론섬에 사는 인종언어) 등 4개의 공식 언어가 사용되고 있다. 비록 시민 모두 영어

---

35) Skolnick & Bayley, *New Blue Line: Experiments in Fear Reduction*, Washington, D.C.: The Police Foundation, 1986.

를 배우도록 권장하고 있으나, 기성세대는 이를 유창하게 구사하지 못하고 있다. NPPs 경찰은 아파트와 같은 주거 밀집지역에서 업무를 수행하는 과정에서 인도어, 말레이지아어, 중국어를 모국어로 사용하는 가정을 수시로 접하게 된다. 중국인들 가운데에는 관동지방 등의 방언을 사용하는 경우도 있다. 이들 NPPs 경찰은 무더운 열대성 기후 속에서도 치안관련 안전서비스를 제공하기 위하여 잠겨진 아파트 현관문을 두드리게 된다. 주민과의 대화는 아파트에 직접 들어가지 않고 문틈을 통해서 친밀하게 이루어진다. 경찰이 방문했을 때, 만약 문이 잠겨 있지 않고 열려 있다면 경찰은 이러한 주의 깊지 못한 문단속이 절도 및 불법침입을 가져 올 수 있다고 지적해 주기도 한다. 특히, 집안에 아이들만 있을 경우에는 더욱 주의를 준다. 때로는 어떤 주민들은 식사를 하거나 TV를 시청할 때에는 경찰의 방문을 거절하기도 한다. 보통 네 중국가정의 주부들 가운데 한 사람은 오후에 자신들의 마작게임을 즐기기 위해서 경찰의 방문을 정중히 거절하기도 한다. 그리고 경찰에게 시원한 음료수나 차를 자주 대접하기도 하지만, 보통은 업무수행을 이유로 정중히 거절하게 된다.

경찰활동 전략으로서 도보순찰(徒步巡察)은 어느 지역에서나 다시 부활되고 있다. 싱가포르와 일본에서는 모든 이웃가정에 대한 도보순찰은 핵심사항이라고 할 수 있다. 싱가포르 경찰은 아파트 등에 대해 수직적·수평적으로 순찰활동을 실시한다. 즉, 가장 고층에서부터 맨 아래층에 이르기까지 순차적으로 실시함으로써 건물 내적·외적으로 매우 가시적인 순찰활동을 실시하며, 순찰과정에서 주위환경도 세밀하게 살펴본다. 이처럼 싱가포르 경찰의 도보순찰활동은 평면적이라기보다는 입체적인 차원에서 철두철미하게 이루어지고 있음을 알 수 있다.

그리고 스톡홀름·코펜하겐·산타아나 지역의 도보순찰경찰은 이웃-소규모 경찰부서와 협력하여 업무를 수행하고 있다. 특히 북유럽의 미니스테이션은 따뜻한 난방을 제공하며, 주민들이 안고 있는 수많은 문제들(예컨대, 남편의 지나친 음주벽, 아이들의 학업성적 저조와 같이 직접적으로 범죄와 관련이 없는 문제 등을 포함하여)에 대해 경찰과 대화를 나누는 장소로 알려져 있다. 물론, 여러 지역의 도보순찰은 상점·쇼핑센터·유흥가, 그리고 대중교통이 활발한 지역 등 통행량이 많은 곳을 중심으로 업무가 한정되어 이루어지기도 한다.

도보순찰은 기존의 비상체제(Emergency System) 중심의 경찰활동을 벗어나게 하는 또 다른 장치라 할 수 있다. 즉, 이를 통해 종래와 같이 범죄 등 사건발생으로 인한 경찰의 개입을 직접적으로 요구하지 않는 많은 시민들과 관계를 맺을 수 있는 기회를 제공해 준다. 따라서 이를 통해 시민들과의 광범위하면서도 질적으로 심화된 그리고 개별화된 상호관계를 구축할 수 있게 해 준다.

한편 커뮤니티 경찰활동에 있어서 특별하게 개선된 순찰활동으로 자주 언급되는 것이 바로 '질서유지'(Order Maintenance)와 관련된 것이라 할 수 있다. 비록 '질서유지'가 보통 난폭하고 무질서한 군중들을 통제하는 것과도 관계되지만, 여기에서 말하는 질서유지는 공공장소에서 개인의 난폭하고 무질서한 행동을 억제하는 것과 관련된다.

질서유지는 우리에게 잘 알려진 윌슨과 켈링(James Q. Wilson & George L. Kelling)의 「Broken Window: The Police and Neighborhood Safety」에서 무엇보다도 강조되고 있다.[36] 이들에 의하면, 비록 그 동안의 조사결과에서 나타난 바와 같이 무작위 차량순찰이나 도보순찰이 범죄예방을 하지 못하였다는 사실에도 불구하고 순찰활동은 커뮤니티의 안전을 위해서 매우 중요하다고 강조하고 있다. 그러나 도보순찰이 할 수 있는 것은 범죄에 대한 두려움을 감소시키는 것이다. 특히, 통제하기 어려운 어떤 외부환경에서 야기되는 왠지 모를 두려움 같은 것을 감소시켜 준다는 것이다.

즉, 도보순찰을 하는 과정에서 반달리즘(Vandalism), 난폭한 행동, 구걸행위, 보행자도로에서 위험하게 자전거나 스케이트보드를 타는 행위, 야외음주, 고성방가, 길거리에서 잠자는 행위 등 범죄의 원인이 될 수 있는 요인들을 감소시켜 줄 것이다. 이러한 순찰활동은 시민의 불안감을 감소시켜 주고, 따라서 시민들로 하여금 공공장소를 보다 편안하게 이용할 수 있도록 할 뿐만 아니라, 도시의 이웃이 붕괴되는 것을 방지해 준다.

---

36) James Q. Wilson & George L. Kelling, "The Police and Neighborhood Safety: Broken Win-dows," *The Atlantic Monthly*, March 1982, pp. 29~38.

어느 심리학자의 실험

스탠포드대학의 심리학자인 짐바르도(P.G. Zimbardo)는 1969년 세워 둔 자동차에 대한 '파괴행위' 진행과정에 대한 연구를 처음 실시한 후, 일련의 실험결과에 대한 보고서를 작성하였다.

"차량 번호판이 없는 한 대의 자동차를 준비하여 그 자동차의 본넷을 열어 놓은 채 브롱크스(Bronx: 미국 뉴욕주 남동부에 있는 자치구)에 있는 어느 길거리에 주차시켜 놓았다. 그리고 이와 유사한 자동차를 팰러앨토(Palo Alto: 미국 캘리포니아주 샌타클래라군에 있는 시) 지역의 길거리에 주차시켜 놓았다. 브롱크스에 세워 둔 자동차는 방치해 놓은 지 10분 이내에 곧바로 일부의 사람들(vandals)에 의하여 공격을 받게 되었다. 자동차 주변에 처음 도착한 무리 중의 첫 번째는 한 가족이었는데, 아버지와 어머니 그리고 어린 아들이었다. 그들은 차량의 라디에이터와 베터리를 제거하였다. 이후 24시간 이내에 값어치가 나가는 모든 차량부품들은 완전히 분해되어 사라져버렸다. 이후 자동차는 마구 파괴되기 시작하였다. 자동차의 창문이 박살이 났으며, 다른 부품들도 파괴되고 찢어 없어졌다. 아이들은 마치 자동차를 운동장처럼 이용하여 그 위에 올라가서 뛰어 놀기 시작하였다. 파괴행위에 참여한 대다수의 사람들은 말쑥하게 차려 입은 아주 깔끔한 백인들이었다.

그런데 팰러앨토에 세워 둔 자동차는 1주일이 넘게 아무도 손을 대지 않은 채로 그대로 있었다. 그 때 짐바르도는 큰 쇠망치로 자동차의 일부를 부숴 버렸다. 그러자 곧 지나가는 행인들이 가담하기 시작하였다. 몇 시간 안에 그 자동차는 완전히 파괴되었다. 이번에도 첫 번째 실험에서 목격된 것처럼 상당히 품행이 단정한 것처럼 보이는 백인들이 파괴행위를 한 것으로 나타났다. 이와 같은 파괴행위를 할 것이라고는 꿈에도 생각하지 않았던 평범한 사람들조차도 자동차 파괴는 정당한 게임거리로 전락하게 된 것이다. 결과적으로 두 지역의 자동차는 모두 파괴되었지만, 브롱크스와 같이 도시의 익명성과 자동차들이 자주 방치되고 물건들이 자주 도난당하며 주변 기물들이 파괴되는 지역은 팰러앨토와 같이 개인소유물에 대한 의식과 법 준수에 대한 인식이 있는 지역보다 훨씬 빨리 파괴행위가 시작되었음을 알 수 있다."

이 실험은 어떻게 보면 '깨진창 이론'(Broken Window Theory)을 테스트한 것이라 할 수 있다. 이러한 관점에서 보면, 만일 깨어진 창문이 신속하게 보수되지 않으면, 그 집에 있는 다른 모든 창문들도 곧바로 파괴되기 시작할 것이다. 그리고 도심중심가의 도로변이나 번화가에서 퇴폐행위나 무질서, 파괴적 행위, 낙서, 위협적인 구걸행위, 나뒹구는 쓰레기, 노상방뇨 등이 방치된다면, 결국 심각한 범죄로 발전될 가능성이 높을 것이다. 이러한 '깨진 창이론'이 경찰활동에 응용되어 이른바 '무관용경찰활동'(Zzero Tolerance Policing)전략으로 실행되어 '경미한 범죄자에 대한 엄격한 대응'이 모색되기도 하였다.[37]

자료: 임준태, 범죄통제론, 좋은세상, 2003, pp. 498~501.

---

37) 그러나 주의할 것은 경찰의 지나친 무관용(無寬容)적인 태도는 시민과의 거리감과 갈등을 야기할 가능성이 있으며, 따라서 커뮤니티 경찰활동은 본질적으로 무관용을 지향하는 것은 아니

깨진창 이론의 적용

영화 배트맨에서 범죄소굴로 등장하는 고담시가 뉴욕을 배경을 만들어졌을 만큼, 1980-90년대 뉴욕은 심각한 범죄문제를 안고 있었다. 특히, 뉴욕의 지하철은 그야말로 범죄의 소굴이나 마찬가지였다. 지하철에서 살인, 강간, 강도, 소매치기, 절도 등 강력범죄가 빈번하게 발생하였기 때문에 여행객들이 절대로 해서는 안 될 1위가 지하철타기였다고 한다.

1994년 뉴욕시장으로 취임한 줄리아니(R. W. Giulianii)는 이러한 범죄문제에 대응하기 위해 처음에는 경찰력을 총동원하여 범죄와의 전쟁을 선포하였다. 그러나 범죄다발지역에 경찰 강력반을 전면배치하고, 경찰력을 증원하였지만 범죄문제는 줄어들지 않았다. 두 번째로 범죄다발지역에 CCTV 등을 설치함으로써 범죄예방 및 사후검거율을 높이고자 하였다. 그러나 대부분의 범죄가 야간에 이루어지는 등의 문제로 인해 범죄감소에 효과를 거두지 못하였다.

〈1980-90년대의 뉴욕 지하철과 현재의 모습〉

마지막으로 1996년에 그가 브래턴 뉴욕경찰청장 및 전담반과 함께 시도한 것이 바로 뉴욕거리 곳곳에 그려져 있는 심각한 낙서를 지우고 단속하는 일이었다. 당시 뉴욕은 낙서천국이었다. 그 중에서도 스프레이로 뿌린 그래피티가 많았는데, 예술이라는 미명하에 뉴욕지하철과 거리의 벽면들은 온갖 그림과 지저분한 낙서로 가득 차 있었다(특히, 뉴욕 지하철은 심각한 수준의 낙서, 쓰레기, 쥐, 바퀴벌레, 악취, 노숙자들 용변 등으로 많은 문제를 안고 있었다).

처음에는 이러한 환경개선 정책에 뉴욕시민들은 냉담하였고, 수많은 반대를 하였다. 그러나 거짓말처럼 범죄가 줄어들기 시작하였다. '낙서지우기 캠페인'을 한 2년 뒤 중범죄가 50%이상 감소하였고, 이 프로젝트가 완성된 1999년에는 중범죄가 75%로 감소한 것이다. 어떻게 보면, 아주 작고 사소한 행동에서 뉴욕의 큰 변화가 시작되었던 것이다.[38]

자료: http://youndo00.tistory.com/162; http://hansang1006.tistory.com/208.

라는 점이다. 경찰의 경미한 기초질서 위반사범에 대해 엄격하게 대응을 한다면, 장기적으로 시민과 불편한 관계를 초래할 가능성도 있기 때문이다. 바꿔 말하면, '깨진 창이론'의 근거에 기초하여 경찰이 관용적인 태도로 사전예방적 접근을 할 것인지, 무관용적인 태도로 사후대응적 접근을 할 것인지에 대해서는 진지한 고민이 필요하다고 본다.

윌슨과 켈링은 경찰이 특별한 질서유지 기능을 해 주어야 한다고 보고 있다. 경찰은 커뮤니티가 무질서한 사회해체 방향으로 나아가는 것을 억제함으로써 커뮤니티 내에 거주하는 정상적이고 건전한 사람들이 안전하게 생활할 수 있도록 노력해야 한다는 것이다. 따라서 질서유지는 커뮤니티 내의 이해관계를 갖는 사람들에 대한 공공행동규범의 재강화를 통하여 이웃의 안정을 꾀하는 하나의 전술처럼 보여질 수 있다. 경찰의 관점에서 볼 때, 질서유지의 전술은 각 커뮤니티 내의 정상적이고 건전한 주민들에 의해 이루어지는 하나의 행동규범처럼 보이게 하는 것이다. 만약 경찰이 이와 같이 할 수 있다면, 질서유지는 지금까지 문제시되어 온 사회도덕성, 고발되지 않은 범죄요소, 커뮤니티 내에서 도움을 받아야 할 요소 등을 확인할 수 있게 해 줄 것이다.

윌슨과 켈링의 입장에서는 질서유지가 커뮤니티 경찰활동의 철학과 관행 내에서 적절하게 조화될 수 있는지의 유무는 전적으로 그것이 어떠한 방법으로 이루어지는가에 달려 있다고 보았다. 만약 질서유지가 강압적·고압적이고 각 커뮤니티에 대한 책임감 없이 이루어지게 된다면, 또 하나의 부적절한 경찰활동을 반복하는 것에 불과할 것이다. 반대로 이웃에게 어려움을 가져다주는 무질서문제에 대한 사전 정보지식을 갖고 시민 대다수의 의견을 반영하여 대응한다면(비록 어떤 서비스가 명백히 법질서를 위협하는 상황에서 이루어지는 경우라 할지라도), 질서유지는 경찰에 의한 매우 적절한 서비스로 인식될 것이다.

이는 또한 범죄행위의 통제라는 협의의 목적을 갖는 경찰활동에서 더 나아가 활기찬 커뮤니티를 건설하고자 하는 광의의 목적을 갖는 경찰활동으로 발전하게 될 것이다. 요약컨대, 윌슨과 켈링의 질서유지는 커뮤니티 경찰활동이라는 이름하에 나타날 수 있는 순찰활동의 개선을 가져다주는 하나의 프로그램이라 볼 수 있을 것이다.

3) 경찰과 커뮤니티의 책임증대

커뮤니티 경찰활동은 경찰활동의 새로운 가능성에 대해서 긍정적으로 대응하는 것이며, 더 나아가 이를 현실적으로 구체화시키는 깃을 의미한다. 이는 기존의

---

38) http://a8401199.tistory.com/85.

수많은 경찰활동에 대한 비판을 수용하기를 두려워하는 대부분의 경찰조직에서는 매우 중대한 단계인 것이다. 또한 그동안 경찰 자신들이 믿어 왔던 즉, 커뮤니티를 보호하고 법을 집행하는 데 있어서 누구보다도 자신들이 전문가라고 생각하고 있는 신념과도 충돌하는 것이다.

그러나 점차적으로 경찰은 시민의 지원과 협력을 이끌어 내기 위해서 시민이 무엇을 원하는지(심지어는 경찰 자신들에게 불쾌한 내용까지도)를 받아들일 자세가 갖추어져야 한다는 것을 인식하기 시작하였다. 이웃감시의 활성화나 시민에 대한 이해는 기존경찰의 일방향 의사소통(One Way Communication)만을 고집한다면 제대로 이루어질 수 없을 것이다. 경찰이 자신들의 운영에 대한 공공의 피드백을 가장 최소한의 수준으로도 수용하지 못한다면, 커뮤니티 경찰활동은 단순히 '공공관계' (Public Relations) 정도로 인식될 것이며, 경찰과 시민간의 관계는 점차적으로 다시 소원해질 것이다.

1981년 영국의 브릭스톤 지역에서 발생한 경찰과 소수민족의 갈등에 대해 조사를 실시한 스카맨 보고서(Scarman Report)는 이후 경찰과 시민간의 연락체계를 구축하게 하는 데 매우 큰 영향을 미쳤다.[39] 스카맨 보고서는 브릭스톤 지역의 폭동은 경찰에 대한 흑인청소년들의 분노표출의 결과라는 결론을 내렸다.[40] 이 보고서에서는 흑인청소년들의 폭동은 적어도 부분적으로는 런던시 내의 자치구인 흑인 커뮤니티에 대해서 경찰이 공식적인 연락체계를 구축하지 못했기 때문에 발생한 것으로 보았으며, 따라서 경찰이 지역적인 특성을 고려하지 못한다면 효율적인 경찰활동을 수행하지 못할 것이라는 결론을 내렸다.[41]

따라서 경찰은 공식연락관(Liaison Officers)을 배치하였고, 경찰과 관계를 맺는 데 어려움을 겪어 온 집단(예컨대, 미국에서의 흑인, 오스트레일리아에서의 원주민, 일본에서의 한국인, 영국에서의 인도인과 카리브해인, 그리고 각국의 동성애자들 등)과 위원회를 조직화하고 있다. 더욱이 멜버른(오스트레일리아의 남동부 항구도시)에서는 변호사와의 연락위원회도 구축하고 있다. 공식연락관은 이들 커뮤니티의 범죄·폭동·분쟁 등과 같은 잠재적 위험요소를 사전에 인지하고 이를 억제하는 데 대부분의 시간을

---

39) Lord Scarman, *Report of an Inquiry into the Brixton Disorder, 10~12th, April 1981*, London: Her Majesty's Stationery Office, 1982.
40) *Ibid.*, p. 110.
41) *Ibid.*, p. 62.

보내게 된다. 또한 공식연락관은 커뮤니티와 보다 활발한 접촉을 시도하고, 이들의 특별한 요구에 적합한 프로그램을 개발하고자 하였다. 그리고 공식연락관은 이들 소수집단 커뮤니티에 대한 경찰활동관련 지식과 태도 등을 동료경찰들에게 전달하기 위한 교육 프로그램을 개발하기도 하였다.

경찰책임의 증대를 위한 제도 운영

① 수사민원 상담센터 운영

2014년 현재, 우리나라 고소·고발사건은 총 68만 건에 달하나 기소율은 22%에 불과한 실정이다. 이러한 고소건수는 일본의 50배가 넘는데, '민사사건의 형사사건화' 경향도 이러한 남고소의 원인으로 지적되고 있다. 이러한 민사사건의 형사사건화를 억제하기 위해 수사민원에 대한 '수사팀장 전문상담제'를 실시하고 있으나 민사사건 상담에 대한 전문성과 객관성에 한계가 있었다.

이에 따라 경찰청은 사건 접수 전에 전문상담을 통해 민사사건의 수사민원 접수를 줄이고 적절한 민사구제절차를 안내하기 위해 변호사와 함께 하는 「수사민원 상담센터」를 운영하게 되었다. 「수사민원 상담센터」는 수사경력 있는 경찰관과 변호사가 함께 근무하면서 수사민원 전반에 대한 전문적인 원스톱 상담서비스를 제공함으로써 반려의 객관성을 높이고, 민사구제절차 안내를 통해 신속한 피해회복을 도모하고자 한 것이다.

경찰청은 경기북부 일산경찰서를 시작으로, 대전 둔산경찰서, 광주 서부경찰서, 울산 남부경찰서를 시범관서로 지정하여 「수사민원 상담센터」를 운영하고 있으며, 앞으로 전국 지방검찰청·지청 관내 1급서를 중심으로 확대할 예정이다.

② 수사이의제도 운영

경찰은 경찰수사에 대한 신뢰성을 확보하고자, 수사과정·결과에 대한 수사이의·민원 해소 및 수사결과에 대한 오류시정 등 수사의 공정성 확보를 위해 지방청 수사부서의 장 직속으로 '이의조사팀'을 운영하고 있다. 이 제도는 2006년 5월 10일 처음 도입되었으며, 사건 관계인이 수사 과정 및 결과에 대하여 다른 의견을 제기할 수 있도록 하였다. 2015년에는 1,324건의 수사이의사건이 접수되어 47건의 수사상 과오를 시정하였다.

수사이의신청은 지방경찰청 수사이의조사팀에 방문 또는 우편, 사이버경찰청 홈페이지 등을 통해 접수할 수 있다. 이의조사팀에서는 부당한 접수거부, 수사절차 미준수, 사건처리 지연, 수사결과 불만족, 인권침해 등 이의사건을 조사하며 이의사건의 대상이 된 수사관 및 수사책임자에 대한 수사과오 여부를 판단하고 있다. 수사이의사건의 조사결과는 지방청 단위로 설치된 '수사이의 심사위원회'에 상정하여 조사결과의 적절성 및 수사과오 여부를 심사하도록 하고 있다.

수사이의사건 조사결과의 신뢰도를 높이기 위하여 2010년 9월 1일부터 심사위원회의 과반수 이상을 변호사 또는 법과대학 부교수 이상의 법률전문가, 수사에 관한 전문적인 지식이나 경험이 있는 수사전문가 등 경찰 공무원이 아닌 외부위원으로 구성하였다. 또한, 외부위원 구성의 공정성 및 수사전문가의 전문성을 강화하고자 2015년 12월 18일부터는 외부위원 중 수사전문가의 구성 인원을 1/3 이하로 제한하고 수사전문가의 자격요건은'수사부서에서 10년 이상 근무, 퇴직 후 5년 이내인 자'로 구체화 하였다.

③ 수사관 교체제도 운영

경찰은 경찰서 수사과정 중 수사관의 인권침해 또는 편파수사의 의혹이 있는 경우, 경찰서 단위에서 '수사관 교체요청' 절차 및 교체기준에 따라 사건을 처리하도록 하고 있다.

2011년 5월부터 경찰수사 과정에서 수사관의 인권침해 또는 편사수사의 의혹이 있는 경우에는 고소·고발인 등 사건관계인이 '수사관 교체요청'을 할 수 있는 제도를 시행하고 있다.[42]

수사관 교체요청은 경찰서 청문감사관실에 서면으로 신청하여 신청을 받은 청문감사관실에서 관련 기준과 절차에 따라 교체 여부를 접수일로부터 1주일 이내에 심사를 하게 되어 있고, 그 결과를 해당 민원인에게 서면으로 통지하도록 하고 있다.

표 7-6 수사관 교체요청 기준

◆ 수사관이 욕설·가혹행위를 하는 등 인권을 침해하였거나 이를 의심할 구체적인 사유가 있는 경우
◆ 청탁전화 수신, 편파수사 등 수사의 공정성을 해한 경우
◆ 사건관계인으로부터 금품을 수수하였거나 이를 의심할 구체적인 사유가 있는 경우
◆ 수사관이 사건관계인과 친족 또는 친족관계에 있었던 경우 또는 개인적 친분관계로 인해 수사의 공정성을 의심받는 경우
◆ 기타 공정한 수사를 위하여 수사관의 교체가 필요하다고 인정되는 상당한 사유가 있는 경우

한편, 민원인의 억지 교체요청 등 무분별한 교체요청의 남발을 방지하기 위해 반드시 서면으로 「수사관 교체요청서」를 제출하도록 하여 민원인의 신중한 의사결정을 유도하였고, 2013년 5월부터는 해당 수사부서에서 자체심사를 강화하도록 하여 관련 제도를 보완·시행하고 있다.

수사관 교체요청제도는 수사이의제도와 다음과 같은 점에서 차이가 있다. 즉, 수사이의제도는 관할 지방경찰청에 설치한 별도의 '수사이의조사팀'에서 주로 수사결과에 대한 이의제기 사건을 재수사하거나, 수사과정의 과오를 점검하는 제도인 데 반해, 수사관 교체요청 제도의 경우 수사과정에서 인권침해·편파수사 의혹이 있을 때 해당 경찰서 청문감사관실을 통해 담당수사관의 교체를 요청하는 제도로, 민원인의 입장에서는 보다 가까운 경찰서에서 신속하게 수사관 교체요청 등 의견을 개진할 수 있도록 하고 있다.

자료: 경찰청, 경찰백서, 2016, pp. 211~213.

---

42) 2015년에 총 1,982건 접수받아 교체 1,461건(73.7%), 미교체 521건(26.3%)에 이르고 있다. 위

경찰은 또한 범죄 및 질서유지 등과 이해관계를 갖고 종사하는 기존의 집단이나 기구와 보다 협력적인 관계를 갖도록 노력하고 있다. 이와 관련하여, 예컨대 영국·스웨덴·일본·싱가포르 등의 경찰 총책임자들은 다른 여러 범죄예방조직들과 모임을 갖는 것이 일반적으로 이루어지고 있다. 마찬가지로 휴스턴·산타아나·디트로이트의 경찰조직 등도 이와 같은 활동을 하고 있다. 런던의 일부 지역경찰조직의 총책임자들은 각 지역의 집단과 모임을 다른 지역보다 더 자주 갖고 있다. 특히, 그동안 폭동이 여러 차례 발생해 온 지역에서는 이러한 모임은 더욱 요구되었다. 미국과 오스트레일리아의 미니스테이션과 숍 프론트 경찰은 약물중독·정신장애자 등을 위한 사회복지시설(Halfway House), 매 맞는 여성을 위한 보호소, 학교, 그리고 병원 등에 대한 비공식적인 자문역할을 수행하고 있다. 한편 싱가포르의 NPPs(Neighborhood Police Posts)의 경찰책임자는 정기적으로 지역자문위원회와 함께하는 모임을 가지고 있다. 그리고 각 NPPs에 이들 위원회와 책임지고 연락을 담당하는 경찰이 배치되어 있으며, 필요한 경우 커뮤니티 내의 여러 단체들과 정기적인 접촉을 하고 있다.

그리고 경찰은 커뮤니티 안전확보에 대한 시민의 요구를 반영하고, 동시에 경찰조직의 민주적 관리 등을 위해 공식적인 위원회를 설치하여 운영하고 있다. 이러한 성격의 위원회들은 영국과 스웨덴·노르웨이·덴마크 등 북유럽에서도 전반적으로 이루어지고 있다. 이들 위원회의 인적 구성은 매우 다양한 형태를 띠고 있지만, 일반적으로 경찰과 커뮤니티 대표자들이 혼합된 형태를 띠고 있다. 이에 따라 예컨대, 영국의 경우, 치안판사(1/3), 지방의회에서 선출된 정치인(2/3)으로 구성된 경찰위원회(Police Authority)를 두고 각 지방경찰청에 대한 책임을 지도록 하고 있다. 그리고 이와는 별도로 각 지방 및 도시의 다양한 특성에 따라 지방경찰청 및 경찰서 수준에서 특별한 자문위원회를 자체적으로 설립하고 있다.

우리나라도 경찰행정에 관한 여러 사항을 심의·의결하기 위하여 행정안전부에 경찰위원회를 두도록 하고 있으며, 7인으로 구성된 위원들의 정치적 중립성을 보장하기 위하여 위원 가운데 2인은 법관의 자격이 있는 자를 선임토록 하고 있다. 또 당적이나 선거직, 그리고 경찰·검찰·국가정보원 직원 또는 군인의 직에서 퇴

의 책, p. 212.

직(이탈)한 날부터 3년이 경과되지 아니한 자 등은 위원의 자격을 부여하지 않고 있다(경찰법 제5조와 제6조).

한편 경찰위원회와 같은 조직관리적 기능을 수행하는 위원회 외에도 지방에 별도로 위원회를 구성·운영하고 있다. 즉, 지방행정과 치안행정의 업무조정 그 밖의 필요한 사항을 협의·조정하기 위하여 시·도지사(제주특별자치도지사 제외) 소속 하에 치안행정협의회를 두도록 한 것이다(경찰법 제16조). 치안행정협의회는 일종의 자문위원회 성격을 갖는다고 볼 수 있다.

그런데 보다 문제가 되는 것은 여러 형태의 위원회의 역할이 실질적으로 이루어지는가 하는 것이다. 모간(R. Morgan)은 영국과 웨일즈의 경찰−커뮤니티 위원회 설치에 관한 연구에서 위원회집단을 세 가지 모델로 구분하여 제시하였다.[43]

이 가운데 하나는 스튜어드(Steward) 또는 청중(Auditing)모델로서, 이는 일종의 자문위원회(諮問委員會)로서 성격을 갖는다. 이러한 모델의 특성을 갖는 위원회는 보조적·간접적 역할을 하기 때문에 경찰정책과 경찰현장운용에 대해서 경찰이 전적으로 책임을 지게 된다.

두 번째, 파트너(Partner)모델은 우리가 커뮤니티 경찰활동이라고 개념정의한 것에 보다 근접한 것이라 할 수 있다. 이는 커뮤니티의 구성원인 시민이 경찰과 동등한 관계에서 상호작용하는 형태를 말한다. 이 모델에서는 커뮤니티가 경찰 의사결정과정 및 현장운용과정에도 능동적으로 참여하게 된다. 경찰과 시민간의 상호작용을 강조하기 때문에, 예컨대, '범죄예방과 범죄수사 초기단계에 있어서 시민과 다른 유관조직들이 합동으로 참여하는 것이 경찰에게 가장 바람직한 일'로서 받아들여지게 된다. 경찰활동은 커뮤니티의 우선사항·긴급사항에 적합하도록 이루어져야 하며, 대부분의 범죄문제를 인식하고 이를 해결하기 위해 공동의 협력과 참여를 이끌어 낼 수 있어야 한다.

마지막으로 관리자(Directive)모델은 경찰정책을 의회 또는 지방위원회에서 선출된 위원회에서 경찰조직을 통제하도록 하는 것이다. 모간은 이러한 모델접근이 안고 있는 결정적인 문제점으로서 지방정치집단이 관련법 제정에 동의하지 않을

---

43) R. Morgan & C. Maggs, *Following Scarman? A Survey of Formal Police/Community Arrangements in Provincial Police Authorities in England and Wales*, Bath, England: Bath Social Police Papers, University of Bath, 1984.

수 있고, 소수민족의 이익이나 권리를 등한시할 수 있으며, 부정부패의 우려가 있다는 것 등을 지적하였다.

한편, 경찰활동이 공정하고 적법하게 이루어지고 있는지에 대한 시민들의 참여관찰이 확대되고 있다. 예컨대, 영국에서는 일반시민들을 대상으로 경찰서를 시찰하는 견학프로그램을 실시하고 있는데, 이들은 특히 경찰서 내의 유치장 등에 관심을 갖고 있으며, 스웨덴에서도 이와 마찬가지로 이루어지고 있다. 이와 관련하여 우리나라 경찰에서도 주민들의 경찰활동 참여관찰의 일환으로 '주민 파출소 현장체험'을 실시하였다. 특히 방학기간 동안 중·고등학생들이 내신 성적 반영을 위하여 실시하고 있는 경찰관서 봉사활동을 청소·서류정리 등 노력봉사 일변도에서 탈피하여 파출소 현장체험과 병행하여 실시함으로써 경찰에 대한 이해증진 및 준법·질서의식을 함양하도록 하였다. 그리고 '주민 파출소 현장체험', '시민경찰학교' 등을 운영함으로써 시민의 경찰에 대한 이해 및 협조를 유도하고 있다.

미국의 많은 경찰조직들은 전통적으로 시민평가에 대해 거부감을 보여 왔음에도 불구하고 시민과 순찰활동을 함께 하도록 노력하고 있다. 오스트레일리아의 모든 주에서는 최근 경찰에 대한 불만처리법정(Police Complaints Tribunals)이 설치·운영되고 있다. 미국의 경우에도 마이애미, 디트로이트, LA, 워싱턴 D.C.와 같은 몇몇 주에서는 지난 10년 동안 매우 다양한 형태의 시민감시 활동이 만들어져 왔다.

요약컨대, 커뮤니티 경찰활동은 경찰활동에 있어서 시민참여의 확대를 의미하는 것이다. 이를 위해서는 경찰과 시민간의 의사전달의 상호관계가 단순히 수용되는 차원을 넘어서 활발하게 이루어져야 한다. 커뮤니티 경찰활동 하에서 시민은 전략적 우선순위, 전술적 접근, 그리고 심지어 경찰 개개인의 행태에 대해서도 이야기하고 정보를 받을 수 있어야 할 것이다.

4) 경찰명령의 분권화

끝으로 커뮤니티 경찰활동이 보다 현실적으로 이루어지기 위해서는 경찰명령의 분권화(分權化)가 이루어져야 한다. 조직구조 및 조직관리 차원에서 볼 때, 중앙집권적인 구조 및 관리방식은 지역실정에 적합한 경찰활동을 수행하는 데 한계가 따른다.

그런데 경찰업무의 현실을 살펴보면, 경찰활동은 지리적으로 소규모 관할구역단위(예컨대, 파출소 등)로 분화 되어 있음에도 불구하고, 이들 관할구역의 경찰책임자들은 제한된 권한을 갖고 있다. 예컨대, 우리나라 경찰조직구조를 살펴보면, 경찰관청(즉, 경찰의사 표시기관)은 경찰청장, 지방경찰청장, 그리고 경찰서장으로 한정된다. 지구대장과 파출소장은 대외적으로 경찰의사를 표시하는 권한을 가지고 있지 않다.

따라서 일선 경찰부서들은 경찰 최고관리층에 의해 형성된 의사결정에 따르게 된다. 그러나 커뮤니티 경찰활동의 핵심적인 내용은 커뮤니티의 특성에 따라 경찰활동의 우선순위와 관련문제점이 서로 다르다는 점이다. 경찰활동이 성공적으로 이루어지기 위해서는 일정한 유연성(柔軟性) 또는 현장성(現場性)을 가져야 하며, 이는 일선의 하위명령권자들에게 자신들이 관할하고 있는 지역적 치안조건에 맞게 대응할 수 있는 상당한 수전의 재량권(裁量權)을 부여해주어야 한다는 것을 의미한다.

명령의 분권화(Decentralization of Command)는 커뮤니티 내에서의 경찰활동을 극대화하고 차후에 이를 피드백 할 수 있도록 하는 경찰의 전문성을 최대한으로 활용하기 위해서 필요한 것이다. 즉, 커뮤니티 경찰활동은 특정 구역에 적합한 경찰전략을 구축하는 데 필요한 현장운영상의 유연성을 획득하기 위하여 적절한 분권화가 요구되고 있음을 알 수 있다.

그러나 각국의 상황을 살펴보면, 커뮤니티 경찰활동으로 나아가기 위한 단계로서 필요한 조직 분권화가 아직까지 충분히 이루어지지 않았음을 발견할 수 있다. 그리고 커뮤니티 경찰활동의 시대적 요청에 따른 경찰명령체계의 재구축과정에서 과연 일선 하위 경찰관리자들에게 권한위임이 이루어질지 또는 그렇지 않을지도 여전히 불분명하다. 만약에 권한위임이 이루어진다면, 무엇보다도 중요한 것은 최고 경찰관리자들의 권한위임의 여부뿐만 아니라 위임된 권한의 정도가 어느 정도인가 하는 것이다.

일반적으로 볼 때, 커뮤니티 경찰활동은 소규모적이고 지역적일 때, 성과가 보다 큰 것으로 기대되고 있다. 조사결과, 일부 도시들은 경찰명령체계가 분권화되고 있는 것으로 나타났다.[44] 미국 캘리포니아주의 남부지역인 산타아나(Santa Ana)는 네 개의 관할구역으로 구분되어 있는데, 각각의 관할구역 내의 경찰은 팀제에 의해서 일정한 기간(보통 2년 또는 그 이상) 동안 직무를 수행하도록 배치되었다. 오스트레일리아의 애덜레이드(Adelaide)주에서는 커뮤니티 경찰활동을 위한 경찰개혁의 첫 번째 단계로서 지역경계의 분할을 보다 소규모의 유기체적인 커뮤니티와 일치하도록 하는 것이었다. 이에 따라 담당지역을 책임지는 경찰로 하여금 해당 지역의 치안환경에 적합한 자체적인 치안계획을 수립하도록 하였다.

한편, 미국 텍사스주의 휴스턴(Huston)시의 경찰청장인 브라운(Lee P. Brown)은 1984년에 경찰개혁을 위한 초기단계로서 관련 프로그램을 시작하였다. 이에 따라 그는 도시 전역에 걸쳐 순찰운영과 명령책임을 개선시키고자 하였는데, 여기서 순찰구역은 소규모화 되었고, 순찰경찰과 수사경찰이 한 팀을 이루어 담당하도록 하였다. 이들 '관할구역 대응팀'(DART: Directed Area Response Teams)의 경찰책임자들에게는 관할구역의 문제점들을 해결하기 위하여 경찰자원을 어떻게 사용할 것인가를 결정하는 권한을 부여하였다. 그리고 이러한 경찰활동상의 운영계획은 관할 경찰책임자의 직관·지식 그리고 일선경찰들의 제안을 토대로 이루어지도록 하였다. 아울러 관할 경찰책임자들에게 제복경찰과 사복경찰의 배치 및 재편성 권한을 부여하였고, 비상사태의 발생 등 필요한 경우에는 추가적인 경찰력을 투입·집중시킬 수 있도록 하였다. 이러한 DART의 경험은 이후로 주도면밀하게 검토되어 왔는데, 특히 지역적 요구사항에 적합하도록 관리된 주요개념들은 모든 경찰현장운영을 하는 데 있어서 하나의 롤 모델(Role Model)이 되었다.[45]

이상에서 살펴본 바와 같이, 커뮤니티 경찰활동 하에서 의사결정책임은 하위 경찰명령권자들까지 확대되는데, 여기에는 일선경찰까지 포함된다. 커뮤니티 경찰과 순찰경찰들이 맡고 있는 전형적인 역할 외에도 이들은 커뮤니티의 구성원들을 일종의 '이웃감시체제'로 조직화하고, 이웃의 문제해결에 대한 제안을 하며, 범죄 예방 및 대응에 필요한 중요한 정보를 체계적으로 수집하고, 두려움과 복수심·불만으로 가득찬 시민의 협력을 이끌어 낼 수 있도록 하였다. 그리고 관할구역 내의 범죄대책회의를 진행하는 데 있어서 능동적인 전문가로서 참여하고, 대중 앞에서 경찰로서의 위상 및 권위(權威)를 가지고 이들을 설득할 수 있도록 하였다.

---

44) Jerome H. Skolnick & David H. Bayley, *New Blue Line: Police Innovation in Six American Cities*, New York: The Free Press, 1986.

45) Houston Police Department, *Developing a Policing Style for Neighborhood Oriented Policing.*

사실, 경찰의 이러한 역할들은 새로운 재량을 요구하는 것이라 할 수 있다. 경찰은 스스로 생각하고 일반적인 권한위임 사항에 대해 적절한 말과 행동으로 실천할 수 있는 갖추어야 한다. 이를 위해서는 새로운 '명령 풍토'뿐만 아니라, 새로운 형태의 '경찰상'(警察像, Police Status)도 요구되는 것이다. 커뮤니티 경찰활동은 경찰의 모든 계층에 있어서 맡은 바 책임을 강조하며, 일선의 하위계층은 스스로가 더욱 더 주어진 역할에 대한 책임감을 지게 된다. 즉, 경찰관리자 계층은 지역적 조건에 부응하는 일정한 계획을 수립·지원해주고, 일선경찰들이 자부심을 갖고 의욕적으로 주어진 업무에 충실할 수 있도록 해 주어야 한다.

이러한 점에서 볼 때, 커뮤니티 경찰활동이 성공적으로 이루어지기 위해서는 일선하위경찰의 역할과 능력, 그리고 적절한 권한위임과 그에 상응하는 책임이 보다 중요시됨을 알 수 있다. 따라서 이들에 대한 적절한 경찰인사관리 시스템의 구축은 무엇보다도 중요한 것이다. 그러나 우리나라 경찰은 어떠한가? 표면적으로는 커뮤니티 경찰활동을 강조하고 있지만, 조직관리, 특히 인사관리에 있어서 일선하위경찰에 대한 적절한 관리보다는 간부중심의 인사관리에 보다 중점을 두고 있으며, 실제로 이들에 대한 조직적인 배려나 기대가 높은 것은 아이러니하지 않을 수 없다. 가까운 미래에 흔히들 말하는 '경찰의 꽃'이 '총경'이 아니라 시민과 직접 접촉하는 '일선경찰'이 될 수 있기를 기대해 본다. 경찰인사관리 시스템의 개혁이 절실한 시점이다.

2. 공동생산모형의 모색

경찰이 지향하는 기본적인 목표가 범죄의 감소, 범죄의 두려움 감소, 그리고 수많은 사회적 무질서의 감소라고 할 때, 커뮤니티 경찰활동은 이러한 경찰활동을 보다 효과적·능률적으로 개선시키고자 하는 데서 비롯된 것이다.

위에서 언급한 커뮤니티에 기초를 둔 범죄예방, 순찰활동의 개선, 경찰과 커뮤니티의 책임증대, 그리고 경찰명령의 분권화는 어떤 면에서 커뮤니티 경찰활동의 모형을 구축하고 관련 프로그램을 만드는 데 필요한 네 가지 구성요소라 할 수 있다. 이와 관련된 모형구축과 여러 프로그램의 개발은 이들 구성요소들이 어떻게 조화롭게 적용되는가에 달려 있다고 볼 수 있다. 따라서 경찰활동에 있어서 시민의 자발적인 지원을 이끌어 내거나 또는 경찰이 비용을 부담하여 시민참여를 유도하는 방식 등을 통해서 이들 구성요소들의 상호작용을 증대시키는 방안을 강구해야 할 것이다. 그리고 앞에서 윌슨과 켈링에 의해 제시된 바와 같이, 관할구역 내의 범죄예방 및 질서유지 전략은 개선된 순찰활동의 기본모형 내에서 이루어지는 커뮤니티 경찰활동의 한 형태라고 볼 수 있을 것이다.

커뮤니티 경찰활동의 목적이 범죄 및 무질서 등의 문제에 대해서 경찰에게 전적으로 의존하는 형식에서 탈피하여, 시민의 적극적인 참여를 유도하여 이들로 하여금 일정부분 분담하도록 하는 것이라면, 이상과 같은 네 가지 구성요소들은 이러한 방향으로 적절하게 결합되어 상호작용해야 할 것이다.

커뮤니티에 기초를 둔 범죄예방은 경찰이 달성하기 위한 하나의 주요목적이라 할 수 있다. 그러나 이를 위해서 경찰은 커뮤니티를 참여시키고, 이들을 적절하게 배치하기 위한 자원(특히 인적 자원)을 발굴해야 한다. 이를 위해서는 경찰의 가장 많은 비중을 차지하고 있는 순찰인력을 보다 효과적으로 이용해야 할 것이다. 범죄를 예방하고 범인을 검거하는 데 있어서 시민의 지원을 적극적으로 유도하기 위해서는 무엇보다도 경찰과 시민간의 실질적인 상호작용이 반드시 이루어져야 한다. 이러한 문제는 단순히 전문성을 갖춘 현장지휘권자들을 충분히 확보했다고 해서 해결될 일이 아니다. 무엇보다도 일선경찰들에 대한 근무여건의 개선, 자질향상, 그리고 이들의 적극적인 참여의지가 함께 이루어져야 한다.

경찰의 순찰활동개선은 경찰이 시민 또는 주민들과 친밀한 상호작용을 할 수 있는 여건·기회를 마련해 줄 것이다. 즉, 비상사태에 대한 기계적 대응이 아닌 평상시의 인간적 상호작용을 통해서 시민의 경찰에 대한 신뢰회복 및 이미지를 향상시킴으로써 경찰의 대응력을 높여줄 것이다. 그리고 이러한 순찰활동의 개선은 단순히 지리적 관할구역에 국한되어 기존의 경찰관행에 대한 개선을 의미하는 것뿐만 아니라 더 나아가 사이버공간에서의 적용되는 등 전반적인 경찰활동의 확대 및 개선을 의미하는 것이다.

경찰과 시민의 책임성 증대는 논리적으로 경찰활동의 영역을 확대시킬 것이다. 범죄예방을 위해 시민을 참여시키는 이유 가운데 하나는 경찰에게 보다 많은 정보를 제공하기 위한 것이다. 앞으로 시민은 이러한 관계에 있어서 수동적인 자세만을 취할 것 같지는 않다. 특히 시민이 집단적으로 경찰과 접촉할 때에는 더욱 적극적이고, 능동적인 자세를 취할 것이다. 이는 과거와 같이 경찰이 행사하는 공권력에 이유 불문하고 순응하는 시대는 지났다는 것을 의미한다. 그리고 경찰활동에 대한 시민 개개인 및 집단의 관련지식의 증대, 그리고 온·오프라인 상에서 경찰활동에 대해 의견을 개진할 수 있는 기회가 갈수록 증대되고 있다는 점에서 볼 때, 경찰의 책임성이라는 것은 경찰이 보다 성심성의 있는 커뮤니티의 협력을 이끌어내는 데 소요되는 필요한 일종의 '비용'이라고 할 수 있다.

마지막으로 명령의 분권화는 커뮤니티가 가지고 있는 저마다의 독특한 특성을 이해하고 이를 적절히 잘 활용해야 조직이 유지될 수 있다는 일종의 조직적 적응과정이라고 볼 수 있다. 만약에 경찰명령시스템이 지역실정에 맞게 분권화·다원화되지 못한다면, 경찰과 커뮤니티간에 증대된 상호작용은 지속적으로 관리되기가 어려우며, 또한 증대된 정보는 곧 소멸될 것이다. 따라서 앞으로 기존의 하향식(Top Down)방식의 조직관리체계는 그 의미가 약해질 것이다.

그리고 위와 같은 네 가지 구성요소들이 상호 유기적인 관계를 형성하면서 적절하게 작동해야 할 것이다. 경찰 스스로가 공동생산(Coproduction)의 개념을 받아들여 커뮤니티에 기초를 둔 범죄예방을 신중하게 실시한다면, 다른 세 가지 시민과의 상호작용과정을 이끌어 낼 수 있을 것이다. 커뮤니티 경찰활동은 각 부분과 구성요소들이 전체적으로 관계를 갖는 하나의 패키지인 것이다.

이런 점에서 볼 때, 전통적 경찰활동은 공공경찰 스스로가 경찰활동의 주체를 단지 자신들로 국한시킨 데 반하여, 커뮤니티 경찰활동은 말 그대로 경찰과 시민이 공동체적 관점에서 상호간에 보다 중요한 주체로 인식되고 있음을 알 수 있다.[46]

따라서 로젠바움(D.P. Rosenbaum)과 같은 경우에는 시민이 경찰활동의 보조적 수단에 불과하다는 기존의 견해와는 전적으로 반대되는 입장을 제시하였다. 이에

---

46) 커뮤니티 경찰활동에서 논의되는 커뮤니티의 구성요소는 일반시민(citizens, 개인 및 집단)뿐만 아니라, 이외에도 민간경비(Private Security), 대중매체, 이익단체, 다른 공공기관 등 매우 다양하다. 그러나 이들 각 요소들이 저마다 특성(경우에 따라서는 이질적인)을 가지고 있기 때문에 논의하기가 쉽지 않다. 따라서 이 글에서는 커뮤니티를 구성하는 가장 기본이 되는 시민을 중심으로 접근하기로 한다. 그렇기 때문에 이 글을 전개하는 과정에서 경우에 따라서는 커뮤니티와 시민이 혼용되어 사용되기도 할 것이다. 민간경비의 경찰활동 참여와 관련하여서는 최선우, 치안서비스 공동생산론, 대왕사, 2002 참고.

한 발자국 더 나아가 그가 가정하는 것은 범죄 등 커뮤니티가 안고 있는 문제에 대응하는 데 있어서 오히려 경찰은 커뮤니티에 있어서 단지 보조적 수단이라는 견해를 보이고 있다. 그러나 여기서 경찰이 범죄문제 등과 관련이 없거나 중요하지 않다는 것을 의미하는 것은 아니다. 반대로 커뮤니티의 범죄문제 등에 대응하기 위해 많은 예산이 경찰에 투입되고 있다는 점을 감안할 때, 커뮤니티의 공공안전을 위해서는 경찰이 리더 또는 촉매로서 역할을 수행해야 할 것을 강조하고 있다는 점이다.[47]

사실, 커뮤니티 경찰활동은 시민이 주도적으로 제기한 것이 아니라, 경찰조직 스스로가 기존의 전통적 경찰활동만으로는 범죄와 무질서 문제 등에 대응하는 데 있어서 한계를 인식한데서 비롯된 것이라고 볼 수 있다. 따라서 경찰 스스로가 자신들의 한계를 인식하고 이를 극복하기 위한 대안으로서 시민의 참여를 유도하는 형식을 띠고 있음을 알 수 있다. 물론 보다 정확하게 표현한다면, 시민들의 범죄 등에 대한 안전의식은 증대(경찰에 대한 기대수준의 증대)된 반면, 경찰은 이에 미치지 못하기 때문에 경찰에 대한 요구가 증대된 것이라고도 할 수 있다. 이 때문에 시민 스스로가 범죄문제의 심각성을 인식하고 있거나 또는 경찰에 대한 불신 등의 요인에서 비롯된 자경의식을 갖고 범죄대응활동을 하고 있는 경우도 있다. 시민 차원의 자경주의 확대는 커뮤니티 경찰활동의 측면에서 볼 때 바람직한 것임에는 분명하다.

그러나 보다 체계적이고 효율적인 커뮤니티 경찰활동이 되기 위해서는 경찰 스스로가 인식한 역할 한계와 시민이 인식하고 있는 자경주의가 보다 발전적이고 구체적인 형태로 조화롭게 결합되어 나타나야 할 것이다.

이러한 논의는 바로 경찰과 시민 모두 스스로가 공공안전에 대한 공감대를 형성하고, 경찰활동의 공동생산자(共同生産者)로 참여하게 되었을 때, 실질적인 성과과 나타난다는 것을 의미한다. 그리고 경찰의 입장에서는 시민의 참여를 적극적으로 유도하고, 시민의 입장에서는 경찰활동의 주체로서 참여할 수 있는 정당성을 갖고 있어야 한다. 따라서 공동생산론적 관점에서 커뮤니티 경찰활동을 볼 때, 경

---

47) D.P. Rosenbaum, "The Changing Role of The Police: Assessing the Current Transition to Community Policing," in Jean, Paul Brodeur(ed.), *How To Recognize Good Policing*, New Delhi: Sage Publication, 1998, p. 4.

찰과 시민이 수직적 관계가 아닌 동등한 수평적 관계에서 형성된다고 보아야 할 것이다. 수직적 관계는 전통적 경찰활동에서 강조된 것이기 때문에 근본적으로 수평적 관계를 전제로 하지 않고서는 커뮤니티 경찰활동이 성과를 거두기는 어렵다고 본다.

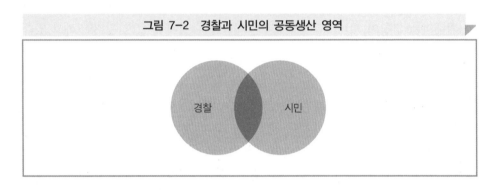

그림 7-2 경찰과 시민의 공동생산 영역

[그림 7-2]에서 보는 바와 같이 공동생산 영역을 논의하는 데 있어서 일부는 경찰과 시민이 공동으로 직접 협력하여 서비스가 생산되었을 때(그림에서 중복된 부분), 이를 공동생산으로 보는 경우가 있다. 그러나 비록 경찰과 시민이 공동으로 직접 협력하지 않는 영역이라 할지라도(그림에서 각각의 부분), 거시적·간접적인 공동생산의 활동영역으로 인식할 필요가 있을 것이다. 다만, 경찰과 시민이 공동으로 직접 협력하는 부분이 확대되었을 때, 그 파급효과는 더욱 크게 나타날 것이라고 본다. 경찰과 시민이 공동으로 직접 협력하는 부분이 확대될수록 그것으로 인한 시너지 효과는 커질 것이라고 본다. 반면, 경찰과 시민의 공동으로 직접 협력하는 부분이 작아지면 작아질수록 나머지의 개별적인 영역도 상호 책임감 있게 수행하지 못할 가능성이 있으며, 결과적으로 전체 치안활동의 수준은 만족할만한 수준에 이르지 못할 것이다.

다만, 공동생산론적 관점에서 커뮤니티 경찰활동을 유형화·계량화시켜 그 결과(능률성, 효과성 등)를 평가·분석할 때, 평가의 대상 및 기준이 다르기 때문에 결과 또한 차이가 나타날 것이다.

한편, 커뮤니티 경찰활동에 참여하는 시민은 모든 시민을 의미하는 것이 아니며, 어떠한 형태(적극적 또는 소극적)로든 경찰활동에 긍정적으로 참여하는 시민을 의미한다. 그리고 커뮤니티 경찰활동이 보다 성과를 나타내기 위해서는 보다 많은 시민들이 의식을 가지고 실질적인 참여를 해야 할 것이다. 이는 공동생산의 직접적인 협력 부분이 보다 확대된 것을 의미하는 것이기도 하다. 따라서 부정적인 형태로 참여(범죄신고를 하지 않음, 화재위험의 방치, 허위제보, 공공재산의 파괴, 개인 및 집단의 범죄행위 등)하는 것은 제외된다.

그리고 경제학적 관점에서 본다면, 경찰은 경찰활동에 있어서 '정규생산자'로서 작용하게 되며, 시민은 소비자이면서 생산에 참여하는 이른바 '소비생산자'로서 작용한다고 볼 수 있다. 다만, 커뮤니티를 구성하는 요소(언론, 이익집단, 다른 공공부문 등)들 대부분이 이와 같은 소비생산자에 해당하는데, 민간경비만은 시큐리티서비스를 상품화하여 영리목적차원에서 존재하기 때문에 경찰과 마찬가지로 정규생산자로 보아야 할 것이다.

3. 공동생산의 유형화

이처럼 커뮤니티 경찰활동에 참여하는 시민은 모든 시민을 의미하는 것이 아니며, 경찰활동에 적극적 또는 소극적으로 참여하는 시민을 의미하는 것이다. 이들 시민은 생산객체(서비스의 수혜대상)이면서, 동시에 생산주체로서 작용하게 된다.

그런데 우리가 공동생산론적 관점에서 커뮤니티 경찰활동을 논의할 때, 경찰활동의 영역을 살펴볼 필요가 있다. 예컨대, 범죄대응에 있어서 경찰은 범죄예방에서 범죄수사, 범죄체포에 이르는 전과정에 걸쳐 이루어지는데, 시민이 모든 수준의 경찰활동에 참여하는 것은 사실상 불가능하다. 시민의 참여수준은 주로 범죄예방(Crime Prevention)을 중심으로 이루어진다고 볼 수 있다. 그리고 여기서 시민이 어떠한 형태로 참여하느냐에 따라 시민참여의 적극성·능동성과 소극성·수동성으로 구분할 수 있으며, 이는 공동생산을 유형화하는 데 기본 틀을 제공해 준다. 또한 시민참여가 개인적이냐, 아니면 집단적으로 이루어지느냐 하는 것도 공동생산을 유형화하는 데 기준이 된다.

이와 관련하여, 예컨대, 리치(R. Rich)는 공동생산을 능동적인 활동과 수동적인 활동으로 나누고, 동시에 커뮤니티에 부정적인 결과를 초래하는 것(범죄신고를 하지

않는 것, 화재위험을 방치하는 것, 허위신고를 하는 것, 공공재산을 파괴하는 것, 청소년 범죄
집단행위 등)과 긍정적인 결과를 초래하는 것으로 나누었다. 능동적인 활동은 다시
개별적인 것과 집단적인 것으로 나누어 공동생산을 여섯 가지의 유형으로 구분하
고 있다.[48] 정일섭은 브루드니와 잉글랜드(Brudney & England)가 제시한 주체(개인
적·집단적·독립적 공동생산), 생산단계(이전단계, 중간단계, 최종단계, 모든 과정), 그리고
내용(지원요청, 서비스제공에의 참여, 독자적 생산)으로 구분하기도 하였다.[49]

표 7-7 시민의 참여유형(범죄예방중심)

구분		시민들의 참여수준	
		개인	단체
경찰과의 협조수준	소극적	유형 I • 방범기기 설치 • 호신장비 소지 • 자녀방범교육 • 귀가자녀 마중 등	유형 III • 지역주민간의 범죄정보 공유 • 범죄취약지역 보수 • 자율적으로 조직된 주민순찰대 • 지역주민공동으로 경비원 고용 등
	적극적	유형 II • 범죄발생신고 • 법정에서의 증언 • 수상한 자의 감시·신고 등	유형 IV • 경찰에 의해 구성된 주민순찰대 • 경찰-커뮤니티 유관단체활동 • 경찰정책결정 및 집행에 참여 등

　　그리고 일부에서는 공동생산에 있어서 시민의 소극적 참여는 제외시키고 적
극적인 참여를 전제로 하는 경우도 있다. 그런데 치안서비스는 일반 공공서비스와
는 달리 법 준수 및 반사회적인 범죄문제 등의 대응에 직접적으로 관련되어 있기
때문에 시민 개개인의 소극적인 활동까지도 중요하게 고려되어야 한다고 본다. 즉,
치안서비스의 경우 시민의 집단적인 활동뿐만 아니라 개인적인 활동 모두 중요하
게 다루어져야 한다는 것을 의미한다.

---

48) R. Rich, "Interaction of The Voluntary and Governmental Sectors," *Administration & Society*, Vol. 13, No. 1, 1981, p. 62.
49) 정일섭, "행정서비스의 공동생산," 인하대학교 사회과학연구소, 14, 1996, pp. 139~141.

문제지향적 경찰활동과의 관계

1. 문제지향적 경찰활동의 개념

　　문제지향적 경찰활동(POP: Problem Oriented Policing)은 발생한 문제를 사전에 확인하고 이를 해결할 수 있는 최선의 방법을 강구하는 것이라 할 수 있다. 우리는 다음과 같은 이야기에서 문제지향적 경찰활동의 원리를 발견할 수 있을 것이다.

　　어떤 낚시꾼이 수영을 할 줄 모르는 친구와 강둑에서 낚시를 하고 있는데, 한 소년이 물살이 빠른 강물 속에서 살기 위해 허우적거리며 떠내려가는 것을 발견하였다. 이 때 이 낚시꾼은 물속에 뛰어 들어가 그 소년을 물 밖으로 구해냈다. 그리고 낚시를 계속하였다. 그러나 얼마 뒤에 다시 또 다른 사람이 물속에서 허우적거리며 떠내려가자 다시 물속에 뛰어 들어 그 사람을 안전하게 구해 냈다. 이후 낚시를 계속하였다.

　　그런데 얼마 못가서 다시 또 한 사람이 물속에서 허우적거리며 떠내려가는 것을 발견하여 구해 주고, 이번에는 상류 쪽으로 뛰어 가기 시작했다. 그 낚시꾼의 친구는 "어디 가니?"라고 물었다. 그러자 그 낚시꾼은 "어떤 놈이 사람들을 이렇게 물속으로 빠뜨리는지 알아보려고 해!"[50]

　　위의 이야기를 통해서 알 수 있듯이, 어떠한 발생한 사건에 대해서 단순히 습관적·반복적으로 대응하는 것보다는 문제의 근원을 파악하는 것이 보다 효과적이라는 것을 알 수 있다. 문제지향적 경찰활동이라는 것은 바로 이러한 것을 의미한다.

　　골드스타인(H. Goldstein)은 공식화된 문제지향적 경찰활동에 대한 설명은 커뮤니티 경찰활동과 함께 자주 논의하였다. 그는 그동안 경찰이 특별한 사건들에 대해 지나치게 편협하게 초점을 맞추어 접근하여 왔다고 비판하였다.[51]

---

50) Linda S. Miller, Kären M. Hess, *The Police in the Community: Strategies for the 21st Century*, New York: Wordsworth publishing company, 1998. p. 88.

51) Herman Goldstein, "Improving Policing: A Problem−Oriented Approach," *Journal of Crime and Delinquency*, 4, April 1979, pp. 236~258.

그에 의하면, 종래에 이루어진 대부분의 경찰조직 전략은 비상사태에 대응하기 위해 가시적으로 이용할 수 있도록 경찰을 배치하여 왔다는 것이다. 따라서 경찰순찰활동의 가장 중요한 목적은 현장에 최대한 빠르게 도착하고, 상황을 진정시키며, 현장에서 범인을 체포하는 것이라고 하였다. 이는 특별한 문제의 진단 없이 일상적이고 반복적으로 형태로 이루어진 것이라고 하였다. 따라서 대부분의 긴급출동요청에 대한 순찰경찰의 대응은 필연적으로 조급해지고, 피상적으로 이루어질 수밖에 없다는 것이다.

그런데 사건발생 시, 경찰들은 환자에 대한 응급의료 서비스와 같이 피해자의 손상을 최소화시키는 데 매우 중요한 역할을 수행하는 것처럼 보이지만, 실제로는 이러한 역할을 수행하지는 못한다는 점이다. 환자가 응급실에 실려 올 정도이면 이미 회복 불가능한 경우가 적지 않다. 따라서 경찰이 범죄에 의한 피해상황을 치유하는 것처럼 보일 필요는 없는 것이다. 또한 순찰경찰은 그들 스스로도 이러한 문제를 해결할 수 없다는 사실을 인식해야 할 것이다. 즉, 순찰경찰의 역할은 문제의 결과에 대응하는 것이다. 순찰경찰은 기껏해야 오랜 기간 동안 발생한 문제의 해결책을 찾기 위하여 노력하고 있는 관련전문가들에게 상황에 대한 정보를 제공하는 것에 불과할 뿐이다.

이러한 사건중심적 전략(Incident-Centered Strategy)에 집착한 결과로서 경찰자원이 크게 낭비된다는 점을 들 수 있다. 어떤 면에서 볼 때, 경찰은 문제를 해결하지도, 범죄를 예방하지도 못한다. 또한 많은 연구조사에서 밝힌 바와 같이 도보 또는 순찰차량에 의한 경찰의 가시성(可視性, Visibility)이 범죄예방에 얼마나 영향을 미칠지는 의문이다. 경찰은 단지 발생한 사건에 초점을 둠으로써 자신들의 업무에 대한 적절한 통제와 효과성을 가지지 못해 왔다. 경찰 인적자원의 대부분이 현대 커뮤니티가 안고 있는 무질서문제에 보다 효과적으로 대응할 수 있는 접근방법을 찾지 못하도록 일정한 틀에 구속되어 온 것이다.

골드스타인은 이러한 문제점의 해결방안으로서 경찰이 사건지향적(Incident-Oriented)이기보다는 문제지향적(Problem-Oriented)일 것을 제안하고 있다. 경찰은 재발하는 범죄와 무질서 문제에 대한 장기적인 해결방안을 제시하고, 이러한 목적 달성을 위하여 공공부문과 민간부문의 자원을 동원할 수 있도록 지원해야 한다는 것이다. 이는 경찰이 사회문제를 분석하고 문제해결을 모색하기 위하여 다른 공공부문 및 민간부문과 함께 논의하고, 가장 실현 가능하면서도 비용경제적인 분석·평가를 통해 제안된 프로그램을 강력하게 추진하며, 끝으로 이러한 공동협력 또는 공동생산적인 노력의 결과를 사후 감시·감독할 수 있는 방법을 개발해야 한다는 것을 의미한다.[52]

물론, 문제지향적 경찰활동에 있어서도 경찰의 기본적인 목표는 변하지 않는다. 이러한 경찰활동 역시 공공안전과 질서유지를 증대시키기 위한 것이다. 다만 변하게 된 것은 이제는 경찰자원이 효율적인 결과를 가져다주는 방향으로 이용되어야 한다는 점이다. 바꿔 말하면, 경찰이 주어진 상황에 적절하게 대응하고, 자원의 사용을 명확하게 감독할 수 있도록 경찰조직을 유연성 있게 발전시켜야 한다는 것을 의미한다.

2. 문제지향적 경찰활동의 접근방법

문제지향적 경찰활동은 범죄와 무질서가 발생하는 근본원인을 조사하고, 그에 대한 대안을 제시하는 것을 중요시한다. 이와 관련하여 에크와 스펠만(J.E. Eck & W. Spelman)은 'SARA' 모델이라 부르는 문제해결절차를 미국 버지니아주의 뉴포트 뉴스(Newport News)지역의 경찰조직에 적용하여 그 효과를 검증함으로써, 이 모델이 문제지향적 경찰활동의 핵심적 요체로 정착되게 만들었다.[53] SARA는 문제를 해결하는 과정을 크게 조사단계(Scanning), 분석단계(Analysis), 대응단계(Response), 평가단계(Assessment) 등 네 단계로 구분하여 각 단계를 의미하는 영어단어의 첫 글자를 조합한 것이다. 다음에서는 이들 각 단계를 간략히 살펴보기로 한다.[54]

---

52) The management stages of problem-oriented policing are spelled out in the Houston Police Department's reports *Developing a Policing Style for Neighborhood Oriented Policing*, pp. 78~89.

53) William. Spelman & John E. Eck, *Problem Solving: Problem-Oriented Policing in Newport News*, Washington, D.C.: U.S. Department of Justice, National Institute of Justice, 1987.

54) Herman Goldstein, *Problem-Oriented Policing*, New York: McGraw-Hill Publishing Company, 1990; 정경선·박기태, 지역사회경찰론, 경찰공제회, pp. 100~107; 노호래, "미국경찰의 문제지향활동과 한국경찰의 적용가능성에 관한 고찰," 한국공안행정학회보, 제6호, pp. 325~360.

1) 조사단계: 문제파악

문제해결 과정은 발생한 문제를 확인하는 과정인 조사단계에서 시작한다. 이와 관련하여 첫째, 문제를 파악하기 위해서는 우선적으로 문제의 의미를 명확하게 정의하는 것이 필요하다. 여기에서 문제는 단 한 건의 사건이라기보다는 유사한 관련성이 있고, 자주 일어나는 사건들의 집합, 커뮤니티의 실질적인 관심, 경찰이 관장하는 소관업무 등으로 정의된다.

그림 7-3 문제해결과정

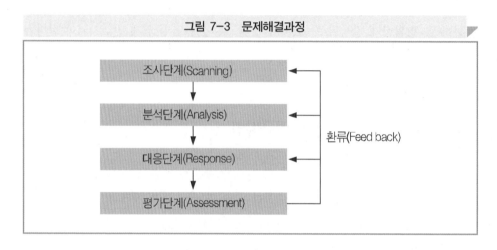

둘째, 문제의 인식주체로는 커뮤니티, 경찰정보관리 시스템, 일선경찰 등 공동의 노력으로 이루어진다. 커뮤니티문제를 파악하는 업무는 커뮤니티의 의견을 종합하고 수렴하는 경찰의 의지와 능력, 지식과 전문성을 필요로 하기 때문에 쉬운 일이 아니다.

커뮤니티의 문제를 파악하는 한 방법으로서 주민들을 대상으로 한 설문조사 또는 면담 등은 커뮤니티의 문제파악에 도움이 될 수 있고, 경찰과 시민과의 상호 정보교환에도 도움이 될 수 있을 것이다. 경찰의 정보관리 시스템은 방대한 양의 사건을 다루기 때문에 커뮤니티에 표면적으로 드러나기 전에 문제를 인식할 수 있도록 도와주며, 범죄유형과 수법, 범죄인 유형, 범죄지역의 유형·특성 등을 파악할 수 있도록 해 준다. 또한 현장에 있는 일선경찰들은 특히 한 지역에 고정적으로 배치될 경우 밑바닥으로부터 문제를 인식할 수 있는 가장 좋은 위치에 있다. 그러나 이들은 제도적으로 문제를 인식하고 해결책을 마련하는 데 수동적인 태도를 취하는 경우가 많다. 따라서 문제지향적 경찰활동을 담당하는 경찰들은 필수적인 업무로서, 빈번하고 계속적으로 발생하는 문제에 대해 경각심을 가지고 대응해야 할 것이다.

셋째, 여러 가지 문제들 가운데 우선순위를 선택해야 한다. 조사과정에서 나타나는 문제는 매우 많기 때문에 모든 문제를 조사한다는 것은 가용인력의 한계성 때문에 우선순위를 설정할 필요가 있다. 어떤 문제에 가장 높은 우선순위를 두어야 하는가에 대한 고려요인으로는 ㉠ 커뮤니티에 영향을 미치는 문제 확인, ㉡ 문제가 개인의 생명 등 치명적인 위협을 가하는 수준인지의 여부 확인, ㉢ 문제에 대한 커뮤니티 내의 다양한 주체(공공부문과 민간부문 등)의 관심과 지원 정도, ㉣ 문제가 헌법적 권리를 침해할 가능성 있는지의 여부 확인, ㉤ 문제가 커뮤니티와 경찰의 관계에 미칠 악영향 확인, ㉥ 문제에 대한 현장경찰의 관심과 이에 대응하는 데 있어서 시민의 지원 정도, ㉦ 문제의 발생 가능성 및 구체성, ㉧ 문제에 대한 효율적인 대응가능성 등을 들 수 있다.

2) 분석단계

분석단계에서는 먼저, 문제해결에 필요한 자료와 정보가 경찰기록뿐만 아니라 그 외의 다양한 출처들로부터 수집되어야 한다. 이와 관련하여 범죄분석실, 순찰, 수사, 방범, 다른 법집행 및 형사사법기관, 일반 공공기관, 학교, 커뮤니티 리더, 회사, 이웃, 대중매체, 여론조사, 유흥업소, 시민의 요구사항, 시민의 진정서, 시장, 경찰책임자 등을 들 수 있다.

분석의 기초는 '누가·언제·어디서·무엇을·어떻게·왜'라는 의문의 제기에서 시작하도록 한다. 이와 관련하여 먼저, 가해자, 피해자 그리고 참고인 등 관련된 사람들이 누구인가를 확인한다. 문제의 범위를 정의하고, 문제가 발생한 때와 장소를 정확히 파악하도록 한다. 문제를 야기하는 사건들의 과정을 추적하고, 장소, 개인이나 집단 간의 이해관계, 정부 및 기관의 정책과 제도 등 문제발생의 원인이나 촉진요인·결과요소들을 확인하도록 한다. 마지막으로 커뮤니티 내의 여러 기관·단체들이 문제에 대한 대응태도 및 방법과 이러한 노력이 가져다주는 결과를 분석하여 살펴보도록 한다.

3) 대응단계: 대안탐색

대응단계에서 가장 먼저 이루어져야 하는 것은 어떻게 대응할 것인가를 구상하는 것이다. 여기에서는 해당문제와 관련된 모든 관계자들의 참여와 협조가 필요하다. 문제의 탐색과 분석과정에 참여한 사람들을 대응단계에서 공동으로 참여시키는 것은 무엇보다도 중요하다. 따라서 각 커뮤니티의 단위별 모임이나 회의가 개최되어 주민이나 업소관계자들에게 자신들의 의견이 반영될 수 있는 기회가 주어져야 한다. 이러한 노력이 필요한 이유는 가능한 한 최대한의 공감대가 형성되어 해결책을 마련해야 하기 때문이다. 다음은 대응과정에서 고려되어야 할 요소들이다.

① 관련대응이 문제를 감소시킬 수 있는 가능성
② 가장 심각한 문제에 대응이 이루어졌을 경우 가져다주는 효과
③ 관련대응책의 예방적 성격의 정도, 그리고 그에 따른 차후의 사건발생의 감소나 완화 가능성
④ 대응책이 개인생활에 끼치는 영향의 정도와 법적인 제재 및 물리적 강제력에 의존하는 정도
⑤ 대응책이 채택됨으로 인해서 가장 영향을 받을 가능성이 있는 다른 여러 커뮤니티의 태도
⑥ 대응책에 필요한 재정적인 비용
⑦ 경찰의 인적·물적 자원의 동원 가능성
⑧ 경찰과 시민과의 총체적인 관계에 영향을 미치는 대응방식의 합법성과 민주성
⑨ 대응책이 시행될 수 있는 용이성

4) 평가단계: 대안의 성과평가

문제해결과정의 마지막 단계인 평가단계에서는 실행된 결과와 효과를 평가하

고, 발전가능성을 탐색하며, 필요한 범위 내에서 계획을 다시 수정하는 것이다. 즉, 실행된 대응방안에 대한 경찰의 성과를 평가하고, 이를 토대로 다시 문제인식과 분석 및 대응과정에 다시 환류 될 수 있도록 해야 한다.

따라서 경찰이 실행된 대응전략에 대한 평가를 하는 데 있어서 ㉠ 문제의 명확한 이해, ㉡ 문제와 그 문제의 비중에 대한 합의, ㉢ 목표달성 범위를 결정하기 위하여 사용되는 방법에 대한 합의, ㉣ 경찰에 기대되는 현실적인 평가, ㉤ 단기적 효과와 장기적 효과의 비교, 상대적인 중요성 결정, ㉥ 대응방식이 합법적으로 공정하게 이루어졌는지에 관한 명확한 이해 등이 고려되어야 할 것이다.

3. 문제지향적 경찰활동의 예

골드스타인의 문제지향적 접근은 일부의 미국 커뮤니티에서 시도되었다. 예컨대, 위스콘신주의 매디슨(Madison)시의 경찰은 도심지 내의 쇼핑몰에서 발생하는 수많은 복잡·다양한 문제를 다루기 위하여 끊임없이 출동하였다. 언론보도에 따르면, 쇼핑몰을 중심으로 천여 명 정도의 부랑자·방랑자들이 활개를 치고 다니는 것으로 나타났다. 이들 문제가 심각해짐에 따라 공공경찰은 점차 쇼핑몰에 관여하는 것을 회피하기 시작했고, 따라서 이들 관련사업은 어려움을 겪게 되었다.

그런데 경찰이 이러한 문제를 연구한 결과, 쇼핑몰에서 발생하는 대부분의 문제가 단지 13명 정도의 부랑자들에 의해서 발생하고 있다는 사실을 발견하였다. 이들 모두가 정신치료를 받은 경력이 있으며, 이들이 단지 규정된 약물치료를 받지 못했을 때, 이상행동을 한다는 사실을 발견하게 된 것이다. 따라서 경찰은 정신치료를 담당하는 관계부서와 공동으로 업무를 수행하기 시작했으며, 이들 정신치료 대상자들에 대한 보다 엄격한 감독체계를 구축하였다. 이후 단시일 내에 쇼핑몰의 문제는 해결되었고, 사업은 활성화되었으며, 따라서 경찰은 다른 업무에 신경을 쓸 수가 있게 되었다.[55]

매디슨시 외에도 매릴랜드주의 볼티모어 카운티(Baltimore County)에서도 문제

---

55) Speech by Herman Goldstein at the "State-of-the-Art in Policing Conference," Phoenix, Arizona, June 1987, sponsored by the National Institute of Justice.

지향적 접근이 성공적으로 이루어진 것으로 조사되었다.[56] 볼티모어 카운티는 지역면적이 600평방마일에 인구가 670,000명에 이르고 있는데, 이 곳의 경찰은 1982년부터 15명으로 구성된 3개의 경찰팀을 조직하였다. 이들의 주요임무는 볼티모어 지역 내에서 반복적으로 발생하는 문제점에 대한 해결방안을 찾는 것이었다.

당시 이 프로그램은 시민지향 경찰활동(COPE: Citizen Oriented Police Enforcement)으로 불리었다. 이들 COPE 팀들은 관할구역의 순찰경찰과 밀접하게 공조체계를 구축하여 업무를 수행하면서 평상시의 순찰동원에 대응하는 것뿐만 아니라, 지방정부조직들 간의 경미한 자원조정 문제에서도 야기될 수 있는 주변상황에서 대해서도 주의 깊게 관찰하였다. 이러한 과정에서 COPE 팀들은 사건자료를 분석하고, 주민들과 심도 있는 대화를 나누며, 주거방문을 실시하고, 경찰이 다른 부서에 지원을 요청할 경우, 그들이 어느 정도 협력의지가 있는지를 관찰하였다. 이상과 같은 조사를 토대로 관련 계획이 수립되고, 경찰책임자의 승인이 이루어진 후에 COPE 팀들은 자신들이 세운 계획을 수행하기 위하여 대중캠페인 확대, 이웃협조 유도, 다른 부서의 협조 유도 등 적극적인 활동을 실시하였다.[57]

COPE 팀이 제시한 문제점 가운데 하나는 관련지역의 주거침입절도가 매년 봄에 매우 높게 발생한다는 것이었다. 한 COPE 팀은 야구 글러브가 가장 빈번하게 도난당하는 물품이라는 사실을 발견하였다. 그래서 COPE 팀은 소득수준이 낮은 가정에 야구장비를 구입해 주는 프로그램을 시행하였는데, 이를 통해 주거침입 절도비율이 현저하게 감소하게 되었다. 또 다른 예로써 청소년들이 공원 등 공공장소에서 본드나 페인트 등 유해화학물질을 흡입하는 문제를 줄이기 위하여 COPE 경찰들은 지역소매상들에게 청소년들이 선호하는 환각성이 높은 화학물질을 진열하지 않도록 권고하고, 이러한 화학물질을 남용하는 청소년들을 알고 있는 경우에 그들에게는 판매하지 않도록 설득하였다. COPE 경찰은 또한 만성적인 약

---

56) Newport News, Virginia, has also established an experimental program but the results have not yet been published. They are expected in late 1987 and will be published by the Police Executive Research Forum. A brief report appears in William Spelman and John E. Eck, "Problem-Oriented Policing," *Research in Brief*, Washington, D.C.: National Institute of Justice, 1987.

57) Gary W. Cordner, "The Baltimore County Citizen Oriented Police Enforcement (COPE) Project: Final Evaluation," Paper for the American Society of Criminology, San Diego, California, November 1985; also Cordner, "A Problem-Oriented Approach to Community-Oriented Policing," Paper for the "International Symposium on Community Policing."

물 및 유해화학물질 남용자들에 대한 체포가 이루어졌을 경우, 이들에 대한 기소와 유죄판결이 보다 용이하게 이루어질 수 있도록 이들의 신상조사를 체계적으로 작성하였다. 한편 COPE 경찰이 본드나 페인트 남용문제를 상세하게 조사하는 과정에서 아파트에 거주하고 있는 고령자들이 교통이 복잡한 교차로 건너에 있는 쇼핑몰에서 물건을 구입하는 데 어려움이 있다는 사실을 발견하였다. 실제로 교차로가 안고 있는 문제점은 경찰에게는 공원에서의 본드나 페인트 남용문제보다 더 중요한 문제였다. 왜냐하면 이로 인해 나이 많은 거주자들이 교차로 건너에 있는 공원을 특히 야간에는 좀처럼 이용할 수 없기 때문이다. 따라서 COPE 경찰은 나이 많은 사람들이 천천히 건너 갈 수 있도록 교통신호등의 설치 등 교차로에 대한 물리적 재설계를 하였으며, 교통경찰로 하여금 엄격한 교통단속을 실시하도록 하였다.

COPE와 유사한 활동요소들이 뉴욕시의 커뮤니티 경찰 프로그램(CPOP: Community Police Officer Program)에서 보다 구체화되었다. 1984년에 시작된 CPOP 경찰은 18개의 도심거리에 대해서 상설적으로 순찰활동을 실시하도록 배치되었다. 이들은 관할 커뮤니티에 대한 이해와 여러 가지 정보를 수집해야 하는 책임을 동시에 갖고 있었다. 즉, 경찰은 발생한 문제를 적절하고 용이하게 해결하는 데 도움을 줄 수 있도록 문제점에 대한 정보를 갖고 있어야 하며, 문제해결을 위해 커뮤니티와 지방정부의 노력이 효과적으로 이루어질 수 있도록 도와주는 역할을 하였다. 그리고 경찰과 시민간의 정보교류가 상호 증진될 수 있도록 노력하였다. CPOP는 21개 관할구역에서 활동하고 있으며, 이들의 효과성은 베라연구소(Vera Institute)의 연구에 의해 평가되고 있다.[58]

4. 커뮤니티 경찰활동과의 차이점

분명한 사실은 문제지향적 경찰활동이 특히 지역주민들과의 밀접한 상호작용 또는 관할구역 담당자들 간의 유연성 있는 자원공유 및 활용을 의미할 때, 커뮤니

---

58) Jerry McElroy, Vera Institute, speeches given at the "International Symposium on Community Policing," and the "State-of-the-Art in Policing Conference."

티 경찰활동의 구성요소를 구체화시킬 수 있으며, 실제로 자주 그렇게 이루어지고 있다.

그런데 엄격한 의미에서 문제지향적 경찰활동이 항상 커뮤니티 경찰활동을 필요로 하지 않는다는 점이다. 예컨대, 은행의 출납직원에 의한 사기·횡령 등 경찰의 특별감시 대상이 되는 문제와 같은 경우에는 항상 커뮤니티 지향적일 필요는 없다는 점이다. 마찬가지로 커뮤니티 경찰활동은 항상 '문제'(Problem)에 초점을 두고 있는 것은 아니라는 점이다.[59]

커뮤니티 경찰활동은 기본적으로 야기된 또는 야기될 수 있는 특정 문제에만 초점을 두는 것이 아니라 거시적·장기적 차원에서 건전한 사회를 만들기 위해 경찰과 시민이 참여 가능한 많은 치안활동 영역(그것이 비록 특정 문제를 야기시키지 않는다 할지라도)에서 공동으로 상호작용을 하는 데 있기 때문이다. 사실 모든 문제를 인식하는 것도 불가능한 일이다.

이러한 관점이라면 이들 양자의 관계는 [그림 7-4]와 같이 나타낼 수 있을 것이다.

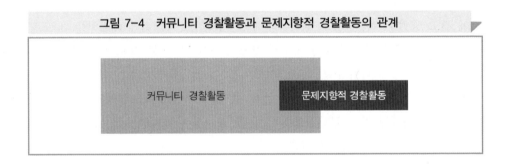

그림 7-4 커뮤니티 경찰활동과 문제지향적 경찰활동의 관계

커뮤니티 경찰활동

문제지향적 경찰활동

이 때문에 많은 사람들은 커뮤니티 경찰활동과 문제지향적 경찰활동과는 다른 원칙에 근거를 두고 있다고 보고 있다. 그러나 이들 양자는 상호 보완적인 관계를 가지고 있다고 할 수 있다.[60] 그리고 흥미로운 것은 비록 문제지향적 경찰활동의 이면에 내재된 이론적 근거는 커뮤니티 경찰활동과 상이하지만, 커뮤니티 경찰

---

59) Jerome H. Skolnick & David H. Bayley, *Community Policing: Issues and Practices Around The World*, National Institute of Justice, 1988, p. 19.

60) Kenneth J. Peak & Ronald W. Glensor, *Community Policing and Problem Solving: Strategies and Practices*, New Jersey: Prentice Hall, 1996, p. 79.

활동과 마찬가지로 어떤 프로그램과 결합되어 나타난다고 보고 있다.[61]

따라서 어떤 면에서 문제지향적 경찰활동은 커뮤니티 경찰활동 철학을 현실적으로 실현시켜 주기 위해 구체적으로 설계된 일종의 전략 또는 전술로 평가되고 있다. 또한 프로그램 실행가들은 커뮤니티 경찰활동을 실질적으로 적용하는 과정이 문제지향적 경찰활동과 동일한 것으로 보고 있다.[62]

주지하는 바와 같이, 커뮤니티 경찰활동이 너무나 추상적이기 때문에 이로 인해 비판이 제시되어 왔으며, 이 때문에 구체적인 접근방식이 이루어지지 않고서는 커뮤니티 경찰활동이 현실화되기 어렵다는 주장이 제기되어 왔다. 커뮤니티 경찰활동의 구체적인 접근방식 또한 여러 가지 면에서 명확하지 않은 것이 사실이다.

이러한 점에서 본다면, 경찰활동의 개혁을 유도하는 데 있어서 문제지향적 경찰활동은 커뮤니티 경찰활동보다 더 좋은 슬로건(Slogan)이 될 수 있다. 문제지향적 경찰활동은 어떤 막연한 방향을 가리키기보다는 구체적이고 특별한 형태로 나타나며, 그 접근방식이 정립되어 있기 때문이다. 이는 어떤 프로그램을 의미하는 것으로서 경찰이 무엇을 해야 할 것인지를 제안해 준다.

그러나 이와 같이 커뮤니티 경찰활동과 문제지향적 경찰활동 등을 가지고 경찰활동의 새로운 가치관·방향을 찾고자 하는 경찰행정가들은 자신들이 설계한 프로그램에 어떠한 정의를 내리고, 시민과 조직구성원들의 동의를 얻는 과정에서 적지 않은 어려움을 겪고 있는 것도 사실이다.

---

61) Jerome H. Skolnick & David H. Bayley, *op. cit.*, p. 17.
62) Linda S. Miller & Karen M. Hess, *op. cit.*, p. 88; 정경선·박기태, 앞의 책, p. 94.

제 **8** 장

커뮤니티 경찰활동의 실천

제 8 장
커뮤니티 경찰활동의 실천

제 1 절

기본방향

커뮤니티 경찰활동의 이론적·실천적 역사가 짧기 때문에 이의 실상을 정확히 파악하는 것은 어려운 일이다. 전체적으로 볼 때, 아직까지 전통적 경찰활동의 요소가 많이 남아 있고, 커뮤니티 경찰활동은 부분적으로 이루어지고 있다고 볼 수 있다.

주지한 바와 같이 커뮤니티 경찰활동과 관련하여 선진국에서는 1960~1970년대 이후 이에 대한 관심을 갖고 시행착오를 거치며 일부에서는 이를 구체적으로 프로그램화하여 실시하고 있으며, 우리나라는 최근 들어 이론적·실천적으로 서서히 관심을 갖기 시작했음을 알 수 있다. 그러나 아직까지도 커뮤니티 경찰활동에 대한 개념정의 및 실체규명이 명확하게 이루어지고 있지 못한 것이 사실이다. 그만큼 이에 대한 연구가 충분하지 못하다는 것을 의미하며, 한편으로는 이것이 커뮤니티 경찰활동이 안고 있는 본질적인 한계인지도 모른다.

어쨌든 커뮤니티 경찰활동이 현실적으로 실천되기 위해서는 이의 철학과 이념, 그리고 역할이 정립되고, 이에 따른 경찰조직의 구조와 조직운영 방식이 개편되어야 한다. 아울러 이와 관련된 새로운 프로그램을 만들어 이를 시행하고, 이에 대한 체계적인 평가가 이루어져야 할 것이다.

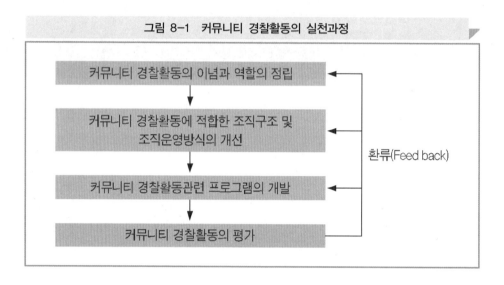

그림 8-1 커뮤니티 경찰활동의 실천과정

1. 사회변화의 인식과 경찰역할의 재정립

1) 사회변화의 인식

우리 사회는 끊임없이 변화하고 있다. '영원한 것은 없다'고 하는 것은 불변의 진리이다. 따라서 우리를 둘러싸고 있는 정치·경제·사회·문화 등의 모든 영역은 역사의 변화과정 속에서 그 구성요소들이 소멸되기도 하고, 개선되기도 하며, 새롭게 탄생하기도 하는 것이다.

그런데 경찰은 조직의 특성상 경찰관리자뿐만 아니라 일선경찰들조차도 변화아 개혁보다는 기존의 현상유지를 선호하는 경향을 강하다고 볼 수 있다. 물론 그렇다고 해서 변화가 이루어지지 않는 것은 아니지만 경찰조직의 많은 구성원들이 어떠한 변화를 거부하거나 꺼려 할 수도 있기 때문에 이러한 조직문화적 특성을 잘 고려하면서 변화를 유도해 나아가야 할 것이다(물론, 일부의 구성원들은 조직변화

·개혁을 적극적으로 지지하고 수용할 수도 있을 것이다). 그리고 이러한 상항에서 보다 바람직한 것은 경찰구성원들 스스로가 경찰조직을 둘러싸고 있는 치안환경의 변화를 인식하고 이에 능동적으로 대응하는 것이다.

벤츠(David E. Bentz)는 오늘날 현대사회를 변화시키고 있는 원동력으로서 과학기술의 진보, 인구통계학적 특성의 변화, 재정적 압박, 범죄·테러·전쟁 및 이에 대한 두려움, 가치관의 변화, 환경문제 등을 들고 있다.[1] 물론 이 밖에도 우리 사회를 변화시키는 요인들은 얼마든지 찾아 볼 수 있을 것이다. 그리고 이러한 변화요인들을 우리가 정확히 파악할 수 있다면, 이에 대한 순기능을 유도하고, 따라서 보다 미래지향적인 사회를 건설할 수 있을 것이다. 위에서 벤츠는 범죄 등에 대한 두려움을 현대사회를 변화시키는 중요한 요인 가운데 하나로 지적하고 있는데, 이는 바꿔 말하면 이와 관련된 문제가 심각한 수준에 이르렀음을 의미하는 것이라 할 수 있다. 그리고 이에 대한 두려움의 증대로 인해 시민들의 삶의 질이 저하되고, 결국은 우리 사회가 부정적인 방향으로 변하게 될 것을 우려하고 있는 것이다.

따라서 범죄 등에 대한 두려움을 감소시키는 것이 현대사회를 긍정적인 방향으로 변화시키는 중요한 열쇠라 할 수 있다. 그리고 이러한 이유로 경찰조직 내부에서도 변화의 필요성이 제기되고 있다.

경찰조직의 변화의 필요성과 관련하여 멀더(A. Mulder)는 다음과 같은 요인을 지적하고 있다. 첫째, 시민의 법집행 및 서비스의 수요는 계속 증가하는 반면에, 정부의 재정적인 지원은 이에 부응하여 증가하지 못하고 있다는 점이다. 둘째, 경찰의 부정부패 및 무기력한 모습이 일반 대중에게 널리 알려지고 있다는 점이다. 셋째, 범죄의 흉폭화·조직화·광역하 등으로 인해 시민의 두려움이 증대하고 있다는 점이다.[2]

이러한 상황에서 각국의 경찰조직에서 커뮤니티 경찰활동을 수용하도록 하도록 하는 변화가 나타나고 있다. 즉, 높은 교육수준을 가진 경찰이 경찰조직에 입직함으로써, 과거와 같이 맹목적으로 관리자의 명령에 복종하지 않으려고 하는 성향

---

1) David E. Bentz, "Leadership with an Eye on the Future," *The Police Chief*, 1995. 2, pp. 14~17.

2) Armand Mulder, "Resistance to Change," *Law and Order*, 1994. 2, pp. 55~59.

을 가지고 있으며, 금전적인 보상과 같은 외적인 요인뿐만 아니라 오히려 개인의 가치를 존중하는 내면적인 보상을 중시하기 시작했다는 점이다. 그리고 제한된 경찰자원으로 보다 양질의 치안서비스를 제공해야만 하는 사회적 요구에 부응하기 위해서는 커뮤니티 경찰활동과 같은 어떠한 조직변화 또는 개혁을 필요로 하고 있다는 점이다.

이 밖에도 많은 사회적 변화요인들은 전통적인 사후대응적·사건지향적인 경찰활동을 사전대응적·문제해결지향적·협력지향적인 커뮤니티 경찰활동으로 전환하게 하고 있다. 결국, 커뮤니티 경찰활동은 경찰의 역할과 조직구조, 리더십형태, 그리고 기존의 범죄에 대한 접근방법 등에 있어서 많은 변화를 요구하고 있다고 볼 수 있다.

2) 경찰역할의 재정립

이미 앞에서 논의한 바와 같이 오늘날 경찰의 역할은 단순히 법집행과 질서유지에 국한되지 않고 시민에 대한 봉사자로서 기능할 것을 요구하고 있다. 또한 법집행에 있어서도 사후대응이 아닌 예방적 차원에서 문제의 근원에 접근하고자 하는 방법이 모색되고 있다. 아울러 이러한 과정에서 경찰 스스로만이 아닌 커뮤니티를 문제해결의 동반자로서 참여시키고자 노력하고 있다.

이와 관련하여 도드(David Dodd)는 경찰조직이 커뮤니티 경찰활동으로 진보될 수 있는 과정을 3단계로 나누어 설명하고 있다. 그가 제시한 경찰활동의 3단계는 ㉠ 평화를 만드는 단계(Peace Making), ㉡ 평화를 유지하는 단계(Peace Keeping), ㉢ 평화를 건설하는 단계(Peace Building)이다.3)

첫 번째, 평화를 만드는 단계는 전통적 경찰활동에서 특징적으로 나타나고 있는 사후대응적 형태를 의미한다. 이 단계의 1차적 목적은 불안정한 상태를 안정상태로 회복하는 데 있다. 그러나 사건을 사전에 예방하는 것이 아니라 사건이 발생한 후에 재반응적인 형태를 반복해서 대응한다는 데 어려움이 있다. 특히, 시민의 요청이 증가하면 증가할수록 경찰자원은 분산되어 각각의 개별적인 사건에 대응

---

3) David Dodd, "Clarity of Purpose in Policing," *Law and Order*, December 1996, pp. 45~48.

하기에 급급하게 된다. 이 때문에 장기적인 안목에서 문제에 대응하기보다는 단기적으로 범죄에 대한 전쟁을 소모적으로 펼치게 된다.

두 번째, 평화를 유지하는 단계는 경찰활동이 범죄와 무질서를 감소시키는 데 초점을 두고 이루어진다. 첫 번째 단계에서는 단지 범죄대응에 급급했던 것과는 달리 이 단계에서는 서서히 범죄문제를 줄여 나가기 시작하는 것이다. 이러한 과정에서는 경우에 따라 전문화된 경찰부서의 활동 및 정보에 기초를 둔 경찰활동이 이루어지게 된다.

세 번째, 평화를 건설하는 단계에서 커뮤니티의 구성원(시민, 언론, 다른 형사사법기관, 일반 공공부문 등)들과 협력체계를 구축하여 사전예방적인 경찰활동을 전개시켜 나간다. 이 단계는 장기적으로 볼 때, 가장 큰 잠재적 가능성을 가지고 있다고 볼 수 있다.

위에서 도드가 제시한 경찰활동 가운데 세 번째 평화를 건설하는 단계가 바로 커뮤니티 경찰활동과 관련된 것이다. 여기서 경찰이 단순히 문제에 대한 해결자가 아니라 근본적으로 문제의 원인을 제거하고, 아울러 우리 사회를 보다 건설적으로 발전시켜 나가는 데 주체적인 역할을 모색하고 있음에 주목할 필요가 있다.

그런데 실질적으로 우리가 커뮤니티 경찰활동에 접근하기 위해서는 현실적인 접근방식이 논의되어야 한다. 이와 관련하여 우선적으로 경찰활동의 직무지침(Mission Statement)이 개발되어야 한다. 직무지침이라는 것은 말 그대로 경찰의 목표 또는 목적을 문자로 표현한 것이며, 경찰이 목표로 하는 정착지에 어떻게 도달하여야 하는지를 알려 주는 일종의 지도(Map)라 할 수 있다. 따라서 경찰활동에 있어서 직무지침은 경찰이 무엇을 하려고 하는지 우리에게 제시해 주는 안내판과 같은 것이다.

이와 관련하여 미국 일리노이즈주 오로라(Aurora) 경찰청에서는 시민·경찰위원회의 노력으로 다음과 같은 직무지침을 제시하고 있다.[4]

---

4) Linda S. Miller & Karen M. Hess, *The Police in the Community: Strategies for the 21st Century*, New York: Wordsworth Publishing Company, 1998, p. 120.

직 무 지 침

- 경찰은 우리의 관할영역 안에서 존경과 공평성, 그리고 동정심을 가지고 모든 시민에 대해서 봉사하기 위해 존재한다. 우리는 범죄예방과 생명·재산의 보호, 평화와 질서, 안전의 수호, 법의 집행, 헌법의 수호에 전념하도록 한다.
- 경찰의 기초업무로서 커뮤니티에 대한 헌신·희생과 더불어 사건뿐만 아니라 사전에 문제를 조사하고, 해결책을 강구하며, 커뮤니티와 개인의 안전이념을 강화하고, 삶의 질을 향상시키기 위한 목표를 추구한다. 경찰업무의 수행도 윤리의 표준을 준수함으로써 공공의 신뢰를 구축하도록 한다.
- 이러한 경찰목적을 완수하기 위하여 직무환경의 질을 개선하고, 훈련과 리더십을 통하여 인력개발에 헌신하도록 한다.

우리나라는 '경찰공무원 복무규정' 및 '경찰헌장'에 반영된 경찰의 행동규범에 입각하여 '경찰서비스헌장'을 제정하고 '자유·창의·책임' 정신에 바탕을 둔 '새천년 우리의 다짐'을 개혁의 실천 강령으로 채택하여 전국의 경찰이 개혁의 방향과 자신이 지켜야 할 본분을 쉽게 알 수 있도록 하고 있다(경찰서비스헌장의 내용은 제5장 참조).[5]

2. 경찰조직의 재설계

법집행 중심의 전통적인 경찰조직은 군사모델에 기반을 둔 피라미드 모형의 계층제에 의한 상명하복관계를 기본으로 하고 있다. 이러한 피라미드식 계층제에서는 경찰최고관리자 계층이 부하들에 대한 완전한 지휘 및 통제권한을 행사하고, 하위계층에서 만들어진 의견은 제대로 수렴되지 못하는 단점을 가지고 있다. 즉, 하향식 의사소통에 의한 일방적인 명령하달 방식이 주를 이루었다고 볼 수 있다. 그렇다면, 이러한 경찰조직구조 속에서 커뮤니티 경찰활동의 이념과 가치에 따른 실천이 가능한 것인가?

---

5) 이황우 외, 경찰학개론, 형사정책연구원, 2001, p. 407.

1) 조직의 민주화

커뮤니티 경찰활동을 지향하기 위해서는 조직 내외적인 민주화가 먼저 이루어져야 한다. 조직 외적인 민주화라는 것은 경찰과 국민의 차원에서 논의되는 것이다. 따라서 국민의 의사를 존중하여 국민의 요구를 수렴하고, 이를 경찰활동에 반영시켜야 한다. 이는 일부 특정계층이 아닌 전체국민을 위한 경찰활동을 하고, 국민에게 책임을 지는 경찰로서 자리 잡기 위한 것이다.

그런데, 경찰의 민주화는 비단 조직 외적인 것으로 국한되어서는 안 된다. 경찰조직 내부의 민주화가 구현되지 않고서는 진정한 민주화가 이루어졌다고 볼 수 없으며, 이러한 상태에서는 실질적으로 대외적인 민주화도 실현시킬 수 없기 때문이다. 기존의 권위적인 상명하복관계, 수직적 의사소통구조, 인사관리의 비민주성 등은 경찰내부의 민주화를 저해하는 요인이라 할 수 있다.

2) 조직의 분권화

커뮤니티 경찰활동을 실천하기 위해서는 경찰조직의 민주화와 더불어 이에 맞는 조직개편이 이루어져야 한다. 특히, 경찰권한이 조직상부에 집중되기보다는 가능한 한 분권화되어, 각각의 경찰은 자신들에게 주어진 업무에 대한 일정한 재량권 및 책임감을 가지고 소신 있게 업무를 수행할 수 있는 여건을 마련해주어야 한다.

조직개편이란 경찰조직의 구조 등을 경찰이 수행하는 임무의 성격과 조화를 이룰 수 있게 바꾸는 것을 의미한다. 예컨대, 경찰의 임무가 범죄의 수사와 체포보다는 범죄예방에 초점을 두고 있다면 조직은 이에 맞게 조직화되어야 할 것이며, 또한 교통단속보다는 교통안전에 대한 계몽 및 지도에 초점을 두고 있다면 이에 맞게 조직화되어야 할 것이다. 마찬가지로 경찰이 기존의 시민에 대한 권위적·강제적인 이미지를 탈피하고 민주적·봉사지향적인 이미지를 갖고자 한다면, 그에 맞는 조직화(일종의 대민부서의 신설 및 개선)가 함께 이루어져야 할 것이다. 커뮤니티 경찰활동이 단순히 경찰의 '선전용'과 '홍보용'에 그치지 않고 경찰활동 자체의 본질적·구체적인 전환을 꾀하기 위해서는 이에 맞는 조직구조 및 형태의 변화를 수

반해야 함은 당연하다.

따라서 전통적인 관료제에 기초를 준 준군대식의 경찰활동에 맞춰져 있는 경찰조직의 여러 측면들을 자율적이고 창의적인 커뮤니티 경찰활동에 적합하도록 개선할 필요가 있다. 이와 관련하여 먼저, 조직 상층부에 집중된 권한과 책임을 현장책임자와 감독관 및 일선경찰관들에게 위임하는 문제가 핵심사항으로 강조된다. 이들의 독립성과 자유로운 재량이 보장되었을 때, 창의적이고 책임 있는 경찰활동을 기대할 수 있기 때문이다. 두 번째로 지나치게 세분화된 계급구조를 축소하여 의사소통을 촉진시키고 불필요한 낭비와 경직성을 극복할 것이 요구된다. 그렇기 때문에 우리나라와 같이 순경에서 치안총감에 이르기까지 11계급으로 구성된 계급구조 속에서는 소기의 성과를 기대하기가 어렵다. 세 번째로는 함께 근무하는 경찰관들을 하나의 팀(Team)으로 결속시켜 일반근무, 범죄 등 문제해결, 양질의 봉사업무를 공동으로 제공하는 방법을 모색할 필요가 있다. 네 번째로는 내근직책은 되도록 일정부분 비정규경찰에 맡김으로써 정규경찰관들의 활용도 및 비용효과를 높일 수 있는 방안을 강구할 필요가 있다.[6] 끝으로, 이러한 과정에서 퇴직경찰 가운데 적임자를 선발하여 이들을 적극적으로 활용하는 방안도 검토할 필요가 있다고 본다.

3. 참여형 리더십과 의사결정의 모색

산업혁명에서부터 20세기에 이르기까지 어떤 소수에게 집중된 독재적·권위적인 리더십이 효과적인 방법이라고 인식되어져 왔다. 그러나 21세기에는 이러한 리더십이 조직발전을 저해할 것이라는 주장이 더 설득력을 가지고 있으며, 따라서 이에 대한 대안으로서 참여형 리더십(Participatory Leadership)이 제안되고 있다.

경찰리더십(Police Leadership)이라는 것은 경찰조직의 목표달성을 위해 경찰관 리자가 조직구성원들을 자발적으로 움직이게 하는 사회적 영향력 행사과정이라 할 수 있다. 리더십과 영향력(影響力)의 관계를 보면, 주로 리더가 구성원들에게 영향을 주는 것이 일반적이지만, 구성원들도 리더에게 일정부분 영향력을 행사한다

---

6) 위의 책, pp. 385~386.

고 볼 수 있다. 그리고 구성원들 사이에 있어서도 상호 영향력을 주고받는다고 볼 수 있다. 그러므로 영향력이란 리더와 구성원 및 동료들 사이에도 상호보완적으로 이루어지고 있음을 알 수 있다. 그리고 영향력을 미치는 방법으로서는 솔선수범·제언·설득·명령·강요 등이 동원된다.

주지하는 바와 같이 20세기 초반에서 1950년대에 이르기까지는 이른바 '전통적 리더십이론'의 관점에서 리더가 갖추어야 하는 특성과 자질을 찾는 데 집중되었고, 초기의 연구자들은 효과적인 리더의 속성을 주로 신체적·성격적·사회적인 특성이나 개인능력 가운데서 찾고 있었다. 그러다가 20세기 중반을 전후한 시기에 이른바 '리더십 행위이론'이 중요한 관심사항으로 대두되었다. 인간의 행동주의와 과학적 방법론에 근거를 두고 어떠한 리더십 스타일이 가장 효과적인 것인가, 즉 모든 상황에서 가장 효과적일 수 있는 리더십 행태를 밝혀보려는 시도들이 핵심적으로 이루어진 것이다.

이에 대해 많은 접근방법이 이루어져 왔는데, 미국 미시간(Michigan)대학에서는 리더십 스타일을 과업지향(課業志向)·관계지향(關係志向)·참여형(參與型) 등의 세 가지 유형으로 구분하였다. 첫 번째, 성공적인 리더들은 구성원들에게 작업의 계획과 일정표의 작성이나 구성원들의 활동을 조정하고 지원해 주는 데 시간과 노력을 기울인다. 이러한 리더십 스타일을 과업지향이라고 한다. 두 번째, 또 다른 리더들은 대인관계(對人關係)를 손상시켜 가면서까지 무리하게 과업을 지향하지는 않는다. 오히려 배려적이고 구성원중심으로 생각하고 이끌어 간다. 또한 구성원들을 지원해 주고, 세부적인 감독보다는 구성원 개개인이 달성해야 할 목표와 일반적 지침만을 주며, 구체적인 실천은 구성원 자율에 맡긴다. 세 번째 스타일은 참여형 리더십으로 의사결정과정에 구성원을 참여시키거나, 권력을 분권화하고 공유하는 리더십 스타일을 의미한다. 미시간대학교의 연구에서는 의사결정과정에 구성원들을 참여시킬 때에 구성원들의 성과가 더욱 높아지고 만족감도 커진다는 결과를 얻어내었다.

참여형 리더십 모형에서는 각 구성원이 정책결정에 의견을 제시할 수 있으며, 최고위층은 결정적인 정책결정권한을 가지고 있다. 여기서 무엇보다도 중요한 점은 주어진 의제(議題, Agenda)에 대하여 모두가 자신들의 의견을 진술할 수 있는 기회가 주어진다는 점이다.

쿠퍼와 로비츠(David C. Couper & Sabine Lobitz)는 오늘날 신규경찰의 특징을 다음과 같이 설명하고 있다. 신규경찰들은 선배경찰들이 가지고 있던 것과는 다른 직업관과 기대 및 가치관을 가지고 있다. 이들은 팀의 일부가 되기를 원한다. 따라서 이들은 관리자가 자신들의 사고와 의견을 평가해 주기를 바라며, 조직의 의사결정에 대해서도 참여하고자 하는 욕구를 가지고 있다. 만약 경찰관리층이 이들의 요구를 수용하고자 노력하지 않는다면, 커뮤니티뿐만 아니라 부하직원들로부터도 지지를 받지 못하게 될 것이다.[7] 이는 전통적 조직관리 방식에 대한 새로운 경향이라 할 수 있다. 어쨌든, 경찰활동의 새로운 방향인 '커뮤니티 경찰활동'을 구축하기 위해서는 커뮤니티 구성원(시민)들과 조직 내의 구성원들의 요구사항을 충족시켜 주어야 할 시점에 이르렀다고 볼 수 있다.

따라서 경찰조직의 모든 구성원들은 이러한 참여형 의사결정과정을 유도하기 위하여 저마다 맡은 바 지위(최고관리자, 중간관리자, 하위관리자 및 일선경찰)에서 새로운 역할을 인식하고 비전을 제시할 수 있어야 할 것이다.[8]

최고관리자의 경우, 커뮤니티 경찰활동을 시행하는 데 있어서 스스로가 개혁과 변화의 상징이 되어야 한다. 경찰조직 내부와 외부에 항상 새로운 경찰활동에 대한 메시지를 강력하게 전달할 수 있어야 한다. 아울러 조직내외의 수많은 의사를 왜곡 없이 수용하고, 최고관리층의 의사가 하부조직에 그대로 받아들여지고 표출되기 위해서 노력해야 한다. 그렇기 때문에 경우에 따라서는 모험가로서, 그리고 희생자로서 자신의 비전을 조직구성원들에게 제시할 수 있어야 한다.

중간관리자는 커뮤니티 경찰활동의 철학·이념·가치를 실현하는 데 중요한 역할을 한다. 중간관리자는 상부의 개혁에 대한 압력과 동료 및 하급자들의 변화에 대한 저항과 불만 사이에서 고충을 겪는 계층이다. 아무리 훌륭한 계획이 마련되더라도 그 계획을 추진하는 과정에서 더 많은 개선과 보완이 필요한 정책, 교육훈련, 그리고 절차가 나오기 마련이다. 중간관리자는 이상과 현실의 중간에서 둘 사이의 간격을 좁히고 연결시키는 역할을 해야 한다. 이를 위해서는 기존의 자신에게 주어진 권한의 일부를 부하직원들에게 위임하고, 일선경찰들이 시행착오를

---

7) David C. Couper & Sabine Lobitz, "The Customer is Always Right: Applying Vision, Leadership and the Problem-Solving Methods to Community-Oriented Policing," *The Police Chief*, May 1991, p. 23.
8) 정경선·박기태, 지역사회경찰론, 경찰공제회, 2001, pp. 149~159.

거쳐서라도 적극적이고 창조적으로 문제를 대면해서 해결하도록 이끌어 가야 한다.

끝으로 커뮤니티 경찰활동을 통한 경찰개혁의 핵심은 하위관리자 및 일선경찰관에게 커뮤니티의 조직화와 문제해결의 권한을 위임하는 것이다. 그러나 권한의 위임은 그 권한을 충분하고도 적절히 발휘할 수 있는 능력과 도덕성을 가진 사람에게 이루어져야 한다. 따라서 경찰의 개혁은 이러한 자질을 갖춘 하위관리자 및 일선경찰관의 선발, 교육훈련, 그리고 근무성적 평가 등 인사관리의 개혁에서부터 시작되어야 할 것이다.[9] 이러한 자격을 갖춘 하위관리자 및 일선경찰은 자신들의 활동 영역에서 리더로서 시민의 참여를 유도하고 협력을 이끌어내야 할 것이다.

제 2 절

커뮤니티 경찰활동의 실천과정

1. 커뮤니티 경찰활동의 접근방법

프랫(C.E. Pratt)은 커뮤니티 경찰활동을 실행하기 위한 5단계 접근방법으로서 문제의 인지·평가단계, 기획단계, 담당경찰 선발 및 교육단계, 커뮤니티와의 연계단계, 계속적인 평가 및 대안개발 단계를 제시하고 있다.[10] 어떤 면에서 커뮤니티 경찰활동의 현실적인 접근방법은 이미 앞에서 살펴 본 문제지향 경찰활동의 접근방식(SARA 모델)과 유사성을 가지고 있다고 볼 수 있다.

1) 문제의 인지·평가 단계

문제의 인지·평가단계는 경찰이 커뮤니티 경찰활동을 실천하기에 앞서 우선

---

9) 이에 대한 상세한 내용(특히, 교육훈련 및 근무성적 평정과 관련하여)은 위의 책, pp. 202~215 참조.
10) C.E. Pratt, "Five Steps to Community-based Policing," *Law and Order*, 1995. 10, pp. 54~58.

적으로 관할구역 내에서 안고 있는 문제들을 인식하고, 이에 대한 평가(문제의 심각성)를 내리는 단계라 할 수 있다. 예컨대, 관할구역 내에서 청소년비행, 성매매, 조직폭력, 외국인범죄 등 여러 가지 문제가 발생할 수 있다. 경찰이 이러한 문제의 심각성을 정확히 파악하기 위해서는 커뮤니티의 협조를 필요로 한다. 따라서 경찰은 민간·정치·기업·종교·언론 등 사회 각계각층의 지도자 및 관계자들과 상호의견을 교환하고, 관내 주민들의 공동모임(반상회 등)에도 참석하며, 아울러 비공식적으로 교육·문화·사회적 활동을 통하여 이들과 상호 의견을 나누어야 한다. 여기서 중요한 것은 경찰이 자체적으로 문제에 대한 우선순위를 정하기보다는 커뮤니티 구성원들이 가장 중요하게 인식하고 있는 문제를 기준으로 우선순위를 두어야 한다는 점이다.

2) 기획 단계

기획단계에서는 인지·확인된 문제에 대한 전략을 수립하는 단계인데, 여기서는 특정한 문제에 초점을 두고 접근해야 한다. 이와 관련된 프로그램을 기획하는 과정에서 주의할 것은 관련지역의 인종적·사회적·경제적·문화적인 요소 등을 고려해야 한다는 점이다. 이는 어떠한 문제를 해결해야 한다는 기본전략(Strategy)을 수립하고, 그러한 과정에서 나타나는 주변요소에 전술(Tactic)적으로 대응해야 한다는 것을 의미한다.

3) 담당경찰 임용 및 교육 단계

또한 개발된 프로그램을 운용하는 데 적합한 담당경찰을 임용하고, 이들에 대한 적절한 교육훈련을 시켜야 한다. 여기서 담당경찰은 단순히 어떠한 지식·능력·기술 등을 가진 경찰관만을 의미하는 것은 아니다. 커뮤니티에서 발생한 문제의 성격이 종교·인종·문화 등 독특한 특성을 가지고 있다면, 그러한 문제에 잘 적응할 수 있는 경찰을 임용하고, 적절한 교육훈련 시키는 것이 요구된다.

4) 커뮤니티와의 연계 단계

또한 관련 커뮤니티의 주민들과 어떠한 연계를 갖는 것은 매우 중요하다. 프로그램이 시행되었을 때, 주민들이 얻을 수 있는 이익은 무엇인지, 그리고 이에 대해서 어떻게 참여해야 하는지를 제시하고, 이들로부터 적극적인 지원과 협력을 이끌어 낼 수 있어야 한다. 시민의 참여가 이루어지지 못하면(일종의 조직화), 소기의 성과를 기대하기가 어렵기 때문이다. 또 일시적으로 성과를 얻어 낸다 할지라도 장기적으로 지속하기가 어렵다고 본다.

5) 계속적인 평가 및 대안개발 단계

끝으로 시행한 프로그램에 대해 지속적인 평가를 실시하고, 문제점이 발견되면 환류를 통해서 다시 보완하는 과정을 거쳐야 한다.

물론, 커뮤니티 경찰활동이 사후대응(범인검거 및 범죄해결)보다는 사전예방에 초점을 두고 있기 때문에 계량화(計量化)가 어렵고, 따라서 이의 평가가 쉽지 않은 것이 사실이다. 더욱이 커뮤니티 경찰활동은 단기적 차원에서 그 성과를 기대하기가 어렵다는 점을 인식할 필요가 있다. 커뮤니티 경찰활동은 참여자(경찰과 시민)들의 인식전환을 토대로 그것이 일정한 프로그램으로 구체화되었을 때 나름대로 의미를 갖는다고 본다. 이와 같은 내적인 인식전환과 외적인 프로그램의 개발·운용은 장기적 차원에서 경찰뿐만 아니라 국가적 차원에서 관심을 갖고 지원이 이루어져야 가능한 것이다.

커뮤니티 경찰활동의 성과에 대한 계량화의 어려움과 단기간에 성과를 내기가 어렵다는 점은 이의 실질적인 실행과 평가가 어렵다는 것을 의미한다. 그럼에도 불구하고 커뮤니티 경찰활동은 건전한 사회질서를 유지하기 위해 매우 유용한 대안이라는 점을 인식할 필요가 있으며, 따라서 이의 실천방안에 대해 많은 관심과 노력을 아끼지 않아야 할 것이다.

2. 시민참여 프로그램의 개발

우리가 어떠한 현상에 대한 실상을 파악하고, 이에 대한 정확한 평가를 내리기 위해서는 이에 대한 이론의 정립과 분석의 틀이 제시되어야 한다.

따라서 예컨대, 커뮤니티 경찰활동의 핵심요소 가운데 하나로 논의되고 있는 소규모구역 중심의 경찰활동(파출소 등)이 우리나라에서는 이미 오래 전부터 이루어지고 있다고 해서 이를 가지고 커뮤니티 경찰활동이 활발하게 이루어지고 있다고 단정해서는 안 된다. 마찬가지로 영미법계에서 커뮤니티 경찰활동의 역사를 경찰역사의 시작과 동일한 시점으로 보고 있는 것도 이론의 여지가 많은 것이다. 물론 과거의 자연 발생적인 커뮤니티의 형성과 이들에 의한 공동체적인 경찰활동이 이루어진 것은 분명한 사실이지만 오늘날의 상황에 그대로 부합되는 것은 아니다.

따라서 우리가 현재 고민해야 할 것은 커뮤니티 경찰활동에 해당되는 것이 우리나라에 '있다 없다'라는 식의 논쟁보다는 왜 오늘날 경찰활동뿐만 아니라 군·형사사법·소방·보건 등 모든 공공부문의 제반활동에서 커뮤니티가 하나의 화두로 등장하고 있는지를 이해해야 한다. 그리고 이를 토대로 제기되는 여러 관점들을 비교·분석함으로써 보다 효율적인 커뮤니티 경찰활동을 기획·실행·평가하여, 결과적으로 우리사회에 유용한 경찰활동의 비전을 제시할 수 있어야 할 것이다.

현재 진행되고 있는 커뮤니티 경찰활동 프로그램들은 대부분이 지리적 관점의 지역사회에 기초를 두고 있는 것이 대부분이다. 앞으로 지리적 관점과 이해관계적 관점을 동시에 포함하는, 그리고 사이버공간을 아우르는 거시적 차원에서의 커뮤니티 경찰활동이 함께 논의되어야 할 것이다.

또한 아직까지 커뮤니티 경찰활동의 본질 즉, 경찰과 시민의 관계에 대한 인식전환이 충분히 이루어지지 못한 것이 사실이다. 경찰의 시민에 대한 인식의 전환, 그리고 시민의 경찰에 대한 인식전환이 근본적으로 이루어지기까지 커뮤니티 경찰활동은 우리 사회에 정착되지 못하고 계속 시행착오를 겪을 것이다.

따라서 이 글에서 논의 하는 커뮤니티 경찰활동의 실천과정은 상당히 제한적이다. 현 상태는 커뮤니티 경찰활동에 대한 가치를 경찰과 시민 모두가 공유하지 못한 상태이며, 따라서 시행되고 있는 프로그램도 그 성과를 낙관적으로 기대하기는 이르다. 그러나 이러한 시행착오를 충분히 거치고, 이에 대한 성찰을 통해 21세기에는 커뮤니티 경찰활동이 정착될 것으로 보인다.

어쨌든 커뮤니티 경찰활동은 범죄문제에 있어서 예방중심적이고, 법집행과 아울러 서비스제공에도 관심을 가져야 한다. 따라서 이와 관련하여 경찰부서를 적정단위로 조직화하는 것이 바람직하다. 파출소와 같은 소규모 경찰부서의 확대설치, 마약·청소년비행, 조직폭력, 노인·여성 등 담당부서의 설치 등이 여기에 해당된다.

아래에서는 커뮤니티 경찰활동과 관련된 몇 가지 구체적인 프로그램의 예를 들어 살펴보기로 한다.[11] 그리고 다시 한번 강조하지만 이러한 프로그램들이 단지 실행되고 있다고 해서 이를 가지고 커뮤니티 경찰활동이 이루어지고 있다고 단정해서는 안 된다. 왜냐하면, 이러한 커뮤니티 경찰활동이 철학적인 토대를 근간으로 하지 않는 한 이는 진정한 커뮤니티 경찰활동의 실천이라고 할 수 없기 때문이다. 또 설혹 프로그램 자체가 커뮤니티 경찰활동의 철학적인 토대 위에서 이루어진 것이라 할지라도 아직까지는 완성된 프로그램이라 보기 어려우며, 아울러 운영하는 과정에서 나타나는 문제점 및 장애요인들을 개선해 나아갈 때 비로소 그 성과를 기대할 수 있을 것이다.

1) 범죄의 근원제거 및 건전한 사회건설 전략

미국에서 커뮤니티 경찰활동과 관련하여 실시되고 있는 가장 대표적인 프로그램 가운데 하나로서 바로 '범죄의 근원제거 및 건전한 사회건설 전략'(OWS: Operation Weed and Seed)을 들 수 있다. 특이한 것은 대부분의 커뮤니티 경찰활동 프로그램이 해당지역의 경찰조직에 의해서 만들어진 것인데, 이 OWS는 미국 법무부에 의해 만들어졌다는 점이다.

1992년 미국 법무부에서는 마약과 범죄를 통제하면서, 동시에 이러한 위험에 노출될 위험이 높은 주민들(대부분이 경제적으로 빈곤한 하위계층)의 삶의 질을 향상

---

11) Michael J. Palmiotto, *Community Policing: A Policing Strategy for the 21st Century*, Gaithersburg, Maryland: Aspen Publishers, Inc., 2000, pp. 289~307; 양문승 역, 지역사회 경찰활동론: 21세기의 경찰활동 전략, 서울: 대영문화사, 2001, pp. 437~463.

시키기 위해서 OWS를 만들게 되었다. 이 프로그램은 기본적으로 두 가지 전략을 동시에 가지고 있다. 먼저, 문제의 근원이 되는 폭력범죄 등을 근절시키고(Weed out), 다음으로 주민들에게 치료·예방·중재 및 경제적 지원 등으로 건전한 사회를 구축(Seed)할 수 있도록 도와주는 것이다.12) 예방·중재·치료와 관련된 전략에서는 건강과 영양, 피해자 지원, 커뮤니티 범죄예방 활동, 약물남용억제 프로그램과 같은 활동들을 다루었다. 또한 OWS가 실시되고 있는 대부분의 도시에는 안전보호센터(Safe Havens Center)가 설치되어 여러 가지 문제를 안고 있는 청소년과 성인을 위한 다양한 서비스를 제공하고 있다.

한편 범죄문제 등을 근절시키기 위한 많은 활동들이 OWS가 실시되면서 시행되었으나, 이 가운데 일부만이 연방정부로부터 지원을 받았다. 여기에는 위에서 언급한 안전보호센터를 비롯하여 소년·소녀를 위한 클럽, 약물퇴치 마라톤대회, 희망의 나래운동(Wings of Hope) 등을 들 수 있다. 또한 주 및 연방재단은 주택도시개발청의 개선책, 마약퇴치교육 프로그램, 경찰보건연맹, 그리고 고아를 위한 원조 등 현존하는 프로그램을 계속 지원해 주고 있다.13)

한편 OWS에서 커뮤니티 경찰활동의 역할은 문제가 된 지역의 이웃주민과의 관계를 개선하고, 이들 주민이 안고 있는 문제점을 해소하기 위하여 담당경찰(개인 또는 팀으로 구성)을 배치하는 것이었다. 이러한 임무를 맡고 있는 경찰은 문제해결, 지역연계, 청소년 보호활동 등에 전념할 수 있도록 하기 위하여 무선호출에 출동하는 임무는 맡지 않았지만, 경우에 따라서는 여전히 법집행과 범죄자 체포임무를 함께 수행하였다. 그리고 이 프로그램에서 담당경찰은 검사, 보호관찰관, 연방법집행기관, 이웃주민, 정부 및 사회사업가 등 다양한 집단과 함께 업무를 수행할 수 있도록 하였다. 또한 지도위원회를 설치하여 경찰을 포함한 각 조직들이 프로그램을 조정하도록 하고, 재원을 공유하며, 아울러 문제를 보다 효과적으로 해결하고자 노력하였다.

결과적으로 OWS의 이러한 활동들이 폭력범죄와 약물과 관련된 범죄 등을 감소시키는 데 있어서 매우 중요한 기능을 하였다고 평가하기는 어렵지만, 이는 적

---

12) J.A. Roehl et al., *National Process of Operation Weed and Seed*, Washington, DC: National Institute of Justice, 1996, pp. 2~9.

13) 우리나라에도 예컨대, 미혼모 보호시설, 도박중독센터, 마약중독 치유센터, 알콜중독 상담센터, 그리고 범죄피해자 지원센터 등 여러 보소시설이 국가지원 및 민간차원에서 운영되고 있다.

어도 커뮤니티 경찰활동의 기본철학을 전파시키고, 아울러 커뮤니티 경찰활동이 커뮤니티와 경찰 모두에게 긍정적인 영향을 미치는 데 기여하였다고 볼 수 있다. 그리고 이 프로그램을 통해서 경찰활동의 성과는 커뮤니티와 상호작용을 통해서 증대되며, 경찰과 커뮤니티가 경찰활동에 있어서 상호 중요한 기능을 수행할 수 있음을 보여주었다.

그리고 이 프로그램의 특징은 경찰이 주도한 것이 아니라 중앙정부가 직접 관여했다는 것인데, 이는 범죄문제가 단지 경찰만의 문제가 아니라는 것을 의미하며, 한편으로는 범죄문제가 심각한 수준에 이르렀음을 보여 주는 것이다. 또한 이 프로그램이 단순히 범죄문제에만 초점을 둔 것이 아니라, 더 나아가 건전한 사회 및 복지사회 건설에까지 그 목표를 두고 있다는 점이다. 그리고 이 프로그램을 통해서 커뮤니티 경찰활동의 가능성을 보여 주고 있음에 주목해야 할 것이다.

2) 아동안전지킴이집과 아동안전지킴이 전략

시민참여 프로그램은 커뮤니티의 구성원들을 경찰활동에 함께 참여시키는 활동이라 할 수 있다. 시민은 경찰활동에 참여함으로써 이에 대한 이해를 도모하고, 아울러 경찰활동의 성과를 향상시킬 수 있게 된다. 일반적으로 참여자들은 일정한 절차(자발적인 지원 내지 경찰의 모집)를 거쳐 선발되고, 일정 기간 동안 교육을 받고 경찰과 함께 또는 단독으로 경찰활동에 참여하게 된다. 그리고 시민참여활동에 대한 일정한 반대급부(소정의 활동비, 안전보험 가입, 세금혜택 등)를 제공하거나, 그러한 반대급부 없이 이루어질 수도 있을 것이다.

2007년 12월 안양 초등학교 여학생들의 유괴, 성폭행·살해사건에 이어 이듬해 3월 일산 초등 여아 납치미수사건 등 아동을 대상으로 한 강력범죄가 잇따라 발생하면서 국민들의 불안이 고조되었다. 이에 경찰청에서는 2008년 4월 아동범죄 예방을 위해 지역주민 참여 방안의 하나로 아동안전지킴이집과 아동안전지킴이 제도를 시행하게 되었다.[14]

최초 아동안전지킴이집과 아동안전지킴이는 법률의 근거 없이 대통령지시에

---

14) 이하 경찰청, 경찰백서, 2016, pp. 85~92.

의하여 예산을 긴급편성 받아 운영되었으나, 2011년 보건복지부와 공동으로 아동복지법에 두 제도의 설치와 운영에 대한 근거를 마련하여 2012년 8월 5일부터 시행령과 시행규칙을 공포, 범죄경력조회 확인 등 운영근거를 마련하여 내실화를 기하게 되었다.

(1) 아동안전지킴이집 운영

① 추진경과

2008년 4월 초등학교 통학로 주변에 있는 문구점·약국·편의점 등 2만 4천여 개소를 지킴이집으로 위촉하고 운영을 시작하였다. 2009년에는 지킴이집 로고를 상표 출원(업무표장)하면서 홍보효과를 제고하고, 한국편의점협회(2월)·대한약사회(5월)와 지킴이집 협약을 체결하였으며, 2011년도에는 중소기업청 산하 '나들가게'를, 2012년도에는 (주)쿠쿠홈시스, 2013년도에는 (주)휠라 코리아 로드샵, 2014년도에는 삼성전자판매 직영점을 지킴이집으로 위촉, 활용하는 등 중앙조직이 있어 체계적인 관리가 가능한 사업체 위주로 지킴이집을 선정하였다.

아동안전지킴이집 로고

또한, 2009년부터는 고정된 장소 위주의 지킴이집을 보완하기 위하여 '움직이는 지킴이집'이라 할 수 있는 「아동안전수호천사」제도를 도입하였고, 2010년 한국야쿠르트(주), 우정지방본부 등과의 협약에 이어 2011년에는 태권도협회, 모범운전자회 등으로 확대 운영되면서 골목길, 이면도로, 농어촌 지역 등지에서 아동안전보호활동은 물론 범죄 신고자 역할까지 수행하고 있다.

외국의 아동보호제도

 호 주 : 위험한 사람이 접근하거나 다쳤을 경우 아동 위험 시 피신하는
Safety House 운영(1979년~)

 미 국 : 길을 잃거나 위험에 처한 아동 임시보호 프로그램
McGruff House 운영(1982년~, 44개 주 운영)

 캐나다 : 위험에 처한 아동을 임시보호, 경찰에 연계하는 Block Parent
(골목부모) 활성화(1986년~, 약 30만 가구)

② 운영현황 및 주요활동

전국적으로 20,205여 개소의 지킴이집과 20,700여 명의 수호천사에 대해 전담지역경찰관을 지정, 매월 1회 이상 지킴이집을 방문, 봉사활동에 대해 격려와 교육을 하고 있다. 그리고 신학기 초 학교주변 학생안전 강화구역 등에 대한 점검을 병행, 지킴이집으로써의 위치 적정 여부 등을 심사, 무관심·부적격 사업장은 해촉하고 체계적 관리 가능한 사업장 위주로 위촉, 운영에 내실을 기하고 있다.

표 8-1 아동안전지킴이집 현황

구 분	총계	편의점	약국	문구점	상가	기타
2014	20,512	2,540	1,626	3,148	6,809	6,121
2015	20,205	2,542	1,546	3,012	6,770	6,335
증감(%)	-507(-1.5)	2(-)	-80(-4.9)	-136(-4.3)	-39(-0.6)	+214(+3.5)

표 8-2 아동안전수호천사 현황

구 분	총계	야쿠르트	집배원	모범운전	태권도	기타
2014	21,481	8,929	8,982	1,759	1,186	625
2015	20,696	8,471	8,804	1,626	1,281	514
증감(%)	-785(-3.7)	-458(-5.1)	-178(-2.0)	-133(-7.6)	+95(+8.0)	-111(-17.8)

이상과 같은 노력에 따라, 2008년 9월 총리실 주관 정부합동 현장점검에서 '지역특성에 맞는 다양한 운영으로 효과적인 아동보호 제도로 단시간 내 정착되었다'는 평가를 받은 데 이어, 초등학교 국정교과서에 지킴이집과 관련된 내용이 게재되는 등 아동보호를 위한 경찰의 핵심제도로 자리 잡아 가고 있다. 또한 2008년 4월 최초 운영 이후 2014년까지 성추행범 등 범인 1,804명을 직접 검거하거나 지원하여, 83,268명의 아동 등을 보호하는 성과를 내게 되었다.

(2) 아동안전지킴이 운영

① 추진경과

퇴직경찰·교사 등 은퇴한 노인전문인력을 아동안전지킴이로 선발, 평일 취약시간대 아동의 움직임이 많고 범죄발생률이 높은 지역에 배치, 아동 대상 범죄예방 순찰활동 및 노년층 일자리 창출 등 '국민안전, 국민행복' 구현을 목적으로 하고 있다.

이에 따라 2008년 8월 '아동·여성보호 종합대책' 일환으로 재향경우회원 110명을 선발, 지킴이 사업을 시범실시 하였고, 2009년 2월 보건복지부 주관, 4자 간의 협약을 체결하고 101개 경찰서에 1,010명을 배치, 본격적인 활동이 시작되었다. 2010년에는 '아동성폭력 재발 방지대책' 일환으로 174개 경찰서(1,740명)로 확대하였고, 2011년에는 '아동안전 보완대책' 일환으로 전국 249개 경찰서(2,270명)에 배치되었으며 2012년에도 동일하게 운영되었다. 그런데, 그동안의 운영에 대한 실질적인 책임은 경찰에 있으면서도 예산은 보건복지부 소관으로 운영됨에 따른 비효율적 운영체계에 대한 개선 필요성에 대해 논의가 진행되었다.

이러한 과정에서 2012년 7월과 8월 경남 통영과 전남 나주에서 발생한 아동 성폭력 살인, 유괴 후 성폭력 사건 등 강력사건이 연달아 발생하였다. 이에 따라 같은 해 8월 '아동·여성 성폭력 근절대책 정부합동 TF회의'와 국회 결정으로 학교 밖 아동범죄예방 사업예산이 경찰청으로 통합되어 2013년도부터 경찰책임으로 운영되었다.

아동안전지킴이 발대식(제천경찰서)

자료: http://blog.daum.net/aeran0704/13754717.

그리고 국회와 정부부처에서 경찰책임 운영에 대한 기대와 관심으로 인력과 예산이 대폭 증액되어 2014년 총 6,470명, 240억 900만원으로 예산 편성되어 2015년까지 동일하게 이어졌다. 경찰청에서는 지킴이 복제 전면 개선, 상의 배면에 소속 지방경찰청과 전면 상단에 소속 경찰서를 표기하여 소속감과 책임감을 부여하는 한편, 가시적인 예방 순찰활동을 통해 지킴이 활동에 대한 대국민 신뢰도를 향상시켰다.

② 주요활동

출범 후 7년이 지난 아동안전지킴이는 하굣길 아동의 안전 활동뿐만 아니라 민생치안 및 여성안심구역까지 활동범위를 넓혀 여성, 청소년, 치매노인 등 사회적 약자 보호활동도 적극적으로 수행함으로써 부족한 경찰력을 보완하며 지역사회의 든든한 파수꾼 역할을 하고 있다. 또한, 경찰서장 등의 직무교육을 의무화하고 여성가족부·보건복지부 등과 협력해 산하 위탁기관 전문 강사를 지원받아 성폭력·

성희롱·아동학대 등에 대한 현장 대응역량 향상을 위한 교육을 실시하였다. 그리고 정책 수혜자인 아동·학부모·교사를 대상으로 지킴이 운영에 대한 인지도·만족도 등에 대한 설문조사를 실시, 아동안전에 대한 관심도를 제고하고 효율적인 운영을 위한 개선방안 등을 정책에 반영되도록 하였다.

이 제도의 운영성과를 살펴보면, 2012년도 학교폭력에 시달리다 동급생을 칼로 찔러 중상해를 입히는 범죄현장 근처를 순찰 중이던 지킴이들이 목격, 검거하여 출동 경찰관에게 인계하는 등 2008년부터 2015년에 이르는 동안 범인검거(지원) 1,879건, 범죄예방 및 보호실적이 236,748건 등 총 238,627건의 아동보호활동을 실시하였다.

한편, 2015년 아동안전지킴이 수혜자인 학부모·아동·교사를 상대로 아동안전지킴이 운영에 만족도 설문조사 결과, 인지도(85.1%) 및 만족도(77.2%)가 높은 것을 확인할 수 있었고, 아동범죄 예방활동에 도움(83.1%)이 되며 추가 확대가 필요하다(90.1%)는 응답이 높게 나타났다. 이러한 의견을 바탕으로 경찰에서는 보다 체적인 안전망 구축과 적극적인 예방활동으로 우리나라의 미래인 아동이 보다 안전한 사회에서 성장할 수 있도록 아동안전지킴이를 확대·증원해 나갈 계획이다.

3) 기타 프로그램

시민참여 프로그램은 단지 범죄문제에 대한 예방활동뿐만 아니라, 우리 사회에서 보호를 필요로 하는 사회적 약자에 대한 활동도 포함된다. 물론 이들이 적절한 보호를 받지 못했을 때, 잠재적인 범죄자가 될 수도 있으며, 잠재적인 범죄피해자가 될 수도 있다. 경찰활동이 단순한 법집행과 질서유지차원을 넘어서 수많은 서비스영역에까지 확대되고 있다는 점을 감안할 때, 범죄문제 외의 경찰수요에 대한 능동적인 대응 역시 필요한 것이다.

그리고 주목할 만한 것은 최근 사이버공간에서 발생하는 범죄가 심각한 사회문제로 등장하고 있으며, 범죄가 사이버공간에 국한되지 않고 현실세계에까지 이어지는 경우가 많기 때문에 대응이 어렵다는 사실이다. 또한 사이버공간은 일정한 지리적 영역에 기반을 두지 않고 거의 무한대에 가까운 영역을 가지고 있다는 점에서 경찰의 대응을 어렵게 하고 있다. 아울러 아직까지 사이버범죄에 대응하는 전문경찰력이 부족한 실정이다. 이러한 점들을 비추어 볼 때, 시민들의 지원을 받아 범죄감시 및 순찰, 그리고 적절한 대응체계를 구축해야 할 것이다.

사이버 명예경찰 「누리캅스」

경찰에서는 2003년 4월부터 인터넷 명예경찰관(IHP: Internet Honorary Police)제도(현 사이버 명예경찰 「누리캅스」)를 도입하여 민·경협력 체제를 구축하여 운영하고 있다. 이들은 인터넷에 능통하고, 신고정신이 투철하며, 경찰업무에 관심이 많은 일반인(네티즌) 가운데 소정의 절차에 의해 선발된 사람으로서 '무보수·명예직 경찰활동'을 수행하고 있다.

이들의 주요활동은 사이버공간을 통해서 치안서비스와 경찰활동에 대한 제안, 사이버공간에서의 각종 불법사항에 대한 신고와 계도, 시민불편사항, 요망사항, 여론 등의 청취 및 전달 등이다. 즉 국민의 다양한 의견과 제안을 수렴하는 등 치안 서비스에 대한 국민과의 소통을 확대하여 경찰행정의 투명성과 객관성을 확보하고자 하는 데 그 취지를 두고 있다.

2015년에는 880명의 회원을 위촉하고, 기존의 연간 1~2회 신고대회(2주간) 개최 방식에서 기간별로 테마를 선정하고 집중 모니터링 실시하는 방식으로 개선, 연중 모니터링 활성화를 위한 토대를 마련하였다. 또한 홈페이지 디자인을 전면 개편하고, 신고 기능을 개선하는 등 회원들의 사용 편의성 증진을 위해 홈페이지를 개선하였다.[15]

또한 경찰행정업무와 관련하여 특별히 전문적인 지식을 필요로 하지 않는 부분에 대해서도 시민참여자를 보조자 등으로 활용하는 방법은 능률성 차원에서 상당한 성과를 기대할 수 있을 것이다. 한편 단순한 자원봉사차원을 넘어서 시민이 민간인의 차원에서 경찰활동에 직접 직업적 전문가로서 참여하는 방법도 모색할 수 있을 것이다.

---

15) 사이버경찰청(http://www.police.go.kr/HONOR/).; 경찰청, 경찰백서, 2016, p. 248.

제3절

커뮤니티 경찰활동의 평가

1. 평가의 기준설정

커뮤니티 경찰활동의 철학·이념과 역할이 정립되고, 이에 따라 경찰조직의 구조와 조직운영방식이 개편되고, 아울러 새로운 프로그램을 만들어 이를 시행하고, 끝으로 이에 대한 적절한 평가가 이루어져야 한다. 커뮤니티 경찰활동에 대한 평가과정을 통해 현재 이루어지고 있는 커뮤니티 경찰활동이 과연 성과가 있는지, 아니면 특별한 성과가 없는지를 평가하고, 아울러 문제점 및 개선방안을 제시할 수 있어야 한다.

커뮤니티 경찰활동이 경찰활동의 새로운 대안으로 제시되고 있는 현시점에서 경찰과 일반시민을 모두 포함한 사회 전체 구성원들에게 설득력 있게 받아들여지기 위해서는 이의 뚜렷한 성과가 전제될 때 가능한 것이다. 그동안 제기되어 온 문제, 즉 커뮤니티 경찰활동이 하나의 탁상공론에 불과하며, 오히려 범죄와 무질서를 가중시킨다는 일부의 우려를 불식시키기 위해서는 이에 대한 긍정적인 성과가 제시되어야 한다.

그러나 커뮤니티 경찰활동이 완료상태가 아닌 현재진행 중인 초기상태라는 점에서 아직까지 이의 평가기준 및 방법 등은 여전히 수많은 시행착오를 거쳐야 할 것이다. 그렇기 때문에 단순히 현재의 시점에서 그 평가결과가 좋지 않다고 단정하는 것은 옳지 않다. 앞으로도 10년, 20년, 혹은 그 이상의 오랜 기간을 두고 이에 대한 연구를 지속해야 할 것이다.

어쨌든, 커뮤니티 경찰활동에 대한 적절한 평가기준을 제시하는 것은 무엇보다도 중요한 일인데, 여기서는 이를 '생산성'(Productivity)이라는 개념으로 접근하기로 한다. 생산성 개념은 원래 민간부문에서 제기된 것인데, 근래에 들어 경찰을 포함한 공공부문에서 이를 새롭게 개념정의하여 접근방법을 모색하고 있다. 즉, 민간부문의 생산성은 서비스 생산과정에서 비용절감과 관련된 능률성으로 정의되는 반면, 경찰활동에서의 생산성은 능률성뿐만 아니라 서비스의 결과나 질을 중시하는 효과성이 동시에 공존하는 것으로 보고 있다. 따라서 이 두 가지를 효율성과 같은 의미로 규정하기도 하고,16) 더 나아가 공공서비스전달의 형평성을 생산성 개념에 포함시키기도 한다.17)

형평성은 일종의 배분적 정의로써 공공서비스의 혜택을 모든 사회구성원들이 균등하게 받는 것을 의미한다. 경찰활동의 효과성이 높게 나타나기 위해서는 사회구성원들의 만족도가 높게 나타나야 가능한 것이다. 따라서 시민의 만족도를 의미하는 효과성과 그러한 만족도의 적절한 분배를 의미하는 형평성은 상호 밀접한 관련성을 갖는다고 볼 수 있다.

따라서 커뮤니티 경찰활동의 성과는 능률성·효과성·형평성을 구성요소로 하는 생산성의 관점에서 접근하게 된다. 다만 이러한 기준은 시대와 장소에 따라 상대적 비중이 강조되어 왔다. 어떤 때에는 능률성이 강조되어 오다가, 어떤 때에는 효과성 등이 더욱 중요한 것으로 강조되기도 하였다. 최근의 경향을 보면, 경찰의 입장에서 평가하는 능률성보다는 시민의 입장에서 평가하는 효과성과 형평성에 오히려 더 초점을 두고 있다고 볼 수 있다. 이는 본질적으로 능률성이 문제를 안고 있기 때문에 그렇다기보다는 과거에 지나치게 능률성에 의존하여 국가 스스로 평가하여 시민들에게 주입식으로 알려 주는 방식이 주를 이루었다. 그러나 국가행정의 투명성이 강조되고, 시민의 삶의 질이 중요한 가치로 등장함에 따라, 그리고 시민들의 목소리가 커지게 됨에 따라 시민들 스스로가 자신들의 삶에 대해 어떻게 평가하는지가 보다 중요한 가치로 등장하게 된 것이다. 즉, 능률성이라는 하나의 기준에 의존하기보다는 효과성과 형평성 등 여러 기준을 동시에 강조하게 됨에 따라 생산성의 평가가 보다 보편성을 지향하게 된 것이라 할 수 있다.

---

16) 이황우, 경찰행정학, 서울: 법문사, 1998, p. 35.
17) Jeffrey L. Brudney & David R. Morgan, "Local Government Productivity: Efficiency and Equity," in Rita Mae Kelly(ed.), *Promoting Productivity in the Public Sector: Problems, Strategies and Prospects*, New York: St. Martin's Press, 1988, pp. 163~164.

1) 능률성

경찰활동의 능률성(Efficiency)은 주어진 서비스수준을 달성하기 위하여 요구되는 인력(Human)과 비용(Cost) 및 외부환경(environment)자원의 수준과 관련된다. 경찰활동의 능률성은 특정한 산출로서의 목표와 목적을 달성하기 위하여 얼마만큼의 시간과 비용이 투자되어야 하는가의 문제가 주요 관심사항이 된다.[18] 따라서 서비스주체가 보다 능률적이기 위해서 조직은 산출목표와 목적을 시간과 비용의 감소를 통해 달성하거나, 같은 비용으로 더 큰 산출효과를 얻어야 한다는 결론이 나온다.

이처럼 경찰활동의 측정기준으로서 능률성은 경찰활동에 대해 투입된 비용의 정도를 말하는 것으로, 서비스주체가 무엇을 수행하였는가보다는 얼마나 비용을 절감하였는가에 중점을 둔다. 이와 관련하여 린드와 립스키(Lind & Lipsky)는 경찰활동의 산출 및 측정을 네 가지 유형으로 제시하고 있다.[19] 이 네 가지 기준은 ㉠ 1인당 경찰지출예산액(Per Capita Expenditure), ㉡ 검거율과 출동시간(Response Time)과 같은 중간생산물의 범위, ㉢ 현실범죄율이나 희생확률 등의 최종산출물, ㉣ 생산된 이익(편익)의 금전가치이다. 이 가운데, 1인당 지출예산액은 그 자체만으로 보면 경찰활동의 비용의 크기, 즉 효과나 비용, 그리고 경찰서비스의 조건에서 규모의 경제(Economics of Scale)가 어떤 것인가를 우리에게 제시해 준다고 볼 수 있다. 따라서 능률성을 측정하는 통계적 기준으로서 범죄율, 검거 및 구속건수, 출동시간, 유죄율 등이 많이 이용되어 왔다. 그러나 편익의 금전가액으로 산출물을 평가할 때에는 많은 어려움이 있기 때문에, 경찰서비스 생산함수와 활동성과를 연구할 때에는 중간생산물로서 범인 검거율(Arrest Rate)을 많이 사용하게 된다.[20]

한편 경찰활동의 산출(Output)을 결정짓는 과정에는 경찰관의 선발과 교육훈련·조직설계·관리행태·리더십·커뮤니티의 기대 등이 포함된다. 경찰관리자는 경찰활동의 결과(Outcomes)보다는 산출(Output)에 영향력을 행사하고 있다.[21] 이러한

---

18) Charles R. Swanson et al., *Police Administration*, New Jersey: Prentice-Hall, 1998, p. 599.
19) 이상안, 범죄경제학, 서울: 박영사, 1999, p. 400 재인용.
20) 위의 책, p. 400.
21) Roy R. Roberg, & Jack Kuykendall, *Police Management*, LA: Roxbury Publishing Company, 1997, 10.

경찰활동의 능률성은 개인용 컴퓨터의 보급을 통한 전산화, 보고서의 수를 줄이는 방법, 내구 연한이 긴 장비를 구입하는 방법, 지휘체계를 재구성하는 방법, 계급의 수를 줄이는 방법, 낮은 보수의 시민을 고용하여 고임금의 경찰인력과 대치하는 방법 등을 통해 어느 정도 이루어질 수 있다.

그러나 경찰조직이 보다 능률성을 지향하기 위해서는 이러한 미시적이고 기술적인 개혁보다는 거시적이고 혁신적인 개혁이 함께 이루어져야 한다. 이는 ㉠ 전문가적 관리기법의 발전, ㉡ 기획과 조사연구의 개선, ㉢ 지휘권의 분권화 등의 방법으로 논의될 수 있다. 한편 능률성과 관련하여 불필요한 감독계층에 의한 명령체계를 간소화시키는 방법 또한 중요하게 인식되고 있다.22) 이 밖에도 비용절감을 통한 경찰활동의 능률성 향상방안으로서 민간부문의 활용, 경찰직무와 직접 관련 없는 부수적 업무의 제거, 경찰서비스에 대한 요금징수 등을 들 수 있다.

그런데 능률성 차원에서 경찰활동의 생산성을 측정한다는 것 또한 결코 쉬운 일이 아니다. 능률성 개념은 조직내적 과정에서의 경제적 합리성을 의미하는 개념으로서 서비스 공급기관과 지역주민과의 상호관계를 주요대상으로 하는 경찰활동에 있어 생산성 차원으로 파악하기에는 어느 정도 한계를 안고 있기 때문이다.

2) 효과성과 형평성

경찰활동의 효과성(Effectiveness)은 제공된 서비스의 영향(Impact)과 질(Quality)에 관련된 것이다. 경찰활동의 효과성은 서비스가 시민 또는 특정고객에게 전달되었을 때, 그에 대한 긍정적(Positive)인 결과뿐만 아니라, 부정적(Negative)인 결과까지도 평가대상으로 삼게 된다.23) 효과성은 이러한 입장에서 서비스주체가 갖고 있는 일반적 목표 또는 특정한 목적의 성취도와 관련되는데, 거시적으로는 공공의 안녕과 질서유지 정도가 여기에 해당되며, 단순한 범죄의 감소도 효과성에 영향을 미친다고 볼 수 있다.

따라서 효과성 차원에서 볼 때, 기본적으로 모든 경찰활동의 결과는 시민의 태도(예컨대, 범죄에 대한 안전도 내지 두려움 정도, 시민의 경찰에 대한 만족도 등)와 행위

---

22) *Ibid.*, pp. 84~91.
23) Charles R. Swanson et al., *op. cit.*, pp. 599~600.

(범죄행위에 대한 적극적인 시민협력 정도 등)에 관련되어 있다.

또한 서비스주체의 통제범위 밖에 있는 많은 변수들이 시민의 태도와 행위에 영향을 미친다는 점도 고려해야 한다. 서비스주체의 활동에 대한 시민태도의 현저한 변화, 그리고 시민의 범죄에 대한 두려움 정도의 변화와 같은 효과성의 증대는 경찰이 경찰활동의 결과를 달성하기 위한 수단을 변화시키기 때문에 보다 적극적으로 고려되어야 할 필요가 있다. 예컨대, 경찰관이 재량권의 남용을 줄이고, 시민의 접근이 쉽도록 하며, 친근하게 도움을 주고, 경찰의 가시성을 높임으로써 가능하게 된다. 그러나 시민의 범죄에 대한 두려움 정도와 경찰에 대한 태도는 한편으로 경찰활동과는 무관하게 변화할 수 있다는 점을 간과해서는 안 된다.

한편 경찰활동의 형평성(Equity) 또는 공정성(Rectitude) 문제는 효과성 및 능률성과는 또 다른 관점으로서 아마도 시민들에게 가장 민감한 이슈로 제기되고 있을 것이다. 예컨대, 경찰활동의 형평성은 경찰이 법에 따라 시민을 얼마나 공평하고 도덕적으로 대하고 있는가를 묻는 문제로서, 이는 범죄예방이나 비용절감을 통한 효과성 내지 능률성과는 별개의 개념으로 작용하는 것이다. 또한 경찰활동의 형평성은 사회계층·성·지역 등에 따른 집단 간의 차별적 이익의 제공에 관한 문제로서 주로 사회적 형평의 문제를 의미한다고 볼 수 있다. 특히 경찰서비스의 배분에 관한 연구에 있어서 가장 핵심적인 내용은 주민들의 사회적 계층에 따라 경찰서비스가 공평하게 배분되고 있는가를 규명하는 문제라 할 수 있다.

영국의 경우, 1980년대에 이르러 시민차원에서 경찰업무가 공정하게 이루어졌는가에 대한 재검토위원회가 설립됨에 따라 경찰의 시민에 대한 법집행의 일방통행적 권한행사가 사실상 어렵게 된 것이다. 이러한 위원회를 통해 경찰의 잘못된 법집행은 두 가지 관점에서 다루어졌는데, 잘못된 경찰관의 행위에 대한 조사와 그러한 경찰관에 대한 처벌의 결정이 그것이다.

전통적으로 이러한 문제는 모두 경찰조직 자체적으로 처리되었으나, 최근에 들어서는 시민 재검토위원회가 그러한 문제에 대한 조사와 처벌에 관여하기 시작하였다. 미국의 뉴욕과 휴스톤 및 디트로이트 경찰조직의 경우, 시민이 경찰관의 잘못에 대한 조사를 할 수 있도록 하는 경우가 있는가 하면, 어떤 경찰조직은 해당 경찰관의 처벌에 대한 의견까지도 제시할 수 있도록 하였다. 그리고 오스트레일리아(호주)와 영국 및 캐나다 경찰조직의 경우 시민들에게 상당히 많은 권한을 부여하고 있다. 특히 영국의 경우, 1985년에 경찰불평처리위원회(PCA: Police Complaints Authority)가 설립되어 모든 경찰관의 잘못된 행태에 대하여 감독 및 조사를 하도록 하고 있다.[24]

따라서 각국 각 지역에서는 경찰활동의 형평성·공정성과 관련하여 경찰조직 자체적으로 매우 다양한 프로그램들을 개발하고 있음을 알 수 있다. 이는 ㉠ 시민의 불평해소절차와 조사의 실행을 위한 새로운 내부규정의 수립, ㉡ 잘못된 경찰의 행태에 대한 조사를 위한 부서의 설치, ㉢ 신규채용의 다원화, ㉣ 문화적 다양성 및 특성을 이해하도록 하는 교육훈련, ㉤ 비폭력적인 방법을 사용하여 관할 주민과의 갈등을 해결할 수 있도록 하는 교육훈련, ㉥ 경찰의 불공정한 태도에 대한 시민의 신고 및 제보 유도, ㉦ 무기사용과 같은 논란의 여지가 있는 경찰활동 유형에 대한 집행방법상의 메뉴얼 제작, ㉧ 무기를 사용한 범죄자나 상습범죄자들의 불법행위를 정확히 파악·대응할 수 있도록 관련부서의 재조직화 하는 것 등으로 구체화되고 있다.

그런데 결과적으로 경찰활동의 효과성과 형평성은 어떤 면에서 매우 밀접한 관계를 맺고 있다. 효과성이 서비스 수혜자인 시민의 관점에서 서비스의 영향과 질을 평가하는 과정은 형평성에 대한 하나의 기준을 제시해 준다. 왜냐하면 서비스 수혜자인 시민의 만족도가 모두 높게 나타난다면, 경찰활동의 형평성 또한 높게 나타날 가능성이 많기 때문이다. 반대로 서비스 수혜자의 일부가 서비스에 크게 불만을 나타내고 있다면, 이는 서비스가 효과적이지 못하였다는 것이며, 결과적으로 서비스가 형평성을 갖지 못했다는 것을 의미한다.

물론 경찰활동이 형평성을 갖기 위해서는 서비스에 대한 만족도 이전에 서비스 공급이 공평하고, 형평성 있게 이루어져야 한다. 다만, 서비스가 공평하고, 형평성 있게 공급되었다 할지라도 경우에 따라서는 이에 대한 불만이 제기될 수도 있다. 반대로 서비스가 공평하고, 형평성 있게 공급되지 못했을지라도 전반적으로 경찰활동에 대한 만족도가 높게 나타날 수도 있을 것이다.

한편, 경찰활동의 형평성 문제는 커뮤니티 내의 각 구성원에 따라 다르게 나타날 수 있다. 그러나 형평성 문제는 전반적으로 사회적·경제적으로 지위가 있는

---

24) D.H. Bayley, *Police for the Future*, New York: Oxford University Press, 1994, p. 91.

계층과 그렇지 못한 계층 간에 발생하는 문제라고 할 수 있다. 따라서 커뮤니티 경찰활동과정에서 이러한 문제를 어떻게 해결할 것인가 하는 것이 과제로 남게 된다.

　　이상에서 경찰활동의 생산성을 측정하는 데 있어서 주요관점 및 과정을 살펴보았는데, 이를 토대로 아래 그림에서는 경찰활동의 생산과정을 능률성·효과성 그리고 형평성의 차원에서 제시하였다.[25]

　　경찰활동을 보다 효과적으로 활성화시키기 위해서는 무엇보다도 커뮤니티 경찰활동이 커뮤니티의 안전에 미치는 영향을 유형별로 잘 파악해야 한다. 이를 위해서는 먼저 커뮤니티 경찰활동이 어느 정도 진행되고 있는지를 확인해야 하며, 또한 그것을 측정해야 한다. 그 다음 단계에서는 이러한 활동들이 커뮤니티의 안전에 미치는 영향을 평가해야 한다.[26]

그림 8-2　경찰활동의 평가기준 및 과정

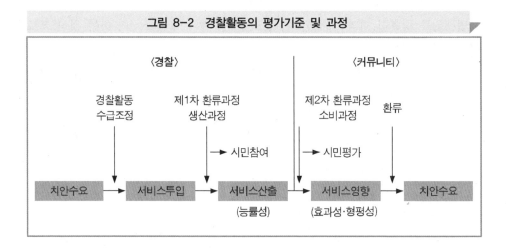

2. 평가의 유형

　　경찰활동의 생산성은 범죄발생율, 범인체포율과 같은 외적인(Hard) 요소뿐만

---

25) 이효, "도시공공서비스의 생산성에 관한 연구: 도시상수도의 사례," 경희대학교 대학원 박사학위논문, 1994, p. 29 재구성.
26) 정윤수, "치안서비스의 공동생산에 관한 이론적 고찰," 경대논문집, 제13집, 1993, pp. 287~288.

아니라 주민의 안전성과 치안정책의 타당성 및 치안에 대한 신뢰와 같은 내적(Soft)인 요소까지 중요하게 고려된다.[27] 이러한 점을 고려하여 아래 표에서 보는 바와 같이 경찰활동의 생산성 측정기준을 직접적(Direct)인 것과 간접적(Indirect)인 것으로 구분하였다.

여기서 직접적인 것은 위에서 언급한 외적인 부분과 내적인 부분을 의미하며, 간접적인 부분은 경찰활동의 결과(Effects)라기보다는 서비스주체의 노력(Efforts)과 관련된 것이다.[28]

표 8-3 경찰활동의 평가유형

구분	경찰	커뮤니티
직접적 기준	Ⅰ. Hard • 범죄발생율 • 범죄피해자화 정도 • 커뮤니티 내에 발생한 문제해결의 수 • 범인체포율 • 사건해결율	Ⅰ. Hard • 범죄발생율 • 범죄피해자화 정도 • 커뮤니티 내에 발생한 문제해결의 수
	Ⅱ. Soft • 범죄에 대한 두려움 • 범죄에 대한 안전도 • 경찰에 대한 신뢰 • 경찰활동에 대한 만족도 • 경찰에 대한 지원 정도	Ⅱ. Soft • 범죄에 대한 두려움 • 이웃에 대한 책임 • 커뮤니티의 유대감 • 경찰에 대한 신뢰 • 경찰활동에 대한 만족도 • 경찰에 대한 지원 정도
간접적 기준	• 경찰관의 수 • 순찰경찰관의 수 • 수사경찰관의 비율 • 하위경찰에 대한 관리직의 비율 • 경찰의 대응시간	• 시민 개인의 자발적 참여 정도 • 시민의 집단적 참여 정도 • 커뮤니티 범죄예방모임의 수 • 이웃공동감시집단의 수

전통적인 경찰활동의 생산성은 대부분이 경찰의 범죄 및 무질서에 대한 사후 대응에 초점을 둔 것이다. 그러나 오늘날에 이르러서는 생산성 측정기준의 고려대

27) James J. Fyfe et al., *Police Administration*, New York.: McGraw－Hill Companies, Inc., 1997, p. 378.
28) David H. Bayley, "Back from Wonderland, or Toward the Rational Use of Police Resources," in Anthony N. Doob(ed.), *Thinking about Police Resources*, Toronto: University of Toronto, Centre for Criminology, 1993, p. 15; James J. Fyfe et al., *op. cit.*, pp. 378~379 재구성.

상이 경찰조직에서 외부환경으로 전환되기 시작하였다. 외부환경이 경찰활동의 생산성 측정의 주요기준이 된다는 것은 경찰조직의 자체적인 성과뿐만 아니라, 시민의 반응 즉, 경찰활동의 질(Quality)적인 측면을 보다 중시하기 시작했다는 것을 의미한다. 이는 생산성 측정 기준을 단지 경찰조직의 노력에만 두는 것이 아니라, 경찰활동으로 인한 결과에 더 관심을 두는 것을 의미한다.

1) 범죄발생의 정도

일반적으로 범죄발생 정도는 경찰활동의 결과를 나타내는 주요 측정기준으로 가장 많이 사용되고 있는데, 이는 보통 경찰에 인지 또는 신고된 범죄(Reported Crime)에 기초를 두고 있다. 범죄발생 정도에 대한 측정은 두 가지 방법이 있다. 하나는 공식적 통계자료를 통해서 접근하는 방법이며, 다른 하나는 서비스 수혜자인 시민을 대상으로 직접 범죄피해 경험 유무를 조사하는 방법이 있는데, 이들 양자 간에는 장·단점이 있다.

공식적 통계자료에 의할 경우, 단순히 범죄발생상황을 취합하는 데 그치지 아니하고, 범인검거상황을 함께 제시하여 통계작성시점의 범인검거율을 가늠해 보는 데 많은 참고가 된다. 또한 전국차원의 범죄발생 및 범인검거 상황뿐만 아니라 각 시·도별 범죄발생 및 범인검거 상황을 함께 제시하여 지역별 범인검거율을 비교해 볼 수 있는 여지까지 제공해 준다. 또한 범죄의 발생시간, 발생요일, 범죄발생부터 인지까지의 기간, 범죄수법, 범죄발생장소, 수사개시의 단서, 피해자의 성별과 연령, 재산피해의 정도, 신체피해상황 등을 자세히 분석해 준다. 그리고 범죄자의 성별, 직업, 전과관계, 피해자와의 관계, 범행동기, 교육 정도, 종교, 생활환경 등을 자세히 분석하여 범죄현상을 입체적으로 보여 준다. 이 밖에도 범죄자의 구속 여부와 처리결과, 범죄유형별 발생빈도, 범행수법, 범행동기를 제시해 주는 등 어느 지역 내지 국가에서 발생하는 전체범죄현상을 체계적으로 이해하게 해 준다.[29]

그런데 범죄통계가 가지고 있는 유용성만큼이나 문제점도 많다는 점에 유의

---

29) 조병인, 현대사회와 범죄, 서울: 법문사, 2000, pp. 46~48.

하지 않으면 안 된다. 즉 어떤 면에서는 공식적 통계자료가 오히려 범죄발생의 실제를 잘 나타내지 못한다는 비판도 제기될 수 있다.[30] 왜냐하면 공식적 통계자료에 의존할 경우, 시민들이 범죄발생 시에 여러 가지 이유로 인해 언제나 신고를 하는 것은 아니며, 한편으로는 경찰내부의 상벌과 관련한 여러 가지 유인체계 때문에 때로는 과소하게 보고될 소지도 있기 때문이다. 또한 범죄발생 정도는 어떤 구역을 기준으로 그 구역의 주민들은 물론, 통행인들 사이에서 일어나는 모든 범죄를 포함하고 있어 실제 주민들이 겪는 범죄와는 다소 차이가 있다는 점이다.

그렇기 때문에 일반시민을 대상으로 직접 범죄발생 정도를 조사하는 방법(설문지 등)이 유용하게 쓰이기도 한다. 일반시민을 대상으로 직접 범죄발생 정도를 조사했을 때에는 공식적 범죄통계가 가지고 있는 한계점들을 어느 정도 극복할 수 있게 해 준다. 다만 이러한 경우에는 전체적으로 다양한 관점에서 범죄통계를 이해하는 데 한계가 있다. 따라서 보다 정확한 범죄발생 정도를 파악하기 위해서는 이들 공식적 통계조사와 직접적인 시민조사가 적절히 이루어져야 할 것이다.

2) 범죄피해의 정도

오늘날 범죄피해의 정도에 관한 실태조사는 경찰활동의 결과에 대한 주요측정기준으로 자주 사용되고 있다. 범죄로 인하여 피해자가 받는 피해는 범죄유형에 따라 다양하게 나타날 수 있으나, 일반적으로 육체적·경제적·정신적 피해를 중심으로 구분된다. 범죄를 겪게 되었을 경우, 재산을 박탈당하는 것과 함께 생명·신체의 피해를 겪게 되며, 이로 인해 치료비의 부담과 실직에 따른 수입 감소 등의 추가적인 경제적 피해가 나타나게 된다. 더욱이 범죄를 경험했을 때의 공포·슬픔 등이 잠재적으로 내재되어 치유하기 어려운 정신적 피해를 가져다주게 된다.

위와 같은 범죄 그 자체로부터 직접적으로 받는 피해와 이로 인해 형사절차과정에서 새로운 정신적 상처를 받는 상황도 고려하지 않을 수 없다. 범죄로 인한 피해 이외에도 이를 조사하는 과정에서 경찰 등 관련 형사사법기관으로부터 부당하고 불쾌한 취급을 받게 됨으로써 나타나는 2차적 피해문제도 또한 중요한 논쟁의

---

30) 위의 책, pp. 48~50; 김인, "경찰서비스 공동생산의 효과: 자율방범활동을 중심으로," 한국행정학보, 제31권, 제4호, 1997, pp. 82~83.

대상이 되고 있다.

종래 범죄피해문제로 인식되었던 것은 일반적으로 생명·신체·재산상의 피해가 중심이었으나, 최근에 들어 정신적 피해와 2차적 피해 또한 이에 못지않게 매우 심각한 사회문제를 가져다주고 있다는 인식이 고조되고 있다. 따라서 이에 대한 새로운 대안이 강력하게 요구되고 있는 추세이다. 범죄피해자는 제1차·2차 피해를 당한 후에도 가정과 사회의 무관심과 경원으로 인하여 또 다시 정신적·물질적 피해를 당할 가능성이 있는데, 이것을 '제3차 피해자화'라고 한다. 이러한 제3차 피해자화를 방지하기 위해 피해자에 대한 정신적·물질적 지원방안이 새로운 피해자 대책으로서 점차 논의되고 있다.[31]

한편, 범죄피해 정도는 범죄건수와 그 경중도가 고려된 하나의 지수로 나타낼수도 있다. 단순하게 범죄건수만으로는 주민들이 느끼는 피해 정도를 파악하는 것은 어렵다. 왜냐하면 살인·강도·강간·방화·절도·폭력 등은 각각 범죄로서의 심각성에 차이가 있기 때문이다. 물론 살인사건이라 하더라도 그 내용에 따라 주민들이 느끼는 범죄의 심각성은 다를 수 있다. 경찰활동의 결과를 측정할 때 이러한 모든 내용을 다 고려할 수는 없고, 다만 유형별로 그 경중의 정도를 고려하여 범죄피해 정도를 측정하기도 한다. 예컨대,[32] 김인 교수는 범죄의 심각성 정도와 관련하여 각 범죄유형별로 가중치를 부여하는 방법을 제시하였는데, 여기서 살인 55점, 강간 24점, 강도 34점, 폭력 23점, 야간침입절도 20점, 순절도 10점, 폭행 11점 등을 부여한 바 있다. 그러나 범죄피해에 대한 가중치 부여문제도 측정을 위한 기준에 불과한 것이지 모든 시민을 대상으로 일반화시킬 수는 없을 것이다. 어쨌든, 범죄발생 및 범죄피해 정도와 같은 객관적 자료는 주민들의 안전감 또는 안전성에 관한 이를테면, '부정적 지표'(Negative Indicator)라 할 수 있다.

따라서 이상과 같은 범죄피해의 다양한 개념정의 및 접근방법을 고려하면서 범죄피해에 대한 분석기준을 크게 물질적 피해와 정신적 피해로 이분하여 분석할수 있다. 그런데 개념정의상 범죄피해 정도를 굳이 구분한다면, 물질적 피해와 정신적 피해의 차원에서 논의될 것이나, 이를 이분하여 분석하는 것 자체가 한계가

---

31) 김용세, "일본에서의 피해자학 연구동향," 피해자학회보, 제7호, 1999, pp. 51~60.
32) 김인, "공공서비스배분의 결정요인과 형평성에 관한 연구," 서울대학교 대학원 박사학위논문, 1986, pp. 134~135.

된다. 범죄피해는 그 자체적 특성으로 양자를 분리하는 것이 불가능하기 때문이다.

3) 범죄에 대한 두려움과 안전도

범죄예방활동의 주관적 효과성 측정기준의 하나로서 범죄에 대한 두려움 (Fear)과 안전성(Safety)을 구분하여 분석하였다. 여기에서 안전성 또는 위험성이라 는 것은 '판단'(判斷)과 관련된 것으로서, 피해자가 될 위험성에 대한 판단 또는 인식 정도라고 할 수 있다. 그리고 두려움이라는 것은 일종의 감정 '감정'(感情)으로 서, 범죄의 피해자가 될 위험성을 인식하는 과정에서 형성되는 것이라 할 수 있다.

물론, 범죄에 대한 두려움이라는 것은 매우 추상적인 개념으로써 아직까지도 이에 대한 개념적 특성이 무엇인가, 혹은 어떠한 조작적 도구를 사용하여 이 개념 을 측정할 것인가에 대해서는 뚜렷한 합의가 없는 실정이다. 따라서 범죄에 대한 두려움을 측정하는 기준으로서 '두려움'(Fear)이라는 용어 자체를 사용하거나, 위험 성에 대한 인식(Perceived Risk), 우려(Concern)와 걱정(Anxiety) 및 불안(Unsafety) 등 과 같은 여러 가지 개념이 혼용되고 있다.[33]

한편 피해자학적 관점에서는 범죄에 대한 두려움을 '범죄의 피해를 받을 두려 움'과 '피해자가 되는 두려움'을 의미하는 것으로 보고 있으며, 이는 오늘날 피해자 학 연구의 중심과제가 되고 있다.[34] 따라서 범죄에 대한 두려움은 위험성에 대한 판단과의 관계에 있어 원인과 결과의 양자로서 작용한다고 볼 수 있다. 이와 같은 구분은 범죄에 대한 두려움이 범죄나 범죄와 관련된 상징에 의해서 야기되는 부정 적인 정서반응이며, 범죄에 대한 판단(위험성)이나 우려(가치)와는 개념적으로 구분 될 수 있다는 것을 보여 주고 있다.

따라서 일반적인 관점에서 볼 때, 범죄에 대한 두려움이 곧 범죄에 대한 안전 성과 동일하게 사용될 수도 있으나, 여기에는 상당한 차이가 있다. 특히, 대부분의 조사에서는 범죄에 대한 두려움을 피해자가 될 위험성에 대한 인식으로 정의하는 경향을 보이고 있다. 이를 구체적으로 살펴보면,[35] 미국의 전국범죄조사(NCS:

---

33) 최인섭·김지선, 범죄의 두려움에 관한 연구, 한국형사정책연구원, 1997, p. 25.
34) 日本被害者學會, "犯罪に對する國民の被害不安感," 被害者學會, 第6号, 1996; 宮澤浩一, 장규원 역, 피해자학입문, 서울: 길안사, 1999, p. 39 재인용.
35) 최인섭·김지선, 앞의 책, pp. 25~26 재인용.

National Crime Survey)에서 사용한 "당신은 당신이 살고 있는 동네에서 밤에 혼자 밖에 있을 때 얼마나 안전하다고 느끼십니까?"(How safe do you feel or would you feel being out alone in your neighborhood at night?)라는 문항과 "당신은 당신이 살고 있는 동네에서 밤에 혼자 걷고 있을 때 얼마나 안전하다고 생각하십니까?"(How safe would you feel walking alone at night in your neighborhood?)라는 문항 등이 범죄에 대한 두려움을 측정하기 위해 가장 자주 사용되고 있다. 이러한 문항들은 범죄에 대한 두려움을 측정하기 위해 개인에게 피해자가 될 위험성에 대한 판단을 질문을 하고 있다. 그리고 범죄피해의 위험성에 대한 판단을 측정하는 문항은 이 밖에도 지역의 범죄율에 대한 주관적 인식을 묻는 문항이 사용되기도 한다. 그러나 한편으로는 이것이 범죄에 대한 두려움을 측정하는 적절한 도구로 인식되고 있지 않는 경우도 있다.

페라로와 라그란지(Ferraro and LaGrange)는 미국의 NCS에서 측정하는 기준은 범죄에 대한 두려움을 측정하기 위한 것이 아니라, 단지 범죄에 대한 위험성 인식이라고 비판하고 있다. 실제로 응답자에게 "범죄로부터 얼마나 안전하다고 생각하는가?" 또는 "범죄의 피해자가 될 가능성이 어느 정도라고 생각하는가?" 등의 질문은 응답자에게 피해자가 될 위험을 추정하도록 요구하는 것이지, 그들이 범죄피해에 대해 얼마나 두려워하고 있는가를 묻는 것은 아니라는 점이다. 따라서 이들은 위험에 대한 판단(Judgements of risk)과 두려움에 대한 느낌(Feeling of fear)은 상호 별개의 인식이라고 설명하고 있다.[36]

또한 인지된 범죄피해의 위험성과 범죄피해의 심각성 및 범죄에 대한 두려움과의 관계를 연구한 워와 스태포드(Warr & Stafford)는 범죄에 대한 두려움과 인지된 범죄피해의 위험성은 단지 부분적으로만 관계가 있다는 것을 보여 줌으로써 범죄피해를 당할 위험성에 대한 인식은 범죄피해에 대한 두려움을 완전하게 설명해 주는 지표가 아니라는 것을 실증적으로 보여 주고 있다.[37] 즉 '두려움'과 '위험성에 대한 인식' 간에는 다소간의 차이가 있으며, 두려움과 위험성과의 상관관계는 범죄의 종류에 따라 다를 수 있다는 점도 지적되고 있다. 한편 범죄에 대한 두려움 또

---

36) 주희종, "'범죄에 대한 공포' 문제의 해결을 위한 정책대안: 지역사회 경찰활동(community policing)을 중심으로," 한국공안행정학회보, 제8호, 1999, p. 92 재인용.
37) 최인섭·김지선, 앞의 책, pp. 26~28.

는 안전성(위험성)은 '막연한'(Formless) 것과 '구체적'(Concrete)인 것으로 구별할 필요가 있다. 막연한 두려움과 안전성은 커뮤니티 내에서 '특정화되지 않은'(Nonspecific) 것을 의미하며, 구체적인 두려움과 안정성은 '특정한'(Specific) 범죄의 피해자가 되는 것과 관련된다. 따라서 측정하고자 하는 범죄의 두려움과 안전성 정도는 범죄의 유형이 무엇이냐에 따라 명확하게 달라질 수 있다는 점을 고려해야 할 것이다.

3. 평가의 방법과 한계

커뮤니티 경찰활동의 결과가 과연 어느 정도의 성과가 있는지를 알아보기 위해서는 이에 대한 적절한 측정기준을 제시하고, 그 기준에 따라 평가할 수 있어야 한다. 커뮤니티 경찰활동의 성과를 측정하기 위한 방법으로서 양적 평가(量的 評價)보다는 질적 평가(質的 評價) 중심으로 이루어져야 한다. 이것은 단순한 통계수치에 의존하는 대신 보다 합리적인 방법으로 프로그램이나 조치의 성과를 판단하는 것을 말한다.

예컨대, 범인검거 건수나 범칙금통고 건수 혹은 신고를 접수하고 현장에 출동하는 데 걸린 시간보다는 신고사항이 얼마나 확실하게 처리되었는지를 고려해서 성공 여부를 판단하는 것이 바람직하다고 본다. 질적 평가를 위한 방법으로는 업무수행평가(Performance Appraisal), 프로그램 평가(Program Evaluation), 주민만족도 조사, 범죄피해 조사(Victimization Survey), 범죄불안감 조사, 심사분석(審査分析)[38] 등이 소개되고 있다. 그리고 이러한 방안들의 효과적인 추진을 위해 정보수집체계의 활용과 교육강화·보상실시 등이 함께 이루어질 것을 제안하기도 한다.[39]

따라서 이를 위해서는 공식적인 통계조사를 정확히 실시하고, 서비스 수혜 대상에 대한 주관적 만족도 및 안전감을 측정·평가할 수 있는 기법을 개발해야 할

---

38) 심사분석은 경찰활동 관련 프로그램의 실행과 예산의 집행과정 또는 집행완료 시 목표와 실적을 비교·분석하여 차이점을 발견하고 그 원인을 규명하며, 개선 대안을 제시하여 시정 조치를 하는 것을 의미한다. 그리고 더 나아가 분석결과를 차기 프로그램에 반영하여, 그것이 주어진 목표에 도달할 수 있도록 유도하는 것을 의미한다. http://dic.daum.net/word.
39) 이황우 외, 앞의 책, pp. 386~387.

것이다. 오늘날에는 단순히 범죄인지 건수 또는 범죄검거 건수 못지않게 서비스 수혜자인 시민의 인식 정도는 중요한 측정지표가 되고 있음에 주목할 필요가 있다. 또한 각 주체간의 상호 협력과정에서 나타나는 운영상의 문제점 등을 철저하게 분석할 수 있는 방법도 마련되어야 할 것이다.

커뮤니티 경찰활동의 성과는 경찰이 단독으로 업무를 수행하였을 때와 그렇지 않은 경우를 비교하여 일정한 차이가 나타났을 때, 성과가 '있다 없다'라고 말할 수 있다. 그러나 오늘날 급변하는 치안환경 속에서 경찰활동과 직·간접적으로 관련성을 가지고 있는 외부요인들을 고려해야 하기 때문에 그 성과를 측정하는 데는 보다 어려움이 따른다. 또한 커뮤니티 경찰활동에 대한 평가결과, 오히려 긍정적인 결과뿐만 아니라 부정적인 결과도 나타날 수 있기 때문에 이를 연구하는 과정에 있어서 이러한 요소들도 동시에 고려해야 할 것이다. 예컨대, 커뮤니티 경찰활동에 참여하지 않는 일반시민들이 누리는 일종의 '무임승차' 혜택도 이러한 경우에 해당된다.

그리고 커뮤니티 경찰활동의 결과를 보다 타당성 있게 측정하기 위해서는 하나의 분석대상에 대해 시간적 간격을 두고 종단조사(縱斷調査, Time Series Analysis)를 실시하는 것이 보다 바람직할 수도 있다. 그러나 이에 대한 현실적인 어려움으로 인해 두 개의 분석대상에 대해 횡단조사(橫斷調査, Cross Sectional Analysis)를 실시하기도 하는데, 이는 일정한 한계가 있다. 종단조사를 실시하였을 경우, 커뮤니티 경찰활동의 시행 전후를 동태적으로 비교함으로써 커뮤니티 경찰활동의 결과를 측정하는 데 보다 유리할 것이다. 그러나 횡단조사는 동태적이라기보다는 정태적인 특성을 갖고 있기 때문에 커뮤니티 경찰활동의 성과를 측정하는 데 있어서도 단순히 한 시점에서의 차이점만을 비교분석할 수밖에 없는 어려움이 있다. 따라서 횡단조사를 실시하였을 경우, 분석대상의 주요변수에 대한 전후관계를 충분히 분석할 수 없다는 한계가 있다. 또한 관련외생변수의 차이를 극복하는 문제도 중요한 관건이 된다.

그런데 커뮤니티 경찰활동의 생산성과 관련하여 분석단위(Unit of analysis)를 선정하는 것은 어려우면서도 중요한 문제이다. 본질적으로 경찰활동은 그 성격에 따라 개인에게 제공되기도 하며, 동시에 어떤 구역이나 집단에게 제공되기도 한다. 따라서 경찰활동은 시민들의 입장에서 그 서비스를 집합적으로 소비하며, 동시에 개인의 서비스사용을 배제하기 어려운 공공재적 성격을 띠고 있어서 어떤 지역을 단위로 분석할 수도 있다.

시민이 커뮤니티 경찰활동에 참여하게 될 때에도 서비스의 결과는 개인 및 지역단위에서 이루어질 수 있다. 시민이 개인적으로 참여하거나 집단적으로 참여할 수도 있으며, 개인차원에서 참여하게 되었을 경우 그 결과는 개인 자체에게 귀속된다. 그러나 경우에 따라서는 개개인의 참여가 활발하게 이루어졌을 경우 일정지역 전체에 영향을 미칠 수도 있다. 마찬가지로 집단차원에서 참여가 이루어졌을 경우에도 개인뿐만 아니라 지역 전체에 영향을 미칠 수도 있는 것이다.

이상과 같이 시민의 참여과정을 기초로 이에 대한 분석모형(分析模型, Analytical Framework)을 설정할 수 있을 것이다. 이러한 분석모형을 토대로 커뮤니티 경찰활동의 생산성을 측정·평가할 수 있을 것이다. 그런데 공공경찰의 경찰활동은 모든 지역에 보편적으로 제공되고 있기 때문에 이들의 활동과 시민의 경찰활동의 결과를 각각 개별적으로 측정하기는 어렵다. 시민의 참여활동도 기본적으로 공공경찰의 영역 내에서 이루어지고 있다는 것을 전제로 하기 때문이다.

따라서 이러한 전제하에 시민의 자경의식의 정도 또는 경찰활동 참여 정도를 기준으로 치안에 대한 안전성 등을 분석할 수 있다. 시민의 자경의식이 높게 나타난다는 것은 그만큼 치안에 대한 인식이 높다는 것을 의미하는 것으로, 커뮤니티 경찰활동에 참여할 의도가 많은 집단이라고 할 수 있다. 사실, 시민의 자경의식 정도에 의한 분석은 커뮤니티 경찰활동의 결과에 대한 정확한 분석이라고 보기 어렵다. 시민의 다양한 커뮤니티 경찰활동의 참여를 유형화하여 그에 대한 효과성을 분석하는 것이 보다 정확한 접근방법이 될 것이다. 따라서 시민의 자경의식 정도에 따른 분석은 참여의지를 강하게 갖고 있는 시민들이 치안환경에 대해서 어떻게 생각하고 있는지를 분석함으로써 앞으로 이들을 중심으로 커뮤니티 경찰활동을 활성화하는 방안을 모색할 수 있을 것이다.

끝으로 커뮤니티 경찰활동에 대한 평가가 이루어진 다음에는 반드시 환류(還流, Feedback)과정을 거쳐야 한다. 환류과정을 거치지 않고 단지 나타난 결과만 가지고 프로그램의 성공 여부를 결정하는 것은 경찰과 시민의 자원낭비만 가져다 줄 뿐이다. 또한 환류과정을 거치지도 않고 일회성으로 프로그램을 끝마치고 특별한 성과 없이 이와 유사한 프로그램을 반복해서 운영할 때, 시민은 경찰에 대한 신뢰를 잃어 갈 것이다. 따라서 시행된 프로그램에 대해서는 다양한 각도로 평가를 실시하고, 이에 대한 문제점을 분석하여 다시 적용함으로써 경찰과 시민 모두가 만족할 수 있는 프로그램을 개발해야 할 것이다.

제 **9** 장

커뮤니티 경찰활동의
제약요인

제9장
커뮤니티 경찰활동의
제약요인

우리가 어떤 경찰조직을 이해하는 방법 가운데 하나로 그 조직의 조직구조도 (Table of Organization)를 살펴보는 방법을 들 수 있다. 이러한 조직구조도는 조직을 이해하는 데 있어서 없어서는 안 될 유용한 정보를 제공해 준다. 조직구조도는 시내 지도처럼 어느 지점에 어떤 것이 있고, 그것이 다른 것과 어떻게 관련되어 위치해 있는가를 알려 주는 일종의 '지도'와 같은 기능을 하기 때문이다.

그러나 조직구조도가 매우 중요하지만, 한편으로 제한된 정보를 제공하기 때문에 한계가 있다. 예컨대, 조직구조도는 어떤 부서의 기능 및 운영체계 등을 보여 줄 수는 있지만, 구성원들에 내재하는 인간적 특성에 대해서는 어떠한 정보도 제공해 주지 못한다. 사실, 경찰조직 구성원들의 행태, 신념·가치, 그리고 문화와 같은 특성들은 도표화·도식화된 조직구조도로는 나타낼 수 없는 것들이다. 따라서 만약 경찰관리자가 커뮤니티 경찰활동에 관심을 갖고 있다면, 조직구조의 재구축 뿐만 아니라 다른 여러 요인들을 고려해야 할 것이다.

커뮤니티 경찰활동은 무엇보다도 신념·가치체계의 변화가 선행되고 그에 따른 조직구조의 변화가 이루어져야 하는데, 이는 결코 쉬운 일이 아니다. 그리고 이러한 변화에 마지못해서 또는 타의적으로 동참하는 조직 구성원들은 적지 않은 내적 갈등을 경험할 것이고, 경우에 따라서는 적지 않은 저항도 할 것이다. 그리고 일한 과정에서 개인적으로 지속적인 정신적 부담감·압박감을 경험할 수도 있을 것이다. 이러한 점에서 볼 때, 커뮤니티 경찰활동을 실천한다는 것은 결코 쉬운 일이 아니라는 것을 인식할 수 있을 것이다. 아래에서는 이러한 문제 인식하에 커뮤니티 경찰활동을 실천하는 데 야기될 수 있는 제약요인을 크게 내부적 제약요인과 외부적 제약요인으로 나누어 살펴보기로 한다.[1]

제 1 절

내부적 제약요인

1. 경찰활동의 전통문화

경찰조직의 구성원들은 자신을 둘러싼 주변환경 속에서 자신의 역할을 어떻게 인식하고, 그에 대한 반응을 어떻게 보이는가? 어떠한 시대의 경찰활동의 특성을 파악하기 위해서는 경찰행태를 이해하는 것은 매우 필수불가결한 것이다. 레이너(R. Reiner)는 "오늘날 경찰의 현장운영 및 재량행위 등과 관련된 수많은 경험적 연구들이 활발하게 이루어지고 있는데, 특히 현장업무를 실질적으로 수행하고 있는 일선경찰의 활동내용이 제1차적인 연구대상이다"라고 하였다.[2]

이러한 일선경찰의 활동 속에서 경찰조직에 내재한 문화적 특성 즉, 전통문화(傳統文化)를 파악할 수 있을 것이다. 이와 관련하여 레이너는 각국의 자료들을 폭넓게 연구한 결과, 경찰문화가 갖는 보편적·일반적 특성이 있음을 발견하였다. 그리고 이러한 경찰문화의 일반적 특성들 가운데 일부는 커뮤니티 경찰활동을 도입하는 데 있어서 제약요인이 되고 있음을 알 수 있다. 경찰문화의 특성과 관련하여

---

1) Jerome H. Skolnick & David H. Bayley, *Community Policing: Issues and Practices Around the World*, National Institute of Justice, 1988, pp. 49~66; 최선우 역, 지역사회 경찰활동: 각국의 이슈 및 현황, 서울: 집문당, 2001, pp. 115~118.

2) Robert Reiner, *The Politics of the Police*, Sussex, England: Wheatsheaf Books, 1985, p. 85.

서는 이미 제4장에서 상세하게 살펴 본 바 있다. 따라서 여기서는 몇 가지 특징적인 것을 간략히 살펴보기로 한다.

첫 번째는 경찰의 위험에 대한 인식(Perception of danger)을 들 수 있는데, 이러한 특성은 비록 사실일지라도 다소 과장되어 나타나기도 한다. 물론 경찰은 때때로 총기와 같은 무기를 사용하여 범죄자를 제압하기도 하고, 오히려 그러한 위험한 무기에 의해 치명적인 공격을 받기도 한다. 그러나 예측되는 잠재적 위험에 대한 경찰의 제1차적 방어수단은 총기와 같은 물리적 수단이라기보다는 그러한 위험성을 알아채는 일종의 '직감'(直感, Suspicion)이라 할 수 있다. 이는 범죄 및 잠재적 위험의 징조에 대해서 자신을 보호하기 위한 선험적·본능적(先驗的·本能的)인 것이다. 따라서 경찰은 직감적으로 위험한 상황을 인식하고 이에 대처하기 위하여 동료경찰간의 긴밀한 단결(團結) 또는 동료애(同僚愛)를 형성하게 되는데, 이로 인해 독특한 경찰문화의 특성을 만들어 낸다.

두 번째로 경찰은 다른 일반 직장인들과 같이 정상적인 근무패턴으로 근무를 하지 않는다는 점이다. 비상·긴급 서비스를 제공하는 다른 여러 직업(응급, 소방 등)과 같이 경찰은 야간과 주말, 그리고 특정한 시간대에 근무하는 경우가 일상적으로 이루어지고 있다. 어떤 면에서 경찰의 이러한 (어떻게 보면 다소 불규칙적인) 근무여건은 경찰에게 스트레스를 주는 주요 요인 가운데 하나라고 할 수 있다. 즉, 경찰의 휴일·휴식은 다른 일반 직장인들의 그것과 다르기 때문에 자신과 비슷한 처지에 있는 사람 즉, 동료경찰들과 친밀한 사회화과정을 겪게 되는 것이다.

세 번째로 경찰 자신들은 사회의 다른 구성원들이 경찰이 관여·참여하는 것을 탐탁하지 않게 느끼고 있다고 생각한다는 점이다. 적지 않은 경찰들은 자신들이 경찰관 신분으로 어떤 행사에 참여하게 되었을 때, 사람들이 자신들을 불쾌하게 바라본 경험을 갖고 있다. 따라서 이러한 상황을 경험하는 경찰들은 외부보다는 자신들의 동료 가운데 새로운 친구를 구하게 될 것이다.

네 번째로 경찰은 직무의 특성상 다른 동료경찰의 지원을 필요로 한다는 점이다. 경찰은 실질적인 위험상황 또는 잠재적 위험상황을 늘 안고 있다. 예컨대, 경찰이 조직범죄, 마약거래 현장, 폭동 등 무질서 사태 등을 단속·통제하는 데 있어서 동료경찰의 협조와 지원 없이는 효율적으로 대응하기 어렵다는 점이다. 물론, 이에 대해 베이커(M. Baker)는 다음과 같이 설명하고 있다.

대부분의 경찰이 다른 경찰들과 전적으로 사회화(社會化)하게 되는 실질적·근본적인 이유는 경찰은 자신들 이외에 경찰활동의 대상이 되는 일반시민들을 신뢰(信賴)하지 않기 때문이다. 경찰 자신들은 시민들이 일반적으로 경찰권위에 대해서 반감을 갖고 있으며, 경찰정책과 경찰 개개인의 활동을 지원하는 데 있어서도 일관성을 가지고 있지 않다고 생각하고 있다. 따라서 고참경찰들은 신참경찰들에게 시민과 상호작용할 때에는 무관심하고 회피하는 것이 최선의 방법이라고 가르친다. 이들이 보기에는 시민이 경찰에 도움을 주는 것처럼 보이지만, 결국에는 시민이 경찰을 궁지에 몰아 넣고자 노력하고 있다고 보는 것이다.[3]

그런데 커뮤니티 경찰활동은 시민의 신뢰와 승인을 필요로 하는 것이기 때문에 일반시민에 대한 불신·의심과 같은 부정적 시각과, 그것에 부수하여 내부적인 결속력의 강화는 경찰세계와 시민세계의 이원화를 조장하고, 결국은 커뮤니티 경찰활동상에서 시민의 참여를 적극적으로 유도하고자 하는 노력들을 방해할지도 모른다.

2. 젊은 경찰

각국의 경찰조직들은 보편적으로 경찰이 갖추어야 할 자격요건 가운데 하나로 남성다움(Machismo)을 들고 있다.[4] 따라서 경찰조직은 일정한 지적 능력과 건전한 인성·판단력을 갖추고, 보통 이상의 신체적 조건을 갖춘 젊은 사람들을 필요로 하고 있다. 이와 관련하여 영국은 경찰지원 연령을 19세 이상으로 하고 있다. 우리나라는 2017년 현재, 순경의 경우 18세 이상 40세 이하로 하고 있다.

그리고 경찰은 범죄 등 위험한 상황으로부터 일반시민을 보호하고 자기방어를 위해서 특히, 일정한 신체적·체력적 조건이 요구되며, 또 그것이 평가과정에서 매우 중요하게 고려된다.[5] 따라서 경찰을 준비하는 젊은 사람들은 웨이트 트레이

---

3) Mark Baker, *Cops: Their Lives in Their Own Words*, New York: Fawcett, 1985, p. 211.
4) Robert Reiner, *The Politics of the Police*, Sussex, England: Wheatsheaf Books, 1985, p. 99.
5) 우리나라 경찰공무원 채용시험 체력평가기준을 살펴보면, 남자 기준으로 100m 달리기 13조 이내(만점), 1,000m달리기 230초 이내(만점), 윗몸 일으키기 1분 58회 이상(만점), 좌우 악력 58kg이상(만점), 팔굽혀펴기 1분 58회 이상(만점)을 요구하고 있다. 경찰공무원임용령 시행규칙 제34조의2 관련 별표 5의2.

닝 등을 통해 자신들의 신체적·체력적 조건을 강화하는 데 많은 시간과 노력을 기울이고 있다. 또 신규채용된 이후에, 이들은 교육훈련 등을 통해 총기와 같이 인체에 치명적인 무기를 포함하여 다양한 공격적인 경찰장비 조작방법을 배우게 된다. 그리고 이들은 맨손으로 사람을 무력화시키고 제압할 수 있는 방법도 배우게 된다. 이러한 경찰의 신체적·체력적 특징은 경찰을 상징하는 것 가운데 하나이며, 그들 스스로가 경찰이라고 인식하게 하는 특성 가운데 하나인 것이다.

한편, 신규채용 된 젊은 경찰들은 교육훈련 과정에서 단순히 기술적으로 물리적 강제력을 행사하는 방법만을 매우는 것은 결코 아니다. 경찰활동은 적(敵)을 대상으로 하는 것이 아니라 시민을 대상으로 하는 것이다. 따라서 관할구역 내의 개개인이 가지고 있는 인구사회학적(人口社會學的)인 특성을 고려하면서, 이들을 적절하게 다루고, 배려하고, 상대하는 방법 등을 배우게 된다. 특히, 사회적·문화적·경제적으로 낮은 계층을 대상으로 경찰활동을 하는 과정에서는 좀 더 이들을 배려하고, 이들과 공감대를 형성할 수 있도록 노력해야 한다.

커뮤니티 경찰활동은 경찰과 일반시민들 간의 효율적이고, 친밀한 상호작용을 필요로 하는 것이다. 이는 경찰과 시민 각자가 갖는 활동영역을 효과적으로 활용함으로써 경찰활동을 보다 확대시키고, 경찰활동에 있어서 요구되는 상황판단 또는 의사소통을 보다 원활히 하기 위한 의도에서 비롯된 것이다.

이러한 점에서 볼 때, 커뮤니티 경찰활동은 젊은 경찰보다는 다소 연장자 또는 근무경력이 있는 경찰이 가지고 있는 '감정적 성숙함'(Emotional Maturity)을 요구하는 것이다. 연장자 경찰 또는 경험이 많은 경찰은 육체적 능력을 앞세워 업무를 수행하지도 않으며, 또한 문제해결에 있어서 부모와 같은 따뜻한 마음을 가지고 보다 편안하게 접근하는 데 유리할 수가 있다. 따라서 신규채용 된 젊은 경찰들은 커뮤니티 경찰활동에 의해서 다루어지는 보다 감각적이고, 언뜻 보기에는 경찰의 활동영역을 벗어난 것처럼 보이기도 하는 역할들을 담당하는 것에 부정적이고, 회의적인 감정을 가지게 될지도 모른다. 그리고 한편으로는 커뮤니티에 내재하는 복잡하고, 다양한 상황에 적절하게 대응하는 데 있어서도 부담감 또는 어려움을 가질지도 모른다.

3. 일선경찰과 관리경찰

경찰전문가들이 경찰문화에 대해서 이야기할 때, 일선경찰(Street Cops)들은 보통 동료들과 그들만의 결속력을 갖고 업무를 수행하고 있다고 생각하는 경향이 있다. 또한 일선경찰들은 경찰관리층의 개혁에 대해서도 냉소적이고, 회의적인 경향이 있다고 보고 있다. 반면 관리경찰(Management Cops)들은 일선경찰에 비해서 일반시민들이 보다 잘 수용할 수 있는 경찰정책을 제시하는 경향이 있다는 것이다.

이아니(E.R. Ianni)는 1983년에 이러한 일선경찰과 관리경찰의 다소 상반된 성향, 차이, 그리고 특징 등과 관련된 연구를 뉴욕경찰을 대상으로 실시하였다. 그의 연구에 따르면, 일선경찰은 전통적인 경찰활동 지향적이며, 어떤 주어진 일에 대해서 일시적인 방법으로 끝마치려는 경향이 있으며, 경우에 따라서는 경찰자신에게 주어진 권한을 남용하기도 하고, 위에서 언급한 동료경찰들 간의 결속력을 과시하는 경향도 가지고 있는 것으로 나타났다.

반면, 관리경찰은 보다 법규지향적이고 합리적인 경향이 있으며, 일반적으로 커뮤니티 경찰활동이 추구하는 이념과 가치 등에 많은 관심을 가지고 있는 것으로 나타났다. 즉, 관리경찰은 일반적으로 새로운 경찰이념과 가치에 보다 관심을 갖고 있음을 알 수 있다.

따라서 일부의 일선경찰들은 이러한 커뮤니티 경찰활동에 회의적이며, 냉소를 보이기도 하며, 이들은 경찰활동에 있어서 개혁이라는 것은 특별하게 필요성이 없으며, 또 실현 불가능한 것이라고 보고 있었다. 이처럼 일선경찰들은 경찰의 변화 또는 개혁을 위한 폭넓은 견해나 지식을 수용한다거나, 기존의 관행·법규·치안정책 등에 대한 개선된 제안을 따르기보다는 자신들의 기존의 정체성을 그대로 유지하거나 강화시키고자 하는 경향을 가지고 있는 것으로 나타났다. 그리고 변화에 대한 반발로써 오히려 기존의 가치를 재강화(再强化)하는 경향까지 나타난 것이다. 불행하게도 이러한 재강화로 인해 기존의 사고방식을 고수한 직업적 태도를 일생동안 갖게 하며, 심지어는 변화 또는 새로운 이념에 대한 발전적인 움직임에 대해서도 흔들림 없는 냉소주의를 심화시키게 된 것이다.

물론 경찰문화적 특징 가운데 하나인 이러한 냉소주의(Cynicism)는 경찰 고위 관리층에서도 나타날 수 있다. 어쨌든, 대부분의 경찰은 자신들의 경력을 일선에서 시작하는데, 현장에서 습득한 학습과 경험은 여러 장애요인들로 인해 경찰자신 및 조직발전을 위한 토대로 자리 잡지 못하게 된 것이다. 어떻게 보면, 일선경찰의 이러한 자아관념(Self-Conception)은 그들의 초기교육·훈련경험에서 부터 확고하게 뿌리박혀 있다고 볼 수 있을 것이다.

따라서 만약 커뮤니티 경찰활동이 일선 치안현장에 도입되고, 현실적·실질적으로 적용되기 위해서는 일선경찰의 근본적인 의식개혁과 실천이 요구되며, 이는 경찰집행부 즉, 경찰최고관리층의 성숙된 비전제시 및 자신들 스스로의 희생정신이 수반되어야 할 것이다. 경찰관리층이 단지 자신들의 입신영달(立身榮達)을 위해 일선경찰의 희생과 변화를 요구하는 것은 가장 경계해야 할 일이다. 특히, 우리나라와 같이 경찰의 입직경로(순경, 경찰간부후보생, 경찰대학, 고시출신 등)가 다양한 국가에서는 경찰조직 구성원들 간의 보이지 않는 갈등이 매우 심화되어 있기 때문에 이에 대한 근본적인 개선과 개혁이 시급하다는 것은 이론의 여지가 없다고 본다.

미국·유럽, 그리고 아시아 지역의 여러 국가들의 경찰개혁에 대한 연구를 통해서 볼 때, 일선경찰의 냉소주의가 커뮤니티 경찰활동의 잠재적 도입가능성을 저해하는 가장 큰 요인인 것으로 나타났다. 일선경찰은 특히, 비기술적인(Non-technological) 모든 형태의 개혁에 저항 또는 거부하는 성향을 갖고 있다. 따라서 개혁적인 관리경찰이 일선경찰들의 저항을 극복하기 위해서는 이들의 업무현실 및 관행을 배척하기보다는 이들이 일선현장에서 습득한 지식 및 경험들을 가능한 한 우선적으로 수용하고, 그들의 의견을 바탕으로 어떠한 변화의 출발점으로 모색해야 할 것이다. 더 나아가 커뮤니티 경찰활동에 부합되는 경찰정체성 및 역할정립을 위한 보다 거시적인 통찰력을 가져야 할 것이다.

이아니는 뉴욕 경찰조직에 대한 경험적 연구를 토대로 위와 같이 두 문화 간의 차이를 다음과 같이 요약하고 있다.

개혁적인 경찰관리자들은 경찰조직에서 운영되었던 전통적인 방식은 이제 끝났다고 생각하는 경찰의 견해(여기에는 정치적·사회적 압력, 도시경제의 현실, 경찰 가시성의 증대 요구, 소수민족과 여성경찰의 채용증대, 과거 비공식적 형태로 관리되기 어려울 만큼 비대해진 조직규모 등 다양한 요인들이 존재한다)를 대표하고 있으며, 따라서 이제는 어떤 새로운 것을 시작해야 할 단계에 이르렀다는 인식을 하고 있다. 이들은 커뮤니티와의 관계, 그리고 이의 역할 등에 대해서 일선경찰들이 생각하는 예컨대 '미키마우스의 허풍'(Mickey Mouse Bullshit)으로 보는 것이 아니라, 정치적·경제적·사회적인 이유 등으로 반드시 필요한 중요한 것으로 보고 있다.6)

어쨌든 경찰역할에 대한 보다 폭넓은 비전을 제시하는 것은 필요한 것이지만, 커뮤니티 경찰활동을 소개하는 것만으로는 충분하지는 않다고 본다. 여전히 이에 대한 보다 현실적인 구체적 대안을 제시하지 못하는 것이 가장 큰 장애요인이라고 할 수 있다.

4. 경찰대응에 대한 책임성

범죄 및 범죄에 대한 두려움의 증가는 전세계적인 현상이라 할 수 있다. 모든 국가 및 지역은 저마다 범죄통계를 조사하고 있지만, 분명한 것은 어느 국가와 지역이든 간에 항상 범죄가 발생하고 있다는 사실이다. 코펜하겐·오슬로·스톡홀름 등과 같이 세계적으로 가장 안정된 유럽의 도시들도 범죄는 여전히 적지 않게 발생하고 있다. 그리고 이러한 범죄문제에 대응하기 위해 오늘날 대부분의 국가의 경찰조직은 1일 24시간, 1년 365일 전화신고로 출동할 수 있는 비상대응서비스를 운용하고 있다.

그런데, 일부의 경찰관리자들은 이러한 비상대응시스템(Emergency Response System)에 대해서 경찰의 인적·물적 자원을 가장 많이 소비하는 비효율적인 존재로 생각하는 경향이 있다. 사실, 경찰이 신고에 대해서 비상대응 하는 것은 쉬운 일처럼 보이기도 한다. 즉, 순찰경찰은 자신들의 대부분의 시간을 익명의 장소에서 호출하는 것에 대응하기 위해 순찰차 안에서 보내기도 한다. 그리고 심지어는 법

---

6) Elizabeth Ruess-Ianni, *The Two Cultures of Policing: Street Cops and Management Cops*, Brunswick, N.J.: Transaction Books, New Brunswick, 1983, p. 121.

적 위반사항도 되지 않는 경미한 사건에 출동하는 경우도 많이 발생하고 있다. 이와 같이 시민의 신고에 의해서 대응하지 않을 수 없는 상황에서 경찰은 발생한 사건에 따라 우선순위를 두고 대응해야 할 책임을 지게 된다. 그리고 적절한 대응을 하지 못했을 경우에 그 책임 및 비난은 고스란히 경찰이 지게 된다. 따라서 경찰의 적절한 비상대응은 매우 중요하며, 시민을 보호하는 매우 중요한 수단이라는 점에서는 이론의 여지가 없다고 본다.

112시스템의 통합구축과 전국표준화

① 112시스템 통합구축

종래에 경찰에서는 주민의 112 범죄신고에 즉응하기 위하여 경찰관서에 112신고센터를 설치·운영하고 있었다.[7] 그러나 경찰서별로 112신고를 접수할 경우, 타경찰서 관할로 이동하는 범죄 발생시 대처가 어렵고, 지역별 치안수요 차이로 인해 신고가 집중되는 일부 경찰서는 신고자가 장시간 대기해야 하는 등 국민의 불편을 초래하는 사례가 발생하였다. 이에 따라 지방경찰청 중심으로 112신고센터를 통합하게 되었다.

112신고센터를 지방경찰청 중심으로 통합함으로써 납치·날치기·차량절도·뺑소니 등 여러 경찰서 관할구역을 이동하는 광역성·기동성 범죄에 대한 대응역량이 높아지고, 통합112신고센터에서 신고접수시 관할에 관계없이 가장 가까운 순찰차에 출동을 지시하여 범죄·구조현장에 보다 신속하게 도착할 수 있게 되었다. 그리고 경찰서간 관할다툼을 예방할 수 있음은 물론, 신고시 대기시간을 감소시켜 신속한 신고접수처리를 기대할 수 있게 되었다.

② 112시스템 전국표준화

그런데, 112신고처리라는 동일한 업무에도 지방경찰청별로 각기 다른 소프트웨어를 개발함에 따라 유지보수 예산이 별도로 소요되어 예산낭비를 초래하고, 112시스템이 지방경찰청별로 달라 상호간 경계를 넘나드는 범죄 발생시 효율적인 대응이 어려워 이에 대한 전국 표준화가 요구되었다. 따라서 기존에 112신고시스템 통합구축사업은 각 지방경찰청별로 추진해왔으나, 2011년부터는 경찰청에서 주도하여 이를 추진하게 되었다. 이에 따라 2013년 말에 전국 지방경찰청 112신고센터 통합 및 표준화가 가능하게 되었다.[8]

③ 112요원의 전문성 제고 및 112종합 상황실 운영

한편, 2012년 4월 1일 발생한 수원중부 부녀자 살인사건('오원춘 사건')과 관련하여 피해자의 112신고를 접수한 112요원의 업무미숙으로 인해 현장조치가 신속하게 이루어지지 못하여 112시스템 전반에 대한 개선의 필요성이 제기되었다.

이와 관련하여 112시스템의 가장 큰 문제점으로 지적된 112요원의 전문성 부족에 대한 대책으로 112요원의 자격기준을 마련하여 기존 근무자 및 신규자를 제대로 평가할 수 있는 기준을 마련하였다. 그리고 인센티브(기존 3조 2교대에서 4조 2교대로 개편, 운영예산 증액, 특별승진·승급 배정 등)를 도입하여 우수인재를 유입하는 한편, 실습위주의 교육과정을 개설하였고, 체계적인 '112신고 접수·지령 매뉴얼'을 제작 배포하였다.

그리고 기존에는 '치안상황실'과 '112지령실'이 분리되어 있어 중요사건 발생시 즉시성 있는 상황판단과 신속한 조치가 어려웠고, 112사건에 대한 판단·지휘에 있어 상황실장이 실질적인 컨트롤타워(Control Tower)로서의 역할을 수행하는데 한계가 있었다. 이에 경찰은 기존 치안상황실과 112지령실을 통합하여 「112종합상황실」로 개편함과 동시에 24시간 전담 112종합상황실장을 배치하도록 하였다.9) 아래 표에서는 2016년도 112 신고접수 및 처리현황을 보여주고 있다.10)

112신고 접수 현황

구분	112신고 접수					
2016	계	중요범죄	기타범죄	질서유지	교통	기타업무	타기관 등
	19,567,083	594,910	2,257,913	3,467,011	2,088,421	4,531,256	6,267,572

자료: 경찰청(2017), 경찰통계연보, pp. 74~75.

112 범죄현장 평균도착시간 및 중요범죄 현장검거 현황

구분	범죄현장 평균도착시간			중요범죄 현장검거						
2016	계	긴급 (CODE 1)	비긴급 (CODE 2)	계	살인	강도	치기	절도	납치 감금	성폭력
	5분14초	5분02초	5분20초	42,520	880	474	93	27,606	1,497	11,970

자료: 경찰청(2017), 경찰통계연보, pp. 74~75.

---

7) 112시스템은 범죄신고가 접수되면 그 즉시 신고자의 위치와 전화번호가 모니터화면에 나타나게 함으로써 지령대를 통하여 관할순찰지구대와 사건현장이나 범죄 현장 부근에 있는 경찰관이나 경찰차량에게 지휘하여 범죄현장에 일시로 총집결할 수 있도록 하고 있다. 즉, 이들 경찰 대응 요소들이 한 개의 축에서 동시에 같이 움직일 수 있게 자동화된 지휘(Command), 통제(Control), 통신(Communication)의 3대 기능을 통합하여 운영하는 체제를 갖추고 있다. 사이버경찰청(http://www.police.go.kr).

8) 경찰청(2012), 경찰백서, pp. 41~42.; 경찰청(2013), 경찰백서, p. 53.

9) 이 밖에도 112신고 접수시 보다 신속하고 효율적으로 신고자의 위치를 확인하고 상황을 공유할 수 있도록 112신고 접수시스템의 고도화를 추진하였다. 위의 책, pp. 50~52.

10) 2016년 현재 경찰이 기능별 정원을 보면 지구대(파출소) 46,696명으로 전체 경찰인력(114,658명) 가운데 40.7%를 차지하고 있다. 그리고 112순찰차 및 112승합차는 각각 4,009대, 49대 운용하고 있다. 경찰청(2017), 경찰통계연보, p. ⅴ, p. 8.

다만, 이러한 비상대응에 경찰인력을 집중하게 됨으로써 평상시의 시민과의 관계개선은 어렵게 된다는 점이다. 경찰의 대응모델(Response Model)하에서 보통 2명의 경찰이 탑승하고 있는 순찰차가 가장 중요한 수단이 된다. 그리고 비상대응 시스템의 책임성을 확실하게 하는 것은 지령실 또는 상황실에서 이에 맞게 가장 우선순위를 정하는 것이지, 커뮤니티 경찰활동과 관련 있는 것은 아니다.

사실 범죄의 양(발생건수)을 해석하는 것은 상당부분이 주관적인 평가에 의존하게 된다. 이와 관련하여, 예컨대 1986년 미국 캘리포니아주의 오클랜드시에서는 146건의 살인사건이 발생하였고, 1985년 덴마크의 코펜하겐시에서는 16건의 살인사건이 발생한 것으로 조사되었다. 객관적으로 볼 때, 오클랜드는 코펜하겐보다 약 9배 이상의 살인사건이 발생하였음을 알 수 있다.[11] 따라서 실제로 오클랜드 경찰과 시민은 살인 등 강력범죄의 문제로 인해 많은 어려움을 겪고 있으며, 미국에서 가장 치안이 안 좋은 도시 가운데 하나로 인식되고 있다. 이에 대해서 오클랜드의 대법원장인 랜시(H. Ransey)는 인터뷰과정에서 도시거주민들 상호간에 서로 살해하는 문제를 해결하기 위해서는 매우 극단적이고 개혁적인 조치가 취해져야 한다고 하였다.

어쨌든 오클랜드 경찰과 시민은 범죄문제를 심각하게 우려해야 할 것이다. 그렇다면, 상대적으로 평화로운 도시(단순히 살인사건의 통계로 보았을 때)로 보이는 코펜하겐은 범죄문제를 심각하게 받아들이지 않아도 되는가? 스칸디나비아 지역의 범죄학자 가운데 한 사람인 스네어(A. Snare)는 인터뷰과정에서 "범죄문제는 단순히 양적인 것으로 접근해서는 결코 안 된다. 살인사건과 같은 강력범죄는 절대로 발생하지 말아야 하며, 따라서 16건의 살인사건이 발생하였다는 것은 매우 엄청난 수에 해당되는 것이다"라고 하였다. 반면 오클랜드의 경찰과 시민은 살인사건이 만약 해마다 16건 또는 심지어 60건으로만 낮아져도 매우 기뻐할 것이다.

이들 두 도시의 사례에서 얻을 수 있는 핵심적인 사항은 무엇인가? 이와 같이

---

11) 물론, 해당 지역의 정치적·사회적·문화적인 특성 등을 모두 고려하면서 범죄문제를 진단해야지 단순히 살인사건 등 범죄발생 건수만을 가지고 비교하는 것은 한계가 있다고 본다. 참고적으로 미국 오클랜드는 2012년 현재 도시면적 약 90㎢에 인구 약 40만 명이 거주하고 있으며, 인구구성은 백인 34%, 흑인 28%, 히스패닉 25% 수준에 이르고 있다. 덴마크 수도 코펜하겐은 2016년 현재 도시면적 86㎢에 인구 약 60만 명이 거주하고 있다. http://100.daum.net/encyclopedia.

두 도시의 현실을 비교함으로써 얻어진 범죄와 위험에 대한 인식은 경찰의 강력한 대응을 보다 요구하게 된다는 점이다. 시민들은 범죄에 대한 두려움을 심각하게 느끼기 때문에 사전예방적인 어떠한 조치보다는 사후대응적인 강력한 경찰력의 투입을 오히려 요구하게 되기 때문이다. 그리고 경찰이 시민의 출동요청 또는 범죄문제에 대한 시민의 비난과 압박이 가중되면 가중될수록, 경찰관리자들은 장기적인 관점에서 경찰자원을 개혁적으로 운영해 나아갈 수 있는 계획을 수립하는 데 어렵게 할 것이다.

5. 경찰자원의 한계

경찰자원의 한계는 위에서 살펴본 경찰대응에 대한 책임성과 밀접하게 관련되며, 경찰활동을 제한하는 가장 중요한 요인 가운데 하나라고 할 수 있다. 커뮤니티 경찰활동의 운용실태 등을 조사하는 과정에서 일부 지역의 경찰조직에서는 좀처럼 현실화되기 어려울 정도로 이를 과대 포장하여 인식하고 있음을 발견할 수 있었다. 예컨대, 일부의 경찰관리자들은 "커뮤니티 경찰활동은 좋은 경찰철학이며, 이념이다"라는 말을 하면서, 이를 위해서는 무엇보다도 추가적인 경찰인력 등 조직의 확충이 필요하다는 점을 강조하였다. 이들 경찰관리자들의 경우, 커뮤니티 경찰활동은 기존에 운영되고 있는 경찰조직의 규모를 확대시키지 않고서는 도입·발전시키기 어렵다는 생각을 가지고 있다고 볼 수 있다.

그렇다면, 커뮤니티 경찰활동을 이러한 관점에서 접근하는 것이 과연 적절한 것인가? 경찰자원은 국가예산의 일부를 차지하고 있기 때문에 그 규모면에서 당연히 한계가 있기 마련이다. 그런데, 커뮤니티 경찰활동은 종래의 경찰예산의 범위 내에서는 결코 이루어질 수 없는 것인가? 그러나 여기에서 분명한 것은 '필요한 자원'의 개념이라 할 수 있다.

필요한 자원의 확보 문제

베일리(D. H. Bayley)와 스콜닉(J. H. Skolnick) 등은 1986년 6월 수요일 저녁 오후 8시 30분에 스톡홀름경찰의 중앙범죄통제센터를 방문하였는데, 그 시간에 교통단속차량을 포함한 70대(2인 탑승)의 순찰차량과 10명의 경찰을 태운 두 대의 승합차가 거리순찰을 위해 배치되어 있었다. 스톡홀름경찰의 중앙범죄통제센터는 초현대적 장비를 갖추고 있었다. 우선 범죄통제센터에는 도시 전체를 파악할 수 있도록 설치된 전광판식 지도(Illuminated Map)가 특징적이었다. 여기에는 10명의 정규경찰이 도시의 곳곳을 관찰하기 위하여 각각 10개의 모니터 감시업무를 담당하고, 추가적으로 모두 도시 중앙철도역을 감시하도록 배치되었다.

그런데, 그 시간에 중앙범죄통제센터에 연결된 시민의 서비스 요청건수를 파악하였는데, 단지 1명의 지령자만이 업무를 수행하고 있음을 발견하였다. 이외의 나머지 담당 경찰관들은 정규 TV 프로그램을 시청하거나, 저녁식사를 하거나, 또는 신문을 읽고 있었다. 이러한 이유로 중앙범죄통제센터의 경찰인력이 비효율적으로 운용되고 있다는 인식을 하게 되었다. 물론, 이러한 문제인식은 오랜 기간 동안에 걸쳐 이루어진 것이 아니라, 특정시간대에만 이루어진 것이기 때문에 한계가 있는 것은 사실이다. 따라서 일부의 경찰들은 이러한 인식이 잘못된 것이며, 경찰은 업무량이 매우 많고, 따라서 실질적으로 경찰인력이 부족하다고 하였다. 더욱이 도심지 내에서 경찰관 혼자서 순찰차량을 운전하고 다니는 것은 매우 위험하기 때문에 70대의 순찰차량에 2인의 경찰이 탑승하는 것은 필수불가결 하다는 점을 강조 하였다.

이와 같은 것이 사실이든, 그렇지 않든 간에 경찰인력이 부족하고 자신들의 업무가 위험하고 매우 바쁘다고 인식하는 현상은 스톡홀름 및 다른 스칸디나비아 지역의 경찰조직에 널리 일반화되어 있음을 발견할 수 있었다. 따라서 이러한 인식은 커뮤니티 경찰활동의 도입 및 이의 발전을 저해하는 주요요인으로 작용하고 있음을 발견 할 수 있었다.12)

디트로이트 경찰조직의 비상대응 문제 및 인력활용 방안

1983년 여름기간 동안 커뮤니티 지향적인 범죄예방활동과 소규모 경찰부서의 개발을 위한 디트로이트 경찰조직의 노력은 국가적·세계적 관심을 끌었는데, 당시 디트로이트 경찰조직은 기존의 운영되고 있는 경찰업무의 우선사항에 대해서 재검토를 해야 된다는 강력한 압력을 받고 있었다. 특히, 시장과 언론은 시민들의 비난여론에 반응하여 많은 911 비상대응서비스가 효과가 없다고 비난을 하였으며, 실제로 이러한 비난은 사실로 밝혀지기도 하였다.

즉, 경찰출동을 필요로 하지 않는 수많은 출동요청에도 경찰이 대응하게 됨으로써 실질적으로 경찰의 도움을 필요로 하는 경찰대응이 이루어지지 못하는 경우가 적지 않게 발행한 것이다. 이는 출동요청에 투입될 순찰차량이 없는 경우에는 시민의 출동요청이 무시되어 버렸다는 것을 의미하

---

12) Jerome H. Skolnick & David H. Bayley, *op. cit.*, pp. 54~56.

는 것이며, 특히, 출동요청이 가장 빈번하게 많았던 여름기간의 몇 개월 동안에는 수천 건의 911 비상대응서비스가 제대로 이루어지지 않았다.

이러한 문제를 해결하기 위해서 몇 가지 해결방안들이 논의되었는데, 이 가운데 일부는 디트로이트 경찰조직이 현재 운영하고 있는 방식을 파격적으로 변화시켜야 한다고 주장하기도 하였다. 한편, 이러한 문제와 관련하여 경력이 많은 고참경찰들은 공식적으로 기존의 경찰운용방식으로는 시민의 모든 서비스요청에 대해 순찰차량을 출동시킬 수 없다는 것을 인정하기도 하였다(과거에는 이러한 요청들에 대해 경찰은 권위적이고 우월적으로 대응하였다). 그리고 시민들 역시 911 비상대응서비스 시스템은 실제로 비상사태에 직면하였을 경우에만 이용되어져야 한다는 것을 인식하기 시작했다.

디트로이트 경찰조직은 이러한 문제를 인식한 결과에 따른 조치 가운데 하나로 여름기간 동안 임시방편적으로 높은 범죄발생지역과 강력범죄가 재발하고 있는 지역을 대상으로 운영되었던 기존의 범죄대응팀인 '특수기동대'(Task Forces)를 해산시켰다. 그리고 이들 범죄대응요원들은 제복순찰경찰로 다시 배치하여 사전예방적인 활동에 보다 집중할 수 있도록 하였다. 더 나아가 디트로이트 경찰조직은 상황실·지령실의 명령에 대응하는 제복순찰경찰과 기술적 서비스를 제공하는 비정규경찰(Non-sworn Personnel)을 재배치하였다. 또한 비상사태의 중요성에 기초하여 911 대응서비스에 우선순위를 두는 프로그램을 도입하기도 하였다. 그리고 상황실의 명령지령자들은 비상대응서비스의 요청이 왔을 때, 이를 단순히 무시하기보다는 일선경찰들이 상황에 따라 그다지 중요하지 않은 사건에 대해서도 대응할 수 있도록 명령체계를 재조직화 하였다. 따라서 대부분의 관할구역 담당 명령지령자들은 순찰경찰들에게 이들이 단순히 순찰서비스만 실시하고 있을 때에는 낮은 우선순위의 출동요청에 대해서도 대응할 수 있도록 하였다. 그러나 이러한 노력에는 한계가 있었다. 대부분의 순찰경찰들은 이미 과중한 업무를 수행하고 있으며, 경찰노조에서도 복잡한 일을 담당하고 있었기 때문이다.

한편, 더욱 성공적인 경우로서 디트로이트 지역의 한 경찰관서에서는 야간 교대시간 동안에 발생하는 그다지 중요하지 않은 많은 비상대응서비스를 담당할 수 있도록 순찰경찰인력을 배치하였다. 또 다른 경찰관서에서는 이와 동일한 목적으로 교통순찰차량을 재배치하였고, 그리고 일정기간이 요구되는 경찰민원 사항을 담당하기 위하여 주간에는 여성경찰을 출동시켰다. 그러나 이와 같이 서비스요청에 대한 경찰배치는 보통 3~4일이 걸리기 때문에 출동한 여성경찰은 문제를 제기한 민원인을 찾는 것은 고사하고 매우 성난 시민을 만나게 되는 어려움도 겪게 되었다.

결국 디트로이트 경찰조직은 전화범죄신고부서(Telephone Crime Reporting Unit)를 설치하였으며, 여기에는 비정규경찰이 배치되었다. 이들은 주로 주거침입절도 및 자동차절도, 그리고, 시민들이 보험금을 지급받을 목적으로 경찰신고를 필요로 하는 범죄, 또는 도난당한 물건을 찾고자 신고하는 경우 등과 관련된 업무를 다루었다.

이상과 같은 노력들이 총체적으로 이루어진 결과는 인상적이었다. 즉, 이로 인해 경찰자원이 가장 많이 요구되는 바쁜 계절(달)에도 경찰업무량이 50% 이상 감소된 것이다. 여기에서 보다 중요한 것은, 디트로이트 경찰조직은 커뮤니티 경찰활동을 계속해서 실험적으로 도입·적용함으로써 유명세를 타게 되었다는 점이다. 이러한 커뮤니티 경찰활동을 위한 노력의 일환으로 1986년에 이르러 디트로이트 경찰조직의 소규모 경찰부서는 대략 50개에서 100개로 약 두 배 가까이 증가하였다.

생각건대, 커뮤니티 경찰활동(또는 적어도 도보순찰)이 이루어지고 있는 지역에서는 차량순찰에 의한 경찰대응이 감소되어 운영될 것이라고 본다. 이와 관련하여 미국 미시간주의 경찰조직의 도보순찰 경험,[13] 이들 도보순찰경찰과의 인터뷰, 그리고 각국의 경험들이 이러한 주장을 뒷받침해 주고 있다. 사실, 이러한 변화는 그다지 놀랄 만한 사항이 아니라고 본다. 그리고 만약에 한 개인이 범죄 및 무질서 문제 등으로 어려움을 겪게 된다면, 그 사람은 관할구역 내에서 활동하는 도보순찰경찰 등에게 도움을 요청하고자 할 것이다.

아래에서는 순찰경찰이 빈번하게 직면하게 되는 전형적인 문제들을 살펴보기로 한다. 물론, 이러한 문제들은 도보순찰경찰에 의해 보다 신속하게 다루어질 수 있는 것들이다.

① **시끄러운 이웃주민**: 모든 순찰경찰은 이러한 문제를 겪은 경험이 있는데, 이는 특히 인구가 밀집된 도심지역에서 발생하게 된다.

② **아동학대**: 중앙집권화 된 순찰대응방식은 심각한 아동학대를 예방하기에는 너무 늦게 도착하기 때문에 이를 예방하기가 어렵다. 반면, 이웃도보순찰은 이러한 문제를 사전에 이웃주민을 통해 알 수 있으며, 따라서 초기단계에서부터 이에 관여할 수 있게 된다.

③ **부부학대**: 여기에서는 아동학대와 유사한 상황이 적용된다. 부부학대 상황에서 보다 신속하게 개입할 수 있는 도보순찰경찰은 배우자(특히, 여성)가 심각한 학대를 당하기 전에 학대당한 배우자를 보호하거나 이들이 공식적으로 고소를 할 수 있도록 도와줄 수 있을 것이다. 여기에서 나타나는 핵심은 체포 대 상담(Arrest vs. Counselling)과 같은 다양한 경찰개입이 어떠한 효과를 가져다주느냐 하는 것이

---

13) Robert C. Trojanowicz, *An Evaluation of the Neighborhood Foot Patrol Program in Flint, Michigan*, East Lansing, Michigan: Michigan State University, 1982; H.A Harden, *The Status of Contemporary community Policing*, East Lansing, Michigan: Neighborhood Foot Patrol Center, 1985.

아니라, 경찰이 초기단계에서부터 관련문제에 대한 정보를 어느 정도 습득·확보할 수 있느냐에 있다고 본다.

④ **공공질서 위반**: 일반적으로 대부분의 경미한 사건들은 주로 공공거리 (Public Street)에서 발생하며, 이에 대한 경찰 등의 단속 및 규제와 관련된 사항은 나라마다 차이가 있고 또 일정 부분 한계가 있기 마련이다. 그러나 이러한 경미한 사건들은 일반적으로 도보순찰경찰이 관할구역을 순찰하는 과정에서 이를 처리할 수 있는 것들이라고 볼 수 있다.[14] 따라서 미국과 같은 경우, 시민이 공공거리를 이용하는 데 있어서 고도의 법적 보호를 받기를 원하는 곳에서는 도보순찰경찰은 마약거래, 매춘, 반달리즘(Vandalism) 등 불법적인 행위들을 단속하고, 통제하는 데 상당한 재량권을 가지고 있다. 그리고 이들 도보순찰경찰이 장차 발생하려고 하는 이들 범죄행위(즉, 마약거래 및 매춘 등)를 사전에 어느 정도 인지하고, 이를 예방하느냐에 따라서 다른 경찰자원(수사경찰 동원 등)이 추가적으로 투입되고, 이로 인한 경찰자원이 낭비되는 것을 감소시킬 수 있을 것이다.[15]

후술하겠지만 이웃지향적 경찰활동 또는 커뮤니티 경찰활동이 갖고 있는 문제점 가운데 하나는 범죄문제에 대응하는 이러한 활동이 가져다주는 성과를 정확하게 평가하는 데에는 어려움이 따른다는 점이다. 그럼에도 불구하고, 이들 활동의 성과를 증명하기 위한 방법을 개발하는 데 있어서의 어려움 때문에 아무런 효과가 나타나지 않았다고 추론하는 것은 잘못된 것이다.

끝으로 각국에서 진행되고 있는 커뮤니티 경찰활동을 경험적으로 조사한 결과, 이는 사회·경제적으로 안정된 사회 또는 이웃주민들 사이에서 보다 일반적으로 도입·적용되고 있는 것처럼 보였다. 그리고 거시적·장기적인 관점에서 볼 때, 경찰자원(Police Resources)은 시민의 범죄에 대한 관심의 증가와 더불어 경찰이 자신들을 협조적으로 지원하는 시민들에게 의존하는 정도에 따라 실질적으로 증대될지 모른다.

---

14) James Q. Wilson & George L. Kelling, "The Police and Neighborhood Safety: Broken Windows," *The Atlantic Monthly*, March 1982, pp. 29~38.

15) 범죄예방에 드는 비용과 범죄가 발생하여 이를 해결하는 데 소요되는 비용을 비교하는 것은 용이하지 않다. 그러나 실제로 범죄가 발생하였을 때, 적지 않은 경찰자원이 소요되며, 더 나아가 범죄피해자가 겪은 정신적·물질적 피해를 회복하는 것은 더욱 어렵다는 점은 분명한 사실이다.

6. 경찰노조의 비협조성

1960년대 이후로 경찰노조(Police Unions)는 미국과 스칸디나비아 지역, 그리고 영국 등에서 보다 많은 영향력을 행사해 왔는데,[16] 여기에는 뚜렷한 이유가 있다. 지난 20여년 동안 증대된 경찰노조의 힘은 범죄 및 범죄에 대한 두려움의 증가와 상호관련성을 갖고 있다고 볼 수 있다. 미국 전체, 영국, 그리고 노르웨이를 제외한 스칸디나비아 지역에 있어서 경찰은 공무원들 가운데 가장 많은 보수를 받고 있는데, 이들은 20년 전에는 가장 낮은 보수를 받고 있었다.

그리고 경찰보수의 정도는 반드시 지배적인 정치권력의 성향과 상호관련성을 갖는 것도 아니다. 따라서 예컨대, 영국의 대처(Thatcher) 행정부의 '법과 질서'(Law and Oder)를 강조하는 정부에서도 경찰보수는 실질적으로 증가하였으며, 동시에 사회주의적 복지국가를 지향하는 스웨덴과 덴마크에서도 실질적으로 증가하였음을 알 수 있다.

스칸디나비아 지역의 기준에 의하면, 스웨덴 경찰은 특히 경찰보수가 높은 것으로 나타났다. 이는 핀란드 또는 노르웨이의 일선경찰보다 약 20% 이상 높으며, 덴마크와는 거의 비슷한 수준으로 나타났다. 스웨덴 경찰노조의 힘을 나타내는 또 다른 지표는 다음과 같다. 즉, 경찰노조의 집단적 협상권한을 가지고 있는 국가경

---

16) ① 우리나라는 아직까지 경찰노조 개념 자체가 성립되지 않기 때문에 논의의 여지가 없다. 즉, 경찰공무원은 국민전체에 대한 봉사자이기 때문에 정치적 중립성을 보장하기 위하여 법률이 정하는 바에 의하여 정당가입이나 정치적 활동 등이 금지된다. 그리고 노동조합을 결성하는 등 집단행동(노동 3권 즉, 단결권·단체교섭권·단체행정권)은 금지된다. 주지하는 바와 같이, 공무원은 근로자로서 법률이 정하는 자에 한하여 단결권·단체교섭권 및 단체행동권을 가진다 (헌법 제33조 제2항). 이를 위하여 제정된 법이 '공무원의 노동조합 설립 및 운영 등에 관한 법률'이다. 그러나 경찰공무원은 그 직무의 특수성으로 인해 이 법의 적용에서 제외된다. 최선우, 경찰학, 그린, 2017, p. 331. ② 다만 경찰노조가 결성되어 있는 여러 나라에서 경찰의 이해관계를 대변하는 이들이 커뮤니티 경찰활동에 대해서 어떻게 인식하는지를 이해할 수 있을 것이다. 사실 경찰노조의 존재는 일정부분 당위성을 가지며, 따라서 경찰이 집단이기주의를 표출할 가능성 문제는 차치하고, 근본적으로 정치적 중립상태에서 국가와 사회질서, 그리고 개인의 자유와 권리보호를 위해서는 필요하다고 본다. 국가가 처한 상황은 각각 다르겠지만, 지난 2001년 베를린시내 한복판에서 '극우 나치'의 시위를 방조하고, 이에 반대하는 시민들의 집회를 무산시키려고 경찰청에 진압요청을 한 당시 기민당 출신 베를린시장의 언행이 경찰노조에 의해 무산된 사례가 있다. 그 뒤 기민당 출신 베를린시장은 여론에 의해 사퇴되고 재선을 통해 사민당계 베를린시장이 당선과 재선된 것은 시사하는 바가 있다고 본다.

찰 노조위원장은 국가경찰청장과 같은 보수를 받고 있다는 점이다. 이처럼 스칸디나비아 지역의 노조들은 일반적으로 강력한 힘을 가지고 있으며, 경찰노조 또한 예외는 아니다.

　노르웨이 경찰의 보수가 스웨덴 경찰과 같이 높지 않은 이유는 부분적으로 노르웨이의 경제적 어려움에서 비롯된 것이지만, 무엇보다도 가장 큰 이유는 이 나라의 관행 때문에 비롯된 것이라고 볼 수 있다. 즉, 공공부문의 한 부분이 다른 여러 부분에 비하여 더 많은 보수를 받는 것은 부적절한 것으로 인식되고 있기 때문이다. 따라서 경찰보수가 증대하기 위해서는 간호사·의사·버스운전기사 등의 보수가 동시에 증대되어야 한다는 것을 의미한다. 그러나 이것 때문에 노르웨이 경찰노조가 힘이 없다는 것을 의미하는 것은 아니다. 경찰노조는 다른 여러 가지 정치적·사회적 압력 상황에서 여러 가지 기능을 하고 있기 때문이다.

　그렇다면, 이처럼 경찰조직 내에서 경찰노조의 영향력이 증대되고 있는 상황 속에서 이들이 커뮤니티 경찰활동을 긍정적으로 생각하고 있다고 볼 수 있는가? 아쉽게도 그 동안의 경찰노조의 태도 등에 비추어 볼 때, 이들이 커뮤니티 경찰활동에 대해서 많은 관심과 열정을 가지고 있지는 못한 것 같다.

　따라서 어떤 경찰노조의 지도자들은 커뮤니티 경찰활동이 그 동안 경찰이 개인의 자유와 권리를 보호하고 공공의 안녕질서를 유지하게 위해 노력하는 과정에서 쌓아온 경찰의 위상과 역할에 오히려 위협요인이 된다고 보기도 한다. 이들에 의하면, 경찰은 범죄문제에 대응하는 '전문가'(專門家)로써 직업적 사명감과 책임의식을 가지고 그 동안 시민들을 범죄에 대한 위협으로부터 보호해 왔다고 할 것이다. 그런데, 커뮤니티 경찰활동을 도입·적용함으로써 예컨대, 이웃감시활동과 같은 것을 활성화하는 것은 위에서 말한 경찰의 사명감과 책임감을 경감·희석시키는 일종의 '부적절한 대체수단'(Inappropriate Substitute)으로 인식하고 있다는 점이다.

　어떻게 보면, 이는 명분상의 입장이며 그 이면에는 커뮤니티 경찰활동이 전통적 경찰활동에서 유지되어 오던 경찰전문가주의(Police Professionalism), 그리고 더 나아가 경찰의 생존권을 위협하는 것으로 인식하고 있는 것처럼 보인다. 사실, 경찰은 범죄예방·수사, 범인체포 등을 위하여 체계적으로 교육훈련을 받은 인적 자원이라 할 수 있다. 따라서 이러한 관점에서 시민은 필요하지도 않고, 요구되지도 않는다. 더욱이 커뮤니티 경찰활동은 경찰의 역할과 책임의 일부를 시민에게 위임 또는 '이양'(移讓: 양보하여 넘겨주는 것)하는 것을 의미하기 때문에 경찰노조에게는 또 다른 위협요인으로 받아들여지고 있는 것이다.

결국, 커뮤니티 경찰활동이 활성화됨에 따라 우리사회의 안전을 확보하는 데 있어서 보다 적은 규모의 경찰력만으로도 충분하다는 것이 밝혀진다면, 이는 경찰노조에게 보다 큰 위협요인으로 다가갈 것이다. 경찰이 노조를 결성하는 것은 명분상으로는 시민에게 양질의 치안서비스를 제공하기 위한 것이라 할 수 있겠지만, 본질은 범죄예방 및 통제에 대한 '경찰 헤게모니'(Police Hegemony)를 형성하기 위한 것이라고 본다. 사실, 경찰 및 경찰노조는 조직 및 구성원들의 이익이 무엇보다도 우선적인 것이며, 범죄예방 및 통제는 이보다는 낮은 우선사항인 것으로 보여진다. 결과적으로 이는 커뮤니티 경찰활동의 발전을 저해하는 요인 가운데 하나가 될 수 있을 것이다.

준경찰(Para-Police)

커뮤니티 경찰활동이 비록 정규경찰(Sworn Police)이 수행하는 기능을 비정규경찰(Non-sworn Police)이 수행할 수 있도록 활성화시켜야 한다는 철학에 기초를 두고 있다고 할지라도 이러한 시민참여라는 것 자체만으로는 이의 근본적 요소가 되지 않을 수도 있다.

사실, 역사적으로 시민을 경찰조직에서 단순히 고용하는 예는 얼마든지 있다. 이와 관련하여 1971년 형사사법의 기준과 목표에 관한 국가자문위원회(National Advisory Commission on Criminal Justice Standards and Goals)에 의해 이루어진 미국 41개 주요도시의 경찰조직에 대한 조사연구에 의하면, 평균적으로 조직구성원 가운데 16%가 시민, 84%가 정규경찰로 구성되어 있음을 발견하였다.

따라서 여기에서 논의하고자 하는 핵심사항은 단순히 정규경찰에 대한 비정규경찰의 비율을 의미하는 것이 아니라, 이들 비율에 있어서 비정규경찰이 왜 증가하고 있는가 하는 것이다. 더 나아가 커뮤니티 경찰활동의 철학은 이들 '비정규경찰'의 지위가 '준경찰'(Para-Police)의 지위로 전환되는 것을 고려하고 있다는 점이다.

여기에서 준경찰의 개념은 준전문가(Para-Professional)사상에서 모델화한 것으로, 전문가에는 미치지 못하지만 일정수준의 전문성을 갖춘 것을 의미한다. 따라서 준전문가라는 개념은 최소한의 기술을 갖고 있는 초보자를 의미하는 것이 결코 아니다. 이는 중요한 업무이지만 반복적이거나 예비단계의 성격을 갖고, 또는 완전한 전문성을 요구하지 않는 그 아래 단계의 업무 등을 수행하는 사람을 의미한다.

지난 5년 동안 각국의 경찰활동 및 경찰조직을 조사한 결과, 캘리포니아주의 산타아나지역은 준경찰활동 개념을 발전시킨 곳으로 나타났다. 산타아나의 비정규경찰은 제복을 입고 있지만 권총이나 경찰봉을 지니고 있지는 않았다. 산타아나 경찰은 이러한 비정규경찰을 PSOs(Police Service Officers)라 불렀다. 산타아나 경찰은 최초로 이들 준경찰에게 블레이저 코트(화려한 스포츠복 상의)를 제공하였는데, 이는 이들과 정규경찰을 구별하기 위한 것이었다. 그러나 실험결과 시민들은 이들이 지역치안을 대표하는 정규경찰과 같은 권한을 갖고 있다는 것을 받아들이지 않는다는 사실을 발견하였다. 전통적인 푸른색의 제복을 입은 경찰만이 시민이 수용할 수 있는 유일한 권한·권위의 상징으로 인식된 것이다.

한편, 경찰활동을 연구하는 사람들은 오랜 기간 동안의 관찰을 통해 순찰활동시간이 범죄수사를 하는 시간보다 시민들에게 직접적이고, 압도적으로 많은 관련서비스를 제공하고 있다는 사실에 주목하였다. 그리고 산타아나 경찰은 9명의 비정규경찰을 5명의 정규경찰을 고용하는 비용으로 고용할 수 있으며, 이들은 많은 경찰활동에 대해서 정규경찰과 마찬가지로 업무를 수행할 수 있다고 판단하였다. 실제로 이들은 영어뿐만 아니라 스페인어까지도 할 수 있었기 때문에 많은 경찰활동에 대해서 충분히 업무를 수행하였다. 산타아나 지역은 멕시코 국경과 인접해 있기 때문에 상당수의 인구가 스페인어를 사용하고 있었다. 따라서 경찰업무가 의사소통과 관련된 능력을 요구하는 정도에 따라 준경찰은 정규경찰보다 더 자질이 있는 것으로 입증되기도 하였다.

더 나아가 산타아나의 준경찰은 단지 무전기만 착용한 채 순찰차량을 이용하여 순찰활동을 실시하기도 하는데, 이러한 순찰활동과정 중에 물리적 강제력의 행사 또는 체포 등이 요구되는 때에는 정규순찰경찰에게 지원을 요청하도록 되어 있다. 이들은 또한 강제적 물리력 행사를 필요로 하지 않는 경찰활동과 관련하여서도 업무를 수행하고 있음은 물론이다.

따라서 이들은 방치된 차량을 조회하고, 경우에 따라 이를 견인하기도 하며, 주간에 발생하는 주거침입절도와 강간 등과 같은 다양한 범죄신고에 대응하기도 하고, 범죄피해자들과 범죄해결에 있어서 발생하는 이해관계문제뿐만 아니라, 산타아나 경찰이 중요한 경찰기능 가운데 하나로 생각하고 있는 피해자지원을 위해 범죄피해자들과 연락을 취하는 역할 등을 수행하고 있다. 또한 이들은 교통사고조사에 있어서도 높은 효과성을 갖는 것으로 나타났다. 즉, 많은 정규경찰들은 교통사고조사를 담당하고, 이에 대한 보고서 작성업무를 귀찮은 일로 생각하면서 업무를 수행하고 있는 반면, 준경찰은 이러한 업무를 자신들의 전문성을 입증할 수 있는 기회로 생각하기 때문에 이를 신중하게 다루면서 교통사고 당사자들에게 보다 위로를 하고 도움을 제공하고자 하는 경향이 있음을 발견하였다. 따라서 경찰조직은 이러한 경우에 이들에게 사례금을 지불하기도 하였다. 왜냐하면 경찰조직은 몇 백 달러 정도의 손실을 가져다주는 비교적 경미한 자동차사고라 할지라도 일반시민들에게는 가장 중요한 일 가운데 하나이고, 일정기간 동안 정신적·육체적 충격을 가져다줄 수 있다는 것을 인식하고 있기 때문이다.

그리고 산타아나 경찰조직은 정규경찰로 하여금 책임감을 갖고 커뮤니티 경찰활동을 수행하도록 하고 있는데, 준경찰은 그에 못지않게 이웃감시활동을 조직화하고, 이를 감독하는 데 유용한 역할을 하며, 또 범죄예방 세미나를 계획하고 이를 진행하는 데 있어서도 적절한 역할을 수행하는 등 여러 경찰활동에 참여하고 있었다.

요약컨대, 준경찰은 실제로 어떤 경찰업무에 대해서는 이를 매우 훌륭하게 수행하고 있음을 발견하였다. 그러나 준경찰에게 일정한 경찰업무의 수행과 관련하여 보다 많은 권한을 부여할수록 정규경찰이 갖고 있는 직업적 안정성과 보수규모에는 위협요인이 되는 것 같다. 따라서 경찰노조는 이들 준경찰활동을 보다 확대하여 도입하는 것에 대해서는 긴장과 주의를 하고 있는 것처럼 보인다. 반면, 경찰의 최고관리층에서는 이들 준경찰이 경찰예산을 절약해 주고, 더 나아가 정규경찰의 위상과 전문성을 보다 높여 줄 수 있을 것이라고 생각하고 있기 때문에 이에 대해 보다 많은 관심을 가지고 있는 것 같다.

7. 2인 탑승 차량순찰제도

경찰의 '인력부족' 문제는 의심할 여지없이 순찰차에 2인의 경찰을 배치하고자 하는 경찰의 고착화된 기존관행과 밀접하게 관련되어 있다고 볼 수 있다. 캘리포니아 경찰과 같이 만약 1인 순찰차가 일반화된다면, 도보순찰과 소규모 경찰부서 설치 등을 통한 커뮤니티 경찰활동전략을 수행하고자 하는 데 있어서 더 이상 경찰인력의 부족현상이 나타나지 않을 것이다.

2인 탑승 차량순찰을 옹호하는 사람들은 무엇보다도 순찰활동 도중 발생할 수 있는 위험성을 감소시키기 위해서 필요하다는 논리를 펼치고 있다. 그러나 오늘날과 같이 통신기술이 발달한 상황에서, 순찰경찰은 어떤 위험한 상황에 직면하게 되었을 때, 신속하게 지원을 받을 수 있다는 점이다. 이와 관련하여 한 조사연구에 따르면, 1인 순찰차량보다 2인 순찰차량이 더욱 안전하거나, 또는 보다 많은 효과성을 가져다주지는 못하고 있다는 사실을 밝혔다.[17]

더욱이 2인 순찰차량은 자신과 함께 근무를 수행하고 있는 동료경찰에 대해 일종의 '동지애' 또는 '동료애'와 같은 특별한 관계를 형성시키고, 자신들의 업무에 대해서 권위의식을 갖게 하는 경향이 있다. 실제로 스웨덴의 경우, 법적으로 어떠한 경찰도 단독으로 업무를 수행할 수 없으며, 업무를 수행하는 경찰은 자신들의 업무를 즐길 권리가 있다고 규정하고 있었다.

---

17) John E. Boydstun, Micheal E. Sherry & Nicholas P. Moelter, *Patrol Staffing in San Diego: One or Two Officer Units*, Washington, DC: Police Foundation and Systems Development Corporation, 1977.

이러한 이유가 타당성을 갖는지의 여부에 대해서는 차치하고, 이들 경찰은 능률성(Efficiency)의 가치 그리고 보다 중요한 것은 커뮤니티의 가치에 대해서 반대하고 있는 것처럼 보인다. 비록 2인 순찰차량이 순찰경찰활동을 수행하고 있는 경찰의 안전성을 확보하고 업무수행상의 직무만족을 가져다줄지라도, 이 또한 시민들과는 괴리감을 가져다줄 것이다. 순찰차량에서 함께 근무하고 있는 2인의 경찰은 자신들이 담당하여 경찰활동을 수행하는 시민들과는 격리되고, 순찰차라는 자신들만의 움직이는 '작은 사회'(Small Society) 또는 '커뮤니티'를 형성시켜 줄 것이다. 어쨌든 2인 순찰차량은 매우 많은 경찰인력을 필요로 하며, 커뮤니티 경찰활동의 발전을 저해하는 가장 중요한 요소 가운데 하나가 될 것이다.

8. 권한의 집중성

전통적인 경찰조직의 특징 가운데 하나는 준군대식 조직형태로서 수직적 계층구조를 갖고 있다는 점이며, 경찰정책은 경찰최고책임자의 의사결정에 의해 이루어진다. 반면 커뮤니티 경찰활동은 경찰권한의 일정한 위임 또는 분권화에 의한 하위 경찰부서의 적절한 의사결정이 일정부분 허용되는 형태로 이루어진다.

사실, 이러한 계급제 또는 계층제의 정도에 따른 경찰권한의 집권화와 분권화 간의 적절한 절충점을 찾는 것은 쉬운 일이 아니다. 다만, 커뮤니티 경찰활동의 필수불가결한 특징 가운데 하나인 이웃지향 경찰활동 또는 소규모 경찰부서의 운영전략을 채택하기 위해서는 명령의 분권화가 요구되는데, 이는 중앙집권 된 경찰조직에서는 채택하기가 어려운 부분이다. 따라서 일반적인 관점에서 볼 때, 경찰조직이 보다 집권화되고 경찰조직의 책임체계가 계층화될수록 커뮤니티 경찰활동을 도입하는 것은 보다 어려울 것이다.

물론, 커뮤니티 경찰활동이 반드시 집권화 된 경찰정책 결정권한의 소멸 또는 집권화된 책임의 소멸을 의미하는 것은 아니다. 산타아나 지역의 경찰책임자인 데이비스(Raymond Davis)는 관할구역의 경찰명령권자들이 커뮤니티 경찰활동 철학을 가지고, 관련 대응전략을 수립·수행할 수 있도록 상당한 권한을 위임하였다. 따라서 관할구역 경찰명령권자들은 그러한 범위 내에서의 추가적 재량권을 위임받게 되었다. 다만, 경찰활동과 관련된 전체적·총체적인 전략을 수립하는 것과 관련된 재량권 행사에 있어서 상당한 제한을 가하였다. 따라서 예컨대, 관할구역 명령권자들(우리나라의 파출소장, 지구대장 등)은 재량권을 가지고 어떤 순찰구역에 대해서는 순찰경찰을 보다 적게 배치하거나 많이 배치할 수 있었다. 그러나 이웃지향 도보 순찰활동과 이웃감시 및 범죄예방교육 등 커뮤니티 경찰활동의 총체적 전략에 대해서는 전적으로 이를 배제하지는 못하도록 하였다.

더욱이 커뮤니티 경찰활동은 정보(Intelligence)를 수집하는 전술과도 같은 역할을 한다. 이는 커뮤니티 경찰활동을 통해 관할구역 내의 일정한 정보(예컨대, 지역 조직범죄, 마약거래상, 청소년 갱집단 동향 등)를 중앙경찰조직에게 제공하게 된다는 것을 의미한다. 이러한 점에서 볼 때, 커뮤니티 경찰활동은 범죄수사에 대한 하나의 보조·보완적 역할을 수행할 수도 있는 것이다. 따라서 대규모 경찰조직(예컨대, 미국의 NYPD 등) 차원에서 볼 때, 커뮤니티 경찰활동은 명령의 분권화와 더불어 하위부서에게 경찰에게 보다 많은 재량권을 부여하는 것이라 할 수 있다.

9. 보상체계의 어려움

경찰활동이 성공적으로 이루어지기 위해서는 주어진 업무수행에 대한 평가 및 그에 상응하는 적절한 보상체계를 구축하는 일이 중요하다고 할 수 있다. 적절한 보상체계의 구축은 경찰의 동기부여 및 직무만족과 밀접한 관련성이 있으며, 결과적으로 양질의 치안서비스를 제공하는 데 지대한 영향을 미친다고 볼 수 있다.

그런데, 커뮤니티 경찰활동만이 그 철학 및 접근방법, 그리고 평가방법상의 추상성으로 인해 문제를 안고 있는 것은 아니다. 바꿔 말하면, 전통적 경찰활동 또한 경찰전문가주의에 입각해서 전문적인 경찰업무를 수행하고, 따라서 그에 대한 정확한 업무평가와 평가기준을 가지고 있다고 보기는 어렵다. 전통적 경찰활동 역시 경찰활동의 결과를 평가할 수 있는 기준과 방법을 개발하는 데 어려움을 겪어 왔으며, 이로 인해 오랜 기간 동안 관행적으로 경찰행정가들을 괴롭혀 온 것이 사실이다.

따라서 범죄자 체포, 구속, 영업허가, 유죄판결, 불심검문, 교통단속 등에 있어서 어떤 것도 만족할 만한 경찰업무수행 평가지표를 제시하는 데 한계가 있었다. 다만 만약 경찰이 범인체포와 같은 전형적인 역할만을 수행한다면, 이상과 같은 기준 가운데 일부는 적용할 수 있을 것이다.

그렇다면 범인체포뿐만 아니라 범죄예방과 같은 업무도 수행하고 있는 커뮤니티 지향적 경찰의 업무수행에 대해서는 어떻게 평가해야 할 것인가? 단지 어떤 특정경찰이 범죄예방에 기여하였다고 해서 범죄의 양을 측정하는 것은 불가능하다. 커뮤니티 경찰의 성공은 커뮤니티의 행태 및 태도에 있어서 미묘한 변화들을 야기 시키는 것도 해당된다. 예컨대, 이웃주민이 자기방어 및 자경의식에 대해서 보다 열정을 가지고 있는가? 시민들이 자발적으로 경찰에게 중요한 정보를 제공하고 있는가? 경찰의 일상적인 부가서비스가 보다 효과적으로 이루어지고 있는가? 범죄피해자가 자신들의 정신적·물질적 피해로부터 빠르게 회복할 수 있는가? 시민은 범죄에 대한 대응력이 증대되었다고 느끼고 있는가? 이웃주민들 간에 신뢰가 보다 긍정적으로 형성되었는가? 범죄에 대한 두려움이 일정부분 감소 또는 제거되었는가? 그리고 경찰 및 시민 상호 간의 파트너쉽(Partnership)에 대한 인식이 증대되었는가? 등을 들 수 있다.

문제는 경찰은 이상과 같은 업무수행에 대해서 체계적으로 그리고 합리적으로 평가하고, 보상할 수 있는 방법을 가지고 있지 못하기 때문에, 일선경찰들로 하여금 자신들의 업무에 보다 헌신적으로 근무할 수 있도록 조장하는 데 어려움을 안고 있다.

이처럼 커뮤니티 경찰활동은 경찰의 업무수행과 이의 평가 및 보상수단이 보다 명확하지 못한 것이 사실이다. 이는 공공서비스 또는 치안서비스에 본질적으로 내재하고 있는 계량화 문제가 보다 확대된 상황이라고 할 수 있다. 그리고 비록 경찰관리자들은 이러한 문제를 분명하게 파악하지는 못하고 있지만, 어느 정도 문제점을 인식하고 있는 것이 사실이다. 요약건대, 커뮤니티 경찰활동의 업무수행의 질을 평가하고 보상하는 방법이 명확하지 않다는 것은, 커뮤니티 경찰활동의 발전을 저해하는 요소 가운데 하나라는 것을 의미한다.

10. 범죄수사업무의 통합실패

경찰조직의 분권화·소규모화가 커뮤니티 경찰활동의 기본적인 활동전략 가운데 하나인데, 이로 인해 오히려 문제가 제기되는 부분이 있다. 커뮤니티 경찰활동이 이루어지게 됨에 따라 범죄예방부서 즉, 파출소와 같은 소규모 경찰부서 및 대민관계부서 등과 같이 경찰조직 내에 부서를 새롭고 특별하게 설치하고 관련 경찰인력을 배치시키게 된다.

커뮤니티 경찰활동을 기대하는 구성원들은 이러한 분권화된 명령체계에 매력을 갖게 될지도 모른다. 그러나 이들은 단지 자신들에게 할당된 업무만을 수행하게 되며, 전통적인 순찰활동이나 범죄수사활동을 통합할 수 없다는 한계에 직면하게 된다. 그리고 경찰조직의 생리상 커뮤니티 경찰활동을 담당하는 부서가 설치되어 이들이 새로운 역할을 맡게 되어도 기존의 자신들이 가지고 있는 책임을 나눠 갖게 되는 것을 원하지 않을지도 모른다. 이러한 문제는 기존 업무와 새로운 업무 간의 연계성이 강한 경우에 크게 나타날 수 있으며, 이는 조직이 해결해야 할 심각한 문제 가운데 하나라 할 수 있다. 따라서 만약 커뮤니티 경찰활동으로 인해 명령이 분권화된다면, 특히 순찰활동과 같은 기능을 담당하는 부서는 보다 많은 명령권한을 확보하기 위하여 영역다툼이 전개할 가능성도 존재하게 될 것이다.

이와 관련하여 예컨대, 디트로이트 경찰조직의 소규모 경찰서(Mini-Police Station)는 순찰과 비상대응 및 범죄수사활동 등은 하지 않고 대부분을 범죄예방활동에 치중하도록 배치되었다. 그러나 이들 소규모 경찰서는 평상시의 대민관계 개선 및 대민서비스 업무 등을 수행하도록 하였음에도 불구하고, 대부분의 경우, 순찰활동 부서가 맡고 있는 순찰활동기능을 침해하였기 때문에 진정한 의미의 소규모 경찰서라고 보기가 어려웠다. 마찬가지로 1970년대 초기에 경찰활동이 소규모로 실시되고 있다는 것을 보여 주기 위한 홍보목적으로 설치된 수많은 숍 프론트 경찰서(Shopfront Police Station)는 이와 동일한 이유에서 실패하였다. 이들 소규모 경찰서에서 근무하는 경찰들은 특별하게 하는 일이 없었으며, 결국은 아이들에게 과자나 범죄예방 전단지를 나눠 주는 정도로 끝나게 되었다. 이러한 점에서 볼 때, 커뮤니티 경찰활동이 제대로 이루어지기 위해서는 각각 경찰조직에서 실시하고 있는 여러 활동들과는 구별되는 또 다른 특별한 업무를 개발하고, 그것이 의미 있는 기능으로 작용할 수 있도록 해야 할 것이다.

한편, 만약에 커뮤니티 경찰활동이 일반적인 순찰활동을 수행하는 운영부서에서 이루어지게 된다면, 이들 부서는 전통적 경찰활동을 위해서 커뮤니티 경찰활동의 제반활동을 무시하게 될지도 모른다. 예컨대, 디트로이트 경찰조직에 소규모 경찰서가 처음으로 설치되게 되었을 때, 이들은 관할구역 명령권자들의 통제 하에 놓여 있었다. 그런데, 이들 소규모 경찰서에는 관할구역 명령권자들이 임신한 여성 경찰과 징계상태에 있는 경찰들과 같이 가장 효율성이 떨어지는 경찰들을 배치시켰다는 소문이 빠르게 나돌게 되었다. 마찬가지로 싱가포르의 경우에도 관할구역 명령권자들은 커뮤니티 경찰활동의 실험적 프로그램 가운데 하나로서 설치된 이웃경찰서(NPPs: Neighborhood Police Posts)에 경찰을 파견하도록 요청을 받았을 때, 정년이 가까운 경찰 또는 비상대응을 하는 데 있어서 적절하지 않은 경찰을 파견하였다.

이와 같은 문제를 해결하기 위하여 디트로이트 경찰조직은 소규모 경찰서를 순찰부서와 분리시켰으며, 상위 경찰관청인 경찰서장(Police Chief)과 직접적으로 연결될 수 있는 명령체계를 따로 갖추게 되었다. 싱가포르의 경우에는 경찰위원회의 위원장에게 관할구역 경찰책임자들에게 이웃경찰서의 업무를 가장 적절하게 수행할 수 있는 경찰관을 파견하도록 하고, 관련업무에 적합하지 않은 경찰에 대해서는 배치를 제한할 수 있도록 하였다.

한편, 커뮤니티 경찰활동을 경찰조직에 적응시키는 과정에서 나타나는 조직의 내부적 분화·갈등 문제는 일본과 싱가포르에서는 점차 해결되어 갔다. 이들 두 나라의 交番(koban)과 NPPs는 특히, 관할구역을 담당하는 순찰경찰의 감독을 받았다. 交番과 NPPs 모두 고정된 순찰거점에서 커뮤니티 연계 및 범죄예방에 대한 특별한 관심을 두면서 고발사건의 접수, 서비스요청, 도보·자전거·오토바이 순찰, 그리고 발생 가능한 비상사태에 대해 대응하는 등 많은 역할을 수행하는 것으로 인식되고 있다.

요약컨대, 순찰활동은 '交番과 NPPs와 같은 고정된 거점'에 기초를 두고, 유사시에는 여기에 기동력 있는 비상대응차량이 추가로 배치되는 시스템으로 이루어진다고 볼 수 있다. 따라서 일본과 싱가포르 경찰은 모두 차량을 이용한 신속한 대응과 고정된 소규모 경찰서를 통해 서비스를 제공하고 있음을 알 수 있다.

그런데 미국과 비교해 볼 때, 일본의 交番과 싱가포르의 NPPs 경찰의 경우, 범죄수사와 관련된 상호협조에 있어서는 많은 차이가 나타나고 있다. 일본과 싱가포르 모두 交番과 NPPs 경찰의 범죄수사 역할은 그다지 크지 않다. 대부분 국가의 순찰경찰과 마찬가지로 이들은 수사경찰이 도착할 때까지 범죄현장을 보존하고, 경미한 범죄일 경우에 한해서만 자체적으로 수사를 실시하고 있다.

반면 미국의 휴스턴과 텍사스 경찰은 이들 두 관계를 보다 통합된 형태로 운영하고자 노력하고 있었다. 따라서 강도·주거침입절도·단순절도·차량절도 등과 같은 민생범죄에 대한 수사는 순찰경찰과 함께 이루어지고 있으며, 이를 위해 관련권한이 기본적으로 위임·분화되어 있었다. 그리고 범죄수사를 담당하는 경찰은 순찰구역에 따라 순찰경찰 팀을 지원하는 현장운영지령실(Field Operations Command)에 따라 투입·배치되어 대응하도록 하였다.

이러한 점에서 비추어 볼 때, 커뮤니티 경찰활동이 성공적으로 이루어지기 위해서는 경찰고위관리층은 범죄예방에 중점을 두고 있는 커뮤니티 경찰활동에 전통적 경찰활동이라 할 수 있는 범죄통제활동인 범죄수사를 통합할 수 있는 방안을 모색하는 것이 관건이라고 할 수 있다.

제 2 절

외부적 제약요인

1. 시민의 참여 정도

커뮤니티 경찰활동에 있어서 시민의 역할은 매우 중요하다.[18] 그러나 경우에 따라서는 이들의 참여와 협조를 유도하기란 쉽지 않다. 예컨대, 그린크(R. Grinc)의 연구보고에 의하면, "커뮤니티 프로그램을 계획할 때, 견고하고 유용한 사회하부

---

18) 이하 정견선·박기태, 지역사회경찰론, 경찰공제회, 2001, pp. 132~134 재인용.

구조를 구성하는 것이 매우 힘들다"라고 하였고, "가장 어려운 문제는 경찰이 그들의 프로젝트에 필요한 활동적인 주민단체를 구성하거나 유지하기가 불가능할 때이다"라고 결론을 내렸다.[19] 커뮤니티의 구성원인 시민들의 협조를 구하는 것이 어려운 이유는 다음과 같이 여러 가지가 있다.

첫째, 오늘날 많은 가정은 부부가 모두 직장을 가지는 맞벌이 형태이고, 편부모 가정도 늘고 있다. 게다가 부모는 직장에서 생업에 종사한 후 가정에서 자식들을 돌보거나, 다른 볼일을 보거나, 요리·청소 그리고 자녀들의 학교행사에 참여해야 한다. 따라서 각자의 일이 바빠서 주민활동에 참여할 시간적 여유가 없는 것은 당연한 결과이다.

둘째, 경찰과 시민의 관계가 대립적이고 소원함의 역사가 있었기 때문에 경찰을 두려워하고, 신뢰하지 못하며, 적대감을 가질 수도 있고, 경찰과 친숙한 관계를 원하기보다 경찰의 비리를 감시하는 데 더 관심이 있을 수 있다.

셋째, 수입이 낮고 범죄가 많은 지역들은 대체적으로 주민 결속력을 필요로 하는 사회하부기반구조가 약하다. 범죄가 많은 지역의 주민들은 이웃에 거주하는 범죄자·부랑자 및 마약거래자들의 보복을 두려워하는 경향이 있다.

넷째, 일반대중에게 기존의 전통적 경찰활동 정책이 수십년간 집행된 상황에서 커뮤니티 경찰활동으로 당장에 바꾸기가 쉽지 않고, 일반대중으로 하여금 커뮤니티 경찰활동의 개념을 이해시켜서 주민들이 받아들이도록 기대하기가 어렵다. 수십년간 경찰은 일반대중에게 범죄를 소탕하는 전문가로 인식되어 왔다. 이제 경찰이 커뮤니티와 동반자관계를 개발시키길 원하고 있으나, 그동안 전통적인 방식에 익숙해진 태도를 하루아침에 바꾸라고 기대할 수는 없는 것이다. 또한 경찰과 커뮤니티가 공통의 목표와 관심사를 갖고 있다고 주민을 설득시켰을 때, 이를 이해하지 못하는 한 주민들과의 동반자관계를 기대하는 것은 어려울 것이다.

다섯째, 범죄율이 높은 지역에 사는 주민들은 범죄예방 프로그램 등을 매우 잘 알고 있다. 그러나 이들은 과거 그러한 프로그램이 시행되었다가 중지되는 것을 여러 차례 보아 왔기에 회의적일 것이다.

여섯째, 범죄피해의 경험이 있던 사람들은 그렇지 않은 사람들보다 경찰에 대

---

19) R. Grinc, "Angels in Marble: Problems in Stimulating Community Involvement in Community Policing," *Crime and Delinquence*, Vol. 40, No. 3, 1994, p. 442.

해 더 불만을 가지고 있는 것으로 연구결과 나타나고 있다. 범죄피해자는 제대로 된 경찰서비스를 원하지만, 커뮤니티 경찰활동은 범죄피해자들에게 당장에 만족할 만한 서비스를 제공한다는 것을 보장하기는 어렵다.

일곱째, 커뮤니티에 시행된 경찰 프로그램들은 각 지역의 차이 또는 차별에 기인해서 문제를 야기시킬 수도 있다. 만일 경찰이 특정집단에만 관심과 호의를 갖고 다른 집단을 공정하지 않은 입장에서 대우한다면, 커뮤니티는 분열될 수도 있을 것이다.[20]

2. 경찰활동에 대한 시민의 기대

표면적으로 보기에 커뮤니티 경찰활동은 전통적 경찰활동에 비해서 시민에게 보다 높은 만족을 제공할 수 있는 것으로 기대되고 있으며, 이를 통해서 시민은 범죄에 대한 두려움의 제거, 경찰활동의 효력에 대한 보다 고무된 관심, 그리고 경찰에 대한 신뢰의 증대 등을 경험하게 될 수 있을 것이다. 그러나 동시에 어떤 시민은 보다 전통적인 경찰활동형태를 선호하고 이를 요구하게 될지도 모른다. 그리고 일부 시민은 경찰이 커뮤니티 내에서 봉사자의 역할을 하는 것을 원치 않는 이유 가운데 하나는 일종의 고정관념(固定觀念)에서 비롯된 것이라 할 수 있다. 이들은 경찰이 제복을 입고 경찰배지를 달고 권총을 휴대하여 실질적이고 강력한 활동을 수행하기를 원하고 있다. 따라서 이러한 시민들은 예컨대, 다소 유약하게 느껴질 수 있는 여성경찰을 만나게 되었을 때 특히, 불만족 할 수도 있고, 또 그러한 감정을 표출할 수도 있을 것이다.

더욱이 시민이 커뮤니티 경찰활동을 불신하는 보다 내면적인 이유 가운데 하나는 커뮤니티 경찰활동이 실제로 경찰의 범죄와의 전쟁 능력을 저해한다고 믿고 있기 때문일지도 모른다. 이러한 현상은 경찰조직 내에서 만약 커뮤니티 경찰활동이 책임성을 갖게 되고, 반대로 기동성 있는 순찰활동 및 비상대응 등이 축소된다면 보다 뚜렷하게 나타날 수도 있을 것이다. 이는 커뮤니티 경찰활동이 경찰조직

---

20) W.G. Skogan, "The Community Role in Community Policing," *National Institute of Justice Journal*, August 1996, pp. 31~34.

내에서 지배적인 패러다임으로 받아들여진다면, 이후 일반시민의 저항을 극복해 나가야 한다는 것을 의미한다.

이는 커뮤니티 경찰활동은 변화를 거부하고 2인 순찰차량 방식과 같이 과거의 낡은 예방순찰방식으로 회귀하고자 하는 전통적 경찰활동의 옹호자들에 의해 비난을 받을 수 있다는 점을 보여 준다. 따라서 경찰관리자들은 커뮤니티 경찰활동으로 인해 경찰자원운용이 압박을 받게 됨으로써 범죄문제가 보다 만연되었다는 식의 주장이 제기되지 않도록 리더십을 발휘해야 커뮤니티 경찰활동이 성공적으로 정착할 수 있을 것이다.

3. 커뮤니티의 모호성

이미 제3장에서 상세하게 논의한 바와 같이 '커뮤니티'(Community)라는 개념은 본질적으로 그 실체를 명확하게 파악하기가 어렵다. 커뮤니티라는 개념 속에는 어떤 이해관계·가치·정체성·요구·기대 등을 복합적으로 내포되어 있다. 이처럼 커뮤니티를 이해하는 것은 쉬운 일이 아님에도 불구하고 이에 대한 긍정적 태도를 보이는 것은 범죄문제 등이 심각한 수준에 이르고 있는 오늘날의 현실에서 인간이 가지고 있는 보편적인 열망 가운데 하나라고 볼 수 있다. 커뮤니티는 어떤 면에서 완전성을 추구하는 것이며, 사회조직의 모성애적 가치를 추구하는 것이라 할 수 있다.

윌리암(Raymond William)은 그의 연구를 통해 주(State)와 국가(Nation), 그리고 사회(Society) 등과 같은 개념과는 달리 커뮤니티(Community) 개념은 결코 부정적 개념으로 사용된 경우가 없다고 하였다.21) 더욱이 모간과 맥스(Rod Morgan & Christopher Maggs)는 영국의 각 지역 경찰조직에 대한 연구에서 모든 관할 경찰책임자들과 경찰위원회는 커뮤니티의 '자문과 연계'의 중요성을 명확히 인식하고 있었지만, 여전히 커뮤니티에 대한 의미는 모호하고, 상이한 사람에 대해서 상이한 의미를 갖고 있다고 하였다.22)

---

21) Raymond Williams, *Key words: A Vocabulary of Culture and Society*, New York: Oxford University Press, 1976, p. 65.

한편, 커뮤니티의 개념 속에는 냉정하고 냉혹한 면도 가지고 있다. 즉, 커뮤니티 구성원들이 외부인에 대해서 과잉반응적으로 위협적이거나 폭력을 행사하게 될 때 그러한 특성이 나타나게 된다. 이와 관련하여 예컨대, 뉴욕시의 Howard 해변구역에서 누군가 흑인소년을 구타하여 고속도로에 유기하였고, 그 소년은 고속도로를 지나가는 차량에 의해 사망한 사건이 발생하였는데, 지역주민들이 이에 대해서 무관심한 태도를 보인 것이다.

경찰-커뮤니티 상호관계 또는 상호의존성은 경찰과 서비스 수혜대상인 시민 간의 진심에서 우러나오는 '결속력'(結束力)이 이루어질 때 가능한 것이다. 그런데 인구사회학적으로 보다 복잡다양해지는 현대도시의 삶에서 이를 성취하는 것은 점차 어려워지고 있다. 특히, 주요도시들의 경우, 전세계적으로 인종적 다양성이 빠르게 진전되고 있음은 주지의 사실이다. 영국 런던시는 아마도 이러한 현상으로 야기된 가장 놀랄 만한 경험을 겪은 바 있다. 즉 런던시는 1985년 8월 5일 가장 파괴적인 폭동을 겪었는데, 이 당시 런던시 경찰위원장인 뉴만(Kenneth Newman)은 이를 '미증유의 폭력사태'로 설명하기도 하였다. 당시 1명의 경찰이 예리한 칼로 난도질 당해 피살당했고, 248명이 돌과 화염병 등으로 부상을 당했으며, 7명이 총기에 의해 상해를 입었다.

당시 폭동이 발생한 곳은 런던 시내의 하링게이 지역에 위치한 브로드워터 농장지역인데, 이 곳은 실제로 도시의 저소득층을 위한 고층주거설계 프로젝트가 이루어진 곳으로서 대부분 도시근로자(하류계층)가 거주하는 자치구였다. 그러나 이 지역을 둘러싼 외부지역은 뚜렷하게 중산층이 거주하는 곳으로 구분되어 형성되어졌다. 이 곳 중산층 지역주민들은 편안하게 이웃감시집단을 형성하여, 특히 농장지역에서 고용되지 못한 청소년들에 의해 저질러지는 잠재적 주거침입절도를 예방하고 있었다. 폭동 당시 폭동자들은 인접한 다른 커뮤니티를 약탈하려는 의도를 가지고 있었기 때문에 폴리스 라인(Police Line)은 이러한 점을 감안하여 형성되었다.

당시의 사태로 많은 상처를 받았지만, 이로 인해 런던수도경찰은 폭동으로부

---

22) Rod Morgan & Christopher Maggs, *Setting the PACE: Police Consultation Arragements in England and Wales*, Bath, England: Center for Analysis of Social Policy, University of Bath, 1985, p. 3.

터 실증적인 교훈을 얻게 되었다. 1986년 여름기간 동안 브로드워터 농장지역 내의 집단들(특히, 흑인소년)과 긴밀한 연락체계를 구축하고자 하는 노력이 이루어졌는데, 이를 통해 농장지역 주민들과 하링게이 지역의 다른 주민, 그리고 그 지역경찰들 간의 공동체적 이해관계를 강조하게 된 것이다. 그러나 경찰은 지역주민들과 양립하기 어려운 위치에 있기 때문에 이러한 일은 긴장되고 어려움이 따랐다. 그리고 보다 어려운 문제는 그 후에도 인종폭동의 잔재가 남아 있었는데, 여기에서 경찰이 어떻게 역할을 수행하느냐 하는 것이었다.

브로드워터 농장지역의 폭동은 커뮤니티 경찰활동의 이론적 배경에 있어서 중요한 교훈을 가져다주었는데, 이는 범죄예방의 공동생산과정과 여기에서 고려되어야 하는 적절한 활동영역에 대한 개념을 설정할 수 있게 해 준 것이다.

요약건대, 지방자치단체 등 정부는 다양한 행정구역 내에 거주하는 구성원들의 특성 및 이웃주민관계를 명확하게 인식해야 한다는 점이다. 이와 관련하여 서틀레스(Gerald D. Suttles)는 '방어된 이웃'(Defended Neighborhood)의 개념과 관련하여 "사람들이 갑작스런 외부의 물리적 위협을 피하기 위해서 자신들만의 영역을 형성하게 되는데, 이는 외부에 대한 움직임을 주도면밀하게 파악하는 곳이며, 구성원들과 외부인들 모두에게 인식된 공동의 정체성을 확인할 수 있는 가장 최소단위의 지역이다"라고 정의를 내렸다.[23]

경찰은 각각의 이웃들에게 보다 폭넓은 예절과 안전을 위한 공동규범을 전달해 줌으로써 어느 정도 커뮤니티가 안고 있는 모호성을 해결해 줄 수 있을 것으로 보인다. 일본경찰의 경우, 단순한 법집행 이상의 역할을 수행하기 위해 부단히 활동하고 있으며, 뚜렷하게 구분되는 결속력 있는 이웃 내에서 커뮤니티의 도덕적 가치를 확립하고자 노력하고 있다고 볼 수 있다.

---

23) Gerald D. Suttles, *The Social Construction of Communities*, Chicago University of Chicago Press, 1972, p. 57.

제10장
민주사회와
커뮤니티 경찰활동

제10장
민주사회와
커뮤니티 경찰활동

커뮤니티 경찰활동의 가치

오늘날 우리 사회에 커뮤니티 경찰활동이 중요하게 인식되고 있음에도 불구하고, 커뮤니티의 개념적 모호성과 커뮤니티 경찰활동이 지향하는 이념과 가치의 현실성 부족, 그리고 경찰내부의 저항 등으로 인해 어려움이 나타날 수도 있을 것이다. 이러한 문제점을 최소화시키기 위해서는 경찰과 시민 모두에게 커뮤니티 경찰활동이 활성화됨으로써 상호간의 이익이 보다 증대된다는 인식이 공유되어야 할 것이다. 아래에서는 커뮤니티 경찰활동이 우리 사회에 왜 필요한지를 시민과 경찰의 이해관계 차원에서 살펴보기로 한다.[1]

---

1) Jerome H. Skolnick & David H. Bayley, *Community Policing: Issues and Practices Around The World*, National Institute of Justice, 1988, pp. 67~73; 최선우 역, 지역사회 경찰활동: 각 국의 이슈 및 현황, 서울: 집문당, 2001, pp. 141~154.

1. 시민의 이익

커뮤니티 경찰활동이 시민에게 가져다줄 수 있는 이익들로는 범죄예방의 효과 증대, 경찰권행사에 대한 시민 감시의 증대, 커뮤니티에 대한 시민책임의 증대, 그리고 경찰직에 대한 여러 계층의 채용 증대 등이 있을 수 있다.

1) 범죄예방의 효과증대

무엇보다도 커뮤니티 경찰활동이 현실화됨으로써 범죄예방의 효과가 극대화된다면, 그 이상의 가치는 없을 것이다.

커뮤니티 경찰활동이라는 것을 질병예방에 비유한다면, 일종의 기초 면역력을 향상시키는 것이라 할 수 있다. 경찰뿐만 아니라 커뮤니티 내의 각 분야에서 활동하고 있는 많은 구성원들이 저마다 동참하면 할수록 사회구성원들 간의 유대감과 상호지원이 가능해지고, 이는 잠재적인 범죄 및 무질서 문제가 발생하기 전에 이를 인식하여 억제하거나 감소시켜 주는 기능을 하게 될 것이다. 질병예방은 근본적으로 병원에서 해 주는 것이 아니라 개인적·가족적 차원에서 일정한 조치(휴식·식습관·위생·운동 등)를 통해서 이루어지듯, 범죄와 무질서 문제도 일차적으로 커뮤니티 내의 구성원들의 개인적·집단적 활동을 통해서 예방할 수 있는 것이다.

생각건대, 범죄예방이 효과적으로 이루어졌다는 것은, 범죄발생 건수가 감소하고 아울러 범죄피해가 감소하였다는 것을 의미한다고 본다. 더 나아가 범죄수사 및 이후 형사사법과정에 있어서도 효율성을 꾀할 수 있게 된다. 형사사법에 있어서 범죄예방은 가장 본질적으로 중요한 것이기 때문이다.

그런데, 커뮤니티 경찰활동이 도입됨으로써 우리사회가 얼마나 더 안전하고 편안해 질 것인가 하는 것이 우리가 가지고 있는 가장 중요한 의문 중의 하나일 것이다. 오늘날 보호(Protection)라는 것은 경찰 등 형사사법기관의 본질적인 존재이유이자 기능이며, 따라서 아무도 커뮤니티 경찰활동이 경찰로 하여금 그러한 역할과 책임을 제한 또는 포기하라고 주장하지는 못할 것이다. 그리고 불행하게도 우리는 이러한 중대한 질문에 답변을 할 수가 없다. 비록 커뮤니티 경찰활동이 적어도 과거의 전통적 접근방식보다 효과적이라고 생각하는 데에는 몇 가지 설득력 있는 이유가 있지만, 이것만 가지고는 위의 의문사항을 명백하게 설명하는 데에는 한계가 있다. 즉, 경찰은 커뮤니티 경찰활동을 운영함으로써 나타나는 변화된 결과를 명백하게 입증할 만한 자료를 제공하지 못하고 있는 실정이다. 다만 전통적 경찰활동은 이미 문제점 또는 한계를 드러낸 상황이고, 커뮤니티 경찰활동 역시 재정적인 압박 등으로 인해 신중하게 분석·적용하지 못하는 경우가 발생하고 있다.

그런데 예외적으로 싱가포르에서는 이의 결과가 구체적으로 나타나고 있다. 즉, 싱가포르의 경찰과 싱가포르 국립대학의 학자들로 이루어진 집단은 5개 도시의 중심지역에 대해서 1년간 실험적으로 예비프로젝트를 실시하여 이에 대한 평가를 체계적으로 실시한 바 있다. 그리고 이 예비프로젝트 실시 전과 후의 시민의 의견이 포함되었다. 조사결과를 요약한다면, 프로젝트가 이루어지지 않은 다른 지역과 비교해 볼 때, 특히 조사지역 부근의 이웃은 경미한 범죄신고가 증가한 반면, 중대범죄는 감소하였으며, 경찰에 대한 지원은 증가하였고, 시민의 안전에 대한 의식은 고조되었음을 발견할 수 있었다.[2] 따라서 이러한 평가결과가 연구된 직후 싱가포르정부는 이와 같은 새로운 시스템을 싱가포르전체에 걸쳐 확대시키기로 결정하였다.

생각건대, 커뮤니티 경찰활동이라는 것이 기존의 경찰활동보다 뚜렷한 성과를 보여 주었다기보다는 그 자체적으로 합리적인 타당성을 갖고 있다고 평가되기 때문에 이에 대한 관심과 노력이 증대되고 있음을 알 수 있다. 물론, 이러한 접근방법 역시 위험성을 안고 있다. 왜냐하면 현실적으로 명확한 결과를 갖지 못하는 정책결정은 수시로 변할 수 있기 때문이다. 따라서 과거와 현재에 긍정적으로 평가된 경찰정책 및 경찰활동 역시 어느 순간 모두 파기될 수 있다고 본다.

그리고 비록 현대 자유민주사회 속에서 커뮤니티 경찰활동이 전례 없는 비판정신과 탐구·실험을 통해서 등장한 것이라 할지라도 여전히 이와 관련된 프로그램의 결과에 대한 신중한 분석·평가를 하지 않는 부분이 있고, 또 경찰조직 상호간에도 충분한 정보교환 및 역할변화를 공유하지 못한 부분이 있음은 물론이다. 따라서 커뮤니티 경찰활동을 전통적 경찰활동에 대신하여 정착시키거나 일반화하

---

2) S.T. Jon & Stella Quah, *Neighborhood Policing in Singapore*, Singapore: Oxford University Press, 1987.

는 데 어려움이 있다. 이와 관련하여 예컨대, 로젠바움, 루이스, 그란트(Dennis P. Rosenbaum, Dan A. Lewis & Jand A. Grant)는 미국의 시카고주와 일리노이주에서 다세대주택의 범죄예방 프로그램에 대한 주요평가를 실시한 바 있다.3) 이들은 커뮤니티 내에서 시민들에 의해 자발적으로 실시된 커뮤니티 범죄예방 프로그램을 평가하였는데, 이에 대한 평가기준으로서 프로그램에 대한 참여도, 효과에 대한 인식, 행태적 변화, 사회적 통합, 범죄와 무질서의 감소, 두려움의 감소, 이웃에 대한 애착 등 7가지 측정수단을 이용하였다. 그러나 관련 프로그램이 실시된 지역과 실시되지 않은 지역 간에 중대한 차이가 나타나지는 않았다.

이들은 왜 이와 같은 결과가 나타났는가에 대해 보다 면밀하게 살펴 본 결과, 프로그램 자체의 문제보다는 그것이 적절하게 실시되지 못한 부분에 문제가 있음을 발견하였다. 그리고 일부이지만 다양한 구역감시활동이 적절하게 이루어진 범죄예방프로그램은 실제로 이웃간의 외부에 대한 감시 및 보호효과를 증대시켰고, 실제 범죄피해자화 되는 것을 감소시키는 결과를 가져다주었다.4)

그러나 커뮤니티의 구성원들이 자발적으로 조직화하여 실시한 범죄예방프로그램이 타당성 및 효과성을 가지고 있는가의 여부와는 관계없이, 경찰차원에서 이와 유사한 프로그램들을 실시하고 있다는 사실만으로는 이들 프로그램의 결과가 성과가 있다고 일반화시키는 것은 한계가 있다고 본다. 즉, 경찰과 같은 국가차원에서 관련프로그램이 이루어졌다고 해서 그것 자체만으로 공인 또는 공증(公證)된 것은 아니기 때문이다. 그리고 이러한 프로그램들이 이웃 간의 상호협력 하에 경찰에 의해서 실시되고 적절한 감독과 지원을 받을 수는 있지만, 아직까지 이의 결과를 적절히 평가할 수 있는 측정수단을 갖고 있지 못한 실정이다.

사실 경찰이 새로운 전략을 개발하여 이를 실행시키고, 동시에 그 결과까지 정확하게 평가하기를 기대하기는 어렵다. 경찰이 우선적으로 실천할 수 있는 새로운 전략을 운영하는 것은 가능한 일이나, 이들이 전문적 지식을 가지고 이를 평가하는 데는 한계가 있기 때문이다. 따라서 시행된 프로그램의 결과를 객관적으로

---

3) Dennis P. Rosenbaum, Dan A. Lewis & Jand A. Grant, "Neighborhood−based Crime Prevention: Assessing the Efficacy of Community Organizing in Chicago," in Dennis P. Rosenbaum(ed.), *Community Crime Prevention: Does It Work?*, Beverly Hills: Sage Publications, 1986.
4) *Ibid.*, p. 127.

평가하는 일은 경찰조직 밖의 외부조직에 맡기는 것이 바람직하다고 본다. 경찰조직에 의한 자체평가는 왜곡될 여지가 보다 많다고 본다.

그리고 더 나아가 국가차원에서 자국에서 이루어지는 경찰활동뿐만 아니라 각국의 경찰활동에 대한 수많은 연구결과들은 분석·평가해야 할 것이다. 이러한 노력 없이는 커뮤니티 경찰활동뿐만 아니라 미래지향적인 수많은 경찰활동들이 소기의 성과를 거두기는 어려울 것이다.

2) 시민감시 및 책임의 증대

일부에서는 경찰활동에 있어서 시민감시 및 책임의 증대는 단지 경찰이 시민에게 과도한 부담을 전가시킨 것에 불과하다고 보기도 한다. 사실, 시민의 참여 없이 국가차원에서 이루어지는 경찰활동이 원활하게 이루어지고, 그 효율성이 증대된다면 더 이상 바랄 것이 없다.

그러나 경험적으로 볼 때, 민간부문이든 공공부문이든 간에 조직의 '비효율성'과 '부정부패'는 조직의 '폐쇄성'(閉鎖性)과 '정체성'(停滯性)에서 비롯된 것임을 알 수 있다. 오늘날 국가행정 전반에 걸쳐 투명성을 높이고자 노력하는 것은 바로 그러한 이유 때문이다. 따라서 시민의 감시와 책임을 증대시키고자 하는 것은 시민의 부담을 증가시키기 위한 것이 아니라, 바로 시민의 이익(자유와 권리)을 보다 증진시키기 위한 것이다.

바꿔 말하면, 커뮤니티 경찰활동이 단지 정치적 논리로 도입된다면, 이는 다분히 화려한 미사여구에 불과하고, 현실적으로 실행되지 못할 가능성이 있기 때문에 경찰관행에 대한 합법적인 시민참여가 이루어질 수 있는 기회가 부여되어야 한다. 커뮤니티 경찰활동이라는 것이 공공안전과 관련하여 보다 증대된 시민의 참여를 의미한다면, 현실적으로 시민이 경찰정책 및 전략을 구축하는 과정에 있어서 참여할 수 있는 방법을 모색해야 한다. 이는 예컨대, 경찰이 새로운 범죄예방 전략을 구상하는 과정에서 경찰 자신들만으로 연구진을 구성하여 전략을 수립하기보다는 일정한 자격을 가진 시민이 실질적으로 참여할 수 있어야 한다는 것을 의미한다.

이러한 점에서 커뮤니티 경찰활동은 기존에 경찰이 일종의 전문가로서 가지고 있는 허식(경찰조직구성원들 스스로가 자신들의 업무가 전문성을 가지고 있기 때문에 일반시민들은 알지 못한다고 느끼는 감정)을 공격하는 트로이 목마(Trojan Horse)와 같은 역할을 수행할 수도 있다.

우리나라 경찰의 근무행태를 보면, 어떤 부서에 오래 근무할수록 마치 자신들이 해당분야의 최고의 전문가라는 자부심을 많이 갖고 있는 것과 같다. 심지어는 조직구성원들 사이에서도 마치 자신이 최고전문가로서의 위치를 인정받고자 하는 경우도 있다. 이러한 자부심은 근무의욕을 향상시키기도 하지만, 때로는 업무수행이 타성에 젖을 우려가 있으며, 개인적으로는 자기발전을 억제하기도 한다. 자신의 지식과 경험은 한계가 있기 마련이며, 따라서 조직구성원들의 견해와 더 나아가 시민의 견해를 능동적으로 수용할 수 있는 태도를 갖는 것이 바람직하다고 본다.

그리고 커뮤니티 경찰활동이 실질적으로 범죄를 예방하는 데 있어서 많은 역할을 하지 못하고 있다 할지라도(시민참여가 별로 효과가 없다 할지라도) 적어도 시민에게 경찰에 대한 '감시의 창'을 보다 확대시켜야 할 것이다. 일부에서는 커뮤니티 경찰활동으로 인해 경찰의 역할 가운데 법집행능력이 약화될 가능성과 특히, 경찰이 시민과 보다 밀접하게 관계할수록 경찰의 부정부패가 조장될 우려가 있다고 보기도 한다.

그런데 우리가 여기서 주의해야 할 것은 커뮤니티 경찰활동이 경찰의 법집행기능을 약화시키는 것이 아니라 오히려 강화시키는 기능을 한다는 점이다. 커뮤니티 경찰활동을 통해 시민의 경찰에 대한 신뢰와 협력이 증진된다면, 경찰이 법집행을 하는 과정에서도 시민의 적극적인 참여와 협조를 유도할 수 있기 때문에 경찰의 법집행능력은 증대될 수 있을 것이다. 그리고 경찰의 부정부패와 관련된 문제는 비단 커뮤니티 경찰활동과 상관없이 이미 존재하고 있음을 알 수 있다.

다만, 주의할 점은 이미 부정부패가 만연된 조직구조 속에 커뮤니티 경찰활동을 적용한다면, 이미 이루어지고 있는 부정부패를 오히려 조장시킬 우려가 있다는 점이다. 따라서 커뮤니티 경찰활동이 적용되는 과정에서 경찰의 부정부패를 억제할 수 있는 메커니즘도 동시에 개발되어야 할 것이다. 시민의 경찰활동에 대한 감시 특히, 부정부패와 관련하여 예컨대, 뉴욕경찰의 경우 2명의 부청장 가운데 1명을 민간인으로 고용하여 경찰의 비행과 비리를 단속하고 징계하는 구조를 취함으로써 경찰의 부정부패를 억제하고자 노력하고 있다. 이는 경찰활동에 있어서 시민

참여가 보다 활성화됨으로써 조직운영상의 문제를 어느 정도 해결하려고 노력하고 있음을 보여 준다.5)

기본적으로 시민이 경찰활동에 대해 통제할 수 있는 세 가지 방법이 있다. 즉 ㉠ 경찰활동과 관련된 법규 및 예산상의 기본 틀을 제시하는 데 참여하는 방법, ㉡ 조직목표달성을 위한 대안개발과 관련된 정책결정에 참여하는 방법, 그리고 ㉢ 경찰업무 수행에서 나타나는 과오를 조사하고 처벌하는 데 참여하는 방법 등이 여기에 해당된다.

국가가 성립되어 제도적·형식적 경찰이 등장한 이래로 경찰은 국가의 중요한 기관으로서 법적·재정적 지원 하에 주어진 직무를 수행해 왔다. 그러나 이러한 과정에서 경찰 등 형사사법의 '국가독점화'(國家獨占化)현상은 강화되었고, 이에 따라 경찰정책 및 형사정책의 결정에 있어서 시민의 참여는 제한되어 왔음은 주지의 사실이다. 그리고 앞에서 지적한 바와 같이 경찰전문가주의의 강화는 경찰정책결정에 있어서 정치인을 포함하여 일반시민의 의사를 배제하고 '자치권'(自治權)을 획득하는 데 이용되어 왔다. 경찰업무수행에 있어서 나타나는 과오에 대한 시민의 감시와 관련하여 경찰은 강력하게 거부해 왔음을 알 수 있다. 특히, 경찰의 잘못된 관행에 대한 시민 재조사는 쉽게 이루어지지 못했다. 그리고 언론 역시 때로는 편파적이고, 선정적인 것을 주요 관심대상으로 삼아왔다.

그러나 오늘날에 이르러 커뮤니티 경찰활동(더 나아가 형사사법상의 시민참여)은 의미 있게 발전하고 있음을 알 수 있다. 어떤 경우에는 경찰 스스로가 정책결정에 있어서 시민의 참여를 유도하고 있는 실정이다. 왜냐하면 경찰 스스로가 범죄예방과 범죄대응을 성공적으로 하기 위해서는 근본적으로 시민의 협조를 확보하는 것이 무엇보다도 중요한 것임을 깨닫고 있기 때문이다.

그리고 경찰활동이 보다 성공적이기 위해서는 환류(Feedback)과정을 반드시 거쳐야 할 것이다. 여러 경찰자문위원회, 범죄예방위원회, 그리고 경찰연계 시민사회는 경찰의 정책결정 및 집행에 대한 의견을 제시하고 있는데, 이에 대해서 경찰은 무관심하거나 경시할 수 없는 입장에 놓여 있다. 왜냐하면 경찰 스스로가 먼저 이들 관련위원회들의 조직화 및 참여를 유도했기 때문에 이들의 능동적인 참여를

---

5) 박원순, NGO: 시민의 힘이 세상을 바꾼다, 서울: 예담, 1999, pp. 374~376.

거부하기 것은 명분이 서지 않기 때문이다. 따라서 경찰의 입장에서 범죄예방을 위해 시민참여를 유도하는 것(특히, 영구적인 시민참여기구의 설치와 관련하여)은 비유컨대, 호랑이 등에 오르는 것처럼 어려우며, 마찬가지로 호랑이 등에서 내려오는 것도 어렵다는 점을 인식할 필요가 있다.

어쨌든, 커뮤니티 경찰활동은 경찰의 시도에서 비롯된 것이기 때문에 만족할 만한 정책결정을 하는 데 있어서는 시민의 참여 및 이들과의 공동협력은 매우 중요하다. 이와 관련하여 예컨대, 스칸디나비아 지역의 대부분의 경찰은 시민과 경찰 연락조직망을 형성하고 있는데, 이의 운영은 범죄예방 등에 있어서 전문가라 할 수 있는 경찰에 의해서 주도되고 있었다. 그러나 이러한 사정에도 불구하고, 경찰은 시민들과 협력하여 문제에 대처하도록 노력해야 할 것이다. 이러한 경찰활동에 참여하는 시민들 역시 이에 대한 관심을 가지고 있고, 이들 시민 스스로가 자신들의 의사를 명확하게 판단하고, 제시할 수 있는 준전문가적인 식견을 가지고 있기 때문이다.

따라서 커뮤니티 경찰활동은 시민 참여가 보다 적극적으로 이루어질 수 있도록 해야 한다. 이는 시민활동이 정체되지 않고 역동적으로 이루어져야 한다는 것을 의미한다. 그리고 경찰은 시민들로 하여금 커뮤니티의 안전확보에 참여시킬 수 있는 방법을 모색하고, 시민참여가 잘못 이루어졌을 때에는 이를 적절히 제어할 수 있어야 할 것이다. 범죄예방 및 범죄대응에 있어서 경찰과 시민의 공동협력이 보다 효과적으로 이루어지기 위해서는 결과적으로 시민감시에 대한 경찰거부 반응을 감소시킬 수 있는 일종의 '상호 신뢰관계'를 구축해야 할 것이다.

한편, 커뮤니티 경찰활동은 시민에게 제도적인 것 외의 여러 가지 방법으로 광범위한 책임을 부여할 수도 있을 것이다. 시민의 책임 증대는 경찰 스스로가 광범위한 시민참여가 이루어질 때, 경찰조직의 목표달성을 위해서 도움이 되고, 또 그것이 본질적으로 필요한 것이라는 믿음을 가질 때에 이루어질 것이다. 그러나 정치적 경로를 통한 시민의 참여와 요구는 성공하기 어려울 것이다. 시민책임이라는 것은 경찰의 상호관계 및 지원 하에서 발생하는 것이지, 정치적 역학관계를 통해서 형성될 수는 없기 때문이다.

3) 신규채용의 변화

커뮤니티 경찰활동은 신규채용에 있어서 두 가지 합리적 기준을 제공해 준다. 이와 관련하여 첫째, 신체적·육체적 능력에 의존하는 경찰활동은 한계가 있다는 점이다. 전통적 경찰활동과 커뮤니티 경찰활동 모두 '하드'(Hard)와 '소프트'(Soft) 전술을 모두 사용하고는 있지만, 전통적 경찰활동은 전자를 보다 강조하고 있다. 이는 예컨대, 경고·위협·강제·공격 등과 같은 방법을 의미하는 것이다. 반면, 커뮤니티 경찰활동에서는 후자를 보다 강조하고 있다. 이는 예컨대, 권유·유도·참여·조장 등과 같은 방법을 의미하는 것이다.

커뮤니티 경찰활동은 전통적 경찰활동에 비하여 직접적인 방법을 덜 사용하고 있다. 이는 일종의 남성적이기보다는 여성적인, 과장되기보다는 사실적인, 물리적 강제력보다는 언어로서, 그리고 권위적이기보다는 동정적인 방법을 사용하는 경찰활동이라 할 수 있다.

또한 커뮤니티 경찰활동은 우리사회 내의 다양한 각계각층의 시민들과 건설적·발전적으로 상호작용할 수 있는 능력을 요구하고 있다. 경찰은 경험을 통해서 시민들이 결코 동일한 성향을 가지고 있지 않다는 점을 알고 있다. 커뮤니티 경찰활동은 시민들의 다양한 요구사항들을 적절하게 받아들일 필요가 있다. 경찰이 이러한 것들을 성공적으로 하기 위해서 다양한 사회적 배경을 가지고 있는 시민들을 참여시킬 필요가 있는 것이다. 커뮤니티 경찰활동은 사회가 가지고 있는 이질성(異質性, Heterogeneity)의 가치를 입증하는 데 도움이 되며, 또한 이를 통해 다양한 계층의 전문가들을 만들어 낼 것이다.

이러한 점에서 볼 때, 커뮤니티 경찰활동은 단순히 기계적이고 건장한 신체조건을 갖춘 지원자를 선호하지는 않는다고 본다. 아울러 어떠한 획일적인 기준을 가지고 신규채용을 하기보다는 다양하고 복잡한 커뮤니티의 특성에 맞는 지원자를 요구하고 있음을 알 수 있다. 이러한 관점에서 여성, 특별한 전문지식 소유자, 인종적 특징을 가진 자, 그리고 다양한 사회적 경험을 가진 자 등을 대상으로 한 경찰채용이 보다 확대되어야 할 것이다.

2. 경찰의 이익

그리고 커뮤니티 경찰활동은 잠재적으로 경찰에게도 이익이 된다. 이와 관련하여 ㉠ 정치적 이익, ㉡ 시민의 지원, ㉢ 공통합의 구축, ㉣ 사기의 증대, ㉤ 직무만족, ㉥ 전문가적 위상확립, ㉦ 능력개발이라는 일곱가지 관점에서 살펴보기로 한다.

1) 정치적 이익

정치적으로 커뮤니티 경찰활동은 경찰이 놓칠 수 없는 일종의 게임이라고 볼 수 있다. 만약 커뮤니티 경찰활동을 통한 공동생산의 결과가 낮은 범죄발생율과 높은 범죄검거율을 가져다준다면, 경찰은 선견지명 있게 변화를 실시한 조직으로서 시민으로부터 보다 신뢰를 확보할 수 있을 것이다. 반대로 만약 커뮤니티 경찰활동이 공공안전의 증대에 실패하게 된다면, 경찰은 전통적 전략의 확대 또는 강화를 주장할 수도 있을 것이다.

사실, 오늘날과 같이 범죄 및 범죄의 두려움이 고조되고, 시민의 안전확보에 대한 새로운 시도가 이루어지지 않은 상황에서 단지 경찰활동에 대한 인적·물적·재정적인 지원을 감축하는 것도 어려울 것이다. 따라서 비록 경찰이 범죄감소에 대한 거시적 목표를 실질적으로 달성하지 못한다 할지라도 일정수준의 경찰력은 시민을 안심시키는 효과를 가져다 줄 것이다.

따라서 만약에 커뮤니티 경찰활동이 범죄 및 범죄의 두려움을 감소시켜 줄 수 있다면, 정치적인 관점에서도 자신들의 정치적 이해관계를 확고히 하기 위해서 경찰이 어떻게 변해야 하고, 어떻게 지원을 해야 할지에 대해서 많은 관심을 가지고 그에 상응하는 지원을 하게 될 것이다.

2) 시민의 지원

그리고 커뮤니티 경찰활동은 경찰에 대한 시민의 정신적·물질적, 정치적·경제적 지원을 하게 하는 매우 중요한 기회를 제공해 줄 수 있다. 우리는 경찰활동이라는 것 역시 국가활동의 일부로서 제한된 중앙정부 또는 지방자치단체 내의 예산범위 내에서 이루어지고 있음을 알 수 있다.

따라서 경찰이 커뮤니티 내에서 발생하는 범죄와 무질서문제에 대해 적절하게 대응하고, 또 곤경에 처한 시민에게 도움을 제공하고자 하는 의지가 있을지라도 제한된 예산문제로 인해 이를 수행하지 못하는 경우도 발생하게 된다. 이러한 상황에서 커뮤니티 경찰활동을 통해서 커뮤니티 내의 시민 개개인과 여러 조직·집단들이 관련 문제를 공유하고 자발적으로 이상과 같은 지원을 경찰에게 하게 되었을 때, 경찰의 역량 및 그에 상응하는 성과는 크게 향상될 것이다.

한편 커뮤니티 경찰활동은 경찰과 커뮤니티의 협력을 유도하고, 커뮤니티에 있어서 경찰 스스로를 설명해 줄 수 있는 기회를 제공해 준다. 그리고 이를 통해 경찰은 점차 공공안전에 관계하는 방어자 또는 보호자로써 높은 가시성(可視性)과 사회적 평판을 얻게 될 것이다.

미국 필라델피아의 한 TV 프로듀서는 산타아나 경찰조직의 명성을 인식하여 2일에 걸쳐 시민과 경찰에 대한 인터뷰와 다큐멘터리를 기획·촬영하였다. 이러한 과정에서 그는 경찰에 대한 인상을 매우 깊게 받아 관련 프로그램을 2주간 연장하여 방송하였다. 이 프로그램은 해설자의 다음가 같은 멘트로 시작되었다. "많은 커뮤니티들은 야구팀을 가지고 있으며, 그러한 야구팀에 성원을 보내고 있다. 마찬가지로 산타아나의 모든 사람들은 경찰과 시민의 범죄예방활동에 성원을 보내고 있는 것처럼 보인다." 어쨌든 커뮤니티 경찰활동은 일반시민을 경찰을 지지하는 특별한 이익집단으로 만들어 줄 것이다.[6]

3) 공통합의 구축

커뮤니티 경찰활동은 경찰의 공권력을 행사하는 데 있어서 경찰과 시민간의 적절한 합의를 도출시키기 위한 수단이라고 할 수 있다. 경찰은 범죄자의 체포뿐만 아니라 공공질서유지의 임무도 가지고 있다. 연구조사결과, 범죄뿐만 아니라 무

---

6) 양문승 역, 지역사회경찰활동론, 서울: 대영문화사, 2001, p. 322.

질서 문제 등으로 인해서도 시민들은 두려움과 불안감을 느끼고 있는 것으로 나타났다.

실제로 개인이 범죄로 인한 피해를 직접 경험하는 경우는 드물다. 이보다는 길거리의 고성방가, 반달리즘, 음주, 기타 비정상적인 행위 등이 두려움과 불안감을 고조시킨다. 그리고 경우에 따라서는 이러한 문제를 사전에 또는 조기에 적절하게 통제하지 못한다면, 보다 심각한 범죄문제로 발전될 가능성도 없지 않다고 본다.7)

따라서 개인의 자유와 권리보호 및 공공의 안녕질서를 유지하기 위해서 경찰은 법이 부여한 일정한 권한을 행사하고, 때로는 치명적인 물리적 강제력을 행사하기도 한다. 그리고 이러한 과정에서 경찰이 적절하게 강제력의 수위를 조절하면서 관련문제를 해결하는 것은 결코 쉬운 일이 아니다. 만약 경찰이 너무 무기력하게 힘을 행사한다면, 보다 많은 사회적 해악을 조장시켜 범죄현상은 더욱 확대될 것이다. 반대로 만약 경찰이 지나치게 힘을 행사한다면, 시민은 경찰에 대해서 불신과 심지어 적대감, 그리고 폭력까지 행사하게 될 것이다.

이러한 점에서 커뮤니티 경찰활동은 도덕적으로 경찰활동을 뒷받침하는 수단이라 할 수 있다. 커뮤니티와의 연계를 통해 경찰은 각 지역의 수준에 맞는 적절한 법집행과 행동지침 또는 기준을 마련할 수 있을 것이다. 물론, 이는 경찰이 항상 커뮤니티 정서에 철저하게 얽매이고 예속되어야 한다는 것을 의미하는 것은 아니다. 그리고 경찰과 마찬가지로 커뮤니티내의 구성원들도 범죄 및 무질서 문제 등에 지나치게 엄격하거나 관대할 수 있으며, 또는 이중적 기준을 가질 수도 있다.

또 만약 경찰이 해당 지역에서 거주하면서 근무하고, 주변의 존경을 받고 있는 준법시민들의 기대에 부응하여 활동할 수만 있다면, 경찰(특히 인종적으로 다양한 이웃주민과 상호작용할 때)은 군대와 같은 경직되고, 획일적인 직업적 특성을 갖는 조직으로 인식되지는 않을 것이다.

---

7) James Q. Wilson & George L. Kelling, "The Police and Neighborhood Safety: Broken Windows," *The Atlantic Monthly*, March 1982, pp. 29~38.

4) 사기의 증대

커뮤니티 경찰활동은 경찰과 이를 지지하는 사람들과의 긍정적·능동적인 접촉 및 상호작용을 활성화시켜주기 때문에 경찰사기와 관련된 요인들을 증대시켜 줄 것이다.

전통적인 경찰활동상의 인력배치는 주로 범죄피해자·무능력자·정신질환자와 같이 경찰의 보호를 받아야 할 사람들과 일탈적인 행동을 한 범죄자와 같이 통제를 해야 할 사람들을 대상으로 한다. 이러한 이유로 경찰은 평상시보다는 비상시에 일반인과는 구분되는 '다른 사람들'과의 접촉이 주로 이루어진다(여기에서 '다른 사람들'이라는 표현은 정상과 비정상의 개념이 아니라 평상시가 아닌 비상시의 상황에서 정상적인 생각과 판단을 하기 어려운 사람을 의미한다).

그리고 여러 가지 이유에서 이러한 사람들을 모두 만족시키는 것은 어렵다. 일부는 경찰을 적으로 간주하기도 하고, 일부는 경찰을 비효율적인 또는 냉정한 존재로 간주하기도 한다. 전세계적으로 경찰을 부정적으로 묘사함에 따라 경찰이 진보적·개혁적인 시민집단과 접촉하는 것을 어렵게 하고 있다. 아울러 경찰에 대해 '당신을 만나게 되어 반갑다'라고 말하는 시민들과 접촉하지 못하게 하고 있다.

커뮤니티 경찰활동은 감정에 치우치지 않고 비상적이지 않은 일상적인 상황에서 경찰과 시민이 상호작용할 수 있도록 해 준다. 여기에서 경찰과 시민의 친밀한 접촉이 증대되는데, 시민은 경찰에 대해 현재의 안전을 보장해 주고 있는 것 이상의 것을 기대하지는 않는다. 또 경찰에 대한 적대감이나 불만을 표출하지도 않는다. 시민스스로가 범죄문제 및 그에 대한 경찰의 한계를 인식하고 있기 때문이다.

따라서 커뮤니티 경찰활동은 시민의 편안한 배려가 개개의 경찰에게 전달될 수 있는 가능성을 증대시킨다. 이는 경찰의 자신에 대한 가치를 증대시키며, 경찰을 보다 만족스러운 상태로 이끌게 된다. 스웨덴의 수도인 스톡홀름의 분위기는 세계적인 휴양장소 가운데 하나로서, 다른 사람에게 추천하고 싶은 유럽 명소 가운데 하나라 할 수 있다. 이곳에서 베일리(Bayley)가 커뮤니티 경찰활동을 조사하는 과정에서 만난 도보순찰경찰들은 차량순찰경찰들에 비해 자신들의 업무에 대해 열정적이었다.

도보순찰경찰들은 이웃과 친밀한 존재로서, 순찰활동 과정에서 이들과 빈번하게 만나 안전 등과 관련된 정보제공 및 일상적인 이야기를 나눔으로써 긍정적인 관계를 형성하고 있었다. 그리고 이러한 도보순찰경찰에 대해서 주민들은 감사를 표하고 있기 때문에, 이들은 자신들의 업무를 즐겨 하고 있었다. 사실 커뮤니티 경찰활동에 대해서 이야기할 때, '커뮤니티'(Community)라는 단어가 반복해서 이야기되고, 경우에 따라서는 지나치게 추상적인 개념으로 확대되어 버리는 경향이 있었다. 그러나 실질적인 상황에서 커뮤니티의 실체는 누가 포함되고 포함되지 않고, 이들이 어느 지역에 속하고 속하지 않고, 적절한 방법으로 서로 이야기를 나눌 수 있고 없고 등과 관련된 일종의 인식영역을 가지고 있음을 알 수 있다.

5) 만 족

효과적인 커뮤니티 경찰활동은 일선 하위경찰관들로 하여금 보다 많은 자발성과 책임성을 요구하는 것이기 때문에 경찰이라는 직업을 보다 도전적인 것으로 만들어 준다고 본다.

커뮤니티 경찰활동은 전통적 경찰활동과 같이 계량화할 수 있는 어떠한 사건들을 법의 규정에 따라서 집행하고, 법에 규정되어 있지 않은 것은 하지 않는 준군대적(Quasi-Military)인 방식으로 관리·운용될 수 있는 것이 아니다. 이는 그 실체가 다소 모호하지만, 새로운 경찰활동 전략과 전술을 바탕으로 과거지향·사건지향적인 법집행과 질서유지뿐만 아니라 시민과의 관계지향적·미래지향적인 상호작용을 아울러 강조하기 때문에 창조적·창의적인 요소가 적지 않다.

따라서 커뮤니티 경찰활동은 특히 새로이 경찰직에 지원하는 신규채용자들에게 적합한 운영적 전략일 수도 있다. 신규채용자들은 새로운 기존의 경찰들보다 새로운 사고방식을 가지고 있으며, 전통적인 경찰문화에 덜 익숙해 있기 때문에 새로운 경찰활동에 대해서 보다 능동적으로 많은 관심을 가지고 참여할 수 있기 때문이다.

이러한 점에서 볼 때, 경찰관리자들은 보다 높은 교육수준을 받은 경찰들이 틀에 박힌 업무를 덜 선호하고, 전달된 상관의 명령에 보다 의문을 제기하며, 반복해서 발생하는 문제점들에 대한 해결책이 없을 때 욕구불만을 갖게 된다고 인식하는 경향이 있다고 볼 수 있다. 커뮤니티 경찰활동은 직업에 대해 열정을 갖고 대하고자 하는 경찰에게 가장 좋은 프로그램이 될 것이다.

6) 전문가적 위상확립

커뮤니티 경찰활동은 경찰에게 필요한 능력 및 활동영역을 확대시킴으로써 경찰의 전문가적 위상을 증대시켜 준다고 본다.

사실, 이러한 경찰전문가주의(PP: Police Professionalism)는 전통적 경찰활동에서 주장된 바 있었다. 그러나 전통적 경찰활동에서 논의된 경찰전문가주의는 당시의 경찰의 비전문적인 역할한계에 대한 개선차원에서 준군대식의 엄격한 관료제를 지향한 것이었다고 볼 수 있다. 이는 경찰이라는 존재가 시민과는 구별되는 어떠한 특별한 직업적 전문성을 가지고 있으며, 따라서 전문적 경찰이 아니면 범죄와 무질서문제를 해결할 수 없다는 기본전제를 가지고 있었던 것이라 할 수 있다. 이는 시민과의 갈등과 단절을 가져 왔음은 물론이다.

커뮤니티 경찰활동에서 논의하는 경찰의 전문가적 위상확립은 이와 같은 경찰과 시민과의 이원화·차별화를 통한 경찰의 '존재성 부각'을 의미하는 것만은 결코 아니다. 커뮤니티 경찰활동에서도 이러한 특징이 전혀 배제되는 것은 아니지만 다음과 같은 점도 아울러 강조된다. 즉, 경찰과 시민이 '범죄와 무질서 감소'라는 공동의 목표를 달성하기 위해서 통합적으로 접근하고, 여기에서 경찰은 어떻게 하면 시민이 가지고 있는 잠재성을 끌어내 그것을 경찰활동의 일부분으로 활용할 것인가 하는 경찰역량과도 관련된 것이라 할 수 있다.

이러한 점에서 커뮤니티 경찰활동에서는 전통적 경찰활동과 구별되는 이른바 '신경찰전문가주의'(NPP: New Police Professionalism)를 모색할 필요성이 있는 것이다.

따라서 커뮤니티 경찰활동이 성공적이기 위해서 경찰은 보다 거시적인 관점에서 지속적인 노력을 해야 할 것이다. 그리고 경찰은 보다 분석적이고, 감정이입적이며, 유연하고, 원활한 의사소통을 할 수 있어야 한다. 물론, 과거의 전통적인 경찰활동의 틀을 깨는 것이 일부 연장자 경찰과 학업수준이 낮은 경찰들에게는 위협적인 요소가 될 수 있다. 이들의 경우에는 시민과 같은 민간부문이 공공경찰의 활동영역에 참여하게 됨으로써 자신들의 직업적 위상이 손상될 것을 우려할 수도 있기 때문이다.

그러나 장기적인 관점에서 볼 때, 커뮤니티 경찰활동은 경찰의 직업적·전문가적 위상을 위협하기보다는 오히려 더욱 더 전문가적인 존재로서 만들어 줄 것이다. 경찰이 범죄예방에 있어서 리더(Leader)로서 시민 등 민간부문의 참여를 유도하는 한편, 범죄수사에 있어서 이들의 협력을 바탕으로 전문가적 위상을 확립할 수 있기 때문이다. 또한 대민봉사의 경우에도 과거와 같이 부수적인 업무가 아닌 본질적인 업무로 인식됨으로써 보다 전문성이 요구될 것이다.

7) 능력개발

커뮤니티 경찰활동은 경찰활동의 전략적 패러다임을 증대시킴으로써 보다 더 많은 경찰의 능력개발(Career Development) 방법들을 창출시켜 줄 것이다. 커뮤니티 경찰활동은 전통적 모델을 포함하고 확대시키기 때문에 경찰이 좀 더 가치 있는 존재로 인식될 수 있는 많은 기회를 제공해 준다. 즉, 커뮤니티 경찰활동을 통해서 경찰의 활동영역이 확대되고, 이에 따라 조직구성원들이 자신들의 능력을 새롭게 발견하고 이를 개발시킬 수 있는 기회를 부여하는 것은 경찰조직 발전차원에서도 매우 중요한 일이다. 따라서 이를 현실화하고 지속시켜 나아가기 위해서는 무엇보다도 업무수행에 대한 다양한 평가기법과 보상체계를 수립·개발해야 할 것이다.

제 2 절

커뮤니티 경찰활동의 과제

우리는 커뮤니티 경찰활동을 통해서 기존의 경찰조직구조, 조직·인사관리, 그리고 현장운용 전략과 전술 등에서 많은 변화를 기대하고 있다. 민주사회에서 경찰은 시민의 생명·자유·재산이라는 본질적 권리가 범죄 등으로부터 부당하게 침해받는 것을 보호하고, 또 경찰에 의해 무고한 시민의 권리가 침해받는 것을 보호하기 위해 법적 차원에서 이에 대한 근거 및 한계를 구체적으로 명시하고 있다.

주지하는 바와 같이, 국가가 형성·발전되는 과정에서 경찰의 관념, 이념, 역할과 정체성 등에 대한 논의가 거시적·미시적 차원에서 활발하게 논의되어 왔고, 현 단계에서는 커뮤니티 경찰활동이 하나의 경찰활동 패러다임으로 등장하고 있다.

물론, 커뮤니티 경찰활동에 대해서 회의론적인 견해를 갖는 관점에서는 경찰이 커뮤니티와 혼합됨에 따라 경찰은 이제 더 이상 법집행가로서의 본질적인 역할을 가지고 있지 않는 것처럼 묘사되기도 한다. 오늘날 교도소 등에 내재하는 '교화개선'(敎化改善)이라는 관념이 과거 형무소·감옥에 내재하는 '응보·복수'(應報·復讐)라는 관념을 희석시키고 있는 것과 같이 '커뮤니티 경찰'(Community Police)이라는 개념의 발전은 법집행가로서 경찰의 중심적 역할을 애매모호하게 만든다는 것이다.

그러나 경찰이 커뮤니티와 발전적으로 결합된다고 해서 이들의 법집행 측면이 약화 또는 불명확해지는 것에 대한 우려는 다소 추론적인 것에 불과하다고 본다. 따라서 현 단계서 우리는 다음과 같은 의문사항에 대해 심도 있게 논의할 필요가 있고 본다.[8]

1. 경찰의 공공안전성 확보 문제

일부의 사람들은 커뮤니티 경찰활동이라는 것이 경찰 스스로의 독자적인 노력만으로는 시민을 안전하게 보호할 수 없다는 관념에 기초를 두고 있다고 의견을 제기할 수도 있을 것이다. 따라서 성공적인 범죄예방을 위해서는 시민감시가 요구되며, 성공적인 범죄자 체포 및 기소를 위해서는 혐의자를 확인하고 법정에서 증언하는 과정에서 시민의 협력이 요구된다는 것이다. 그러나 이러한 사정에도 불구하고 범죄예방 등에 있어서 시민이 공동생산자로서 노력한 결과가 아직까지 어떠한 성과로 나타나는지는 명확히 입증되지 않았다는 점이다.

사실, 이러한 시민참여의 결과를 명확히 평가하는 방법이 개발되어 있지 못한 실정이다. 로젠바움(Dennis Rosenbaum)은 이와 관련된 미국의 많은 조사연구를 검

---

8) Jerome H. Skolnick & David H. Bayley, *op. cit.*, pp. 75~87; 최선우 역, 앞의 책, pp. 157~180.

토한 결과, 시민참여로 인한 이익이 불확실하며, 이웃감시 프로그램의 이론적 접근과 이의 실행이 오히려 결점을 가지고 있을 수도 있다고 지적하였다.[9] 베넷(Tre-vor Bennett)에 의한 영국의 이웃감시활동에 대한 연구결과에서도 시민참여가 성공적이었다는 확신을 주지 못하고 있다.[10] 다만, 긍정적인 결과가 나타난 곳은 싱가포르인데, 1983년에서 1984년까지 5개의 이웃경찰서(NPPs)를 대상으로 한 실험적 연구결과, 길거리 범죄의 감소와 시민의 안전에 대한 인식이 높아졌음을 발견하였다.[11]

이러한 결과를 어떻게 해석해야 할 것인가? 대체적으로 두 가지로 해석될 수 있는데, 이 역시 여전히 다소 애매한 면이 없지 않다. 먼저 커뮤니티 경찰활동의 '성과'가 명확하게 입증되지는 못하였지만, 실행된 것 그 이상의 중요한 의미를 갖고 있으며, 따라서 앞으로 범죄감소 전략으로서 보다 적극적으로 적용되어야 할 것이라고 주장할 수 있다. 어느 정도까지는 이러한 주장은 설득력을 갖는다고 본다.

다음으로 커뮤니티 경찰활동에 대한 '평가방법'이 아직까지도 확실하지 않다는 점이다. 현재 시행되고 있는 이웃감시 프로그램은 단지 커뮤니티 경찰활동의 한 구성요소일 뿐이다. 이웃감시는 인구통계학적인 구성, 커뮤니티의 결속력, 그리고 이를 조직화하고 실행시키는 방법 등 여러 가지 요인에 의해서 어떤 커뮤니티에서는 보다 효율적인 것으로 증명될 수도 있을 것이다. 실제로 보다 중요한 것은 경찰-커뮤니티라는 상호관계 속에서 거시적인 가치체계를 어떻게 확립시킬 수 있는가 하는 것이다.

따라서 경찰개혁과 함께 모든 구성요소들 가운데 가장 중요한 것은 '이와 같은 가치체계에 대한 영속적이고 열정적인 노력과 경찰조직의 범죄예방지향적 업무수행'이라 할 수 있다.[12] 즉, 경찰과 시민이 공동으로 유대감을 형성하고, 단기적이기보다는 장기적인 안목에서 접근할 때, 보다 긍정적인 커뮤니티 경찰활동의 성

---

9) Dennis P. Rosenbaum, "The Theory and Research Behind Neighborhood Watch: Is It a Sound Fear and Crime Reduction Strategy?," Crime and Delinquency, Vol. 33, 1987, pp. 103~134.

10) Trevor Bennett, An Evaluation of Two Neighborhood Watch Schemes in London, Cambridge, England: University of Cambridge, Institute of Criminology, 1987.

11) S.T. Jon & Stella Quah, Neighborhood Policing in Singapore, Singapore: Oxford University Press, 1987.

12) Jorome H. Skolnick & David H. Bayley, The New Blue Line: Police Innovation In Six American Cities, New York: The Free Press, 1986, p. 220.

과를 기대할 수 있는 것이다. 그리고 커뮤니티 경찰활동의 성과에 대한 보다 정확하고 타당성 있는 평가기법을 개발해야 할 것이다. 그렇게 함으로써 잘못된 것에 대한 진단 및 확실하지 않은 결과들에 대한 추측을 내리는 데 있어서 주의할 수 있을 것이다. 어쨌든 커뮤니티 경찰활동이 공공의 안정성 확보에 어떻게, 그리고 어느 정도의 영향을 미치는가를 파악하는 것은 가장 중요한 문제이며, 따라서 이에 대한 많은 연구가 지속적으로 이루어져야 할 것이다.

2. 경찰의 부정부패 문제

경찰의 부정부패와 관련하여 커뮤니티 경찰활동이 문제시되고 있다는 명확한 증거는 없으나 논쟁의 여지는 있다고 본다. 커뮤니티 경찰활동은 시민과의 관계를 더욱 더 밀접하게 해 주고, 경찰활동을 보다 분권화시켜 줌으로써 기존 경찰활동 하에서의 수직적인 권한보다는 수평적인 권한의 분산을 강조하고 있다. 따라서 수직적 명령체계가 약화됨으로 해서 일선경찰들에 대한 지도와 감독이 약화되고, 결국 통제 불가능한 위험상황에까지 도달할지도 모른다는 우려가 제기되고 있다.

이러한 점에서 본다면, 커뮤니티 경찰활동은 자칫하면 경찰의 부정부패 가능성을 확대시켜 줄 것이다. 더욱이 부정부패는 본질적으로 암암리에 비공개적으로 이루어지는 활동이기 때문에, 이것이 실질적으로 이루어지는 규모를 파악하기는 어려울 것이다.

커뮤니티 경찰활동이라는 조직운영시스템 하에서 경찰 개개인의 활동은 보다 자유롭게 허용되며, 결과적으로 경찰조직의 책임은 감소될 가능성이 없지 않다. 그리고 하위명령권자들은 관할 커뮤니티의 특정한 요구사항을 보다 많이 알게 되고, 경우에 따라서는 자신들이 가지고 있는 이해관계를 실행하기 위하여 정치적 결합을 꾀할 수도 있을 것이다. 커뮤니티 담당경찰은 예컨대, 범죄예방 프로그램을 위한 재원(財源)을 조성하고, 커뮤니티 행사에 정치적 VIP로서 참석하며, 라디오와 TV 방송에 참여하고, 관할구역 사업가들의 후원을 받는 등 자신들의 능력을 보다 확대시킬 수 있을 것이다.

그러나 커뮤니티 담당경찰의 행위가 적절하고 도덕적일 때에는 이들의 독립된 활동 및 권한행사는 우려할 필요가 없다. 그러나 만약 이들이 커뮤니티에 의해 조성된 기금을 부정한 방향으로 사용하고, 뇌물을 받고, 권한을 남용하여 법규위반 사실을 눈감아 준다면, 이들에 대한 적절하고 엄격한 징계조치가 취해져야 할 것이다. 실제로, 20세기 초 미국 각 도시의 경찰조직에서 명령체계의 중앙집권화가 이루어진 배경에는 관할구역을 책임지는 일선경찰의 명령권자들과 지역권력세력(지역유지)들 간의 부당한 관계에서 비롯된 부정부패와 징계절차의 결여에 대한 직접적인 대응조치로서 나타나게 된 것이다.13)

그렇다면 커뮤니티 경찰활동과 부정부패간의 연결고리에 대해서 어떻게 생각해야 할 것인가? 그러나 주의할 것은 우리가 알고 있는 경찰의 모든 부정부패는 커뮤니티 경찰활동과는 상관없이 어떠한 형태로든 이미 발생하여 왔다는 사실이다.

전통적인 경찰활동상의 경찰관리층은 중앙 정치세력과 유착되어 있었으며, 일선경찰은 관할구역 내의 유력자들와 연결되어 있었다. 그리고 이들 정치가들은 경찰조직 내의 임용과정(채용, 승진, 전보, 징계 등)에 일정부분 영향력을 행사해 왔다고 볼 수 있다. 따라서 경찰의 부정부패는 중앙 및 지방정부에 만연되어 있는 거대한 부정부패 관행의 일부분이었던 것이다. 이러한 상황에서 경찰이 예컨대, 유흥업소 종사자 등에게 선물이나 사례를 받는 행위, 그리고 경찰 자신들의 승진을 가져다 줄 수 있는 지역정치가들의 범죄행위를 눈감아 주는 것은 관행적인 일이었다.14) 따라서 경찰의 부정부패를 논의할 때에는 부정부패가 이루어지는 '환경'에 대해서 언급하게 되는 것이다.

반면, 커뮤니티 경찰활동은 경찰조직 내에서 가장 지적이고, 개혁적이며, 전문적인 평판을 얻고 있는 경찰책임자들에 의해 시도된 것이다. 이들은 경찰조직 내의 부정부패를 용납하지 않는 사람들이며, 가능하다면 이를 척결시키고자 하는 사람들이라 할 수 있다. 이러한 관점에서 볼 때, 커뮤니티 경찰활동 그 자체는 부정부패 문제와 관계가 적거나, 관계가 없는 것이라 할 수 있다.

---

13) James F. Richardson, *Urban Police in the United States*, Port Washington, New York: Kennikat Press, 1974; Robert M. Fogelson, *Big-City Police*, Cambridge: Harvard University Press, 1977; Samuel Walker, *A Critical History of Police Reform*, Lexington, MA: D.C. Health, 1977; Gene E. Carte & Elain H. Carte, *Police Reform in the United States: The Era of August Vollmer*, 1905~1932, Berkeley: California University of California Press, 1975.

14) Herman Goldstein, *Police Corruption: A Perspective on its Nature an Control*, Washington, DC: Police Foundation, 1975.

그런데 커뮤니티 경찰활동이 비록 개혁적인 경찰 리더에 의해 진행될지라도, 이미 부정부패가 만연된 경찰조직에 도입될 때에는 많은 위험성을 안고 있음은 부인하기 어렵다. 만약 그러한 상황에서 커뮤니티 경찰활동이 도입·적용된다면, 커뮤니티 경찰활동과 관련된 명령의 분권화는 이미 이루어지고 있는 부정부패를 보다 조장시킬 우려가 있다. 즉, 윤리의식과 책임의식이 낮은 일선경찰들에게 커뮤니티 경찰활동이라는 미명하에 일정한 권한만을 추가적으로 부여하는 결과를 가져다주기 때문에 이의 오남용문제는 보다 심각하게 나타날 것이기 때문이다. 따라서 순수하게 커뮤니티 경찰활동 철학을 가지고 있는 경찰관리자 및 일선경찰들은 이러한 부정부패 문제를 경계하고, 이를 제도적·합리적으로 통제할 수 있는 방안을 강구해야 할 것이다.

그리고 단지 피상적인 관점에서 커뮤니티 경찰활동에서 부정부패문제가 적절하게 고려되지 않았다거나, 커뮤니티 경찰활동의 도입으로 인하여 문제가 심화되었다고 판단해서는 안 될 것이다. 어떻게 보면, 이 역시도 경찰이 '권총과 배지'를 가지고 권한을 남용한 또 다른 예 가운데 하나일 뿐이다. 비도덕적인 경찰은 수단과 방법을 가리지 않고 커뮤니티 경찰활동 등을 포함하여 이용 가능한 여러 수단을 악용하여 불법적이고 자기 자신의 이익달성을 위한 행동을 할 가능성이 높기 때문이다.

3. 경찰의 정치세력화 문제

커뮤니티 경찰활동은 시민을 경찰을 위한 '이익집단'(利益集團)으로 만들어 줄 수 있다. 커뮤니티 경찰활동의 핵심적 요소 가운데 하나는 경찰이 시민과 일상적인 상호작용을 조장하기 위하여 조직운용 방식을 개선해야 한다는 점을 들 수 있다. 이는 도보순찰과 지정된 소규모 경찰서의 설치 등을 통해서 이루어지게 된다. 이러한 방법을 통해 경찰은 보다 여론의 주목을 받게 되고, 폐쇄적인 조직의 특성 대신 일정부분 개방적인 조직의 특성을 갖게 될 것이다.

그리고 경찰은 발생가능성이 있는 범죄와 무질서 문제를 예상하고 가능한 한 이를 예방하기 위하여 점차 커뮤니티와 친밀한 관계를 형성하게 될 것이다. 경찰은 이웃감시 프로그램과 같이 범죄예방 프로그램을 조직화하는 과정에서 시민을 지원해 주고, 신뢰할 수 있는 지역정보를 보다 많이 확보하고, 범죄해결에 있어서 상호 협력관계를 형성하게 될 것이다. 경찰은 또한 경찰활동을 반기고 이를 무비판적으로 지원하고자 하는 사회적으로 존경받고 있는 일반시민들의 다양한 견해를 수용하게 될 것이다.

결국, 경찰구성원들에 대한 새로운 경찰활동 모델에서는 시민들이 범죄문제 또는 비상사태에 직면한 문제에 국한하지 않고 필요한 경우에는 경찰에게 도움을 요청할 수 있게 해 준다. 이는 경찰이 과거와 같이 지배계층의 권력유지와 관련된 정치적인 아젠다(Agenda) 또는 조직 내부의 비공개적인 경찰정책에 의해서 때때로 시민들이 납득하기 어려운 물리적 강제력을 행사하는 것이 상대적으로 제한된다는 것을 의미한다. 그 대신 경찰은 시민의 기대와 요구에 부응하여 투입·배치되는 것을 확대시켜 준다. 이처럼 커뮤니티 경찰활동은 기존의 '준군대'와 같은 수직적 상명하복식의 조직행태에서 민주적이고 수평적인 조직행태로 전환되는 것을 지향하고 있다고 볼 수 있다.

따라서 여러 연구조사결과, 경찰이 아직까지도 전통적 경찰활동의 사후대응 또는 재반응식의 조직·인사관리를 하고 있음에도 불구하고 커뮤니티 경찰활동은 그 이면에서 서서히 대중화되어 가고 있음을 알 수 있다.[15] 시민들은 종종 보다 대규모적·전방위적인 사전예방 목적의 경찰순찰활동을 요구하기도 하며, 경찰관서가 폐쇄되었을 때 강력하게 비난하기도 한다. 커뮤니티 경찰활동은 경찰서비스를 개별화시킴으로써 이러한 특성을 보다 뚜렷하게 나타낼 것이며, 범죄피해를 경험한 시민들뿐만 아니라 일반시민들까지도 평상시에 경찰서비스를 이용할 수 있는 가능성을 증대시켜 줄 것이다.

그리고 커뮤니티 경찰활동은 경찰의 일정부분을 사후대응 및 재반응적 무선 배치 시스템으로부터 자유롭게 해 줌으로써, 이들이 보다 많은 일들을 능동적으로 수행 하는 '서비스 제공자'로서의 역할을 할 수 있게 해 줄 것이다. 이와 관련하여 예컨대, 미국 디트로이트시의 소규모 경찰서는 심지어 이전까지는 경찰과 불편한

---

15) James Q. Wilson, *Thinking About Crime*, New York: Basic Books, 1975, Chap. 6; J. Garofalo, *The Police and Public Opinion*, Washington, DC: U.S. Government Printing Office, 1977.

관계를 형성하고 있는 이웃들에게서도 긍정적인 반응을 얻고 있었다. 이들 역시 소규모 경찰서가 자신들이 거주하는 주변에 설치됨으로써 심리적 안전감 및 경찰 서비스의 혜택을 기대할 수 있기 때문이다. 한편, 스웨덴의 스톡홀름과 싱가포르의 대다수의 이웃주민들은 이웃경찰서(NPPs)의 설치를 원하고 있으며, 일본 역시 대다수의 이웃주민들은 交番(Koban)의 설치를 원하고 있었다. 그리고 오스트레일리아의 경찰도 자신들이 관리할 수 있는 수준의 이웃감시부서의 설치를 요구하고 있었다. 산타아나 또는 멜버른(오스트레일리아의 남동부 항구도시)과 같은 곳에서는 상업연합회에서 보다 많은 숍 프론트(Shop Fronts) 경찰서의 설치를 요구하고 있었다.

따라서 커뮤니티 경찰활동은 근본적으로 경찰에 이익이 되는 관점에서 커뮤니티의 체계적 조직화를 위한 이론적 근거를 제공해 주고 있다. 그런데 이와 같이 커뮤니티 경찰활동에 의해서 경찰조직의 자원이 증가하고, 아울러 각 커뮤니티(여기에서는 일종의 파출소 관할구역을 의미하지만, 앞으로 이는 보다 더 세분화될 수도 있고, 또한 사이버공간과 같은 곳에서 새롭게 등장할 수도 있으며, 현실적으로 그러한 방향으로 진행되고 있다)에 경찰활동의 거점이 확보·확대되고 있다는 것은 무엇을 의미하는 것인가?

경찰은 시민의 안전확보와 서비스 증대, 그리고 더 나아가 사회발전이라는 거대한 목표를 토대로 자신들의 정치적 영향력을 확대시킬 수 있음을 의미하는 것이다. 오늘날 정치적 영향력은 시민의 지지를 기반으로 하고 있는데, 커뮤니티 경찰활동을 통해 이를 확보할 수 있기 때문이다.

따라서 커뮤니티 경찰활동이 성공적으로 이루어진다면, 경찰은 다른 형사사법기관을 포함한 공공부문에서 가장 영향력 있는 조직으로 성장할 수 있을 것으로 보인다. 예컨대, 국가방위 차원에서 군대가 차지하는 비중은 매우 큰데, 우리사회의 평화가 확보되고, 국가 간의 우호적인 관계가 진전될수록 군대의 역할(예, 국경 수비 업무 등)을 대신한 경찰의 역할이 증대될 것이다.

어쨌든 새로운 경찰활동 모델을 통해서 경찰은 대부분의 사람들이 원하고 선호하는 경찰서비스를 제공함으로써 이전보다 더 확대된 정치적 영향력을 행사할 수 있는 가능성은 증대될 것이다. 그러나 이러한 커뮤니티 경찰활동이 경찰의 독단에 의한 것이 아니라 시민의 이해관계를 토대로 한 것이기 때문에 민주주의 이념과 상치되거나 부조화 되는 현상은 뚜렷하게 나타나지 않을 것으로 본다. 그러나 한편으로는 경찰의 정치적 영향력 확대에 대해 우려하는 부분이 존재하고 있음은 물론이다.

4. 경찰의 사회에 대한 영향력 확대 문제

커뮤니티 경찰활동이 지향하는 범죄예방 중심의 활동전략이 도입·적용됨으로써 경찰의 사회에 대한 영향력 확대 현상은 두 가지 형태로 나타날 수 있다. 첫째, 범죄대응과는 달리 범죄예방은 어느 특정한 것에 한정되지 않고 사회 모든 현상에 대해서 제한을 두지 않고 이루어진다는 점이다. 만약 경찰이 소방서가 화재와 관련하여 진단을 하듯이 범죄가 발생하는 환경을 진단할 수 있는 능력을 개발한다면, 경찰은 교육프로그램, 시민건강, 건축설계, 도로설계, 공공주택설계, 도시서비스, 복지 및 고용정책을 기획하는 데 있어서 폭넓은 자문역할을 할 수 있을 것이다. 그리고 경찰은 중앙 및 지방정부가 제공하는 공공서비스의 모든 영역에서 거론되는 안전과 관련된 사항과 관련하여 거의 무제한적인 재량권을 행사할 수 있는 기회를 준다고 볼 수 있다.

둘째, 커뮤니티 경찰활동은 시민 대(對) 다른 정부조직과의 관계에 있어서 시민에 대한 옹호자 입장에서 중재자 또는 조정자 역할을 한다는 점이다. 이미 디트로이트의 소규모 경찰서 경찰들은 거리 가로등 설치와 쓰레기 제거 및 도로보수 등 커뮤니티에 부여된 도시서비스의 질을 확보할 수 있도록 도움을 제공해 왔다. 다른 도시의 경찰은 건물철거, 무단결석 예방프로그램 강화, 10대 청소년들의 레크리에이션을 위한 학교시설 개방 등의 활동에 있어서 커뮤니티와 함께 참여하여 왔다. 이러한 조정활동은 커뮤니티 경찰활동에 있어서 반드시 요구되는 것들이다. 왜냐하면 커뮤니티 경찰활동에서는 경찰이 단지 공공안전의 유지를 위해서만 서비스를 제공하는 것이 아니라, 우리 사회를 보다 건설적으로 발전시키는 기능으로까지 인식되기 때문이다.

그런데, 주의할 것은 경찰업무에 있어서 비범죄적(非犯罪的)인 서비스제공이 중요하다고 인정되고 있음에도 불구하고, 지난 세기동안 서구경찰의 역할은 보다 제한적으로 전문화되어 왔다.[16] 즉, 경찰은 국가체제가 정비되는 과정에서 점차적으로 건축감독, 무게와 도량 검사, 음식물 단속, 빈민구제활동, 가축검역, 그리고 각종 허가와 면허문제 등 많은 일상적인 기능을 포기해 왔다(이는 대륙법계식 경찰개념에서 본다면, 실질적 의미의 경찰에서 형식적·제도적 의미의 경찰을 의미한다).[17] 오늘날에 이르러서는 경찰은 범죄수사와 범인체포 등 범죄억제 업무에 배타적으로 집중하고 있는 실정이다. 이와 같이 경찰의 역할을 범죄문제 등에 국한시키고 있는 것은 과거 경찰의 역할확대로 인한 시민의 자유와 권리가 침해된 역사적 경험에서 비롯된 것이다.

그런데 오늘날 경찰의 역할이 다시 확대되고 있는데, 이는 무엇을 의미하는 것인가? 시민은 자신들의 자유와 권리를 스스로 제한하기 위해서인가? 아이러니하게도 역사적 경험에도 불구하고 시민은 자신들의 삶의 질을 증대시키기 위해서 경찰의 역할증대를 기대하고 있다는 점이다. 다만 과거와 차이가 있다면 오늘날 경찰역할의 확대는 정부의 정치적 요구에 의한 것이 아니라, 시민의 자발적인 요청에 의한 것이라는 점이다. 이는 시사하는 바가 매우 크다.

그러나 경찰의 역할 확대가 정부의 계획에 의한 것이든, 시민의 자발적 요청에 의한 것이든 간에 경찰의 사회에 대한 영향력이 확대되는 것은 분명한 사실이며, 경우에 따라서는 부작용이 나타날 가능성도 얼마든지 있다. 따라서 경찰권 행사에 대한 법률유보의 원칙과 조리상의 한계 등 다양한 통제메커니즘이 적절하게 작동되어야 함은 물론이다.[18]

요약건대, 경찰은 커뮤니티 경찰활동을 통해 시민의 안락함과 평화, 범죄예방, 그리고 커뮤니티 발전이라는 거시적인 목표를 설정할 수 있어야 한다. 그리고 이를 위해 의식적·개혁적으로 경찰을 '소규모 센터'(Mini Senter)로 재조직화 하는 동시에, 시민에 대한 양질의 경찰서비스를 제공하기 위해 경찰스스로가 자신들의 능력을 끊임없이 개발해야 할 것이다. 중요한 것은 시민의 자유와 권리를 침해하지 않는 전제하에서 이러한 흐름을 지속시켜야 한다는 점이다.

---

16) David H. Bayley, *Patterns of Policing*, New Brunswick, NJ: Rutgers University Press, 1985.
17) 실질적 의미의 경찰과 형식적 의미의 경찰에 대한 세부적인 내용은 최선우, 경찰학, 서울: 그린, pp. 75~78 참조.
18) 법률유보의 원칙 및 조리상의 한계 등에 대한 세부적인 내용은 위의 책, pp. 430~452 참조.

5. 경찰의 차별적 대응 및 형평성 문제

커뮤니티 경찰활동이 도입·적용될 경우, 평판이 나쁜 사람들은 적절한 법의 보호를 받기가 어렵다는 논쟁이 제기될 수 있다. 주지하는 바와 같이, 커뮤니티 경찰활동은 범죄예방의 증대 및 커뮤니티 내의 통합을 도모하기 위하여 경찰은 시민에게 일정한 정보를 제공하고, 이들의 경찰활동에 대한 적극적인 참여 및 감독자·감시자로서의 역할을 유도하고 있다.

따라서 예컨대, 무전기를 휴대한 시민차량의 순찰대는 미국의 많은 도시에 조직화되어 활동하고 있다. 일본 역시 이웃도보순찰대는 일반화되어 있으며, 이들은 10대 청소년과 가출자들을 대상으로 여러 가지 활동을 수행하고 있다. 이들 이웃 감시활동을 수행하는 시민들은 의심이 가는 사람에 대한 행동을 관찰하고 이를 경찰에 보고하도록 되어 있다. 커뮤니티 경찰활동 하에서 지역경찰 명령권자들은 이와 같은 활동들을 활성화시키는 능력 정도에 따라 인사평가를 받기도 한다.

그런데 이러한 상황 속에서 경찰의 관할구역 내의 시민에 대한 보호와 시민에 대한 부당한 물리력 행사 간의 경계는 모호해질 우려가 있다. 즉, 경찰이 시민을 보호한다는 미명하에 오히려 시민을 통제하는 결과도 초래할 수 있다는 점이다. 물론 여기에서 보호받는 시민과 통제받는 시민은 일치할 수도 있고, 그렇지 않을 수도 있다. 문제는 일치하지 않는 경우가 보다 크게 나타날 가능성이 있다.

이와 관련하여 예컨대, 미국 캘리포니아주의 산타아나 지역의 경찰은 범죄 및 사고예방 차원에서 음주소란 및 폭행으로 체포된 사람들이 두 번 다시 이를 저지르지 않도록 엄격한 형벌을 선고해 달라고 관할판사들에게 요청하였다. 이것이 적절한 경찰활동이라 할 수 있는 것인가? 경찰의 이러한 범죄예방 차원의 조치가 만약에 혐의 있는 마약판매상과 주폭(음주·폭행)들이 아닌 합법적으로 포르노가게를 운영하는 사람과 매춘부, 그리고 과격분자, 동성애자, 비거주 소수민족, 무신론자, 빈민·하류계층, 그리고 시민자유주의자 등을 대상으로 한다면 어떤 일이 발생할 것인가? 커뮤니티 경찰활동 하에서 이들은 커뮤니티 정서(즉, 중산층이 기대하는 커뮤니티 환경)에 구속되어야 하는 것인가?

그렇다면, 커뮤니티에 있어서 다수민족의 이익을 위협하는 것으로 종종 인식된 소수민족들의 권리를 보호하는 커뮤니티 경찰활동 모델을 구축하는 것은 가능한 것인가? 미국에서 최초로 소수민족들의 권리를 보호하면서, 동시에 어떻게 하면 다수와 동등한 의사결정시스템을 구축할 것인가를 가지고 고심을 한 매디슨(James Madison)과 같은 경우, 이를 민주주의사회에서 지역 커뮤니티 경찰이 안고 있는 딜레마로 보았다.19) 어쨌든 평판이 나쁜 사람들에 대한 차별가능성은 커뮤니티 경찰활동을 통해서 어떠한 형태로든 실질적으로 해소되어야 할 것이다. 이는 경찰에 대한 합리적인, 그리고 효과적인 책임성 부여와 평가 메카니즘 없이는 이루어지기 어려울 것이다.

실제로 커뮤니티 경찰활동은 시민들에게 인기를 얻고 있다. 그러나 이는 현대 자유민주사회 속에서 경찰활동의 이원성 및 경찰활동의 확대를 지나치게 강조할지도 모른다. 사실, 경찰은 이웃범죄예방활동을 조직화하고, 책임감 있는 커뮤니티의 환류과정을 이끌어내는 데 어려움을 겪고 있다. 그리고 상류층과 전문가집단보다는 특히, 하류층과 교육수준이 낮은 사람들로부터 범죄예방과 관련된 신뢰할 만한 정보를 획득하는 데 있어서 보다 큰 어려움을 겪고 있는 실정이다. 따라서 이웃 감시활동에 대한 평가결과를 보면, 인종적으로 동질적이고, 상대적으로 부유하며, 중산층인 커뮤니티에서 보다 큰 성공을 거두고 있는 것으로 나타났다.20) 이는 커뮤니티 경찰활동의 성공 여부가 커뮤니티 내의 인구사회학적 특성에 의해서 크게 좌우될지도 모른다는 점을 암시해 주고 있는 것이다. 그리고 그동안 미국에서 수년 동안에 걸쳐 실시된 커뮤니티 경찰활동은 사회적·지리적으로 형평성 없이 실시되었음을 알 수 있다. 따라서 커뮤니티 경찰활동은 부유층과 교육수준이 높은 중산층에 대해서는 하나의 전형적인 경찰활동이 되었으나, 하류층과 교육수준이 낮은 사회계층에 대해서는 여전히 전통적인 경찰활동(즉, 사건지향적·재반응적 경찰대응방식)을 고수한 것이다.

---

19) Robert Dahl, *A Preface to Democratic Theory*, Chicago: University of Chicago Press, 1956. 매디슨(James Madison)은 미국 4대 대통령(재임 1809~1817)으로서 가장 영향력 있는 미국 건국의 아버지(Founding Fathers) 중 한 사람이다. "공화주의(共和主義, Republicanism)의 중요한 본질의 하나는 정부가 시민을 감독하는 것이 아니라, 시민들이 국가와 정부에 정치적인 통제·감독권을 행사하는 데 있다"고 그의 말은 우리가 커뮤니티 경찰활동을 이해하는데 시사하는 바가 매우 크다. http://100.daum.net/encyclopedia.

20) Dennis Rosenbaum, *The Theory and Research Behind Community Watch: Is It a Sound Fear and Crime Reduction Strategy?*, Beverly Hills: Sage Publications, 1987.

경찰활동에 있어서 이러한 양상은 이미 민간경비(Private Security)의 성장과정에서 어느 정도 나타나는 현상이었다. 스테닝과 쉬어링(Phillip C. Stenning & Cllifford D. Shearing)이 밝힌 바와 같이 민간경비는 범죄예방과 경비·보안자원의 운용 및 실질적인 적법절차 등을 확대시킴으로써 확실히 커뮤니티 경찰활동의 질을 증대시키는 역할을 해왔다.[21]

주지하는 바와 같이, 민간경비의 책임성은 고객이 어떠한 것을 요구하는지에 대한 '계약'(契約)을 체결함으로써 이루어진다.[22] 어떻게 보면, 운영적으로 볼 때, 민간경비는 시장경제원리(市場經濟原理)를 통해 도입된 커뮤니티 경찰활동이라 할 수 있다. 이와 같이 커뮤니티 경찰활동에 대한 참여는 영리기업의 수익을 위한 투자의 예측을 통해 자유롭게 이루어짐을 알 수 있다. 바꿔 말하면, 커뮤니티 경찰활동은 민간부문의 민간경비가 부유층을 대상으로 하는 영역에서는 공공부문과 경쟁하고자 하는 시도로서 보여질 수도 있는 것이다.

머피(Patrick Murphy)가 관찰한 결과, "커뮤니티 경찰활동의 핵심은 소수민족과 하류층에 적용하기 위한 서비스 모델을 개발하는 것이라 할 수 있다"고 하였다.[23] 그러나 디트로이트와 산타아나와 같이 커뮤니티 경찰활동을 하류층에 적용시키고자 하는 끊임없는 노력이 이루어지지 않는다면, 커뮤니티 경찰활동은 치안서비스의 질적 형평성을 가져다주지 못하고, 시장구조의 이원성을 재강화 시킬지도 모른다.

그리고 만약 사회의 구조적 특성이 커뮤니티 경찰활동의 실시에 영향을 미치게 된다면, 공공부문과 민간부문의 보호 하에서 부유층에 대한 경찰활동은 점차 예방적 '서비스모델'(Service Model)을 따르게 되고, 반면 하류층에 대한 경찰활동은 점차 재

---

21) Clifford D. Shearing & Phillip C. Stenning, "Modern Private Security: Its Growth and Impli-cations," *Crime and Justice: An Annual Review of Research*, Chicago: University of Chicago Press, 1981.

22) 일반적으로 민간경비는 "인간의 실수, 비상사태, 재난, 그리고 범죄 등에 의해 야기된 손실을 예방하기 위하여 인적·물적 그리고 절차적으로 일정한 보호서비스를 제공하는 '영리기업'(Profit-Oriented Enterprise)"을 의미한다. Hess, Kären M. and Wrobleski, Henry M., Introduction to Private Security, N.Y.: West Publishing Company, 1996, p. 318.; 우리나라에는 이와 관련하여 경비업법(警備業法)이 제정(1976)되어 있다. 이에 따르면, 경비업이라 함은 '시설경비, 호송경비, 기계경비, 신변보호, 특수경비에 해당하는 업무의 전부 또는 일부를 도급(都給)받아 행하는 영업을 말한다'고 규정하고 있다(제2조). 민간경비의 개념에 대한 세부적인 내용은 최선우, 민간경비론, 인천: 진영사, pp. 29-42 참조.

23) Comment following plenary session on Community Policing, "State-Of-The-Art Police Conference," Phoenix, Arizona, June 1987, sponsored by the National Institute of Justice.

반응적·법집행 지향적인 '범죄통제모델'(Crime Control Model)을 따르게 될 것이다.

6. 경찰의 사생활침해 문제

　어떻게 본다면, 커뮤니티 경찰활동은 국가의 강력한 법집행조직인 경찰의 커뮤니티 대한 세력 확대를 정당화시켜 준다고 볼 수 있다. 그리고 커뮤니티 경찰활동의 목적은 시민과 경찰 간에 존재하고 있는 차이를 해소하고 공동으로 경찰활동을 실행하기 위한 것이라 할 수 있다.

　이와 관련하여 예컨대, 디트로이트와 휴스턴 경찰은 개개의 가정을 방문하여 안전진단 서비스를 제공하고, 주변의 이웃이 안고 있는 범죄문제에 대해서 어떠한 문제점이 있는지를 파악하고자 하였다. 싱가포르과 일본에서의 이와 같은 가정방문 등은 1년에 2차례씩 모든 거주민들에 대해서 정규적으로 이루어졌다. 경찰은 거주자, 이웃·친척, 차량소유자, 기타 적합하다고 판단되는 사람들로부터 간략하면서도 핵심적인 정보를 수집하였다. 사실, 이전까지는 이와 같은 정보들이 체계적·총체적으로 수집·저장되지는 않았다. 그러나 이러한 정보들이 이제는 필요한 경우에는 범죄수사 등 경찰업무에서 유용하게 활용될 가능성이 증대되고 있다. 향후 컴퓨터시스템을 통해 이러한 정보관리작업은 보다 체계적·통합적으로 이루어질 것이며, 그 활용성은 보다 증대될 것이다.

　한편, 멜버른과 디트로이트 경찰은 자체적으로 병원, 정신건강원, 피학대여성을 위한 보호소, 학교, 그리고 많은 통근여성들이 고용되어 있는 산업시설 등 다양한 안전문제를 안고 있는 지방시설의 최고관리자 및 경영자들에게 관련 서비스를 제공하고 있다. 그리고 경찰은 동성애자집단, 소수민족 등 잠재적인 문제를 안고 있는 집단에 대해서는 공식연락관(Liaison Officers)을 임명·배치하여 돌발적인 비상사태를 예방하고, 상호관계를 원만하게 하도록 노력하고 있다.

　오스트레일리아와 덴마크 경찰은 고등학교에 담당제복경찰(우리나라의 스쿨폴리스)을 배치하여 청소년비행 관련 처벌문제에 도움을 주고, 특정 비행관련 자문역할을 해 주고 있다. 그리고 이들은 학생들의 든든한 보호자 및 후원자가 되어 주고, 필요에 따라서는 학생들을 대상으로 범죄예방강의를 실시하며, 친근한 이미지를 줄 수 있도록 여러 가지 활동을 하고 있다. 한편, 미국 전역의 모든 학교에서 경찰은 약물 사용과 남용에 대해 강의를 실시하고 있다.

이러한 경찰활동의 그 기저에는 이제는 경찰이 커뮤니티 내의 다양한 사회시설들에 대해서 감시·조사뿐만 아니라 직접적으로 지원하는 역할이 증대되었고, 또 한편으로는 이들의 활동이 환영을 받기 시작했음을 보여 주는 것이라 할 수 있다.

사실, 전통적 경찰활동에서 경찰은 공공장소를 중심으로 억제·체포·경고, 그리고 대부분이 배타적인 업무를 수행하여 왔다. 그러나 오늘날의 경찰은 공공장소뿐만 아니라 사적인 장소에서도 조언·중재·강의·조직화·참여·협력·의사전달·설득·장려 등의 역할을 하는 것으로 인식되고 있다.

이제 많은 국가에서 경찰은 커뮤니티 내의 조화와 질서유지를 증대시키기 위해 적극적으로 사회과정들을 형성·구축하는 책임을 지고, 더 나아가 커뮤니티를 발전시키는 조직으로서 확연히 인식되고 있다. 이러한 접근은 사회과정이라는 것이 특별한 문제없이 또는 특별한 노력 없이 자연스럽게 이루어질 수 있기 때문에 경찰을 역할을 최소화시켜야 한다는 이른바 '미니멀리스트'(Minimalist)들의 철학과는 현격한 차이가 있는 것이다.

야경국가론

17세기 중엽부터 19세기 중엽의 서구 유럽에서는 이른바 '야경국가'(夜警國家, Nachtwachterstaat)라는 관념이 등장하기도 하였다. 이는 국방과 외교, 치안 유지 등 개인의 자유와 사유 재산을 보호하기 위한 최소한의 활동으로 국가의 임무를 한정하는 국가관(國家觀)을 말한다. 여기에서 '야경'(夜警)이란 밤에 순찰을 도는 경찰을 뜻하는데, 국가는 야간에만 순찰을 도는 것처럼 여러 형태의 이해관계가 자유롭게 얽히도록 내버려두는 것이 사회·경제 질서 유지에 도움이 된다고 보는 것이다. 즉, 국가의 간섭 없는 자본의 자유경쟁만이 최대 다수의 최대 행복을 보장하는 최적 배분을 가져온다는 국가관이다.

이 야경국가라는 용어는 독일의 사회주의자 라살(F. Lassalle, 1825-1864)이 그의 저서 「노동자 강령, 1862」에서 영국 부르주아지의 국가관을 비판하는 뜻으로 쓴 말이다. 한편, 애덤 스미스(Adam Smith, 1723-1790)는 그의 저서 「국부론, 1776」에서 모든 경제 주체가 건전한 사회제도 하에서 사전 조정 없이 경쟁하면 시장이라는 '보이지 않는 손'(invisible hand)에 의해 경제 질서를 가져오고 부와 번영을 이루게 된다고 보았다.[24]

진정한 사회복지를 실현하기 위하여 시민이 국가에 대해서 자유시장경제의 조정자 이상의 역할을 수행할 것을 요구하는 것과 마찬가지로, 시민의 범죄피해 및 범죄에 대한 두려움은 경찰이 그동안 다루지 않았던 보다 새롭고 확대된 영역에서 범죄통제자 이상의 역할을 수행해 줄 것을 요구하고 있는 것이다.

따라서 커뮤니티 경찰활동에 있어서 경찰이 업무를 성공적으로 수행하기 위해서는 재량권의 확대, 시민과의 친밀한 관계형성 등이 이루어져야 하는데, 이러한 접근방식은 어떤 면에서 시민들에게 불편과 불만을 가져다 줄 수도 있다. 즉, 경찰이 문제해결을 위해 직무 및 재량권의 범위를 확대시키는 것은 결국 시민의 사생활침해나 간섭을 동반하는 것이다. 범죄예방과정 자체가 개개인의 사생활을 침해하는 결과를 낳을 수도 있기 때문이다. 경찰이 시민의 애로사항을 시민요구대로 처리할 수 있다면 이야기가 달라질 수 있겠지만, 실제로는 사생활만 노출되고 이득은 없는 사례가 빈번하게 발생할 수 있다.[25]

그리고 커뮤니티 경찰활동을 수행하는 과정에서 경찰이 획득한 자료 또는 정보는 범죄수사 등 경찰활동에 있어서 중요한 자료로 활용될 수 있기 때문에 점차적으로 컴퓨터시스템을 통해 이러한 정보관리작업이 보다 체계적으로 이루어질 것이라는 점을 감안한다면, 시민의 사생활은 보다 보호되기 어려운 상황에 놓이게 될 것이다.

따라서 현 시점에서, 경찰이 정보를 수집하는 수단으로서 커뮤니티 경찰활동이 오용되는 경우를 생각해 볼 필요가 있다고 본다. 뉴욕경찰이 Howard Beach 사건 이후 인종폭력문제에 대해 고민을 할 때, 경찰위원장인 워드(Benjamin Ward)는 흑인 커뮤니티에 대한 보다 많은 정보를 수집할 것을 요구하였다. 그는 분명히 자신이 요구한 것 이상의 정보를 수집할 수 있었다. 그러나 흑인지도자들은 경찰이 흑인 커뮤니티에 대해 부당한 감독과 간섭을 하였다고 비난하였다. 이에 대해서 「뉴욕 타임즈」는 정치적 정보를 수집하기 위하여 커뮤니티 경찰활동을 활용하는 데 있어서 나타나는 위험성에 대한 사설을 다음과 같이 게재하였다.

---

24) 이극찬, 정치학, 서울: 법문사, 1993, p. 34.; 다음백과(http://100.daum.net/encyclopedia).; 최선우, 앞의 책, pp. 72~73 재인용.
25) 이황우 외, 경찰학개론, 한국형사정책연구원, 2001, pp. 391~392.
26) Editorial, *The New York Times*, 4. July 1987, p. 14.

커뮤니티 순찰경찰들은 보다 건설적인 관계를 형성하고, 잠재적 위험성에 대해서 조사하며, 정보를 수집하기 위하여 커뮤니티 이웃감시활동에 참여하였다. 그러나 경찰조직은 그러한 과정에서 일부 경찰들이 제복이 아닌 일반사복을 입고 예고 없이, 그리고 익명으로 지역회의에 참석하고 있다는 사실을 시인하였다.

이에 따라 경찰이 익명으로 참석할 필요성이 있는지에 대한 의문과 함께, 결과적으로 경찰과 커뮤니티관계에 대한 부정적 효과가 나타났다는 문제점이 제기되었다. 따라서 경찰은 비밀리에 스파이 활동을 하는 식으로 커뮤니티의 정보를 수집하기보다는 지역주민의 협력을 이끌어 내는 방향으로 조직자원을 활용해야 할 것이다.26)

요약건대, 오늘날과 같이 특히, 개인의 사생활을 중시하는 민주사회 속에서 경찰이 커뮤니티 경찰활동의 토대를 가지고 시민과 접촉하는 과정에서 발생할 수 있는 사생활 침해 가능성에 대한 신중한 논의가 이루어져야 할 것이다.

제 11 장
결　론

제11장
결 론

커뮤니티 경찰활동은 민주사회에 있어서 새로운 경찰활동의 철학이자 패러다임이라고 할 수 있다. 따라서 각국의 경찰학자 및 경찰관리자들은 커뮤니티 경찰활동에 대해서 많은 관심을 가지고 있고, 활발하게 관련논의를 전개하고 있다. 커뮤니티 경찰활동은 '진보와 개혁'(Progress and Innovation)을 의미하는 것으로서, 경찰조직의 변화가 이루어지고 있는 곳에서 이는 일종의 '슬로건'(Slogan)이 되고 있다.

커뮤니티 경찰활동을 지지하는 사람들은 이를 통해 공공의 안전성 증대, 범죄율의 감소, 범죄에 대한 두려움의 감소, 위험에 처한 사람이 감소하였다고 인식하는 시민의 증대, 소외된 시민과 경찰의 재결합, 경찰사기의 증대, 그리고 경찰의 책임증대 등을 가져다준다고 하였다. 이러한 점에서 볼 때, 커뮤니티 경찰활동은 전통적 경찰활동의 한계를 극복할 수 있는 하나의 중요한 대안으로 등장하였음을 알 수 있다.

그런데 커뮤니티 경찰활동이 경찰과 시민 모두에게 많은 이익을 가져다준다는 주장에도 불구하고, 아직까지 프로그램상으로 이것이 실제 운영되고 있는 경우는 그다지 많지 않다. 그리고 비록 전 세계적으로 커뮤니티 경찰활동이 중요한 것으로 논의되고 있음에도 불구하고, 이는 어떠한 명확한 기준을 가지고 있는 것이라기보다는 서로 다른 사람들에 의해서 서로 다른 의미로 해석되고 있다는 점에서 한계점을 보여주고 있다. 따라서 예컨대, 시민관계개선 경찰 캠페인, 소규모 경찰서 운영, 순찰구역·방식의 재구축, 소수민족집단과의 연락체계 구축, 이웃감시활동, 도보순찰의 확대, 순찰·수사 팀제 운영, 경찰의 방범심방활동 확대 등 다양한 활동들이 이와 관련하여 논의되고 있다.

그러나 커뮤니티 경찰활동은 현재 열정을 가지고 포장된 슬로건에 비해 이의 실질적 프로그램은 부족하기 때문에 특히, 고참경찰들은 커뮤니티 경찰활동의 핵심내용이라는 것이 예방·관심·협력 등과 같이 이미 오래 전부터 경찰조직에서 관심을 가지고 온 것으로서 전혀 새로운 것이 아니라는 견해를 보이기도 한다. 그리고 아직까지 커뮤니티 경찰활동이 현실적으로 구체화되어 나타나기보다는 다소 과장되어 논의되는 경향이 있다고 볼 수 있다.

그러나 커뮤니티 경찰활동이 전통적 경찰활동의 연장선에 불과한 것이든 아니든 간에 현재 우리사회가 처한 치안상황에 부합하는 경찰의 변화는 필연적인 것이며, 그러한 변화의 한 동력(動力)으로서 커뮤니티 경찰활동이 새롭게 인식되고 있다는 점은 부인하기 어렵다고 본다. 그리고 이와 같은 새로운 변화의 단계가 없다면, 앞으로 전개되는 대부분의 커뮤니티 경찰활동은 '새 술을 헌 병에 담는 또 다른 시도'에 불과할 것이다.

이렇게 되면, 경찰활동에 있어서 어떤 작은 변화는 있을지 모르겠지만, 처음에 가지고 있었던 열정은 점차 줄어들고 결과적으로 그 성과도 기대하기 어려울 것이다. 그리고 커뮤니티 경찰활동이 형식적인 수준에 머무르고, 또 실제 알맹이는 없으면서 지나치게 과대포장 됨으로써 나타나는 부실한 성과는 현재 경찰활동의 주요 개혁가능성에 대해 주의 깊은 관심과 지지를 보내고 있는 경찰들과 시민들의 냉소주의를 더욱 심화시킬 것이다.

다행스러운 것은 이러한 비판이 현시점에서 이루어지고 있는 커뮤니티 경찰활동의 전체를 대상으로 한 것은 아니라는 점이다. 실제로 커뮤니티 경찰활동은 장래에 보다 발전할 가능성이 높고, 한편으로는 단기적이고 중·장기적으로 해결해야 할 문제가 많은 것이 사실이다. 그리고 결단력 있는 정부관계자 및 경찰책임자들은 전통적 경찰활동의 요소를 과감히 축소시키고, 커뮤니티 경찰활동을 통해 경찰의 책임성 및 역량을 증대시킬 수 있는 방안을 모색하고 있다.

커뮤니티 경찰활동의 기본철학을 바탕으로 한 새로운 프로그램이 도입되는 과정에서는 기본적으로 네 가지 요소가 결합되는 경우가 많다고 본다. 여기에는 ㉠ 커뮤니티에 기초를 둔 범죄예방활동의 조직화, ㉡ 비상사태의 대응이 아닌 평상시의 경찰서비스를 증대시킬 수 있는 순찰활동의 재구축, ㉢ 범죄예방 및 대응에 있어서 경찰과 커뮤니티의 책임증대, ㉣ 경찰명령의 분권화·위임을 통한 일선 하위경찰의 역량·역할 증대 등을 들 수 있다. 이와 같은 변화는 오스트레일리아·캐나다·영국·미국·일본·싱가포르, 그리고 우리나라 등 세계 여러 나라에서 진행되고 있음을 알 수 있다. 일본의 경우, 제2차 세계대전 이래로 이러한 원칙에 철저하게 기초를 두고 있다. 그리고 싱가포르는 영국에서 도입한 전통적 경찰활동 모델을 지양하고 일본에서 도입한 커뮤니티경찰 모델로 전향하고 있다.

그런데 커뮤니티 경찰활동이 경찰활동의 관행을 변화시키는 것을 의미하는 것이지, 경찰활동의 목표 자체를 바꾸는 것이 아니라는 점을 이해하는 것은 매우 중요한 일이다. 전통적 경찰활동과 커뮤니티 경찰활동을 비교할 때, '하드'(Hard) 대(對) '소프트'(soft), 범죄와의 전쟁 대(對) 범죄예방과 같은 상호 대립적인 표현을 사용하면서 논쟁을 하고 있다. 이처럼, 커뮤니티 경찰활동에 대해 긍정적인 태도를 보이는 사람들은 이를 부정적인 대하는 사람들만큼이나 과오를 저지르고 있다.

생각건대, 커뮤니티 경찰활동과 전통적 경찰활동 간에 차별성을 지나치게 극화시키는 것은 바람직하지 못한 부정적인 결과를 가져다 줄 수 있다고 본다. 그리고 이는 전통적 경찰활동이 가지고 있는 기본철학과 이념을 잘못 인식한 부분이 없지 않다는 점이다. 전통적 경찰활동 역시 모든 순찰구역에서 경찰의 가시성을 확대시키고자 하는 것은 범죄예방을 하기 위한 것으로서, 커뮤니티 경찰활동이 지향하는 것과 동일한 목표를 가지고 있는 것이다. 다만 전통적 경찰활동은 지나치게 신속한 범죄대응과 훈련된 사법경찰의 대응을 강조한다는 점에서 차이가 난다. 그리고 전통적 경찰활동은 범죄자 체포와 유죄확정과 같은 고전주의적 범죄억제 모형이 범죄예방에 성과가 있는 것으로 인식하고 있는 점에서도 차이가 난다는 것으로 인식되었다.

전통적 경찰활동 관행 속에서 한 평생을 헌신하여 근무한 경찰들은 범죄예방과 같은 것에는 흥미가 없고, 당연히 호전적인 영웅주의하의 마초신화(Macho Myth, 용감한 남성)를 잃고 있다고 분개하는 것은 수긍할 만하다고 본다.

그리고 주의할 점은 전통적 경찰활동이 지향하는 목표를 제대로 이해하지 못하게 되면, 특히 나이 많은 경찰 등 여러 조직구성원들을 소외시킬 뿐만 아니라, 과거의 다소 부적절한 경찰관행을 개선하는데 있어서 이들의 협력을 얻는 데 실패하게 될 것이다. 어떻게 보면, 경험이 많은 경찰들은 다른 여러 사람들이 생각하고 있는 것과 마찬가지로 과거의 전통적인 경찰활동의 관행들이 효과적이지 않다는 점에 대해서 그들 스스로도 인식하고 있을 것이다. 따라서 비록 외적으로 분위기가 조장되었음에도 불구하고 이들이 이에 따르지 않는다고 해서 학문적·경험적 연구조사결과를 가지고 이들의 생각이 잘못되었다고 비난 또는 지적하는 것은 바람직하지 못한 것이다.

많은 경찰들은 특별한 국가기념일, 명절, 휴가기간 등과 같은 경우에는 범죄양상이 달라지고 따라서 이에 맞는 경찰재배치를 해야 한다는 것을 알고 있다. 그리고 심지어 범죄가 현재 진행되는 상황에서 경찰출동 요청이 이루진다 할지라도 경찰이 현장에 도착할 때에는 이미 범죄자가 현장에서 떠나고 없는 경우도 있다는 점도 알고 있다. 따라서 적지 않은 경찰의 긴급출동 서비스가 신속하게 이루어진다 할지라도 범인체포 및 피해자보호 등이 어려울 수도 있을 것이다(물론, 범죄발생 상황에 따라 경찰의 신속한 대응이 매우 중요한 경우도 얼마든지 존재한다).

한편, 자동차절도, 주거침입절도 사건에 대한 수사는 일반적으로 외지인보다는 지역주민과의 상호작용을 통해서 이루어진다는 것을 잘 알고 있다. 또 어떤 경우에는 범인을 체포할 수 있는 가능성이 전무한 경우에도 범인의 침입흔적을 발견하기 위하여 사건현장의 주변과 출입문, 창문 등을 형식적(形式的)으로 조사하는 경우도 있다. 이는 경찰이 피해자들의 신고에 따른 일정한 대응을 하지 않음으로 해서 발생하는 비난을 회피하기 위해서 관행적으로 하는 행태일수도 있다.

이러한 전통적 경찰활동의 기계적·형식적인 대응방식에 대해서 커뮤니티 경찰활동을 지지하는 사람들은 이를 비판할 수도 있을 것이다. 그러나 이러한 전통적 경찰활동 역시 의미가 있는 대응방식이며, 따라서 이를 전적으로 부정하거나 비판하는 것은 바람직하지 않다고 본다. 그리고 이와 마찬가지로 전통적 경찰활동을 지지하는 경찰들은 여전히 커뮤니티 경찰활동이 어떠한 해결책이 될 것이라고 확신하지 않는 경향이 있다는 점을 이해할 필요가 있다. 물론 이들은 과거 경찰관행의 단점을 인식하고 있으며, 새로운 경찰활동에 대해서 흥미를 가지고 있는 것이 사실이다. 다만 이미 앞에서 논의한 바와 같이 커뮤니티 경찰활동이 추상적이며, 전통적 경찰활동과 비교해 볼 때 특별히 새로운 것을 발견하지 못하였다는 점에서 비롯되는 문제이다.

여기서 주목할 것은 커뮤니티 경찰활동은 기존의 경찰활동과 비교되는 새로운 관점에서 시민에게 양질의 치안서비스를 제공할 것으로 기대되며, 더 나아가 이는 전통적 경찰활동을 평가할 수 있는 하나의 기준이 될 수 있다는 점이다. 역으로 전통적 경찰활동 역시 커뮤니티 경찰활동을 평가할 수 있는 하나의 기준이 됨은 물론이다.

따라서 중요한 점은, 커뮤니티 경찰활동을 통해서 시민의 안전에 대한 경찰의 책임이 보다 강조되고, 실제 그러한 성과가 나타날 수 있도록 해야 한다는 점이다. 커뮤니티 경찰활동을 통해서 경찰의 목표(Goals)는 큰 틀에서 기존과 동일하고, 목적(Objectives)의 변화 즉, 전술적 변화가 이루어지게 되는데, 여기에서 중요한 것은 경찰의 역할 재인식과 책임감 증대라고 할 수 있다. 따라서 경찰 스스로가 범죄와 무질서 문제에 관심을 가질 필요가 없다고 말할 때까지 의식적으로 자신들이 다른 것에 관심을 가지고 있다고 말할 필요는 없는 것이다. 그렇게 하는 것은 또한 게임을 하는 도중에 규칙을 바꾸는 것과 같은 것이다. 따라서 전통적 경찰활동이 범죄와 범죄에 대한 두려움을 감소시키는 데 있어서 불가능하기 때문에 한계가 있다고 판단한다면, 마찬가지로 커뮤니티 경찰활동 역시 그와 동일한 목표를 가지고 이의 결과가 판단되어야 한다고 요구하는 것은 공평성을 갖는 것이라 할 수 있다.

따라서 엄격한 의미에서 커뮤니티 경찰활동은 결과라기보다는 수단에 있어서의 변화를 의미하는 것이다. 이러한 점을 이해함으로써 새로운 것에 대한 옹호론자들과 옛것에 대한 옹호론자들 간의 긴장·갈등을 감소시킬 수 있으며, 시민이 경찰에게 요구하는 커뮤니티를 보다 안전하게 건설하는 데 있어서 이들이 서로 협력할 수 있는 발판을 마련해 줄 것이다.

결국, 전통적 경찰활동과 커뮤니티 경찰활동은 상반되는 목표를 가지고 있는 것이 아니라, 단지 수단에 있어서 차이가 있을 뿐이다. 따라서 각 경찰활동을 지지하는 사람들은 공공의 안녕과 질서유지라는 공통된 목표를 공유하고 이의 성과를 증대시킬 수 있는 새로운 경찰활동을 모색해야 한다는 점에서 합의점을 갖게 된다.

그리고 비록 커뮤니티 경찰활동이 아직까지 일정한 형식을 갖추지 못하고 프로그램이 결여되었다는 논쟁만으로 이것이 단지 기존의 여러 프로그램들 가운데 하나라고 말할 수는 없는 것이다. 커뮤니티 경찰활동은 경찰활동의 기본철학으로서 일부 전문가집단에 의해 실행되지 않고, 모든 구성원들에 의해 실행될 때 분명한 성과를 기대할 수 있을 것이다. 아울러 커뮤니티 경찰활동의 핵심적 프로그램 구성요소는 반드시 경찰조직과 분리되어 다루어져서는 안 될 것이다. 싱가포르의 경찰 고위관리자들은 커뮤니티 경찰활동과 관련된 이웃경찰서(NPPs)에 대한 예비 프로젝트를 실시하는 동안 관련경찰부서의 모든 경찰들을 6주 동안 경찰 아카데미에 보내 교육을 받게 하였다. 이들은 이러한 교육을 통해 현재 진행되고 있는 것이 무엇인지, 경찰활동 변화의 합리적 근거는 무엇인지, 그리고 경찰활동의 변화가 성공적으로 이루어졌을 때 의미하는 것이 무엇인지를 이해하고자 하였다. 어쨌든 NPPs의 발전은 시민에 대한 기존의 모든 경찰관행에 있어서 거시적인 개선의 일부로서 보여진다. 그러나 만약 새롭게 배치된 경찰이 이러한 개혁정책을 발전시키지 않고, 한편으로는 조직의 지원을 받지 못하였다면, 결국은 경찰재원의 낭비에 불과하였을 것이다.

이와 유사하게 텍사스주의 휴스톤 지역의 경찰책임자 브라운(Lee P. Brown)과 관계직원들은 경찰조직의 가치를 밝히는 소책자의 발간과 함께 '이웃지향 경찰활동'의 성과를 평가하였다. 이는 경찰에 대한 시민의 비난을 약화시키기 위한 형식적인 것은 아니었다. 휴스톤 경찰의 고위관리자들은 정규경찰과 시민 모두 어떤 새로운 시도와 평가 그리고 궁극적으로 채택된 특별한 경찰관행과 관계없이 경찰조직이 성취하고자 하는 모든 것에 대해 알리고자 하였다. 경찰조직이 말하고자 하는 프로그램들은 광범위한 목표달성을 위한 수단이 되었으며, 모든 구성원들은 그에 관계하도록 하였다. 그리고 산타아나 지역의 경찰책임자인 데이비스(Raymond Davis)는 커뮤니티 경찰활동이 모든 경찰조직에 있어서 철학적 기초로 제공되도록 하였다.

이후 커뮤니티 경찰활동은 조직관행에 대한 조정뿐만 아니라 시민에 대한 경찰 개개인들의 행태에 있어서 변화를 가져다주는 프로그램이 되었다. 그러나 문제는 많은 경찰조직들이 시도함과 동시에 그만두었고, 또 다시 실행하고자 노력하지 않았다는 점이다. 커뮤니티 경찰활동의 가치에 대한 시민의 이야기들만이 경찰의 관행적 행태에 있어서 일정한 변화가 이루어졌다는 것을 대신하였다. 경찰조직이 인종, 교육수준, 경제적 수준 등과 관계없이 모든 일반시민들과 진실된 상호협력을 할 수 있을 때, 커뮤니티의 경찰활동은 커뮤니티의 범죄예방, 사전적 서비스활동, 책임성, 그리고 명령의 분권화 등을 토대로 그 성과를 낼 수 있을 것이다.

끝으로 여기에서 커뮤니티 경찰활동으로 확인된 특별한 시도들의 성패 여부를 떠나서 이러한 움직임은 경찰활동에 있어서 건설적인 자기의식의 성장에 기여하는 한 가치를 갖는다고 본다. 커뮤니티 경찰활동은 이전의 전통적 경찰활동이 한계점을 가지고 있다는 인식이 선행되고, 아울러 관계구성원들의 책임감이 증대되었을 때, 실현될 수 있을 것이다. 만약 커뮤니티 경찰활동운동이 이러한 자기의식 성향을 확고히 하고, 능동적으로 이를 적용하고자 한다면, 앞으로도 계속 지속될 수 있을 것이다. 커뮤니티 경찰활동에 대한 경험은 또한 조직의 목표달성과 함께 경찰구성원들의 업무수행을 평가하는 방법에 있어서 새로운 접근이 이루어져야 한다는 것을 보여 주고 있다. 만약 경찰 개인의 업무수행을 평가할 수 있는 기준을 가지고 조직목표를 평가하는 데 실패하게 된다면, 경찰활동을 평가할 수 있는 일정한 형식은 만들어질 수 없을 것이다. 커뮤니티 경찰활동이 직면한 가장 큰 과제 가운데 하나는 일선경찰들의 업무수행을 평가할 수 있는 적절한 기준과 절차를 구축하는 문제라 할 수 있을 것이다.

따라서 전략적·전술적으로 커뮤니티 경찰활동은 경찰활동에 있어서 전문적 평가기법을 개발하는 데 하나의 계기가 될 것이다. 하지만 이러한 부분들이 여전히 개선되고 있지 않고 있는 실정이다. 그러나 이것이 가져다주는 이익은 분명히 있다고 본다. 그리고 조직내부뿐만 아니라 외부인에 의한 평가를 긍정적으로 수용하고 이를 지원해야 할 것이다. 만약 이러한 것들이 성공적으로 이루어진다면 미래의 경찰정책은 보다 많은 성과를 내게 될 것이고, 경찰 개개인의 삶의 질과 직업적 사명감 역시 실질적으로 증대될 것이다.

찾아보기

저자약력
- 동국대학교 경찰행정학과 졸업
- 동국대학교 경찰행정학과 대학원 졸업(법학박사, 경찰학전공)
- 치안연구소 연구원(외래)
- 행정고시, 7급 행정직 시험출제위원
- 경찰공무원 간부후보생 · 순경 시험출제위원
- 경비지도사 · 청원경찰 시험출제 · 선정위원
- 동국대, 경찰대, 관동대, 광운대, 대불대, 순천향대, 원광대, 인천대 등 외래교수
- 현재 광주대학교 경찰 · 법 · 행정학부 교수
  한국공안행정학회, 한국경찰학회, 한국경호경비학회, 한국민간경비학회
  한국치안행정학회, 한국범죄심리학회, 한국해양경찰학회 이사

[주요저서 및 논문]

저서 : 경찰학(2017, 개정판)
　　　경호학(2017, 초판)
　　　민간경비론(2015, 개정판)
　　　경찰과 커뮤니티(2010, 개정판)
　　　경찰교통론(2008, 공저)
　　　치안서비스 공동생산론(2002)
　　　지역사회 경찰활동: 각국의 이슈 및 현황(2001, 역서)

논문 : 경찰공무원의 독직폭행에 관한 연구(2017)
　　　방어공간의 영역성 연구(2017)
　　　권력모델에 의한 형사사법 연구(2017)
　　　영국경찰의 정당성 확보와 저하에 관한 역사적 연구(2016)
　　　수사구조의 근대성과 미군정기의 수사구조 형성과정 연구(2015)
　　　영국 근대경찰의 형성에 관한 연구(2015)
　　　개화기 근대 해양경찰의 등장과 역사적 함의(2015)
　　　국가중요시설의 위험요소 평가 및 대응전략(2015)
　　　영국 민간경비산업의 제도적 정비와 민간조사에 관한 연구(2014)
　　　경찰학의 정체성과 학문분류체계에 관한 연구(2014)
　　　민간경비의 자율적 운영에 관한 연구(2013)
　　　경찰정신에 관한 연구: 차일혁을 중심으로(2012, 공동)
　　　북한의 사이버테러리즘에 관한 연구(2012, 공동)
　　　공동주거 단지의 범죄발생 특성에 관한 연구(2012)
　　　경찰조직의 진단과 건강성 연구(2011)
　　　국가질서와 시민불복종 연구: 소로우의 사상을 중심으로(2011, 공동)
　　　다문화사회의 범죄문제와 경찰의 대응(2011)
　　　성범죄에 대한 진화심리학적 접근(2010)
　　　미군정기 수도경찰청장 장택상 연구(2010, 공동)
　　　민간경비원의 권한에 대한 연구(2009) 외 다수

이 연구는 2017년 광주대학교 연구비의 지원을 받아 수행되었음

커뮤니티 경찰활동 -경찰과 커뮤니티

초판발행	2017년 12월 31일
지은이	최선우
펴낸이	안종만
편 집	전은정
기획/마케팅	이영조
표지디자인	조아라
제 작	우인도·고철민
펴낸곳	(주)박영사
	서울특별시 종로구 새문안로3길 36, 1601
	등록 1959. 3. 11. 제300-1959-1호(倫)
전 화	02)733-6771
f a x	02)736-4818
e-mail	pys@pybook.co.kr
homepage	www.pybook.co.kr
ISBN	979-11-303-0526-4 93350

* 잘못된 책은 바꿔드립니다. 본서의 무단복제행위를 금합니다.
* 저자와 협의하여 인지첩부를 생략합니다.

정 가   27,000원